柏拉图对话集

〔古希腊〕柏拉图 著

王太庆 译

商務印書館
创于1897 The Commercial Press

ΠΛΆΤΩΝ

PLATONIS OPERA

根据 J.Burnet 的校勘本希腊文《柏拉图著作集》（*Platonis Opera*）
克拉伦敦出版社 1984 年重印本译出

前言

汪子嵩

王太庆译《柏拉图对话集》内容包括两个部分：前一部分是他翻译的正文，计有对话十二篇，其中两篇未译完，一篇是节译。另有附录两篇，一篇是翻译古希腊文献记载的有关传记，另一篇是翻译亚里士多德对柏拉图哲学的批评，都是阅读柏拉图对话的必需资料。后一部分是太庆自己的论著，其中有他对柏拉图哲学思想的研究论述，对有关柏拉图哲学以及整个西方哲学的几个重要术语的理解和翻译问题的意见，还有对翻译哲学著作的理论问题的论述，以及对专名翻译问题的意见等。太庆是一位哲学家，是专门研究西方哲学史的学者，但他一生大部分精力贡献在西方哲学的翻译事业上。作为一位著名的翻译家，近半个世纪来国内学习哲学的同志大概都会从他的大量译文中得到教益。但他自己的著述发表的却不多。以上这些论著，是他近二十年来研究古希腊哲学尤其是柏拉图哲学的成果，也是他长期翻译实践的理论总结，其中只有两篇文章曾在《学人》和台湾《哲学杂志》发表过，见到的读者不多。而这些论著，不仅对我们了解太庆的学术成就和翻译思想有重要意义，而且对理解他的柏拉图对话的译文，也是很有必要的，所以我们将他的这些论著和他的《柏拉图对话》的译文编在一起出版。

太庆的这些翻译和论著都是他在近十几年中写成的。他对自己的写作非常慎重，总是要一改再改，精雕细琢之后才拿出来发表。他的这些译文和著述中绝大多数是在他1999年11月因病突然去世后，我们从他的遗稿中整理出来的，属于他工作的未定稿，如果他健在，一定还要反复加工的；既然他已经不在，我们无权作任何改动，好在他自己写的稿子每一页都很整齐清楚，可以按原稿付排。

一

柏拉图的对话既是哲学名著，又是文学名著，被各国人民广泛阅读，已被译成各种语文，如英、法、德、意文都有他的对话全集的译本，而且不止一种，各单篇对话的译文更多。相比之下，中文译本就显得太少，至今没有译出全集，而且有近三分之一的对话还没有翻译。

太庆在《试论外国哲学著作的汉语翻译问题》文中概述了中国从汉唐以来翻译外国经典著作的历史，他认为近代从严复开始翻译西方哲学著作，经过“五四”，尤其是在1949年以后，翻译工作有较大的进步和发展。我们可以看到，对柏拉图对话的翻译情况也是这样。

民国初年郭斌和、景昌极两位先生开始翻译柏拉图对话，陆续在《学衡》杂志发表；《学衡》是反对当时新兴的白话文运动的，所以他们也采用严复式的文言文翻译。从景先生的译序中看到，他主要根据的是 B. Jowett 的英译本。1933 年集成《柏拉图五大对话集》出版，五篇对话是:《自辩篇》(Apology)、《克利陀篇》(Crito)、《斐都篇》(Phaedo)、《筵话篇》(Symposium)和《斐德罗篇》(Phaedrus)。全书“序”中则说译后又取各英文译本及希腊文原本校阅，校阅者是吴宓先生。他们将柏拉图的主要术语 Idea 音译为“埃提”，将 Doctrine of Ideas 译为“埃提论”，景先生则译为“理型说”。但是到了 1985 年由郭斌和先生和张竹明先生合译的《理想国》出版时，已经采用现在通行的白话文翻译，文字流畅可读，和六十年前郭先生的译文对照，是完全不同了。《理想国》在 1921 年曾有吴献书先生的译本，也是用文言文译的，1957 年为了读者需要，商务印书馆曾经重印，到 1985 年才有了现代语文的译本。郭、张先生的译文是根据 Loeb 古典丛书希、英文对照本和牛津版 Jowett & Campbell 的希腊原文，并参考多种英文译本译出的，他们将 Idea 译为通行的“理念”。由此可见，六十多年来对柏拉图对话的翻译，既发生了从文言文到白话文的变化，又有从主要根据英译本翻译到主要根据希腊原文翻译的不同。

1932 年出版了由张师竹初译、张东荪改译的《柏拉图对话集六种》，虽然仍以文言文翻译，但已比较接近白话文。张东荪先生在“序”中说：张师竹先生完全根据 B. Jowett 英译本翻译，而他自己参考各种译本，主要根据 Loeb 古典丛书本的英译，对原译改动处占十分之七八，并加了许多笺注。“余于是知译事之难矣。”他认为译书“必先具备三事：一曰文字之知识，二曰学理之知识，三曰须能循守著者之思路”。所以他的译文比较严谨。他们译的六种对话是:《欧雪佛洛》(Euthyphro)、《苏格拉地之辩诉》(Apologia)、《克利托》

（Crito）、《菲独》（Phaedo）、《普洛他过拉》（Protagoras）、《曼诺》（Meno）。

严群先生多年从事柏拉图对话的翻译，1963年整理旧译，出版了《泰阿泰德、智术之师》（Theaetetus，Sophista），这是柏拉图后期哲学思想的两篇重要对话，前一篇讨论认识论问题，后一篇讨论本体论问题，提出“通种论”思想。由于严先生年老多病，至1983年才又整理出版柏拉图早期的三篇对话《游叙弗伦、苏格拉底的申辩、克力同》（Euthypron，Apologia，Criton）。严先生是严复的后裔，他继承先祖的译风，也用文言文翻译，不过他的译文中已经掺进一些白话文词句了；而且他不像严复那样，在有些地方采用意译转述的方法，而是按照原文逐句翻译。严先生主要根据Loeb古典丛书的希腊文，并参考其他多种英文译本译出。对于希腊的人名地名，他不同意一般流行的根据从希腊文译为现代欧洲语音翻译，主张“悉从希腊原字翻音，并结合汉字四声，以求准确。”

1944年出版的陈康先生译注的柏拉图《巴曼尼得斯篇》，是一部有学术价值的翻译作品。这篇对话是柏拉图后期哲学思想的主要著作，二千多年来学者对它的内容一直有争议，被称为“最大的谜”，西方学者对这篇对话一直没有作出能前后一致贯通的解释。陈先生根据他对柏拉图和亚里士多德有关“分离”问题的深入研究，对这篇对话作了创新的解释。陈先生是根据J. Burnet校勘的希腊文*Platonis Opera*本译出的。他通过翻译详细说明他的解释观点，因此对柏拉图的原文，他采用直译，另外加写了数量上数倍于原文的注释，从文字的校勘、词句的释义，直至内容的评价，特别注重其中论证步骤的分析，将前后两个部分的关系解释清楚了。但也因此读者如果不看注释而只读直译的原文，是无法看懂的。陈先生在“序”中说明了他译注的目的和方法，并且对严复提出的译文要“信、达、雅”的原则，提出了评论。陈先生在书中对柏拉图的主要术语提出了新的译词，如将 Idea 译为“相”，将 estin 译为“是”。陈先生的这部译注对太庆影响很大，不但引发他研究柏拉图和希腊哲学的兴趣，而且他后来进行哲学研究和翻译工作的态度和方法，可以说主要是遵循陈先生指引的方向的。

1963 年出版了朱光潜先生翻译的《柏拉图文艺对话集》，他译了《伊安篇》（Ion）、《理想国》第 2—3 卷和第 10 卷、《斐德若篇》（Phaedrus）、《大希庇阿斯篇》（Hippias Maior）、《会饮篇》（Symposium）、《斐利布斯篇》（Philebus）和《法律篇》（Leges）中和文艺有关的章节等，共九篇。朱先生说他自己不懂希腊文，但将英文和法文几种译本对照后，认为以由布德（Bude）学会印行的希、法文对照的法文译本《柏拉图全集》为最好，他是主要根据这个法文译本，并参考其他英、法文译本译出的。以朱先生的文笔，译文当然是精美的。

我们看到：在这将近一百年的时间里，我国翻译柏拉图对话的工作，确实有很大的发展和进步。对这几位前辈的翻译，太庆都作了研究，从中吸取经验教训。

二

更重要的是太庆在他自己的长期实践中，逐渐对翻译工作形成一套理论看法。

1943年太庆考入西南联大哲学系，1947年太庆在北京大学哲学系毕业后，到贺麟先生主持的西洋哲学名著编译会工作。贺先生强调翻译必须以研究工作为基础，规定要在译文前撰写导言，并进行讨论。贺先生对学生要求较严，太庆文章中提到过贺先生对他的批评。后来太庆说过："贺先生既教了我哲学，又教了我翻译哲学的办法。……我的另一位老师陈康先生则从哲学翻译的理论上给了我们深刻教育，教我们把翻译看成一件严肃的事业。"（《试论外国哲学著作的汉语翻译问题》）太庆对这两位老师的教导是一直铭记在心的。

1952年院系调整，将全国各大学原有的哲学系集中到北京大学，主要进行教师的思想改造。当时的西方哲学史组没有教学任务，教师主要从事翻译工作，编译一套《西方古典哲学原著选辑》，陆续出版了《古希腊罗马哲学》、《16—18世纪西欧各国哲学》、《18世纪法国哲学》和《18世纪末—19世纪初德国哲学》。主持这项工作的洪谦先生因为太庆年轻，精通英、法、德等多种语言，工作又认真负责，所以将最后的审定稿子和编辑工作都交给他担任。太庆同时又和贺麟先生等一起翻译黑格尔的《哲学史讲演录》，也担任最后的统稿和编辑工作。在那些年里，太庆和贺麟、洪谦、任华、熊伟、方书春、王玖兴、齐良骥、苗力田、陈修斋、张世英、杨祖陶诸先生一起切磋讨论哲学著作的意义和翻译问题，往往争论不休；为了一个术语或一句话应该如何翻译，太庆常常去图书馆查找各种译本，寻求解决。在这样的条件下进行翻译工作（实际上也是研究工作），应该说是人生难得的机遇，太庆由此积累了丰富的经验，后来在实际主持编译《西方资产阶级哲学论著选辑》、《现代西方哲学论著选辑》以及《西方哲学原著选读》等著作时，他便驾轻就熟了。

经过五十年的工作，太庆逐渐形成一套翻译哲学著作的理论，在《论翻译之为再创造》这篇文章中（这篇文章留有两份遗稿，不但文字上有繁简的不同，而且内容上也有差别，所以一起付印。），他概括为：

翻译的过程分为两个段落：第一步是从原文追索原意，也就是说，从原文的词汇和语法入手，找出原著的逻辑结构。译者如果是这门学问的外行，就必须以原文为出发点，小心地进而追出作者立论的道理，即客观存在的逻辑（并非个人的主观遐想），从而化不懂为懂，成为内行。第二步，是这位已经弄懂道理的内行译者设法运用汉语的词汇和语法来表达这个道理，即原著的内在逻辑，让读者明白它。原文的语言跟译文的语言不一样，译文不能照搬原文；但是其中包含的逻辑必然一样，否则翻译就是不可能的事了。每一种语言都以自己的特殊形式表达那共同的逻辑，因此译者既要精通外语，以便从其中看出逻辑，又要精通汉语普通话，以便恰当地表达出这个逻辑。而且外语中的专门术语，必须求得精确的理解，这样才能在汉语词汇中选用妥善的表达办法来表达它，如果汉语词汇中还没有现成的办法，需要增造新词，那也必须按照汉语构词规律从已有词素中选择合式成分来铸造，那样说汉语的读者才有可能准确地理解。

这两个段落都是科学的活动，科学的活动是人类的创造活动。作者想出了道理之后，把它精确地表达出来，是进行科学的创造活动；译者虽然没有亲自想出这个道理，却仔细地学会了它，再把它精确地表达出来，这种科学的活动可以说是再创造。因而“信”和“达”都必须创造。

太庆认为决定翻译好坏的关键是两个，一个是逻辑，另一个是语言。译者首先必须对原著有相当的理解，了解原著所讲的道理。西方哲学著作都是重视逻辑的，一篇哲学著作有完整的逻辑结构，每个结论都是经由逻辑推理论证步骤才能得出的；译者必须分析研究，了解这些逻辑步骤，才是对原著有所理解。然后才是第二步，即将译者所理解的原著中的逻辑，用恰当的汉语将它表达出来。原著中的逻辑是客观存在的，用汉语表达的逻辑必须和原著的逻辑一致，如果译者没有很好理解，或是误解，甚至主观曲解，便不是好的翻译，因为原著的逻辑和译文所表达的逻辑在内容上应该是共同的，它们只是用不同的语言在表述形式上是不同的。所以除了重视逻辑内容以外，太庆特别注重翻译表述所用的形式——语言。他学习多种语言，对于语言学，从语法结构到语音都很有兴趣。他认为译者不但要通晓原文的语法结构，才能正确理解原作者的逻辑论证，更必须通晓现代汉语的语法结构、词汇以及习惯用法，才能将原著中的逻辑恰当地表述过来。他坚决反对那种认为译者只要懂得外语，能够将原著中的外文逐字逐句译成相应的汉语，便是翻译的看法，他将这种翻译比做小学生的“描红”。他认为一个好的译者在看懂了原著的内在逻辑以后，还必须再认真地开动一番脑筋，考虑采用什么样的汉语形式才能将原著的逻辑正确地表达，既要不违背不歪曲原著的逻辑，又要符合汉语的语法结构和习惯用法。因为西方语文和汉语之间的差别很大，而且中国传统哲学不大重视逻辑推理，所以用汉语翻译西方哲学不像将德语译成英语那么简单，译者必须花功夫选择恰当的词汇和词句才能表达原意，并让中国读者能够看懂。而这一点又是翻译工作必须做到的，否则不如不译。因此他认为翻译是一种再创造，也是一种科学活动。太庆在文章中举了若干例子，是他经常提到的。

我以为太庆这些论述，既是从哲学方面，又是从语言学方面为翻译工作提供了理论说明，对我们提高翻译工作的质量是有助益的。

三

太庆早期是研究笛卡尔的，我们在他的遗稿中还发现有 1948 年他对笛卡尔《谈谈方法》的法文原著的译稿，纸张早已发黄了。后来他参与翻译、统稿和编辑各种西方古典哲学原著选辑的工作，遍及从古至今西方哲学史领域。但是到七十年代末，他经历了坎坷的生活，从宁夏银川回到北京后，他的兴趣已逐渐专注于古代希腊哲学。先是我和他要求商务印书馆的高崧先生，重新印行陈康先生译注的柏拉图《巴曼尼得斯篇》，在校阅全稿时，将陈先生因限于当时条件，不得已把原来的希腊字均转写为拉丁字母的，都由太庆恢复为希腊文字。后来他和我合编《陈康论希腊哲学》一书，我想从他学习翻译工作，提出将陈先生的九篇英文著作先由我译成初稿，请他校阅。他看得很细致，纠正我不少错误，有几页错误较多，他为我重译再抄，我得益良多。

八十年代后期，太庆准备翻译柏拉图对话全集，但刚开始译了几篇他就停下了，因为他觉得有些关于柏拉图哲学的根本问题，还需要重新研究考虑。就我所知，那是有关柏拉图用的主要术语的理解和翻译问题。其中首先是柏拉图所说的 idea 和 eidos，现在一般都译为“理念”，可是我们都记得陈先生早已说过：柏拉图时代还没有产生后来的“理（ratio）”的思想，而且它们也不是主观的“念”。在柏拉图的对话中，确有几篇曾将 idea 说成似乎是主观的概念，但更多的是将它说成是认识的客观对象，所以陈先生主张译为“相”和“型”。对陈先生这个意见，我们都是同意的，可是在我和几位同志编写《希腊哲学史》第一卷时，我总觉得“理念”这个译词已经为一般读者所悉知，换成“相”容易产生不习惯，不如“约定俗成”，仍译为“理念”。我将这本书寄呈在美国的陈先生后，他回信中对别的没有提什么意见，但对“理念”这个译词，他一再指出是不妥当的。太庆批评我说：“约定俗成”实际上是“约定错成”。他将这句话写在文章中，不过没有说明他所批评的是我。我在《希腊哲学史》第二卷论述柏拉图哲学时，下决心将“理念”改译为“相”，就是他促成的，可惜陈先生已经看不到我纠正错误了。

但是更为重要的是另一个更普遍的术语 einai（estin, on，即英文 being）。1987 年我和太庆在《陈康论希腊哲学》的“编者的话”中说：这个术语陈先生最早按德译 Sein 音译为“洒殷”，后来有时译为“存有”、“有”或“是”；我们在陈先生写的中文论文中均保留他原来的译法，但在翻译他的英文著作时，均将 being 按通常译法译为“存在”。太庆对于这个办法是不满意的，他寻根究底，追到最初提出 estin 的巴门尼德，对照希腊原文和各种译本，发现最早将这个词译为“存在”并引起误解的，原来是他自己。1993 年他发表在《学人》第四辑上的文章《我们怎样认识西方人的“是”？》中说明了这个过程：他在五十年代初翻译《古希腊罗马哲学》中的巴门尼德残篇时，“没有真的读懂，又不认得希腊文，遇到困难只能反复推敲各种译本”，将巴门尼德提出的两条认识道路译成为：

（1）一条是：存在物是存在的；

（2）另一条是：存在物是不存在的。

由此以讹传讹，造成普遍的误解和误译。后来他学会了希腊文，再将希腊文和各种译本对照，了解了巴门尼德的原意。他说，“我现在认为这两句应改译为：

（1）一条是：它是，它不能不是。

（2）另一条是：它不是，它必定不是。”

他在这篇文章中既从语言学，又从哲学的角度，说明西方语文中 being 这个字有“在”、“有”、“是”的“三合一”的意思，但是在中文中这三个字的意义和用法是不同的。他认为用“有”和“存在”翻译这个词，可以引起不恰当的联想，只有用“是”来翻译，才能表达西方哲学的特色。

（应该说明：太庆对这两个术语的译法也是有个认识发展过程的。收在本集中的译文和论著，他都没有写明写作年份，我们无法判定哪篇写作在先，哪篇在后，只能根据文字内容作大致推想。他在文章中使用“理念”和“相”、“存在”和“是”的不同译法，也是可以用来推算的一个标准。）

太庆在解决了这个术语的理解和翻译问题以后，对柏拉图的哲学就可以达到深入一步的了解了。一般哲学史上都说：柏拉图是继承巴门尼德的思想路线的，他所说的“相”就是巴门尼德的“是”的发展。但是要说明从巴门尼德的“是”如何发展为柏拉图的

“相”？却不是很容易的。太庆于1997年发表在台湾《哲学杂志》第二十一期上的文章《柏拉图关于“是”的学说》，从哲学和语义学这两个方面结合起来解释了这个问题。他认为柏拉图的“相论（Theory of Ideas）”也就是“是论（Theory of Being）”，它在希腊哲学的发展中，起着继往开来的作用。他在这篇文章里讨论了：（1）柏拉图以前的是论；（2）柏拉图的早期是论；（3）柏拉图对自己早期是论的批判；（4）柏拉图的新是论。这样他对于柏拉图哲学获得了完整的、一以贯之的认识。为此他前后花费了差不多整整十年工夫，表现出一位学者探求真理的坚持精神。他得到了这个结果，正当可以继续完成翻译柏拉图对话全集的时候，却不幸与世长辞了，这是我们学术界的损失，但是我相信他的这些研究成果是可以给今后柏拉图哲学的研究者以启发的。

四

太庆原来计划在每一篇对话的译文前面写条“简介”，帮助读者了解，后来没有做成。现在我为他译出的这几篇对话作点简单的介绍：

（柏拉图写的对话，大多以主要对话人的名字作为篇名，现代欧洲英、法、德文翻译古代希腊的人名、地名时都按它们各自的文字音译，汉语译者从这些现代欧洲文字转译时，也按照它们音译。上文提到：严群先生主张按照希腊原字译音，“并结合汉字四声，以求准确”。太庆进一步提出：人名、地名从外文转写为中文的原则应该是“名从主人，这就是严格依照原文，而不仿效他种语言的译文，因为那样会走样以致造成混淆。我国过去的希腊专名译文，绝大多数是仿效他种语言转译，其中仿效得最多的是英文，甚至按照美国口音译写，以致离希腊文甚远，难以还原。”他主张应该按照希腊古音，根据国际音标译为汉字。为此他专门写了一篇《希腊专名的译法》，说明他的意见。因此太庆译文中的人名、地名以及对话篇名，与一般的译法都有不同。本文在谈到柏拉图对话各篇的译名时，写的都是译者各自的译文，因此同一篇对话出现不同的译名，在此只能附加他们各自所写的外文。太庆自己的译文和论著是在不同时期写下的，译音也略有不同，他自己没有统一，本书统按原稿。）

《欧悌甫戎篇》（’Ευθύφρον，Euthyphron）写的是苏格拉底受到控告，说他不信神；在他出庭受审之前，和热心宗教的欧悌甫戎讨论什么是“虔诚（ὁσιότης，英译 piety 或 holiness）”的问题。欧悌甫戎提出几种具体的虔诚的例子，都被苏格拉底驳倒，最后以没有得出结论告终。这是一篇“苏格拉底式的对话”。《苏格拉底的申辩篇》（Ἀπολογία，Apologia）写的是苏格拉底在审判庭上侃侃而谈，为自己辩护。这是一篇著名的文辞并茂、为世人传诵的文字。《格黎东篇》（Κρίτων，Criton）写的是苏格拉底被投入监狱后，他的挚友、雅典巨富格黎东去狱中，再三说服苏格拉底越狱逃生，苏格拉底认为任何公民都不能违背法律，坚决拒绝。这三篇对话描述的都是苏格拉底最后一段生活的情况，大体符合历史实际，可能是在苏格拉底死后不久，柏拉图为了纪念他这位老师而写的。学者们认为是柏拉图最早写成的对话，它们被列入柏拉图对话的最前列。上列许多中文译本都译了这三篇对话，读者如果对照阅读，便可以看到译文的不同和它们的发展变化。

柏拉图早期写的对话被称为“苏格拉底式的对话”：苏格拉底和青年人讨论伦理问题，问“什么是某某品德？”他要得到的回答是这种品德的普遍定义，但是对话者都以这种品德的特殊事例来回答他；虽经苏格拉底一再诱导，仍以不能得到普遍定义而告终。这种情况大体符合苏格拉底当时与人论辩的实际情况，所以学者们认为这些对话可以代表苏格拉底本人的思想。《卡尔弥德篇》（Χαρμίδης，Charmides）、《拉刻篇》（Λάχης，Laches）和《吕锡篇》（Λύσις，Lysis）是同一组的三篇对话，就是这种苏格拉底式的对话的典范。这些对话可以说是为柏拉图的相论作准备的，因为对于“什么是某某？”的问题，能够并应该作出的回答也就是这个品德的普遍定义，即这个品德的“相”，也就是它的“是”。《卡尔弥德篇》讨论的品德是“明智（σωφροσύνη，一般英译为temperance，中译‘节制’或‘自制’）”，《拉刻篇》讨论的品德是“勇敢”，《吕锡篇》讨论的品德是“友情（philia）”，太庆未译完。

《枚农篇》（Μένων，Menon）可以说是柏拉图从早期苏格拉底式的对话转入开始提出“相论”的一篇重要对话。苏格拉底提出的问题是：品德是不是可以传授的？先必须弄清楚什么是品德？枚农提出了各种各样具体的美德，却没有得出美德的普遍定义。但对话并不就此以无结论告终，而是由苏格拉底提出：这些美德必须有一个同一的“型（eidos）”，才成其为美德。于是又问到：人是如何认识这个同一的“型”的？柏拉图提出了他著名的“回忆说”。

《裴洞篇》（Φαίδων，Phaidon）是叙述苏格拉底在狱中临刑服毒以前和学生们最后一次对话，讨论哲学家如何对待生和死的问题。苏格拉底认为死亡不过是灵魂从肉体中分离解放出来，得到净化。由此论述了灵魂不灭和回忆说，不过这篇中的回忆说和《枚农篇》的回忆说已经有所不同。在这篇对话中，柏拉图比较系统地论述了“相”的特征，“相”和众多具体事物的不同以及它们之间的关系，所以是柏拉图早期相论的一篇重要对话。

《会饮篇》(Συμπόσιον，Symposium)也是柏拉图早期相论的一篇重要对话，它描写在一次宴会上，参加者每人致一篇对爱神 Ερος (Eros)的颂辞。六篇颂辞都是优美的文学作品，它们的共同主题是颂扬真、美、善的统一。柏拉图提出肉体的爱不如精神上对智慧和美德的爱，这就是著名的“柏拉图式的爱情”。这样的爱就是至善。如何才能认识这个“美”？柏拉图不再用回忆说，而是描述了认识“美”的过程：从认识美的形体到美的道理、美的制度等等，一级一级逐步上升，经过飞跃最后认识了美自身，即“美的相”。他又说明了这种“相”的特征：它是永恒的、不生不灭的、绝对的、单一的(一类中只有一个)，以及有生灭的具体事物“分沾相”。一般都将这几点说成是柏拉图早期所说的“相”的基本特征。

《治国篇》(Πολιτεία，Politeia)(一般译为《国家篇》，因为古代拉丁文将它译为 Respublica，英文译为 Republic，早期有人译为《共和国》，有人将它意译为《理想国》)当然是柏拉图早期相论的一篇最重要、最系统的对话，但是太庆只译了其中的第一、二卷和第三卷的开始部分，以及第十卷。《治国篇》全书讨论关于“正义(dike)”的品德。第一卷也以讨论当时流行的几种特殊的正义(如认为正义是强者、统治者的利益等)，均被苏格拉底驳斥掉，以得不到普遍的定义而告终。学者们认为，它原来是柏拉图早期写的一篇和《卡尔弥德篇》等相似的“苏格拉底式的对话”，后来被柏拉图用作《治国篇》的导言。第二卷正式讨论：什么是正义和不正义？它们有什么好处和坏处？苏格拉底提出：既有个人的正义，又有城邦国家的正义，从大处即城邦的正义更容易看清个人的正义。从而探讨城邦国家的起源，认为它是由于人类需要分工，但如果只能满足衣、食等物质需要，它还只能说是一个“猪的城邦”。城邦更有各种精神需要，如各种艺术、医生、勇敢的战士，以及治国的智慧等等。第三卷开始讨论诗歌的教育作用，苏格拉底攻击荷马的史诗不适于教育青年。太庆译到这里就中断了。第十卷是专门讨论诗歌的，柏拉图提出他的艺术“摹仿说”。他认为：事物的真正实在的“型（eidos）”、“相（idea）”只有一个，是神造的；木匠摹仿“床的型”，造出了许多个具体的床；画家只是摹仿具体的床作画，离开真正的“床的型”最远。为什么柏拉图这样贬低艺术家呢？因为他认为灵魂是由智慧、情感、欲望三部分组成的，智慧最高，诗却只是情感和欲望的表现，所以接着他大谈“哲学和诗的争吵”。可是在实际生活中，理想和现实的矛盾总是由那些不正义的人得益，柏拉图最后只能求助于“灵魂不朽”，提出正义可以在身后得到应有的报酬。

《巴门尼德篇》（Παρμενίδης，Parmenides）分两部分：前一部分是柏拉图对他自己早期相论的批判，认为由于早期所说的“相”和个别事物是分离的，“相”和“相”也是相互分离的，所以产生了困难。后一部分则以八组虚拟的推论，说明只有以“一”为代表的“相”不是孤立的分离的，而是和“是”相结合的，是“是的一”，才能和“其他的”（即多数的事物）相结合，这个“是的一”也能和各种对立的“相”相结合。这样柏拉图建立起他后期的“是论”。太庆完全接受陈康先生对这篇对话所作的理论解释，但是他想改变陈先生直译原文、另加大量注释的翻译方法，而是按照他自己的理解，将柏拉图的论证直接翻译出来，这是一个大胆的尝试。

《智者篇》（Σοφιστὴς，Sophistes）中柏拉图讨论“智者是什么？”（他将智者定义为贩卖假知识的人。由此从“真”和“假”谈到“是”和“不是”。柏拉图在这篇对话里将“相”称作“种（genos）”，认为有些“种”是可以互相结合的。他论证几个主要的“种”——“是”、“静止”、“运动”、“等同”、“殊异”之间是可以相通的，而“殊异”与“是”结合，便成为“不是”。这就是柏拉图的“通种论”。它对柏拉图在《巴门尼德篇》中的后期“是论”作了积极的正面论证。太庆没有译出全篇对话，但是将“通种论”的全部逻辑论证都译出来了。关于柏拉图的早期相论，以及他自己批判这种相论，转为后期是论的思想发展过程，太庆在《柏拉图关于“是”的学说》一文中说清楚了。

太庆翻译柏拉图对话主要根据的是J. Burnet的校勘本希腊文《柏拉图著作集》（Scriptorum Classicorum Bibiotheca Oxoniensis，*Platonis Opera*），1984年重印本。他翻译时喜欢参考各种英、法、德文和中文的译本，用来和自己的理解对照，吸收别人的长处，避免其缺点。他认为在各种外文译本中，法文译本比较接近希腊文原义。

太庆翻译这些对话的文字和一般译文有所不同。在《柏拉图关于“是”的学说》文章中，他讲到他的翻译深受贺麟和陈康两位先生的影响。他说：“陈先生和贺先生在学习西方哲学思想这一点上是志同道合的，但是在介绍和翻译西方思想时所采取的办法却不相同，贺先生主张会同中国固有思想，陈先生主张清除翻译中的不纯因素，以外国原有思想为归依。我受这两位老师的影响很深：在遣词造句方面我力求像贺先生那样通达，合乎中国人的习惯；在义理和术语方面我力求像陈先生那样忠于原义，一丝不苟。”在翻译这些对话时，太庆就是“力图以陈先生的‘信’配上贺先生的‘达’”。尤其因为柏拉图原来写的是几个人之间的谈话，太庆译成的中文，更加要显示谈话时的口语语气。他自己说：“这样做也很吃力，常常顾此失彼。”但是我想太庆这些努力是不会白费的，他为后人提供了一个值得学习的翻译样板。

在这些对话以外还有两篇译文，是太庆原来打算作为对话全集的附录的。一篇是《苏格拉底、柏拉图传》，译自公元三世纪的传记作家第欧根尼·拉尔修的《著名哲学家的生平和学说》，这部书是专门辑录古代希腊哲学家（从泰勒斯到伊壁鸠鲁）每人的有关记载和传说的。另一篇是《亚里士多德论柏拉图》，译自《形而上学》第一卷（A）第六和第九章，前一章介绍和论述柏拉图早期的相论，以及当时柏拉图学园内斯彪西波等以“数”为“相”的理论；后一章是对这些相论的批判。这是很重要的一章，太庆在《柏拉图关于“是”的学说》一文中作过介绍论述。后来发现太庆还有一份译稿《亚里士多德论苏格拉底、柏拉图》，是辑译在亚里士多德著作中评论苏格拉底和柏拉图思想的一些章节片段。其中主要有：第一，《形而上学》A 卷第六章的部分，却没有第九章，另加了 M 卷第四和第九章中对柏拉图“相论”的批评片段。第二，《尼各马可伦理学》、《大伦理学》、《欧德谟伦理学》中对苏格拉底主张“美德即知识”学说的批评，认为他忽略了情感和激情也是构成美德的因素。亚里士多德在《大伦理学》中提到“老苏格拉底”，表示他批评的是苏格拉底自己的思想，因为柏拉图在后期对话《斐莱布篇》中是强调快乐、痛苦等情感在形成品德中所起的作用的。第三，《政治学》中批评柏拉图在《治国篇》中借苏格拉底之口提出的共有财产、妇女、儿童的共产思想。这些都是在亚里士多德著作中对柏拉图和苏格拉底提出的重要批评。从内容看，这组译稿显然不如前一篇《亚里士多德论柏拉图》重要，大约是太庆较早译成的，所以附在前一篇后面。

*　*　*

太庆去世以后，发现他有许多尚未发表的译文和论文，应予发表。杨适和我将有关柏拉图对话的稿件整理编辑成书，邢滔滔、游斌参加了校对工作，我作简单说明如上。对于北京大学哲学系支持和商务印书馆接受出版这部书稿，谨致谢忱。

2000 年 1 月

目　录

柏拉图对话集

附 录

* * *

王太庆论柏拉图哲学和翻译问题

柏拉图对话集

欧悌甫戎篇

（或《论虔诚》，试探性的）[①]

谈话人：欧悌甫戎、苏格拉底 St.I

欧悌甫戎：出了什么新鲜事啦？苏格拉底呀！你怎么不上吕改雍[②]溜达，跑到这惊官动府的衙门口[③]来啦？你不是跟我一样来见老爷打官司吧？ 2A

苏格拉底：我的事情嘛，欧悌甫戎啊，雅典人不叫官司，叫案子[④]。

欧悌甫戎：你说什么？是有人告你犯法吗？我相信你是不会告别人的。 B

苏格拉底：当然不会。

---

① 公元一世纪柏拉图学派的 Θρασύλος 编订柏拉图文集时所加的副题。参看 Sextus Empiricus Ⅲ，58。——译注 以下凡未特别注明者，皆为译注。

② Λύκειον，雅典东郊一个体育场，在 'Απολλων 庙附近，苏格拉底常在这里溜达，同人们讨论问题。后来亚里士多德设立的学院也在这里。

③ 雅典的九位执政官每年有一位分管司法，审理人命案件和渎神案件，称为 βασιλεύς（王），实际不是王政时期的王，在此处办公。

④ 一般诉讼通称为 δίκη（官司），重大案件专称为 γραφή（案子）。苏格拉底被控为冒犯神灵、毒害青年，属于重大案件。

欧悌甫戎：那就是有人告你啰？

苏格拉底：正是。

欧悌甫戎：是谁告的？

苏格拉底：我不很清楚，欧悌甫戎。似乎是个年轻人，没有什么名气。我想该是那个名叫梅雷多[①]的，毕透[②]乡的人。你大概记得那位毕透佬梅雷多吧，长长的头发，稀稀的几根胡子，长着个鹰钩鼻子的。

C **欧悌甫戎**：我想不起这个人了，苏格拉底。他告你什么事呀？

苏格拉底：什么事？我想他告的真不简单啊。那么年轻的人，能想到那么重大的事情，真不简单。他说他知道年轻人是怎么学坏的，也知道是谁把他们教坏的。他大概是个有智慧的人，看到我糊里糊涂，就像孩子禀告母亲一样，向国家告发我毒害了他的青年伙伴。我以为他是政治家当中唯一明白怎样走正道的人，这正道就是
D 首先关心青年，让他们尽可能地优秀，就像一个好农夫首先要关心
3A 秧苗，再进而关照其他植株一样。梅雷多做的大概就是这种工作，他首先给我清除那种损害青苗的障碍，然后精心培育那些长成了的庄稼，从而给国家带来最大、最多的福利，有这样的开端可望他取得硕果。

欧悌甫戎：我衷心但愿如此，苏格拉底，但是恐怕适得其反。因为在我看来，他攻击你就是损坏国家的命脉。请告诉我他说你怎样毒害青年。

B

① Μέλητος，控告苏格拉底的三人之一。

② Πιτθεύς.

苏格拉底：那些话嘛，老朋友，听起来简直荒唐。他说我制造神灵，说我造了一些新的神灵，不信原有的神灵了。他说他就是因为这个才告我的。

欧悌甫戎：我明白了，苏格拉底。这是因为你常说你有个灵机①不离左右，所以他告你变更宗教信仰，因为他知道这一类的坏话容易为多数人听信。就拿我②来说，他们也嘲笑过，甚至说我疯了，因 C
为我当众说过神灵如何如何，向他们预言过行将发生的事情。我的预言没有一次不应验，可是他们妒忌我们这样的人。我们不能对他们退让，一定要勇往直前。

苏格拉底：亲爱的欧悌甫戎啊，他们的嘲笑没有什么了不起。依我看，雅典人想到某人很聪明却不以聪明传人的时候，是不怎么在乎的；可是，只要想到某人拿才智教人，就要大发雷霆了。这可 D
能是像你说的那样出于妒忌，也可能是由于其他原因。

欧悌甫戎：在这种事情上，我根本不想弄清他们对我的看法。

苏格拉底：这或许是因为他们认为你不露锋芒，不把自己的才智传人。可是我就不一样了，由于我生性爱人，恐怕他们就认为我非常乐意把自己所知道的统统倾倒给随便哪一个人，不取报酬，甚至倒贴，来吸引听众。如果像刚才说的那样，他们要嘲弄我，一如 E
你说的嘲弄你，那么花点时间到法庭上听听笑话也没有什么不快；如果他们认起真来，那就只有你这样的先知才能知道结果如何了。

欧悌甫戎：大概不会发生什么严重后果吧，苏格拉底。你的官

① δαιμόνιον，一种次于神灵的精神体，可以附在人身上指导人、保护人。

② 欧悌甫戎自命精通宗教，喜欢谈神说鬼。

司会如意的。我想我的也会如意。

苏格拉底：你打的是什么官司啊，欧悌甫戎？你是被告还是原告？

欧悌甫戎：是原告。

苏格拉底：告谁呀？

4A **欧悌甫戎**：我告[①]的那个人，你听了会说我疯了。

苏格拉底：怎么？你告的这人会飞吗？

欧悌甫戎：当然不会，他太老了。

苏格拉底：谁呀？

欧悌甫戎：我父亲。

苏格拉底：你爸？好家伙！

欧悌甫戎：不错。

苏格拉底：你告他犯了什么罪？

欧悌甫戎：杀人罪，苏格拉底。

苏格拉底：天哪！这种官司多数人是不会打的。欧悌甫戎啊，他们不明白这样告很公正。我相信一般人是做不到这样公正的。只

B 有高度智慧的人才能这样做。

欧悌甫戎：皇天在上，这要有高度智慧才行，苏格拉底。

苏格拉底：你父亲杀的是你家亲戚吧？一定是这样，你决不会为了外人去控告父亲杀人的。

欧悌甫戎：苏格拉底啊，你想得很可笑，以为要点在于杀的是外人还是亲戚。你就没有想到：唯一该考虑的是杀得有没有理；有

---

① διώκω 这个字有两个意义，一个是控告，一个是追赶，所以下文产生误解。

理就该放人，没理就该抓起来，哪怕他是你的亲朋好友。如果你明 C
知他杀了人还跟他伙同一气，不把他告到法庭来清洗自己和他的罪过，那就和他同罪了。本案被杀的是我家帮工，我们在纳克索[①]种庄稼，他在那里给我们干活。他喝醉了，跟我家一个奴隶发生冲突，把奴隶打死了。于是我父亲把他手脚捆绑，丢在沟里，派人到雅典向庙祝[②]请教如何处理。派出人以后，他没有把那个捆着的囚徒放 D
在心上，丢下不管，以为一个凶犯死掉也没关系。这事果然发生了。那囚徒绳捆索绑，又冻又饿，在询问庙祝的人回来之前终于一命呜呼。现在我父亲和全家都怨我，因为我为了这个凶手控告父亲杀人。他们说他并没有杀人，即便杀了，死者既是凶手，我就没有必要为这样一个人去费心上诉，因为儿子告父亲杀人是不虔诚的。苏格拉 E
底啊，他们根本不了解那判别虔诚和不虔诚的神意。

苏格拉底：欧悌甫戎啊，皇天在上，你是不是以为自己对神意知道得明明白白，对虔诚不虔诚分辨得一清二楚，不怕在告父亲的时候自己做出什么不虔诚的事情来呢?

欧悌甫戎：苏格拉底呀！我要是对这类事情了解得不恰当，那就没有什么用处了，欧悌甫戎就跟别人没有什么区别了。 5A

苏格拉底：欧悌甫戎啊，你真了不起！我最好拜你为师，在跟梅雷多当庭对质的时候向他挑战，声明自己一贯认为认识神意最为重要，由于他说我犯了变更宗教信仰的大罪，我已经投到你的门下，当了你的学生了。我要对他说：梅雷多啊，如果你承认欧悌甫戎在 B

① Νάξος，雅典人的一处军事殖民地。

② ἐξηγητής，通晓法典的僧侣，常受法官咨询。

这方面有真知灼见，那就该相信我的看法也正确，不要告我；如果你不承认，那就该去告他这位老师，说他害了他父亲和我这个老头子，用学说害了我，用谴责和惩罚害了父亲。如果他不肯照着我的要求办，不撤销对我的控诉，或者用告你代替告我，我就要在法庭上提出我以上所说的那些话来。

C **欧悌甫戎**：苏格拉底啊，如果他提出我来控告的话，皇天在上，我想我一定会把他的弱点找出来，他在法庭上遇到的麻烦一定比我多。

苏格拉底：亲爱的朋友，我正是明白这一点，所以要拜你为师。因为我知道，不管这位梅雷多还是哪位别人，都完全没有注意到你，对我却看得很清楚，所以告我不虔诚。皇天在上，现在请你给我说说你刚才断言的那些真知灼见吧。你说，虔诚是什么，不虔诚是什么——不管从杀人的例子说，还是从别的事情说？虔诚是不是在每
D 个行动中都一样，反过来，不虔诚是不是全都是虔诚的反面，永远一样？是不是一切不虔诚的事情都有一个“不虔诚的相”①？

欧悌甫戎：当然有，苏格拉底。

苏格拉底：那就请你告诉我，你说虔诚是什么，不虔诚是什么？

欧悌甫戎：我说虔诚就是做我现在所做的这件事，告发那些犯
E 有杀人罪或者盗窃庙产罪的人，不管他是你父亲、母亲，还是什么别的人，不告就是不虔诚。苏格拉底啊，你看我给你提出的这个证

① ἰδέαν κατὰ τὴν ἀνοσιότητα，指不虔诚的事情之所以不虔诚的客观根据。这个根据柏拉图称为 ἰδέα（相）或 εἶδος（型），旧译“理念”、“理型”等。

据多么可靠，这证据我也给别人提过，以证明我们的的确确不应当放过那些目无神灵的罪犯，不管他是什么人。大家都相信宙斯[①]是神 6A
灵中间最善良、最公正的神王，都承认他由于他的亲生父亲[②]不义地吞食子女而捆绑了父亲；而那位父亲也以类似的理由肢解他自己的父亲[③]。他们讨厌我，所以他们对神灵的判断和对我的判断是有冲突的。

苏格拉底：欧悌甫戎啊，可不是因为这种神话，我才被人告到法庭吗？因为人们讲这种神话的时候，我听了觉得很难接受。我遭到谴责就是因为这个。现在连你都相信这类事情了，看来我们也有 B
让步的必要。我这个人自己都承认对这类事情一无所知，能说什么话呢？凭着友谊神[④]，请说真话，你真的相信发生过这样一些事情吗？

欧悌甫戎：不光有这些事情，苏格拉底啊，还有一些更加新奇的，多数人都不知道呢！

苏格拉底：那你就是真的相信神与神之间有战争，有仇恨，有恶斗，就像诗人咏唱的那样，就像画家在庙里描绘的那样，就像泛 C
雅典娜大节[⑤]时送到卫城迎神赛会的大幔帐上刺绣的那样啰！我们能同意这些事情是真的吗，欧悌甫戎？

欧悌甫戎：何止这些，苏格拉底。我刚才就说过，只要你愿意

---

① Δίς，即 Ζεὺς，希腊人信仰的神王，夺取了其父 Κρόνος 的王位。

② 即 Κρόνος，第二代神王，夺取了其父 ’Ουρανός 第一代神王的王位，把他打成残废。

③ 见上注。

④ Φίλος，天帝 Ζεὺς 也管友谊，称为 Ζεὺς Φίλος。

⑤ Παναθήναια，雅典人的大节日，每五年过一次。

听，我还可以给你讲好多好多别的，敢说你听了会大大吃惊。

苏格拉底：不会的，你以后有空再给我讲吧。现在请你比较详
D 细地讲讲我刚才问你的事情。朋友，我刚才问你虔诚是什么，你并没有充分说清，只是跟我说虔诚就是你正在做的那件事，就是控告你父亲杀人。

欧悌甫戎：我说的是实情，苏格拉底。

苏格拉底：也许是这样。可是你也说许多别的事情是虔诚的。

欧悌甫戎：是这样的。

苏格拉底：那么请你想想，我向你提出的请求，并不是从许多
E 虔诚的事例里给我说出一两件来，而是说出那个使虔诚的事情虔诚的"型"本身。因为你说过，有一个"相"使不虔诚的事情不虔诚，使虔诚的事情虔诚。你不记得吗？

欧悌甫戎：我记得。

苏格拉底：那就请你告诉我，这个"相"是什么？我眼睛盯着它，拿它当作标准：如果你和别人所做的事是这样，那就是虔诚的，
7A 如果不是这样，那就不虔诚。

欧悌甫戎：苏格拉底，你要我说我就说。

苏格拉底：我要你说。

欧悌甫戎：那我就说：神灵喜爱的就是虔诚的，神灵不喜爱的就是不虔诚的。

苏格拉底：好极了，欧悌甫戎，现在你回答了我要你回答的问题。回答得对不对，我还不敢说。不过你当然会向我证明你说得对。

欧悌甫戎：当然。

苏格拉底：那我们就来审查一下我们说的话。神灵喜爱的事情

和人是虔诚的，神灵厌恶的事情和人是不虔诚的。虔诚和不虔诚不一样，而且正好相反。这就是我们所说的吧？

欧悌甫戎：就是。

苏格拉底：你觉得对吗？

欧悌甫戎：我想对，苏格拉底。[因为是这么说的。][1] B

苏格拉底：欧悌甫戎啊，我们不是也说过神与神之间有争吵，有意见分歧，有仇恨吗？

欧悌甫戎：是这么说的。

苏格拉底：那我们就来看看，是哪一方面的意见分歧会产生不和与仇恨？我们这样来看吧。如果我们在意见方面有分歧，例如对于两个数目哪个多看法不一致，这种分歧会不会在我们之间造成不和与仇恨？我们把它数一数不就解决问题了吗？ C

欧悌甫戎：当然可以。

苏格拉底：那么，我们如果对于两件东西哪件大意见不一致，把它量一量不就很快结束分歧了吗？

欧悌甫戎：是的。

苏格拉底：我们称一称就能决定轻重，是吧？

欧悌甫戎：当然。

苏格拉底：究竟在哪一方面的意见分歧上，我们无法取得彼此一致，以致互相敌视、仇恨呢？也许你不能一下回答这个问题，我 D
来提示一下吧。是不是在是非、贵贱、善恶方面？是不是在这些方面，你、我和其他的人意见分歧，无法一致，彼此成了仇敌呢？

① εἴρηται γάρ，Hermann 以为是抄录者误将下文抄进，应删。

欧悌甫戎：是的，苏格拉底，就是在这些方面我们彼此冲突。

苏格拉底：神灵们怎么样呢？欧悌甫戎啊，他们既然有分歧，难道不会在这些方面发生分歧吗？

欧悌甫戎：必然在这些方面。

E **苏格拉底**：那么，尊敬的欧悌甫戎啊，照你说，也就是有些神灵认为这件事对，有些神灵认为那件事对，有的认为贵或善，有的认为贱或恶了。他们要不是在这些方面意见分歧，就不会彼此冲突了。是不是？

欧悌甫戎：你说得对。

苏格拉底：那么，就是每个神灵都喜爱他认为善的、对的事情，都厌恶与此相反的事情吧？

欧悌甫戎：当然。

苏格拉底：可是你说，同样的事情有的神灵认为对，有的神灵认
8A 为不对；他们由于对此看法不同，所以互相争吵、交战。是不是？

欧悌甫戎：正是。

苏格拉底：那么，似乎同样的事情有的神灵厌恶，有的神灵喜爱，所以它对于神灵既可爱又可恨啰。

欧悌甫戎：似乎是这样。

苏格拉底：那么，欧悌甫戎啊，照这样说，同样的事情就会既虔诚又不虔诚啰。

欧悌甫戎：我想是的。

苏格拉底：你并没有回答我的问题，老朋友。因为我并没有问你什么事情同时既虔诚又不虔诚，可是照你的说法，似乎神灵喜爱
B 的也是神灵厌恶的。这样就毫不奇怪，欧悌甫戎啊，像你这样要求

处罚父亲的事情，会很受宙斯的欢迎，却为格若诺和乌然诺所厌恶[①]，得到赫派斯多的赞成，却是赫拉所反对的[②]，对其他神灵来说，也是有喜有怒的，如果他们意见不一致的话。

欧悌甫戎：可是我想，苏格拉底啊，在这件事情上没有一位神灵会有不同的意见，会主张不义的凶手不该受罚。

苏格拉底：我们来说人吧，欧悌甫戎。你有没有听人说过不义 C
杀人的或者犯有其他不义罪行的人不该受罚？

欧悌甫戎：人们在这类事情上不断争辩，尤其是在法庭上。他们做尽坏事，所以千方百计地为自己辩护，好逃避惩罚。

苏格拉底：欧悌甫戎啊，是不是他们承认做了坏事，却说自己不该受罚呢？

欧悌甫戎：不，不是这样。

苏格拉底：那就不是千方百计了。我想他们不敢强辩着说自己真做了坏事却不该受罚，只是说自己没有做错，是不是？

欧悌甫戎：你说对了。 D

苏格拉底：那他们所争辩的就不是做了错事不该受罚，而大概是谁做了错事，做了什么错事，什么时候做的。

欧悌甫戎：你说对了。

苏格拉底：那么，神灵像你说的那样争论对错问题的时候，有的说别人做错了，有的说没有，不也是这样吗？老朋友，我敢说无
论是人还是神灵，没有一个会说做了错事不该受罚的。 E

① 因为宙斯推翻了父亲，而格若诺和乌然诺都是被儿子推翻的。

② 因为赫派斯多（Ἡφαίστος）这位打铁神怀恨母亲天后赫拉（Ἥρα），将她禁锢了。

欧悌甫戎：是啊，苏格拉底，你说的大体上正确。

苏格拉底：可是，欧悌甫戎啊，这是就单个的事件说的。人是这样，神灵也是这样；神灵要是发生争执的话，争论的是单个的行动。他们对某个行动互相争辩时，有的说做得对，有的说做错了。是不是这样呢？

欧悌甫戎：确实如此。

9A **苏格拉底**：亲爱的欧悌甫戎啊，现在请你不吝赐教，使我增长才智。请告诉我，你有什么根据证明，神灵都认为那个打死人的帮工被死者的家主绳捆索绑，在家主从庙祝得知应当如何处置他之前在囚禁中一命呜呼，是死得冤枉，家主的儿子为了这人向官告发他
B 父亲杀人是有理的。请你给我明白地证明，一切神灵都会认为这一告发行动是正当的。如果你的证明能使我满意，我会一辈子颂扬你的智慧的。

欧悌甫戎：这可不是一件小事啊，苏格拉底，我能够给你说得一清二楚。

苏格拉底：我懂。你认为我比审判官们笨，因为当着他们你是会清清楚楚地讲明白那样做是不对的，是所有的神灵都厌恶的。

欧悌甫戎：会说得清楚的，苏格拉底，只要他们肯听我讲。

C **苏格拉底**：他们会听的，只要他们发现你能说会道。我听你说的时候就想到这一点，心里捉摸着：就算欧悌甫戎给我非常清楚地证明了那人死得冤枉，我在虔诚、不虔诚是什么这个问题上又跟欧悌甫戎学到了什么呢？死得冤枉看来是神灵们厌恶的，可是我现在感到这样说并不是给虔诚、不虔诚下定义，因为我们看到神灵们厌恶的也是神灵们喜爱的。所以我宁愿你放弃这个说法，欧悌甫戎，

如果你愿意的话，你就说：所有的神灵都该认为这是不对的，都该 D
厌恶它。我们现在可以把定义修改成：所有的神灵都厌恶的，就是不虔诚的；所有的神灵都喜爱的，就是虔诚的；那种有些神灵喜爱、有些神灵厌恶的，就两样都不是，或者两样都是。这样给虔诚、不虔诚下定义，你愿意吗？

欧悌甫戎：没有什么阻碍吧，苏格拉底？

苏格拉底：我倒没有什么，欧悌甫戎，你可要为自己考虑一下，看看这能不能帮助你实现诺言，把我教会。

欧悌甫戎：我可以主张：所有的神灵都喜爱的是虔诚的，所有 E
的神灵都厌恶的是不虔诚的。

苏格拉底：欧悌甫戎啊，我们是不是再考虑一下，看看这样说到底对不对，还是给它放行，满足于自己的或者别人的说法，只要有人说如何如何，就表示同意？对于说法是否正确我们该不该钻研一番？

欧悌甫戎：我们应该钻研，不过我认为刚才说的那一个定义是正确的。

苏格拉底：我们在这方面马上就可以知道得更清楚了，我的好 10A
朋友。现在我们来考虑一下：究竟是虔诚的事因为虔诚所以被神灵们所爱呢，还是它被神灵们所爱所以虔诚？

欧悌甫戎：我不明白你这话是什么意思，苏格拉底。

苏格拉底：那我就说清楚点。[①] 我们常说一件东西扛着什么，被什么扛着；领着什么，被什么领着；瞧着什么，被什么瞧着。你懂

① 用能动和被动说明原因和结果的关系。

不懂这几对说法的意义有区别，以及有什么区别？

欧悌甫戎：这个我想我看得出。

苏格拉底：不是也有一个被喜爱的东西，不同于在喜爱的东西吗？

欧悌甫戎：怎么不是！

B **苏格拉底**：请告诉我，一件被扛着的东西之所以被扛着，是因为有个东西在扛着它呢，还是由于别的原因？

欧悌甫戎：不是别的，就是因为这个。

苏格拉底：被领着的也是因为有个东西在领着它，被瞧见的也是因为有个东西在瞧着它吗？

欧悌甫戎：那当然。

苏格拉底：那么，瞧一件东西就不是因为它被瞧见，正好相反，一件东西被瞧见是因为有人瞧它；领一件东西并不是因为它被领，一件东西被领是因为有人领它；扛一件东西并不是因为它被扛，一
C 件东西被扛是因为有人扛它。我说清楚了吗？欧悌甫戎，我要讲的是这样：如果一件东西在变成什么，或者在遭受什么，那么，它在变成什么并不是因为它能变成什么，它能变成什么是因为它在变成什么；它在遭受什么并不是因为它能遭受什么，它能遭受什么是因为它在遭受什么。你同意吗？

欧悌甫戎：我同意。

苏格拉底：那可以喜爱的东西岂不是一个在变成什么或者在遭受什么的东西吗？

欧悌甫戎：当然是。

苏格拉底：这和上述情况一样：一件东西被喜爱并不是因为它可爱，它可爱是因为它被喜爱。对吗？

欧悌甫戎：确实如此。

苏格拉底：我们对虔诚是怎么说的，欧悌甫戎？照你的说法， D
那就是被所有的神灵所喜爱吧？

欧悌甫戎：是啊。

苏格拉底：这是因为它虔诚，还是因为什么别的？

欧悌甫戎：不是别的，就是因为这个。

苏格拉底：它被喜爱是因为它虔诚，它虔诚并不是因为它被喜爱。

欧悌甫戎：看来是这样。

苏格拉底：可是，神灵喜爱的[1]之所以是神灵喜爱的、对于神灵是可爱的[2]，是因为神灵在喜爱它。

欧悌甫戎：怎么不是？

苏格拉底：那么，神灵喜爱的就不是虔诚的了，欧悌甫戎啊，虔诚的也不是神灵喜爱的，这是两回事。

欧悌甫戎：怎么会这样呢，苏格拉底？ E

苏格拉底：因为我们承认，虔诚的之所以被喜爱，是因为它虔诚，它虔诚并不是因为它被喜爱。是不是？

欧悌甫戎：是啊。

苏格拉底：神灵喜爱的之所以是神灵喜爱的，是因为神灵在喜爱它，是因为这一爱；神灵之所以在喜爱它，并不是因为它是神灵喜爱的。

欧悌甫戎：你说得对。

---

① 依 Schanz 根据 Bast 增补主语 τὸ θεοφιλές。

② ὑπο θεῶν φιλούμενόν，意思是“神灵认为可爱的”。

苏格拉底：可是，亲爱的欧悌甫戎啊，如果神灵喜爱的和虔诚的是一回事，那么，如果虔诚的是因为虔诚而被喜爱，神灵喜爱的也就是因为神喜爱而被喜爱；而如果神灵喜爱的是由于神灵在喜爱它而成为神灵喜爱的，虔诚的也就是由于它被喜爱而成为虔诚的。现在你就要看到，这二者是对立的，因而必定彼此完全不同。因为一个是由于被喜爱而成为可爱的，另一个是由于本来可爱而被喜爱的。欧悌甫戎啊，我问你虔诚是什么的时候，你似乎不想说出它的本质，只举出它的一个偶然情况：被一切神灵所喜爱。至于它本来是什么，你并没有说。如果你愿意，就请不要对我隐瞒，从头说起，告诉我虔诚是什么，不问它是不是被神灵所喜爱，或者有什么别的情况，因为我们是不会在这上头争吵的。请你坦率地告诉我：虔诚和不虔诚是什么？

(11A 见第2行；B 见第8行)

欧悌甫戎：可是，苏格拉底啊，我不知道该怎样跟你说我的想法。因为我们提出来谈的话老是转来转去，不照我们原定的话题走。

C **苏格拉底**：欧悌甫戎啊，你的话说得很像我祖宗岱达洛[①]的作品。如果这话是我说的或提出来的，你很可以揶揄我一通，说由于和他有血缘关系，我的语言作风也和他的作品一样，游移恍惚，没有定准。可是现在这话是出于你的尊口，那就需要揶揄你了。因为你的话恍惚不定，你自己也看得出来的。

欧悌甫戎：我觉得这样揶揄非常中肯，苏格拉底。不过把话说
D 得游移不定、无法把握的不是我，你才是那个岱达洛。因为从我这方面看，说的话是会有定准的。

① Δαίδαλος，传说中雕刻圣手，半神话人物。据说他雕刻的石像会走路，眼睛会动。苏格拉底年轻时候当过雕刻匠，所以打趣说他是岱达洛的子孙。

苏格拉底：看来我的手艺比岱达洛还要高明，我的老伙计啊。他只是让自己的作品会动，我似乎不止让自己的作品会动，还让别人的作品同样会动。我的手艺最高明的地方是善于扭转意志，宁愿 E
让自己的话有定准，不乱窜，并不指望同时得到岱达洛的智慧和丹答罗[①]的财富。我不多说了，看来你有倦意了，我要帮一把，请你注意指教我虔诚是什么，不要半途而废。请注意：你是不是认为凡是虔诚的都是公正的？

欧悌甫戎：当然是。

苏格拉底：究竟是一切公正的都是虔诚的，还是一切虔诚的都 12A
是公正的，并非一切公正的都是虔诚的，有一部分是，有一部分不是？

欧悌甫戎：我跟不上你说的话，苏格拉底。

苏格拉底：你比我年轻得多，又比我有智慧。可是我说你有点由于才智多而懈怠了。努一把力吧，贤弟，我的意思并不难懂。我想的跟那位诗人[②]的大作刚好相反，他说：

那创造万物的天帝宙斯， B
你不愿称呼他的名字，
因为有恐惧就有羞耻。

我不同意这位诗人。要我告诉你为什么吧？

---

① Ταντάλος，神话中的吕狄亚国王，多财富。——这里说的是苏格拉底与智者不同，只要智慧，不要财富。

② ∑τασίνος，长诗《塞普鲁斯人》（Κύπρια）的作者。

欧悌甫戎：当然要。

苏格拉底：我并不认为有恐惧就有羞耻。因为我想，很多人害怕疾病、贫困之类的种种事情，却并不对他们所怕的事情感到羞耻。你不这样想吗？

欧悌甫戎：当然这样想。

C **苏格拉底**：可是我认为有羞耻就有恐惧。一个对某事感到羞耻的人，不是也畏惧随之而来的坏名声吗？

欧悌甫戎：的确如此。

苏格拉底：那么，说有恐惧就有羞耻，是不对的，该说有羞耻就有恐惧。我相信恐惧的范围比羞耻大，因为羞耻是恐惧的一部分，正像奇数是数目的一部分一样。并不是有数目就有奇数，而是有奇数就有数目。现在你跟得上吗？

欧悌甫戎：完全可以。

D **苏格拉底**：我刚才也是在这个意义下提问：究竟是有公正的就有虔诚的，还是有虔诚的就有公正的，有公正的不一定就有虔诚的，虔诚的是一部分公正的？这个意思我们赞成吗？你有别的想法吗？

欧悌甫戎：没有，我赞成，我觉得这样说对。

苏格拉底：那就请往下看。如果虔诚是公正的一部分，我们似乎就该找出虔诚是公正的哪一部分。如果你问我偶数是哪一部分数目，我就说不是用二除不尽的那一部分，是用二除得尽的部分。你不这样想吗？

欧悌甫戎：当然这样想。

E **苏格拉底**：那就请你设法给我指明，虔诚是公正的哪一部分。我知道以后，就可以告诉梅雷多，叫他不要再冤枉我，告我目无神灵，因为我现在已经跟你学到圣洁和虔诚是什么，不是什么了。

欧悌甫戎：苏格拉底啊，我认为圣洁和虔诚就是对待神灵的那部分公正，另外一部分公正则是对待人的。

苏格拉底：很好，欧悌甫戎。不过我还有一点点不明白：我不 13A
知道你说的“对待”是什么意思，因为你肯定不是说对待神灵和对待别的东西一样。我们就不这么说。譬如我们就说不是人人都懂得如何对待马，只有驭手才懂。是不是？

欧悌甫戎：是啊。

苏格拉底：那么驭术就是给马的待遇。

欧悌甫戎：对了。

苏格拉底：也不是人人都懂得怎样对待狗，只有猎人懂。

欧悌甫戎：是这样。

苏格拉底：对待狗也属于猎人的艺术。

欧悌甫戎：是的。

苏格拉底：牧牛就是对待牛的艺术。

欧悌甫戎：是啊。 B

苏格拉底：虔诚和圣洁，欧悌甫戎啊，就是给神灵的待遇。你是这么想的吗？

欧悌甫戎：就是这么想的。

苏格拉底：可是，各种待遇岂不是全都为达到同样的目的吗？这就是使享受待遇的对象得到益处，例如马经过驭手照顾和侍弄就长膘了，长壮了。你不这样想吗？

欧悌甫戎：我是这样想的。

苏格拉底：狗也是经过猎人照顾而得益，牛也是经过牧人照顾 C

而得益，别的也都一样。你不是以为照顾的意思在于使照顾的对象受害吧？

欧悌甫戎：不，皇天在上，我不这么想。

苏格拉底：是为了得益吗？

欧悌甫戎：怎么不是？

苏格拉底：那么，虔诚这种给神灵的待遇是不是对神灵的优遇，给神灵添福呢？你会不会以为，你做出一件虔诚举动的时候，就给某某神灵添福了？

欧悌甫戎：不，皇天在上，我不这么想。

苏格拉底：欧悌甫戎啊，我也不相信你会这么想。差远了！可
D 是也正因为这个，我要问你对于"给神灵的待遇"是怎么理解的？因为我不相信你会理解成那种意思。

欧悌甫戎：你说得很对，苏格拉底，我不是那么理解的。

苏格拉底：很好。那么，哪种给神灵的待遇是虔诚呢？

欧悌甫戎：这种待遇嘛，苏格拉底啊，可以说就是仆人对待主人的那一种。

苏格拉底：我明白了。你的意思是指那种对神灵的侍奉。

欧悌甫戎：就是。

苏格拉底：你能不能告诉我，医生的医术产生什么结果？是健康吗？

欧悌甫戎：是的。

E **苏格拉底**：那么，造船术产生的结果是什么呢？

欧悌甫戎：那很明显，苏格拉底，是造船嘛。

苏格拉底：建筑术的结果是盖房子吗？

欧悌甫戎：是啊。

苏格拉底：那就请告诉我，高贵的朋友，给神灵的待遇所产生的结果是什么？这个你当然知道，因为你说过你是人间最明白神灵的事情的。

欧悌甫戎：我说的是实情，苏格拉底。

苏格拉底：那么，皇天在上，请你告诉我，神灵用我们当仆人，造成什么尽善尽美的结果呢？

欧悌甫戎：又好又多的结果，苏格拉底。

苏格拉底：将军们也是这样，朋友。你满可以毫不费力地告诉 14A
我其中主要结果就是打胜仗。不是吗？

欧悌甫戎：怎么不是？

苏格拉底：农夫们也产生又好又多的结果，不过其中主要的是从地里长出粮食。

欧悌甫戎：是啊。

苏格拉底：那么，神灵产生的那些又好又多的结果怎么样呢？其中主要的是什么呀？

欧悌甫戎：苏格拉底啊，我不久前跟你说过，要把这些事情都 B
学全，是要费一番气力的。现在我可以简单明了地告诉你：在祈祷和祭祀的时候，如果懂得说一些、做一些神灵满意的事情，那就是虔诚的，就能挽救个人的家庭和国家的事业；说的、做的不是神灵满意的，就是不虔诚，就会使一切颠覆毁灭。

苏格拉底：欧悌甫戎啊，如果你乐意的话，你早就三言两语把
我问的事情告诉我了。可是你不乐意把这些教给我，这很明显。因 C
为刚说到接近处你就转移方向；要是你真的回答了问题，我早就如

愿以偿，跟你学到你关于虔诚的学说了。可是事实如此，提问的人必须跟着回答的人转，听他领着走。你说虔诚的事情和虔诚本身[①]是什么？不是关于祈祷和祭祀的知识吗？

欧悌甫戎：是的。

苏格拉底：祭祀就是向神灵送点礼，祈祷就是向神灵索取点什么吧？

欧悌甫戎：一点不错，苏格拉底。

D **苏格拉底**：照这么说，虔诚就是向神灵送礼和索酬的知识啰。

欧悌甫戎：很好，苏格拉底，你明白我的意思了。

苏格拉底：朋友，我非常喜爱你的智慧，全心全意地向往它，你说的话我一句都不会放过。请告诉我，这种给神灵的待遇是什么？你说就是向神灵给予和索取？

欧悌甫戎：是啊。

苏格拉底：公正的索取岂不就是索取我们需要从神灵那里获得的东西吗？

欧悌甫戎：还有什么别的呢？

B **苏格拉底**：公正的给予也是向神灵赠送他们需要从我们这里取得的东西吧？因为赠送人家不需要的东西是很不对头的。

欧悌甫戎：你说得对，苏格拉底。

苏格拉底：那么说，虔诚就是神灵跟人做买卖的艺术啰？

欧悌甫戎：就是做买卖的艺术，如果你愿意这样叫的话。

苏格拉底：如果这不是实情，我是不愿意这样叫的。请告诉我，

① ὁσιότης，即“虔诚的相”。

神灵从我们送给他们的礼得到什么好处？神灵赐给我们什么，是大家都知道的，因为我们的好事没有一样不是神灵所赐。可是神灵从我们送的礼得到什么好处呢？难道我们在这场交易中尽占便宜，从神灵那里得到全部好处，而神灵从我们这里却一无所得？ 15A

欧悌甫戎：苏格拉底啊，你不认为神灵从我送的礼得到什么好处吗？

苏格拉底：欧悌甫戎啊，我们给神灵送的礼是什么呢？

欧悌甫戎：无非就是尊荣、崇敬，以及我说过的满意吧？

苏格拉底：那么，欧悌甫戎啊，虔诚就是使神灵满意的，而不 B
是对神灵有利的或可爱的啰？

欧悌甫戎：可我总以为最主要的是可爱。

苏格拉底：那么，虔诚似乎又是对于神灵可爱的啰？

欧悌甫戎：最主要的是这个。

苏格拉底：你这样说是不想把话说定，老要改换说法。你对此就不感到惊讶？你还要指摘我是个岱达洛，说话转来转去吗？你自己就比岱达洛灵巧百倍，专门兜圈子！难道你没有注意到，你的话 C
转了一大圈又回到老地方了？你难道不记得，我们在前头指出过虔诚的和神灵喜爱的不是一回事，是彼此不同的？你再仔细想一想好吗？

欧悌甫戎：我记得。

苏格拉底：你注意到没有，你现在是说对神灵可爱的就是虔诚的？对神灵可爱的不就是神灵喜爱的吗？

欧悌甫戎：是啊。

苏格拉底：那就或者是我们以前说错了，或者是以前说的不错，我们现在弄错了。

欧悌甫戎：看来是这样。

苏格拉底：那我们就应该从头来研究虔诚的是什么。因为在弄
D 清楚之前我是不肯罢休的。请不要把我不放在眼里，用各种办法尽心为我说出真理吧；因为你是知道真理的，要是你像柏若斗[1]那样憋住不肯吐露，我不会让你脱身，一定追问到你开口。你如果不是深知虔诚和不虔诚，当然不会为一个帮工控告自己的亲生父亲杀人。
E 你这是怕自己做错了会冒犯神灵，以致不齿于人。我完全明白你是自命精通虔诚和不虔诚的本质的，那就把它告诉我吧，高明的欧悌甫戎啊，不要对我隐瞒自己的思想了。

欧悌甫戎：等下次吧，苏格拉底。现在我有急事，我该走了。

苏格拉底：你这是怎么啦，朋友？你这一走，我的殷切希望就达不到了。我满心指望跟你学到虔诚是什么，不虔诚是什么，好摆
16A 脱梅雷多的指控，向他表明已经得到欧悌甫戎的指教，增长才智，明白神灵的事情了，再不会由于无知贸然行事，在宗教信仰方面提出新的看法，我今后的生活也可以过得比较高尚了。

---

① Προτεύς，希腊人的波涛神，形如老翁，善于预言，但不肯轻易预言。为了应付人们的追问，他会不断地变换形相，不作答复。除非问者锲而不舍，紧紧抓住不放，最后他才露出本相，老实交代。

苏格拉底的申辩篇

（伦理的）

一[①] St.I

听了原告的控诉，雅典公民们[②]，各位心里怎么想，我不知道； 17A
至于我，我感到简直认不得我自己了。他们说得真是天花乱坠，可就是几乎没有一个字是真话。在那些假话中间，最使我吃惊的是他们居然说，你们必须小心提防，不要上我的当，因为我能说会道。 B
我想这话说得真是无耻之尤，是他们害怕我拿出事实的证据就立刻揭穿他们的谎言。我将表明自己完全不是能说会道，他们如果把说真话的人说成能说会道，我可以同意自己是个会说话的人，比他们会说得多。他们的话里没有一点真东西，你们可以听得出，我说的只有实话，没有别的。皇天在上，雅典公民们，我的话不像他们那样字斟句酌，也没经过仔细安排，只是信口说出，不加选择。因为 C
我相信我说的是正理，你们别指望有什么别的意思。我这样年纪的

---

① 这一部分是被告听了原告的控诉后，当着审判官提出的答辩。

② ἄνδρες ᾿Αθηναῖοι，原义为雅典的男子们，指法庭上的审判官。雅典法庭的审判官人数很多，由公民选出，被选人必须是雅典成年男子，因此称男子实指公民。

人，公民们，当着你们像孩子似的说瞎话是不恰当的。我恳切地请求你们，雅典公民们，在我答辩的时候，如果听到大家在市场上、
D 钱店里或者什么别的地方听我常说的一些字眼，请不要见怪，不要打断我。我虽然活到七十岁，还是第一次上法庭，不懂这里的说话规矩，是个大外行。如果我真是外人①，你们当然会原谅我用本乡的
18A 土话和说法来说话；现在我也这样要求你们，这是一项正当的要求：请撇开我的说话方式，不管它是好还是坏，专门注意我说得有没有理。因为讲理是审判官的美德，以实道实是说话人的本分。

雅典公民们，我首先应当驳斥那些对我的第一批诬陷，以及第一批的诬陷者，然后再驳斥后来的一批。因为在你们以前，已经有
B 许多诬陷者起来反对我，他们在很久以前，好多年以前，就已经说过话，说的不是实话。我害怕他们，有过于安虞铎②等人，虽然后者也是危险人物，可是前者更危险。公民们，那些人得到了你们的信仰，因为他们在你们童年就控制了你们多数人，说有一个苏格拉
C 底，是智慧的人③，对天上地下的事无不钻研，能把没理的说成有理。那一批人，雅典公民们，把这个谣言到处传播，是我最危险的诬陷者。因为听信谣言的就以为研究那些事的人根本不信神灵。而且他们人数众多，他们的攻击已经进行了很久；他们对你们说话的时候正当你们最容易轻信的年龄，你们有些人是少年，多数人还在童年，

---

① ξένος，兼有外地人和外行的意思。

② ’Ανυτος，控告苏格拉底的三人之一，是一个修辞家。苏格拉底被处决后，他也被流放，并在流放所被人用石头砸死。其他的两个原告是梅雷多（Μέλητος）和演说家吕贡（Λύκων）。

③ σοφὸςἀνήρ，这里指“智者”（σοφιστής）。

他们对我肆意攻讦，并没有人跟他们驳辩。最糟糕的是连他们的名 D
字也不知道，无法指出他们是哪一个，只知道其中有一位喜剧作家。那些出于妒忌或者恶意让你们听信这类谣言的人，以及自己听信之后又让别人听信的人，是最难对付的，因为简直无法把他们拉到你们面前，只得望空驳辩，好像跟影子打架，提出质问而无人回答。所以我要请大家注意，我说过有两类诬陷我的人，一类是新近提出
控诉的，另一类是很久以前肆意攻击的，后一类人我应该先驳斥， E
因为他们先给你们灌输谰言，先入为主，胜过新近的一类。

雅典公民们！现在我要为自己辩护，尽快地清除掉你们心里很 19A
久以来所获得的偏见。我希望进行得顺利，因为这对你们有利，也对我有利，能帮助我打赢官司。但是我知道这很难做到，并不盲目乐观。成败如何，要听神灵的意旨；我应当服从法律，进行答辩。

我们从开始的缘由说起，先看那引起人们非难我、致使梅雷多 B
控告我的罪状是什么。那些诽谤我的人是怎么说的？假如他们正式告状，那状子上该是这样写着："苏格拉底很不正派，整天忙忙碌碌，
钻研天上地下的各种事情，把没理的说成有理，并且教给别人。"说 C
的就是这类话。你们在阿里斯多芬[①]的喜剧里就看到这些，那里就有一个苏格拉底，自称能够腾云驾雾，口吐无稽狂言，说些我从来没有听到过也一点都不知道的奇事。我这样说并不是瞧不起那一类的知识[②]，知道有人擅长于此道。我相信梅雷多决不会在这方面指责我。
雅典公民们，这些事情跟我完全不相干，你们各位大都可以给我作 D

① ᾿Αριστοφάνης，他的喜剧《云》上演于公元前 423 年。

② 指关于自然的知识，苏格拉底不研究自然。

证。我请求你们这些大多数听过我讲话的人彼此交换一下情报，说一说有谁听到过我多多少少谈到这一类事情。根据这一件事你们就会发现，很多人对我进行的其他议论也是一样。

E 其实这些事没有一件是真的。如果你们还听到人家说我教人，说我索取钱财，那也不是实情。我觉得能够为人师表，像雷翁丁内的戈尔极亚[①]、盖欧的柏若狄果[②]、艾雷阿的希比亚[③]那样，是一件好事。公民们，他们人人都能周游列国，游说青年人；这些青年人本
20A 来可以免费交朋友，跟本邦同胞中间任何人往来，却放弃那种交往而跟他们往来，付给他们酬金，而且感激不尽。除了他们以外，现在还有一个智慧的人，是从巴若[④]来的，住在城里。我偶然遇到一个人，名叫伽利雅，是希波尼果的儿子，他在智者们身上花的钱比谁都多。因为他有两个儿子，我就去问他儿子的事。我说："伽利雅啊，你的两个儿子假如是马驹子或者牛犊子，我们会去找个人来照管他
B 们，给他报酬，他会使他们发挥应有的品德，成为最出色的。这人该是个马夫或者种地的。可是现在你儿子是人，你想该找谁来照管呢？这一种人的品德，公民的品德，是谁最精通呢？我想你对这个问题是思考过的，因为你有儿子。"我说："有没有那样的人呢？"他说："当然有。"我说："那是谁呀？是哪里人哪？要交多少学费呀？"他说："苏格拉底呀，他叫欧维诺[⑤]，巴若人，要五个末纳[⑥]。"这位欧

---

① Γοργίας ὁ Λεοντῖνος，约公元前 485—前 380 年，著名演说家，智者。

② Πρόδικος ὁ Κεῖος，公元前五世纪后半，智者的主要代表。

③ Ἱππίας ὁ Ἠλεῖος，公元前五世纪末，智者的主要代表。

④ Πάρος，一个岛。

⑤ Εὔηνος，诗人。

⑥ μνᾶ，希腊货币。五个末纳的学费不算贵，当时有人要一百个。

维诺要是真有这个本事，真能把人教会，我说他就是大福人。我要 C
是懂得那类事情，我就洋洋得意、不可一世了；可惜我一点都不懂，
雅典公民们。

你们中间也许有人会问我："那么，你的毛病又出在哪里呢，苏
格拉底？你受到的那些非难是怎么产生的呢？如果你的行为举止没
有什么出格的地方，你做的跟大家一样，肯定不会产生那种议论， D
那种流言。请告诉我们实情，使我们处理你的案子能够实事求是。"
我觉得这人说得很对，我要努力使你们明白实情，知道我的名声是
怎么造成的，我所得到的非难是怎么来的。请听我说。我的话也许
有人觉得是开玩笑，其实不然，我要把实情给你们全盘托出。雅典
公民们，实际情况是我仅仅由于某种智慧①而招来了这种名声。这是
哪种智慧呢？也许正是那种属于人的智慧。我智慧，实际上也许是
人的智慧这个意义上的；至于我刚才说的那些人，也许是在超人的 E
智慧这个意义上智慧。这种智慧我不知道怎么说，因为我一点都不
懂，说我懂的人是说谎，是在引起对我的非难。雅典公民们，请肃
静一点，不要打断我的话，即便你们觉得我在吹嘘；因为我说的并
不是我自己的话，而是引证一位有分量的权威。至于我的智慧是不
是智慧，是哪种智慧，我要向你们推举岱尔沛②的神道作证。我想你 21A
们都认得凯瑞奉③，他是我从小的朋友，也是你们多数人的朋友，和
你们一同流放，一同回来的。你们知道凯瑞奉的为人，是行事果断
不遗余力的。有一次他到岱尔沛去向神道求签，大胆地提出了智慧

① σοφία.

② Δελποί，阿波隆（’Απολλον）神庙所在地，著名的求签地。

③ Χαιρεφών，雅典民主派。

问题。公民们，请不要打断我的话。他问的是有没有人比我智慧。解签的毕体亚[①]女巫答道：没有更智慧的了。现在凯瑞奉已经去世，他的兄弟在这里，可以向你们证明这些事情。

B 我为什么要说这些事情呢？为的是向你们说明我遭受非难的缘由。我听到那句话，心里就反复地想："神的话暗含着什么意思呢？我自己意识到我并不智慧，既没有很多智慧，也没有很少的智慧。那么神说我最智慧是什么意思呢？他当然不能是说谎，因为那是不可能的。"他的意思我很久不能理解，后来才勉强想出一个办法来探

C 求其中真意。我去访问一个有智慧名声的人，心想在他身上可以证明神签有误，可以向它指出："这个人就比我智慧，而你却说我最智慧。"我对这人进行考查，他的名字我用不着说，这是一位政界人物。见到他，雅典公民们，我的眼界大开。我跟他谈话，发现这个人虽然很多人认为智慧，他自己尤其自认为智慧，实际上并不智慧；

D 于是我试图给他指出，他认为自己智慧而实非如此。结果他恨我了，在场的也有许多人恨我了。我临走的时候心里暗想："我还是比这人智慧；因为我们虽然没人真正知道美的和好的，他一无所知却自以为知道什么，而我既不知道也不自以为知道。看来我在这一小点上要比他智慧，这就是以不知为不知。"然后我又去访问另外一个智慧

E 名声比他更大的人，结果也是完全一样，这样就使这人和许多别的人都恨我了。

这以后我又逐个访问，自己也感到这在招怨，心里很不自在，有几分恐惧，但是尽管如此我还是以服从天命为重。所以我一定要

① Πυθία，岱尔沛的旧名。毕体亚女巫即阿波隆庙的女巫。

遍访一切号称有点知识的人，探索神签的意义。天狗在上，雅典公 22A
民们，我必须对你们说老实话，我得到了一点经验：那些名气最大的，我从神的意旨来看，几乎是最不行的；那些名气比较小的，却颇为讲理，似乎是比较干练的人。所以我要告诉你们，我到处奔波，备尝辛苦，终于证明那条神签是驳不倒的。我看了政界人物之 B
后，又访问了那些诗人，如悲剧诗人，狂歌诗人，等等，心想在他们那里我可以凭实测证明自己学问差。于是我拿出几篇我认为是他们精心炮制的得意作品来，问他们是什么意思，想跟他们学点东西。可是，公民们，我很不好意思说出真相，却又不能不讲。因为在座的诸位几乎没有一个不能对他们的作品说出些道理，他们自己却说不出所以然。我这才明白了一件事：诗人们创作并不是靠智慧，而 C
是靠天分、凭灵感，正如先知和解说神签的人一样；因为这些人也说出很多美好的话，却不明白自己说的是什么意思。我觉得很明显，诗人们的情况也没有什么两样。同时我也发现，他们凭着能写诗，就以为自己在其他方面也很智慧，其实一窍不通。于是我就告别了他们，心里也觉得自己比他们高明，如同胜过政界人物一样。

最后我去访问了手艺人。因为我意识到自己确实一无所知，相 D
信我会发现他们知道很多好东西。在这一方面我看得不错。他们知道我所不知道的东西，这就表明他们比我智慧。可是，雅典公民们，我发现这些能工巧匠也有跟诗人同样的毛病。由于本行手艺干得好，他们就个个都以为自己在其他最重要的事情上非常智慧。他们的这种愚蠢掩盖了那种智慧，所以我代表神签问我自己：我究竟情愿像 E
我原来那样，既没有他们那种智慧，也不像他们那样愚蠢，还是愿意两方面都跟他们一样？我对我自己和神签回答道：我还是像原来那样好些。
23A 雅典公民们，就是这一番查访给我引来了很多人的敌意，非常
苛刻，非常毒辣，它也给我招来很多诽谤，使人家说我是智慧的[①]。
因为在旁观的人看来，我既然说别人对某事无知，那就一定是我本
人对这件事有智慧了。其实，公民们，只有神才是真正智慧的，他
的神签的用意是说："人的智慧价值不大，甚至毫无价值。"看来他并
B 不是真说苏格拉底的智慧，只是用我的名字当作例子，意思大概是
说："凡人哪，你们中间那个像苏格拉底这样的人，是最智慧的，他
承认自己在智慧方面实际上毫无价值。"

所以我到现在还在到处奔波，还在遵照神的意旨检验我认为智
慧的每一个人，不管他是本邦公民还是外邦侨民。如果我发觉某人
并不智慧，我就协助神指出他不是智慧的人。由于这项工作很忙，
C 所以我没有余暇去参加政治活动，也没有工夫去料理自己的私事。
如今我一贫如洗，两袖清风，这就是我一心侍奉神道的结果。

除此以外，还有一批小青年，本是富家子弟，游手好闲，很乐
意跟我往来。他们喜欢听我讲怎样对人们进行审查，自己也学着我
的样去审查别人。我想，他们该发现了一大批人自以为知道事情，
实际上知道很少，或者一无所知。于是那些被他们审查的人十分恼
D 火，就怨恨我而不怨恨他们，说苏格拉底最可恶，毒害了青年。有
人问我做的什么事情，教了什么东西，他们根本不知道，无话可答，
又不愿意露出窘态，就搬出些人们指摘一切爱智者[②]的现成话，说我
钻研天上地下的事情，不信神灵，把没理的说成有理。我想，这是

① σοφὸ 就是 σοφος ἀνήρ（智慧的人），意同 σοφιστής（智者）。

② φιλόσοφος，即哲学家，异于 σοφιστής（智者）。

他们不肯说真话，明明不知道，硬说知道。他们野心勃勃，生性粗 E
暴，人数又多，而且众口一词地对我发动攻击，所以早就往你们的耳朵里强行灌进了各种谰言。现在从他们那里来了梅雷多、安虞铎和吕贡三个人向我进攻：梅雷多为诗人出气，安虞铎为工匠和政客 24A
报仇，吕贡为演说家翻案。所以我在前面说，我要是能够在这样短的时间内把你们心里这种根深蒂固的成见统统除净，那简直不可思议。雅典公民们，真相就是这样，我给你们说得毫无隐瞒，大事小事一概托出。我很明白我这样做是给自己招怨，不过这也正好证明
我在说真话，证明他们对我心存偏见，偏见的原因就是这些。不过 B
你们立刻考查，还是以后再考查，都会发现事情就是这样。

我的第一批诬陷者所提出的那些谰言，我已经向各位充分驳斥了；下面我就要对那位自命为好人和爱国人士的梅雷多，以及随同他上诉的两个人，作出我的驳辩。由于他们是另一批诬陷者，所以我们要再一次聆听他们发誓上告的诬蔑之词。他们的状子大致如下：苏格拉底
作恶多端，因为他毒害青年，不信本邦崇敬的神灵，另奉新的灵机。C
他们的状就是这样告的。我们来仔细看一看这一番控诉的每一点。

他说我作恶多端，因为我毒害青年。可是，雅典公民们，我要说梅雷多作恶多端，因为他拿正经事开玩笑，轻易拉人打官司，对自己根本不关心的事冒充热心，假装关怀。事实就是这样，我要努
力给你们说清楚。来吧，梅雷多！请告诉我，你认为教青年尽量学 D
好是最重要的事情吗？

＊当然。[1]

---

① ＊后为梅雷多的答话，下同。

那就请你告诉大家：是谁教青年学好呢？这是你显然知道的，因为你非常关心这件事。你发现了一个人像你说的那样毒害青年，你把我拖到大家面前告发我，那就请你说说是谁教青年学好，告诉大家他是什么人。你瞧见了吗，梅雷多，你不作声，无话可说了？你不觉得这样很丢脸，正好证明我说得对，你从来不关心这件事？要不，好人哪，你就告诉大家：是谁教青年学好的？

＊是法律。

E 这不是我所问的，我的大好人哪，我问的是谁，是什么人首先应该懂得法律这件事呢？

＊是这些位，苏格拉底啊，是在座的审判官。

你说什么，梅雷多？这些位能够教导青年，让他们学好？

＊一点不错。

是全都能，还是有些能，有些不能？

＊全都能。

25A 好哇，天后在上，你说有那么多人帮助青年！那些旁听的怎么样？他们是不是让青年学好？

＊他们也帮助学好。

＊元老们[①]怎么样？

＊元老们让青年学好。

可是，梅雷多啊，议院里的议员们[②]究竟是毒害青年呢，还是都让他们学好？

---

① βουλευταί，雅典元老院由 500 人组成。

② ἐκκλησιασταί，雅典议院（ἐκκλησία）由全体公民组成。

* 都帮助学好。

看来所有的雅典人，除我以外，全都帮助青年学好，只有我一个人毒害青年。你是这样想的吧？ B

* 确实如此，我就是这样想的。

你这就让我倒大霉啦！不过我还要问你一句：你觉得对于马来说，究竟是所有的人都对马有益，只有一个人对马有害，还是正好相反，对马有利的只有某一个人，或者少数人，即驭手，多数人对待马、使用马的时候都对马有害？对于马是这样，梅雷多啊，对于其他一切动物不也是这样吗？都是这样的，不管你和安虞铎赞成还是反对。青年人真幸福啊，如果只有一个人糟蹋他，其他的人全都对他有益的话！梅雷多啊，你已经暴露出你根本没有想过青年的事， C
你显然对青年漠不关心，根本不关心你在法庭上告我的那些事情。

除此以外，梅雷多啊，请你凭着皇天告诉我，跟好公民在一起好，还是跟坏人在一起好？朋友，回答吧！我问的不是难题。坏人是不是随时随地都对同他接近的人不利，好人是不是永远对人有利？

* 当然。

是不是有人宁愿受同伴的害，不想得益？请回答吧，我的好 D
人！因为法律要求你回答。有没有人宁愿受害？

* 当然没有。

那么，你把我拖到公堂，告我毒害青年，把他们教坏，你说是有意的，还是无意的？

* 我认为你是有意的。

怎么，梅雷多？你难道以为你比我年纪小得多，就比我智慧得多，懂得坏人总是使同他往来的人受害，好人总是使人受益，而我 E

就老朽昏庸到不明白自己如果把别人教坏了也有从那人受害的危险，仍旧像你说的那样有意地去干那种大坏事？我不信这个，梅雷多，

26A 我想也不会有人信！要么是我并未毒害青年，要么是我毒害青年而出于无心，所以你的话是双料的骗人。假如我是无心地毒害了青年，法律不该因为这种无心的过错把一个人拖上公堂，只应把他私下叫来，训导一番，警告一下。因为很明显，我受到训导就不会去做那种无心做出的事了。可是你拒绝同我往来，拒绝训导我，不肯那样做，却把我拖上公堂，然而法律拖上公堂的是需要惩罚而不需要训导的人。

B 这就很明显，雅典公民们，梅雷多正像我说的那样，对这件事根本不关心。梅雷多啊，你告诉我们，你是怎样说我毒害青年的？是不是像你的状子上写的那样，告我教人不信本邦崇敬的神灵，另奉新的灵机。你不是认为我用这种说法蛊惑青年吗？

*我确实是这样说的。

C 对于这里说到的这些神灵，梅雷多啊，你给我和在座的公民们说清楚一点。因为我不明白你究竟是说我教人相信有些神灵，自己也相信有些神灵，并不是彻底无神，也不是渎神，只不过这些神灵并不是本邦崇敬的神灵，而是别的神灵，因此你告我信仰别的神灵；还是说我自己根本不信神灵，并且以此教人？

*我认为你根本不信神灵。

D 古怪的梅雷多啊！你怎么会这样想呢？我难道跟别人不一样，把太阳、月亮不当作神灵吗？

*他不，皇天在上，审判官们！因为他主张太阳是块石头，月亮是一团泥。

你以为你在控告阿那克萨戈拉[①]吗？亲爱的梅雷多！你藐视审
判官们，以为他们无知到不明白格拉左枚奈人阿那克萨戈拉的书里
充满着这类话！青年们难道是从我这里学到这些说法的？这路货色，
他们随时可以最多花一块钱[②]在剧场里[③]买到，然后大笑苏格拉底， E
如果他把这些并不属于自己的荒诞不经的货色据为己有的话！皇天
在上，你认为我根本不信神灵吗？

*皇天在上，你不信，一点都不信。

你的话没人信，梅雷多，连你自己也没法信。因为这个人哪，
雅典公民们，我觉得太粗暴、太放肆，实际上是冒冒失失地胡乱递
进状子的。看来他是编了个谜语来试我，心里想："苏格拉底这个智 27A
慧的人会不会发觉我是在开玩笑，说自相矛盾的话？我会不会把他
和其他听我说的人都骗了？"因为我觉得他的话是自相矛盾的，例
如他就说："苏格拉底作恶多端，因为他不信神灵，而信神灵。"[④]这不
是开大玩笑吗！

公民们，请和我一道考虑一下，为什么我发现他在说这种话。
梅雷多，你给我们回答。我在开始的时候要求过各位，请不要忘记， B
如果我用习惯的方式说话，请不要打断我。

梅雷多啊，是不是有那么一个人，他相信有一些属于人的事情，却不信有人？让他回答吧，公民们，不要以任何方式打断他。

---

① Αναξαγόρας ὁ κλαζομένιος，曾在雅典被控为无神。

② δραχμή，价钱不贵。

③ 阿那克萨戈拉的学说常被剧作家采入剧中，如欧里彼德（Ἐυριπίδης）的悲剧。

④ Σωκράτης θεοὺς οὐ νομίξων, ἀλλὰ θεοὺς νομίσων，后一个θεοὺς实指δαιμόνιον（灵机）。

是不是有人不信有马，却相信有一些属于马的事情？或者不信有吹笛子的，却相信有一些有关吹笛子的事情？没有那回事，我的大好人。如果你不想回答，我就给你和在座的各位说了吧。不过你要回
C 答底下的问题：是不是有人相信有一些属于灵机的事情，却不信有灵机？

＊没有。

多承你在各位的敦促下终于开了金口。你说我相信并且传授有关灵机的事情，不管是新的还是旧的，那么，根据你的说法，以及你在状子里发誓提出的，我就是相信有关灵机的事了。可是，如果我相信有关灵机的事，那就必定是我也相信灵机了，是不是？是的。
D 你虽然不回答，我假定你同意。可是，你是不是认为灵机是神灵，或者是神灵的孩子？你说是，还是说不是？

＊当然说是。

如果我像你说的那样相信灵机，而灵机是神灵的一种，那你就是在像我说的那样编谜语、开玩笑，说我不信神灵，又信神灵，因为我相信灵机。还有，如果灵机是神灵的一种私生子，是神灵和仙
E 姑[①]或者别的凡人生的，谁能相信有神灵的孩子却没有神灵呢？这太荒唐了，不下于认为有人相信有马和驴生的骡子却没有马和驴。你这样告，梅雷多啊，也许是为了对我们试探一下，也许是因为缺少可以告我的真正罪名。可是你没有办法说服任何一个稍有头脑的人，
28A 使他相信同一个人可以相信有关灵机和神灵的事而不信有灵机、神灵、英雄。这是无法设想的。

① νύμφη，自然物的精灵，比神灵低而比凡人高，有高寿而并非不死。

雅典公民们，我并没有梅雷多所指控的罪过，我觉得用不着更
多地为此申辩，我说的这些话就足够了。你们可以相信我以上所说
的是真话，我蒙受了很大的仇恨，很多人心里对我的深仇大恨。要
是给我定罪的话，这就是定罪的原因；原因并不是梅雷多，也不是
安虞铎，而是众人的偏见和妒忌。这已经毁了很多别的好人，我想 B
还会害人，不必担心它会到我为止。

也许有人会说："苏格拉底呀，你不断地追求，招来杀身之祸，
不觉得惭愧吗？"我可要给他一个正当的回答，说道："老兄，你这
话欠妥，你以为一个有点用处的人应该考虑生命的危险。他行事的
时候该当思考的只有一件事，就是自己做得对不对，是好人还是坏
人。"照你那么说，德若亚[1]阵亡的英灵们[2]就没什么了不起啦，尤其
是泰谛的儿子，他不肯受辱，蔑视危险，当时他的母亲女神眼看着 C
他拼命要去杀死赫格多尔[3]，就跟他说："儿子，你要是为朋友巴德若
格洛[4]的死报仇，杀死赫格多尔，你自己就会死，"因为"赫格多尔
一死，你就注定丧命。"[5]他听了这话，置死亡和危险于度外，只怕活 D
得胆怯，不敢为朋友报仇，于是说："我报复了恶人之后可以立即死
去，不留在这里，躺在巨舰旁边给人当笑柄，给大地当包袱。"[6]你想
他这是考虑死亡和危险吗？"

雅典公民们，真理就是这样：一个人的职位在哪里，不管这是

---

① Τροία，黑海边上的城邦，大战的战场。

② ἡμιρέος（半神）。

③ Ἕκτωρ，德若亚的王子，勇将。

④ Πατρόκλος，希腊联军猛将。

⑤ 荷马史诗《伊利亚特》，Ⅷ，96。

⑥ 《伊利亚特》，XⅧ，98，104。

自己选定的，还是上级指派的，他都应该坚守在那里，面对着危险，不考虑死亡，也放弃其他顾虑，决不让荣誉受到损害。可是我会把
E 事情做坏，雅典公民们，因为我曾经在你们选派来指挥我的将军麾下，在波底代阿和安丕波利[①]，以及德利雍[②]，都和别人一样坚守阵地，冒着死亡的危险不退；现在神灵给了我一个岗位，这是我深信而且
29A 理解的，他命令我终生研究哲学，考查自己并且考查别人，如果我由于怕死，或者由于其他顾虑，擅自离开了职守，那就坏了。这是一件坏事，事实上人们可以依法把我抓到法庭上，控告我不信神灵，因为我不听神签，怕死，自己不智慧却自以为智慧。因为怕死无非就是以不智慧为智慧，以不知为知。因为谁也不知道死是不是人的
B 最大幸福，他们却怕死，好像知道死是最大的坏事似的。以不知为知，岂不是最糟糕的无知吗？也许在这个问题上，公民们，我也跟其他的人不一样，如果我得说我在某事上比较智慧，那是说，我不很知道死后的事情，就不以为自己知道。然而我知道，做违背法律的行为，不服从胜过我的人或神，是坏事，是可耻的事。所以我决
C 不害怕或者躲避那些我不知道好坏的事，只害怕那些明知道坏的事。所以，你们也可以把我当庭开释，不照安虞铎的话办。他说，要么根本不该把我抓来审判，既然抓来审判了，就必须判处死刑，如果放了，你们的儿子就会照着我教的做，彻底毁了。你们可以跟我说：“苏格拉底呀，这回我们不照安虞铎说的做，让你走，不过有一个条件，就是你不再钻研，不再搞哲学，如果查出你还在干，就一定要

① Ποτιδαία 和 ’Αμφιπόλις，苏格拉底在这里立过功。

② Δελίον，苏格拉底在此救过人的命。

处死你。”如果你们在上述条件下让我走，我就会跟你们说：“雅典 D
公民们，我敬爱你们，但是我要服从神灵胜过服从你们，只要我还有口气，还能动弹，我决不会放弃哲学，决不停止对你们劝告，停止给我遇到的你们任何人指出真理，以我惯常的方式说：‘高贵的公民啊，你是雅典的公民，这里是最伟大的城邦，最以智慧和力量闻
名，如果你只关心获取钱财，只斤斤于名声和尊荣，既不关心，也 E
不想到智慧、真理和自己的灵魂，你不感到惭愧吗？’”如果你们中间有人要辩论，说他关心，我是不会随便放他走的，我自己也不走，我要询问他，考问他，盘问他，如果发现他自称有德行而实际没有，
就指责他轻视最重要的东西，看重没什么价值的东西。我要逢人就 30A
这样做，不管老幼，也不管是外乡人还是本邦人，尤其对本邦人，因为你们跟我关系近。因为，你们都知道，是神灵命令我这样做的。我相信这个城邦里发生的最大的好事无过于我执行神的命令了。因为我来来往往所做的无非是劝告各位，劝告青年人和老年人，不要
只关心自己的身体和财产，轻视自己的灵魂；我跟你们说，美德并 B
非来自钱财，钱财和一切公私福利都来自美德。我说的这些如果毒害了青年，那就是有害的；如果有人说我说的跟这不一样，那他是说瞎话。因此我跟你们说，雅典公民们，你们照安虞铎说的办也好，不那么办也好，把我释放也好，不放也好，无论如何，我是不会改
变我的行径的：我行我素，虽百死而不悔！ C

请不要喧哗，雅典公民们，请继续做我要求你们做的事，不要用喧哗打断我的话，仔细听吧。我相信你们听了会得益。现在我要跟你们说一些事情，你们听了也许会叫喊起来，不过还是不要作声。你们要知道，如果你们杀了我，杀了我说的这样一个人，你们自己

D 受到的损害会比我大。因为梅雷多也好，安虞铎也好，都不能损害我分毫。那是不可能的，因为我相信神灵不许坏人害好人。他也许会把我杀了，或者把我放逐了，把我的公民权褫夺了；他也许认为这样就给了我很大的损害，别人也可以这样想，可是我不那么想。我认为他现在做的这件事，不义杀人，只会给他自己更大的损害。雅典公民们，我现在进行申辩，并不是为了我自己，像大家想象的那样，更多的是为了各位，使你们可以不至于给我定罪，从而错误
E 地对待神灵赐给你们的恩典。你们如果置我于死地，是很不容易找到另外一个人来顶替的，这个人附在城邦上，打个不恰当的比方说，好像牛虻附在马身上，这匹骏马由于太大太肥，年龄未老就行动迂缓，需要叮一叮才能焕发精神。我想是神灵把我拴在城邦上的，具
31A 有这样一种资格，可以走来走去，激发、催促和责备你们每一个人，整天不停地到处紧跟着你们。公民们，这样的人是难遇的，你们如果听我的劝告，就留下我吧。你们也许很恼火，好像梦中被叮醒，会像安虞铎劝告的那样，把我一掌拍倒，轻易地杀死；这样，你们以后的日子就可以蒙头大睡，除非神灵对你们关怀，再派一个人来叮你们。我这样一个人是神灵赐给城邦的，你们可以想想，我多年
B 来不理个人的私利，不顾一己的私利，经常为你们的利益奔波，一个一个地帮助你们，像父兄对待子弟一样，敦促你们关心美德，这怎能是出于个人的私利？如果我这样做是为了获利，我的劝告和勉励得到了报酬，那就是别有用心。可是你们可以看得出，我的原告
C 们无耻地指控了很多其他方面的问题，可是尽管厚颜无耻却不能证明我勒索过钱财，收取过报酬。我倒有充分的证据说明我说得句句真实，这就是我的贫寒。

也许有人感到奇怪，我走来走去，干预别人的事务，以私人身份提出劝告，却不敢参加议院，向城邦提意见。我这样做是有原因的：你们在很多时候、很多场合听我说过，有个神物[①]或灵机附在 D
我身上，这就是梅雷多的状子里以嘲笑的口吻提到的。这是一个声音[②]，我从小就感到它的降临，它每次让我听见的时候，都是阻止我做打算做的事，却从来不叫我去做什么。就是它反对我从政。我认为它反对得有道理。因为你们知道，雅典公民们，我如果很久以前就从政，那就早已被处死，不能给你们或者给我自己做什么好事了。 E
请不要因为我说实话而不高兴。因为一个人如果刚正不阿，力排众议，企图阻止本邦做出许多不公不法的事，就很难保全生命。一个 32A
人如果真想为正义而斗争，又不想活一个短暂的时期，那就只能当一名平头老百姓，决不能做官。

我要向你们提供这一方面的有力证据，这不是空话，是你们比较尊重的实事。请你们听听我的遭遇，听了就会知道，我决不会由于怕死而背信弃义，对任何人屈服，我是宁死不屈的。我要跟你们讲的事情很平常，很普通，不过是真实的。雅典公民们！我没有担 B
任过其他公职，只当过元老。有一回，我们安底奥启族[③]当主席，你们要想集体审判十位将军未葬海战阵亡士兵[④]一案，这是非法的，后来你们也都承认了。当时主席团里只有我一个人提出反对，不让你

① θεῖόν.

② φωνή.

③ ἡφυλὴ ’Αντιοχὶς，雅典十族之一。当时每族举出元老 50 人，十族共元老 500 人，每 36 天由一族元老当主席，一年轮毕。

④ 公元前 406 年，雅典于阿尔及努诸岛（’Αργινοῦσαι）海战胜斯巴达，因风高浪急，未能将阵亡者收葬。

们做出违法的事情，并且投了反对票，虽然演说家们准备弹劾我、逮捕我，你们也用呼喊来怂恿他们干，我却认为自己为了公正和法
C 律宁愿冒险，不肯为了怕坐牢、怕处死而跟你们同流合污、多行不义。当时我们城邦还在奉行民主政治，后来却来了寡头统治。有一回三十巨头[①]把我和另外四个人召到圆厅[②]，派我们把萨拉密人雷翁[③]从萨拉密捉来处死。他们还派了许多别人去执行类似的命令，想把
D 尽可能多的人加上罪名法办。这回我又是不用语言而用行动表明，死这个字眼如果你们不觉得太粗俗的话，我是一点都不怕死的，但是我尽力防止做任何不公正、不虔诚的事。那个政府虽然大权在握，却没有把我吓得只好去做不义的事。我们从圆厅回来之后，那四个人到萨拉密去捉雷翁，我却走上回家的路。如果不是那个政府很快
E 垮台的话，也许我是会因此被处死的。这两件事，有许多人可以向你们作证。

你们想想，我要是担任公职，刚正不阿，一心维护公道，以为至关重要，还能活到那么大年纪吗？当然不能，雅典公民们，这是
33A 谁都办不到的。可是在我的一辈子里，无论在私事上，还是在公事上，在我参与公务的时候，我从来没有在某人对错的问题上作过丝毫让步，哪怕是对那些被我的仇家指为我的弟子的人[④]。其实我从来没有当过任何人的老师。不过，如果有人要听听我怎样讲，怎样执行我的使命，不管他年轻年老，我从来不拒绝。我也不是收了费才

---

① 公元前404年，雅典成立寡头政府，由30人当政。
② Θόλος，雅典圆形建筑，在元老会议厅旁，为主席们用餐处所。
③ Λέον ὁ Σαλαμίνιος.
④ 例如格里底亚（Κριτίας），曾经跟苏格拉底往来，后来成了三十寡头的首领。

谈，不见钱不谈，而是对富人和穷人同样效劳；我先问，愿意答的 B 可以答，答了再听我说。他们中间有人变好了或者变坏了，都不能由我负责，因为我并没有对谁作出许诺，也没有给谁作过指点。要是有人说他私下从我这里学到或听到一些东西，别人都不知道，那是说瞎话。

可是，为什么有些人乐意跟我长期往来呢？这个缘故你们早已 C 听到了，雅典公民们，因为我已经把全部真相都告诉了你们：他们乐意听我盘问那些自以为智慧实际上并不智慧的人，觉得很有趣。我做这件事，我认为是奉了神的命令，是神通过神签、托梦以一切向人传达命令的方式让我干的。雅典人啊，这是实话，是很容易检验的。如果我在毒害某些青年人，并且过去就毒害过另一些青年人，D 那么，他们肯定有些人已经长大，发觉自己年轻时候受过我的骗，现来就该来告我。如果他们不愿自己来告发，他们的亲属，他们的父兄现在应该出来控诉我引诱他们的子弟作恶。现在我就看到他们有好些人在座，第一位是格黎东①，他跟我同年，又是同乡，是格黎 E 多步洛②的父亲，他们父子都在座；其次是斯佩多人吕萨尼亚③，他是艾斯钦④的父亲，父子都在座；还有盖丕索人安谛捧⑤，他是埃比根⑥的父亲。还有一些人的兄弟跟我有往来，这就是尼哥斯德拉多⑦，他

① Κρίτων，苏格拉底的老友，见《格黎东篇》St.I，43—54。

② Κριτοβούλος.

③ Λυσανίας ὁ Σφήττιος.

④ Αἰσχίνης.

⑤ ’Αντιφῶν ὁ Κηφισιεύς.

⑥ ’Επιγένης.

⑦ Νικόστρατος.

是泰奥左谛佗[①]的儿子，泰奥陀多[②]的兄弟，泰奥陀多已经去世，不
34A 能要求他沉默；还有德谟陀哥的儿子巴拉洛[③]；以及阿黎斯东的儿子阿兑满多[④]，他的兄弟柏拉图也在座；以及艾安多陀若[⑤]，他的兄弟阿波罗多若[⑥]也在座。除此以外，我还能给你们举出好些人，其中确有梅雷多应该提出来为他做证人的；如果他忘了提的话，他现在还可以提，我让他这样做，如果他是这样的证人的话，就说吧。可是公
B 民们，你们会发现事情适得其反，那些人全都会帮我说话，帮助我这个据梅雷多和安虞铎说毒害了、损伤了他们亲属的人。那些本身被我毒害了的人也许有必要帮我说话，可是他们的亲属并没有被我毒害，而且都是年龄比较大的人，能有什么理由要那样做呢？只能有一个恰当的、正当的理由，那就是他们心里明白梅雷多说的是假话、我说的是真话。

公民们，我在申辩里要说的就是这个，或许还可以加点类似的
C 话。你们中间有的人听了也许会感到不快，因他想起了自己的往事，记得在一场比这要小的官司里，他曾经哭哭啼啼哀求法官，把一些小儿女和众多亲友带到大家面前博得哀怜，而我却不会这样做，虽
D 然我的处境十分危险。也许有的人心里想到这些，会苛刻地对待我，忿怒地投下自己的一票。如果你们中间有人持那种态度，尽管我相信不会有，万一有，我想我该公公平平地跟他说：高贵的朋友

① Θεοζοτίδος.
② Θεόδοτος.
③ Πάραλος ὁ Δημοδόκου.
④ ’Αδείμαντος ὁ ’Αρίστωνος.
⑤ Αἰαντόδωρος.
⑥ ’Απολλόδωρος.

啊，我也有亲属，因为我像荷马说的那样，“并不是木头、石头生的”，[①] 而是人生父母养的，所以我有亲属，雅典公民们，我有三个儿子，一个快成人了，两个还幼小，但是尽管如此，我还是不把他们带来恳求你们宽恕我。为什么我不那么做呢？并不是因为我固执，雅典人哪，也不是由于我瞧不起大家。我怕不怕死，是另外一个问 E
题；可是为了我的名誉，为了你们的名誉，为了我们整个城邦的名誉，我想从我的年龄和声望看，不管是否名实相符，我是不能做那些事的。因为无论如何，大家还是认为苏格拉底在某方面有过于常 35A
人之处；你们中间有些人被认为在智慧、勇敢或其他德性方面过于常人，如果做出那样的事，那是很丢脸的。我曾经多次见到一些颇有声望的人在法庭受审的时候表现得奇形怪状，似乎认为被判处死刑是非常可怕的事，如果能够免死就万古不朽了。在我看来，他们是城邦的耻辱，任何一个外邦人都可以说，那些德高望重、被推为官吏享有荣名的雅典人，简直比女人还不如。这一类行为，雅典公 B
民们，我们这些有点声望的人都不应该做，如果我们做了，你们应该阻止，你们要明确表态：对那种向你们演出求怜丑剧、给城邦丢丑的人，你们要坚决判罪，比对待缄口不言者更无情。

除了声望问题以外，公民们，我认为哀求法官、凭求告免罪也 C
是不正当的；我们应当向法官说明真相，以理服人。因为法官坐在堂上并不是为了枉法徇情，而是要依法公断的；他的誓言要求他不可因一己的私情而法外施仁，必须秉公执法；我们不应该让你们养成背弃誓言的恶习，你们自己也不应该沦于这种恶习，否则你我双

---

① 荷马史诗《奥德赛》XIX，163。

方就都是做了不虔诚的事。因此，雅典公民们，你们别指望我在你们面前做出我认为既不光彩、也不正当、更不虔诚的事情，皇天在
D 上啊，特别在梅雷多向法庭控告我不虔诚的这个时候。因为很清楚，如果我凭着劝说和哀求迫使你们背弃了誓言，我就会教你们不信神灵，就会在自己的申辩里控告自己不信神灵了。可是这和事实相差太远，雅典公民们，因为我笃信神灵，非我的原告中任何人所能及，我相信由你们和神灵[①]审判我的案子，会断得对你们、对我都最合适。

二[②]

E 雅典公民们，大家投票决定判我有罪，我对此并不感到烦恼；这有许多原因，主要是你们的决定在我意料之中。使我大为吃惊的
36A 倒是所投票数；因为我没有料到多数票竟如此微弱，不是一个很大的数目。现在看来，只要有三十票改投[③]，我就当庭开释了。我认为对于梅雷多来说，现在我已经开释，而且不仅开释，大家都看得出
B 来，要不是安虞铎和吕贡也来告我，他是要交纳罚金一千块的，因为他得票不够五分之一[④]。

---

① 指智慧之神阿波隆。

② 苏格拉底申辩后，法官投票表决，以 281 ∶ 220 票判决有罪。原告建议处死刑，法庭允许被告自择刑罚，如无期徒刑、罚款、流放之类，为此苏格拉底再度发言表态。

③ 指赞成票 281 票只多 61 票，如有 30 票改为反对，即成平局。此处“三十票”（τριάκοντα）另本作“三票”（τρία）。

④ 雅典法律规定：案件由全体法官投票，按多数票决定被告是否有罪。原告一方如得票不足全票 1/5，即为诬告，应罚款一千 δραχμάς。本案原告共三人，共得票 281 票，三人均分各得 93½ 票，少于 501 票的 1/5 即 100⅓ 票。

这人建议处死刑。我建议用什么来代替呢？雅典公民们！那显
然是我应得的那一份，是不是？我应当得到的，或者应当付出的是
什么呢？我这个人，一辈子忙忙碌碌，无意于多数人所关注的事情，
不图钱财，不治生业，不当将帅，不求闻达，城邦里喧腾的种种热
门活动，诸如宦海浮沉，钩心斗角，党同伐异，等等，一概不闻不 C
问，自以为忠厚有余，参与那些事情必定难以自保，因而避开我不
能有益于人也不能有益于己的那些场合，一心为你们每个人作出我
认为最大的服务，千方百计说服各位关心你们自身，关心自己尽可
能地臻于完善和智慧，不要只想个人的琐事，要关怀城邦本身，不
要老想城邦的琐事。像我这样一个人，应当得到什么呢？应当得到 D
好处，雅典公民们，如果要我提出一种真正符合我的功过的报答的
话；好处是应当适合于我的。一个于你们有恩、需要闲暇激励你们
的穷人，对他最适合的是什么呢？雅典公民们，对这样一个人最适
合的是让他在国宾馆[1]用餐。这对于我最恰当，远过于对你们当中在 E
奥林比亚赛会上赛马赛车得胜的人。因为他使你们表面上快乐，而
我使你们真正快乐；他根本不需要维持生活，而我需要。如果要我 37A
准照着我的功过提出一种处罚方式的话，我建议在国宾馆用餐。

也许你们有人以为我这样说是说大话，和宣称不肯啼哭哀求一
样。其实不然。实际上是我深信平生从未有意害人，但是我无法使
你们相信这一点，因为我们在一起谈话的时间太短。我相信，如果
你们也同别处一样有一条法律，规定事关生死的大案不能当天判 B
决，要等几天之后，那我就能使你们信服了；可是现在你们成见太

① πρυτανεῖον，公费接待有功将领、体育健将和国宾的大厦。

深，在短期间无法清除。既然我深信自己从未害人，我当然不会去害我自己，说自己应当吃苦，给自己提出那一类刑罚了。我为什么要那样做？是害怕梅雷多提出的那种我不知是吉是凶的刑罚吗？我要挑选什么来代替我知道凶的那一种呢？我要提出什么刑罚呢？徒
C 刑吗？我为啥要关在牢里给那些号称“十一员”[①]的狱吏当奴隶呢？我提出罚锾，监禁待缴吗？可这跟刚才说的是一回事，因为我没钱缴纳。那么我提出放逐的刑罚吗？也许你们会接受这个提案。可是
D 我尽管喜欢活命，却不至于糊涂到不明白你们这些本乡本土的人都受不了我的举止言谈，认为非常讨厌，要想把它轰走，以为外地人会情愿容忍我的这种作风。不会的，雅典公民们，他们当然不会。如果我在垂暮之年离乡背井，从这个城邦游到那个城邦，再依次地被轰出来，这日子过得倒也不错！因为我很明白，我到了哪里青年
E 人都会像这里一样来听我讲话，我要是轰他们走，他们会央告长辈把我赶跑，要是我不轰他们，他们的长辈和亲戚也会为了他们把我赶跑。

也许有人会说：“苏格拉底啊，你就不能离开我们过几天安静日子吗？”我很不容易使你们相信我的话，这是最难办到的事了。如
38A 果我说那样做就是不服从神灵，因此我不能保持沉默，你们会以为我在说讥讽话，不肯相信。如果我又说，人所能做的最大的好事，就是天天谈美德以及其他你们听见我谈的东西，对自己和别人进行考查，不经考查的生活是不值得过的，那你们就更加不肯相信我的话了。这就是我所讲的，公民们，只是很不容易使你们相信。此外，

① οἱ ἕνδεκα，雅典刑法执行官。

我也很不习惯把自己看成应当受罚的。如果我有钱，我会建议缴纳 B
我力所能及的罚锾；因为这不会对我造成损害。可是事实上我没钱，除非你们愿意把数量定在我缴纳得出来的范围内。我也许可以缴纳一两银子[①]。所以我建议罚这么多；不过，雅典公民们，柏拉图、格黎东、格黎多步洛和阿波罗多若在这里叫我提出罚锾三十两，说他们可以担保。因此我建议罚这个数目，他们为我担保缴纳。 C

三[②]

雅典公民们，只费了那么一点时间，你们就赢得了千古骂名，那些意图诽谤我们城邦的人得以谴责你们杀害苏格拉底这个智慧的人；因为你们知道，那些意图诽谤你们的人要说我智慧，虽然我并不智慧。其实只要稍稍等待，你们的愿望就会自然达到，因为你们看得出，我已经很老，在人生的道路上走了很久，离死期很近了。 D
我这话并不是对你们全体说的，而是对那些投票赞成处我死刑的人说的。对他们我还有几句话要说。公民们，也许你们以为我之所以定罪，是由于言辞短缺，未能说服你们把我释放，如果想到为了获释可以什么话都说，什么事都干，就不一样了。远非如此。我之所以定罪，是由于缺少一样东西，但是缺少的不是言辞，而是厚颜无耻，甘愿向你们说那些你们最爱听的话。你们喜欢听我哭哭啼啼， E
说和做一些我认为不配我去干的事情，而这些事情却是你们惯常从

① μνᾶν ἀργυρίου（一“末纳”重的银币）。

② 法庭投票表决，多数票主张判死刑，比定罪时还多 80 票。这是苏格拉底的诀别辞。

别人那里听到的。我并不认为我在危险之中应当去做那不配自由人做的事，现在也不懊悔自己作了那样一个申辩，倒是宁愿作了那种
39A 申辩而死，不愿作出另一种申辩而生。因为不管在法庭上还是在战场上，我或者任何一个人都不应该不择手段地谋求免死。在战场上一个人常常可以放下武器，向追兵摇尾乞怜，从而避免战死；如果愿意不加选择地任意言行，逃避死亡的办法还是很多的。可是公民
B 们，逃避死亡并不很难，逃避邪恶却难得多，因为邪恶跑得比死亡快。我现在由于又老又慢，被那跑得慢的追上了；我的原告们又灵又快，被那跑得更快的邪恶追上了。现在我要走了，因为被你们宣告有罪而判处死刑；他们也要走了，因为被真理宣告为卑鄙龌龊、颠倒黑白。我安于我的遭遇，他们安于他们的遭遇。也许两方面就该这样，我认为都很好。

C 给我判刑的各位啊，现在我要向你们发出预言，因为我正当多数人发预言的时刻，正在临死之前。杀害我的各位啊，我跟你们说，我死以后，惩罚立刻就来到你们身上，其酷烈的程度，皇天在上，要远远超过你们加在我身上的死刑。你们现在对我做下这件事，是
D 希望免得交待自己的生平所为，可是我说你们会发现结果适得其反。将来逼你们交代的人比以往多得多，这些人我一直阻拦着，你们还不知道。他们会比较严厉，因为他们年纪比较轻，你们会比较难堪。如果你们以为用处死的办法可以阻止人们指摘自己多行不义，那就错了。用这种办法逃避指摘，是根本办不到的，也是很不光彩的；最容易、最光彩的办法并不是压制别人，而是自己尽可能做好事。这就是我临行前对你们这些给我判刑的人的预言。

E 你们各位投票主张释放我的公民，我很愿意跟你们谈谈我所遇

到的一件事，趁着官员们还忙、我还没有走上刑场的时候。请多等我一会儿，公民们，因为现在还有一点时间，我们不妨敞开来扯一 40A
扯。你们是我的朋友，我很想跟你们说说我遇到的那件事，说说它的意义。因为，法官们哪，我称呼你们法官是很对的，我遇到了一件奇事。以往，那灵机总是频繁地向我发出预告，甚至在一些细小的事情上，都常常制止我以不妥的方式去做。可是现在这件事，你们可以认为，人们一般也认为，是我身上发生的最不祥的事，然而 B
神的朕兆在我早晨离家的时候，在我到这里走上法庭的时候，在我的发言说到任何一点的时候，都没有阻拦我。可是过去在别的场合，它在我说到很多点时打断我的话，而在当前这件事情上，它并没有反对我做任何事或者说任何话。我想这是什么缘故呢？我要告诉你们。我所遇到的这件事毫无疑问是件好事，我们中间认为死是坏事 C
的人肯定弄错了。我已经得到一个有力的证据足以证明这一点，这就是：如果我做的不是一件好事，那惯常出现的朕兆一定阻止我。

如果我们用另一种方式考察，那就会看到很有理由希望死是一件好事。因为死的状态有两种可能：死可能是绝对虚无，死者全无知觉；死也可能像人们说的那样，是灵魂从这个地方迁移到另一个 D
地方。如果死是毫无知觉，像一场没有梦的熟睡，那就是进于绝妙的境界了。我想，如果要人挑出他酣睡无梦的那一夜，跟他一生中的日日夜夜比一比，要他认真考虑之后说有多少个日日夜夜过得比那一夜舒服，我相信不止一般普通人，就是波斯国的大王也会发现，跟其他的日日夜夜相比，过得舒服的时节实在不多。如果死的本性 E
就是这样，我就认为得益匪浅，因为在那种情况下全部时间如同长夜。另一方面，如果死就是从这里移居别处，如果传说无误，所有

41A 的死者都在那里，那还有什么比这更好的呢，法官们？一个人到了那个世界，摆脱了这一班所谓法官，遇上了那一批据说在那里秉公审案的真正法官，像弥诺[1]和拉达满多[2]，艾亚哥[3]和德黎布多雷谟[4]，以及其他生时为人正直的神人们，这一移居岂不是非同小可吗？你们能跟俄尔部[5]、穆赛欧[6]、赫西俄德[7]、荷马[8]相见，是不是幸福？如果这些事情是真的，我情愿死好多次，因为我会亲身发现那里的生
B 活非常美妙，能遇到巴拉美德[9]，或者德拉孟的儿子阿雅[10]，或者古时的某些由于司法审判不公而丧命的人，拿我的经历同他们比较一番，我想不会没有趣味。最大的乐趣将是把时间花在考查观察那里的人上，如同我在这里所做的那样，找出他们当中谁真的智慧，谁自称智慧其实不智慧。列位法官们，你们当中任便哪一位法官，为了考
C 查那位率领大军征讨德若亚[11]的将领[12]，或者考查奥德修斯[13]，或者考查锡须颇[14]，或者考查那些我们可举出姓名的无数男男女女，你们愿意

① Μίνως，聪明正直的克里特（Κρήτη）国王，死后被封冥府判官。

② Ῥαδάμανθυς，公正的法官，后来成为冥府判官。

③ Αἰακος，由于公正无私，死后成冥府判官。

④ Τριπτόλεμος，革娄（Κέλευς）国王，死后成为冥府判官。

⑤ Ὀρφεύς，荷马以前最著名的诗人。

⑥ Μουσαῖος，文艺之神。

⑦ Ἡσίοδος，《神谱》作者。

⑧ Ὅμηρος，史诗作者。

⑨ Παλαμήδης，希腊英雄，以仗义为人所害，被用石头砸死。

⑩ Αἰάς τῷ Τελαμῶνος，希腊联军勇士，因遭不公待遇，忿而自杀。

⑪ Τροία，即伊里雍（Ἴλιον）。

⑫ 指阿伽门农（Ἀγαμέμνον）。

⑬ Ὀδυσσεύς，希腊联军名将，为人狡猾。

⑭ Σίσυφος，歌林沱（Κόρινθος）国王，为人狡猾。

付出什么代价呢？同这些古人交谈和往来，对他们进行考查，将是无法估量的幸福。总而言之，那里的人并不为了这种事杀人，因为如果传闻属实，他们是永远不死的，而且在其他方面比我们幸福。

可是法官们，你们也一定要抱着希望以乐观的态度来看待死，D
一定要记住这一条真理：一个好人无论在生时或死后都不会遇到不
祥，神灵并不忽视他的幸福。因此，我身上发生的这件事并非出于
偶然，我清清楚楚地看到，我现在死掉，摆脱烦恼，是比较好的。
就是因为这个缘故，所以神的朕兆并不阻拦我，我也并不埋怨控告
我的人和判我有罪的人。然而他们毕竟该受谴责，这并不是着眼于
他们控告我、判我有罪，而是因为他们存心害我。不过尽管如此，E
我还是要向他们提一个请求：等我的两个儿子长大时，公民们，你
们如果看出他们重视钱财之类身外之物而轻视德行，就责备他们，
像我折磨你们那样给他们折磨；如果他们自以为了不起其实一文不
值，就像我斥责你们那样斥责他们，因为他们不关心自己应当做的
事，自以为成器其实不成器。如果你们那样做的话，我和我的儿子 42A
们就从你们那里得到公正的待遇了。现在我们各走各路的时候到了：
我去死，你们去活。这两条路哪一条比较好，谁也不清楚，只有神
灵知道。

格黎东篇

（或《论义务》，伦理的）

谈话人：苏格拉底、格黎东

St.I

43A **苏格拉底**：你怎么这时候就来了，格黎东[①]？不是还早吗？

格黎东：是啊，很早。

苏格拉底：大概什么时候啦？

格黎东：天刚亮。

苏格拉底：真奇怪，看守怎么肯让你进来！

格黎东：现在他跟我熟了，苏格拉底，因为我老上这里来，也给了他一点好处。

苏格拉底：你是刚到，还是来了一会儿了？

格黎东：来了不多会儿。

B **苏格拉底**：那你怎么不把我立刻叫醒，悄悄地坐在旁边呢？

格黎东：不敢，不敢。宙斯在上，苏格拉底啊！我只希望自己不要那么睡不着觉，那么忧心忡忡。我看了一会儿，真佩服你能睡

---

① Κρίτων，雅典人，苏格拉底的老朋友。

得那么香。我有意不惊醒你，让你尽量安眠。我跟你结识以来时时感到你性情和美，在当前这场灾难中越发令人如坐春风，因为你身处逆境态度这样平易，这样泰然。

苏格拉底：格黎东啊，我活到这么大岁数，自知必死还心惊胆战，就太荒唐了。

格黎东：苏格拉底啊，别人年纪大了陷入这类灾难时，他的岁 C
数并不能使他泰然自若，不为噩运所动。

苏格拉底：确实如此。可是你为什么那么早就来了呢？

格黎东：苏格拉底呀，是向你报告一个不幸的、沉痛的消息。这消息在你看来并不悲惨，对于我和你的全体朋友却实在太沉重、太悲惨，尤其是我，觉得惨极了。

苏格拉底：什么消息呀？莫不是那条船已经开出岱洛岛，船一
到我就得死？[①] D

格黎东：船还没到，不过我想今天会到，因为有几个人在苏尼翁[②]离船登岸，已经从陆路回来了。这个消息表明船今天必到，所以，苏格拉底啊，你的生命明天就要结束了。

苏格拉底：好吧，格黎东，好结果啊！要是神灵们喜欢这样，就这样吧。不过我认为船今天不会到。

格黎东：你怎么会这样想呢？ 44A

苏格拉底：我会告诉你的。我要在船到后的下一天死。

格黎东：主管这种事的人是这么说的。

---

① 雅典每年派船前往 Δήλος 进香，进香期间不行刑。

② Σούνιον，在雅典东南。

苏格拉底：我认为船今天不会到，明天才到。这是我从一个梦推出来的，我昨夜做了一个梦，就在醒前不久，幸好你没有把我叫醒。

格黎东：你梦见什么呢？

B **苏格拉底**：好像看到一位美丽的、端庄的妇女，身穿白衣，来喊我的名字，对我说：苏格拉底呀，

你第三天就可以到达那富饶的甫替亚。①

格黎东：苏格拉底呀，这是个怪梦。

苏格拉底：格黎东啊，我觉得意思很清楚。

格黎东：看来非常清楚。可是，了不起的苏格拉底啊，现在请你听从我的劝告，救救你自己吧。要是你死了，在我不单是一场灾

C 难，失掉了一位不可复得的挚友，而且有许多对你我知之不深的人会产生误解，以为我本来可以花点钱把你救了，却没有尽这份心。难道还有比重财轻友的恶名更难听的吗？人们不会相信是你自己不肯出走，而我们是全力敦促的。

苏格拉底：好心的格黎东啊，我们何必考虑众人的意见呢？应当听从的是那些最优秀的人的看法，他们会相信事实的真相。

D **格黎东**：可是你瞧，苏格拉底啊，众人的意见也不能不顾。现在的情况就足以表明，众人所能带来的坏处并不是很小的，而是很大的，如果他们听信了诽谤的话。

① 见荷马：《伊利亚特》，Ⅸ，363。φθία 音近 φθίνειν（朽败），借来映射死亡。

苏格拉底：但愿他们既能做最大的坏事，也能做最大的好事。那就好了。可是他们两样都不能。因为他们并不能使人明白，也不能使人糊涂，他们只是风吹两边倒而已。

格黎东：总归是那样。不过，苏格拉底啊，请告诉我，你是不 E
是为我和其他朋友着想，怕跑了会给我们带来不利，告发者会跟我们找碴，认为我们把你偷偷弄走，使我们损失全部财产或者大量资财，也许还要蒙受其他方面的灾难？如果你是有这些顾虑，请置之 45A
度外吧。只要能救你，我们甘冒危险，甚至冒更大的危险，那样做是对的。请你听从我的请求吧！

苏格拉底：格黎东啊，我考虑到这一方面，也考虑到许多别的方面。

格黎东：你不要有这个顾虑。因为首先有一些人不用花多少钱就愿意把你放了，让你离开此地。其次，你难道没有看出，那些告发人是很穷的，不用很多钱就能把他们的嘴堵住？我的钱就是你的， B
够用了。如果你照顾我，不想花我的钱，现在就有好些外邦人准备资助。单是特拜的辛弥亚[①]就带来了足够的数额，此外还有盖倍[②]和许多别的人，也有准备。所以你不必由于有这种顾虑而放弃出走自救，也不必想到自己在法庭上说过流亡则不知何以自处。因为在很 C
多地方，你去就会受到欢迎；如果你愿意到特答利亚[③]去，我在那里有些好客的朋友，会尊敬你，充分保证你的安全，使你在特答利亚不受损害。

---

① Σιμμίας ὁ Θηβαῖος.

② Κέβης.

③ Θετταλία，在希腊北部，即通常依英文发音所译的“帖撒利”。

苏格拉底啊，除此以外我还认为，你本来能够挽救自己，却自暴自弃，这种做法是很不对的。你一心一意要达到的目的，正是你的仇人求之不得的事情，他们是处心积虑要把你毁掉的。而且我也
D 认为你是在遗弃你的子女，在可以将他们抚养教育成人的时候抛开不管，撒手而去，让他们无依无靠，尝尽孤儿的辛酸。你不生子女则已，生了就该把他们抚养教育成人。可是我觉得你选择了最偷懒的办法，不像一个善良勇敢的人，辜负了你一生崇尚美德的主张。
E 因此我为你、为我们这些身为你的朋友的人感到羞耻，我恐怕人们会以为你这件事的全部情况之所以造成是由于我们因循怯懦。首先人家提出控告要你出庭受审，你本来可以设法免于出庭，[①]然后在审判中本来可以不必得出如此结果，最后也并非事态一定要达到不可
46A 收拾的绝顶荒唐境地。由于我们畏葸无能，坐失调停机会，我们没有救你，你也没有救自己。而这是可以办到的，如果我们还有点用的话。苏格拉底呀，你想想，这些事情对于你和对于我们来说，不是非常糟糕、非常可耻吗！你快考虑吧，没有多少时间考虑了。办法只有一个，别无选择。我们的全部措施必须在今晚实行，再迟延就要付之东流。苏格拉底呀，听我的话，照我说的办吧。

B **苏格拉底**：亲爱的格黎东啊，你对我的关怀如果合乎正道，那是非常可贵的；如果不合，那就越关心越难从命了。我们首先必须考虑是不是应当照你说的那样做。因为我不但现在奉行，而且一贯遵守的原则是听从道理，凡是经过研究见到无可非议的道理我就拳拳服膺。我不能由于遇到灾难就把自己所讲过的道理抛开，我认为

① 意指出钱使原告松口。

那些道理还跟过去一样真实，我仍旧跟过去一样重视它们，尊重它 C
们。如果我们在现在的情况下不能说出更强的道理来，我是肯定不会对你让步的，哪怕众人对我施加更大的恫吓，如同以妖怪吓儿童那样，声称要监禁、处死、没收财产等等。现在我们能够怎样研究最恰当呢？首先可以提起你对意见所说的那些话，看看我们是不是有理由说有些意见我们应该注意，也有些意见我们应该不考虑。是 D
不是在我被判死刑前这话说得对，到现在就显然成了空谈，无非是戏言和废话而已？我希望和你一道弄明白，在我现在的情况下，格黎东啊，我们说的那个道理究竟是变了，还是仍然有效，究竟是应当放弃，还是必须遵从。那些思想严谨的人，曾经多次断言在人们 E
的意见中间有些必须高度重视，有些不必理会，像我刚才说的那样。格黎东啊，神灵在上，你不觉得他们说得对吗？从人情上说，你并 47A
没有明天就要死掉的危险，你的判断不应该为那种局面所左右。请你考虑一下，你认为我们该不该说，我们不必尊重人们的一切意见，有些意见要重视，有些就没有必要，也不必听从所有的人的意见，有些人的要听，有些人的不必听？你以为如何？这话说得不对吗？

格黎东：说得很对。

苏格拉底：那就该重视好的意见，不管那些坏的意见吗？

格黎东：是的。

苏格拉底：好的意见不就是明白人的意见，坏的意见不就是糊涂人的意见吗？

格黎东：当然是。

苏格拉底：在这方面，我们该怎么说呢？一个从事体育锻炼并 B
且以此为业的人，是重视一般人的赞美、责备和看法，还是只听从一个人，即医生或教练的褒贬意见？

格黎东：只听从一个人的。

苏格拉底：那他就该畏惧那一个人的责备，喜爱那一个人的赞美，而不理会众人之见啰？

格黎东：很明显。

苏格拉底：那他就该照着那一位主管和内行的意思行动、锻炼、喝水、吃东西，不用理会别人的想法啰？

格黎东：就是。

C **苏格拉底**：很好。他如果不服从那一位内行，不理睬他的意见和赞许，而听信另外一些外行的话，不是要遭到损害吗？

格黎东：怎么不是呢？

苏格拉底：什么损害呀？哪方面的损害？损害那个不服从者的什么部分？

格黎东：显然是他的身体，因为遭殃的是这个部分。

苏格拉底：你说得对。别的事情岂不也是这样吗，格黎东？我们用不着一一枚举，可以总起来看。例如正义和不正义，丑和美，
D 好和坏，这都是我们现在所考虑的事情。在这些事情上我们是应当听从众人的意见，对众人的意见诚恐诚惶，还是应当只听那一个内行的，对他毕恭毕敬胜于他人？我们如果不听他的，就会损伤我们那个为道义所改善、为不义所毁灭的部分。难道不是这样吗？

格黎东：我想是这样，苏格拉底。

苏格拉底：很好。如果我们由于听从外行的意见而毁掉了我们那个为健康所改善、为疾病所破坏的部分，在这个部分毁掉之后我
E 们还能活吗？这个部分就是身体，对吗？

格黎东：对的。

苏格拉底：身体坏了、毁了，我们还能活吗？

格黎东：不能。

苏格拉底：如果那个为道义所改善、为不义所毁灭的部分毁了，我们还能活吗？那一个部分，不管叫什么，是我们的那个与道义和不义有关的部分，我们认为它比身体差吗？ 48A

格黎东：不。

苏格拉底：比身体贵重吗？

格黎东：贵重得多。

苏格拉底：我最好的朋友啊，那我们就不能听从众人对我们的说法，只能听从那一个深知道义和不义的人的说法，听从真理本身了。所以，你一起头的提法是不对的，你说我们应当考虑关于正义、美、好及其反面的意见。也许可以说，众人是有权置我们于死命的。 B

格黎东：这很显然。人们会这样说，[①] 苏格拉底。

苏格拉底：你说得对。[②] 可是，我了不起的朋友啊，我觉得我们刚才说过的话现在还照样有效。请看一看，我们是不是还主张：我们应当认为最重要的并不是活着，而是活得好。

格黎东：我还是这样主张。

苏格拉底：你是不是也承认活得好就是活得体面、正派？

格黎东：是的。

苏格拉底：根据我们所同意的看法，我们首先应该研究一下， C

① φαίη γὰρ ἄν，Schanz 以为应删。

② ἀληθη λέγεις，Schanz 以为是上面格黎东的话，误入此处。

我试图未得雅典人同意释放便离开此地是不是正当。如果正当，就该试它一下；如果不正当，就该打消此念。因为你向我提到的那些考虑，如花钱、名誉和养家等，格黎东啊，实际上都是众人的考虑。他们可以轻易地置人于死地，也可以随随便便地使人复活，只要办得到就干，并不根据道理。而我们则相反，我们是深受道理约束的，
D 一定要像刚才说的那样，慎重考虑我们行事是否正当，如向那些愿意把我放跑的人花钱和致谢，以及自己把自己放跑和接受别人释放之类，要想想自己做这些事实际上是否不正当。如果看出自己这样做只能是不正当的，就不应当考虑自己如果留在这里静坐不动是否必定要死，是否必定要受其他的罪，只该考虑自己这样做不正当的问题。

格黎东：我想你说得对，苏格拉底。你看我们该怎么办。

苏格拉底：我的好朋友啊，我们一块儿研究吧。要是你对我所
E 说的话有异议，请提出反驳吧，我会听的。要不，你就别再向我重复那句话，要我违背雅典人的意愿跑掉。我虽然很愿意你把我说服，使我照你的意思办，却只能说服，不能勉强。现在请你看看我开始
49A 这一考察的方式是否令你满意，请你尽可能诚恳地回答我的问题。

格黎东：我试试看。

苏格拉底：请告诉我：是不是我们在任何情况下都不能容许故意做不正当的事？是不是在某某情况下可做，在别的情况下不许做？是不是像我们以前曾经多次同意，而且现在刚刚说过的那样，在任何情况下做不正当的事都是既不好又不美的？是不是我们以前
B 的那些主张在这几天里都已经全部推翻了？格黎东啊，我们这些上年纪的人是不是没有觉察到，我们的那些严肃的交谈并不比儿童高

明？是不是我们说过的全都确定不移，不管人们是否同意？是不是我们必须承受一些比死刑更加重或者比较轻的刑罚？是不是做不正当的事在任何情况下对于做此事的人都不可避免地是邪恶的、可耻的？我们要不要这样说？

格黎东：要。

苏格拉底：那就无论如何不能做不正当的事了。

格黎东：当然不能。

苏格拉底：既然根本不能做不正当的事，那就连那个人们所相信的以不正当报不正当也不行吗？

格黎东：看来不行。 C

苏格拉底：怎么啦，对人做坏事行不行？

格黎东：当然不行，苏格拉底。

苏格拉底：怎么啦？以坏报坏，像人们所说的那样，是正当的，还是不正当的？

格黎东：当然不正当。

苏格拉底：因为对人做坏事跟做不正当的事是一样的。

格黎东：你说得对。

苏格拉底：那就既不能以坏报坏，也不能对人做不正当的事，不管人家对我们做的什么事。格黎东啊，请注意，你同意了这一点， D
就不要同意那违反你的看法的事。因为我很知道，只有少数人相信这一点，也只有少数人才会相信。相信的人跟不相信的人没有共同的主张，必定看法不一样，彼此各行其是，瞧不起对方。所以，你要仔细考虑，看看你的看法是不是跟我一样，你是不是主张我们决不能做不正当的事，哪怕别人对我们这样做，而且我们也决不能以

E 坏报坏；再看看你是不是放弃了这个主张，不想以此为出发点了。我是一向以此为原则的，现在还是这样。如果你得到了不同的结论，请你说出来，讲清楚。如果你仍旧主张我们原来的看法，请你再往下听。

格黎东：我还跟原来一样，跟你持同样看法。请你说吧。

苏格拉底：我要说的，就是问你一个问题：一个人同意某件事情正当，是不是一定得做，能不能自食其言？

格黎东：一定得做。

50A **苏格拉底**：那就请你想想，我们如果不经城邦同意擅自离开此地，是不是对那些不该亏待的人做了坏事，是不是坚持自己同意为正当的事情？

格黎东：苏格拉底啊，我不知道怎么回答你的问题，因为我不懂。

苏格拉底：你这样考虑吧。假定我们打算逃出这所监狱，或者以什么别的名义离去，这时法律和国家体制站出来问我们："苏格拉
B 底呀！你说你在想干什么？通过你所从事的活动，不是千方百计，图谋推翻我们，推翻法律和整个国家吗？在判决没有力量，被个人弄成废纸一张，踩在脚下的时候，那国家还能继续存在，还能不垮吗？"格黎东啊，我们能够怎样回答这个问题以及很多这一类的问题呢？能说的话很多，特别是演说家，可以大谈破坏法律，破坏那
C 使判决生效的法律。我们要不要跟他们说"是的，我们要破坏法律，因为国家冤枉了我们，把案子判得不公"？会这样说吗？

格黎东：苏格拉底啊，宙斯在上，我们会这样说。

苏格拉底：如果法律说："苏格拉底呀，这是你跟我的协议呀，

你不是同意遵守国家发布的判决吗？”那怎么办？如果我们对这话表示惊讶，它也许会说：“苏格拉底呀，你别惊讶，还是回答吧，因 D
为你是用惯问答法的。来吧，你对法律和国家感到什么委屈，以至于图谋毁灭我们呢？首先，不是我们使你出世的吗？不是通过我们，你父亲娶下你母亲把你生下的吗？你说说，你对于那些关于婚姻方面的法律感到什么委屈，有什么不好？”——我会说：“没有什么不好。”——“法律还规定生育之后必须抚养、教育儿童，你自己就身受其惠，对此感到什么委屈呢？这一方面的法律不是作出良好的指示，叫你父亲对你施行音乐和健身的教育吗？”——我会说：“是 E
的。”——“你生而为人，得到抚养，得到教育，能说你和你的祖先不是我们的子孙和奴仆吗？要是这样，你就以为你跟我们有平等的权利，凡是我们对你做的，你就有权还治于我们之身吗？你并没有跟你父亲平等的权利，如果你有主人，也没有跟你主人平等的权利，你不能把自己所受到的待遇送还对方，不能以骂还骂，以打还 51A
打，进行诸如此类的报复。你以为你可以用这种方式对待祖国和法律吗？我们将你判处死刑，认为判得公正，你就对我们进行报复，竭尽所能对祖国和法律进行颠覆，并且声称这样做是公正的吗，你这位真正喜爱美德的人？你那么智慧，怎么不知道祖国要比你的父母祖先高贵得多，是神灵和一切有识之士认为非常可敬、非常神圣 B
的？对于盛怒中的祖国必须尊敬、服从、谦逊，有过于对待父亲，如果不能说服，就只有唯命是从，叫吃苦就吃苦，毫无怨言。至于鞭打、监禁，或者率领出征、致伤、致死，都必须全部执行，这是正当的，不能规避，不许出走，不得弃职。无论在战场上，还是在法庭上，在任何地方，都必须执行城邦的命令、祖国的命令，或者 C

提出忠告，指明什么是真正恰当的。使用暴力违抗父母已经不虔诚，何况违抗祖国呢？”——格黎东啊，这番话我们怎么回答呢？法律说得对不对？

格黎东：我认为对。

苏格拉底：也许法律会接着说：“苏格拉底呀，你想想，如果我这些话说得对，你现在要对我做的就不正当了。因为我让你出生为
D 人，抚养你，教育你，给予你我能办到的一份好处，如同每一个公民一样。而且我还宣布，我向每一个雅典人提供自由，当他已经成为公民，熟悉城邦和法律的治理情况时，如果对我们不满意，可以携带自己的财物离开，到他所喜欢的任何地方去。没有一条法律从中作梗，不许你们中间任何一个对城邦不中意的人离开，迁往一个
E 殖民地，或者到外邦去侨居，把全部财物都带走。可是，如果有人留在这里不走，看清了我们如何执行法律、管理城邦，仍然无意离开，那我就要说，事实上他已经跟我取得协议，我可以向他发号施令，他愿意执行。如果他不服从，我说他就是在三方面犯了法：首先是他不服从那让他出世的法律，其次是他不服从那使他成长的法
52A 律，第三是他在同意服从法律之后既不服从又不对我进行说服，指出我在哪里做得不好；虽然我给他机会，并不是粗暴地强制他执行命令，而是让他二者择一，要么说服我认识错误，要么奉命，他却两样都不干。我认为，这三重罪责你苏格拉底都该承担，如果你实现你的意图的话；你的罪过会不下于其他雅典人，只会更重。”——
B 如果我说：“怎么啦？”法律会堵住我的口，说我跟法律取得的协议比其他的雅典人更深刻。因为它会说：“苏格拉底呀，我有充分的根据证明，你是非常喜爱城邦和法律的。如果不是特别喜爱城邦，你

决不会比所有的雅典人都甘愿留在雅典。因为你从来没有离开本邦
去看过赛会，只有一次到地峡看竞技，[①]有几次服兵役出征，并不曾
像别人那样到处旅行，也不想外出观光，去看看其他的城邦和别样
的法律，而是满足于我们的城邦和法律。你热爱本邦的法制，决心
按照我们的规定来过你的公民生活，此外还在本邦生育后代，表明 C
你喜爱雅典。而且在受审的时候，你如果希望脱离本邦，本来可以
提出流放来作为刑罚，可以在城邦允许下做到你现在打算偷偷进行
的事。但是当时你装模作样，说如果判死刑你并不在意，说你宁愿
处死不要放逐。你想想自己说的这些话，难道不感到羞耻吗？你目
无法律，意图毁坏法律，做着最下贱的奴才能做出的事，因为你跟 D
法律取得协议，同意依法过公民生活，却违背协议图谋潜逃。首先
你回答我这个问题：我说你并不是在口头上，而是在行动上同意遵
守法律过公民生活，这话说得对不对？”对于这个问题我们该怎么
说呢？格黎东，该同意吗？

格黎东：该同意，苏格拉底。

苏格拉底：法律会说：“你这不是撕毁你跟我取得的协议，取消 E
自己的诺言吗？这个协议并不是我强迫你、威胁你、逼你在指定时
间内同意的，你在这七十年的岁月里如果觉得法律不中你的意，协
议对你不公道，是能够离开雅典而去的。你一向称赞拉给代孟[②]和克
里特[③]是治理良好的城邦，却并不想到那里去，也不想去其他的希

① ὅτι μὴ ἅπαξ εἰς Ἰσθμόν, Schanz 等以为是窜入异文，应删。Ἴσθμος 是歌林沱（Κόρινθος）地峡，三年开一次竞技会。

② Λακεδαίμων，斯巴达的异名。

③ Κρήτη，希腊半岛南方的岛国。

53A 腊城邦和异国[①]，比跛子、瞎子和其他残废人更少离开本邦。你对我们城邦中意的程度大大超过其他的雅典人，对我邦的法律也是这样，谁能只爱城邦不爱法律呢？现在你还要不遵协议、自食其言吗？听我的劝告吧，苏格拉底，听了就不会闹出潜逃出国的笑柄了。

“你仔细想想吧，如果你执意违抗法律，是不会给自己和朋友带
B 来什么好处的。因为很明显，你的朋友们也有遭到放逐、丧失家园财产的危险。至于你本人，如果跑到邻近的城邦，如治理得很好的特拜[②]或枚伽拉[③]，苏格拉底啊，你的身份是反对法治，那些热爱本邦
C 的人会对你侧目而视，认为你损害了法律；你的行动也只会使你的法官们加强信心，认定你的案子判得公正无私，因为损害法律者自然应当定为毒害青年、毒害无见识者的人。你想避开那些治理良好的城邦、那些最贤明的人吗？如果这样做，你活着还有什么价值？你想厚着脸皮去接近他们，跟他们说美德、正义、风气、法律应当
D 高于一切，为人伦之本吗？这样做你苏格拉底不感到羞耻？一定会感到的。你会离开这些地方到特答利亚去投奔格黎东的朋友，因为那里乱七八糟，无法无天，人们也许会喜欢听你怎样化装逃出监牢，穿着破衣烂衫，披一片老羊皮，或者打扮成逃亡者的模样。可是难
E 道没有一个人说：‘瞧这老头儿，已经没有多少时候活了，却死乞白赖要再活下去，为了活命不惜把最神圣的法律踩到脚下！’要是你不得罪人，也许没人说这话；如果你得罪了人，苏格拉底啊，不中听的话可就有你听的了。那样，你活着岂不只能卑躬屈节，给所有

① βαρβαρικός，指非希腊语国家，如波斯、埃及。
② θῆβαι.
③ Μέγαλα.

的人当奴才，你在特答利亚所做的岂不只是吃喝，好像你离开雅典到特答利亚是专为赴宴似的？我们那些关于道义和其他美德的宏论 54A
又到哪里去了呢？你想活着也许是为儿子着想，是为了把他们养大，教育成人吧？那怎么办呢？你想把他们带到特答利亚去抚养教育，让他们沾你的光成为异域之民吧？也许你不想带他们去，可是，从有利于养育他们看，你不跟他们在一起，要比死掉好些吗？你的朋友们会照顾他们。难道你到特答利亚去他们会照顾，你到阴间他们就不照顾吗？那些人既然说自己是你的朋友，你就该相信他们会在 B
任何情况下都照顾你的儿子。

“苏格拉底啊，听从我这教养你的法律吧，不要老想着儿子、生命等等事情，把它看得高于道义，这样你到了阴间才可以有道理为自己申辩。因为很明显，像你现在这样做，对你自己来说是既没有好处，也不正当，也不神圣的，对你的任何亲友也是这样，而且对你生前死后都不好。你现在死去，是遭到不公正的待遇而死，但这 C
并非法律不公正，而是人不公正。如果你越狱潜逃，无耻地以不义报不义，以恶报恶，撕毁你跟我法律的协议，损害一群不该损害的人，即你自己、你的朋友、我们的祖国和法律，那我这个法律在你在世的时候就不会对你不生气，而且我的兄弟阴间的法律也绝不会善待你，因为它知道你在竭尽全力毁灭我们。所以，你不要听从格 D
黎东的话行事，听我的吧！”

亲爱的朋友格黎东啊，我仿佛听到了这些话，就像哥汝班祭司[①]听到神笛一样，如雷贯耳。因为这些话的声音在我耳朵里强烈鸣响，

① Κορύβαντες，小亚细亚女神居倍雷（Κυρέλη）的祭师，女神以猛烈著称。

使我听不进其他的话语。这就是我现在的感情，你那些劝阻的话通通对我不起作用。如果你认为还能起点作用的话，请说吧。

格黎东：苏格拉底啊，我没得说了。

E **苏格拉底**：好吧，格黎东，我们就照这样办，因为这是神指点我们的。

卡尔弥德篇

（或《论明智》，试探性的）

谈话人：苏格拉底

St.II

昨天傍晚我从驻扎波得代亚[①]的部队里回来，由于在外甚久，很 153A
想去看看我的旧游之地。因此我走进了金牛[②]角力场，也就是女王庙[③]的对面，在那里遇到很多人，虽然有些人我不认识，但是多数是熟人。他们看到我突然出现，就远远地跟我打招呼，有的在这里 B
点头，有的在那里招手。凯瑞奉[④]疯疯癫癫，从人群里一跃而起，向我跑来，抓着我的手说："苏格拉底啊，你从战场上怎么跑出来的？"——我们出发前不久波得代亚城下发生了一场恶斗，这消息已经传到了雅典。

我回答道："就像你看到的这样呗。"

他说："人家跟我们说这一仗打得很厉害，有很多我们认识的人 C

① Ποτειδαία，城邦，前 432 年背弃雅典，前 429 年被雅典围困攻陷。

② Ταυρέας，公牛，亦指金牛星座。

③ Βασίλεια，指幽冥女王，庙在雅典卫城南，位于城垣附近。

④ Χαιρφῶν，苏格拉底的弟子。

倒下了。”

我说：“这话不假。”

他问我：“打的时候你在场吗？”

我答道：“我在那里。”

他说：“那就请你坐下给我们说说，我们全都不知其详。”

他一边说一边让我坐在加赖斯克若[①]的儿子格里底亚[②]的旁边。

D 我坐下跟格里底亚等人打了招呼，向他们说了军队的消息，这是他们所要打听的，有人问这，有人问那。

他们问够之后，我开始问他们，向他们打听大家爱慕智慧的近况，打听青年中间有谁智慧超群，或者美得出众，或者在这两方面
154A 都很出色。那时格里底亚朝着门口瞧，看见进来一些青年，彼此高声争辩，后面跟着一群人。他说：“至于美是怎么一回事，苏格拉底啊，我想你马上就会明白了。那些走进来的人就是那位如今被认为最美的人的开路人和爱慕者。那个人我想已经近在咫尺，就要到了。”

我说：“这人是谁呀？他是谁的儿子？”

B 他说：“你知道的，不过在你出门之前他还小，不算青年。他叫卡尔弥德[③]，是我的堂弟，我叔父葛劳贡[④]的儿子。”

我说：“天哪，我知道的。那时候他就不坏，虽然还只是个孩子；现在他该是个长大了的青年人啰。”

---

① Καλλαίσχρος，柏拉图外祖父的兄弟。
② Κριτίας，柏拉图的堂舅。
③ Χαρμίδης，柏拉图的舅父。
④ Γλαύκων，柏拉图的外祖父。

他说:“你马上就会看到他有多大个头、长得多么神气了。”

正当他说这话的时候，卡尔弥德进来了。

要我这个人来判断美不美，朋友，是很不中用的。说实话，我好像一块最糟糕的试金石，根本测不清青年人的美；这个年纪的任何人没有一个在我看起来不是美的。因此那个人我觉得长得非常匀 C
称，相貌堂堂；我认为别人都被他迷住了。他一走进来，大家都大惊失色，手足无措。他后面还跟随着另外一批爱慕者。在我们这样的成年人身上产生这种感情是毫不足怪的，可是我发现那些男孩子们没有一个不对他目不转睛，连最小的都是这样，好像他是一尊神像似的。

凯瑞奉对我喊道:“苏格拉底，你觉得这位年轻人怎么样？他不 D
是有很美的面孔吗？”

我说:“美极了。”

他说:“如果他愿意脱下衣服的话，你就不会单单注意他的面孔了，他的整个形象是无与伦比的。”

凯瑞奉这话得到大家的同意。

我说:“天哪，你们说的这人可不是举世无双的模范么，如果他再加上一点点东西的话！”

格里底亚说:“什么东西？”

我说:“如果他在灵魂方面也很完美的话。他大概会是这样的， E
格里底亚，因为他出于你的家门。”

他说:“他在内心方面也是既美又好的。”

我说:“那么，我们在考虑他的形体之前，何不先让他亮出灵魂来给大家看看？他这个年纪正是喜欢谈论的时候啊。”

155A 格里底亚说："那太好了。因为他生来爱好智慧，而且像他自己和别人所想的那样，是个出色的诗人。"

我说："亲爱的格里底亚啊，这是你们家族的传统特色，是从梭伦传下来的。你为什么不让我认识一下这位年轻人，不把他叫来呢？即便他年纪没有现在这么大，也不妨当着你这位堂兄兼保护人的面跟我们谈谈嘛。"

B 他说："你说得很对。我们就把他叫来。"他同时就转身告诉仆人："去叫卡尔弥德上这里来，说我要他来给一位医生看看他前天跟我说的那种毛病。"然后跟我说："他新近告诉我，说他早上起来头痛。你何不说你懂得治头痛的方子呢？"

他说："可以这样说，只要他来。"

格里底亚说："他就要来的。"

C 于是事情发生了。卡尔弥德走进来，引起了一阵喧闹。我们坐在那里，每个人都向他边上的人身上拼命挤，希望那位年轻人坐在他旁边，挤得坐在两头的人有的只好站起来，有的只好趴下去。卡尔弥德走上来坐到我和格里底亚之间。那时候，我的朋友啊，我开始感到很局促。我原来自以为有把握和他从从容容地谈话，这点把
D 握突然不见了。格里底亚跟他说我就是那个知道药方的人，他转身向我，好像要问我话的样子，眼睛里闪烁着一种无法描述的亮光。角力场里的人全都一拥而上，把我们围在核心。亲爱的朋友啊，霎时间我的眼光穿透了他的衣裳，感到欲火中烧，不能把握自己，暗想居狄亚[①]真是深知爱情的三昧，他谈到一个美少年的时候向另外一

---

① Κυδίας，诗人，事迹不明。

个人发出警告，说道：你胆怯的小鹿啊，不要往狮子眼前跑，那样 E
会成为它的口中食。这话真是不假，我就体会到了被它吞噬的滋味。不过，他问我是不是知道治头痛的方子，我还是勉强跟他说我知道。

他跟我说："那方子是什么呢？"

我跟他说那是一种草药，不过还要加上咒语，服药的时候念动咒语，就会完全恢复健康；要是光吃药不念咒，那就无效。

他说："那我就把你念的咒语抄下来。" 156A

我说："是不是你请我念？"

他笑着说："是我请你念，苏格拉底。"

我说："你知道我的名字？"

他说："我要是不知道，那就坏了，因为我的年轻同伴们总是谈到你，我记得很清楚，我还是孩子的时候就经常看见你跟这位格里底亚在一起。" B

我说："这好极了，我可以比较无拘无束地告诉你这种咒语的本性了，因为我原来并不知道怎样使你了解这种咒语的作用。亲爱的卡尔弥德啊，这种咒语的作用不止是治好头痛。你大概听到过那些杰出的医生的说法：他们在有人请他们看眼病时说，他们不能单单治眼睛，要治眼睛必须治疗整个头部；如果以为可以单治头部，不 C
管身体的其余部分，那也是十分愚蠢的。说清这番道理之后，他们就诊断整个身体，把患病的部分随同全体一道治好了。你有没有注意到他们所说的道理以及实际情况呢？"

他说："当然注意到了。"

我说："那你认为说得对，完全同意吗？"

他说："毫无问题。"

D 我看到卡尔弥德跟我看法一致，就恢复了勇气，逐步挽回了我
的信心，感到我的力量又回来了。于是我跟他说：

“卡尔弥德啊，我的咒语也是这样。这是我在军队里服役的时候
跟札耳摩克锡[1]的一位特拉基[2]医生学的，这些医生据说有使人不死
的能力。这位特拉基人宣称希腊医生们完全有理由说我刚才转述的
E 那些话，可是他又说，‘札耳摩克锡这位国王兼神灵却认为，正如我
们不能治眼不治头，或者治头不治身体一样，也不能指望治身体不
治灵魂。之所以有许多疾病希腊医生没法治，那是因为他们不识全
体；我们必须反其道而行，对全体给予最大的注意，因为全体坏了
部分就没法好。’据他说，一切好的和坏的，不管是身体方面的还是
整个人方面的，都是以灵魂为发源地，都是从那里流到各处，就像
157A 从头部流到眼睛那样，所以我们必须密切关怀灵魂，才能使头部以
及整个身体处于良好状态。他说：‘朋友，要治疗灵魂必须使用某些
咒语，这咒语就是美好的话语。凭着这些美好的话语，灵魂中就产
B 生了明智，在产生了明智、存在着明智的地方，就很容易造成头部
和全身的健康。’他教我治病和念咒的时候还说：‘你要记住，不要轻
易听人劝告给他用这个方子治头痛，除非他先把灵魂亮出来给这个
咒语治疗。因为今天大多数人的错误就在于以为可以分别地治疗某
个部分而不管其他部分。’他严厉地告诫我不要听从任何人的劝告，
C 不管他有多么富有，多么高贵，多么美观，不要轻易地给他治病而
不念咒。我向他发过誓，我一定遵守誓言，要这样做。你如果愿意

① Ζάλμοξις，特拉基国王。

② Θρᾴκη，希腊北部国家，旧译依英文发音作“色雷斯”。

遵照这位外邦人的规矩，先把灵魂亮出来给我用特拉基咒语治一治，我就用方子给你治头痛；如若不然，我就没法办了，亲爱的卡尔弥德啊。”

格里底亚听完我的话就说：“苏格拉底啊，如果这位年轻人迫于 D 头痛而改进了心智，那他就走运了。我可以告诉你，卡尔弥德不仅相貌出众，胜于侪辈，而且在另一方面也首屈一指，这一方面你说你有咒语可以治一治，这就是明智方面，是不是啊？”

我说：“是的。”

他说：“那我可以告诉你，他是现在年轻人中间最明智的，而且在他这个年龄上，他在任何方面都不次于别人。”

我说：“卡尔弥德啊，平心而论，你在这些方面都是出类拔萃的。E
因为我不相信我们中间有任何人能够追溯祖先，顺当地指出两个雅典家族由联姻而产生出美好、高尚的后裔，胜过你的父母双方。因为你的父族出于德若比德[①]的儿子格里底亚[②]，得到阿纳格瑞翁[③]、梭伦等诗人争先恐后的歌颂，据说在美好、道德以及其他被公认为幸福的其他方面都非常有名。你的母族也同样杰出，因为你舅父毕里兰 158A
贝[④]就风姿挺拔、相貌堂堂，不论出使波斯大王的朝廷，还是出使大陆其他国王的朝廷，都未见胜过他的人。你这个家族没有一点不如人。你出于这样一些祖先，应该在各方面都是第一。在你的相貌方面，葛劳贡的爱子啊，你一丝一毫也不辱没你的先人。如果你在明 B

① Δρωπίδης.

② Κριτίας，不是本篇中参加谈话的格里底亚，而是他的同名祖父。

③ Ανακρέον.

④ Πύριλάμπης.

智和其余的这类品质方面也像格里底亚说的那样完美，那么，亲爱的卡尔弥德啊，我说你母亲就生下了一个幸福的人。关键就在这里。如果你真像他说的那样，已经具有这种明智的品德，并且明智到足够的地步，那你就不需要任何咒语了，不管是札耳摩克锡的，还是
C 须贝博瑞[①]人阿拔里[②]的，我可以马上给你治头痛。可是，如果你还不具备这种品质，我就必须先给你念咒，再给你下药。那就请你告诉我，你是不是同意他的看法，是已经足够明智，还是不够明智？”

卡尔弥德听了以后双颊绯红，红了只是显得更美，因为腼腆正出于青春年华；然后他礼貌地答道：“这样一个问题是不容易立刻答
D 复的。因为我如果说我不明智，那是糟蹋自己，我觉得不合理，而且那也是反驳格里底亚和许多别人，他说我明智，他们跟着他说。如果我说我明智，那是恭维自己，我觉得不礼貌。所以我不知道怎样答复你。”

我跟他说：“你说得很好，卡尔弥德。所以我以为我们可以一块
E 儿来研究你是不是具有所说的那种品质，不要你说你不愿意说的话，我也不用匆匆忙忙就给你治。要是你乐意的话，我就同你进行这项研究。要是你不乐意，那就算了。”

他说：“我乐意极了，我们就用你认为最好的方式进行这项研究吧。”

我跟他说：“我觉得最好用这样一种办法来研究问题。很明显，
159A 如果你身上有明智，你一定会对它有一种看法。因为它如果在那里，就一定会在那里内在地造成一种感觉，那你心里就能形成一种看法，

① Ὑπερβόρειοι，传说中的北方民族。

② Ἀβάρις，传说中的斯居泰（Skythai）奇人。

想到明智是什么，有什么特点。你不这样想吗？”

他说：“我是这样想的。”

我说：“你心里想的那个，你既然会说希腊话，就能把它照样描述出来。”

他说：“也许能。”

我说：“为了让我们得知明智是不是在你身上，请你告诉我们：照你看来，明智是什么？”

起初他有点迟疑，不很愿意回答。后来他说他觉得明智就是有 B
条有理地、从容不迫地做一切事情，就是以这种方式上街、谈话、行事。总而言之，他觉得明智就是沉着。

我跟他说：“这样说对吗？卡尔弥德！虽然有人会说做事沉着的是明智的人，可是这话是不是有理？我们研究一下。请你告诉我，
你愿意不愿意承认明智是一种美？” C

他说：“是的。”

我说：“对于一位教师来说，在书写同样字母的时候，写得快和写得沉着，哪样美？”

他说：“写得快美。”

我说：“读得快和读得慢呢？”

他说：“也是快美。”

我说：“弹琴或角力的时候，敏捷不是比沉着、缓慢美得多吗？”

他说：“是啊。”

我说：“斗拳和格斗不也是一样吗？”

他说：“是的。”

我说：“跑、跳、一切身体活动进行得敏捷、灵活时是美的，进 D

行得迂缓、死板、沉着时是丑的，是不是？”

他说：“似乎是。”

我说：“那么，在一切身体活动中，美的就不是沉着，而是高度灵活、敏捷了？”

他说：“当然。”

我说：“那明智可不是美的吗？”

他说：“是啊。”

我说：“那么，至少在身体方面，构成明智的不是沉着，而是敏捷，如果明智是一件美事的话。”

他说：“大概是这样。”

E 我接着说：“那么，学得容易和学得困难，哪样美？”

他说：“学得容易美。”

我说：“然而学得容易就是学得快，学得困难就是学得沉着、缓慢，是不是？”

他说：“是啊。”

我说：“教一个人的时候，教得又快又多，不是比沉着、缓慢要美吗？”

他说：“是的。”

我说：“还有，在记忆和回忆的时候，是沉着、缓慢美，还是敏捷、有力美？”

160A 他说：“是敏捷、有力美。”

我说：“容易理解岂不是在于灵魂活动敏捷，而不在于沉着吗？”

他说：“对的。”

我说：“在理解语文教师、音乐教师以及其他门类教师的课程时，真正美的岂不是高度敏捷，而非高度沉着吗？”

他说：“是的。”

我说：“在灵魂进行研究或者提出建议的时候，那最值得赞美的，我想不是费尽气力去考虑和发现的沉着之士，而是进行得非常轻松、B 非常敏捷的人。”

他说：“是这样的。”

我说：“那么，卡尔弥德啊，在灵魂方面，也和身体方面一样，灵活、敏捷似乎要比沉着、缓慢美，是吗？”

他说：“大概是的。”

我说：“这样看来，明智就不是沉着，明智的生活也不是沉着的生活了，因为明智是跟美分不开的。因为我们无法否认：我们从 C 来就没有见过，或者只在少数例外的情况中见过，沉着的活动比灵活、敏捷的活动美。而且，我的朋友啊，即使沉着的活动美，灵活、敏捷的活动不美，而且前者的数目跟后者一样多，我们也没有理由就此说，明智在于行动沉着，而不在于灵活敏捷，在走路、阅读和 D 其他一切事情上都是如此；也不能说沉着的生活要比不沉着的明智。因为我们已经认定明智跟美联在一起，承认敏捷之为美不亚于沉着。”

他说：“苏格拉底呀，我觉得你说得完全正确。”

我说：“卡尔弥德啊，那你就更加注意地再看一看你的内心吧。请你看看你心里的明智使你变成了什么，它应当是什么才能造成这个结果；然后再请你总括一下，清楚地大胆说出你认为明智是 E 什么。”

他思考了一下，对这件事本身作了一番果断的审查，然后说：

“在我看来，明智是使人知耻、使人腼腆的，所以明智就是谦逊。”

我跟他说：“很好。你刚才不是承认明智是一件美事吗？”

他说：“是的。”

我说：“那么，明智的人也是好的人吗？”

他说：“对了。”

我说：“那并不使人好的事是好事吗？”

他说：“当然不是。”

我说：“那么，明智就不仅是一件美事，而且是一件好事吗？”

161A 他说：“我认为是这样。”

我说：“怎么，你不相信荷马说得有理吗？他就说过——谦逊对穷人并不好。①”

他说：“我相信这话有理。”

我说：“那谦逊就既好又不好，是不是？”

他说：“好像是。”

我说：“可是明智是好的，因为它使具有它的人好，从来不使他们坏。”

他说：“我想就是你说的那样。”

B 我说：“那么，明智就不是谦逊，因为明智是本质上好的，谦逊是既好又坏的。”

他说：“这话说得很对，苏格拉底，我看就是这样。不过对于明智还有另外一种说法，我很想听听你对此的看法。我刚才想起我曾经听人说，明智就是做自己的事。请你考虑一下这话说得有没有

① 《奥德赛》，XVII，347。

道理。”

我说：“机灵鬼！这是格里底亚或者某位别的哲人提出来的说法。” C

格里底亚说：“显然是某位别人的话，因为我至少没有说过。”

卡尔弥德说：“那没关系，苏格拉底，不管我是从哪一位听来的。”

我说：“完全没有关系，因为要紧的不是谁说了这话，而是这话说得对不对。”

他说：“你说得好极了。”

我说：“天哪，要是我们真能发现这话的真正意义，那我就要大大吃惊了，因为这是一个谜。”

他说：“为什么？” D

我说：“因为那个说‘明智就是做自己的事’的人并没有想过这话的意思。你认为语文教员读或写的时候不是做事吗？”

他说：“我认为他是做事。”

我说：“你以为语文教员只在读或写他自己的名字，并不教你们这些孩子，也不教你们写你们的敌人的名字、你们自己的名字、你们的朋友的名字？”

他说：“我就是这样想的。”

我说：“那你们就是在做并非自己的事情，你们这样做的时候就是不明智的，是不是？”

他说：“根本不是。”

我说：“可是，如果写和读就是做事的话，你们就是不做自己的事。” E

他说：“那当然。”

我说：“朋友，治病、盖房、织布、完成某件技术工作就是做事。”

他说：“毫无疑问。”

我说："你认为一个城邦治理得好，就是法律规定每一个人都要
162A 织造和洗涤自己的衣服，制造自己的鞋子、帽子、水壶等等用具，绝对不碰跟自己无关的事，专做一切属于自己的事情吗？"

他说："我不这样想。"

我说："可是城邦治理得明智不就是治理得好吗？"

他说："怎么不是？"

我说："那么，明智就不是做那样一些事情，也不是做那属于自己的事情。"

他说："看来不是。"

B 我说："这话就像我刚才说的那样，是用打谜的方式说的，因为那个说明智就是做自己的事的人不能头脑简单到像我们理解的那样。卡尔弥德，这话也许是个糊涂人说的吧？"

他说："根本不是，说这话的人我觉得是非常聪明的。"

我说："那就肯定是他要给你打一个谜了，因为我们很不容易知道'做自己的事'这句话实际上是什么意思。"

他说："也许。"

我说："做自己的事是什么意思呢？你能告诉我吗？"

他说："天哪，我根本不知道。也可能说这话的人自己并不知道这是什么意思吧。"他说话的时候面带笑容，把目光转到格里底亚身上。

C 格里底亚显然已经早就跃跃欲试，因为他很想当着卡尔弥德和全体在场的人把自己的看法表露出来，起初还努力憋着不说，现在憋不住了。我看得十分清楚，我原来猜想卡尔弥德所说的关于明智的主张是格里底亚的发明，并没有弄错。至于卡尔弥德，他并不急

于为这个说法辩解，很愿意让它的发明人来做这件工作，就刺激他 D
一下，暗示他的说法遭到了反对。他甚为恼火，对这位年轻人很不满意，就像诗人不满意演员把他的原作表演坏了一样。他眼睛瞪着他说道：

“卡尔弥德！你不知道人家说‘明智就是做自己的事’是什么意思，就以为人家自己也不知道吗？”

我插上去说：“格里底亚啊，我亲爱的朋友！这也没有什么奇怪， E
他那么年轻，不知道这些事情是少不更事嘛！你比他年纪大，而且经过反复研究，是可以知道这话的意思何在的。如果你同意明智就是他所说的那样，又很愿意给这个说法作一个说明，我非常乐意跟你一道研究研究这样说对不对。”

他说：“我完全同意，我要为这个说法辩解。”

我说：“很好，请你告诉我，你承认不承认我刚才说的‘一切工匠都造[①]一样东西’？”

他说：“当然。”

我说：“你认为他们只造自己的，还是也造别人的？” 163A

他说：“也造别人的。”

我说：“他们并不单单造自己的，他们明智吗？”

他说：“那有什么关系？”

我说：“对我没有什么关系。可是一个人提出‘明智就是做自己的事’以后，又说人们做[②]别人的事并无碍于明智，这合适吗？”

他说：“我有没有承认那些做别人的事的人是明智的？我不是只 B

---

① ποιεῖν.

② πράττειν.

承认那些造这种东西的人明智吗？”

我说：“请告诉我，你是不是认为‘做’和‘造’不是一回事？”

他说：“不同，‘工作’[1]和‘造’也不是一回事。我从赫西俄德[2]那里学到这个区别，他说：没有一种工作是可耻的。如果他把‘工作’和‘做’理解成你刚才说的那些事情，你相信他是要说缝鞋、

C 卖咸鱼或者站柜台都不可耻吗？可不能那样想，苏格拉底，我认为他是把‘造’理解得和‘做’以及‘工作’不一样，是想着造一件与美无干的东西可以有点可耻，而工作并不可耻。因为只有造得美和有益的他才叫作品，只有这样一种‘造’他才叫工作和活动。也只有这些工作他认为是我们自己的，凡是对我们有害的都不是我们的。就是在这个意义下，赫西俄德和一切有理性的人才把做自己的事的人称为明智的。”

D 我跟他说：“格里底亚啊，你一开口我就猜想到你是把专有的、自己的理解为好的，把做好事称为活动，因为我已经从柏若狄果[3]那里听到过成千上万次字义剖析了。我并不反对你给语词赋予你所喜爱的意义，只要你用词的时候把意义确定下来我就满足了。现在我

E 们重新开始吧，请你明白地告诉我，你说做好事，或者造得好，或者你所喜爱的其他说法，就是明智吗？”

他说：“我是这样说的。”

我说：“做坏事的就不明智，做好事的就明智吗？”

他说：“朋友，你自己不这样看吗？”

---

① ἐργάζεσθαι.

② Ἡσίοδος，《神谱》作者。语见《工作与时日》，309。

③ Προδίκος，公元前五世纪的智者。

我说:“这不重要。我们要弄清的不是我的想法，是你的说法。”

他说:“我的意思是说，不做好事做坏事的，是不明智的人；做好事不做坏事的，是明智的人。因为做好事明智是我向你明确规定的。”

我说:“很可能你说的对，可是我感到吃惊，你居然认为一个人 164A
可以明智而不知道自己明智。”

他说:“我不是那样想的。”

我说:“刚才你不是说，匠人们做别人的事也可以是明智的?”

他说:“我说过这话，这怎么啦?”

我说:“没有什么。不过请你告诉我，医生治好病人，你认为他 B
是为自己又为病人做有益的事吗?”

他说:“是的。”

我说:“这样做就是做自己的事吗?”

他说:“是的。”

我说:“做自己的事岂不是明智的吗?”

他说:“是明智的。”

我说:“可是，一个医生必须知道自己的治疗有益还是有害，一个匠人必须知道自己做的活计有益还是有害吗?”

他说:“大概不必。”

我说:“有时候医生做了有益的和有害的事自己并不知道。按照 C
你的说法，他做得有益时就是做得明智。你不是这样说的吗?”

他说:“是的。”

我说:“这样看来，他因为做得有益，就是做得明智，也就是明智的。但是他并不知道自己，所以他并不知道自己明智。”

他说："那是不可能的，苏格拉底。如果你认为从我的话里必然
D 得出这个结论，我宁愿收回那句话，宁愿坦然承认自己言中有失，误以为不认识自己的人可以是明智的。我倒是有一个确定的看法，认为明智就是有自知之明，同意那个在德尔斐神庙中树立这类铭文[1]的人。这个铭文我看是神灵向来人打招呼，用来代替通常的口头语
E '你好'[2]的，意思是认为那样说并不适当，人应当以明智互勉，不要只求快乐。神灵用这种方式向进庙的人打招呼，跟人们的想法完全不同。我是这样理解铭文作者的用意的。他向来的每一个人说：'明
165A 智吧！'这话说得带谜语味道，是预言者的口气。'认识你自己吧'和'明智吧'是一个意思，铭文这样想，我也这样想。但是人们很可能看出另外一层意思，所以加上了两句：'不要过分'和'太认真要坏'。他们把'认识你自己吧'当成一种劝告，而不当成神灵向进庙者打招呼。他们想显出自己也能提出有益的劝告，就把这两句话刻在墙上了。苏格拉底啊，我为什么要说这番话呢？我的目的是要
B 抛开前面的讨论。也许你说了些对的，也许我说了些对的，可是不管怎样，我们并没有说出确定不易的道理。我现在要提出一个新主意，就是向你论证明智即自知，如果你不承认的话。"

我说："格里底亚啊，你跟我合作，就好像我想要知道我询问你的事情，而且我只要愿意就能同意你的看法似的。其实并非如此，我是真心实意地寻求我们提出研究的那个东西，因为我对它一无所知。等我把你的意思仔细思考了之后，我就会清清楚楚地告诉你我
C 是不是同意你的看法。请你给我思考的时间。"

---

① 即"认识你自己吧！"

② χαῖρε，希腊人在家门口写上这个词，意为"愿你快乐"。

他说："那你就思考吧。"

我说："我这就在思考。如果明智是一种知识的话，那它显然是一门学问，一门关于某事的学问。对不对？"

他说："这是一门关于自己的学问。"

我说："医学是一门关于健康的学问吗？"

他说："是的。"

我说："如果你问我医学这门关于健康的学问对我们有什么好处、起什么作用，我可以告诉你：好处可大哩！它给我们带来健康，健 D
康是非常之美的，我想你会同意我这个看法。"

他说："我承认我也这样看。"

我说："如果我问你建筑术这门关于盖房的学问给我们带来什么好处，我就说给我们带来房子。其他的各种技艺也都是这样。你说明智就是关于自己的学问，一定能够说出个所以然来。如果有人问 E
你：'格里底亚啊，明智这门关于自己的学问给我带来什么名副其实的美事呢？'你就来说说吧。"

他说："苏格拉底啊，你思考得不对路。明智跟其他的学问并不相似，其他的学问彼此也不相似，而你思考的时候却以为它们都是相似的。"接着他又说："请你告诉我，算术和几何是不是产生某种结果，就像建筑术产生房子，织布术产生衣服，以及其他各种技艺产生其他各种结果那样？你能给我指出这两门学问给我们带来的结果 166A
吗？当然不能。"

我说："你说的对。不过我至少能向你指出，这两门学问每一门都是关于某个东西的学问，这东西又是跟学问本身不同的。例如算术这门学问就是关于偶数和奇数的属性和相互关系的。是不是？"

他说："是的。"

我说："偶数和奇数是跟算术本身不同吗？"

B 他说："怎么不是？"

我说："衡量术是关于重和轻的学问，而重和轻是跟衡量术本身不同的东西。你承认不承认？"

他说："我同意。"

我说："那就请你告诉我，明智这门学问的对象是什么？"

他说："苏格拉底啊，你又旧病复发了！你现在是在追问明智跟
C 其他学问不一样的地方，却硬要寻找它跟其他学问相似之处。这种相似是不存在的。其他一切学问都是关于一个外在对象的学问，根本不是关于它自己的学问；只有明智这门学问的对象既是其他学问，又是它自己。这是你完全知道的。我以为你是在做你马上就要宣布不愿做的事，你只是为了打击我，驳斥我，根本不关心我们所讨论的问题。"

D 我说："你怎么会以为我提出问题来逼你是别有用心呢？我问你和问我自己是目的相同的，我也要审查我自己说的话，恐怕我弄错了，以为自己知道并不知道的事情。我向你肯定：我只有一个目的，就是弄清我们讨论的对象，这样首先对我有利，大概也对朋友们有利。弄清事情的真相是有利于所有的人的，你不这样看吗？"

他说："我当然这样看，苏格拉底。"

我说："那你就鼓足勇气吧，好朋友，按照你的看法回答我提的
E 问题吧，不必担心吃亏的是格里底亚还是苏格拉底，把全部心思都用到我们的研究对象上，一心专注研究所得的结论吧。"

他说："很好，我就这样做，因为我觉得你说得很合适。"

我说："那就请你说说对于明智的看法吧。"

他说："我说这是一切学问中间唯一的一门既以它自己，又以其他学问为对象的学问。"

我说："那它就既是学问的学问，也是无知的学问吗？" 167A

他说："是啊。"

我说："那么，就只有明智的人认识自己，能够探讨自己所认识的和不认识的事；在有关别人的事情方面，也只有他能够认识每一个人知道并且认为知道的事，以及每个人认为知道而并不知道的事。这是别的人都不能做的。总之，明智，有自知之明，就是知道自己所知道的和不知道的事。这是你心里想的吗？"

他说："我是这样想。"

我说："那就再来一次吧，因为好事都成三，让我们从头开始这 B
个研究，仔细看一看：首先，是不是有可能知道一个人知道他所知道的事，不知道他所不知道的事；其次，假如有可能知道，知道有什么用。"

他说："我们来仔细看一看。"

我说："来吧，格里底亚。你看在这一研究中你是不是有比我好的主意，我是没有什么办法的。我跟你说说我多么狼狈行吗？"

他说："行。"

我说："我怎么能不狼狈啊，如果真像你说的那样，有那么一门 C
学问，它的对象不是别的，就是它自己和其他学问，而且它还以无知为对象？"

他说："是啊。"

我说："你看哪，朋友，我们提出了一个多么不可思议的景象啊！你要是把它放到其他的事情上，就会觉得简直莫名其妙了。”

他说：“怎么样呢？什么事情呢？”

我说：“是这样：你可以设想有一种‘看’，它看不见其他的
D ‘看’所看见的东西，却看见它自己和其他的‘看’，并且看见‘不看’；它虽然是‘看’，并看不见颜色，却看见它自己和其他的‘看’。你认为有这种‘看’吗？”

他说：“天哪，我当然不。”

我说：“你能不能设想有一种‘听’，它听不见任何声音，却听见它自己和其他的‘听’，并且听见‘不听’？”

他说：“也不能。”

我说：“再把所有的感官合起来考虑一下。你能不能设想有一种感官是感觉到它自己和其他的感官的，却感觉不到其他的感官所感觉到的东西。”

他说：“不行。”

E 我说：“你能不能设想有一种欲望，它并不要求任何快乐，却要求它自己和其他的欲望？”

他说：“不能。”

我说：“你能不能设想有一种意志，它不想要任何好事，却想要它自己和其他的意志？”

他说：“当然不。”

我说：“你能不能设想有一种爱，它不爱任何美的东西，却爱它自己和其他的爱？”

他说：“我不能。”

168A 我说：“也许你能想象一种‘怕’，它怕它自己和其他的‘怕’，

却不怕任何可怕的事物？”

他说：“我不能想象。”

我说：“有没有一种意见，它是对于它自己以及其他意见的意见，却不是对于一般意见对象的意见？”

他说：“根本没有。”

我说：“可是我们却肯定有一种学问，它不是关于任何对象的学问，却是关于它自己和其他学问的学问。”

他说：“我们是这样肯定的。”

我说：“如果真有，那不是很奇怪吗？不过不能逼人否定它，还 B
是研究研究吧。”

他说：“你说得对。”

我说：“那么，这门学问就是关于某某对象的学问，具有联系到某某对象的能力。是不是？”

他说：“是啊。”

我说：“我们认定较大的东西具有大于某物的能力吗？”

他说：“它具有这种能力。”

我说：“即大于某个较小物的能力，因为它是被理解为较大的。”

他说：“必然是这样。”

我说：“如果我们发现一个较大的东西，它大于其他较大的东西
和它自己，而并不大于那些超过它所超过的东西的，由此是不是必 C
然得出结论：它既不大于它自己，也不小于它自己？”

他说：“必然如此，苏格拉底。”

我说：“如果有一个数目，是其他倍数和它自己的倍数，那么，其他倍数和它自己，相对于它这个倍数来说，岂不只能是半数吗？

因为倍数是联系到半数的。”

他说：“对的。”

我说：“那大于自己的就同时是小于自己的，较重的就是较轻的，

D 较老的就是较少的，诸如此类，是不是？那具有联系到自己的能力的，是不是也保持着联系到对象的能力？我的意思是说，‘听’无非就是对于声音的‘听’，对不对？”

他说：“是的。”

我说：“如果‘听’听见它自己，那只能在有声音的条件下，因为否则它就听不见。”

他说：“必然如此。”

我说：“朋友，‘看’也是一样。如果它看见它自己，那只能在有

E 颜色的条件下，因为‘看’根本看不见无颜色的东西。”

他说：“当然看不见。”

我说：“格里底亚啊，在我们刚才列举的那些例子里，有些是完全不可能联系到自己的，有些是几乎无法联系到自己的。例如量、数之类就完全不可能。是不是？”

他说：“是啊。”

我说：“至于‘听’和‘看’，以及能使自己活动的‘动’，能使自己暖和的‘热’，诸如此类，有很多人认为根本不能，有些人认为

169A 能。朋友！我们一定要有一位能人来为我们毫不含糊地决定，究竟是根本没有一样东西具有联系到自己的能力，都是联系到别的东西的，还是有些东西有这种能力，有些东西没有；如果有些东西能联系到自己，我们称为明智的那门学问是不是属于这一类。我感到自

B 己没有能力作出这项决定。是不是能有一门关于学问的学问，我不

能肯定。即便有这门学问存在，我也不能承认它就是明智，除非我弄清了它对我们是否有益，因为我觉得明智是有益的，是好的。加赖斯克若的儿子啊！你说过明智就是关于学问和无知的学问，请你首先像我刚才说的那样，向我们说明这样一门学问是可能的，然后 C
再说明它是有益的。这样做你也许可以说服我，使我同意你对明智的说法正确。”

格里底亚听了我的话，看到我的狼狈相，就像那些见人打呵欠就跟着打呵欠的人一样，马上狼狈起来。他由于被人恭维惯了，不好意思当众承认自己不能解决我向他提出的难题，说不出一句明确 D
的话，只想掩盖自己的无能。我也不愿让讨论停顿，就跟他说：“格里底亚啊，要是你同意的话，我们就假定关于学问的学问是可能的，以后再考虑是不是真的可能。我假定这门学问是完全可能的，请你告诉我，这样是不是比较容易知道一个人所知道的和不知道的。因为我们已经说过，这就是自知之明和明智。对不对？”

他说：“是啊，苏格拉底，这很顺当。因为一个人如果有了那门 E
认识它自己的学问，就该跟他所具有的那门学问一样。一个人有了捷才，就是敏捷的；有了美，就是美的；有了学问，就是博学的。他如果有了这门认识它自己的学问，就该认识他自己。”

我说：“我并不怀疑这一点。毫无疑问，一个人如果有了那认识自己的学问，他也会认识他自己。重要的是有了这门学问的人是不是必然知道他所知道的和不知道的。”

他说：“当然知道，苏格拉底，因为那是一回事。” 170A

我说：“也许是这样；不过我一时还跟不上，因为现在还不明白怎么知道自己就是知道一个人所知道的和不知道的。”

他说:“你这话是什么意思?”

我说:“我的意思是说:那门关于学问的学问所能做的,是不是不限于区别开两件事:一件是学问,一件不是学问?”

他说:“不然,它所能做的仅限于此。”

B 我说:“对健康有学问和没学问是不是一回事?对正义有学问和没学问是不是一回事?”

他说:“根本不是。”

我说:“我想,前一门是医学,后一门是政治学,那关于学问的学问就只不过是学问。”

他说:“当然。”

我说:“一个人如果既不知道健康,也不知道正义,只有那门关于学问的学问,那么,他由于有这门仅仅关于这方面的学问,就能够知道自己知道点东西,有某种学问,就会知道他自己方面和其他方面的事情。是不是啊?”

他说:“是的。”

C 我说:“可是他怎样会凭着这门学问知道他所知道的事呢?他是凭着医学,不是凭着明智知道健康的;是凭着乐理,不是凭着明智知道和声的;是凭着建筑术,不是凭着明智知道盖房的事情的;诸如此类。对不对?”

他说:“看来是这样。”

我说:“如果明智只是那门关于学问的学问,他怎么会凭着明智知道他知道健康,知道他知道盖房的事情呢?”

他说:“那是不可能的。”

D 我说:“一个人不知道这些事情,就不知道他知道的事,只知道他知道吗？”

他说：“看来是这样。”

我说：“那么，明智和通达就并不在于知道他所知道和不知道的事，仅仅在于知道他知道和不知道。”

他说：“大概如此。”

我说：“那样的人也不能判明某个自命为知道某事的人实际上是不是知道那件事，看来他只会知道那个人有某种学问，至于那是关于什么的学问，明智是不能使他知道的。”

他说：“看来不能。”

我说：“它并不能使我们分清冒充的医生和真正的医生，或者 E
在其他方面分清内行和外行。我们可以这样来研究：明智的人，或者别样的人，为了分清真医生和假医生，不会这样办吧？他肯定不会问他医学问题。因为我们说过，医生是只知道健康和疾病的。是不是？”

他说：“是的。”

我说：“对于学问，他是一无所知的，因为我们认为这正是属于明智的事情。”

他说：“是啊。”

我说：“医生不知道医学，因为医学是一门学问。”

他说：“对了。” 171A

我说：“医生有某门学问，这是明智的人肯定会看到的，可是他要想知道这是什么学问时，岂不该追问它是关于什么对象的吗？每一门学问的标志岂不是并非仅仅在于它是学问，而在于它是某一特殊学问，在于它是关于某某特殊对象的吗？”

他说："正是这样。"

我说："医学的标志，医学异于其他学问之处，就在于它是关于健康和疾病的学问。"

他说："是的。"

B 我说："那么，想要研究医学的人就应该研究这两件事情，这是医学的固有领域；而不应该研究那些在它以外的、与它无关的事情。"

他说："当然。"

我说："很好地从事医学研究的人应当根据健康和疾病来检验医生，评定医生的医道。"

他说："看来是这样。"

我说："他会专心研究医生的言论和行动，来判别哪些话说得对，哪些事做得对吗？"

他说："必然如此。"

我说："他如果没有医学，能不能弄清楚医生的言论和行动呢？"

他说："根本不能。"

C 我说："除了医生以外，谁都不能，连明智的人也不能；要做这件事必须既是医生又是明智的。"

他说："对了。"

我说："如此看来，明智如果仅仅是关于学问和无知的学问，那就很明显，它并不能使我们分清真正懂医的医生和冒充医生的人，并不能使我们在其他行当里说三道四。我们只能评论同行，和各行各业的工匠一样。"

他说："这很明显。"

我说:“格里底亚啊，我们从这样的明智得到什么好处呢？如果 D
像我们在开头时候设想的那样，明智的人知道他所知道和不知道的，如果他知道他知道某些事、不知道某些别的事，如果他能够在这个方面评价别的人，我们就可以断言：明智对我们非常有用。因为我们有了明智，就可以生活得不犯错误，在我们领导下活动的其他的
人也可以如此。这是因为我们不会去做自己不懂的事，而是找出懂 E
的人来，委托他们去办，至于那些在我们领导下的其他人，我们只让他们去做那些他们能够做好的事，即他们在那方面有学问的事。一个由明智管理的家庭必然管理得很好，一个由明智治理的城邦必然治理得很好，一切由明智支配的事情都是这样。因为人如果不做
错事，一切行动都听从正理，就必定做得正确，做得正确就必定幸 172A
福。”接着我又说:“格里底亚啊，我们对明智提出了这些看法，指出我们知道自己所知道的和不知道的有很大的好处。这样看对不对？”

他说:“很对。”

我说:“现在你看出这样一门学问是哪里都找不到的珍品吧。”

他说:“我看出了。”

我说:“也许，我们现在设想的这个明智，即关于学问和无知的 B
学问，有这样一种好处，就是有了它就很容易学会想学的事情，从这门学问去看就把一切都看得很清楚，因为除了所学的东西之外，还看到了这门学问，这就有助于判明其他的人的学习情况，而别人想进行判断却缺少这门学问，就只能做得不深不透。是吗？也许，
我的朋友啊，我们应该希望从明智得到的好处就是这些吧。我们是 C
不是心里想着一件大事，就在这门学问里寻找一件比实际上更大的事呢？”

他说："也许是这样。"

我说："也许，也许我们所进行的研究完全没有用。我之所以这样想，是因为把明智规定成那样就会产生一些不可思议的结论。要
D 是你愿意的话，我们就来看看。我们假定这门关于学问的学问是可能的[①]，我在起头的时候也说过，明智就是知道自己所知道的和不知道的。我们不要否定它，我们承认它。作了这些让步之后，我们再来仔细研究一下，看看明智在这样情况下是不是会给我们带来好处。因为我们在上面刚刚说过，明智如果是这样的，它可以在家庭和城邦中有益于治理，有很大的好处。格里底亚啊，这话我觉得说得不大在理。"

他说："怎么呢？"

我说："因为我们轻易地断言，人如果做自己所知道的事，把自己不知道的交给知道的人去做，会得到很大的好处。"

E 他说："这话说得不在理吗？"

我说："我觉得不在理。"

他说："苏格拉底啊，事实上你是说了些不可思议的话。"

我说："天狗爷在上，我自己也这样想。我就是怀着这个念头，才说我会遇到一些不可思议的事，害怕我们研究得很不对头。老实说，
173A 即便明智真是我们说的那样，我也说不清它能带给我们什么好处。"

他说："怎么？你把话说清楚，让我们明白你的意思吧。"

我说："我认为我是胡说八道。不过，只要浮现出一个念头，就该对它仔细考察，不可轻易放过，尽管它来得漫不经心。"

① δυνατὸν εἶναι εἰδέναι，最后一字是衍文，应删。

他说："你说得很好。"

我说："那就请你听一听我的梦想，不管它是从犄角门还是从象牙门里飞出来的。[①] 我的想法是这样：我们现在所设想的这样一种明智，对我们有绝对支配的力量，它带领着各门学问会给我们做什么 B 工作呢？只起一种作用，就是如果有人冒充舵手而实际上不是，我们借助于明智就不会受他的骗。如果有一个医生、一个将领或者别的人自称知道自己并不知道的事，也蒙蔽不了我们。我们由此岂不是会得到好处，例如身体的健康得以改善，海上和战场上的危险得以排除，我们的家具、衣服、鞋子得以制造精美，因为我们会使用 C 真正的技术人员？如果你愿意的话，我们就承认占卜是一门关于未来的学问，明智凭着它的支配作用使我们避开说空话的人，把那些真正的预言家放到揭示未来的职位上。我完全明白，人类在这样的情况下会准照学问来行动和生活。因为明智十分警惕，不让那不学 D 无术暗中潜入我们的工作。准照着学问办事，是不是会生活得很好，是不是会幸福，我亲爱的格里底亚啊，这一点我还不能看透。"

他说："如果你认为准照学问办事并没有什么价值，那你就很不容易找到更好的生活目标了。"

我说："请你再解释一下一个小问题。你是说准照什么学问呢？是准照缝鞋的学问吗？" E

他说："宙斯在上，我不是这个意思。"

我说："是铜匠的学问吗？"

他说："不是。"

---

① 参看荷马：《奥德赛》，XIX，560。据说犄角门里出真梦。

我说:“是不是纺毛匠、木匠之类的学问?”

他说:“也不是。”

我说:“那我就不再坚持主张准照学问生活的人生活幸福了，因为那些人虽然准照学问生活，你却不愿意承认他们幸福。我觉得你很像只把那种在某个方面准照学问生活的人算成幸福的人，例如预
174A 言家，这是我刚才说过的，他知道未来的一切。你是说这种人，还是说别的人呢?”

他说:“我是说这种人，也是说别的人。”

我说:“什么人? 这不就是那种既知道未来又知道过去和现在、无所不知的人吗? 我假定有这样的人存在。我想你会承认这是最能准照学问生活的人。”

他说:“就是。”

我说:“还有一个问题。是这些学问中间的某一种使他幸福，还是全都同样使他幸福?”

他说:“并非全都一样。”

B 我说:“哪一门最能使他幸福呢? 是关于现在、过去、未来一切事件的学问吗? 是下棋的学问吗?”

他说:“怎么是下棋呢?”

我说:“是计算吗?”

他说:“不是。”

我说:“是关于健康的学问吗?”

他说:“有点接近。”

我说:“那最能使人幸福的是什么学问呢?”

他说:“是分别善恶的学问。”

我说："你这个坏家伙！你让我转圈子转了那么久，不让我知道并不是一般地准照学问生活使人幸福，也不是同时联合一切学问所 C
能奏效，只有具备那门关于善恶的学问才行。格里底亚啊，你如果把这门学问跟其他一切学问分开，医学就不会给我们治好病，鞋匠的手艺就不会给我们缝鞋，织工的手艺就不会给我们提供衣服，舵工就不会在海上给我们救命，将领就不会在战场上给我们救命，是不是？"

他说："是的，都不会。"

我说："格里底亚啊，如果我们没了那门学问，那些事情就做不 D
出来，我们就得不到益处。"

他说："你说得对。"

我说："可是这门学问看来并不是明智，而是对我们产生有益作用的。因为它并不是关于学问和无知的学问，而是分别善恶的学问。如果是它对我们有益，明智就该是与有益不同的。"

他说："怎么！明智会没有益处？如果它果真是关于各门学问的 E
学问，支配着其他一切学问，就该控制着那门关于善恶的学问，就该对我们有益。"

我说："是明智使我们健康，而不是医学吗？是明智在做其他各种技艺的工作，而不是那些技艺各做各的工作吗？我们不是早就确认明智只是关于学问和无知的学问，不是别的吗？是不是？"

他说："看来是这样。"

我说："那它就不会给我们带来健康吗？" 175A

他说："当然不会。"

我说："健康要靠另外一种技艺，是吗？"

他说："靠另一种。"

我说:“那它就不会对我们有益了，朋友。因为我们已经把这种作用归给了另外一种技艺，是吧？”

他说:“是啊。”

我说:“明智如果不能给我们带来任何益处，它怎能对我们有益呢？”

他说:“苏格拉底啊，我看不能。”

B 我说:“格里底亚啊，你看，我很有理由担心，很有理由责备自
己不能从明智里研究出什么益处来。因为那被大家公认为最好的明
智，是不会在我们看来没有什么益处的，如果我还能好好进行研究
的话。现在我们彻底失败了，我们发现不了造字的人把明智这个词
用在什么上。然而我们提出了很多假设，都是道理所不能认可的。
首先我们假定过一种关于学问的学问，道理却既不能容许更不能主
张这一个想法。我们还假定过这门学问也知道其他学问的工作，虽
C 然道理也不容许这样，可是我们愿意明智的人能够知道，他知道自
己知道的、不知道自己不知道的。这一点事实上是很大方地假定的，
并没有考虑到不可能以某种方式知道自己绝对不知道的事情。因为
我们承认他知道自己不知道，看来这是最不合理的了。尽管我们怀
D 着好心，态度大方，我们的研究却仍旧不能找到真理，而是嘲弄真
理。不管我们把明智的实质规定成什么，我们总是遇到一个无情的
结论，就是明智并没有什么益处。这个结论并不使我感到痛心，我
E 这个人没有什么。可是卡尔弥德啊，你仪表堂堂，心灵明智，却终
身不能从明智得到益处，获取助力，我感到非常遗憾。我尤其遗憾
的是白白费劲从特拉基人那里学了咒语去追求一项毫无价值的事。
我认为实际上决不能是这样，大概是我不善于研究。明智的的确确

是一件大好事，你如果有了它，你就会幸福。你仔细看看，是不是你已经有它，根本不需要咒语。如果你真有它，我就要奉劝你把我 176A
只看成一个只会说空话的废物，根本不能通过推理找出什么来，而你自己越明智就会越幸福。”

于是卡尔弥德说：“苏格拉底呀！宙斯爷在上，我的确不知道我有没有它。这明智到底是什么，照你说你们两个人都不能说清，我怎么会知道我有没有呢？苏格拉底呀！我不那么相信你刚才的话，倒是 B
非常需要那个咒语，愿意天天听你念几遍，直到你说够了为止。”

格里底亚说：“好哇！卡尔弥德，你这样做就向我证明你是明智的。这就是把自己托付给苏格拉底的法术，让他给你念咒，一刻都不离开他。”

卡尔弥德说：“那我就紧跟着他，不离开他。我要是不服从你这 C
位导师，不听你的命令，那就糟了。”

格里底亚说：“那我就下命令了。”

卡尔弥德说：“那我就执行，就从今天开始。”

我说：“你们两个人合谋做什么？”

卡尔弥德说：“没有什么，我们已经商定了。”

我说：“怎么！你要对我强制执行，不让我选择吗？”

卡尔弥德说：“是的，强制执行，因为他下了这个命令。你考虑你该做什么吧。”

我说：“现在已经没有什么好考虑了。你已经下决心做一件事， D
甚至要采取暴力，有谁能抗拒你呢？”

卡尔弥德说：“那你就别抗拒吧。”

我说：“我不抗拒了。”

拉刻篇

（或《论勇敢》，引导的）

谈话人：吕西马柯、梅雷西阿、尼基雅、拉刻、吕西马柯和梅雷西阿的孩子们、苏格拉底

St.Ⅱ

178A **吕西马柯**[①]：尼基雅[②]和拉刻[③]啊，你们已经看见了那个练武装格斗的男子汉，可是为什么梅雷西阿[④]和我要请你们跟我们一道去看，我们当时没有说，现在要把它告诉你们了，因为我们认为应该对你

B 们直言不讳。有的人不屑于这样做；人家询问他的意见时，他不说自己心里的想法，却揣摩对方的心思，说些违背本心的话。可是我们认为你们不仅能够对事情作出判断，而且在作出判断之后会坦白地说出自己心里的想法，所以要向你们咨询，请你们评评我们要

---

① Λυσίμαχος，希波战争时雅典政治家阿里斯得德（’Αριστείδης）的儿子。

② Νικίας，雅典将军，公元前421年订立和约结束伯罗奔尼撒战争初期的阿启达摩（’Αρχίδαμος）之战。

③ Λάχης，也是雅典将军。

④ Μελησίας，著名寡头政治家图居第德（Θουκυδίδης）之子，反对贝里格勒（Περικλῆς），曾被放逐。

在你们面前摊开的事情。我先说了那么长的引子，就是为了引出这件事： 179A

这里是我们两人的儿子。那一个是他的，取了他祖父的名字，[1]叫图居第德；这一个是我的，也取了他祖父、我父亲的名字，叫阿里斯得德。我们决心要全心全意地关注他们的成长，不像多数做父亲的那样，在他们青少年的时候听任他们爱怎么干就怎么干，我们要全神贯注地监督他们，而且要马上开始这样做。我们知道你们也是有儿子的人，相信你们已经想过如何增进他们的美德；如果还没 B
有怎么想的话，我们会提醒你们应当这样做，并且邀请你们协助我们完成共同的任务。

我们之所以作出这个决定，拉刻和尼基雅啊，你们应该听一听，虽然我说的话比较啰唆。你们知道，我是和梅雷西阿同桌吃饭的，孩子们也和我们一同吃。现在我要跟你们说说真心话，这是一开头 C
就提到的。我和他两个人在饭桌上有许多话说，可以说自己父亲的许多美好事迹，有战时的，也有平时的——他们身为首脑，既要处理盟邦的事务，也要处理本邦的国政——可是我们很为难，说不出一件自己本身的美好事迹给孩子们听。我们在孩子面前感到羞愧，于是被迫把错误归到自己父亲身上，认为他们在我们长成大小伙子 D
之后不管我们，听任我们过放肆的生活，把全部注意力只是放在别人的事情上。我们不断地告诫这些年轻人，向他们说，如果他们对自己马马虎虎，不听我们的话，那就会自取其辱；如果他们兢兢业业，那也许会受到人们尊敬。

① 根据希腊的习惯，要给长子取祖父的名字。

这时他们答应听话了，于是我们想到如何教育他们，他们应当
E 学些什么才能成为正派人。有一个人曾经向我们推荐了一种办法，说学武装格斗对一个青年人非常合适。他还向我们称赞你们刚刚看过的那个表演技艺的人，叫我们去看。我们认为不仅要自己去看，还要拉你们一同去看，你们看了就可以帮我们拿主意，大家商量一下该怎么关怀自己的儿子。

180A 就是因为这个缘故，我们愿意跟你们合作。现在你们的任务就是出出主意，说说该不该学这种技艺，此外再说说有什么别的技艺或事务适于年轻人学习，以及你们自己决定怎样做。

尼基雅：我嘛，吕西马柯和梅雷西阿呀，不仅赞成你们的想法，而且准备跟你们通力合作；我相信拉刻也是一样。

B **拉刻**：你想得很对，尼基雅。因为吕西马柯刚才提到他和梅雷西阿的父亲的那些话我觉得很有道理，不仅适用于他们，而且适用于我们，适用于一切为国事奔波的人。这些人几乎都像他说的那样，对自己的孩子、对自己的其他私事都听之任之，撒手不管。吕西马
C 柯啊，你这番话说得非常好。你要请我们在青年教育方面帮着出主意，却不请苏格拉底，这使我吃惊，因为他和你原来是一个部的人[①]，而且一直热心青年教育，寻求对青年最为合适的好办法[②]。

吕西马柯：你怎么说，拉刻？苏格拉底热心做这样的事情吗？

拉刻：当然喽，吕西马柯。

尼基雅：这一点我有根据肯定，不亚于拉刻。因为不久以前他

① δημότης，同属一个 δῆμος（部）的人。苏格拉底来自雅典东郊的阿罗贝格部（'Αλωπεκῆ）。

② μάθημα，可以是技艺，也可以是学问。

向我本人推荐过一个人做我儿子的音乐教师，这人是阿伽妥格勒[1]的 D
弟子达孟[2]，他不仅在音乐方面非常出色，而且在其他方面都可以作
青年的楷模。

吕西马柯：说真的，苏格拉底、尼基雅和拉刻啊，我这个年纪
的人已经不怎么熟悉年轻的人了，因为我们上了年纪大都待在家里
不出门；而你却不是这样，梭甫若尼斯哥[3]的儿子啊，你要是有什么
好主意要给你的同部人出的话，请提吧。这也是很恰当的，因为你 E
父亲在世时你早就对我家友善，我和你父亲始终是朋友，十分亲密，
他到死都跟我毫无芥蒂。现在我还想起这两个孩子所说的话。他们
在家里交谈的时候总是提到苏格拉底，并且赞不绝口，而我没有一
次不追问他们说的是不是梭甫若尼斯哥的儿子。来吧，孩子们，你 181A
们说的是苏格拉底吗？

两个孩子：当然是他，父亲。

吕西马柯：好哇，苏格拉底，赫拉[4]在上，你给你父亲这位杰
出人物添了荣誉。我很高兴从现在起你的也成为我的，我的也成为
你的。

拉刻：当然会的，吕西马柯啊，你可不能让这个人走掉。我曾
经亲眼看到他不仅为他父亲添了荣誉，而且为他的父母之邦添了荣 B
誉。因为在德利雍[5]败绩时他和我一道撤退，我敢向你保证，如果别

---

① ’Αγαθοκλῆς.

② Δάμων.

③ Σωφρονίσκος，苏格拉底的父亲。

④ Ἥρα，天后的名字。

⑤ Δηλίον，公元前424年雅典军在此战败溃退，步兵苏格拉底临危不惧，曾救过负伤的克塞诺奉（Ξενοφῶν），把他背回。

的人都愿意跟他一样行动，我们的城邦当时就能保住荣誉，不致遭受那样惨的失败。

吕西马柯：苏格拉底啊，你现在得到了美好的赞扬，是那些各方面都非常值得称赞的人对你提出的。我敢说自己听了这种赞美比
C 谁都愉快，我很高兴自己列身于那些对你抱殷切希望的人之中。你早该来看望我们，跟我们欢聚一堂了。从现在起，既然我们已经相识，你做的事就无非是跟我们和这两个孩子相处，让我们的友谊发展下去。你自己这样做，我们也愿意经常提醒你做这件事。我们一开头跟你说的是什么？你是怎么想的？武装格斗的技艺是不是对年轻人有益，值得他们学习？

D **苏格拉底**：在这一方面，吕西马柯啊，我很愿意尽自己的能力想办法给你出主意，并且愿意照你的吩咐做其他的一切事情。可是考虑到自己最年轻，最没有经验，我想最好还是先听听你们的看法，学它一学，如果自己有什么与你们不同的想法，再向大家提出来，就教于他们和你。尼基雅，你怎么不第一个发言呢？

尼基雅：我没有什么不能说的，苏格拉底。我认为学会这种技
E 艺对年轻人非常有用，因为这使他们不再耽于他们喜爱的其他消闲娱乐，而且可以使他们体魄强壮、精力充沛——这种体育锻炼要比
182A 别的技艺需要付出更大的努力。对一个自由的人最合适的是这种体育锻炼和马术，因为我们并不是从事比赛的运动员，也不是为了比赛而训练的，我们的训练是要完成战场上手持武器作战的任务的。这种技艺在实战中对他们很有用处，在队列整齐与多数敌人对垒时就是这样。但是它还有更大的用处，那就是队伍打散，人自为战，
B 要追击负隅顽抗之敌，或者在撤退中要摆脱尾随不舍之敌的时候。

学会这种技艺的人是既不会受困于个别的人，也不会受困于若干人的集体的，他在任何场合都占上风。此外，这种技艺也会启发人们追求另外一种更高级的技艺，因为每一个学会武装格斗的人都会进而要求通晓与此有关的指挥战斗的技艺，而谁通晓了这种技艺就肯 C
定会向有关战略的技艺迈进。所以很明显，人有各式各样的获取胜利的美好有用的知识和技艺，要通晓它们首先要从通晓武装格斗开始。

我还要再加上一种不小的好处，就是这种知识能使任何一个人在战斗中比平时豪迈、英勇。我也不妨指出一点大家以为无关宏旨的事情，就是掌握这种技艺的人会显得神态安详，而由于这种神态 D
安详，他在敌人眼里却显得格外可怕。

吕西马柯啊，我认为年轻人一定要学习这种技艺，并且说了我这样看的理由。拉刻要是对此有什么不同的看法，我很乐意洗耳恭听。

拉刻：尼基雅啊，我觉得很难说哪门技艺是非学不可的。因为无所不知看来是好事，这种武装格斗如果真像教师爷们声称的那样， E
真像尼基雅所说的那样，是一门技艺，我看就该学它。可是如果它并不是什么技艺，只是那些要教我们的人吹嘘着骗我们的，或者虽然是一门技艺，却价值平平，用处不大，人家干吗非要学它呢？

我之所以这样说，是因为我认为：如果这是一种很了不起的技艺，那就不会为拉给代孟[①]人放过了，他们一辈子做的就只是学习和使用那种能在战争中使他们压倒别人的办法。如果他们没有发现 183A
这种技艺，这种技艺的教师爷们也不会没有发现，拉给代孟人是希

① Λακεδαίμων，即斯巴达。

腊人中间最热心于此道的，一个精通此道的人在他们那里受到重视，当然会在别的城邦里为此大为得利，正如一个悲剧诗人要在我们这里受重视一样。因为一个自以为写出了一出好悲剧的人是不会跑到
B 阿底格[①]四周的其他城邦去展示他的大作的，他一直跑到我们这里来演出，这样做是对的。可是我看到这些格斗大师们把拉给代孟视为难以接近的圣地，连脚尖儿都不碰它一下，宁愿跑到别的城邦去转，尤其是跑到那些自己承认在打仗方面大不如人的地方展示他们的能耐。

C 此外，吕西马柯啊，我还亲身领教过不少这类大师的实际行动，看到过他们有多大本事。根据这些情况我们可以断定，似乎命中注定那些人没有一个能在战争中成名，而其他技艺的名人大都出于热衷此道的人，只有这一行的人不行。就拿这位斯得西劳[②]来说，我
D 和你刚刚看过，他在大庭广众之下奋力表演，还大吹特吹，说了许多自夸其得的话，可是我有幸看到过他在一次实战中的不由自主的表现。

他在一只战船上当水兵，战船正碰到一只运输船。他手执一把镰矛[③]，这是一件特殊武器，所以他显得与众不同。我们不想多谈这
E 个人的壮举如何，却要说说这个把镰加在矛上的新发明成效如何。他拿着这把镰矛来回挥舞，一下缠到敌船的索具上，挂住了。于是这位斯得西劳为了摆脱纠缠，就使劲拽，可是拽不出来。这两只船彼此贴身而过。他沿着船奔跑，手里抓着矛不放；后来那只船越过

① ’Αττιή，雅典的所在地。
② Στησίλαος.
③ δορυδρέπανον，这种武器是在矛头上加上镰，既能刺，又能勾着切割。

了他的船，要把他的矛带走，他为了保住矛，就让矛在他手里慢慢 184A
往前滑，最后只抓着矛竿的末端。也许像尼基雅说的那样，他这样干有点什么名堂，可是从我见到的看，并不那么妙。

所以，就像我开头说的那样：那种办法如果是一门技艺而用处 B
不大，或者并不是什么技艺，只是人家编出来骗我们的，那我们就不值得花费气力去学。因此我想，学它的人如果原来很胆小，以为必须学会它才能胆大，那就越发显出他是胆小的了；如果他是胆大
的人，那他在众目睽睽之下纵然错误很小也要受到严重责备；因为 C
炫耀这种知识是招人妒忌的，一个人若不是绝顶超凡，自称精于此道是一定会受到嘲弄，无法避免的。

这就是我的看法，吕西马柯。现在你要像我开头说的那样，不要让苏格拉底走掉，不把他对这件事的看法说给我们听。

吕西马柯：那我就要请你谈谈了，苏格拉底。我觉得我们的讨 D
论还需要一位仲裁人。因为如果双方意见一致就没有仲裁的必要，可是你看，现在拉刻的看法跟尼基雅的完全相反，所以最好还是听听你同意这两位中间的哪一位。

苏格拉底：怎么，吕西马柯？这两种看法里哪种得到我们多数认可，你就表示赞同吗？

吕西马柯：还有什么更好的办法呢，苏格拉底？

苏格拉底：梅雷西阿，你也会这样做吗？如果你要为儿子挑选 E
学哪种格斗术，你是相信我们多数人的看法呢，还是相信一位受过名师传授和指点的人？

梅雷西阿：当然相信后者，苏格拉底。

苏格拉底：你会相信那个人，不信我们四个？

梅雷西阿：也许。

苏格拉底：我认为下判断必须根据知识，不能根据多数，那样才能作出好的决定。

梅雷西阿：怎么不是呢？

185A **苏格拉底**：那我们现在就该首先研究一下：在我们商议的这件事情上，我们中间是不是有一个人是行家？如果有，尽管他只是一个人，我们就听他的，不理其他的人；如果没有，那就到别处找。你和吕西马柯是不是以为现在谈的是小事一桩，并不是你们的一切事务中最大的一件？我不这么看，因为孩子养得怎么样，行不行，是要关系到父亲整个家业的成败的。

梅雷西阿：你说得对。

苏格拉底：这件事必须谨慎从事。

梅雷西阿：当然。

B **苏格拉底**：我刚才说，我们要评定我们中间谁是格斗的老行家。这个问题我们是怎样研究的呢？不是认定那个学过它、练过它、并且有过名师传授的人吗？

梅雷西阿：我看是这样。

苏格拉底：不是还要先问这些名师传授的那玩意儿本来是什么吗？

梅雷西阿：你这话是什么意思？

苏格拉底：也许我可以把它说得好懂一点。我的意思是说：在开始的时候，我们并不是很明白我们商讨的那玩意儿是什么，想知
C 道我们中间谁是精通此道的行家，受过名师传授。

尼基雅：怎么，苏格拉底啊，我们不是问年轻人该不该学武装格斗吗？

苏格拉底：是的，尼基雅。可是一个人寻思该不该用一种药治眼睛的时候，你想想，他考虑的是药还是眼睛？

尼基雅：是眼睛。

苏格拉底：那么，一个人寻思他该不该以及该在何时给马套笼 D
头的时候，考虑的就是马，不是笼头了？

尼基雅：对的。

苏格拉底：那么，一句话，一个人为一样东西寻思另一样东西的时候，考虑的是他为之寻思的这样东西，并不是他寻思的那样东西。

尼基雅：必然如此。

苏格拉底：那我们就得研究一下，看看我们咨询的是不是个行家，善于处理所问的事情。

尼基雅：当然了。

苏格拉底：我们现在说的不就是该让年轻人学什么吗？这是为 E
了他们的灵魂啊。

尼基雅：是的。

苏格拉底：我们中间是不是有引导灵魂的行家，引导得非常好，而且受过名师传授——这是我们必须研究的。

拉刻：苏格拉底呀，你怎么还没有见到，有些人在某种事情上是无师自通成为行家的，比有名师传授的更行？

苏格拉底：我见到过，拉刻。不过他们如果自命为优秀的匠师，你会不愿意相信他们，除非他们拿出一件这种技艺的作品给你看，
这作品做得很好，而且有不止一件。 186A

拉刻：你这话说得很对。

苏格拉底：拉刻和尼基雅啊，由于吕西马柯和梅雷西阿渴望非常出色地培养儿子的灵魂，曾经邀请我们给他们出主意，我们必须给他们说出自己从过的老师，——这些老师首先是能干的人，很好
B 地培养过许多年轻人的灵魂，后来也教过我们。如果我们有一个人说自己并没有老师，那就必须拿出自己的作品，说出有哪些雅典人或外邦人、奴隶或自由人曾经承认自己由于他的缘故变好了。如果我们拿不出来这些，那就该叫他们去找别人，不要甘冒损害朋友儿子的危险，以致受到如此亲近的人的严厉谴责。

C 吕西马柯和梅雷西阿啊，我首先宣布我从来没有这方面的老师，虽然我从年轻时候起就盼望有一位。可是我没有钱交给智者们，只有他们才能使我成为出色的、高尚的人；到现在为止，我还没有能力自己发明这种技艺。如果尼基雅和拉刻找到了或者学到了它，我并不觉得奇怪，因为他们比较富有，可以从别人那里学到它，同时
D 他们年纪比较大，有时间找到它。因此我相信他们颇有能力教育一个人；他们如果不是深信自己有充分的认识，是决不会冒冒失失地作出决定，说某些训练对青年有益还是有害的。我很相信他们；只是他们俩看法针锋相对，使我吃惊。

吕西马柯啊，拉刻劝你别让我走掉，让我说话。现在我要请你学他的样，别让拉刻和尼基雅走掉，要他们答话。你跟他们说：苏
E 格拉底说他对这件事一无所知，没有能力决定你们俩哪个说得对，因为他自己既没有发明，也没有学会这类事情。拉刻和尼基雅啊，请告诉我们，在那些跟你们打过交道的人中间，谁是教育青年的名
187A 师，你们知道的东西是学来的还是自己发现的，如果是学来的，谁是你们的本师，谁又是这一行的匠师，如果你们忙于城邦政务不能

分身，我们可以去找那些人，给他们送礼，向他们请求，或者双管齐下，说服他们接受我们和你们的孩子为弟子，加以教育，使这些孩子不致沦入下流、辱没先人。如果这种教育办法是你们自己发明的，那就请你们拿出证据，说说有哪些人在你们的训导下从下流变成了好人。如果你们要想从现在开始插手教育，那可要千万注意，B
你们不是在雇佣兵[①]身上做试验，是在教育自己的儿子和朋友的孩子，可不要像谚语说的那样画虎不成反类狗。这些事情，请告诉我们哪些能办到，哪些办不到。

吕西马柯啊，就是为了这个，我请你别让这两位走掉。

吕西马柯：诸位，我觉得苏格拉底说得很好。尼基雅和拉刻啊，C
你们俩是不是愿意回答这些问题，那要由你们自己决定。我和梅雷西阿是非常乐意听你们回答苏格拉底提出的一切问题的。我开头就说，我们请你们帮着出主意，因为我们认为你们已经遇到这个题目了，不仅就事情本身考虑，而且考虑得更多，因为你们的孩子和我 D
们的一样已经接近受教育的年龄了。你们如果没有什么不便的话，我看就说话吧，和苏格拉底一同考虑，用互相回答的方式研究吧。因为他说得对，我们现在是讨论我们最关切的事情。请看一看自己是不是认为必须这样做。

尼基雅：吕西马柯啊，我看得出，你对苏格拉底的认识只是通
过他父亲，你跟他本人并没有交往；你只是在他儿时看见他由你的 E
同部人他父亲领着走进庙宇，或者参加其他的部民集会，在他长大成人之后你还没有见过他。这是很明显的。

---

① καρικός，指地痞流氓。

吕西马柯：你怎么这样说呢，尼基雅？

尼基雅：看来你完全不知道，谁是苏格拉底的亲密谈话伴侣，同他亲如家人，只要一进入谈话，尽管他开头说的是完全另外一回
188A 事，说下去就不可避免地被拖着转来转去，直到他把话题固定在自己身上，说自己现在是怎样生活的，以及过去怎么样；苏格拉底一抓住他就不肯放，直到把他的根和底搞得一清二楚为止。现在我已经熟悉了他，知道必须忍受他的这种脾气，而且完全明白自己是不能轻易过关的。吕西马柯啊，我很乐意同他交往，认为自己被他指
B 出做了或者还在做某种不妙的事情并不是坏事，而是必要的，这样才会谨慎一些，有利于以后的生活，不能对此心存畏惧，要欢迎它，像梭伦[①]说的那样，愿意终生学习，并不以为年龄会自动带来见解。所以，对于我来说，受苏格拉底的考问并不是什么新鲜事，也不是什么不舒服的事；我倒是老早就知道，只要苏格拉底在场，所说的
C 话就并不是涉及孩子们的，而是涉及我们自己的。我可以毫不勉强地说，我主张我们同苏格拉底交谈，由他掌握谈话的内容；不过你要问问拉刻对这种谈话的看法如何。

拉刻：尼基雅啊，我对于言论的看法很简单，也可以说不简单，是两重的。因为我在一个人看来可以是喜爱言论的，又是讨厌言论
D 的。如果我听到一个人谈美德或者谈某种智慧，而这人是一个真正的人，是配得上说这种话的，我就非常高兴；我见到说话的人与所说的话完全符合一致，感到说不出的痛快，觉得这样一个人好像一个音乐家，调配出最美的和声，用的并不是竖琴或别的乐器，而是

① Σόλων，见残篇 10。

他自己的生命合奏，他的一切行动与全部言论和谐一致，是多里亚[1]式的，而不是伊奥尼亚[2]式的、弗吕及亚[3]式的或吕狄亚[4]式的，这是 E
唯一地道的希腊曲调。这样一个人使我高兴，他只要一开口，我就显出爱好言论的样子。谁要是反其道而行，我就对他非常反感，他说得越来劲，我就越露出厌恶言论的神态。

至于苏格拉底，我还不大知道他的言论，但是对于他的行动我似乎有些认识；我发现他在行动上表现得可敬可佩，说话也非常坦 189A
率。如果他是你说的那样，我很高兴同他在一起，乐意受他这样的人考问，毫不厌烦地跟他学。我倒是同意梭伦的说法，希望老了还多多地学[5]，不过还要补充一点：要跟好人学。因为他会在这一点上对我让步，同意教人的本身也是好人，这样我就不至于显得不好教、不乐意学了。至于教人的是不是年纪比我小而且没有名气之美，我 B
是并不在意的。苏格拉底啊，我请你毫无保留地教我、考问我，也跟我学我所知道的东西。我对你非常放心，自从你跟我一同遇到危险的那一天起就是如此，那时候你用行动证明了你的品格，只有高尚的人才能这样做。你想怎么说就怎么说吧，不要顾虑我们的年龄差别。

苏格拉底：看来不能说你们不准备跟我们磋商研究了。 C

吕西马柯：那我们就干起来吧，苏格拉底，我把你看成我们中间的一个了。请你研究怎样对年轻人最好，这是我们要这两位研究

① Δωρίς，这里的调子是阳刚的。

② Ἰωνία，这里的调子是阴柔的。

③ Φρυγία，这里的调子是激昂的。

④ Λυδία，这里的调子是凄凉的。

⑤ 见残篇 10。

的，你跟他们商量商量吧。因为我由于年龄大了，忘掉了很多自己
D 想到要问的事情，以及自己听到过的事情；你们一块儿谈吧，我几乎没有什么保留的了。你们讨论我们已经提出的那件事，我愿意听着，听了之后我和梅雷西阿去做你们认为合适的事。

苏格拉底：尼基雅和拉刻啊，我们要听吕西马柯和梅雷西阿的吩咐。我们在上面提出来的问题是：谁是传授我们这种技艺的老师，
E 我们又曾经使哪些人变好？用这些问题来考问自己，肯定不离谱。不过我认为用下面这种研究法也会达到同样的目的，而且更加接近地命中要害。如果我们知道把某样东西加到另一样东西上就使后一样东西变好，同时也能够把它加上去，那我们显然知道这件要我们出主意的事，知道一个人怎样才能最容易、最妥善地取得它了。也许我这话的意思你还不明白，不过你是会明白的。

190A 如果我们知道把视觉加给眼睛就使眼睛变好，同时也能够把它加给眼睛，那我们就显然知道视觉本身这件要我们出主意的事，知道一个人怎样才能最容易、最妥善地取得它了。因为我们如果根本不知道视觉和听觉是怎么一回事，那就根本不能充当眼睛和耳朵方
B 面的合格建议者和医生，不知道一个人怎样才能最妥善地获得听觉和视觉了。

拉刻：你说得对，苏格拉底。

苏格拉底：拉刻啊，这两位不是邀请我们出出主意，说说用什么方式能给他们的儿子带来美德，以改善他们的灵魂吗？

拉刻：是啊。

苏格拉底：那我们不是至少要弄清楚美德是什么吗？因为我们如果根本不知道美德本来是什么，怎么能给人家出主意，说他要用

什么方式才能最妥善地取得美德呢？ C

拉刻：依我看，这是完全不能的，苏格拉底。

苏格拉底：拉刻啊，那我们就主张自己知道它是什么了。

拉刻：我们主张。

苏格拉底：我们知道它是什么，就该能够把它说出来。

拉刻：怎么不能？

苏格拉底：我的好人儿啊，我们还是不要立刻就问全部美德，因为这样问也许太复杂，不好回答；我们可以先着眼于美德的一部 D
分，问自己能不能理解它，这样大概比较容易研究。

拉刻：好，苏格拉底，我们就照你说的办吧。

苏格拉底：那我们该挑选美德的哪些部分呢？不就是这种格斗术所涉及的那一部分吗？这不就是人们心目中的勇敢吗？

拉刻：人们是这样想的。

苏格拉底：那我们就要首先设法说明勇敢是怎么一回事，然后 E
再考虑它是以什么方式加给年轻人的：在可能范围内，是通过讲授和练习。请你像我说的那样，设法描述勇敢是什么吧。

拉刻：苏格拉底啊，宙斯在上，这是不难说的。因为如果有人惯于坚持行列击退敌人而不逃跑，这样的人就是勇敢的。

苏格拉底：拉刻啊，你说得虽然很对，回答的却是另一个问题，并不是我心里要问的那个问题。这个差错也许要由我负责，因为我的话说得不清楚。

拉刻：你这话是什么意思呢，苏格拉底？

苏格拉底：我会向你说明的，请等一下。勇士就是你描述那种 191A
坚守岗位打击敌人的战士吗？

拉刻：我是这样主张的。

苏格拉底：我也是这样想。可是那种在逃跑中打击敌人而不固守的战士又是什么人呢？

拉刻：怎么在逃跑中呢？

苏格拉底：据说斯居泰人[①]就是这样，他们同敌人作战时既追击
B 也同样逃跑。荷马称赞艾内雅[②]的马匹时也说，它们在追击和逃跑的时候，懂得朝各处奔驰。就连艾内雅本人他也称赞他懂得逃跑，把他称为逃跑大师。

拉刻：这话很对，苏格拉底，因为他是说战车的，你心目中的斯居泰人是骑兵，也是这个样子。在他们那里骑兵就是那样战斗的，希腊人的重装步兵则像我说的那样战斗。

C **苏格拉底**：拉刻啊，拉给代孟人要算例外。据说拉给代孟人在柏拉戴艾[③]碰到了拿盾牌的敌人，就不愿保持队形作战而逃跑了，等到波斯人的行列分散之后，才掉转身来像骑兵那样格斗，从而在这次战役中获得胜利。

拉刻：你说得对。

苏格拉底：你之所以没有正确回答，我以为责任要由我负，因
D 为我问得不清楚。我要想知道的并不只是步兵中的勇士，也包括骑兵和一切兵种战士中的勇士；而且不只是战争中的勇士，也包括海难中、疾病中、贫困中、治国中的勇士；此外，我想知道的不只是
E 与痛苦、与恐惧作斗争的勇士，也包括与欲望和情欲作斗争的勇士，

---

① Σκύθαι，即斯居惕亚（Σκυθία）的居民。

② Αἰνείας.

③ Πλαταιαί.

不管是在固守阵地的斗争中，还是在掉转身来的斗争中。拉刻啊，这些方面的斗争都有勇士。

拉刻：非常正确，苏格拉底。

苏格拉底：这些人都是勇敢的，不过有些人是在快乐中表明自己勇敢的，有些人是在不快中、有些人是在欲望中、有些人是在恐惧中表明自己勇敢的，而另一些人，我认为他们则在这些情况中表明自己怯懦。

拉刻：当然。

苏格拉底：这两种品质中的每一种是什么，我问的就是这个。你就试着先说说勇敢吧，它在上述的那些情况之下是相同的。我说的你懂吗？

拉刻：还不大懂。

苏格拉底：我的意思是这样：所谓快速，是出现在奔跑、奏乐、 192A
说话、学习以及其他许多类似的活动中的，我们在几乎每一种值得用臂、用腿、用嘴、用嗓子、用心思去做的活动中全都有它；如果我问你快速是什么，你不是也这样说吗？

拉刻：当然。

苏格拉底：如果有人问道：苏格拉底呀，你说的那个在一切事情里面的快速是什么，你怎么说呢？我就会说：我把那种在较短时 B
间内完成很多事情的能力称为快速，不管在说话、奔跑还是在其他一切活动上都是如此。

拉刻：说得非常好。

苏格拉底：拉刻啊，那你就试着像这样说说勇敢吧，这种能力在快乐、不快以及其他一切事情里是同样的，我们说过它存在于其中，称为勇敢。

C **拉刻**：如果非要我说这种存在于一切事情中称为勇敢的能力的话，我觉得勇敢就是灵魂的某种坚持。

苏格拉底：如果我们愿意按照实际回答问题，那就该这样说。可是我觉得很明显，我相信你并不是认为每一种坚持都是勇敢。我这样看是由于我知道，拉刻啊，你把勇敢列为美好的东西。

拉刻：当然是最美好的东西。

苏格拉底：出于明智的坚持是美而且好的吗？

拉刻：当然是。

D **苏格拉底**：出于糊涂的怎么样呢？是与此相反，邪恶而有害的吗？

拉刻：是的。

苏格拉底：你愿意说那邪恶的、有害的是美好的吗？

拉刻：当然不，苏格拉底。

苏格拉底：那你就不承认这样的坚持是勇敢的了，因为它是不美好的，而勇敢是美好的。

拉刻：你说得对。

苏格拉底：照你说明智的坚持就是勇敢了。

拉刻：看来是这样。

E **苏格拉底**：那我们来看看：这是在某种事情上，还是在一切大大小小的事情上呢？如果有人在付钱的时候明智地坚持不多付，知道这样支付会发财，你说这个人勇敢吗？

拉刻：宙斯在上，我并不这么说。

193A **苏格拉底**：如果有一个医生，被患肺炎的儿子或其他病人纠缠着，要他给点吃的或喝的，而他不予理睬，坚持不给，这样的医生是不是勇敢的呢？

拉刻：并不是。

苏格拉底：如果有一个人在战场上坚持战斗，士气旺盛，因为经过一番明智的盘算，他知道自己不仅有援兵将至，而且所攻打的敌人比己方弱小，此外自己还占据有利地势，那么，这样一个如此明智而且拥有各种有利因素的人，与敌军中仍然乐观地坚持作战的人相比，你认为谁勇敢？

拉刻：我认为敌军中的人勇敢，苏格拉底。 B

苏格拉底：可是他的坚持不如对方的坚持明智。

拉刻：你说得对。

苏格拉底：你会把一场骑兵格斗中坚持着的拥有骑术知识的人说成不如没有这种知识的人勇敢吗？

拉刻：我至少会这样想。

苏格拉底：那你也会认为那些有投石、射箭之类技术而坚持着的人是这样吗？

拉刻：当然会。 C

苏格拉底：一个跳下溪流想在水下坚持着的人，或者诸如此类的人，由于不会潜水，你就认为他比会潜水的人勇敢吗？

拉刻：还能说什么别的话呢？苏格拉底。

苏格拉底：不能说别的，如果真是这样想的话。

拉刻：我就是这样想的。

苏格拉底：可是，拉刻啊，那个冒险在水下坚持着的人要比懂潜水术而这样做的人愚蠢啊。

拉刻：看来是这样。

D **苏格拉底**：上面不是指出过糊里糊涂的大胆和坚持是恶劣有害的吗？

拉刻：是啊。

苏格拉底：可是我们一致同意勇敢是美好的。

拉刻：一致同意。

苏格拉底：现在我们又说，那件恶劣的事，糊里糊涂的坚持，就是勇敢。

拉刻：显然是这样说的。

苏格拉底：那你认为这样说对吗？

拉刻：宙斯在上，苏格拉底啊，我不那么看。

E **苏格拉底**：照你那么说，拉刻啊，你和我两个人弹的就不是多里亚式的调子，我们的行动和言论不一致。一个人可以说，从行动看，我们似乎拥有勇敢，可是从言论看，他认为我们并没有，如果他现在听到我们谈话的话。

拉刻：你这话说得非常对。

苏格拉底：怎么？你认为我们这种状态很好吗？

拉刻：完全不是。

苏格拉底：那你愿意我们大体上遵守我们的主张吗？

拉刻：什么主张？

194A **苏格拉底**：就是要坚持。如果你愿意的话，我们要坚定地把研究坚持下去，使勇敢不能讥笑我们泄了气不敢研究它，因为坚持毕竟是勇敢。

拉刻：苏格拉底啊，我至少准备不先放弃，虽然我很不习惯这种辩论。讨论的话题在我身上激起了一股干劲，但是我感到闷气，没有办法把自己心里的意思说出来。因为我心里以为知道勇敢是什么，却不知道它怎么现在避而不见，以至于不能用言语抓住它，说出它是什么。 B

苏格拉底：别这样，朋友，好猎人必须紧跟紧追，不要放弃。

拉刻：我当然愿意这样做。

苏格拉底：那我们在这里就邀请尼基雅和我们一同追逐，说不定他比我们高明。你愿意吗？

拉刻：我很愿意，为什么不呢？

苏格拉底：来吧，尼基雅！我们两个在研究中遭到了风浪，无 C
法前进。你来帮帮老朋友吧，能帮就帮。因为你看到我们干的，看到我们干不成。请说说你认为勇敢是什么，好教我们摆脱困境，这样就把你心里想的用言语固定下来了。

尼基雅：苏格拉底啊，我早就觉得你们给勇敢下的定义不对头。因为我听见过你在别的时候有句话说得非常对，你们没有应用这句话。

苏格拉底：什么话，尼基雅？

尼基雅：我常听你说，我们每个人都在明白[①]的事情上干得好， D
在不懂的事情上干得坏。

苏格拉底：宙斯在上，你说的对，尼基雅。

尼基雅：那么，勇敢的人如果是好的，就显然也是明白人。

苏格拉底：拉刻啊，你听到了吗？

拉刻：我听到了，只是不太懂他的意思。

---

① σοφός，指有知识。

苏格拉底：我可认为懂，就是说，我觉得他的意思是说：勇敢是一种智慧[①]。

拉刻：哪种智慧呢，苏格拉底？

E **苏格拉底**：你不想问他这个问题吗？

拉刻：我要问。

苏格拉底：尼基雅，你来吧。请告诉他照你说勇敢应该是哪种智慧。因为勇敢就不是那种吹笛子的智慧。

尼基雅：完全不是。

苏格拉底：也不是弹竖琴的智慧。

尼基雅：也不是。

苏格拉底：那它是哪一种认识[②]，对什么的认识呢？

拉刻：你问他问得完全对，苏格拉底，这样他就要说他主张的是哪一种了。

195A **尼基雅**：拉刻啊，我认为这就是在战争之类的活动中认识到什么是危险的，什么是无妨的。

拉刻：他说得多么荒唐啊，苏格拉底。

苏格拉底：你为什么这样想呢，拉刻啊？

拉刻：为什么？因为智慧和勇敢成了完全两回事了。

苏格拉底：尼基雅正是不那么看啊！

拉刻：他确实不那么看，正因为如此，他说得颠三倒四了。

（此处译稿有缺失。——编者）

---

① σοφία，指知识，同 ἐπιστήμη。

② ἐπιστήμη，即上文中说的智慧。

(……) 谁死掉好？尼基雅啊，你认定你本人是一个预言者，还是既非预言者也不是勇敢的人？

尼基雅：怎么？你现在又以为预言者适于认识危险的和无妨的因素？

拉刻：我是这样想的，除他以外还有谁？

尼基雅：我想得远得多，我的好人儿。因为只有预言者应该认识将出现的事情的预兆，不管临近的是死，是病，是破财，还是战 196A
争或其他斗争中的胜败。至于一个人遭遇这些事是不是好，应该适于预言者来判断，而不适于任何别的人。

拉刻：苏格拉底啊，我不能理解他的意图是什么。因为他要宣布为勇敢的既不是预言者，也不是医生，也不是什么别的人，难道是哪位神灵不成。我觉得尼基雅只是不肯老实承认自己说的是废话， B
他转弯抹角地说是为了掩盖自己的狼狈状态。苏格拉底啊，你和我如果只求不要暴露出自相矛盾，现在也可以像他那样拐上几个弯。如果我们是在对簿公堂，我们并不是没有理由那样做的，可是在一个现在这样的聚会中一个人怎能用空话为自己遮羞呢？

苏格拉底：那样做我也觉得没有用，拉刻。可是我们可以看一 C
看，尼基雅是不是真认为自己在说真话，他发表这些言论并非只是为了争论。因此我们可以细致地钻研一下他的意见，如果看出其中有点正确的意思，我们愿意承认它，如果没有，我们愿意开导他。

拉刻：那你就继续钻研吧，如果你愿意的话，苏格拉底。因为我想我已经钻研够了。

苏格拉底：我不会不干，因为研究是我们共同的事情，既为了我，也为了你。

拉刻：是的。

D **苏格拉底**：那么，尼基雅啊，请你告诉我，也可以说告诉我们，因为我和拉刻是共同研究的：你说勇敢就是认识到危险的和无妨的因素吗？

尼基雅：我是这样说。

苏格拉底：这并不是人人都认识的，因为无论是医生还是预言家都认识不到，因此他们都不是勇敢的人，除非他们已经得到了这种认识。这不是你的意思吗？

尼基雅：我是这个意思。

苏格拉底：那就像谚语说的那样，并不是每一只野猪都会有这个认识，都会勇敢。

尼基雅：我想不会。

E **苏格拉底**：尼基雅啊，显然你并不相信格戎米雍[①]的那只野猪勇敢过。我这样说并不是开玩笑。我的意思是说，持你那种看法的人必然不能承认某种野兽是勇敢的，或者承认某种野兽有那么智慧，有的事情很难参透，没几个人认识它，一只狮子、豹或野猪却能够认识。对勇敢持你的说法的人倒是应该断言：在勇敢方面，狮子和鹿、猴子和公牛的禀赋是一样的。

197A **拉刻**：诸神在上，苏格拉底啊，你说得很对。尼基雅啊，请告诉我们，你实际上是主张我们都认为这些勇敢的野兽比我们智慧呢，还是敢跟大家唱反调，不说它们是勇敢的？

---

① Κρομμυῶν，歌林沱（Κόρινθος）附近地区。据说有一头凶猛的雌野猪在那里大肆破坏，英雄特叟（Θησεύς）把它杀了。

尼基雅：拉刻啊，我决不会把一只野兽或什么别的生物说成勇敢的。那仅仅由于无知而不怕危险事物的东西，我把它称为不知畏惧的、麻木不仁的。你以为我把那些由于无知而不怕任何东西的儿 B
童都称为勇敢的？我却认为不知畏惧和勇敢不是一回事。在我看来，勇敢和谨慎只出现在少数人身上，鲁莽、大胆以及不知畏惧、轻举妄动则出现在很多男人和妇女、儿童以及禽兽身上。所以，你和很多人称为勇敢的，我只称为大胆；我只把那明智的称为勇敢的。 C

拉刻：你看，苏格拉底啊，这一位用他的说明把自己打扮得多么漂亮，却敢对那些被大家认为勇敢的剥夺这种荣誉。

尼基雅：完全不是这样，拉刻，你放心吧。因为我正是主张你是智慧的，拉马柯[①]也一样，因为你们是勇敢的，还有一些别的雅典人也是勇敢的。

拉刻：这个问题我不说了，虽然我能说。这样你就不能说我是个地道的艾克索内[②]人了。

苏格拉底：请你不要说了，拉刻。因为我觉得你还没有发觉他 D
这种智慧是从我们的朋友达孟[③]那里传来的；达孟跟柏若狄果[④]关系密切，大家认为柏若狄果是智者中间最擅长于分析词的意义的。

拉刻：是的，苏格拉底。这种斤斤于词义的琐事，是宜于由一位智者来干的，不必由一位被城邦尊为首长的人来干。

---

① Λάμαχος，雅典将军，公元前 415 年与尼基雅、阿尔基弼亚德统兵远征西西里，前 414 年战死于叙拉古。

② ’Αιξωνή，雅典城邦治下一个部。这个部的人以善于诽谤出名。

③ Δάμων.

④ Πρόδικος.

E **苏格拉底**：不过，我的朋友啊，这样的事也宜于由这样一个人来干：他被委以重任，也是拥有最大的智慧的。因此我觉得应该仔细估量尼基雅的说法，看看他对勇敢这个词的解释有多大分量。

拉刻：那你自己钻研吧，苏格拉底。

苏格拉底：我正是要这样干的，我的好人儿。你别以为我要放你离开，不参加谈论，我请你密切注意我说的话。

拉刻：我应该这样做，只要你认为有必要。

198A **苏格拉底**：那很好。尼基雅啊，我请你给我们从头再说一次。你知道我们开始谈话的时候是把勇敢当成美德的一个部分来问的吗？

尼基雅：就是这样。

苏格拉底：既然你认为它只是一个部分，那就还有一些别的部分，合起来称为美德，是吗？

尼基雅：怎么不是？

苏格拉底：你的想法跟我一样？我除了勇敢以外还承认审慎、公正以及诸如此类的东西。你也承认吗？

B **尼基雅**：当然承认。

苏格拉底：好，停下，因为在这一点上我们看法一致了。但是我们要注意什么是危险的和无妨的，以免你是这样理解的，我们的理解又是另外一个样子。我们可以告诉你我们对此是怎样理解的，如果你的看法不一样，就请你开导我们。我们认为危险的就是使人畏惧的，无妨的就是不使人畏惧的；但是使人畏惧的既不是过去的坏事，也不是现在的坏事，而是即将到来的坏事；因为畏惧就是等待一件即将到来的坏事。你是不是也这样看，拉刻？

拉刻：我就是这样看的。

苏格拉底：这就是我们的看法，尼基雅。你听到我们说，危险 C
的是未来的坏事，无妨的则是一件未来的事，它不坏也不好。你是这样理解，还是不这样理解？

尼基雅：我正是这样理解的。

苏格拉底：你把对这些事的认识称为勇敢吗？

尼基雅：是的。

苏格拉底：现在我们来看第三点，看你在这一点上是不是跟我们意见一致。

尼基雅：这一点是什么呢？

苏格拉底：我要跟你说的。我和这一位认为：我们对这些事的 D
认识永远只有一个，并不是有一个认识专管已经发生的事是如何发生的，另一个认识专管正在发生的事是如何发生的，还有一个认识专管最好成为事实的、能够发生的、尚未发生的事。我们的认识是同一个。例如，在健康方面，是同一个医术在判断过去、现在、未
来的事，既管正在发生的事，也管已经发生的和将要发生的事如何 E
发生。至于地里生长的东西，则由同一的农学管。在战争方面，你们可以作证，战略不仅考虑各种当下的事，也考虑将要发生的事，
而且并不信从预言术，而必须下令指挥，因为它深明战争中正在发 199A
生的和将要发生的事。正因为这样，法律也规定将军命令预言者，预言者不能命令将军。我们愿意这样说吗，拉刻？

拉刻：我们愿意。

苏格拉底：你怎么样，尼基雅？你是不是同意我们说，在这些事情上，也是这个同一的认识在管着将来、现在、过去发生的事？

尼基雅：我同意，因为我是这样想的，苏格拉底。

B **苏格拉底**：那么，我的好人儿，勇敢也是对于危险的和无妨的事情的认识，像你说的那样。对不对？

尼基雅：是的。

苏格拉底：我们也一致同意危险的是未来的坏事，无妨的是未来的好事。

尼基雅：当然。

苏格拉底：那么，勇敢就不只是对于危险的和无妨的事情的认识了。因为它并不仅仅管未来的坏事物和好事，也管现在的和过去
C 的坏事和好事；它是可以管任何时间发生的事情的，跟其他的各种认识一样。

尼基雅：看来是这样。

苏格拉底：尼基雅啊，你的回答给我们讲了勇敢的第三个部分，我们问的却是整个勇敢是什么。现在我觉得，照你的说法，勇敢就不只是对于危险的和无妨的事情的认识，而是对一切好事和坏事的
D 认识。对于勇敢，本来每个人都这样看，现在又成了你的说法。尼基雅啊，这是改头换面，还是你的本意？

尼基雅：我是这样想的，苏格拉底。

苏格拉底：了不起的人啊，你以为一个人认识到各式各样的好事，认识到它现在、未来、过去怎样发生，而且认识到各种坏事，在美德上还是有欠缺的吗？你认为这个人还需要一点审慎、公正或
E 虔诚，有了这些他才能避开那些来自神灵和人们的危险事，利用上那种不危险的好事情，因为他懂得正确地对付一切遭遇，是不是？

尼基雅：我觉得肯定是这样，苏格拉底。

苏格拉底：那你现在描述的就不是美德的某一部分，而是全部

美德了。

尼基雅：看来是这样。

苏格拉底：可是我们主张勇敢只是美德的一个部分。

尼基雅：我们是这样主张的。

苏格拉底：现在描述的却显得不是这样。

尼基雅：看来不是这样。

苏格拉底：那我们就并没有发现勇敢是什么，尼基雅。

尼基雅：看来没有。

拉刻：亲爱的尼基雅啊，我完全相信你会发现的，因为你在我 200A
回答苏格拉底的时候显得比我高明。我非常希望你凭着达孟的智慧会把它发现。

尼基雅：拉刻啊，你认为自己表现出对勇敢一无所知是无所谓的，只要我也显得对此同样无知；你眼睛里只有这一点，也不想想我们不知道一个有身份的人该知道的事是不是合适。所以，我觉得 B
你是在做人们常做的那件事：不看自己，只看别人。我相信我在所谈的问题上已经说得很过得去了，如果还有不足之处，以后借助于达孟或者别的人还可以改正；达孟这个人你们认为该骂，却从来没有见过面。我自己如果弄明白了，是会教给你，不会对你不提的，因为我觉得你非常需要学习。 C

拉刻：你当然很智慧，尼基雅。可是尽管如此，我在这里要向吕西马柯和梅雷西阿建议，在青年教育问题上不要再问你和我，只问苏格拉底，像我开头说的那样，不要放他走。因为如果我的孩子达到了受教育的年龄，我也会这样做的。

尼基雅：我完全没有反对的意思，认为如果苏格拉底愿意接受这

D 些孩子，就不该去找别的人。我也非常乐意把尼格拉多[①]交给他教，如果他愿意教的话；只是每当我提到这件事，他总是向我推荐别人，自己不愿意。吕西马柯啊，你看看苏格拉底是不是比较听你的话。

吕西马柯：尼基雅啊，他说得在理，因为我有些事情宁愿要他做，不要别人做。你怎么说呢，苏格拉底？你是不是听我的话，帮助年轻人，使他们变好？

E **苏格拉底**：不帮助任何人变好当然不对，吕西马柯。如果在这次谈话中我表现得有见识，这两位表现得没见识，那就有理由看重我，委以重任；可是现在我们都同样陷入困境，怎么能特别看重我

201A 们中间的一个人呢？我以为谁都不适于担此重任。既然要找人出主意，我想我愿意一个，不管这是不是你们心目中的好主意。我说：你们这些人（可别大声说），我们大家必须共同地[②]找一个最好的老师，这首先是为了我们自己，因为我们需要老师，然后也是为了年轻人，而不用花费金钱或别的东西。人们会笑我们年纪那么大还要

B 找老师，我认为我们应该听荷马的话，他说过：贫困的人害羞是不好的。[③]所以我们还是不管人家怎么说，要共同关心我们自己和年轻人。

吕西马柯：苏格拉底啊，你说的话我很满意；我愿意说，尽管

C 我年纪最大，还是非常乐意跟年轻人一道学习的。你成全我吧，明天一早到我家来，不要爽约，我们可以为这一件事继续商讨。现在我们只能分手了。

苏格拉底：我遵命，吕西马柯。我明天一早到你家来，但愿神明许可。

---

① Νικήρατος，尼基雅的儿子。

② κοινῇ，指大家讨论。

③ 见《奥德赛》，XVII，347。

吕锡篇

（或《论友情》，引导的）

谈话人：苏格拉底、希波塔雷、格德西波、梅内格森诺、吕锡

St.II

苏格拉底：——我从阿迦德米[①]出发，直奔吕改雍[②]，走城外那条 203A
沿着城墙的路。在那座流出巴诺波[③]水沟的水门前面，我遇到歇若尼谟[④]的儿子希波塔雷[⑤]，拜阿尼[⑥]部的格德西波[⑦]，还有许多别的年轻人挤在他们周围站着。希波塔雷看见我来了，对我喊道：苏格拉底啊，你到哪里去，从哪里来呀？ B

我说：从阿迦德米来，到吕改雍去。

他说：是不是拐到我们那里待一会儿呢？值得的。

---

① 'Ακαδημία，雅典名园，为纪念英雄阿迦德谟建立的，柏拉图在此办学。

② Λύκαιον，雅典名园，后来亚里士多德在此办学。

③ Πάνοπος.

④ Ἱερωνύμος.

⑤ Ἱπποθάλης.

⑥ Παιανίας，雅典城邦的一个部。

⑦ Κτησίππος.

我问他：你说的是哪里？你说的“我们”是什么人？

他给我指着城墙对面一所开着大门的院子说：是这里，在这里
204A 活动的不但有我们，还有许多别的漂亮小伙子。

这里是什么地方？你们在这里干些什么呢？

他说：这是一座刚刚落成的体育场，我们在这里干的事大部分是谈话，我们很愿意把谈的内容转告你。

我说：那很好，把它告诉我吧。这里谁是老师呀？

他说：是你的一位老朋友兼崇拜者：密各[①]。

我说：宙斯在上，他不是蠢人，是个能干的智者。

B 他说：你是不是愿跟我们进去，也看看在那里活动的人呢？

我说：我很愿意首先搞清楚我走进去该有什么意义，以及谁是漂亮小伙子。

有人认为是这个，有人认为是那个，苏格拉底。

希波塔雷呀，你认为是谁呢？请告诉我。

他听到我这样问，脸上绯红，我就接着说：歇若尼谟的儿子希波塔雷啊，你现在不用跟我说你爱不爱一个人，因为我不但看出你在爱，而且看出这爱已经相当深了。[②]我这个人尽管是个蠢人，没有
C 什么用，却受到神的恩赐，能够一眼看出谁是爱者，谁是被爱者。

他听到这话脸就更红了。格德西波说：希波塔雷啊，妙哉！你脸红，不肯把那个名字告诉苏格拉底，可是他只要和你在一起稍稍待一会儿，就一定听到你把那个名字叫多少遍了。苏格拉底啊，至少我们的耳朵已经听麻木了，塞满了吕锡这两个字。每当他稍微喝

① Μίκκος.

② 希腊人有同性恋的风气。

多了一点的时候，我们总是一直到天亮醒来还听到吕锡这个名字。D
他谈话的时候用口语说出的还过得去，一用诗词给我们披头盖顶地灌下来就不好受了，最糟糕的是他用怪声怪气的嗓子歌唱他的宝贝，我们只能洗耳恭听。可是现在你一问，他只是脸红。E

我说：这位吕锡看来是个妙龄少年。我这只是推想，因为这个名字我不熟，是听来的。

他们常常不叫他本人的名字，而用他父亲的名字叫他，因为他父亲是大家熟知的。我敢说这孩子的相貌你并不生疏，只要根据相貌就足以把他认出来了。

我说：请告诉我他是哪家的孩子。

他是艾格森内[①]部德谟格拉底[②]的大儿子。

我说：希波塔雷啊！你在那里为你自己找到了多么高尚而且美好的爱情啊！你让我听听你让这些人听的一切情况，这样我就看得出你是不是懂得对心爱的人应该怎样说话，无论当着他本人，还是 205A
当着其他的人。

他说：苏格拉底啊，你有点相信这个人对你说的话吗？

我说：你是不是想说你并不爱他说的那个人？

他说：不是，可是我并没有为我的心上人作过诗，也没有讲过话。

格德西波说：这恰好不是他的情况。他瞎扯，他胡说八道。

我说：格德西波啊，我并不想听你为这个孩子作的诗或歌，只想知道它们的意思，这样我才能体会你是用什么方式对待你心爱 B
的人。

---

① Αἰξωνή，雅典城邦的一个部。

② Δημοκράτης.

他说：这个人会原原本本地告诉你的，因为他知道得一清二楚，并且记得很真，正像他说的那样，已经听腻了。

格德西波说：诸神在上，苏格拉底啊，我完全知道！这也是够
好笑的。一位情人，而且是比别人都要钟情的情人，心里成天只是
C 想着他的宝贝，却根本不知道说自己的心里话，这是哪一个小孩都
能说的，而他不能，岂不很可笑吗？全城都在谈德谟格拉底和吕锡，
即这个孩子的祖父，[①] 以及他们的祖先，他们的财富，他们培育的良
马，他们在毕妥[②]、伊斯特莫[③]、内梅阿[④] 赛会中以驷马车和赛马获得
的胜利，他把这些都搬进了他的诗句，还包括一些更加古老的故事。
因为在一首不知什么诗里，他新近给我们描述了赫拉格勒[⑤] 受到的款
待，就是说，他们家的祖先由于跟赫拉格勒有亲缘，接受了赫拉格
D 勒入部，因为他自己也是宙斯和那个部始祖[⑥] 的女儿生下来的；总
之，这是一般老太婆和诸如此类的人歌唱的东西，苏格拉底。他在
诗词里摆出来强迫我们倾听的就是这样一些货色。

我听了这些话之后说：你这位可笑的希波塔雷啊，你已经写了并且唱了颂扬你自己的颂歌吗？

他说：苏格拉底啊，我既没有写过，也没有唱过颂扬我自己的诗。

E 我说：至少你并不认为是颂扬自己的。

他说：为什么这样说呢？

① 希腊人习惯以祖父的名字为长孙命名。

② Πυθώ，即德耳沛（Δελφοί）。

③ Ἰσθμός，即歌林沱（Κόρινθος）。

④ Νεμέα，有宙斯庙。

⑤ Ἡρακλῆς，神话中的英雄，著名的大力士。

⑥ ’Αμφιτρύων 的妻子 ’Αλκμήνη 是 Περσεύς 族长的女儿。

我说：这些诗句以各种方式针对着你自己。这是因为：如果你把这类宝贝搞到了手，那你就达到说和唱的目的；真正的颂诗该是颂扬你的，因为是你获得了这位宝贝，得了奖。如果你捞不到手，那你越颂扬这位宝贝，越把他说得天花乱坠，就越成为笑柄。朋友，谁是恋爱的行家，谁就不会先捧心上人，直到把他捞到手为止，这 206A
是害怕事情黄了要出丑。此外，那些漂亮小伙子要是有人爱他们、捧他们，就会变得充满想象和傲气，不理人。难道你不这样想吗？

他说：我是这样想的。

他们越傲慢，就越难把他们制服。

看来是这样。

那你不想想，一个猎人打猎的时候如果惊了野兽，就很难拿到 B
猎物？

那样做显然是个蠢材。

拿言辞或歌声不能引诱猎物，却把猎物轰跑，岂不太笨吗？

我以为是这样。

那你看看，希波塔雷啊，你用你的诗做的事不是起那种作用吗？我相信，一个用诗歌损害自己的人，你是不会承认他是好诗人的，因为他害了自己。

他说：我不会，宙斯在上，那是没有道理的。正因为这样，苏 C
格拉底啊，我相信你的话，要是你还有别的主意，请告诉我，让我学会怎样说话、怎样行事才能取得心上人欢心。

我说：这事可不容易说明白。如果你愿意让我跟他谈谈的话，我可以试着跟他谈几句给你作榜样，代替人家说的那种又说又唱的办法。

他说：那没有什么困难。因为你只要跟格德西波走进去，坐下
D 来谈话，我相信他会自动迎上来的；因为他热衷于交谈，苏格拉底啊，他认为谈话高于一切。尤其是现在他们过黑尔梅[①]节，青少年们都聚集在这里，他肯定向你走来的。即便没有走过来，他跟格德西波非常熟（这是通过格德西波的表兄梅内格森诺[②]的介绍，梅内格森诺是他最知心的朋友），格德西波会把他叫来的。

我说：那我们一定要见见面。

E 于是我拉着格德西波走进体育场，其他的人跟在后头。

我们走进去就在那里看到一些小伙子，已经完成了祭典，结束了全部圣事，他们披着盛装，在那里玩羊拐骨[③]。多数人在外面院子里玩，少数人在更衣处一个角落里从篮子里拿出许多拐骨玩单双。在他们周围站着另外一些人在看，其中也有吕锡，他夹在那些青少
207A 年中间，头上戴着花冠，从外貌看来非常出色，可以说并不仅仅漂亮，事实上既美又高贵。我们转到对面坐下，因为那里很安静，就交谈起来。吕锡不时地看着我们，显然很想跟我们往来。他犹豫了好一会儿，不敢一个人走过来；后来梅内格森诺一边玩一边从院子
B 里走进，发现我和格德西波，就上来坐在我们旁边。吕锡看见他就跟着也坐到我们这边，紧靠着梅内格森诺。别的人也走过来，其中有希波塔雷，他看见有好些人在四周站着，就躲在这些人后面，站在他以为吕锡看不到的地方，害怕引起这人不快。他就这样在近处听着我们谈话。

---

① Ἑρμῆς，神使，一般学校和体育学校都供奉他。

② Μενεξένος.

③ 羊的膝盖骨，希腊人拿来当骰子玩。

我转过身对梅内格森诺说：德谟朋[1]的儿子啊，你们两个谁大？ C

他答道：我们在争呢。

我说：你们会争谁比谁高贵吗？

他说：当然。

当然也要争谁比谁美吧？

两个人都笑了。

我接着说：我就不会问你们俩谁比谁富，因为你们是朋友，对不对？

他们说：当然。

朋友之间一切都不分你我，像人们说的那样。所以在这一点上不能有分歧，如果你们真有友情的话。

他们两个都同意。

我正想问他们谁比谁公正，谁比谁智慧，这时候来了一个人， D 叫梅内格森诺站起来，说场长叫他；我想这是出于祭祀上的需要。

他走了，我就接着问吕锡：吕锡啊，你的父亲母亲真的很爱你吗？

他说：那当然。

那他们也很愿意你尽可能地幸福吗？

为什么不呢？

你认为一个伺候主子、不能自己愿干什么就干什么的人幸福吗？ E

他说：宙斯在上，我不这么看。

那么，你的父母如果爱你，并且愿意你幸福，就一定千方百计

① Δημοφῶν.

使你幸福吗？

他说：怎么不该这样呢？

那他们让你照你的愿望做，不禁止你做任何事情，不阻止你爱做什么就做什么吗？

不是这样。宙斯在上，他们不让我做许多事情，苏格拉底。

我说：你怎么说？他们愿意你幸福，却不准你做自己愿意做的
208A 事吗？你给我说说。如果你渴望驾着你父亲的马车，手拿缰绳，去参加赛车，他们会阻止你，不让你这样做吗？

他说：宙斯在上，他们会不准的。

准谁呢？

准一个马车夫，父亲拿钱雇的。

B 你怎么说？他们准许一个雇工而不许你照自己的愿望使唤马，还给他工钱？

他说：可不是吗？

我一直以为，他们会准许你赶骡车，要是愿意拿鞭子抽骡子，他们会容许的。

他说：他们怎么会容许呢？

我说：怎么？不许任何人鞭打吗？

他说：当然容许那个骡夫。

那人是奴隶，还是自由人？

他说：是奴隶。

我觉得他们是把一个奴隶看得比你、比自己的儿子重，把自己的
C 东西托付给他而不给你支配，让他照自己的愿望行事，而不许你干，是吗？你再跟我说，他们是让你管理自己，还是不许你这样做？

他说：他们怎么能容许呢？

是有个人管着你吗？

他说：一个领小孩的[1]。

这人也是个奴隶吗？

他说：怎么不是？至少我们家的是。

我说：怪事，一个自由人被一个奴隶管着！这个领小孩的要做的事就是管你吗？

他说：他领我到老师那里去。

你的老师们也管你吗？ D

都管。

你父亲慎重地给你安排了那么多教你的和管你的人。可是你回家到母亲身边的时候，母亲为了使你幸福，让你做一切你愿意做的事情，在纺织时准你摸羊毛、摸纺织机吗？因为她是肯定不许你碰梭子、梳子和其他纺织工具的。

他笑着说：宙斯在上，苏格拉底啊，她不单不准我干这些，我 E 碰一下肯定会挨打。

我说：赫拉格勒在上，你冒犯过你父亲或者母亲没有？

他说：宙斯在上，我没有。

那他们为什么用强制手段不准你幸福，不许你做愿意做的事，让你成天听别人的命令，总之，使你几乎根本不能做任何爱做的事呢？看来你根本不能使用你的这份财产，因为别人都有权支配它，只有你除外，你空有杰出的仪表，自己也做不得主，因为也另外有 209A

① παιδαγωγός，以奴隶身份照顾主人的小孩。

一个人在看守着、照顾着你的身体。你啊，吕锡啊，你根本不能支配任何东西，不能做任何可以做的事情。

他说：我年龄还不到，苏格拉底。

我说：德谟格拉底的儿子啊，阻碍你的并不是年龄！因为有一些类似的事，我相信你的父母是听任你去做的，并不等你的年龄到

B 了。例如他们在想要读点或写点什么的时候，我想他们会首先叫你干，不叫家里的其他人。不是吗？

他说：是啊。

你写的时候岂不是可以自由地照你的意思先写哪个字，后写哪个字，读的时候也是一样；你拿起竖琴的时候，我相信你的父母也不阻止你照自己的意思拨动哪根弦，奏出高音或低音，用手指拨，还是用拨子敲。他们不干涉你吧？

完全不。

C 那么，他们为什么允许你干某些事情，吕锡啊，却不许你干上面说的那些事情呢？

他说：我认为这是因为我懂这些事情，不懂那些事情的缘故。

我说：我的好孩子啊！你父亲并不是等你年龄到了听任你干一切事情，而是等到他相信你比他能干的那一天听任你支配你自己以及他的全部财产。

他说：我也这样想。

我说：邻居怎么样呢？他不照你父亲那样的规矩对待你吗？你

D 认为父亲会把他的家业交给你经管，只要他一旦认为你比他更懂得治家，就立刻这样做，还是仍旧愿意自己做主？

我认为他会交给我。

雅典人怎么样呢？你认为他们在知道你有足够能力的时候不会把他们的事务交付给你吗？

我认为会。

我接着说：宙斯在上，那位大王[①]会怎么样？他有一个大儿子，是将来统治亚细亚的继承人。在煮肉的时候，他是宁愿让儿子往肉汤里加作料，爱放什么就放什么，还是愿意让我们这些来到宫廷向 E
他显出烹调的本事懂得比他儿子多得多的人去干？

他说：显然是让我们干。

他的确不会让他儿子放进去一丁点儿东西，而让我们放，虽然我们要放的只是一把盐。

当然该这样。

可是，如果他儿子眼睛里出了毛病，他是让儿子在自己的眼睛上胡来，不给他找医生看，还是禁止他这样做？ 210A

当然要禁止。

如果他认定我们精通医术，那么，即便我们要掰开他儿子的眼皮往里撒尘土，我想他也不会不准，因为他相信我们精通此道。

你说得对。

这样，他就会在其他的事情上都信任我们，有甚于他自己和他的儿子，因为他认为我们比他们两个人智慧。是不是？

必然如此，苏格拉底。

我说：亲爱的吕锡啊，情形就是这样。在我们有正确看法的事情上，人人都会让我们处理的，不管是希腊人还是异域人，是男人 B

① Ὁ μέγας βασιλεύς，指波斯国王。

还是妇女，全都一样；我们在这些事情上会照自己的想法做，谁也不会成心阻拦我们，我们会在这一方面完全自由，而且可以支使别人，这类事将是我们自己的事，因为我们可以对它起作用。在我们
C 没有弄懂的事情上则相反，没有人会让我们从心所欲地去处理，所有的人都会尽可能地阻拦我们，不但外人如此，连父亲、母亲和很近的亲戚也不例外。我们在这一方面要听从别人的，这类事将是别人的事，因为我们不能对它起作用。你承认情形是这样的吗？

我承认。

在我们不能起作用的事情上，会有人拿我们当朋友，会有人喜欢我们吗？

他说：不会的。

那么，只要你没有用，你父亲就不喜欢你，任何人都不喜欢任何没有用的人。

他说：不会喜欢。

D 孩子！如果你变聪明[①]了，那就会人人都喜欢你，人人都跟你亲热，因为你变得有用了，变好了。如果不是这样，那就谁都不喜欢你，包括你父亲、你母亲、你的亲戚。吕锡啊，如果自己对那些事一无所知，能自负吗？

他说：那怎么能？

如果你还需要老师，那不是还没学成吗？

对了。

如果你还没有学成，那就还不能自负。

---

① σοφὸς，即智慧。

他说：宙斯在上，苏格拉底啊，我认为不能自负。

我听了他这句话，就朝着希波塔雷看了几眼，几乎把话说走了嘴。因为我心里想跟他说：希波塔雷啊，就该像这样跟心上人说话，要谦虚，要平易，不能吹捧他、娇惯他。我看出他被我们的谈话所激动，露出窘态，立刻想起他不想让吕锡看到他，躲在后面站着。于是我把心里想说的话咽下了。 E

这时候梅内格森诺也回到他原来的地方，坐在吕锡旁边。吕锡以幼稚的、友好的神情向我用不让梅内格森诺听见的低声说：苏格拉底啊，你跟我说的话也跟梅内格森诺说说吧。 211A

我说：你可以跟他说，吕锡，因为你听得够仔细的。

他说：那自然。

我说：那你就尽可能仔细地回忆一下吧，这样你就能把它原原本本地告诉他了；要是你有的地方忘记了，你只要遇到我就问我吧。 B

他说：苏格拉底啊，我愿意把这件事做得十分准确，请你帮助我。不过要请你跟他说些别的话，让我也听着，直到回家的时候。

我说：我一定照你希望的做。不过你也要注意，梅内格森诺开始驳斥我的时候，要请你帮助我。你不是知道他很好辩吗？

他说：是啊，宙斯在上，他非常好辩。正因为如此，我很愿意你跟他聊聊。 C

我说：那是让我闹出笑话吧？

不是，宙斯在上，那是让你惩戒他一番。

我说：那可不容易。因为他是一个强有力的人，格德西波的学生；他本人也在那里，你看见他没有？那位格德西波！

他说：苏格拉底啊，你不要怕任何人，去吧，跟他聊吧。

我说：那我就只有动手了。

我们还在东拉西扯的时候，格德西波喊道：你们单独地在那里

D 窃窃私语，不愿意我们参加？

我说：我们当然愿意你们参加。这一位不大懂我说的意思，认为梅内格森诺会知道，让我问他。

格德西波说：为什么你不问他呢？

我说：我正要问。梅内格森诺啊，请回答我向你提的问题。我从小就有一种强烈的愿望，想得到一样东西，因为每个人都各有所好。有的人迫切希望得到马，有的人迫切希望得到狗，有的人想得

E 到钱，有的人想得到荣誉。我对这一切都不感兴趣，却非常希望得到朋友，并且热望得到一位好朋友，看得比世界上最好的鹌鹑或最好的雄鸡[①]都高得多，宙斯在上，当然比马或狗高得多，凭着狗啊[②]，我宁愿要一个朋友，不要大流士[③]的全部金子；我是多么爱朋友啊！我看着你和吕锡这两位，心中大为惊异，赞扬你们幸福，那么年轻

212A 已经迅速地、容易地获得了这份财气，你这样快这样顺利地得到了这位做朋友，这位也得到了你。我离这很远，根本不知道一个人怎样成为另一个人的朋友，所以愿意拿这个问题来请教你这位行家。请告诉我，一个人爱一个人的时候，谁成为另一个人的朋友，是爱者成为被爱者的朋友，还是被爱者成为爱者的朋友，还是并没有

B 区别？

他说：至少我认为没有区别。

---

① 雅典人喜爱斗鹌鹑、斗雄鸡。

② νὴ τὸν κύνα，苏格拉底喜爱凭着狗起誓。

③ Δαρεῖος，波斯国王。

我说：你怎么说？只要一个人爱另一个人，这两个人就彼此成为朋友吗？

他说：至少我认为是这样。

怎么？就没有爱者并不被他的对象所爱的情况吗？

有这种情况。

怎么？也有爱者被憎恨的情况？往往有一些多情的人以为自己与心上人处在这种状态之中。因为尽管在爱，在尽可能地爱，有些 C
人却以为自己不被对象所爱，也有些人以为自己被对象所憎恨。难道你不觉得这是实际情况吗？

他说：是实际情况。

我说：在这样的情况下，一个爱，一个被爱？

是的。

那么，他们中间的哪一个是另一个的朋友？是爱者是被爱者的朋友，尽管他并不被爱，或者被憎恨，还是被爱者是爱者的朋友，还是正好相反，在这种情况下，两人都不是对方的朋友，因为两人并不彼此相爱？

看来是后一种。 D

我们现在看法跟以前不一样。以前是：只要有一个人爱，两个人就是朋友，现在是：只要不是两个人都爱，就没有一个人是朋友。

他说：这话可有点冒险。

任何一件东西，如果不是反过来爱它的爱者，就不是爱者的朋友。

看来不是。

那么，马就不是爱马者的朋友，因为它并不反过来爱那个爱它的人；爱鹌鹑者、爱狗者、爱酒者、爱体育者也是一样，并不是所

爱对象的朋友；爱智者也不是智慧的朋友，因为智慧并不反过来爱
E 他。这些爱者虽然爱自己的对象，却不是它的朋友。那位诗人[1]讲得不对，他说：

幸福的是那些以儿童、骏马、猎犬和远方来客为友的人吗？

至少我认为不错。

那你以为他说得对吗？

是的。

这样看来，梅内格森诺啊，爱者就无论如何都是被爱者的朋友
213A 了，尽管后者不爱他或者憎恨他。以儿童来说，有些是十分幼小还不会爱的，有些是受父母惩罚时憎恨父母的，但是尽管在他们憎恨父母的时候，父母还是拿他们当最珍贵的宝贝。

他说：我觉得是这样。

按照这个说法，朋友就不是爱者，而是被爱者。

这很清楚。

那么敌人也是被憎恨者，不是憎恨者了。

看来是这样。

那么有很多人被自己的敌人所爱，为自己的朋友所憎恨，因而
B 是敌人的朋友，朋友的敌人，如果朋友是被爱者，不是爱者的话。然而（**译文到此中断，未完成。——编者**）

① 指梭伦，见残篇21D。

枚农篇

（或《论品德》，试探性的）

谈话人：枚农、苏格拉底、枚农的小厮、安虞铎

St.II

枚农[①]：你能不能告诉我，苏格拉底呀，品德是可以传授的呢，还是锻炼成功的？如果既不能教，又不能练，是不是人本来就有的，还是用什么别的办法取得的？ 70A

苏格拉底：枚农啊，你们帖撒利[②]人向来在希腊人中间以骑术 B
和财富著称，我认为现在你们也在智慧方面见长，尤其是拉里萨[③]人，你的朋友阿里斯底波[④]的同乡们。你们的这个特点要归功于戈尔极亚[⑤]。他来到这个城邦，以智慧吸引了阿娄阿[⑥]家族的精英人物，其中就有你敬爱的阿里斯底波，以及帖撒利地区的其他杰出人士。他

---

① Μένων，帖撒利人。

② Θέσσαλία，希腊北部地区，有好几个城邦。

③ Λάρισσα，帖撒利东部一个城邦。

④ ’Αριστίππος，不是苏格拉底的学生居勒尼派的阿里斯底波，是一个同名人。

⑤ Γοργίας，著名的智者。

⑥ ’Αλεύας，国王，他的后裔是拉里萨的望族。

使你们养成了一种习惯，只要有人向自己提问题，总是坦率地、大
C 大方方地作出回答，正如有知识的人所做的那样。任何一个希腊人，
只要想问他，他从来不闭口不答。

71A 可是在我们这里，亲爱的枚农啊，情况正好相反，智慧是非常缺乏的，好像已经从我们这里跑到了你们那里。至少，如果你在这里向一个人问这样的问题，没有不会听了哈哈大笑的；他会说：外乡人啊，你似乎认为我很幸福，至少知道品德是可以传授的，还是可以用什么别的办法取得的；其实我根本不知道品德是不是可以传授的，因为我并不知道品德本身[①]到底是什么。

B 枚农啊，这就是我自己的情况。我和我的同乡一样缺乏智慧，很惭愧自己对品德一无所知。我既然不知道品德是什么，怎么知道品德有哪些特性呢？你想想，一个人不认识枚农，能知道他是不是美，是不是富，是不是高尚吗？你想这可能吗？

C **枚农**：当然不能。可是苏格拉底啊，你真的不知道品德是什么吗？我可以回去告诉大家你是这样的人吗？

苏格拉底：朋友，我不但不知道品德是什么，而且还没有遇到任何一个人我认为他知道这个。

枚农：怎么？戈尔极亚在这里的时候，你根本没有遇到过他吗？

苏格拉底：我遇到过。

枚农：你认为他完全不知道这件事吗？

苏格拉底：我记不太清楚了，枚农，所以我现在不能立刻说出
D 我当时是怎样想的。也许他知道这件事，你也知道他所说的话。请

---

① τὸ παράπαν ἀρετή，一般的美德，即美德的相。

你提醒我他对品德是怎样说的；如果你愿意的话，你也可以自己说一说品德是怎么一回事，因为你的意见肯定跟他的一样。

枚农：我是那样看的。

苏格拉底：那我们就不管他吧，反正他不在这里。可是你，枚农啊，诸神在上，你说品德是什么呢？请你说给我听，不要拒绝我的请求。你把真相告诉我，我非常乐意揭穿自己说过的那句话不对；我说自己从来没有遇到过任何人知道品德是什么，你和戈尔极亚知道它是怎么一回事，这就表明我说错了。 E

枚农：其实这话并不难说，苏格拉底。首先，如果你想知道男人的品性是什么，那很容易，就是能够管理国家的事务，在治国时做有利于朋友而不利于敌人的事，保卫自己不遭受敌方损害。如果你要我说女人的品德，那也不难，就是必须善于管理家务，把家里的一切搞好，并且服从男人。还有几种品德是儿童的品德，不管是男孩的还是女孩的；以及老人的品德，可以是自由人的，可以是奴 72A
隶的。此外还有许多别的品德，都必须一一说明它是什么，因为每一种行业、每一种年龄、每一种活动都有它各自的品德。同样地，苏格拉底啊，我认为卑劣也是各式各样的。

苏格拉底：看来我真是特别走运，我问的是一个品德，枚农啊，却找到了你心里蕴藏着的一大窝品德。可是，就用蜂窝来作比喻，枚农啊，如果我问你一只蜜蜂的本性，问这种本性是什么，而你对 B
我说蜜蜂是很多的，而且是多种多样的，那么，如果我再问你：既然蜜蜂很多，而且多种多样、彼此不同，你是不是认为它们都是蜜蜂，你又将怎样回答我？是不是它们并非在这一方面有所不同，而是在其他方面，如在美的方面，大小方面，或者在其他诸如此类的方面彼此有别？请告诉我，你将怎样回答这个问题？

枚农：作为蜜蜂，它们并非彼此不同的。

C **苏格拉底**：枚农啊，如果我进一步问道：正是它们彼此并无不同，而是互相一致的这一点，请告诉我按照你的意见它究竟是什么？对这个问题你怎样回答呢？

枚农：我会回答的。

苏格拉底：各种品德也是这样。它们虽然很多，而且多种多样，却共有一个同一的型[①]，正是由于这个型，它们才都是品德。回答我
D 提出的问题的人要密切注意这个型，就是：品德本来是什么。你了解我的意思吗？

枚农：我认为我了解。不过我对于问题的实质掌握得还不像我希望的那样透彻。

苏格拉底：枚农啊，你似乎只联系到品德上，认为男人有男人的品德，女人有女人的品德，其他的人有其他的品德，是不是？是不是健康、身材、强壮也是这样？你是不是认为男人有一种男人的健康，女人有另外一种女人的健康？还是与此不同，有一个同一的
E 型，无处不在，只有它是与健康有关的，不管在男人身上还是在其他的人身上？

枚农：我想男人的健康和女人的健康是一回事。

苏格拉底：身材和强壮也是这样吗？如果一个女人是强壮的，那是由于那同一的型、同一的强壮她才强壮吗？我说同一，意思是指强壮在强壮者中间是没有区别的，不管是在男人身上还是在女人

① εἶδος，即相。

身上。你想有区别吗？

枚农：我想没有。

苏格拉底：难道品德在有品德者身上应当有区别，在儿童和老 73A
人、男人和女人身上应当不一样吗？

枚农：我有点拿不定主意，苏格拉底，我觉得这和上一种情况不完全一样。

苏格拉底：怎么？你不是说，男人的品德是善于治国，女人的品德是善于治家吗？

枚农：是的。

苏格拉底：一个人如果不审慎、不公道，能把国家、家庭或者别的事情管理好吗？

枚农：当然不能。 B

苏格拉底：如果治理得审慎、公道，那就是用审慎和公道来治理吗？

枚农：必定是。

苏格拉底：这样看来，男人和女人如果要做好人，就需要有同样的东西，即公道和审慎。

枚农：显然如此。

苏格拉底：怎么？小孩和老人要是放肆而且不公道，能做好人吗？

枚农：当然不能。

苏格拉底：要是审慎而且公道，行吗？

枚农：行。 C

苏格拉底：所有的人都是以同样的东西成为好人的。他们有了这样东西，就成了好人。

枚农：看来是这样。

苏格拉底：人们的品德如果不是同一个品德，他们就不能以同样的东西成为好人。

枚农：不能。

苏格拉底：既然品德在所有的人身上是同样的，那就请你回忆一下，说出戈尔极亚所说的品德是什么；你是和他想法一致的。

D **枚农**：如果你要寻求一个普遍适用的定义，那就是能够治理人们。

苏格拉底：这正是我所寻求的。可是，枚农啊，这就是一个孩子的品德和一个奴隶的品德吗？一个奴隶的品德就是能够治理他的主子吗？你认为那治理人的还是奴隶吗？

枚农：我认为决不是。

苏格拉底：那当然不合适。你仔细想想。你说就是能够治理。我们不是应该在这上头再加上“公道地”，而非“不公道地”吗？

枚农：我认为应该。因为公道就是品德，苏格拉底。

E **苏格拉底**：枚农啊，是品德，还是一种品德？

枚农：你这话是什么意思？

苏格拉底：还是那个意思。例如说到圆，我就说圆是一种形，而不干脆说它是形。我之所以这样说，是因为此外还有许多别的形。

枚农：你说得很对，因为我也不是单单把公道称为品德，还把许多别的东西称为品德。

74A **苏格拉底**：哪一些呢？请你说说。我也能给你说出另外一些形，如果你要我说的话；你也给我说出另外一些品德吧。

枚农：我觉得勇敢就是品德，此外还有审慎、智慧、豁达以及许多别的。

苏格拉底：我们又遇到前面那种情况了，枚农。我们只寻求那统一的品德，却找到了许多品德，只是方式跟以前不一样；而那个在这一切里面的统一的品德，我们还是没能找到。

枚农：我还是不能像你寻求的那样，苏格拉底，在这一切里面 B 把那个统一的品德找出来，就像我能在别的东西里找到统一的东西一样。

苏格拉底：那很自然。不过我想做一个试验，尽我的能力把我们向前推进一步。因为你很明白，这件事是跟别的事没有什么两样的。如果有人像我刚才那样问你：枚农啊，形是什么？你跟他说是圆，然后他又像我刚才那样说：圆是形，还是一种形？你会说是一种形吗？

枚农：那当然。

苏格拉底：是因为还有一些别的形吗？ C

枚农：是的。

苏格拉底：如果他再问你，那些形是什么？你会把它们说出来吗？

枚农：当然会。

苏格拉底：如果有人以类似的方式问你颜色是什么，而你答道白是颜色，然后他又问你白是颜色还是一种颜色，你会说是一种颜色，因为还有更多的颜色吗？

枚农：当然会。

苏格拉底：如果他要你说出其他的颜色，你会给他说出另外一 D 些颜色，其为颜色不下于白吗？

枚农：会的。

苏格拉底：如果他像我那样扭转话题，说我们总是说到多上，说不到一上，你怎么办？你不是用一个同样的名字称呼那林林总总的多，认为其中的每一个都是形，尽管它们是彼此相反的；你不是
E 把那个既包括圆也同样包括直的东西称为形，认为圆之为形不下于直吗？你不是那样说的吗？

枚农：是的。

苏格拉底：你那样说的时候，是不是认为圆的并不比直的圆，直的并不比圆的直？

枚农：不是，苏格拉底。

苏格拉底：可是你说圆之为形不多于直，一个不多于另一个。

枚农：你说的对。

苏格拉底：可是你用形这个名字称呼的是什么东西呢？请你讲一讲。如果有人在形的方面或者颜色方面向你提出这样的问题，而
75A 你说："我一点都不了解你要我讲什么，也不明白你是什么意思"，那个人也许会吃惊地说："你难道不了解我在寻求那个在这一切里面同一的东西吗？"要是你还不知道怎么讲，人家就问你："你在圆、直等等里面称之为形的那个东西，不就是在一切里面同一的吗？"你试着讲讲这个东西吧，这样可以练习一番，有助于回答品德的问题。

B **枚农**：不，苏格拉底，你自己讲讲吧。

苏格拉底：我得帮你一把吗？

枚农：那当然。

苏格拉底：你也愿意跟我说说品德方面的事情吗？

枚农：愿意。

苏格拉底：那我就尽力来做这件事，因为这是值得的。

枚农：当然。

苏格拉底：那我就试着给你说说形是什么。你看是不是赞成这样的定义：形就是一切事物中间那个唯一伴随着颜色的。你是满意 C
呢，还是想采用别的定义？只要你像这样给我说明品德，我就非常满意了。

枚农：可是这太浅薄了，苏格拉底。

苏格拉底：你怎么这样说呢？

枚农：照你说，形是永远伴随颜色的。好。如果有人说他不知道颜色是什么，如同他对形一样无知，你想又怎么回答他呢？

苏格拉底：我想如实回答。如果问的人属于那种聪明的、好辩 D
的、好胜的人士，我会跟他说："我已经说过了，如果我说的不对，你可以抓住我的说法加以驳斥。如果你和我是朋友，愿意互相启发，我就必须用比较温和的、比较有利于讨论的方式来回答。比较有利于讨论的方式就是不仅如实回答，而且只用问者也承认的那些话。我要试着用这种方式来给你说明。请你告诉我，你是不是把某种东西称为终点，而我把它说成界限和末端？我在这里是把这三个说法 E
当成一个意思。也许柏若狄果会同我们争论，你还是说某某东西有界限、有终点的。我并不认为这有什么细微的区别。"

枚农：我是这样说的，我相信我了解你的意思。

苏格拉底：你不是把某种东西称为面，把另一种东西称为体， 76A
像几何学上那样吗？

枚农：我是这样做的。

苏格拉底：你由此出发也许会理解我对形的想法。我一般地说到形时，认为形就是给体定下界限的东西，所以我可以一般地说，形就是体的界限。

枚农：那你把颜色称为什么呢，苏格拉底？

苏格拉底：你太放肆了，枚农。你把一道难题放在一个老头儿
B 面前要他回答，却不肯自己回忆一下，把戈尔极亚对品德的说法告诉我。

枚农：如果你肯给我讲讲这一点，苏格拉底，我马上给你说。

苏格拉底：枚农啊，只要你一说话，一个蒙上眼睛的人就会发觉你是个美少年，而且有追求你的情人。

枚农：为什么？

苏格拉底：因为你谈话的时候只是发命令，就像那些娇生惯养
C 的哥儿们似的，只要还年轻，总是指指点点。也许你已经发现我这个人难过美人关，那我就听你的吩咐，回答问题吧。

枚农：那你就照我说的办吧。

苏格拉底：你乐意我照着戈尔极亚的样子给你回答吗？你是最爱学他的。

枚农：我当然乐意，为什么不这样呢？

苏格拉底：你们不是按照恩贝陀格勒[①]的说法，认为各样物件里流出某种东西吗？

枚农：是的。

D **苏格拉底**：还认为有一些口子，流出物就是从这些口子里流出来的，是吗？

枚农：对了。

---

① Ἐμπεδοκλῆς.

苏格拉底：并且认为在这些流出物中间有一些是适合通过某些口子的，另外一些则不适合，不是太大就是太小。是吗？

枚农：是这样。

苏格拉底：那你说得出视觉是怎么一回事吗？

枚农：是的。

苏格拉底：那就像宾达若[①]说的那样，抓住我说的意思吧。颜色就是一种从形体流出的东西，与视觉相配合，可以被感觉到。

枚农：你给我讲的太好了，苏格拉底，完全对我的心思。

苏格拉底：也许这是对了你所习惯的方式。在这以外，我相信 E
你已经发现自己能够说明声音、气味之类的东西了。

枚农：正是。

苏格拉底：这个答案带悲剧性，枚农，所以你特别欢迎，胜过那个关于形的答案。

枚农：我承认。

苏格拉底：可是，阿勒克锡兑谟[②]的儿子啊，尽管如此，我还是相信那个答案要好些。我也相信你会同意我的看法，不再像你昨天说的那样见了严肃的事情就跑开，能够留下来听人家开导。

枚农：只要你愿意给我说许多这一类的话，苏格拉底，我情愿 77A
留下来。

苏格拉底：凭良心说，为了你也为了我，我愿意给你说这一类的话，一句也不少；只是我恐怕不能说很多。现在请你开始兑现你

① Πίνδαρος，抒情诗人。

② 'Αλεξιδήμος，枚农的父亲。希腊人惯于以父名称呼人。

的诺言，从普遍的角度讲一讲品德是什么，不再化一为多，像人们开玩笑说的那样“打破砂锅成碎片”，而是让它完完整整的，新鲜活
B 跳的，说出品德是什么。我已经做过这样的事情给你做样板。

枚农：在我看来，苏格拉底啊，品德就在于像诗人说的那样，欣赏美的东西而且能够取得它。我把品德称为能够追求并且取得美的东西。

苏格拉底：你是不是以为追求美的东西的就是追求好的东西的？

枚农：当然是这样。

C **苏格拉底**：是不是有些人追求坏的，另一些人追求好的？我的好人儿啊，你不认为所有的人都追求好的吧？

枚农：我不这样看。

苏格拉底：你认为有些人追求坏的吗？

枚农：是的。

苏格拉底：你说，是不是有些人把坏的当成好的，有些人明知其为坏的，却追求它？

枚农：我以为两样都有。

苏格拉底：那你相信有人知道坏的东西坏仍然追求它吗？枚农？

枚农：正是这样。

苏格拉底：你说追求它，是什么意思？是指它成为他的东西吗？

D **枚农**：是指它成为他们。还能是别的意思吗？

苏格拉底：你是认为坏东西对占有它的人有利，还是认为它对沾上它的人有害？

枚农：有的人认为坏东西有益，也有人认为坏东西是有害的。

苏格拉底：依你看，那些知道坏的东西坏的人认为坏的东西有

益吗?

枚农：我不这么看。

苏格拉底：那就很明显，那些追求坏东西的人是不知其为坏东西，他们是在追求自己以为好实际上却坏的东西。所以是那些不知道一件东西坏却以为它好的人，在追求那看来好的东西。不是吗? E

枚农：看来是这样。

苏格拉底：怎么?那些人追求坏东西，并且像你说的那样认为坏东西对沾上它的有害，是知道它会危害自己的?

枚农：必定知道。

苏格拉底：他们不想到受害者既然受了害，就是可怜的人? 78A

枚农：也必定如此。

苏格拉底：不想到可怜的人是不幸的?

枚农：我以为是这样。

苏格拉底：有没有那样一个人愿意可怜和不幸?

枚农：我想没有，苏格拉底。

苏格拉底：这样看来，枚农啊，一个人不愿意做这样的人，就不愿意要坏东西。因为可怜无非就是期望并且取得坏东西，是吗?

枚农：看来你说得对，苏格拉底，没有人愿意要坏东西。 B

苏格拉底：你以前不是说，品德就是愿意要好东西，并且能够取得它?

枚农：我说过。

苏格拉底：根据这句话，愿望就是人人共有的；从这方面看，就没有一个人比别人好些，是吗?

枚农：看来是这样。

苏格拉底：很明显，如果一个人比别人好些，那只是在能力方面高些。

枚农：当然。

C **苏格拉底**：这样看来，按照你的说法，似乎品德就是取得好东西的能力了。

枚农：依我看来，苏格拉底啊，事情正像你设想的那样。

苏格拉底：那我们就来看看你是不是对，因为你也许是对的。人们能够取得好东西，你说这就是品德？

枚农：我是这样说的。

苏格拉底：你不把健康和财富称为好东西吗？

枚农：我说这是拥有金子和银子，在城邦里有声望和官位。

苏格拉底：你把这类事情之外的什么东西称为好的吗？

枚农：不，我认为这类事情是好事。

D **苏格拉底**：怎么！取得金子和银子就是品德，这就是枚农这位王上殿下的世袭嘉宾说的话！枚农啊，你在这个取得上再补上以公道的、虔诚的方式，好么？你是不是不加这种区别，只要有人以不公道的方式取得金银，你就不折不扣地称之为品德？

枚农：决不，苏格拉底。

苏格拉底：而称之为邪恶？

枚农：肯定是这样。

苏格拉底：那么，看来这种取得一定要伴随着公道、审慎、虔
E 诚，或者伴随着品德的另外一部分；如果不是这样，这取得就不是品德，尽管它也带来好的东西。

枚农：如果没有这个，它怎么能是品德呢？

苏格拉底：可是，如果不公道就弄不到金子和银子，不管对于自己来说，还是对于别人来说，都是这样，这种弄不到手和欠缺就不是品德了，是吗？

枚农：我看是这样。

苏格拉底：那么，取得这样的好东西和弄不到手就同样不是品德；看来与此相反，只有那伴同着公道出现的才是品德，没有这类东西的就是邪恶。 79A

枚农：我想必定是这样，像你说的样子。

苏格拉底：刚才我们不是提出来说，这些性质的每一个，公道、审慎和这一切，都是品德的一部分吗？

枚农：是的。

苏格拉底：那你在戏弄我吧，枚农？

枚农：你怎么这样说，苏格拉底？

苏格拉底：因为我不久前请求你给我说说品德是什么，既不把它打碎，也不把它弄成粉末，而且为你回答问题提供了样板，而你对这些置若罔闻，跟我说：如果有人能够公道地取得好东西，那就 B
是品德，而公道据你说就是品德的一部分。是不是？

枚农：我是这样说的。

苏格拉底：按照你的说法，凡是以品德的一部分做出的，就是品德。因为你说公道是品德的一部分，其他的每一种性质也是这样。

枚农：我这话意味着什么？

苏格拉底：这意味着：我请求你给我讲讲整个品德，而你答非所问，只是说，每一个行动，只要是以品德的一部分来进行的，就 C

是品德；既然你说过品德这东西是完整的，那我就会承认它，即使你按照各个部分把它打得粉碎。所以我认为有必要重提原来的问题，枚农啊，就是问：如果每一个含有品德一部分的行动就该是品德，那么品德又是什么呢？因为那个说话的人说，每一个以公道进行的活动都是品德。你是不是认为没有必要再提原来的问题，相信一个人不知道品德本身是什么，却知道品德的一部分是什么？

枚农：我不那样想。

D **苏格拉底**：你可以回忆一下，我刚才给你作了一个关于形的回答，我们指责这种回答是用尚待寻求的东西和尚未认定的东西来作答。

枚农：我们有理由指责它，苏格拉底。

苏格拉底：那么，我的好人儿啊，在仍然寻求完整的品德是什

E 么的时候，你别以为在答案里添加品德的部分就能给大家说明品德为何，别以为用这样的方式可以说明什么东西；要知道这样会永远回到老问题上，即品德是什么，因为你说到你所说的那个东西了。你以为我说的没什么道理吗？

枚农：我认为说得很有道理。

苏格拉底：那就请你重新回答一次你所说的话：你和你的朋友认为品德是什么？

80A **枚农**：苏格拉底啊，我在遇到你之前听说你总是自己处在困惑之中又使别人陷于困惑。现在我亲眼见到你以你的魅力、你的法术、你的符咒加在我身上，使我完全困惑。说句笑话，你真像那种扁平的海鱼，就是所谓电鳗，无论在外形上还是在其他方面都像，把我完全制服了。因为这种鱼使每一个接近它、碰到它的人发呆。我觉

得你现在就对我起了这样的作用。因为实际上我的灵魂和嘴巴都发 B
了呆，不知道怎样回答你。我曾经当着很多人的面对品德发表过几千次讲话，自以为讲得很好。现在我却根本不知道讲品德是什么了。因此我以为你最好不要从海路或陆路离开这里到别处去。因为你如果在别处以异邦人的身份做这样的事，人家也许会把你当成变妖术的抓起来。

苏格拉底：你真狡猾，枚农，你几乎把我蒙骗了。

枚农：怎么这样说，苏格拉底？

苏格拉底：我看出你为什么拿我打比方。

枚农：你以为是为了什么？ C

苏格拉底：为了使我再拿你打比方。我知道所有的漂亮人都爱人家拿他打比方来刻画他的形相。这样一来他就出名了，因为漂亮人的形相我认为就是漂亮。可是我不会再拿你打比方。如果你说的电鳗使别人发呆的时候自己也发呆，那我就像它；如果不是这样，我就不像它。因为我使别人陷于困惑的时候自己并不是清楚明白的；
正相反，我自己总是也处在困惑之中，并把别人也拉进困惑。现在 D
我对于品德是什么一无所知，而你也许在碰到我之前先知道了，现在却很像一个不知道的人。尽管如此，我还是愿意和你一道考虑和研究品德是什么。

枚农：苏格拉底，一件东西你根本不知道是什么，你又怎么去寻求它呢？你凭什么特点把你所不知道的东西提出来加以研究呢？在你正好碰到它的时候，你又怎么知道这是你所不知道的那个东西呢？

苏格拉底：我明白你的意思，枚农。你看，你给我们提出一个 E

多么大的争辩性论题！这就是：一个人不可能去寻求他所知道的东西，也不可能去寻求他不知道的东西。他不能寻求他知道的东西，是因为他已经知道了，用不着再去寻求了；他也不能寻求他不知道的，是因为他也不知道他应该寻求什么。

81A **枚农**：你不觉得这是一个很美妙的论题吗，苏格拉底？

苏格拉底：我不这么看。

枚农：你能说出原因吗？

苏格拉底：当然能！因为我听到一些精通神圣事物的男人和女人说过。

枚农：这些人说过什么话？

苏格拉底：一些很真实的话，我认为这种说法是真的，也是美的。

枚农：什么话？说的人是谁？

苏格拉底：说这话的是一些祭司和女祭司，他们是公认为能够
B 为自己的岗位工作作出解释的。这样说的还有宾达若和另外一些圣洁的诗人。他们的说法如下，请考虑一下你是不是觉得他们说的对。

他们是说，人的灵魂是不死的，它一会儿完结了，也就是所谓死了，一会儿又回转了，却永远不消灭。因此人必须最为圣洁地活着。因为：

犯有过失的人们不免沉沦，
九年之后贝塞坡娜[①]却放回他的灵魂，
C 让它重见天日，从其中产生高贵的国君，
以及富于智慧和强大的人们。

---

① Περσεφόνη，冥后。

在以后的日子里，

他们被崇奉为英雄和圣人。[1]

所以灵魂是不死的，而且诞生过很多次，有时在这个世界上，有时在下界度过，见到过各样事情，没有什么东西不在它的经验之中。因此没有什么奇怪，它能够回忆到品德以及其余的一切，这是 D 它以前已经知道了的。因为整个自然是联成一气的，灵魂是经历过一切的，所以只要回忆到一样东西，即是人们所谓学到一件事，就不免由此发现其余的一切，只要他是勇敢的、不懈于钻研的。因为钻研和学习无非就是回忆[2]

所以我们决不要听从那个争辩性的论题，因为它只会使我们懈怠，只有软弱的人才爱听。我说的那个说法则使我们努力研究，使 E 我们信服它是真的，我愿意同你一道来研究品德是什么。

枚农：我知道了，苏格拉底。可是你为什么说我们不是在学习，而是像我们说的那样在回忆呢？你能不能教给我这是怎么一回事？

苏格拉底：我刚说过你狡猾，枚农。你现在问我能不能教你，82A 如果我说没有什么传授，只有回忆，那我就显得自相矛盾了。

枚农：当然不是，苏格拉底。我这样说并不是有意的，是出于习惯。如果你能给我指出事情像你说的那样，请你讲吧。

苏格拉底：这当然不容易，不过我愿意进行这件工作，使你满意。你带了许多随从，请你任意从其中喊出一个来，我在他身上问 B 你证明我的说法。

---

① 见宾达若的残篇 133。

② ἀνάμνησις.

枚农：我很乐意从命。[1] 你来！

苏格拉底：他是希腊人，会说希腊话吗？

枚农：说得挺好，他是家生子。

苏格拉底：请注意他的表现，看他究竟是自己在回忆，还是在学我。

枚农：我会注意的。

苏格拉底：[2] 你告诉我，小厮，你知道这个四四方方的正方形吗？

小厮：知道。

C **苏格拉底：**正方形的四条边是相等的吗？

小厮：是相等的。[3]

苏格拉底：通过正方形的中心画出的两条线，不也是相等的吗？

小厮：也是相等的。[4]

苏格拉底：正方形能大些或小些吗？

小厮：能。

苏格拉底：如果这条边是二尺长，那条边也是二尺长，整个正

① 他转身向一个小厮说。

② 在地上画了一个正方形，用手指着问那个小厮。其图如下：

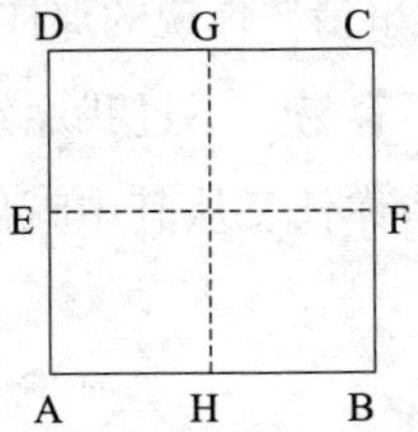

③ AB=BC=CD=DA。

④ EF=GH。

方形一共有几方尺？你想想看。如果这条边是二尺长，那条边只有一尺长，整个形的面积不是二乘一方尺吗？

小厮：是的。

苏格拉底：如果那条边也有二尺长，整个面积不是二乘二方尺吗？ D

小厮：是这样。

苏格拉底：是二乘二方尺？

小厮：是的。

苏格拉底：二乘二是几方尺？你算出来告诉我。

小厮：是四方尺，苏格拉底。

苏格拉底：不是可以有另外一个正方形，它的面积是这个正方形的二倍，却和这个正方形一样所有的边都是相等的吗？

小厮：是的。

苏格拉底：这另外一个正方形有几方尺？

小厮：有八方尺。

苏格拉底：好！你试着告诉我，这正方形的每一条边是几尺长。E 前一个正方形的四条边是二尺长，是它二倍的正方形的四条边是几尺长呢？

小厮：很明显，苏格拉底，是二倍长。

苏格拉底：枚农啊，你看，我并没有教他这些，而只是问他。现在他认为自己知道那个构成八方尺正方形的边有多长。你不觉得他是这样的吗？

枚农：我觉得是这样。

苏格拉底：他是真的知道吗？

枚农：并不真知道。

苏格拉底：他以为这是由二倍长的边构成的吗？

枚农：是的。

苏格拉底：我们来看看他是怎样一步一步回忆的，怎样按照应有的次序回忆的。

83A [1] 你告诉我，你是说由二倍长的边构成了二倍大面积的正方形吗？可是我的意思并不是指那种一边长一边短的长方形，而是指四条边一样长的正方形，它的二倍就是八方尺。你看看，你还是认为这个面积的形由二倍长的边构成的吗？

小厮：我认为是这样。

苏格拉底：好！如果我们在这条边上再添上一条同样长的线，添加之后的边就是原来的二倍长吗？

小厮：当然。

苏格拉底：你以为由这条线会构成一个八方尺的正方形，如果我们画出四条这样的边的话？

小厮：是的。

B **苏格拉底**：那我们就给你画四条一样长的边。[2] 这是不是你所谓的八方尺面积的正方形呢？

---

① 转过来向小厮说。

② 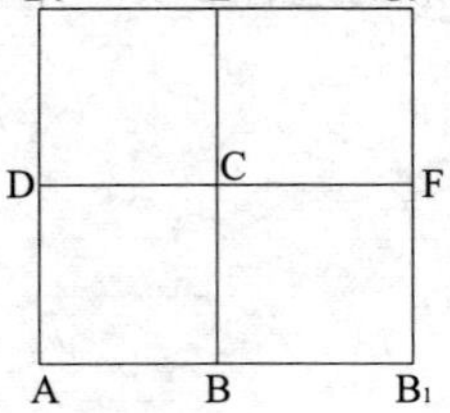

$\square AB_1C_1D_1=4\times\square ABCD$

小厮：就是。

苏格拉底：这个正方形里不是有四个与原来的正方形相等的面积吗？

小厮：是的。

苏格拉底：那它有多大？不是四倍大吗？

小厮：怎么不是？

苏格拉底：这四倍和二倍一样大吗？

小厮：绝不是，宙斯在上。

苏格拉底：那是几倍呢？

小厮：四倍。

苏格拉底：那么，由二倍长的边构成的并不是二倍大面积的正 C
方形，而是四倍大面积的正方形。

小厮：你说的对。

苏格拉底：因为四的四倍是十六。不是吗？

小厮：是啊。

苏格拉底：那么，八方尺大的正方形是由多长的边造成的呢？由这么长的边并不构成四倍大的面积吧？

小厮：我同意。

苏格拉底：那四方尺大的正方形是由一半长的边构成的吧？

小厮：是的。

苏格拉底：那八方尺大的正方形不是由这条边的二倍、也不是由那条边的一半构成的吗？

小厮：是的。

苏格拉底：那它不是该由一条大于这条边、小于那条边的边构 D

成的吗？对不对？

小厮：我是这样想的。

苏格拉底：很好！你要永远照自己想的回答问题。告诉我，这条边不是二尺，那条边不是四尺吗？

小厮：是的。

苏格拉底：那么，那八方尺大正方形的边就该大于二尺的，小于四尺。

小厮：是啊。

E **苏格拉底**：那你就试着说，你认为它有多长。

小厮：三尺长。

苏格拉底：好。如果它应该是三尺长，我们愿意把原来的二尺再加上一半，成为三尺，因为这是二尺，加上那个一尺，在另外一条边上也有这个二尺，那个一尺。这样就成了你心目中的那个正方形了。

小厮：是啊。

苏格拉底：如果这条边有三尺长，那条边也有三尺长，整个正方形的面积就是三倍的三方尺了。

小厮：显然是这样。

苏格拉底：三乘三是几方尺呢？

小厮：九方尺。

苏格拉底：那二倍的面积该是几方尺呢？

小厮：八方尺。

苏格拉底：那么，由三尺长的边也并不构成那八方尺大的正方形咯。

小厮：当然不。

苏格拉底：那你给我们确切地说出是由哪样的边构成的；如果你不愿说出数目，只要指出由哪条边就行。 84A

小厮：宙斯在上，苏格拉底啊，这个我并不知道。

苏格拉底：你仔细瞧瞧，枚农啊，他在回忆中前进了多远？一起头，他完全不知道八方尺正方形的边是怎么样的，正如他现在仍然不知道一样，只是那时他认为自己知道，并且冒冒失失地作出回答，好像胸有成竹似的，不认为自己遇到困难。现在他认为自己遇到了困难，他对此无知，也认为自己对此无知。 B

枚农：你说的对。

苏格拉底：在他所不知道的那件事情上，他现在不是处在较好的状态吗？

枚农：我也这样想。

苏格拉底：我们使他陷于困惑，使他像遇到电鳗时那样发呆，有没有伤害他？

枚农：我想没有。

苏格拉底：我们倒是预先给他作了一些启发，使他能够去发现这一方面的真理。因为现在他很乐意寻求它，以弥补自己的无知；当初他却认为自己可以毫无困难地高谈阔论，说二倍面积的正方形必须由二倍长的边构成。 C

枚农：看来是这样。

苏格拉底：你有没有想到，他曾经努力去寻求或学习他以为知道而并不知道的东西，后来才被启发到有所怀疑，承认自己无知，因而力求认知？

枚农：我没有想到，苏格拉底。

苏格拉底：使他困惑对他有用吗？

枚农：我想有用。

D **苏格拉底**：现在你再看看，他如何从这种困惑出发，就跟我一同寻求，将有所发现，虽然我只是询问他，并没有给他传授什么东西。你仔细观察一下，看看你是不是在什么地方发觉我在教他、暗示他，总之，我所做的不过是询问他心里想的。

[①]你告诉我：这不是我们的四方尺正方形吗？你懂吗？

小厮：我懂。

苏格拉底：我们就不能给它加一个与它相等的面积吗？[②]

小厮：能。

苏格拉底：能再加上第三个与那两个四方形一样大的面积吗？[③]

小厮：能。

---

① 转身向小厮说。

② 在原来的正方形□ ABCD 上再加一个□ DCEF，即：

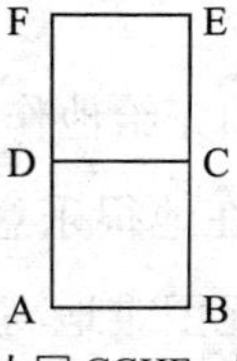

③ 在□ ABCD 和□ DCEF 上再加上□ CGHE，即：

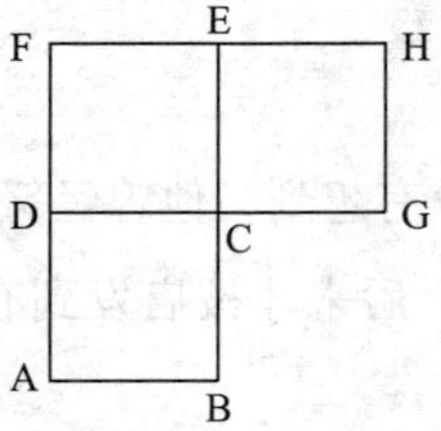

苏格拉底：我们不能在欠缺的那个角上把它填满吗？[1]

小厮：当然能。

苏格拉底：这不是四个一样大的正方形吗？

小厮：是啊。 E

苏格拉底：整个这个面积是原来的正方形的几倍？

小厮：四倍。

苏格拉底：我们要得到的却是二倍的面积。你不记得吗？

小厮：正是。

苏格拉底：从一个角到另一个角的那条线不是把这些正方形的每一个分成两个相等的部分吗？[2] 85A

小厮：是啊。

---

① 在∠BCG这个角上再加上□BIGC，即：

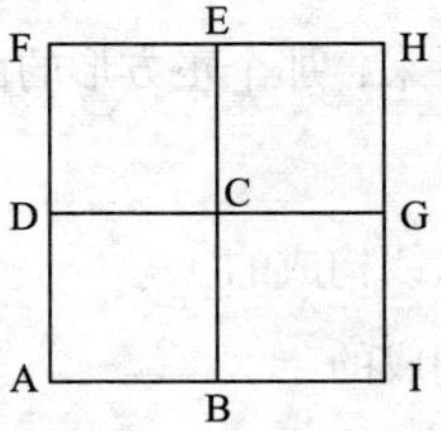

② 这些对角线将每个正方形一分为二。即：DB把□ABCD分成△DBC=△DBA，余同此。

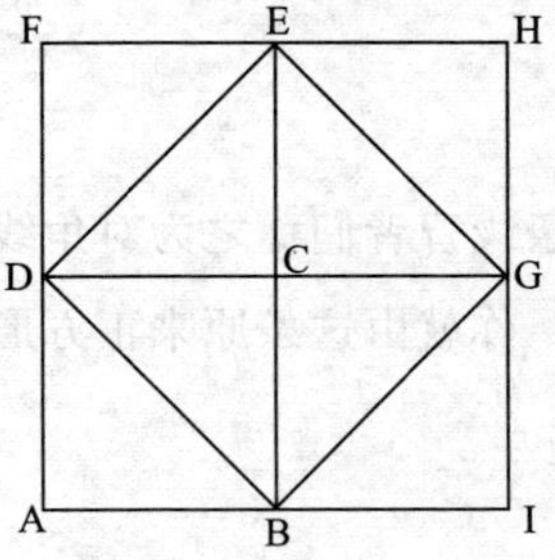

苏格拉底：这四条相等的线不是包围着那个正方形吗？

小斯：是这样。

苏格拉底：你看那个正方形有多大面积？

小斯：我不了解。

苏格拉底：在这四个面积中间，每一条线不是把每个面积分成两半吗？对不对？

小斯：是啊。

苏格拉底：在那个正方形里头一共有几个相等的面积？

小斯：四个。

苏格拉底：在原来的正方形[1]里有几个？

小斯：两个。

苏格拉底：四与二的比是什么？

小斯：是二倍。

B **苏格拉底**：这样看来，那个正方形的面积是几方尺？

小斯：八方尺。

苏格拉底：由什么线构成的？

小斯：由这条线构成的。

苏格拉底：由这条从四方尺正方形的一个角画到另一个角的线构成的吗？

小斯：是的。

苏格拉底：这条线智者们称之为对角线。如果采用这个名称的话，枚农的小斯啊，你就由这条原来正方形的对角线画出了一个二

① □ABCD。

倍大的正方形。

小厮：那当然咯，苏格拉底。

苏格拉底：你以为如何，枚农？他是不是提出了一个原来不属于他的答案？

枚农：不是，这是他自己的想法。 C

苏格拉底：可是我们前不久就说过他原来不知道。

枚农：你说得对。

苏格拉底：那他心里原来就有那些见解，还是没有？

枚农：有。

苏格拉底：是不知者心里对他所不知道的东西有一些真实的见解吗？

枚农：看来是这样。

苏格拉底：不过他现在还是像梦里一样浮现那些见解。如果有人频繁地以多种方式向他问起这样的事情，你知道他最后就会确切 D
地认识到这些东西，如同现在这样明白。

枚农：很像这个样子。

苏格拉底：所以不用教他，只消向他提出问题，他就会知道，就会从心里浮出知识来。

枚农：是的。

苏格拉底：从自己心里浮出知识来，不就是回忆吗？

枚农：当然是。

苏格拉底：他现在有的那种知识，岂不是或者从前获得，或者一直具有的吗？

枚农：是的。

苏格拉底：如果他一直具有这种知识，那他就一直是知道的。如果他是有一个时候获得这种知识的，那他至少在今生并没有获得

E 它。有人教过他几何学吗？因为他的确会做几何学方面的事情，以及其他各门学问上的事情。有人教过他这一切吗？这一点你该知道得很详细，因他是在你自己家里出生和养大的。

枚农：我知道得非常清楚，从来没有人教过他。

苏格拉底：可是他有这些见解；有没有呢？

枚农：当然有，苏格拉底，这是大家都看到的。

86A **苏格拉底**：如果他在今生并没有获得这些见解，那岂不很明显，他是在另外一个时候取得和学到它们的吗？

枚农：这很明显。

苏格拉底：是不是在他还没有成为人的时候呢？

枚农：就是。

苏格拉底：如果在他成为人和不成为人的整个期间，那些真实的见解应该都在他心中，由于提问把它们唤醒了，它们就变成了知识，那么，是不是他的灵魂一向都处在有知的状态之中呢？因为很明显，那整个期间是既包括他成为人的时候也包括他不是人的时候的。

枚农：看来是这样。

B **苏格拉底**：如果事物的真相一向寓于灵魂之中，灵魂就是不会死的了。因为这个缘故，你就要充满信心地去追索你现在不知道的东西，也就是你没想起来的东西，把你自己唤醒。

枚农：我看你说得挺有道理，苏格拉底，尽管我不知道自己怎么会有这样的看法。

苏格拉底：我也有这样的看法，枚农。对于别的事情，我当然不能这样坚决地说这种话，可是我们相信自己应该去寻求所不知道的东西，这样才变得更好，变得更勇敢、更勤恳；人不能自以为不 C
可能找到不知道的东西，所以不该去寻求，那样就安于懈怠了。我要尽可能地为求知而奋斗，这样说也这样做。

枚农：我觉得你说得再好不过了，苏格拉底。

苏格拉底：既然我们一致同意，认为应该去寻求自己不知道的东西，你是不是愿意一道研究品德是什么呢？

枚农：非常愿意。不过我最乐意钻研、最爱听到的是我原先问 D
的那件事，就是我们应当把品德看成一种可以传授的东西，还是人生来就具备的东西，还是以某种方式来到人身上的东西？

苏格拉底：如果我不但可以支配我自己，而且可以支配你的话，那我们就不能先考虑品德是不是可以传授的，一定要先研究过品德是什么东西。可是你并不热衷于支配你自己，只想自由自在，却热衷于支配我，而且实际上在支配我，那我就只有跟着你走了，有什么办法呢？

看来我们要研究一件不知道是什么的东西是什么样的。因此， E
如果你的指令不那么刻板，可以有一点儿灵活性的话，请容许我从一个假设出发来考察品德究竟是可以传授的还是以别的方式取得的这个问题。所谓从一个假设出发，是指几何学家常常用来进行考察的那种办法。例如有人向他提出图形方面的问题，问他能不能往圆形里装进这个三角形[①]，他就可以说：我还不知道这个三角形是不是 87A

① 意即：△ ABC 的 A、B、C 三个顶点能不能落在一个圆形的圆周上。

那样的三角形，但是我可以作出一个假设，相信这假设可以有利于回答你的问题。这就是：假定这个三角形是那样的三角形，如果以它的某条底边为中轴画一个圆，它还有那么大一块面积越出这个圆之外，我想，那就会得出这样一个结论，如果不可能有一块面积越出这个圆，那就会得出另外一样的结论。[1] 从这个假设出发，我可以
B 告诉你，是不是能把这个三角形装进圆。

在品德这方面，既然我们不知道它是什么，也不知道它有什么属性，那就可以作一个假设，从这个假设来考虑它是不是可以传授的。这就是：假定它是某种出现在灵魂里的东西，那它是不是可以传授呢？首先，假定它是某种异于知识的东西，那它是可以传授的，或者像上面说的那样，可以回忆的吗？传授和回忆只是用词不同，
C 实际上一样。这样一来，是品德可以传授呢，还是人人都很明白，唯有知识才是能够传授给人的东西？

枚农：依我看是品德可以传授。

苏格拉底：如果品德是某种知识，那它显然是可以传授的。

枚农：怎么能不是呢？

苏格拉底：那我们就解决问题了：如果品德是那样的东西，那

① 如图一，C 在圆外，故△ ABC 不可能纳入圆内；如图二，C 不在圆之外，故△ ABC 可纳入圆内。

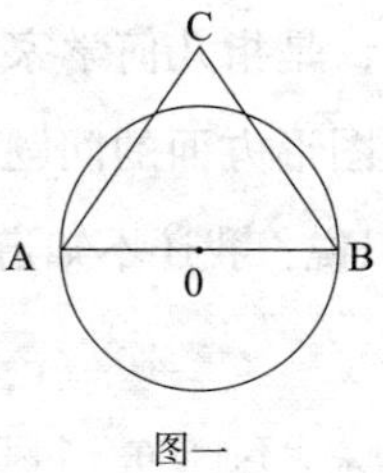

图一

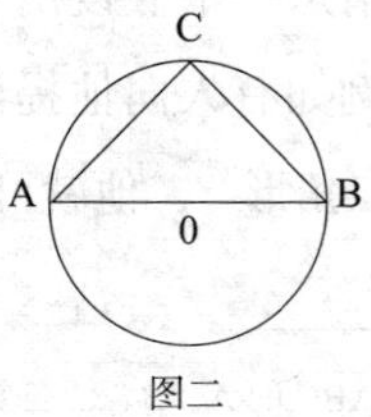

图二

它就是可以传授的；如果它不是，那就不可传授。

枚农：是啊。

苏格拉底：看来以后我们要研究另外一个问题：品德是知识呢，还是一种与知识不同的东西？

枚农：这是我们必须研究的。 D

苏格拉底：怎么！我们不是说品德是好东西吗？我们不是还守着品德是好东西这条假设吗？

枚农：是这样。

苏格拉底：那么，如果有一种好的东西，是与知识完全分离开来的，也许品德就不能是知识。如果没有一种好东西不是知识所包括的，那我们就有理由猜测品德是一种知识。

枚农：看来是这样。

苏格拉底：我们确实是由于有品德才成为好人吗？

枚农：是的。

苏格拉底：如果我们是好人，那就是有益的人。因为所有的好人都是有益的人，不是吗？ E

枚农：是啊。

苏格拉底：那么说，品德就是有益的东西了？

枚农：这是从我们的共同看法得出的必然结论。

苏格拉底：那我们就一样一样仔细看看哪些东西是对我们有益的。我们说健康、强壮、美观、富有等等是有益的，不是吗？

枚农：是的。

苏格拉底：可是这样一些东西我们说有时候也是有害的。你有 88A
不同的看法吗？

枚农：没有，我也这样看。

苏格拉底：那就考虑一下那个决定这些东西有益和有害的要素是什么。不是正当使用时就有益，不正当使用时就有害吗？

枚农：就是。

苏格拉底：再看看那与灵魂有联系的东西。这不是你所谓审慎、公道、勇敢、了悟、强记、高尚之类吗？

B **枚农**：是啊。

苏格拉底：再看看那种你认为不是知识的、异于知识的东西，不是有时候有害、有时候有益吗？例如勇敢，如果并不明智[①]只是一味大胆，就属于这一类；一个人不讲理[②]而大胆就有害，讲理而大胆就有益，不是吗？

枚农：是的。

C **苏格拉底**：审慎和了悟不也是这样吗？有理有节就有益，无理就有害，对不对？

枚农：很对。

苏格拉底：总起来说，凡是归属于灵魂项下的东西，在明智引导下就导致幸福，在愚昧引导下就适得其反。是不是？

枚农：看来是这样。

苏格拉底：品德如果是灵魂方面的东西，而且必然有益，那它一定是明智的，因为其他属于灵魂方面的一切东西本身无所谓有益

D 和有害，只是由于掺进了明智或愚昧才成为有益的或有害的。由此

---

① 明智，φρόνησις。

② 讲理，νοῦ。

可见，品德如果有益就一定是明智的。

枚农：我看是这样。

苏格拉底：至于其余的东西，如富有之类，我们在前面说过有时好有时有害，是不是也同样取决于明智与否？既然明智支配了灵魂的其余部分就使灵魂中的东西有益，而愚昧则使之有害，是不是灵魂正当地使用和支配了财富之类就使它们有益，不这样做就使它 E
们有害呢？

枚农：那当然。

苏格拉底：英明的做主就正当，愚蠢的做主就糟糕吗？

枚农：就是这样。

苏格拉底：能不能一般地说，人的其他一切东西是不是对他好，要取决于灵魂，与灵魂有关的好不好则取决于明智。根据这句话，89A
就可以一般地说明智是有益的。我们不是说品德是有益的吗？

枚农：是啊。

苏格拉底：那我们就说明智是品德，是全部品德，或者是它的一部分。

枚农：我觉得你说得很好，苏格拉底。

苏格拉底：如此说来，好人就不是天生的好了。

枚农：我看不是。

苏格拉底：正好相反。如果好人是天生的好，我们中间就有些 B
人懂得从年轻人中间鉴别出天生的好人，一经认定，我们就把他们挑出来单另关进城堡，打上真金的标志，以防有人使他们变坏，他们一到成年就立刻成为对国家有益的栋梁了。

枚农：那很自然，苏格拉底。

C **苏格拉底**：如果好人并不是天生就好的，那是不是由于教育造成的呢？

枚农：我想必然是这样，苏格拉底。根据我们的假设也可以明显地看出，如果品德是知识，那就一定是可以传授的。

苏格拉底：也许是这样，天哪！可是我很担心这话有不对的地方。

枚农：可是我们刚才认为这样说很对呀。

苏格拉底：我们刚才认为对是不够的，一定要现在和今后都认为对，才有把握。

D **枚农**：怎么？你为什么不再认为这话对，为什么怀疑品德之为知识呢？

苏格拉底：我就告诉你，枚农。我们刚才说，如果品德是知识，那就是可以传授的。我现在并不是收回这句话，认为说的不对；而是考虑到品德很可能不是知识，要看看你是不是觉得我有权利怀疑这一点。请告诉我：如果有那么一样东西是可以传授的，不管它是不是品德，不是一定要有教师和学生吗？

E **枚农**：我想是这样。

苏格拉底：如果一样东西既没有教它的人，也没有学它的人，我们不是完全有理由猜想它不是可以传授的吗？

枚农：很对。你是不是认为没有品德的教师呢？

苏格拉底：我曾经翻来覆去地求问是不是有品德的教师，可是寻来寻去还是没能找到这种人；我的寻求是与很多人一道进行的，特别是与一些我认为最适于做这项工作的人合作。枚农啊，现在那位安虞铎[1]就在我们这里坐着，就请他参加我们的研究吧；我们是有理由请他参加的。因为首先这位安虞铎有一位富有而且智慧的父亲 90A
安特米雍[2]，其所以富有并非出于偶然，也不是由于获得赠予，像特拜的伊斯梅尼亚[3]那样新近继承了波吕格拉底[4]的遗产，而是用自己的智慧和勤奋挣来的。而且，他之所以有名，并不是由于他是一个傲慢的公民，自夸其得，敌视别人，而在于他是一个谦和端庄的人。 B
此外，他还很好地教育和培养了自己的儿子，这是雅典多数人所公认的，他们选他担任最高的官职。同这样的人一道研究有没有品德的教师，以及谁是品德的教师，是很合适的。

安虞铎啊，你跟我们两个人，跟我以及你的客人枚农研究品德的教师这个问题吧。你可以这样考虑：为了使这位枚农成为好医生，我们会把他往哪种教师那里送呢？不是往医生那里送吗？ C

安虞铎：那当然。

苏格拉底：为了使他成为好鞋匠，我们不是要把他往鞋匠那里送吗？

安虞铎：是的。

苏格拉底：是不是别的事情也如此？

安虞铎：也是这样。

苏格拉底：请你也这样回答我的问题。我们说，为了使他成为好医生，把他往医生那里送是对的。我们这样说的时候，是以为把

① Ἄνυτος，后来控告苏格拉底的三个人之一，民主派。

② ʼΑνθεμίωνος.

③ Ἰσμηνιας ὁ Θμβαῦος，当时的民主派。

④ Πολυκρατης，萨摩（Σάμος）的僭主。

D 他送到从事此业的人那里比较恰当，不能送交那些并不从事此业而打着这块招牌收取费用、宣称能教一切愿意来学者的人吗？我们这样送他不是做得很好吗？

安虞铎：是的。

苏格拉底：吹笛子之类的事不也是这样吗？如果要使一个人成

E 为笛子吹奏者，愚蠢的办法无过于把他不送给那种以教授吹笛为业而索取费用的人去教，却央告另外一种人，要他向那些人学习，而那些人并没有以教授此道为业，也没有任何学习我送他来学的那种技艺的学生。你想那样做不是蠢极了吗？

安虞铎：宙斯在上，我觉得这太蠢了。

苏格拉底：你说得对。现在你能和我商讨你的客人枚农的题目

91A 了。安虞铎啊，他早就对我说他很想得到那种智慧和品德，就是人们赖以善于处理家务和国务、孝顺父母、善待本国人和异邦人、做

B 一个好人的那一种。你看我们最好把他送到什么人那里去学这种品德。根据我们刚才说的，不是应当求教于那些自命为品德教师，公开招收一切愿意来学的希腊人，并且为此索取报酬的人吗？

安虞铎：你以为这是什么人呢，苏格拉底？

C **苏格拉底**：你明明知道，这就是人们称之为智者的那些人。

安虞铎：赫拉格勒[①]在上，你说干净点，苏格拉底。我的亲属、家人和朋友，包括本国的和异邦的，没有一个会发了疯，跑到那种人那里去把自己糟蹋掉。因为这种人是真正的祸害和瘟神，谁跟他们往来谁就遭殃。

---

① Ἡρακλης，大力英雄。

苏格拉底：你怎么这样说，安虞铎？难道在那些从事对人有益的职业的人中间唯有智者与众不同，不但不使那些信服他们的人得到好处，反倒使他们蒙受祸害，还向他们公然勒索钱财？我不能相 D 信你的话。因为我知道就只有一个柏若答戈拉[①]以智慧挣来的钱比完成传世杰作的佩狄亚[②]和其他十位雕刻家还多。你说的太不像话了。一个修补旧鞋旧衣的人要是把人家送来修补的鞋子衣服弄得比原来 E 更坏，那他不到一个月就被人揭穿，饿死无人问。这位柏若答戈拉要是把送上门的学生教坏，弄得还不如原来好，而且一直干了四十年，怎么全希腊没有一个人发觉此事呢？因为据我所知，他一共活了七十年，死在干这一行四十年之后。在这四十年间，一直到现在为止，人们是不断地称赞他的。而且除了柏若答戈拉之外，还有许 92A 多别的智者也是这样，他们有的比他老，有的现在还在世。我们是不是应该说，依你看来，这些人是把青年人欺骗了、毒害了，自己还不知道？我们难道应该认为，这些被看成世上最聪明的人竟如此愚蠢？

安虞铎：并不是这些人愚蠢，苏格拉底。那些交钱给他们的年轻人比他们愚蠢，把年轻人往他们那里送的父母更加愚蠢，最愚蠢 B 的是那些城邦，那里容许这些人入境，并不驱逐任何一个从事这种职业的分子，不管是异邦人还是本地人。

苏格拉底：是这些智者中间有人冒犯了你吗，安虞铎，还是有什么别的原因使你对他们如此反感？

---

① Πρωταγόρας，最著名的智者。

② Φειδίας，最著名的雕刻家和建筑师。

安虞铎：宙斯在上，绝非如此，我是不肯与他们中间任何人往来的，也不让我的人这样做。

苏格拉底：那你就根本不认识这种人喽？

C **安虞铎**：也决不想认识。

苏格拉底：真是怪事！你对一件事毫无所知，怎么能知道它是好的还是坏的呢？

安虞铎：那很容易。我知道他们是什么样的人，认识不认识都一样。

苏格拉底：你这人也许是个算卦的，安虞铎。因为我实在想不通，根据你自己所说的话，你怎么能知道他们是哪一类人。况且我
D 们并没有问什么人会使前来求教的枚农变坏。这些人可能像你想说的那样是智者。可是问的并不是这个，是问你的这位世交枚农在雅典这座大城市里应该拜什么人为师，以便学到我刚才向你提到的那一种品德。

安虞铎：你怎么不自己给他指出来呢？

苏格拉底：我曾经说了我认为哪些人是传授品德的。可是你以
E 为我说的不对头。我认为你的话不无道理。所以要你来说说他该去请教哪些雅典人士。你就照你的意思说出人的名字吧。

安虞铎：他有必要听到某个个别的人的名字吗？凡是他遇到的任何一个正派的雅典人，没有一个不会使他变好，变得不像智者所教的那样，只要他愿意跟着学就行。

93A **苏格拉底**：那些正派的好人之所以正派，是天生的、不用跟谁学的吗？他能向另外一个人传授他自己没有学过的东西吗？

安虞铎：我想他们是跟一些同样正派、同样好的前人学的。你不认为在这座城邦里有很多的正派人吗？

苏格拉底：安虞铎啊，我以为这里现在还有这样一些熟练于政治的人，而且肯定还有另外一些人并不亚于他们；可是这些人是传授这种品德的好教师吗？因为这才是我们现在所谈的主题，我们不管这里是不是有正派人，也不管是不是有过这种人，只谈品德能不 B
能传授，这是我们已经研究了好久的。在这种研究里面，我们也提出这个问题，就是：那些现在和过去的正派人是不是知道把自己所显示的这种品德传授给别人，也就是说，品德这种东西能不能由一个人传授给另一个人。这就是我和枚农问了那么久的那个问题。你 C
按照自己的说法考虑一下这个问题吧。你同意说特米斯多格勒[①]是一个好人吗？

安虞铎：当然，他是最大的好人。

苏格拉底：这样看来，如果有那么一个人把自己的品德传授给别人的话，他就是一个出色的品德教师吗？

安虞铎：我想他就是，如果他愿意的话。

苏格拉底：你是不是以为他不愿意别人也成为正派的好人，特别是他自己的儿子？你是不是以为他心怀妒意，不乐意儿子承受他自己擅长的那种品德？你难道没有听说过特米斯多格勒教他儿子格 D
娄潘多[②]成为好骑手，使他能够在马背上直立，从马上站起来投掷标枪，并且做出许多惊人的动作？这些本事都是由他传授的，是一定要有一位好教师才行的！这样的事你难道没有听见前人说过吗？

---

① Θεμιστοκλῆς，雅典政治家（公元前525—前460年），民主派。

② Κλεόφαντος.

安虞铎：我听说过。

苏格拉底：谁能说他的儿子没有这种受教的禀性呢？

E **安虞铎**：大概不能这样说。

苏格拉底：怎么？你从来没有听见任何年轻的或者年老的人说过：特米斯多格勒的儿子格娄潘多跟他父亲一样好、一样聪明？

安虞铎：没有。

苏格拉底：如果品德是可以传授的，那我们是不是就该认为，他愿意他儿子在这些事情上受教，却不肯让他在自己拥有的那种智慧上比任何一个邻人高出一点点？

安虞铎：决不能这样看。

94A **苏格拉底**：那位特米斯多格勒就是这样的品德教师，你承认他属于上一代最好的人。我们现在再举一个例子，就是阿里斯得德[①]，吕锡马柯[②]的儿子，你不是也同意他是一个好人吗？

安虞铎：我完全同意。

苏格拉底：他让他儿子吕锡马柯[③]去受雅典人所能受到的最佳教育，凡是靠师傅教的统统让他学。可是你想想，他把儿子培养成胜过一般人的好人没有？你跟他过从很密，看得出他是什么样的人。
B 你还可以看看贝里格勒这位有杰出智慧的人物，你知道他生了两个儿子，巴拉洛[④]和克桑替波[⑤]。

---

① ’Αριτείδης，当时的雅典政治家。

② Λυσίμαχος.

③ 孙子与祖父同名，这是希腊人的通常习惯。

④ Πάραλος.

⑤ Ξάνθιππος.

安虞铎：我知道。

苏格拉底：你也同样知道他让这两个儿子学骑术，要他们学得不亚于任何一个雅典人。他还让他们学音乐、体育以及各种技术，学得胜过其他人。可是他有没有想到把他们培养成好人呢？他当然愿意他们成为好人，可是这件事大概是不能传授的。你可不要以为在雅典人中间只有少数人没有承受的能力，只有那些最不足道的家伙才会这样蠢。你可以想想土居第德[①]也生了两个儿子，梅雷夏[②]和 C
斯得潘诺[③]，他让他们受了很好的教育，除了别的本领之外，还特别要他们成为雅典最优秀的角斗士。因为他把他的一个儿子送到了克桑替亚[④]的门下学习，把另一个儿子送到欧陀若[⑤]门下，这两位是当时公认为最杰出的角斗士。你不记得吗？

安虞铎：是啊，我听说过。

苏格拉底：很明显，他送孩子去学那些要收大笔学费的事情，怎么不肯不费一个钱自己教他们成为好人呢，如果品德可以传授的 D
话？也许你会对我说土居第德是个不起眼的人物，在雅典人和盟邦人中间没有几个朋友吧？正好相反，他系出名门，在本邦和整个希腊很有声望。如果品德可以传授，只是他自己忙于公务，没时间教 E
孩子学做好人，他很容易在本邦人或者异邦人中间找到人教他们的。可是，亲爱的安虞铎啊，看来品德是不能传授的。

---

① Θουκυδίδης，一个与著名历史家同名的人物。

② Μελησίας.

③ Στέφανος.

④ Ξανθίας.

⑤ Εὐδώρσς.

安虞铎：苏格拉底啊，我觉得你这个人很容易说别人坏。我劝你慎重一点，希望你听我这句话。因为在任何地方都是把别人当坏人容易，拿别人当好人不那么容易，在这座城邦里尤其如此。我想
95A 你是知道的。

苏格拉底：枚农啊，我觉得安虞铎生气了。这并不奇怪。因为首先他认为我诋毁了这些人物，而且他自以为是这些人物之一。他一旦看清了所谓诋毁是什么意思，他的怒气就消解了，不过他现在还不明白。请你告诉我，你们那里就没有正派的好人吗？

枚农：当然有。

B **苏格拉底**：怎么？这些人献身于教育青年的事业，承认自己是教师，并且认为品德是可以传授的吗？

枚农：当然不是这样，苏格拉底，你只会有时候听他们说品德可以传授，有时候他们又说不能传授。

苏格拉底：那些在这一方面还没有一致意见的人，我们能把他们看成这一行的教师吗？

枚农：我看不能，苏格拉底。

C **苏格拉底**：怎么？那些智者们是唯一自命为干这一行的人，你认为他们是品德的教师吗？

枚农：在这方面，苏格拉底啊，我最佩服戈尔极亚，你从来没听见他作过这种许诺，他倒是听到别人这样许诺时就嗤之以鼻，他只是认为自己可以使别人加强说话的能力。

苏格拉底：那你就不认为智者们是教师吗？

枚农：在这方面我不能说什么话，苏格拉底。因为我的情况和多数人一样：有时候认为是，有时候又认为不是。

苏格拉底：你知道，不但你和另一些政治家们有时觉得品德可 D
以传授，有时又觉得不行，连诗人泰阿格尼[①]也说过这样的话，你知道吗?

枚农：在哪篇诗里说的?

苏格拉底：在《哀歌》里，他说：

你要同那些强有力的人过从交往
跟他们一同吃喝，搞好关系。
因为好事从好人学来，坏人却会
使你失掉你心中原有的良知。[②]

你看出他在这里谈到品德，认为这是可以传授的吗?

枚农：很明显。

苏格拉底：可是他在另一处又说：

如果可以塑造人的心思的话，
塑造者就会得到大笔酬金。

还说：

好人的儿子不会变坏
只要他听从家训，但是你用教育不能使坏人变好。 96A

---

① Θέογνις，公元前六世纪人。

② 见该诗，I，33—36。

你看他对同一件事的说法不是前后矛盾吗？

枚农：这很明显。

苏格拉底：除了品德以外，你还能举出别的事情来吗？品德这件事，有的人自命为传授它的教师，大家却以为他并不是传授它的

B 人，倒是正好相反，自己本来对此一窍不通，够不上这件他自夸能教别人的事情；而那些大家公认为正派的好人却一会儿说这件事可以传授，一会儿又予以否认。这些在这方面思想如此混乱的人，你能承认他们是这件事的教师吗？

枚农：当然不能。

苏格拉底：既然智者们和那些为人正派的好人都不是品德的教师，那就显然没有别的人是这种教师。是吗？

枚农：我想没有。

C **苏格拉底**：如果没有教师，那就没有学生是吗？

枚农：我像你说的那样，认为没有。

苏格拉底：那我们就一致认为：一件事既无教师又无学生，也就是不可以传授的。是吗？

枚农：我们看法一致。

苏格拉底：在品德这一方面，就没有什么教师吗？

枚农：就是这样。

苏格拉底：如果没有教师，那就没有学生吗？

枚农：看来是这样。

苏格拉底：那就是说，品德是不可以传授的。是吗？

D **枚农**：似乎不是这样，如果我们一本正经地仔细考虑的话。苏

格拉底啊，要是那样，我就觉得很奇怪了，因为我不相信根本就没有好人，可是如果有好人，这好人是以什么方式成为好人的呢？

苏格拉底：枚农啊，我们很不幸，我和你两个都不是走运的人，戈尔极亚没有把你教透，柏若狄果也没有教透我。所以我们必须自己照顾自己，看看谁能用某种办法使我们变得好一些。我这样说，E 是有鉴于我们以上的讨论进行得很可笑，没有看出知识[①]并不是使人正确行事的唯一办法，不愿意承认单凭知识还不能使人成为好人，此外还有某种办法，也许我们还不知道它，可以使人变成好人。

枚农：你这样说是什么意思，苏格拉底？

苏格拉底：我是说：好人必定有益，这一点我们一定要承认，97A 不能有别的说法。是不是？

枚农：是的。

苏格拉底：他们之所以有益，是由于他们能够正确地指导我们行事。这一点我们不是应当承认吗？

枚农：是的。

苏格拉底：可是我们很难同意一个人没有见解[②]却能正确地[③]领导。

枚农：你说的［正确］是什么意思呢？

苏格拉底：我来告诉你。如果有一个人知道到拉里萨或某个你要去的地方的路，就动身往那里走，并且引导别人走，这人不是会正确地引导吗？

---

① ἐπιστήμη，指确切的科学知识，不同于泛泛的意见。

② φρόνιμος.

③ ὀρθῶς.

枚农：那当然。

B **苏格拉底**：如果还有一个人对这条路有正确的估计[①]，却从来没有亲自走过，并不真正地知悉它，这人不是也会正确地引导吗？

枚农：当然。

苏格拉底：对于一件事情，别人有确切的知识，只要这个人有正确的意见[②]，他这个对真理只有估计并无知识的人之为引导者，并不亚于有知识的人。

枚农：不亚于。

苏格拉底：所以说，正确的意见在指导正当行动方面并不亚于

C 意识。这正是我们研讨品德的时候所忽视的；我们说只有意识才能引导正当的行动，可是正确的意见也能做到这一点。

枚农：看来是这样。

苏格拉底：那么，正确意见的有益并不亚于知识。

枚农：不过有一点区别，苏格拉底。凡是有知识的人永远可以达到目的，有正确意见的人却有时候能达到目的，有时候不能。

苏格拉底：你这话是什么意思？那具有正确意见的人在正确地估量的期间难道不是永远达到目的吗？

D **枚农**：我觉得必定是这样，苏格拉底。因为我想不通，觉得不这样就没有理由把知识看得比正确意见高那么多，就说不出这一样为什么与那一样不同，是两回事。

苏格拉底：你知道你为什么想不通吗？要我给你说说吗？

① δοξάζω，指并不确知，却有某种意见

② ὀρθὴδόξα.

枚农：请告诉我吧。

苏格拉底：因为你没有仔细考虑过代达洛[①]刻的雕像。也许你们那里根本没有这种雕像。

枚农：为什么你说到这个呢？

苏格拉底：因为这些雕像如果不捆住就跑了，飞了，如果捆住就留下了。

枚农：这话是什么意思呢？ E

苏格拉底：一件丢掉了的作品是没有多大价值的，正如一个东游西荡的人一样，因为它不在那里了；然而一件捆起来作品却有很大价值，因为它是美好的创作。我这样说是指什么呢？是指那些真的意见。因为那些真的意见是美好的东西，只要它们留在那里就给 98A
我们带来好事情；但是它们不能常住不迁，是要离开人的灵魂的，这样就没有多大价值了，除非把它们拴住捆牢，用推理的方法追索出它们的原因[②]。我的朋友枚农啊，这就是我们在前面一致同意的那种"回忆"。把它们捆牢之后，它们就开始成为知识，就留下来了。就是由于这个缘故，知识的价值要高于正确的意见，知识之有别于正确的意见就在于这根绳索。

枚农：苏格拉底啊，你说的确实很接近真理。

苏格拉底：我这样说并不是我知道，而是我猜想如此。可是说 B
正确的意见是与知识有区别的东西，我认为这并非只是猜想。我知

---

① Δαιδάλος，雕刻能手，作品生动，像活的一样。

② αἰτίας λογισμῷ，直译"以原因的推理法"不易理解，故意译如上。这里有两点须注意：（1）推理，不是顿悟。（2）原因，即由多推出的一（相），不是由因推果的演绎法。

道的东西并不多，可是我敢说知道一些事情，而这件事正是我知道的事情之一。

枚农：你说的对，苏格拉底。

苏格拉底：怎么？我说真的意见能指导行事，不亚于知识，就不对吗？

枚农：我认为你这话也很正确。

C **苏格拉底**：正确的意见指导行事并不亚于知识，它的有益并不比知识差，拥有正确意见的人也并不比拥有知识的人不行。

枚农：就是这样。

苏格拉底：我们曾经一致认为，好人是对我们有益的。

枚农：是的。

苏格拉底：既然好人之所以好，之所以有益于城邦，并非只是由于知识，也是由于正确的意见，而知识和正确意见的出现都不是

D 出于天性，你是不是认为这二者是天性使然呢？

枚农：我不这样看。

苏格拉底：既然不是天性使然，好人就不是天生的了。

枚农：不是。

苏格拉底：如果不是天生的，我们就接着研究起是不是可以传授的了。

枚农：是的。

苏格拉底：我们是不是认为，品德如果是心思[①]，那就是可以传授的了？

---

① φρόνησις.

枚农：是的。

苏格拉底：品德如果有教师，那就是可以传授的；如果没有， E
那就是不可传授的吗？

枚农：正是。

苏格拉底：可是我们一致认为品德是没有教师的呀！

枚农：是这样。

苏格拉底：那我们是不是一致认为品德既不可传授，也不是智慧？

枚农：是这样。

苏格拉底：我们一致认为品德是好的吗？

枚农：是的。

苏格拉底：我们认为正确引导是有益的，是好的吗？

枚农：是这样。

苏格拉底：能够正确引导的只有两件事：真的意见和知识，具 99A
有这二者的人就引导得正确。因为偶然发生的事就不是由于人引导的；人能引导得正确就是靠这二者：真的意见和知识。

枚农：我觉得是这样。

苏格拉底：品德如果不可传授，那就不再是知识了。

枚农：看来不是。

苏格拉底：那么，在这两件好而有益的事情中间就有一件被排 B
除了，知识就不是政治上的领导了。

枚农：我想不是。

苏格拉底：所以安虞铎刚才提到的特米斯多格勒等人并不是以某种智慧，也不是作为智慧的人士来领导城邦的。因为他们并不能使别人成为他们自己那样，他们自己就不是由于知识而成为那样的。

枚农：苏格拉底啊，看来事情就像你说的那样。

苏格拉底：既然除开了知识，剩下来的就是中肯的意见，政治
C 家们就是凭着这种意见来正确处理国务的。这些人在见解方面并不比占卜者和预言者们高明。因为他们说出了很多真实的事情，却不知道自己说的是什么。

枚农：大概是这样。

苏格拉底：这些人不费心思就完成了那么多他们所做的、所说的事情，不是可以把他们称为神人吗？

枚农：那当然。

苏格拉底：那我们就同样有理由把我们刚才提到的那些占卜者、
D 预言者以及一切诗人都称为神圣的，我们也完全可以把政治家们归入这一类，因为他们有神性，为神所鼓动，充满仙气，能够通过言论顺利地完成许多大事情，却并不知道自己说的是什么。

枚农：那当然。

苏格拉底：连妇女们也把优秀的男人称为神一样的，枚农啊，拉给代孟人想称赞一个优秀男人的时候就把他称为神圣的人。

E **枚农**：苏格拉底啊，看来他们有理由这样称呼，虽然安虞铎也许会很不满意你这番话。

苏格拉底：这对我没有什么，枚农啊，我们愿意以后再谈一次。如果我们现在在整个讨论中进行得很正确，把该说的都说了，那就
100A 意味着品德既非出于天性，也不是可以传授的，却是由于神授而具有的，人们受赐而不自知。如果不是这样，政治家当中就必定有那

样一个人能够使别人成为政治家。可是如果真有那样一个人，那就可以把他描写成活人中间的一个特殊人物，有如荷马所说的得瑞夏[①]在死人中间一样：只有他能预言，因为别人都是飘来飘去的黑影。[②]在品德方面，这人与别人的关系正如实物之于影子。

枚农：苏格拉底啊，你说的我看再好不过了。 B

苏格拉底：枚农啊，根据这番研究，品德似乎是它的具有者由于神授而得到的。但是我们对此还不能作出定论，在问人们是以什么方式取得品德之前，要先就其本身研究明白品德是什么。

现在是我要走的时候了。你要做的是设法说服你的宿主安虞铎，使他也明白你自己所信服的事，消解心里的疙瘩。你说服了他，也 C
就对雅典人做了有益的事了。

① Τειρεσίας，阴间的预言者。

② 见《奥德赛》，X，495。

裴洞篇

（或《论灵魂》，伦理的）

谈话人：艾克格拉底、裴洞

St.I

57A **艾克格拉底**[①]：裴洞呵，苏格拉底在狱中服毒那一天的情况，你是亲自在场见到的，还是听什么人说的？

裴洞[②]：是我亲眼所见，艾克格拉底。

艾克格拉底：那他临终前说了些什么，是怎样命终的？我很想
B 知道这些。这些天我们甫留[③]根本没人到雅典去，也好久没有客人从雅典来，能给我们一些关于这方面的确切消息。我们只知道他饮毒服刑，此外别无所闻。

58A **裴洞**：你们也不知道那个案子是怎么审判的吗？

艾克格拉底：是啊，有人跟我们说起过，我们不知道为什么案子判了好些时候才处决，觉得不能理解。这是怎么一回事呢，裴洞啊？

裴洞：那是出于偶然，艾克格拉底。恰好在审判的前一天，雅

---

① Ἐχεκράτης，毕泰戈拉派分子，甫留人。

② Φαίδων，苏格拉底的学生，爱利亚学派创立人。

③ Φλιους，地在伯罗奔尼撒，为一口岸。

典人派往岱洛进香的船挂上了花环。[1]

艾克格拉底：那是什么船呢？

裴洞：据雅典说，当年特叟[2]带领十四个青年男女到克里特去，就是乘的这条船，它救了他们，也救了他。据说雅典人向阿波隆[3]发下誓，如果这些人得救，他们就要每年派人到岱洛进香。从那时起，B 直到现在，他们每年派人向神还愿。他们立下法律，在香期开始以后，城邦必须清净，不得将任何人处决，直到进香船从岱洛返航安抵本邦为止。偶遇逆风阻航，香期即需多日。香期开始之日，即阿波隆的祭师为香船船尾悬挂花环之时，这种仪式我说过已在审判的 C 前一天举行了。就是因为这个缘故，苏格拉底于判决后处决前在狱中度过了一段颇长的时间。

艾克格拉底：他死时的实际情况如何，裴洞？说了什么话，做了什么事？他的哪些朋友当时在场？官方没有禁止他们前来，让他一人命终，并无朋辈相送吗？

裴洞：没有。有些人来了，实际上很多。

艾克格拉底：我希望你不吝赐教，把情况尽量详细地谈一谈，D 只要你不太忙。

裴洞：我不忙，很愿意跟你说一说。我最喜欢回忆苏格拉底，不管是自己谈，还是听别人说。

艾克格拉底：很好，裴洞，你会发现听你讲的人都跟你想法一样。你尽管仔细地给我们讲吧。

---

① 船尾悬花环以示进香。

② Θησεύς，雅典英雄。

③ Απόλλων，太阳神，司智慧。

E **斐洞**：拿我来说，当时觉得很特别。我并不感到面对挚友临终
时的那种悲恸欲绝，因为这人显得非常幸福，艾克格拉底啊，他言
谈举止都很安详，是很从容、很高尚地辞世的。因此我以为他之走
向另一世界也是出于神意，他到了那里的时候会非常之好，有若天
59A 人。所以我并不感觉悲痛，不像人们临丧时自然流露的那样，同时
我也不感到通常进行哲学讨论时的那种快乐，不像谈到哲学那样欣
喜若狂。有一种非常奇特的感觉笼罩着我，感到既乐又苦，因为心
中想到我的朋友行将逝世了。我们这些在场的人都有同样的感受，
时而欢笑，时而悲泣，特别是我们中间的那位阿波罗多若①，你是知
B 道他的为人的。

艾克格拉底：当然知道。

斐洞：他几乎不能自制，我和其他的人都非常激动。

艾克格拉底：是哪些人在场呢，斐洞？

斐洞：雅典本地人有这位阿波罗多若，还有格黎多步洛②和他父亲，还有赫尔谟根尼③、艾比根尼④、爱斯钦⑤和安底斯滕⑥，格底西波⑦这位巴央⑧人也来了，还有梅内格森⑨和一些别的本地人。我想柏拉图是病了。

---

① ’Απολλόδωρος.

② Κριτόβουλος.

③ Ἑρμογένης.

④ Ἐπιγέ νης.

⑤ Αἰσχίνης.

⑥ ’Αντισθένης.

⑦ Κτήσιππος.

⑧ Παιᾶν.

⑨ Μενέξενος.

艾克格拉底：还有外地人吧？ C

裴洞：还有特拜[1]的辛弥亚[2]，以及格贝[3]和裴洞尼德[4]，以及梅伽拉[5]的欧格雷德[6]和德尔普雄[7]。

艾克格拉底：怎么？阿里斯底波[8]和格雷翁步若多[9]不在场吗？

裴洞：不在。据说他们在艾及尼[10]。

艾克格拉底：还有什么别人吗？

裴洞：我想总共就是这些人了。

艾克格拉底：那么，话是怎么谈的呢？

裴洞：我要从头到尾给你全部说清。这些天我们这些人总是来 D
看苏格拉底。我们经常于拂晓在那举行审判的法庭里见面，因为那里离监狱很近；我们每天都要等一会儿，彼此谈几句，直到监狱开门；门一开我们就走进去看苏格拉底，在那里同他一起消磨一整天光景。那一天我们来得比平常早一些，因为前一天傍晚我们从监狱
回来的时候听说从岱洛回来的船已经到了。因此我们相约次日清晨 E
尽可能早来到这个地方。我们来了，那守门的狱卒，像平常一样让我们进了狱门，却不许进入狱室，要等待他叫进去才进去。他说：

---

① Θήβη.
② Σιμμίας.
③ Κέβης.
④ Παιδωνίδης.
⑤ Μέγαρα.
⑥ Εὐκλείδης.
⑦ Τερψίων.
⑧ Ἀρίστιππος.
⑨ Κλεόμβροτος.
⑩ Αἰγίνη.

“典狱官正在给苏格拉底松绑，告诉他今天处决。”过了一会儿他来
60A 告诉我们可以进去。我们走进狱室，看到苏格拉底已经解去捆绑的法绳，克桑替贝[①]（这人你们是知道的）怀里抱着小儿子，坐在他旁边。克桑替贝一见到我们就号啕大哭，用妇女常用的腔调说：“苏格拉底啊，你可以跟朋友谈话的最后一回到了。”苏格拉底看了格黎东一眼，跟他说：“格黎东啊，让人送她回家吧。”几个跟随格黎东的人把她搀扶出去了，她哭得死去活来。苏格拉底则在床上坐起来，把
B 腿扳弯，用手摩擦着，边擦边说：“多么奇怪啊，朋友们，我们通常称为快乐的这种感觉真怪！它跟它的反面痛苦不可思议地联结在一起。这两种感觉绝不会同时来到一个人身上，可是这人如果追求其中之一，并且抓住了它，就会不由自主地获得了它的反面，好像二
C 者联在一起似的。如果艾索波[②]想到它们的话，他会编出一个寓言说，它们老是打架，神想叫它们和解，可是做不到，于是把它们拦头一把抓住，因为这个缘故，一个来了的时候另一个跟着就到。我身上遇到的看来正是这样：我的腿由于戴脚镣弄得很痛，现在我感到随之而来的快乐了。”

这时格贝插进来说：“宙斯爷在上，苏格拉底啊，我很高兴你的话使我想起了一件事。有些人曾经问过我，说你把艾索波的寓言故
D 事写成了诗，还写了献给阿波隆的赞美诗；前天欧维诺[③]又问我，你这个从来不写诗的人为什么进了监狱反倒写起诗来。希望你指教我，

---

① Χανθίππη，苏格拉底的妻子。

② Αἴσωπος，寓言作者。旧译伊索。

③ Εὐήνος，诗人，演说家，参见《苏格拉底的申辩篇》，20B，以及《裴德若篇》，267A。

使我在欧维诺再问起的时候能回答他。他是一定会再提这个问题的，我怎么跟他说呢？”

他说：“那你就跟他说老实话吧，格贝。你跟他说，我编这些诗并不是想跟他和他的诗比试，因为我知道那很不容易。我这样做是为了试图证实我的一些梦的意义，是为了提防自己失职，因为我多 E
次梦见应当从事音乐活动。事情是这样的：我一生中有很多次做同样的梦，做梦的方式和时间虽然各异，却都是梦见一句话，即‘苏格拉底啊，制作和演奏音乐吧’。过去我以为这是鞭策我、勉励我去做自己已经在做的事情，正像人们给赛跑的选手喝彩打气一样，这梦是在鼓励我做我正在做的工作，即制作音乐，因为哲学就是最伟 61A
大的一种音乐，我正在做这种工作。但是现在我在判决之后、神圣的节日缓刑期间，想到那些接二连三的梦也许实际上是让我从事通常意义的音乐，我应该照办，不能违抗。我想自己最好在辞世之前做应当做的事，即听从梦的命令，制作诗句。于是我首先编了一首 B
这个节日歌唱神恩的颂歌。编完颂歌之后，我想到一个诗人只要真是诗人就该语涉玄远，不能平铺直叙，而我素来不善于作玄远之谈，于是就把那随手可得而且自己很熟的艾索波寓言拿来，编成韵语。格贝啊，你把这些告诉欧维诺吧，请代我向他道别，告诉他，如果他明智的话，就尽快地跟着我来吧。我看来今天就要走了，因为这是雅典人的命令。” C

辛弥亚说：“苏格拉底呀，这是你给欧维诺提的什么忠告啊！我曾经见过他多次，根据我所见到的，我敢说他根本不会听你的这句话。”

他说：“为什么不会？欧维诺不是个哲人吗？”

辛弥亚说："我想是的。"

"那他就会很愿意照办，每一个对哲学真有兴趣的人都会这样。只是他并不会对自己下手，因为据说不容许这样做。"他边说边把脚
D 伸到地上，以后讨论时始终以这个姿势坐着。

然后格贝问他："苏格拉底啊，你说不容许对自己下手，又说一个哲人会愿意追随死去的朋友，这话是什么意思呢？"

"怎么，格贝？你和辛弥亚都是丕罗劳[①]的故人，就没有听到过这种话么？"

"至少没有听到他确定地这样说，苏格拉底。"

"我听到这种话也是得自传闻；不过我还是不反对把所听到的话告诉你。我认为对于一个行将辞世的人来说，最合适的事情无过于
E 谈谈来世的情况，考虑一下我们对来世的想法；因为从现在到太阳下山[②]之前还能做别的事吗？"

"为什么有人说自杀是不能容许的呢，苏格拉底？我听见丕罗劳住在本邦的时候说过你刚才说的那句话，也听到别人说过不该这样做，可是从来没有听到过对这一点所作的确切解释。"

62A 他说："你不应该泄气，也许会有一天有人告诉你的。大概你觉得很奇怪，有那么一件独一不二的怪事，出乎人们的意表，就是有时候有些人认为死优于生。大概你也觉得很稀奇，既然生不如死，为什么不许这些人对自己行此恩典，一定要等待另外的恩人来做。"

格贝微笑着用土话说："天知道嘛。"

① Φιλόλαος，毕泰戈拉派人士。

② 行刑时间。

苏格拉底说:“那样做表面上似乎不可理解，可是说不定其中也 B
有道理在。有一种关于此事的说法在人间秘密传授，说人生如在狱中，不能自己越狱潜逃。我觉得此说深奥，不易理解。格贝啊，我认为最好是说神灵是我们的守护者，我们是神灵的所有物之一。你这样想吗？”

格贝说:“我是这样想的。”

他说:“那就拿你自己来说吧。你的所有物之一在你并未表明愿 C
意它死的时候如果把自己宰了，你不是会对它大发脾气，只要有办法就把它处罚一番吗？”

他说:“那当然。”

“如果这样看，我想也未必不能说；我们一定要等到神勒令我们去死，才能结束自己的生命。现在就是这样的时候了。”

格贝说:“看来这话很对。不过，苏格拉底呀，你刚才说哲人应当作好死的准备，不是显得很奇怪吗？因为我们刚刚说过，神是我们的守护者，我们是神的所有物。如果这种任务是神指定的，而神 D
是最好的主宰，那最智慧的哲人抛弃这项任务而不忧愁就是说不通的了，因为他当然不会认为自己获得自由就更能保护自己。只有愚蠢的人才会以为自己背弃主人有好处。他不会意识到自己不应该背离好的主人，而应该尽可能长久地同这位主人在一起，这样的人才 E
会莫名其妙地逃跑。有见识的人会希望永远同比自己高明的在一起。可是苏格拉底啊，如果我们这样看，那与我们刚才说的情况相反的就显得很自然了，因为智慧的人临死的时候应该忧伤，愚蠢的人死时应该高兴。”

苏格拉底听了这话，看来他对格贝的固执很欣赏，就环顾着我 63A

们说:“格贝总是穷根问底,不肯轻易地接受任何主张。”

辛弥亚说:“苏格拉底啊,可是我想这回他说的话里有东西。一个真正智慧的人为什么会企图抛弃那比自己高明的主人,怎么会这样轻率地离开他们呢?我想格贝是在朝着你批评,因为你打算轻易地跟我们分别,跟你亲自承认为善良主人的神灵分别。”

B 他说:“你们有权这样说。你的意思我想是说我必须正式提出申辩。”

辛弥亚说:“正是。”

他说:“很好。我要提出一项申辩,比我在法庭上提出的更有说服力。辛弥亚和格贝啊,如果我不是相信自己行将前往其他智慧善良的神灵那里,前往那些优于现世人的亡者那里,我临死不忧伤就

C 是错误的。从实际看,你们可以相信我希望置身于善人之列,虽然对这一点我并不特别坚持,不过另一方面我却要请你们相信:我有力地坚持自己走向那些最为善良的主人——神灵。正是因为这个缘故,我不但不忧伤,而且坚定地希望那里给亡者准备着赠品,像多年来的古话所说的那样,给好人准备的比给坏人准备的要好得多。”

辛弥亚说:“好哇,苏格拉底呀,你的主意是把自己的看法带走,

D 还是要让我们分享?我想我们应当分享一份这种属于我们的共同财富,此外,如果我们对你所讲的满意,这也就是你的申辩了。”

他说:“我可以试试。不过请先让我问问格黎东需要什么。他显然很想说话,等了好久了。”

格黎东说:“苏格拉底呵,我只想告诉你,给你准备毒药的人早就要我提醒你,话要尽量少说。他说谈话会使体温升高,不利于药性发作;因此有时他只好给谈话过多的人灌两次,甚至三次毒药。”

苏格拉底说："那也无妨嘛。让他尽他的职责，准备灌两次，要是必要的话，就灌三次吧。" E

格黎东说："我早就知道你要这样说，可是他已经纠缠我老半天了。"

苏格拉底说："你别在意。我现在希望跟你们列位法官说清楚，为什么一个在哲学中度过一生的人会在临终时自自然然地具有充分的勇气，并且强烈地希望自己死后会在另一个世界获得最大的福祉。 64A
所以我要给你们讲明白，辛弥亚和格贝啊，这会是怎么样的。一般人大概不知道，那些真正献身哲学的人所学的无非是赴死和死亡。果真如此，一个人为此拳拳服膺终生，到了期待已久的事情来临时却战战兢兢，岂不是怪事吗？"

辛弥亚笑着说："宙斯爷在上，苏格拉底啊，我此刻并不想笑，可是你教我发笑。我敢说多数人听了你的话会说很对，我们的老乡 B
们也会同意，认为哲学家是愿意死的，他们会接着说：他们完全知道哲学家值得一死。"

他说："辛弥亚啊，他们说的可以很对，只是未见得完全知道。因为他们不知道在什么意义下真正的哲学家愿意死，也不知道在什么意义下他们值得一死，更不知道是哪一类死。我们谈我们的吧， C
别去管他们。我们相信有死这种事情吗？"

辛弥亚担当了回答的任务，说"当然相信。"

"我们岂不相信死就是灵魂脱离肉体，死的状态就是肉体脱离灵魂单独存在的状态，以及灵魂脱离肉体单独存在的状态吗？死岂不就是这样吗？"

他说："就是这样。"

“好人啊，那就看看你跟我的看法是不是一致。如果一致，是会
D 有助于找出问题的答案的。你是不是认为一个哲学家宜于关心所谓快乐，即饮食方面的快乐？”

辛弥亚说：“当然不是，苏格拉底。”

“男女方面的快乐如何？”

“根本不是。”

“我们对肉体方面的其他关怀如何？你是不是认为一个哲学家重视这些事情？我的意思是说给自己配备漂亮的衣服、鞋子和饰物；
E 你是认为他关心这些东西呢，还是厌恶它们？要知道，对这些东西他是并无实际需要的。”

他说：“我认为真正的哲学家厌恶它们。”

“那你的看法是一个这一类的人并不关心肉体，把注意力尽量放在形体之外，一心专注灵魂吗？”

“对啦。”

“那就很清楚，首先，在这些事情上，哲学家要尽量摆脱他的灵
65A 魂与肉体的联系，比其他的人更彻底，是不是？”

“对啦。”

“辛弥亚啊，多数人岂不是认为人不享乐、不沾这类事情就不值得一活，谁不关心肉体方面的快乐就差不多死了？”

“的确是这样。”

“那获取真知的情况如何呢？肉体是不是一种障碍，是不是可以用来进行考察？我的意思是问：人的视觉和听觉有没有一点真理
B 性，是不是像诗人常说的那样，我们既听不见又看不见任何确切的东西？如果这两种肉体官能都是不确切的、靠不住的，其余的就不

用提了，因为全都不如那两种。你不这样想吗？”

他说：“当然这样想。”

“那灵魂在什么时候能达到真理呢？它藉助肉体进行考察时，显然是误入歧途的。”

“是啊。” C

“不是在思考之中灵魂毕竟知道了一些实况吗？”

“是的。”

“的的确确，灵魂最能思考的时候，是在它摆脱一切干扰，不听，不看，不受痛苦或快乐影响的时候，也就是说，在它不顾肉体，尽可能保持独立，尽量避免一切肉体的接触和往来，专心钻研实在的时候。”

“是这样。”

“那么在这一方面，也就是哲学家的灵魂极端蔑视肉体、摆脱肉 D
体、努力保持独立不依状态喽？”

“看来如此。”

“怎么样，辛弥亚？我们是不是承认有绝对公正这样的东西呢？”

“当然认为有。”

“还有绝对的美和好。”

“当然。”

“你有没有用你的眼睛看到这些东西呢？”

他说：“当然没有。”

“你有没有用任何肉体感官觉察到它们呢？我说的这种东西，是指大小、健康、强壮之类，总之是指某事某物的本质，即实际上是什么。我们是通过肉体得知事物的真相吗？岂不是那种周密准备以

E 求理解对象本相的人最能认识它吗？”

“当然是。”

“最能胜任这项工作的人，岂不是那尽可能在研究中单用纯粹的心思，思想时不要借助视觉，不凭借任何其他感官，只靠干净纯粹
66A 的心思钻研干净纯粹的本质，尽可能摆脱眼睛、耳朵以及其余形体的影响，免除它们阻碍灵魂获得真理和明智的人物吗？辛弥亚啊，如果有这种人的话，岂不是这种人得以认识实在吗？”

辛弥亚说：“苏格拉底呀，你说得再对没有了。”

B 苏格拉底说：“考虑到以上所说的这些，那些真正爱好智慧的人一定会说出这样的话：这好像是一条引导我们进入正轨的捷径，可以使我们正确推断，得出一条结论：只要我们有形体，灵魂受到形体的累赘，我们就不能完全如愿以偿，获得真理。因为形体使我们
C 不断地忙于满足存活的需要，种种疾病向我们袭来阻碍我们探究真实。形体使我们充满各种感情、欲望、恐惧以及各种幻想和愚妄，真正说来教我们不可能进行思考。战争、革命和争斗的唯一原因是肉体及其各种欲望。因为一切战争的产生都是为了赚钱，我们是为
D 了肉体而被迫赚钱的。我们是为发财而奔走的奴隶。就是由于这个缘故，我们失掉了钻研哲学的余暇。最坏的是我们忙里偷闲关心哲学的时候，肉体经常闯进来用喧嚣和混乱打断我们的研究，使我们不能瞥见真理。实际上我们深信：如果我们想要对某事某物得到纯
E 粹的知识，那就必须摆脱肉体，单用灵魂来观照对象本身。看来根据我们的论证可见，我们所希求的、我们信誓旦旦地从事追索的智慧，只有在死后才能获得，生前根本不行。如果我们以血肉之躯不
67A 可能取得任何纯粹的知识，那就要么根本不可能求得知识，要么只

有在死后才可能，因为只有那时灵魂才会与肉体分离，独立于肉体。看来我们在有生之年只能尽量接近知识，其办法是尽可能避免与肉体接触往来，非绝对必须时不碰，不受肉体本性的影响，使自己纯粹独处，直到最后神使我们解脱。像这样，我们摆脱肉体的愚昧，B
保持纯粹，我想就大概可以与我们的侪辈相通，对纯粹的东西获得直接的知识，这也许就是认识真理了。因为自己不纯粹是不能达到纯粹的东西的。这样的一些话，我想，辛弥亚啊，是那些真正爱好学问的人应当想想，应当彼此共勉的。你同意吗？”

“衷心钦服，苏格拉底。”

苏格拉底说："那很好，如果真是这样，我就大有希望了。等我到了现在要去的地方，我就可以在那样一个地方完全达到我过去一生中努力以求的那个目标了。我现在规定要走的这个旅程将带来良 C
好的前景，这前景是每一个深信自己的心思已经得到净化的人都会有的。”

辛弥亚说："当然。"

“这净化，我们在前面很久就提到过，就在于尽可能把灵魂与肉体分开，使灵魂习惯于从肉体的接触中返回，集中于自身，尽可能在现在和未来固守在自身之内，摆脱肉体的枷锁。是不是呢？” D

他说："正是。"

“我们称之为死的，岂不就是摆脱和脱离肉体吗？”

他说："正是这样。"

“可是，我们已经看到，那些真正的哲人，也只有这些人，是经常极度热衷于使灵魂得到解放的；他们所从事研究的正是使灵魂摆脱和脱离肉体。是不是？”

“显然是。”

“那么，正像我开头说的那样，一个人如果经过终生锻炼，习惯
E 于处在尽可能接近死亡的状态中，在临死时惊惶失措悲不自胜岂不非常可笑吗？”

“当然可笑。”

“的的确确，辛弥亚啊，那些真正爱智慧的人是仰慕死的，至少死在他们看来不像其余的人那样觉得可怕。他们对肉体十分不满，深愿灵魂脱离肉体而独立存在。如果在这件事发生的时候他们惊惶失措悲不自胜，那不是非常愚蠢的吗？难道他们会不乐意前往那可望达到终生向往的目标——智慧——的处所，不想避开与所根的对
68A 象朝夕共处吗？的确有很多人曾经凭自己的自由意志选定，要追随已故的爱人、妻子和儿子前往另一个世界，希望在那里见到自己所向往的人，同他们在一起。真正爱智慧并且坚信能在另一个世界找
B 到智慧的人，怎么会在临死的时候悲痛，怎么会不乐意前往呢？我认为不会这样，朋友啊，如果他真是哲人的话；因为他会深信不疑地认为自己只有到那另一个世界里才会找到不折不扣的智慧。如果是这样，那样一个人怕死岂不太愚蠢吗？”

“当然非常愚蠢。”

苏格拉底说：“你看到一个人临死惶恐，这不就足以证明他是不
C 爱智慧，只爱肉体吗？而且这个人也爱钱财和名望，或者只爱其中之一，或者两样都爱。”

他说：“确实像你说的那样。”

他接着说：“那么，辛弥亚啊，那种称为勇敢的美德，岂不是哲人所独具的特征吗？”

他说："毫无问题。"

"还有明智（一般所谓明智就是不为欲望激动、对欲望漠不关心的态度），岂不是那些蔑视肉体、在哲学中生活的人所独具的特征吗？" D

他说："当然是。"

苏格拉底说："你要是仔细看看另外一些人的勇敢和明智，就会看出他们是自相矛盾的。"

"为什么呢，苏格拉底呀？"

"你是不是知道，其他的人全都把死看成最大的恶事？"

"的确是这样。"

"勇敢的人面对死亡而不惧怕，是由于害怕更大的恶事的缘故。是不是？"

"是这样。"

"那就是说，除了哲人之外，所有的别人全都是由于害怕而勇敢的。可是说勇敢是由于害怕和胆怯，却是自相矛盾的。" E

"那当然。"

"那些人的明智是怎么样呢？是不是情形全都一样，都是由于放纵所以明智[①]的？我们可以说这不可能，但是那些以一种简单化的明智见称的人，情形大都跟我刚才所说的一个样。他们害怕失掉自己想要的另外一些快乐，所以摒弃某种快乐，这是因为他们不能抵制另一种快乐。虽然把放纵说成受制于快乐的条件，其实是因为他们不能抵制某些快乐，才终于抵制另一些快乐。这就是我刚才说的那 69A
种情形，即由某种放纵使自己明智起来。"

① σωφροσύνη，也就是克制。

“看来是这样。”

“我的好辛弥亚啊，我觉得从道德观点看，这并不是正确的办法，不能用某种程度的快乐、痛苦或恐惧来换取另一种程度的，好像用价值不同的钱币来兑换似的。可是只有一种通货，我们的一切物品都必须兑换成它，才能买卖；这通货就是智慧。实际上是智慧
B 造成了勇敢、明智和公正。总之，真正的美德只是与智慧一同存在，加上或减去快乐、恐惧和这一类的东西都没有关系。一套建立在相对的情感价值上的道德只不过是幻觉而已，这只是一种十分庸俗的想法，毫无健全真实的成分。真正的道德实际上是斩净这一切相对
C 的情感，这种净化就是明智、公正、勇敢和智慧本身。我想那些创立秘法的人[①]也许并非出于蒙昧，实际上他们的学说中暗藏着深意，所以说未发蒙、未开导的人到了另一个世界即置身于污泥之中，已发蒙、已净化的人到了那里则与神灵同住。因为他们的秘法说，‘手拿茴香的人虽多，真信酒神的人却少’[②]；这真信的人我想就是真正的
D 哲人。我一生中曾经不遗余力，千方百计力求置身于哲人之列。至于我努力得是否正确，有没有成效，我想我一到那里就会明白的；现在我马上就要到了，如果神愿意的话。辛弥亚和格贝啊，这就是我对你们的申辩，表明我在离开你们和阳间的主人时毫不悲痛惊惶是有理的，因为我相信在那里也和在这里一样会找到善良的主人和
E 朋友。如果我现在的申辩可以说服你们，胜于说服我的雅典法官们，那就好了。”

① 指奥尔菲教派分子，崇拜酒神的人。

② 酒神祭中信徒手持茴香。

苏格拉底说完之后，格贝回答道："苏格拉底呀，我同意你说的另外一些话，可是你对灵魂的看法，一般人难以置信，以为灵魂脱 70A
离了肉体就不再存在于何处，人一死它就可以分散消灭，它一离开肉体就立刻飞走，不再在什么地方，有如烟消云散。如果它还继续存在，作为一个独立的单位，摆脱你刚才说过的那一切恶事，那就有理由强烈地希望你所说的话是真的了，苏格拉底。我想一定要有 B
点论据和明证，才能表明一个人死后灵魂还继续存在，保有某种能动的力量和智慧。"

苏格拉底说："格贝，你的话是对的。可是我们拿这怎么办呢？你是不是希望我们来研讨一番，看看这种观点到底对不对？"

格贝说："是这样。我很乐意听听你对此的看法。"

苏格拉底说："怎么说我也不相信，一个听了我们谈话的人，哪怕是喜剧诗人，会说我在啰啰唆唆空谈一些与我无干的事。如果你 C
乐意的话，我们最好还是继续研讨这个题目吧。我们先问，死去的人的灵魂是不是在另一个世界里。我们还记得有一个古老的传说，认为这些灵魂从这个世界到那个世界，再回到这里，从死者托生。如果真是这样，如果活人都是死者托生的，我们的灵魂就曾经存在于彼处，是不是？因为它们如果不存在了，就无法再度托生；这就 D
充分证明它们存在，因为十分明显，活人是来自死者的。如果不是这样，那就需要另外一种说法了。"

格贝说："当然。"

"如果你希望理解得容易一点，看问题的时候就不要只从人看，而要从一切动物、一切植物看，总之，要从一切可以说有生命的东西看。我们就从这一切来看吧，看看它们是不是只从它们的对立面

E 生出来的，因为它们都有与它们相反的对立面，例如美跟丑相反，公正跟不正相反，这类成对的东西是不胜枚举的。我们来看看是不是每一件有对立面的事情都不可避免地从它的对立面产生出来，而且只从对立面产生出来。例如，一件东西变大时，它在变大之前必定曾经是比较小的。是不是？”

“是的。”

71A “如果它是小的，那它一定是曾经比较大，后来变小了。是不是？”

他说：“对了。”

“较弱的从较强的生出来，较慢的从较快的生出来。对吗？”

“当然。”

“如果一件东西变坏了，那岂不是从比较好变来的吗？如果比较公正，那不是从比较不正变来的吗？”

“自然是这样。”

他说：“那我们就充分肯定这个事实，肯定一切都是这样产生出来的，对立面生自对立面？”

“那当然。”

“那么，在这些对立面之间，岂不是有一种情况，可以名之为两

B 类产生，即从对立的此端到另一端，再从另一端返回到此端？在一个较大的东西跟一个较小的东西之间，不是有一种增和减，可以名之为变大和变小吗？”

他说：“是的。”

“分开和混合，冷却和加热，以及一切对立的事情，都同样是这样的。即便我们在每种场合并没有同样的言辞表达它，实际上不是永远必定有一个从此到彼的产生过程吗？”

他说："当然有。"

苏格拉底说："那么，是不是有什么事情跟活相反，有如醒跟睡相反那样？" C

他说："确实有。"

"是什么呢？"

他说："就是死。"

"那这两件事就是彼此相互产生的，它们是两件事，它们之间的过程就是两个。是不是？"

"怎么不是呢？"

苏格拉底说："现在我要说出刚才所讲的两对中间的一对，以及其间的两个过程；请你说出另外一对。我说的那一对就是睡和醒，醒是从睡产生的，睡是从醒产生的，那两个产生过程就是睡着和醒 D
来。你同意不同意？"

"当然同意。"

苏格拉底说："那你就说说活跟死吧。你说活是死的反面吗？"

"我这样说。"

"你也说活和死是彼此相互产生的吗？"

"是的。"

"那从活产生的是什么？"

他说："是死。"

苏格拉底说："从死产生的是什么？"

"我只能说一件事，就是活。"

"格贝啊，从死既产生出活物，也产生出活人吗？"

他说："显然是这样。" E

苏格拉底说:“那我们的灵魂就存在于另一个世界里啰。”

“看来是这样。”

“这两个产生过程中间有一个是明白可见的，这就是由活到死的过程，是不是？”

他说:“确实如此。”

“那我们跟着怎么办呢？如果否定那个与此相反的过程，不是把自然片面化了吗？我们是不是必定要承认有一个与从活到死相反的产生过程？”

他说:“确实有必要。”

“这个过程是什么呢？”

“是再活过来。”

72A 苏格拉底说:“如果有再活过来这样的事，这不就是从死到活的产生过程吗？”

“当然是。”

“那我们就可以得出结论说，活从死产生，正如死从活产生一样；既然如此，我觉得就充分证明：死者的灵魂存在于某处，再从那里回到活。”

“苏格拉底啊，我认为从我们以前同意的那些看法必然得出这个结论。”

“格贝啊，我认为也有另外一个办法，证明我们同意的那些看法
B 是对的。如果产生的过程不是从对立的一方到另一方，然后再反过来，兜着圈子转，而是永远以一直线向前，没有返回或转折，那么，你明白，到了最后一切事物就都成了一样的，都达到同一状态，就根本停止产生了。是不是？”

他说："你这是什么意思呢？"

苏格拉底说："我的意思一点都不难懂。比方说，如果入睡的过程存在，而与此相反的醒来过程不存在，到最后，你知道，就会使熟睡的恩狄弥雍[①]成为没有意义的胡言乱语；他会不在什么地方，因为整个世界都会在同样的睡眠状态中。如果一切都是合的，根本没 C
有分的，那就证明阿那克萨戈拉[②]所谓'一切皆合'是对的了。亲爱的格贝啊，同样情形，如果一切有生命的东西都会死，如果死者在死后始终处在那种状态中，岂不是到最后必然一切都是死的，没有一个是活的吗？因为如果活的不是从死的产生，而是从别的产生， D
而活的又必要死，怎能避免到头来一切事物都要同归于死呢？"

格贝说："我想没有不死的，苏格拉底，看来你说的完全正确。"

他说："格贝啊，我想这再正确不过了，我们对此表示同意是没有错的，可是复活却是的的确确的事实，实际上活的是从死的产生的，死者的灵魂是存在的。好人的灵魂存在得好些，坏人的灵魂存 E
在得差些。[③]"

格贝接着说："苏格拉底啊，此外，如果真像你经常说的那样，我们的所谓学习实际上就是回忆，那就是一个补充的论证，说明我们必须在以前的某个时候学习过现在回忆起的事情。可是，如果我们的灵魂在投生为人类之前并未存在于某处，那回忆就是不可能的 73A
了。所以从这方面看，也足见灵魂是不灭的。"

辛弥亚说："格贝啊，这是怎样证明的呢？请你提醒我一下，因

---

① Ἐνδυμίων，长睡不醒的神人。

② Ἀναξαγόρας.

③ Burnet 依 Stallbaum 将此句加上括号，以示可能是窜入异文。

为我现在不能顺利地回忆起来了。”

格贝说：“总而言之，最好的证明是这样：你向人家提出一个问题的时候，如果问题提得正确，人家是能完全正确地回答的，而他之所以能做到这一点，全靠他对这个主题曾经有某种知识，有恰当的把握。如果你向人家提示出图表之类，人家的反应就非常明白地
B 证明那个说法是正确的[①]。”

苏格拉底说：“辛弥亚啊，如果你觉得这种说法难以置信，那就看看这样说是否打动你的心。你是不肯轻信的人，是不是觉得弄不明白学习怎么能是回忆呢？”

辛弥亚说：“我不是那种人；可是所谈的那个回忆却正是我所需要的。由于格贝那一提，我就打算开始回忆，从而信服了；不过尽管如此，我还是愿意听听你的说法。”

C 苏格拉底说：“是这样：我想我们大家都同意，一个人如果要回忆什么事，一定得在以前某个时候知道这件事。”

他说：“当然。”

“那我们岂不也同意，这样获得知识的时候，就是回忆？我的意思是说：如果一个人听到、看见或者以其他方式觉察到一件东西的时候，不仅知道那件东西，而且觉察到某个别的东西，他对这东西的知识并不是原来的知识，而是不同的知识，那我们有没有理由说，他是回忆到他有所觉察的东西呢？”

D “你这话是什么意思？”

“我给你举个例子吧。我想你会同意，人和竖琴是不同的认识对象。”

---

① 参见《枚农篇》，Ⅱ，82B—85B。

“那当然。”

“你知道，一个情人看见他所爱对象经常使用的竖琴、大氅之类时，就从见到那个竖琴心里想到那个拥有此竖琴的少年[①]的形貌，是不是？然而这是回忆，正如见到辛弥亚常常想起格贝一样，这一类例子是不可胜数的。”

辛弥亚说：“宙斯在上：的确不可胜数。”

苏格拉底说：“那一类的事情不就是一种回忆吗？特别是那类涉 E
及年久遗忘不经心的对象的，不就是回忆吗？”

他说：“就是。”

“一个人看到一幅画着马或竖琴的图像能想起一个人，看到辛弥亚的画像能想起格贝吗？”

“当然。”

“看到辛弥亚的画像能想起辛弥亚本人吗？”

他说：“是的。” 74A

“那么，这些例子都表明回忆由类似的东西引起，也由不类似的东西引起。不是吗？”

“是这样。”

“一个人由类似的东西引起回忆时，是不是必然考虑到这回忆所表现的是完全的、还是部分的类似？”

他说：“必然考虑到。”

苏格拉底说：“你看看真是这样吗。我们说有‘等’这样的东西。我的意思并不是说一块木头等于另一块木头，一块石头等于另一块

① 希腊有男子同性恋的风俗。

石头，诸如此类，而是说这以外的东西，这个‘等’是离开事物的‘等’本身[①]。我们是不是会说有这样一件东西？”

B 辛弥亚说：“宙斯在上：我们当然会说有。”

“我们知道这是什么吗？”

辛弥亚说：“当然知道。”

“我们对于它的知识是从哪里来的？是不是从我们刚才谈到的那些事物来的？我们是不是看到相等的木块、石块或其他事物，从其中得出一种关于‘等’的看法，而这‘等’却是另外的东西？你是不是认为它是另外的？我们这样看看吧。那些相等的木块和石块虽然始终如一，不是有时候在我们看来在这方面相等，在那方面不相等吗？”

“确实如此。”

C “那么，那些相等者本身有时在你看来并不相等，‘等’有时在你看来是‘不等’吗？”

“不，苏格拉底，从来不这样。”

苏格拉底说：“那么，这些相等的事物就不是‘等’本身啰。”

“苏格拉底啊，我看完全不是。”

苏格拉底说：“然而正是这些相等的事物唤醒了你，给你带来了‘等’本身的知识，虽然它们并不是‘等’本身。对不对？”

他说：“你说得非常对。”

“它跟它们类似还是不类似？”

“当然类似。”

① αὐτὸ τὸ ἴσον，即“等的相”。

苏格拉底说："那没有什么关系。只要一件事物的视觉给你带来另一件事物的知觉，不管它们类似不类似，就必定是回忆。" D

"就是。"

苏格拉底说："那些相等的木块，以及我们刚才谈到的那些事物，是这样对我们起作用的：它们究竟是像'等'本身那样相等，还是不像'等'本身那样？"

他说："它们大大不如它。"

"一个人看见一件事物时心里会想：我看见的这件事物是力求类似某个别的存在物[1]的，但是大大不如，不能真正类似它，只是一个可怜的摹本而已。你是不是同意，这样想的人必定是预先知道那个 E
东西，才会认为事物类似它却又不如它？"

"是这样。"

"那么，我们在相等的事物和'等'本身方面就是这样主张吗？"

"正是这样。"

"那么，我们就必须先已经有'等'的知识，然后才看见相等的事物，认为这些事物力求类似'等'本身却又不如它。" 75A

"对了。"

"同时我们也同意：我们要取得'等'的知识，要能够取得它，只有通过视觉、触觉或其他一种感觉才行。我认为这些感觉都一样。"

"苏格拉底啊，它们都一样，对于我们讨论的目的来说并无差别。"

"所以我们必须通过五官获知：一切感性对象全都力求靠拢

① 指相。

B ‘等’本身，却大不及它。这就是我们的看法吗？”

“是的。”

“我们开始看、听或使用其他感官之前，必须在某处获得一种关于‘等’本身的知识，才能将我们从感觉得来的那些相等的事物跟它比较，看出这样一些事物都是渴望类似‘等’本身却大不如它的。”

“从我们说过的那些话必然得出这个结论，苏格拉底。”

“我们一生下来就看见、听见、具有其他感觉吗？”

“当然。”

C “可是我们说，我们在具有这些感觉之前必须已经获得‘等’的知识。是不是？”

“是的。”

“看来我们必须在出世以前已经获得它。”

“就是。”

“如果我们在出世以前就获得了那种知识，带着它生下来，那我们在出世以前和出世的时候就不仅知道相等、大于、小于，而且知道这类的一切事情吗？我们现在的论证不仅涉及相等，而且涉及美本身、好本身以及公正和虔诚，总之，涉及我们在问答过程中称之

D 为‘某本身’[①] 的一切。所以我们必定在出世以前就已经获得了这一切的知识。”

“对了。”

“如果我们在获得之后一直没有忘掉它，那就必定生下来知道而

① αὐτὸ ὅ ἔστι，即某某相。

且终身知道这一切因为知道就是获得知识并且保持不失，而失掉知识就是我们所谓忘记的意思。是不是，辛弥亚？”

他说：“就是这样，苏格拉底。” E

“如果真是我们在出世前获得了知识，在出世时把它遗失了，后来由于使用我们的感官才恢复了自己原有的知识，那么，我们称为学习的那个过程实际上岂不就是恢复我们固有的知识吗？我们岂不是有理由把它称为回忆吗？”

“当然。”

“因为我们发现，我们在凭视觉、听觉或其他感觉察知一物时， 76A
有可能根据那个知觉回想到另一个已经忘了的东西，那东西跟所觉察的事物有联系，不管是不是类似。所以我说，要么是我们生下来知道这一切并且终生知道，要么是那些所谓学习的事情只不过是回想，所以学习就是回忆。”

“非常正确，苏格拉底。”

“辛弥亚，你选哪一样呢？是我们一出世就知道，还是后来回忆起我们出世前已经得知的那些东西？” B

“我此刻还不能挑选，苏格拉底。”

“怎么？那你可以回答这个问题：一个知道某事的人能不能对自己所知道的事作出说明？”

“当然能够，苏格拉底。”

“你是不是认为每个人都能对我们刚才谈过的那些东西作出说明呢？”

辛弥亚说：“我希望他们能够，可是反过来我恐怕明天这时候没有一个活着的人真能这样做了。”

C “辛弥亚啊，那就是并不认为人人都知道这些事啰？”

“决不。”

“那他们就是在回忆自己曾经学到的事啰？”

“必定是这样。”

“我们的灵魂是什么时候获得这种知识的呢？当然不是在投生为人之后。”

“确实不是在生后。”

“那就在出世以前。”

“对了。”

“辛弥亚啊，灵魂是先就存在的，在获得人形之前就有，与身体分离，具有着心智。”

“要不然的话，苏格拉底啊，就是在出世的时候获得的，因为那时候还是有灵魂的。”

D “你说得很好，朋友！可是后来在什么别的时候把它丢失了呢？因为刚才我们已经同意，我们生下来的时候已经没有它了。是获得的时候就把它丢失了吗？你能不能指出另外一个时候？”

“当然不能，苏格拉底。我没注意到自己在胡说八道。”

“辛弥亚啊，情形是这样吗？如果像我们一向说的那样，美、好以及其他这一类的实体[①]是存在的，如果我们将自己的一切感觉都归

E 因于那些以前就存在、现在还存在的东西，把自己的感觉拿来跟它们作比较，那岂不必然推论出：正如这些实体存在一样，我们的灵魂是存在于我们出世以前的；如果没有这些实体存在，我们的论证

① οὐσία，即客观的存在者，相。

就是白费力气了？如果情形是这样，那就的的确确，只要这些实体是存在的，我们的灵魂就在我们出世以前存在；如果这些实体不存在，我们的灵魂也就不存在。是不是？”

辛弥亚说：“苏格拉底啊，我觉得的的确确是这样，我们的论证得出了正确的结论，这就是：我们的灵魂存在于我们出世以前，你说的那种实体也同样存在。因为我觉得非常明白，这一类东西，美、 77A
好以及你刚才谈的一切其他，都是货真价实地存在的。我认为证据很充分。”

苏格拉底说：“格贝怎么样？我们也该说服格贝啊。”

辛弥亚说：“我想我们把他完全说服了，尽管他是凡人中间最最顽固的。然而我相信他已经十分信服：我们的灵魂存在于我们出世 B
以前。可是说它在我们死后还存在，连我都觉得有待证明。苏格拉底啊，格贝刚刚提到人们有一种普遍的恐惧，害怕人死魂散，存在告终。这种恐怖还依然如故。既然认定灵魂是产生出来的，由某些元素合成，存在于进入人体之前，怎么能说它不会在进入人体、托于人体之后走到穷途，黯然消灭呢？”

格贝说：“辛弥亚啊，你说得对。我觉得我们只证明了问题的一 C
半，即我们的灵魂存在于我们出世以前。可是我们还要说请它存在于我们死后，一如存在于生前，这样我们证明才完善。”

苏格拉底说：“辛弥亚和格贝啊，这是已经得到证明的，只要你把这个结论跟前面得出的那个结论联结起来就行，那就是：一切生物都是从死物里生出来的。如果灵魂存在于出世以前，而它在进 D
入生命、产生出来的时候，是不能从他处、只能从死亡和死亡状态中出世的，那它既然必须再生，就必定也在死后存在了，是不是？

这样，你所要求的证明就做出来了。尽管如此，我想你和辛弥亚还是愿意把这个讨论贯彻下去。你们有一种幼稚的恐惧，以为灵魂离
E 开身体的时候会随风飘散，特别是死时大风怒号、天气不好的情况下。”

格贝笑呵呵地说：“苏格拉底呀，你认定我们害怕，设法说服我们吧。你也可以并不认定是我们在害怕，也许在我们中间有一个小孩儿怀着这种恐惧呢。我们设法说服他不要怕死，好像死是个小鬼似的。”

苏格拉底说：“你要每天给他念咒，把他的恐惧咒掉为止。”

78A 格贝说：“苏格拉底呀，我们到哪里去找会念这种咒的人呢，因为你要离开我们了。”

苏格拉底说：“格贝啊，希腊是个大国，有很多好人，也有很多外国人。你应当遍访这些人，寻求这样一位念咒者，不要吝啬金钱和劳力，因为你能够花钱谋求的对象无过于此。你也必须在自己人里寻找，因为你很难发现别人比你更能胜任这项工作。”

格贝说：“我们会这样做的。现在我们还是回到岔开的地方吧，
B 要是你不反对的话。”

“当然不反对，干嘛反对呢？”

他说：“你说得对。”

苏格拉底说：“我们岂不是应该问问自己：哪类东西会很自然地要遭到消散的命运？哪类东西我们应该为它担心这种命运，哪类东西不必为它担心？我们回答了这个问题之后，接着就该看看灵魂属于哪一类，然后就会知道究竟是为我们的灵魂抱希望还是为它担心。”

他说："你说得很对。"

"是不是那组合而成的、复合的自然易于解体，有如其为组合一 C
样？一件并非组合的东西是不是最不容易解体的？"

格贝说："看来是这样。"

"非常可能那些始终如一、毫无变化的事物乃是并非组合的事物，而变化无常的则是组合而成的。是吗？"

"我想是这样。"

苏格拉底说："那就回到我们前面讨论的事情上吧。我们在问 D
答过程中肯定的那些实体本身，是一成不变的，还是易于变化的？'等'本身，美本身，一切'是者'本身，即'有'，[①]难道接受任何变化？一切'是者'既然永远如一，卓然自存，岂不是始终不改，不以任何方式接受任何变化吗？"

格贝说："它必定是始终如一的，苏格拉底。"

"可是那些众多的事物如何呢？这些事物，例如人、马、衣服之 E
类的东西，有着跟实体同样的名字，称为'相等'、'美'之类，是怎么样呢？它们始终如一吗？是不是跟实体正好相反，自身在不断变化，彼此不同，可以说从来不一样？"

格贝说："这些事物是从来不一样的。"

"你能够看见它们，触摸它们，或者用其他官能感知它们，至于 79A
那些永远如一的实体却只能用理性去把握，是看不见的。是不是？"

他说："你说得都对。"

---

① "αυτό ἕκαστου ὅ ἔστιν, τὸ ὄν 均指相。"相是客观的存在者，存在者就是"是者"（ὅ ἔστιν，英文可译 that which is）或"有"（τὸ ὄν，英文可译 being）。

苏格拉底说："那我们就认定有两类东西，一类是看得见的，一类是看不见的？"

他说："我们认定两类吧。"

"并且认定不可见的始终如一，可见的不断变化？"

他说："我们也认定是这样吧。"

B 苏格拉底说："那我们就有身体部分和灵魂部分了？"

他说："就是。"

"我们说身体比较接近、比较牵涉哪一类？"

他说："可见的那一类，这是人人皆知的。"

"灵魂怎么样？是可见的还是不可见的？"

他说："是不可见的，至少人看不见。苏格拉底。"

"我们是根据人的视觉把事物说成可见的和不可见的，是吧？"

"是根据视觉。"

"那我们说灵魂怎么样？能不能看见它？"

"看不见。"

"那就是不可见的啰？"

"是的。"

"那灵魂跟身体相比就是不可见的，身体跟灵魂相比就是可见的。"

C "当然是这样，苏格拉底。"

"我们不是早就已经说过，灵魂使用身体来察知，通过视、听或其他官能来察知（通过身体察知就是通过官能察知）的时候，就被身体拉到变动不居的事物上去了，于是不由自主，由于接触这类事物而颠倒错乱、头昏脑涨、如醉如痴？"

"确实如此。"

“灵魂单独由自身察知的时候，就进入那纯粹、永恒、不朽、不变的领域，以自身的不易灵性为本，于独立不受阻碍之时，就永远与那些不变性质同在，永远如一，常住不变，因为它与永恒是相通的。灵魂的这种状态就叫明智。是不是？” D

他说：“苏格拉底啊，你这番话说得既美好又真实。”

“从我们以前和现在所说的看来，你认为灵魂比较接近于、比较倾向于哪一类？” E

他说：“苏格拉底啊，我想包括最笨的人在内，任何人都会同意，灵魂是大大地倾向于一成不变的那一类，不属于相反的那一类。”

“身体呢？”

“属于另一类。”

“我们再换一种方式看看。灵魂和身体并立在一处的时候，本性命令其中之一处于服从、隶属的地位，另一处于统治、主宰的地位。 80A
在这种情况下，你觉得哪一个像神圣的，哪一个像凡俗的？你是不是认为神圣的天生适于统治和领导，凡俗的天生适于服从和隶属？”

“我认为是这样。”

“那灵魂像什么呢？”

“苏格拉底啊，那很明显，灵魂像神明，身体像凡夫。”

苏格拉底说：“那么，格贝啊，你看从以上所说得出的结论是不 B
是认为：灵魂最像那神圣的、不朽的、灵明的、齐一的、不可分解的、永恒不变的；身体则正好相反，最像那人间的、有死的、多样的、可以分解的、不断变化的。亲爱的格贝啊，我们能不能说出一个根据，证明不是那样呢？”

“不，我们不能。”

“怎么？既然这样，身体岂不是自然要很快分解的，灵魂则是自然要完全不能分解，或者几乎不能分解的？”

C “可不是嘛。”

他说：“你当然知道，一个人死的时候，他的可见部分，即身体，躺在这个可见的世界上，被我们称为尸体，虽然自然要分崩离析，但是并非立刻消亡，还要存留一段很长的时间，甚至非常之长的时间，只要死时身体状态良好就行，并且死在一年中适宜的季节。尸体如果风干或用香料防腐，像埃及所做的那样，就会存留到数不清
D 的年代。即便尸体腐朽，它的某些部分，如骨骼、筋腱之类，也可以说是不坏的。是不是？”

“是啊。”

“可是那不可见的灵魂却进入一个跟它本身一样高贵、纯粹、不可见的地方，达到真正的另一世界[①]，那里住着善良、智慧的神，只要神愿意，我马上就要到了。那具有那些性质、那种本性的灵魂离开身体的时候，会像多数人说的那样立刻消散毁灭吗？完全不是那
E 样，我亲爱的格贝和辛弥亚啊，实际上倒是这样：如果它走得干净利索，不夹带任何身体成分，那么，由于它在活的时候很不愿跟身体联结，但求摆脱身体，是只跟自己抱成一团的，因为这是它经常学习的，无非意味着正确地、真正地追求哲学，练习置身于死的状
81A 态：这不就是练习死亡吗？”

“完全正确。”

“如果它在这样的状态中，那就是进入了一个跟自己同样不可见

① Ἅ̧δης，即阴间，这里作者借用上文“不可见”（ἀιδής）的谐音。

的、神圣的、不朽的、智慧的境界，到了那里就无比幸福，摆脱谬误和愚昧以及恐惧，免除凶猛的爱恋，不受种种人间的邪恶摆布，一如识者所谓以后永远跟神同在。我们信仰这些吗，格贝，还是别有所信？”

格贝说：“宙斯在上，我们信仰这个。”

“可是我想，如果它离开身体的时候拖泥带水，不干不净，由于 B
一直跟身体在一起，关心身体，爱护身体，迷恋身体的欲望和快乐，因此以为最真实的只是形体，只是那些能摸到、能看见、能吃、能喝、能用于寻欢作乐的形体；——如果它习惯于怨恨、恐惧、回避那眼睛看不见的、只能用哲学来理解和把握的东西，你想这种状况的灵魂能去得干干净净、纯洁无瑕吗？” C

他说：“那简直不可能。”

“我想这样的灵魂会与身体同流合污，它跟身体的往来和交通已经成为它本性的一部分，因为身体曾经是它的经常伙伴，是它关注的对象。”

“当然。”

“朋友，我们必须相信形体是个包袱，沉重、凡俗而且可见。那样的灵魂是被它拖了后腿，被它拉回到可见的世界，对不可见的另一世界心怀恐惧，可以说是徘徊于墟墓之间。在那里可以见到这些 D
灵魂的恍惚形象，它们并不是干干脆脆地离去的，还保留着某种可见的成分，因此是可以看到的。”

“很像是这样，苏格拉底。”

“是的，很像，格贝。看来这并不是好人的灵魂，而是坏人的灵魂。它们是被迫徘徊在那种地方，作为对自己以往邪恶生活方式

E 的惩罚。它们徘徊着，直到对形体的欲望使它们重新囚禁到一个身体中间。它们很像是按照以前生活的实际情况而被囚禁在某种形态之中。”

“你说的是哪些形态呢，苏格拉底？”

“举例来说，那些贪图饮食、放荡不羁的人并不下功夫戒除恶

82A 习，就只有化身为驴和诸如此类的牲口。你不这样想吗？”

“确实很像是这样。”

“那些选择了不义、篡夺和抢劫的人则化身为豺狼、鹰隼。我们还能想象他们变成什么别的吗？”

格贝说：“毫无疑问他们是这样的。”

他说：“那就很明显，其他的人的前途是不是各按其习惯而定？”

格贝说：“那是当然。”

他说：“那些人中间最幸福的，去处最好的，是那些发扬平民美

B 德和公民美德的，亦即明智和公正的。他们这样做只是依据本性和习惯，并非借助于哲学和理性。是不是？”

“这些最幸福的人怎么样？”

“他们大概会化身为某些社会性的、温顺的物种，如蜜蜂、黄蜂、蚂蚁，或者再度化身为人，成为公民们的祖先。是不是？”

“是的。”

“一个人如果并没有研究哲学，而且去时并不十分干净利索，是不能容许厕身于神灵的行列的，只有好学之士除外。正是因为这个

C 缘故，亲爱的辛弥亚和格贝啊，那些真正爱智慧的人抛弃各种身体欲望，坚决地抵制它们，丝毫不作让步；因为他们不怕贫穷，不怕损失财产，跟多数人不同，多数人是爱钱的；他们也不是因为怕不

名誉、丢面子，像一般爱名誉势力的人那样瞻前顾后，他们根本不顾这些。”

格贝说：“苏格拉底啊，这些都是毫不足道的动机。”

他说：“宙斯在上，当然不足道。因此那些关心自己的灵魂、不 D
肯为身体活着的人把背朝着普通人，不肯与他们为伍，感到他们不知往何处走。这些人自己深信，哲学有解放作用和净化作用，是不能抗拒的，因此心向哲学，一切听从哲学，拳拳服膺。”

“他们怎么办呢，苏格拉底？”

他说：“我要告诉你的。那些好学的人知道，到哲学开始掌握他们灵魂为止，他们是一些孤苦伶仃的囚徒，戴着脚镣手铐锁在身体上，不能直接观察，只能通过身体这牢狱的栅栏去看，在愚昧的深渊中翻腾。哲学看出这种囚禁生涯最可怕的地方在于它是肉体的欲
望造成的，囚徒本身就是这囚禁的主要助手。好学的人觉察到哲学 83A
掌握了这种状态下的灵魂，就温和地鼓励它，设法使它得到自由，指出眼睛、耳朵和其他感官都充满着欺骗，敦促它摆脱这些东西，
能不用就不用，劝告它集中到自身内部，只信任自己以及自己对实 B
在本身的思维，深信它用其他方式所看到的、随对象而异的东西里并无真理，因为这类东西是可见的，是感官所体会的，而灵魂本身则见到不可见的、由心灵体会的东西。真正哲人的灵魂深信自己决不能违抗这种解放，因此坚持尽可能脱离快乐和情欲、悲愁和恐惧，考虑到一个人具有强烈的快乐、恐惧或情欲时不仅尝到可以设想的
苦头，例如生病或虚掷金钱于享乐，而且犯下最大的、极端的邪恶， C
自己也说不出所以来。”

格贝说：“什么邪恶呢，苏格拉底？”

"这邪恶就是每个人灵魂的邪恶。由于某物而感到极大的快乐或痛苦时，就不由自主地相信那造成这种情感的对象是非常分明、非常真实的；但是并非如此。主要是感性事物产生出这种结果，是不是？"

"就是嘛。"

D "在这种情况下，灵魂不是完完全全处在身体的羁绊之下吗？"

"怎么一回事呢？"

"因为每一种快乐或痛苦都好像一根铆钉，把灵魂铆到身体上，使灵魂形体化，以为身体说真实的东西就是真实的。因为它由于具有一些跟身体同样的信念和快乐，就不得不采纳一些同样的习惯和生活方式，决不能一干二净地离开身体前往另一世界，必定是夹带着身体的污染去世，因此它很快就重新沉入另一个身体，像撒下的

E 种子似的在那里生根发芽。由于这个缘故，它跟那神圣的、纯粹的、齐一的东西毫无相通之处。"

格贝说："你说得非常之对，苏格拉底。"

"格贝啊，就是因为这个缘故，那些真正的好学者是能够自制并且勇敢的；这并不是出于一般人心目中的那些理由。你认为一般人的看法对吗？"

84A "当然不。"

"因为爱智者的灵魂不会像其他的人那样考虑，他不会首先指望从哲学得到解放，然后再让快乐和痛苦把它重新投入羁绊，使自己重蹈覆辙，去作无止境的劳役，有如贝内洛贝[1]那样白天织晚上拆。

① Πηνελόπη，希腊史诗中奥德修斯（Ὀδυσσεύς）之妻，忠于丈夫的模范。奥德修斯出征在外十二年，很多人向她求婚。她说要织完公公的寿布才能出嫁，实则白天织晚上拆，永远织不完。见《奥德赛》，XIX，136—156。

他的灵魂深信必须摆脱苦乐的心情取得平静，应当遵从理性，永远以理性为归依，沉思那真实、神圣的东西，而不理睬意见，用真实来当作自己的唯一营养；它相信自己在有生之日就应当像这样活着，在死后则达到一个与自己的本性类似的处所，永远免除人的各 B
种邪恶。经过这番训练之后，辛弥亚和格贝啊，灵魂就没有理由害怕自己离开身体的时候会随风吹散，消失而为稀薄的气体，不复存在了。”

苏格拉底说了这些话之后沉默了许久，他本人看来仍旧一心贯 C
注在刚才所作的论证中，我们多数人也是这样，可是辛弥亚和格贝低声谈了几句。苏格拉底瞧着他们说："你们怎么啦？是不是认为刚才的话里有不恰当的地方？当然还有可以质疑、可以反对之处，如果你们愿意仔细考虑的话。如果你们考虑的是别的问题，那我没有什么话说；如果你们感到我们的讨论有某种困难，请你毫不犹豫地把自己的看法摆出来，并且说明你认为应当怎样改进我的说法。总之，请你也要利用我的作用，如果你认为我能够帮助解决困难 D
的话。”

辛弥亚说："苏格拉底啊，我要跟你说老实话。我们俩早就感觉有些困难了，因此每人都在敦促对方提出问题。我们都很想知道你的答案，可是又不想打扰你，恐怕这样做会在目前的困境中使你感到不快。”

他听到这话以后温和地笑着说："辛弥亚啊，我势必要花很大工夫来使别人相信，我并不把自己目前的状态看成困境。在我并不能使你相信这一点的时候，你却害怕我现在比平常更容易发脾气。看 E
来你认为我在洞见未来的能力方面不如天鹅；因为这种鸟感到自己

行将死去的时候唱得比一生中任何时候更嘹亮、更动听，因为它高
85A 兴自己就要到所侍奉的神[①]面前。可是人由于自己怕死，却对天鹅加以曲解，说它唱出最后的歌是为了哀悼自己行将死亡。他们没有考虑到鸟在饥饿、寒冷或其他困扰时是不唱的；连夜莺、燕子和戴胜这些号称唱哀歌的鸟类也是不唱的。我不信它们由于悲哀而歌唱，
B 天鹅也不悲歌；可是它们是阿波隆的鸟，我相信它们有预见的能力，由于预知另一世界的福祉，在那一天是会比以前任何时候更加欢畅的。我想我本身就是天鹅的一个伙伴，崇奉着同一位神灵，从我们的主宰那里接受了先知的赐予，跟它们毫无逊色，所以我离开现世的时候跟它们一样毫不悲愁。关于这方面请你尽情地发言，询问任何不解的问题吧，只要雅典人的执法官们允许就行。”

C 辛弥亚说：“你说得很好。我要把我的困难告诉你，然后轮到格贝，他会说出他为什么不能同意你的全部说法。苏格拉底啊，我想，也许你也在想，要对这些问题在今生获得明确的知识，要么是不可能的事，要么是很困难的事。可是，对上面所说的那些问题如果不千方百计寻根问底，面面俱到，以致耗尽精力，那就是一个懦夫。因为这人必须做两件事中间的一件：要么千方百计求知这些问题的真相，要么认为这无法做到，就选择人类理智所能提供的某种
D 最好的、最可靠的说法，拿来当作木筏，乘着它渡过险象丛生的人生。——如果我们不能乘坐一艘依靠神圣启示的安全航船，使旅程更加安全保险的话。因此我现在不耻下问，提出问题来请教，因为你鼓励我这样做，这样做了以后就不必埋怨自己闭口不言自己的想

① 天鹅侍奉的神是阿波隆。

法了。因为，苏格拉底啊，我单独一个人或者跟格贝一道考虑了你所说的话，觉得并不十分满意。”

苏格拉底说：“朋友，也许你是对的。不过请你告诉我在哪一方 E
面不能满意。”

他说：“在这方面，我们可以采用关于和声和带弦竖琴的说法来讲。我们可以说和声是调好的竖琴中间不可见的、无形体的、非常
之美的、神圣的东西，而竖琴本身及其琴弦则是一些形体，是有形 86A
体的、组合的、地上的、接近有死的东西的。如果有人打碎了竖琴，或者割断了琴弦，用你所提出的那个说法是不是可以主张，那和声不能毁坏，必定仍然存在？因为我们不可能说，在割断琴弦之后，那竖琴和琴弦这种有死的东西还仍然存在，而那近乎神圣不朽的和
声却在有死的东西之前毁灭。你可以说那和声必定跟以前一样仍然 B
存在于某处，而那木头和弦线在可能发生某事之前就烂掉了。苏格拉底啊，我想你心里早就明白，我们相信灵魂是这样一种东西：我们的身体是由冷、热、干、湿之类混合调配到一起的，灵魂就是这些对立成分的协调和调整，出现在它们混合得良好、恰当之时。如
果灵魂是一种和谐，那就很明白，身体由于疾病或其他原因而过分 C
松弛或过分紧张的时候，灵魂就必定消灭，不管它如何神圣也要消失，就像声音方面的和谐和各种工艺品的和谐一样，而身体的遗留物却会保持很久才被烧掉或烂掉。如果有人主张灵魂是身体要素的
调和，所以会在所谓死亡的时刻首先消失，我们用什么话来答复这 D
种说法呢？”

苏格拉底用他平常惯用的方式环视我们一番，微笑着说：“辛弥亚提出了一项颇为公允的反驳。要是你们中间哪一位比我机灵的

话，为什么不答复他呢？因为他说的似乎不坏。可是，我想在答复
E 他之前应当听一听格贝在我们的说法里发现了什么毛病，使我们可
以有时间考虑一下说什么话。听他说了之后，如果发现他说的正中
要害，我们可以表示同意，如果他说的不对，我们也可以为我们所
说的道理辩护。”他接着说：“格贝啊，你给我们说说你觉得有哪些
麻烦吧。”

格贝说：“我要告诉你的。我觉得你的论证要点正在原来那个地
方，也受到我原来提出的反驳。因为我并不否认你那个聪明的、也
87A 可以说决断的说法，即灵魂在进入这个身体之前就存在，但是我觉
得你并没有证明灵魂在我们死后还存在。我不同意辛弥亚的反驳，
说灵魂并不比身体更强、更耐久；我认为灵魂在所有的方面都优越
得多。你说得可能很对，可是你亲眼见到人死以后那较弱的部分还
B 依然存在，为什么还不相信呢？你是不是认为较强的部分必定保存
同样长的时间呢？你看看我的答复是不是有点意思。我想我可以像
辛弥亚那样打个比方来表明我的看法。我觉得这很像有人说的已故
老织工的事，据说这人并未消灭，还安全、结实地存在于某处，其
证据是他所缝的常用衣服还很完整，并未消灭。如果人家不信他的
C 话，他会反问比较经久的是人还是穿用的衣服，在听到人要经久得
多的时候，他会认为这毫无疑问就证明了那个人是安全无恙的，因
为那比较不经久的衣服都并没有消灭。

“可是辛弥亚啊，我并不认为这话说得对，我要请你注意我所说
的。任何人都会认为这样说的人是胡说八道。因为所说的这个织工
D 缝过并且穿破过很多这样的衣服，他活得比它们长久，它们虽然多，
可是都消灭了，都在最后一件之前消灭了。然而一个人毕竟不比一

件衣服差些、弱些。我想这个比方也可以用来说明灵魂和身体，可以同样地说灵魂活的时间很长，身体活的时间比较短，也比较弱。我们可以说每个灵魂都穿坏过很多身体，特别是活了很多年的人。因为一个人活着的时候身体是经常变化、经常被破坏的，灵魂却经常在重新缝制那穿坏了的身体，所以它消灭时必定还穿着那最后一 E
件衣服，这件衣服是唯一存留的，在灵魂消灭之后，身体就马上会显出它的虚弱本性，很快就朽坏不见了。所以我们还没有充分证明你的说法可靠，得出我们死后灵魂还存在于某处的结论。

“假定有一个人情愿向你的主张让步，而且承认的比你还多，因 88A
为不仅我们的灵魂可以在我们生前就存在，而且不妨有某些人的灵魂可以在人死以后继续存在，或者重新存在，可以再生、再死若干次，因为灵魂的天性很强，能够经得住多次生死。可是这人即便承认了这些，还是可以认为灵魂经不住多次投生的折磨，终于不免在某次死亡时完全消灭。他可以说谁也不知道身体的哪次特殊的死亡、特殊的消解带来灵魂毁灭，因为谁也不能觉察到这件事。如果事情就是这样，那就只有傻子才会充满信心地面对死亡，除非他能证明 B
灵魂是根本不会死，根本不会消灭的。如果不是这样，那将死的人就永远要害怕自己的灵魂会在身体解体的同时彻底消灭。”

这时候，我们这些人正像后来彼此相告的那样，听了他们说的 C
那些话感到非常泄气；因为我们听了先前的论证以后本来完全信服了，现在看来他们又把我们抛回到混乱里，不但不能相信已往的讨论，连任何将来的讨论都不肯信了。他们使我们害怕自己不能作出判断，在这些问题上无法得到定论。

艾克格拉底：神灵在上，斐洞啊，我很同情你。因为我听了你

所说的话以后，心里不禁自问：我们以后相信什么说法呢？苏格拉
D 底的说法本来最有说服力，现在已经垮台没人信了。灵魂的一种和谐的学说，曾经一直对我有很大的支配力量，你提起它使我想起自己过去相信过。现在我们必须从头做起，找出另外一种说法来说服我，让我相信一个人死时他的灵魂并不跟他一同消灭。请你务必给我说一说，苏格拉底是怎样接着讲的，他是也像你说的那些人那样
E 表现出某种不安，还是安安稳稳地为他的说法辩解。他的辩解成功吗？请你尽可能精确地告诉我一切情节。

斐洞：艾克格拉底啊，我一向敬佩苏格拉底，可是从来没有像
89A 那时那样佩服他。他准备好回答，也许是意料得到的事；但是使我对他大吃一惊的首先是他以愉快、和蔼、可敬的态度倾听了年轻人的批评；其次是他很快地觉察到他们的话对我们产生的作用；第三是他用来治疗我们创伤的那种技术使我们恢复了分散的力量，鼓励我们跟他一道进行研究。

艾克格拉底：他是怎样办的呢？

斐洞：我会告诉你的。我靠着他的床坐在右手边一张小凳上，
B 他的座位比我高好多。他摸着我的头，把我项后的头发挽在手里（他有时有玩我头发的习惯），说："斐洞啊，明天也许你会把这好看的头发剪掉了。"

我说："我大概会这样做，苏格拉底。"

"要是你听我的话，就不这样做了。"

我说："那我怎么办呢？"

"你可以今天把它剪掉，我也把我的剪掉，如果我们的说法死了而我们又不能使它复活的话。如果我是你，而且把那个说法丢掉了，

我就会发誓像阿尔戈[1]人那样，不重新发动战斗，战胜辛弥亚和格贝 C
的说法，就不再留头发。”

我说：“可是据说连大英雄赫拉格勒[2]也不跟两个人斗。”

“那你最好叫我当你的伊沃劳[3]，在天还亮的时候。”

我说：“那我就请你帮助，这不是赫拉格勒叫伊沃劳，而是伊沃劳叫赫拉格勒。”

他说：“都一样。不过首先我们要防备一种危险。”

我说：“哪种危险呢？”

他说：“厌恶论证的危险，就像有人厌恶人类那样；因为一个人 D
最坏的毛病就是厌恶论证。厌恶论证是跟厌恶人类出于类似的原因的。厌恶人类是由于并无充分认识就盲目信任某人。你认为这人是完全真实、可靠、可信的，后来却发现他下流、虚伪。然后你又对
另外一个人得到同样的认识。这样久而久之，先是把某人看成推心 E
置腹的朋友，然后是连续不断的争吵，于是对人人都发生厌恶，认为人人都没有真心。你注意到这一点没有？”

我说：“确实是这样。”

他说：“那不是很出丑吗？难道不很清楚，这样一个人企图处理人与人的关系，却并不知道人的本性？因为他如果有这种认识，在
跟人打交道的时候就会想到好人坏人都很少，大多数人是中间状态 90A
的，这才是实情。”

“你这是什么意思呢？”

---

① ᾿Αργος，城邦名。阿尔戈人对斯巴达战败失地，发誓不复故土不留发。

② Ἡρακλῆς，最著名的大力勇士。

③ Ιόλαος，赫拉格勒的外甥，跟他做帮手。

他说："我的意思跟说大和小是一样的。你有没有想到最困难的是找出很大的或很小的人、狗或其他动物，或者找出很快或很慢、很丑或很美、很白或很黑的人？你有没有注意到在这些例子中间极端的情况是很少见的，而处于两极端之间的中间实例却非常之多？"

我说："确实是这样。"

B 他说："你是不是想到，如果要比赛邪恶，那表现得非常特出的也是很少的？"

我说："大概是。"

他说："对了，大概是这样。不过在这一方面论证跟人不大一样。我只是在讨论中跟随你的引导。类似之点就在于：一个人对于论证并无确切认识时相信某一论证正确，后来认为它是错的，不管它实际上是不是错了，如此反复多次。然后你知道，那一些人，特别是

C 那些曾经花费时间进行争辩的人，终于相信自己比任何人都聪明，以为只有自己发现一切事物中间，不管是论证中间还是别的事情中间，都没有可靠的成分，一切都是忽上忽下，好像欧黎波[①]海峡里的浪潮一样，没有任何东西在任何时候是稳定的。"

我说："的确如此，你说得很对。"

他说："裴洞啊，假定有某种论证是真实、可靠、可以学习的，

D 如果有人由于见到有些论证似乎有时正确有时错误，却并不责备自己，责备自己缺乏技能，一生气就把责任干脆归给那些论证，把它们厌恶、辱骂一辈子，放弃认识实在真相的机会——那就糟了。"

我说："宙斯在上，那可糟了。"

---

① Εὔριπος，希腊东边的海峡，峡中潮水每日涨落多次。

他说："我们首先要谨防这种毛病，别让自己心里以为论证是根本不可靠的。我们应当反过来承认自己还不可靠，必须果断地努力 E
使自己变成可靠的，你们这些人要为自己的未来生活着想，我要为即将到来的死着想；因为此刻我还很担心自己对这个特殊问题不是持哲学的看法，而是挑挑剔剔，跟没有教养的人一样。他们谈论一 91A
件事的时候并不关心其中的真实情况是什么，只热衷于使自己的看法在听众心目中有分量，显得真实可靠。我想我现在跟他们的不同仅仅在于：我并不热衷于使自己所说的话在听众心目中显得真实，以为那是次要的事，主要的是使我自己相信它。你看，亲爱的朋友啊，我这态度多么自私。如果我的说法确实是真的，相信它就是对 B
的；如果我死后什么都没有了，我在这最后的时候对同伴们哭哭啼啼就是毫无意义的。我这份愚昧无知不会长久，它是一种罪恶，就要结束的。"

他说："辛弥亚和格贝啊，我就是本着这个精神来准备讨论的。你们如果听我的话，就少想苏格拉底，多为真理着想吧；你们如果认为我说的真实，就同意它，如果认为不真实，就用自己提出的一 C
切论证来反驳我。不要同情我，听任我欺骗自己并且欺骗你们，像蜜蜂似的叮你一口就飞跑。"

他说："我们还是来工作吧。首先要请你提醒我一下，如果发现我记性不好的话。我想，辛弥亚是有一些怀疑的，他担心灵魂尽管比身体神圣、崇高，却会先损坏，因为它是一种和谐。而格贝啊，我想你是承认灵魂比身体持久的，却说谁也不知道灵魂穿坏许多身 D
体之后是不是最后在离开身体时消灭掉；并且说死就是灵魂的损坏，而身体是连续不断地在损坏的。辛弥亚和格贝啊，我们必须考虑的是这些点吗？”

E 他们两个都同意就是这些点。

他说：“那你们是否定我们以前的全部论证呢，还是只否定其中的一部分？”

他们说：“只是其中的一部分。”

他说：“我们有一个说法，认为学习就是回忆，因此我们的灵魂

92A 在囚进身体之前必定已经在某处——你们对这个说法怎样看？”

格贝说：“我当时对此深信不疑，到现在还比相信其他说法更加坚定。”

辛弥亚说：“我也跟他一样，要是说我对此有不同的想法，那就奇怪了。”

苏格拉底说：“特拜的朋友啊，你如果坚持你的意见，以为和谐是个复合体，灵魂是由一些在身体里面像琴弦似的绷着的成分构成

B 的和谐，那你就必定有不同的想法。因为那样看你肯定不会同意你自己的说法，不能主张那复合的和谐先于组成它的那些成分了。你愿意这样吗？”

他说：“我当然不愿意，苏格拉底。”

“你难道没有注意，你说灵魂在进入人形和肉体之前就已经有了，而它是由那种还没有的东西组成的，不就是这个意思吗？因为和谐与你给它打的比方很不一样，琴、弦和声音是在并不和谐的状

C 况下产生的，和谐是最后产生并且最先消灭的。你怎么能使你的说法与那种情况和谐合拍呢？”

辛弥亚说：“我根本不能。”

“可是任何说法都应当与关于和谐的说法和谐合拍。”

辛弥亚说："当然应当。"

他说："可是这两种说法是并不和谐的。现在你愿意选择哪一种呢？是宁愿要'知识即回忆'，还是要'灵魂即和谐'？"

他说："我肯定要'知识即回忆'，苏格拉底。因为'灵魂即和谐'是我想到的，并没有证明，只是看起来很像，很有吸引力，因 D 此有很多人主张这种说法。我觉得那些仅仅根据'很像'来证明的说法是靠不住的，如果我们不防备，它们会大大地欺骗我们，在几何学里是这样，在别的范围里也是这样。然而那种关于回忆和学识的理论却是通过可靠的论证建立起来的。因为我们同意我们的灵魂早在进入身体之前就存在着，作为一种号称'是者'[①]的实体。现在我深信自己接受这种实体是有充分、正确的根据的。因此我不能 E 根据我自己的想法，或者根据某某人的想法接受'灵魂即和谐'的说法。"

苏格拉底说："辛弥亚啊，这是对于灵魂的另外一种看法。你认为和谐或其他复合物能够处在一种异于其成分的情况中吗？" 93A

"我不这样想。"

"和谐既不能行使，也不能承受它的成分所行使或承受的吗？"

他表示同意。

"那么，和谐就不能控制它的成分，只能听从成分指挥啰。"

他点头。

"一种和谐就完全不能推动、制造声音，或者做出某种跟它的组成部分相反的事情啰。"

---

① ὅ εστιν，即"那个是的东西"，英文可译作 that which is。

他说："完全不能。"

苏格拉底说："每一种和谐之所以本性上是和谐，不是根据它是和合而成的吗？"

辛弥亚说："我不懂。"

苏格拉底说："如果和合的程度深、范围广（假如可能的话），它
B 就是比较完全的、比较强的和谐；如果和合的程度比较不完全、范围比较狭窄，它就是比较不完全、比较差的和谐。不是吗？"

"当然。"

"灵魂也是这样吗？是不是一个灵魂在很小的程度上跟另一个灵魂有深度、广度的不同？"

他说："根本不是这样。"

苏格拉底说："请密切注意。宙斯在上，我们说一个灵魂是理智、道德的，因而是好的，另一个灵魂是愚蠢、邪恶的，因而是坏的，
C 对不对？"

"对的。"

"那些主张灵魂是和谐的人会怎样说灵魂中有美德和邪恶呢？他们会不会说这是另外一种和谐和不和谐，那个本身是一种和谐的灵魂包含着另外一种和谐，而另一个灵魂是不和谐的，并不包含另外一种和谐？"

辛弥亚说："我说不上，可是那些持那种主张的人显然会说这一类的话。"

D 苏格拉底说："可是我们同意一个灵魂跟另一个灵魂并没有程度的差别；这就等于同意一个和谐跟另一个和谐并没有深浅、广窄的不同。是不是呢？"

"就是。"

"那既不多些也不少些的和谐，是和合得既不多些也不少些的。是不是？"

"就是。"

"可是那和合得不多也不少的，是具有较多或较少的和谐，还是具有等量的和谐？"

"等量的。"

"那么，一个灵魂既然跟另一个灵魂并无程度的差别，就是不多 E
不少地和合的啰。"

"就是。"

"那就不能有较多的不和谐或和谐啰？"

"不能。"

"那么一个灵魂也就跟另一个灵魂一样，不能有更多的邪恶或美德，因为邪恶是不和谐的。美德是和谐的。是不是？"

"就是那样。"

"那么说精确点，辛弥亚啊，就是没有一个灵魂会有任何邪恶，
因为灵魂就是一种和谐，如果和谐是完全和谐的，就不能有任何不 94A
和谐的部分。"

"当然不能。"

"那么，灵魂既然完全是灵魂，就不能有任何邪恶的部分。"

"如果我们说得正确的话，那怎么能呢？"

"根据这个论证，如果所有的灵魂都是天生平等的话，那就一切生物的灵魂全都同样好了。"

他说："看来是这样，苏格拉底。"

B 苏格拉底说："你认为如果'灵魂即和谐'这一理论正确，以上的说法就是可靠的，我们的推论就会得出这结论吗？"

他说："一点都不。"

苏格拉底说："在一个人的各部分中，你是不是认为除了灵魂以外还有某个统治的部分，如果它是聪明的话？"

"不，我不这样想。"

"它认可身体的感觉，还是反对这些感觉呢？我的意思是说，身体很热很渴的时候，灵魂不是反对它，不让它喝水，很饿的时候不让它吃东西，我们不是看见灵魂以无数种其他的方式反抗身体吗？"

C "确实如此。"

"我们在前面的讨论中不是同意过，认为如果它是和谐，那就绝不能发出一个音跟它的组成部分的紧张、松弛、震动等情况不一致，只会服从它们，绝不会领导它们？"

他说："是的，我们确实同意过。"

"可是现在我们却发现，灵魂的作用恰恰与此相反，它领导着那些据说组成了它的成分，在我们一生中几乎事事都跟它们对着干，
D 以各种方式压制着它们，有时行使着苛刻痛苦的惩罚（体育训练和医疗中的惩罚），有时行使着比较温和的，有时雷厉风行，有时训斥警告，总之，对感情、欲望、恐惧讲话，就好像它跟它们不相干、它们跟它不相干似的。荷马在《奥德赛》[①] 里谈到奥德赛时就说：

他捶打自己的胸脯，遣责自己的心道：
心啊，忍受比过去更大的痛苦吧。

① 《奥德赛》，XX，17 以下。

你料想他写这诗句的时候是把灵魂想成和谐，以为它受身体状况的 E
摆布吗？其实他是把它看成适于摆布和支配身体状况，比和谐要神圣得多的。”

“宙斯在上，苏格拉底啊，我是这样想的。”

“好人啊，由此可见我们绝没有理由说灵魂是和谐，因为那是违
背神圣的诗人荷马的，也是违背我们自己的。” 95A

他说：“是这样。”

苏格拉底说：“很好，现在我们相当成功地取得特拜女神哈尔谟尼娅[①]的谅解了；可是，格贝呀，我们用什么说法才能博得加德谟[②]的青睐呢？”

格贝说：“我想你会找到一种办法的。你提出来的这种反对和谐的说法大大地超出了我的期望。辛弥亚说出他的困难的时候，我不
知道是不是有人能反驳他的论证；因此我大吃一惊，他的论证居然 B
不能抵抗你的第一次打击。如果加德谟的说法遇到同样的命运，我是不会吃惊的。”

苏格拉底说：“好人哪，不要吹牛，以免授人以柄，搞垮以后的论证。这是掌握在神的手心里的。我们还是用荷马的方式挑起战斗，来试试你的说法是否有效吧。你所追求的，在我看来主要就是：要求证明我们的灵魂是不灭的、不死的，其所以如此，是因为哲人临
死的时候泰然自若，认为自己死后会在另一个世界里按照哲学活得 C
非常出色，胜于今生的生活方式，而且他的这种泰然自若确系真知灼见，绝非出于盲目无知。虽然我们指出灵魂非常有力，很像神灵，

① Ἁρμονία，即和谐女神。

② Κάδμος，哈尔谟尼娅的丈夫。

存在于我们这些人生而为人之前，你却说这一切都不能证明灵魂不死，只足以说明灵魂在我们生前度过了很长时间，并且在某处存在了很久很久，知道各种事情，做着各种事情，然而这根本不是不死，
D 它进入人的身体就是分解的开始，好像得了一种病，今生活在劳瘁之中，最后在所谓死的时候消灭了。你还说，灵魂进入身体一次或多次，对于我们个人的畏惧来说是没有区别的。一个人如果不知道、不能证明灵魂是不死的，就一定要怕死，除非他是个傻子。格贝啊，
E 我想这就是你的意思。我把它复述一遍，目的在于使任何东西都不至于遗漏掉，如果你愿意的话，你可以加上一点或者去掉一点。”

格贝说：“我现在没有意思去掉或加上什么，我的想法你都表达了。”

苏格拉底停下来思索了一会儿，然后说：“格贝啊，你追求的不是一件小事；因为产生和消灭的原因必须全面考察到。如果你想听
96A 的话，现在我可以把我在这方面的经验告诉你。如果我说的你认为有点用处，你可以用它来解决你的困难。”

格贝说：“我当然希望听。”

苏格拉底说：“你听着，我来告诉你。格贝啊，我小时候非常想钻研那门称为自然研究的智慧。我想这是一件愉快的事情，可以知道每一事物的原因，知道每样东西为什么产生，为什么消灭，为什
B 么存在。我一直在反复琢磨这样一些问题：是不是像有些人说的那样，热和冷通过一种发酵作用产生出动物的组织？我们是用血，还是用气、火来思想的吗？是不是并非这些，是脑子提供出听觉、视觉和嗅觉，从这些感觉产生出记忆和意见，再从静态的记忆和意见产生出知识的？我又试着找出这些事物是怎样消灭的，观察天和地

的现象，直到最后我认定自己完全不适于进行这类研究。我要给你 C
提出充分的证明，来说明我为什么得出这个结论。我被那些研究搞得简直是头昏眼花，以至于失掉了自己和别人原来具有的知识；我忘掉了自己从前曾经以为知道的许多事情，连人生长的原因都忘了。我以往曾经以为人人都知道，人是由于吃喝而生长的；因为从人吃
的食品中，肉加到人肉上面，骨头加到人骨头上面，合适的东西加 D
到人的每个别的部分上面，于是小块变成大块，小人变成大人。这是我一直怀抱的想法。你看不是挺合理吗？”

格贝说：“是啊。”

“你再听着。我以为自己很有把握，看到一个大个儿站在小个儿
旁边，就说这人比那人高一头，这匹马比那匹马高一头；还有一些 E
比这更清楚的，例如我认为十比八大，因为有二加到八上了。还认为二尺比一尺长，因为它的长度超过了一尺。”

格贝说：“那你现在对此怎样看呢？”

他说：“宙斯在上，我再也不认为自己知道这些事情的原因了，我甚至于不敢说，在一加一的时候，是被加的一还是所加的一由于
这一加变成了二。我觉得很奇怪，怎么把这两个一分离开来，它们 97A
就都是一，都不是二；把它们放到近处，这一放就是它们变成二的原因。我也想不通，怎么把一分开，这一分就使它变成了二；因为
这是跟前面造成二的原因相反的；因为前面造成二是由于把一跟另 B
外一个一挪近或者加上，现在造成二是由于把一跟另外一个一挪远或者分开。我就不再相信自己用这种方法能知道一个人是怎样产生的，或者知道某物是怎样产生、消灭或者存在的了，我不再承认这种方法，而是有一种我自己的模模糊糊的办法了。

“后来有一天听见一个人说从一本据说是阿那克萨戈拉[①]所写的
C 书里看到，是‘心灵’[②]安排并且造成万物的。我很喜欢这种关于原因的说法，觉得说心灵是万物的原因多半是对的，心里想如果是这样，心灵在安排事物的时候就会把每件事物都安排得恰到好处。如果有人要想发现某个特殊事物产生、消灭或存在的原因，就必须找
D 出哪类存在、哪种被动状态、哪种主动状态对它最好。因此，在那件事物方面，以及在其他事物方面，一个人需要考察的无过于什么是最好的、优良的；这样，他也就必然会知道什么是比较差的，因为认识好和坏的是同一个知识。考虑到这些事情，我就很高兴地认为，我在阿那克萨戈拉身上找到了一位老师，他使我在事物的原因方面大大开窍；我想他会告诉我大地是扁的还是圆的，然后进而说
E 明它的原因和必然性，告诉我最好者的本性，以及大地为什么这样最好；如果他说大地在中央，就会接着指出它在中央最好；如果把
98A 这些事情给我说清楚了，我就决心不再求问什么别的原因了。我认定自己像这样就会弄明白日月星辰，知道它们的相对速度、运转情况以及其他变化，并且知道它们各自的主动、被动情况都是最好的。因为我绝不能想象，他说它们出于心灵的安排，同时又会给它们说出另外的原因，不说因为这样对它们最好。所以我认为他给每件事
B 物以及一切事物说出原因的时候，会进而说明什么对每件事物最好，什么对一切事物都好。我认为我的这些希望有非常之高的价值，所以热切地把书弄到手，尽可能快地阅读，认为自己可以尽可能快地

① ’Αναξαγόρας.

② νοῦς.

知道什么最好、什么最坏。

“可是，朋友，我这个辉煌的希望很快就在我心里破灭了。我进行阅读的时候，看到这个人并不用‘心灵’，并不用任何真正的原因来安排事物，只是提出气、清气[①]、水以及其他莫名其妙的东西当 C
作原因。我觉得这好像是先说苏格拉底用心灵做他的一切事情，然后在试着给我的某件事情说出原因的时候却说，我现在坐在这里是由于我的身体由骨头和筋腱组成，骨头是分成一节一节的，筋腱可以收缩伸张，由肌肉和皮肤把它包裹着放在骨头上，骨头由韧带连 D
着，筋腱伸缩使我能够把肢体弯着，这就是我弯着腿坐在这里的原因。同样情形，他会说嗓子、空气、耳朵以及无数这一类的东西是我们彼此谈话的原因，而不提那真正的原因，即雅典人认定把我判刑是最好的，因此我认为坐在这里最好，留在这里服他们给我判的 E
刑是正当的。可是，凭天狗说，我想我这身骨骼筋腱可以早就到了 99A
枚伽拉[②]和博优底亚[③]附近，被一种关于何者最好的意见带到了那里，如果我不认为服国家所处的刑罚不好、不公正，不如越狱逃跑为佳的话。可是把那类东西称为原因是很荒唐的。如果有人说我要是没 B
有骨头筋腱之类就不能做出我认为恰当的事情，那是对的。可是说这些东西是我行动的原因，说我凭‘心灵’行事却不根据对最佳者的选择，那就是完全没有根据的无稽之谈了。这样说的人是不能作出区别，不能看清实际上原因是一回事，使原因起作用的条件是完全另外一回事。所以在我看来，很多人在把原因的名字给予条件的

① αἴθρα，希腊人把大气分为两层，月亮以上的叫清气，译为“以太”。
② Μέγαρα，希腊城邦。
③ Βοιωτία，希腊城邦。

时候，是在暗中摸索，把不属于它的名字给予了它。因此有人认为地处在天底下，天绕着地旋转，也有人说地是一个扁平的槽，由空气在底下托着；他们却不去寻找一种力量使事物现在处在自己最好
C 的位置上，也不认为这是有神圣力量的，却以为自己能找出一个阿德拉[①]来，比它更有力、更不朽、更包罗一切，实际上他们并不想到'好'这一包罗万象、团结一切的力量。现在我很乐意有一个人教我这样一个原因的本性，可是我却遇到了否定，自己又不能发现它，也不能从别人那里学到它，格贝啊，你是不是愿意我跟你讲讲我是
D 怎样进行探索原因的第二次航行的呢？"

他说："我十分希望。"

苏格拉底说："在这以后，我既然放弃直观'是者'[②]，就认定必须小心谨慎，不要犯人们常犯的那种错误，在日蚀的时候瞪着眼望太阳。因为他们要想不毁掉眼睛，就只有从水里看太阳的影子，或者
E 从别的东西看反光。我意识到那种危险，很怕用眼盯着事物或者用其他官能掌握事物会使灵魂变瞎。因此我认为必须求助于思想，在思想中考察'是者'的真相。也许我的比方不大精确，因为我绝没
100A 有意思说，一个通过思想研究'是者'的人从影子看实物，会比从生活实际看它们更清楚。然而我开始用的就是那种办法。我在每一场合中都认定一个我认为最强的道理[③]，凡是我觉得跟它相合的，不管是原因方面的还是别的方面的，就看成真的，凡是跟它不合的，就看成不是真的。不过我还要把我的意思更加清楚地告诉你，因为

① Ἄτλαντα，希腊大力神。
② τὰ ὄντα，即"那些是的东西"，英文可译为 beings。
③ λόγος.

我认为你现在还不很懂。”

格贝说：“宙斯在上，我确实不十分懂。”

苏格拉底说：“我的意思是这样。这并不是什么新的意思，就是 B
我一直在讲的那个意思，在前面的谈话中讲过，在别处也讲过。我要给你说明我一直研究的那个原因到底是什么，要回到我们常谈那个话题，把它当作出发点，并且假定有那样一些东西，如美本身、好本身、大本身之类。如果你承认这一点，同意有这些东西存在，我相信我就会给你说明原因是什么，就会向你证明灵魂是不死的。” C

格贝说：“你可以假定我同意，请讲吧。”

他说：“那就看看你在下一步上是不是同意我。我想如果某某事物是美的，它之所以美并不是因为别的，只是因为它分沾了美本身；别的事情也都是这样。你同意这种对原因的看法吗？”

格贝说：“我同意。”

他接着说：“我还不了解、也看不出什么别的巧妙原因。如果有人跟我说，使一件事物美的是它的美的颜色、形状之类，我是不 D
予理睬的，因为这些东西把我搞糊涂了，我只是直截了当，甚至愚蠢地主张，使它美的仅仅是美本身在它身上出现，或跟它发生联系（你爱怎么说都行），不管是怎样联系上的。我对事情发生的方式不作任何肯定，只坚持一条：一切美物之所以成为美的，是由于‘美’[①]。因为我认为这是我能给自己或别人作出的最稳妥的回答，如果我很快地抓住了这个，我想是绝不会被人驳倒的，我相信不管是我还是别人，作出‘美物之所以美是由于那个美’的回答，是很稳 E

① τῷ καλῷ，“美”指“美本身”或“美的相”。

妥的。你同意吗？”

“我同意。”

“大的东西之所以成为大的、比较大的东西，是由于‘大’，较小的东西之所以成为较小的，是由于‘小’？”

“是的。”

“如果有人跟你说，一个人比另一个人大些或小些，是由于一个头，你可不要接受这个说法，你要坚持只说每一个较大的东西之所

101A 以比另一个东西大些不是由于别的，只是由于那个‘大’，较小的之所以小些是由于那个‘小’。我想你如果说一个人比另一个人大些或小些是由于一个头，恐怕会遇到反驳，因为照你的说法，首先，较大的大些、较小的小些就是由于同一个东西，其次，较大的人大些是由于一个头，而头却是小的，那较大的东西大是由于小的东西，

B 岂非怪事。你害怕这个吗？”

格贝笑着说：“是的，我害怕这种反驳。”

苏格拉底接着说：“那你就不敢说，十个比八个多是由于两个，两个是它多的原因了。你就会说十个之所以多是由于‘数’，由于它是较大的数；二尺之所以大于一尺，并不是由于‘一半’，是由于‘大小’，是不是？因为你是会有同样的顾虑的。”

他说：“当然是这样。”

“如果把一个加到一个上，或者把一个分开，你就会避而不说这加或者分是两个的原因吧？你会大声疾呼地宣布，你认为任何一件事物

C 之所以能开始存在，无非是由于它分沾了它所固有的那个实体[①]，因此

① οὐσία，即“是者”（ὄν），指“相”（ἰδέα，εἶδος）。

你只承认两个之所以存在的原因是分沾‘二’[1]，是两个的事物必定分沾‘二’，是一个的事物必定分沾‘一’[2]。你会不顾那些‘加拢’、‘分开’之类精巧的说法，把它留给更聪明的人去解释。你会责怪自己没有经验，你会像人们说的那样，害怕自己的影子；所以你会坚守我们 D
的稳妥说法，像我所说的那样回答问题。如果有人攻击这个说法，你会对他不加理睬，先不答复，要看看他那些推论是不是彼此一致；你要对这个说法作出说明的时候，可以先认定另外一个你觉得高一级的最好的说法，作为说明的根据，这样一层一层往上攀登，直到找出合适的为止。你不会把两样东西混到一起，像那些辩论家那样，大谈其根据和推论，想以此发现真情实况，因为那些人是根本不想、不关心实况的。他们聪明一世，纵然把一切都搅得一塌糊涂，还沾沾自喜； 102A
而你如果是哲人的话，我想是会像我说的那样做的。”

辛弥亚和格贝齐声说：“你说得对极了。”

艾克格拉底：宙斯在上，裴洞啊，听得真过瘾。我觉得他把问题说得惊人地明白，连一知半解的人都能懂。

裴洞：艾克格拉底啊，的的确确，在场的人也这样想。

艾克格拉底：我们这些不在场的人现在听了也是这样。底下是怎么说的呢？

裴洞：根据我的记忆，大家承认了上面这些之后，一致同意有各式各样的“型”[3]存在着，分沾这些“型”的其他事物从各自分沾的“型”得到自己的名称。然后苏格拉底问道：“如果你承认这一点， B

① δυάδος，即“二的相”，不是具体的“δύο”（“两个”）。

② μονάδος，即“一的相”。

③ εἶδος，就是 ἰδέα（相）。

那么，你说辛弥亚比苏格拉底大、比格贝小的时候，是不是指辛弥亚身上有‘大’和‘小’呢？”

“是的。”

苏格拉底说：“可是你同意‘辛弥亚比苏格拉底大’这个说法并不像字面上那样真实。因为辛弥亚比苏格拉底大并不是由于他之为
C 辛弥亚，而是由于他偶然具有的‘大’；他比苏格拉底大也不是由于苏格拉底是苏格拉底，而是因为苏格拉底具有着那个跟他的‘大’相比的‘小’。”

“对了。”

“而且，他比格贝小并不是由于格贝是格贝，而是由于格贝具有着那个跟辛弥亚的‘小’相比的‘大’。”

“对的。”

“那么辛弥亚之所以称为大的和小的，是在他处于两个人之间的
D 时候，他的个儿超过了一个人的‘小’，而另一个人的‘大’又超过了他的‘小’。”于是苏格拉底笑着说：“我这话说得好像念法律文件似的，不过实际上说得并不错。”

辛弥亚表示同意。

“我这样说是希望取得你的同意。我认为很明显，不但‘大’本身绝不会既大又小，而且我们身上的‘大’也绝不会容纳‘小’，或者容许被超过。二者必居其一：要么是‘大’的反面‘小’向‘大’
E 前进时‘大’就逃跑或退缩了，要么是‘小’靠近‘大’时‘大’就已经停止存在了。但是‘大’不会接受或容纳‘小’，那样一来它就变得异于它自己了。我既然接受了、容纳了‘小’，就仍然是过去那个小人；可是我身上的‘大’既然是大的，就不会弄得变小。

同样情形，我们身上的‘小’绝不会变大，任何相反的对方也不会变成或者是它自己的对方。它在变化中要么离开，要么失掉它的 103A
存在。”

格贝说：“我觉得这是非常明显的。”

当时在场的人中间有一位（我不记得是谁了）说：“神灵在上，现在这个说法岂不是跟前面讨论中所接受的正好相反吗？前面是说：较大的生于较小的，较小的生于较大的，对立的永远生于它的反面。可是现在我觉得我们在说这是绝不能发生的事。”

苏格拉底把头歪过来听着。他说：“你的发言很有男子风度，不过你没有看到现在这个说法跟我们以前所说的区别何在。我们以前 B
说，在具体事物中，相反的生于相反的；现在我们说，相反者本身绝不会变成跟它相反者，不管是我们身上的还是我们周围世界上的。以前我们谈的是具有相反性质的、以此命名的事物，现在说的是那些相反者本身，其内在性质使事物得到名称。我们说后面这些相反
者绝不能彼此相生。” C

同时他又瞧着格贝说：“格贝啊，你对我们的某位朋友提出的反驳感到麻烦吗？”

格贝说：“不，这回不；不过我承认反驳常常使我感到麻烦。”

苏格拉底说：“我们非常同意一个相反者绝不能是它自己的反面。”

格贝说：“完全同意。”

他说：“现在看看你是不是同意我以下的主张：是有一种东西你称为热，有一种东西你称为冷吗？”

“是的。”

“它们跟雪和火一样吗？”

“宙斯在上，完全不一样。”

D “热是异于火的东西，冷是异于雪的吗？”

“是的。”

“我想你是相信：雪如果容纳热（用我们以前常用的话来说），就不再是它的本相，即雪，而是温暖了，在热接近它的时候，它就或者往后退，或者停止存在了。”

“确实如此。”

“火也是这样，在冷接近它的时候，它就或者后退，或者消灭

E 了。它绝不会容纳冷而仍然还是火，跟以前一样，它也凉了。”

他说：“你说得对。”

苏格拉底说：“实际上，在某些这样的场合，不但‘型’本身可以时时刻刻保有同一名称，还有些别的事物，并不是‘型’，却在存在的时候始终具有‘型’的形相。也许我可以举几个例子把我的意思说清楚。在数目当中，奇数必定永远保有奇数这个名称，是不是？”

“当然。”

“不仅奇数称为奇数（这是我所要问的），还有别的东西，虽然

104A 不等于奇数，却可以在它原有的名称之外再加上奇数的名称，因为它的本性使它不能与奇数分开。我的意思是指三这个数目，此外还有很多别的例子。以三为例，你不是认为它永远可以称为三，也称为奇数吗？这三和奇数并不是一回事。然而三这个数目和五这个数目以及一般数目的一半，从本性上说都是奇数，虽然它们并不等于

B 奇数。同样情形，二、四以及数系中的另外一半，都是偶数，虽然它们并不等于偶数。你同意不同意？”

他说："为什么不同意呢？"

苏格拉底说："请你注意我所要说明的。我的要点是：看来很清楚，不仅那些相反者本身是互相排斥的，而且所有的那些虽非彼此相反却永远包含着相反者的事物，也都排斥那个与自身包含者相反的'相'[①]，那相反的'相'逼近时，它们就消失或者退缩了。我们必须承认，三这个数目只要还是三，就宁可停止存在或遭遇其他命运 C
的摆布，而不能顺从地变化为偶数。是不是？"

格贝说："当然是这样。"

"可是数目二并不是与数目三相反的。"

"不是。"

"那就是说：不仅相反的'型'[②]接近时彼此排斥，而且有另外一些东西拒不容纳相反者接近。"

他说："你说得非常之对。"

苏格拉底说："我们能不能规定一下这些是什么呢？"

"当然应该这样做。"

苏格拉底说："格贝啊，这是不是那样一些东西：它们被某某 D
'相'所占有，被迫不仅采取自己的那个'相'，而且也采取另外一个相反的'相'？"

"你这话是什么意思呢？"

"是指我们刚才所谈的那样一些东西。你当然知道，三的'相'占有某些东西的时候，就迫使它们既是三又是奇数。"

---

① ἰδέα.

② εἶδος，即"相"。

“确实如此。”

“我认为，跟产生此结果的那个形相[①]相反的‘相’是绝不能进入那些东西的。”

“绝不能。”

“产生这种结果的是奇数的‘相’吗？”

“是的。”

“跟这相反的是偶数的‘相’吗？”

“是的。”

E “那偶数的‘相’就绝不会进入三啰。”

“不能。”

“换句话说，三是跟‘偶’不相容的。”

“完全不相容。”

“那数目三就是非偶数啰。

“是的。”

“我建议给那一类东西划定范围。它们虽然并不是跟某一相反者正好相反，却并不容纳它，譬如在现在这个例子里，三虽然并不是偶数的反面，却并不容纳偶数，因为三永远伴随着偶数的反面；二
105A 跟奇数，火跟冷，都是这样，诸如此类的事是很多的。现在请你看看是否接受这一个说法：不仅相反者不会容纳其反面，如果有一样东西伴随着一个有反面的‘相’，而且遇到了那个反面，这个东西是绝不容纳它所伴随的‘相’的反面的。现在我再重温一下我的记忆，一件事情多听几遍是没有害处的。五不会容纳偶数的‘相’，五的两

① μορφῇ，指“相”。

倍十也不会容纳奇数的‘相’。两倍有它自己的反面，同时也不会容纳奇数的‘相’；一又二分之一和其他带分数，以及三分之一和其他 B 简单分数，也不会容纳整数的‘相’。你同意我这个说法，跟我一道走吗？”

他说：“我完全同意，跟你一道走。”

苏格拉底说：“那就请你再从头开始。请不要用问题中的词句来回答，照我的样子做。我在我原先说的那个稳妥答案之外提出一个答案。我发现了另外一种稳妥回答，是从刚才说过的话里推出来的。如果你问我是什么东西使物体中产生热，我会给你作出那个稳妥而愚蠢的答案，说那是‘热’，但是我现在可以给你一个比较机灵的答 C 案，说那是火。如果你问我是什么东西在身体里造成病，我会不说‘病’而说炎症。同样情形，如果你问我是什么在数目里造成奇数，我会不说‘奇’而说单。诸如此类。你是不是把我的意思充分了解清楚了？”

他说：“我了解得很充分。”

苏格拉底说：“那就请你告诉我，是什么东西在身体里使它活起来的？”

他说：“是灵魂。” D

“总是这样吗？”

他说：“当然。”

“灵魂占有一个形体的时候，总是带来生命吗？”

他说：“是的。”

“有没有什么东西跟生命相反？”

他说：“有的。”

“是什么呢？”

“是死亡。”

“根据我们在前面同意的说法，能推出灵魂绝不会容纳它所伴随的东西的反面吗？”

格贝说：“肯定不会。”

“那不容纳偶数的‘相’的，我们叫它什么？”

他说：“叫非偶数。”

“那些不容纳公正和教养的呢？”

E 他说：“叫不公正和无教养。”

“那不容纳死亡的，我们叫它什么？”

他说：“叫不死。”

“灵魂不容纳死亡吗？”

“不容纳。”

“那灵魂就是不死的。”

“不死的。”

苏格拉底说：“很好。我们能说这已经得到证明吗？”

“非常满意的证明，苏格拉底。”

苏格拉底说：“那么，格贝啊，如果非偶数是必然不灭的，三会
106A 不会不灭？”

“当然会。”

“还有。如果不热的是必然不可消灭的，你让热跟雪发生冲突的时候，雪会不会完完整整地、并不融化地退走？因为雪既不能被消灭了，也不能仍然在那里容纳着热。”

他说：“你说得对。”

“我想，同样情形：如果不热的是不可消灭的，某件冷东西接近火的时候，就也是绝不会消失或泯灭的，它会安然无恙地离去。”

他说：“必然是这样。”

苏格拉底说：“对不死岂不是也可以这样说吗？如果不死的是不 B
可消灭的，灵魂在死亡来临时就不可能消失。因为就像我们的论证指出过的那样，灵魂不会容纳死亡，也不会死去，正如三不会是偶数，奇数不会是偶数，火、火中的热不能是冷的一样。可是有人会说，奇数在接近偶数的时候（这是我们同意的），为什么不可能变成偶数，而是消失不见，由偶数取而代之？我们无法让提出问题的人 C
闭口不言，他们说奇数是并不消失的，因为它不可消灭。如果让我们一步，我们就很容易地说：在接近偶数的时候，奇数和三就退隐了、离去了。我们也可以同样地说火和热等等也是这样，是不是？”

“确实如此。”

“不死的情况也是这样。如果退让一步说，不死的就不可消失的，灵魂就既是不死的，也是不可消失的；如果不是这样，那就需要进一步论证了。” D

他说：“就这一点来说，并没有那种必要。因为，如果不死的、永存的是可以消失的，就没有什么会免于消灭了。”

苏格拉底说：“我想人人都会同意，神和生命的‘型’本身，以及其他一切不死者，都是永远不会消灭的。”

他说：“人人都会同意，而且我想，连神灵也都同意。”

“既然不死的也是不可毁灭的，灵魂如果是不死的，岂不也是不 E
可消灭的吗？”

“必然如此。”

“一个人临死的时候，他的会死的部分看来是死了，那不死的部分却安然无恙地、完整无缺地离开了，从死亡那里退隐了。”

“看来是这样。”

107A 苏格拉底说：“所以，格贝啊，确确实实灵魂是不死的、不可消失的，我们的灵魂会存在于另一个世界的某处。”

格贝说：“我对此没有什么反对意见可说，我不怀疑你的结论。至于辛弥亚或者哪位别人，如果有话说的话，就直说吧。我认为如果在这方面愿意说说或者听听的话，最好现在就说，这比什么别的时间都好。”

辛弥亚说：“我可看不出自己怎样能够对讨论的结果有所怀疑；

B 可是问题很大，我对人的软弱有那么一点微不足道的意见，心里未免对于说过的那些话有一点怀疑。”

苏格拉底说：“辛弥亚啊，不但如此，对我们那些最初设定的东西也应该作出比较仔细的考察，虽然它们在你看来是确定的。你如对它们作了全面分析，我想就会遵从、同意这个论证，因为这是人所能办到的。如果把它弄清楚了，你就不会穷追了。”

他说：“你说得对。”

苏格拉底说：“可是，我的朋友，我们应当牢牢记住，如果灵

C 魂是不死的，我们就必须关怀它，不但关怀它的这一段称为今生的时间，而且关怀它的全部时间；如果我们忽视它，现在看来是有很大危险的。如果死就是摆脱一切，那对于坏人是一大鼓励，因为他们死时就既摆脱了身体，也把邪恶连同着灵魂抛到九霄云外了。可是现在既然把灵魂看成不死的，它要想远离罪恶而得救，就没有别

D 的办法，只有变得尽可能善良明智才行。因为它带到另一个世界的

只有教育和训练，这两样东西据说有很大的意义，可以在新亡者进
入彼世的开始就大大地造福或贻祸于他。据说在死后，那个在生时
充任一个人的守护者的精灵把他领到一处集合亡灵的地方，让他受
到审判，然后向另一个世界进发，由引导者陪伴着，从今生来到彼
世；亡灵们在那里得到自己应得的报应，并且停留了指定的时间之 E
后，有另一位引导者经过若干段长长的时期又把他们领回来。这旅
程并不像艾斯区洛[1]的剧中人德勒颇[2]所说的那样，因为他说是一条
坦途通往下界，而我认为这条路既不平坦也不单纯，要不然就不需 108A
要引导者，一个人在只有一条的路上是不会迷路的。实际上岔路很
多，而且迂回曲折，这是我根据地上举行的仪式繁多推出来的。那
规规矩矩的、明智的灵魂跟随着引导者，很明白自己的处境；可是
那耽于肉欲的灵魂却像上面所说的那样窜上窜下，在可见的世界上
徘徊很久，反复抗拒，尝尽苦头，才被那专门管它的精灵用暴力勉 B
强带走。在到达其他灵魂的集合处时，那做过坏事的不洁灵魂，由
于犯了蓄意杀人罪，或者同类灵魂所做的其他恶行，被大家另眼看
待，不与往来，只能独自彷徨于困境之中，经过一定的期间，才被
赶到适合它居住的地方。至于那一生纯洁正直的灵魂则发现有神灵 C
做伴侣和向导，各自前往其应有的归宿处。大地上有许多奇妙的区
域，大地本身在大小和其他方面也不像那些谈天说地的人所想的那
样，我只是相信某些人的权威说法。”

辛弥亚说：“你这是什么意思呢，苏格拉底？我自己也听到过不 D

---

① Αἰσχύλος，悲剧诗人（公元前525—前456年）。

② Τήλεφος，见 Αἰσχύλος 残篇239。

少关于大地的事情，就是没听过你所相信的这一种，所以我很愿意听听。”

“辛弥亚啊，我想我并不需要有葛劳果[①]的技艺来述说它。不过要证明它所讲的就是真相，我想就是有葛劳果的技艺也很难办到，我也许是没有能力办的。而且，即便我有这个本事，辛弥亚啊，我想在讨论结束之前我的生命就要完结了。不过尽管如此，这并不妨
E 碍我说说我的信仰，我可以谈谈大地是什么样子，有哪些区域。”

辛弥亚说：“那就够了。”

苏格拉底说：“我相信，首先，如果大地是圆的，位于天的中央，
109A 那就既不需要空气、也不需要别的类似力量支持它不掉下去，它自己的均衡和各方面天体的齐一就足以维持它的位置不变；因为一个自身均衡而又位于齐一者的中央的物体，是不能改变它的各方面倾向的，只会永远留在同一地点。这就是我所相信的第一点。”

辛弥亚说：“很对。”

苏格拉底说：“第二，我相信大地是很大的，我们在赫拉格勒柱[②]
B 和帕息河[③]之间，生活于海滨一隅之地，好像蚂蚁和蛙类生活于池畔，在许多别的地区还住着许多别的民族。我相信在大地的各方有许多洞穴，形状和大小各不相同，汇集着水、雾和气；大地本身是
C 纯洁的，位于纯洁的星空之中，这星空被谈论这类事情的人称为清气；水、雾和气是这清气的沉淀物，汇到大地上的那些洞穴中。我们没有觉察到自己住在洞穴中，以为生活在大地的表面，正如有人

① Γλαύκος，初为渔夫，因食仙草化为神，熟知海道，为航船导航。

② 即直布罗陀海峡。

③ Φάσις，高加索以南河流，入黑海。

住在大洋深处，却以为住在海面，他通过水观看太阳和星辰，却以为海是天，而且由于懒惰虚弱，从未到过海面，从未把头伸出海面，到我们上层世界里看一看，从未听别的见过的人说过比他住的世界 D
更纯洁更美好的事。我相信这就是我们的情况；因为我们住在大地的一个洞穴里，却以为住在大地的表面上，把气叫作天，以为这就是星辰运行的天。可是实际上一样，我们也是由于懒惰虚弱，不能达到气的表面；因为如果有人走到气的顶端，或者长着翅膀飞到那 E
里，他就能把头抬到气的上面去观看，就像鱼把头伸出水面观看我们世界的事物那样，他就会看到上层世界的事物；如果他的本性足够强壮，担当得起视觉，他就会认识那是真正的天、真正的光、真正的地。因为我们这个大地，以及各种石头和我们居住的整个地区， 110A
都是损坏了的、腐蚀了的，就像海里的东西被盐水泡坏了一样，没有一样比较像样的东西在海里生长，可以说那里没有一样东西是完善的，只有一些窟窿和沙子、一望无际的烂泥和污物，也有土，却没有一样可以跟我们世界的美丽事物相比拟。可是我们会看到，上面那个世界的事物要比我们这个世界的事物更加优胜。辛弥亚啊， B
我可以给你们说个故事，谈谈天底下的大地上的事物，以及这些事物像什么，是很值得一听的。”

辛弥亚说：“苏格拉底啊，我们是非常爱听这个故事的。”

苏格拉底说：“那就先说大地本身[①]吧，朋友。据说它从上面看时好像一个由十二块皮子包裹的球，呈各种不同的颜色，我们在这里[②]

① ἡ γῆ αὐτὴ，指“大地的相”。

② 指现实世界。

看到的颜色只是它们的摹本，像画家所画的那样。可是在那里，整个
C 大地是由那种颜色组成的，比我们这里的颜色要鲜明得多，纯粹得多；
因为有一部分是无比华美的紫色，有一部分是金色，有一部分是白色，
比粉或雪还要白，大地由其他各种这一类的颜色组成，它们比我们所
见到的数目更多，更加美丽。大地上那些充满着水和气的洞穴也有一
D 种颜色，在周围各种色彩中间闪耀着，看起来好像一道连续的色带。
这个大地上，各种发荣滋长的事物，如树木、花草、果实之类，是成
比例地比这里美丽的；山岳、石头也比我们的光滑、透明、颜色可爱。
我们高度珍视的宝石，如翡翠、玛瑙、黄玉之类，都是那些石头的片
E 断，那里的一切都跟宝石一样美，或者更加美。其所以如此，是因为
那里的石头处在自然状态，不像我们这里的受到盐卤侵蚀，由沉渣构
成，被雨水带到此处，造成大地上各种石头、动物、植物中的丑陋和
111A 毛病。那里的大地装点着各种珠宝，以及黄金、白银之类。因为这种
宝物在那里举目可见，既多且大，到处皆是，所以谁见到这个大地就
无比幸福了。那上面也有许多动物，也有人类，有些住在内地，有些
住在气的旁边，就跟我们住在海边一样，还有些住在岛上，周围有气
B 环绕，离大陆不远；总之，我们这里的水和海，在那里就是气，我们
这里的气，在那里就是清气。那里气候温和，所以居民无病，寿命比
我们长；他们的视觉、听觉、智力等等都比我们优越，就像气比水纯
粹、清气比气纯粹一样。他们有供奉神道的圣林和庙宇，神灵实际上
C 居住在那里，他们通过交谈、神示、玄想与神灵交往，他们看见日、
月、星辰的本来面目，在其他一切方面他们也有这样的幸福。

“这个大地的整体及其周围事物的本性就是这样。在整个大地周围，在它那些洞穴中，有很多区域，有的比我们所住的洞穴又深又

广，有的比我们的深却有比较窄的出口，也有些深度比较小而广度比较大。这些洞穴都有地下通道连在一起，有窄的，也有宽的，通 D 过它们，有大量的水从一个盆地流到另一个盆地（一些巨大的冷水和热水河流），也有火的通道，巨大的火河，以及许多泥浆河，有的稀薄些，有的浓厚些，例如西西里就有些河在熔岩来到前流着泥浆，后来就流着熔岩了。泥浆和熔岩遍布于若干地区，因为相继发生过这类洪流。这种反复的运动为地下的震荡力所造成，其所以发生震 E 荡，是由于大地有一道裂缝比其他的都大，而且贯穿整个大地，从一面直到另一面。这就是荷马所说的： 112A

通到很远、很远处，那地下的深渊。①

在别的地方他和其他诗人曾经把它称为鞑鞑若②。所有的河流都流进这道裂缝，又从其中流出，每一条都获得了它流经的那一部分大地的性质。其所以这些河流全都流进、流出此缝，是因为流动的液体 B 是没有底、没有根基的。因此它翻来覆去地震荡和汹涌，它附近的气和风也是这样；因为它们向大地的一边流时，以及从那边往回流时，都是跟随着液体，正像能呼吸的动物一呼一吸那样，风在那里伴随着液体一出一入地造成了可怕的、不可抗拒的狂风怒潮。水退到所谓低谷的区域时，就流进那里的河流，把它们填满，就像用水 C 泵打进去似的；水离开那个区域回到这一边时，就充满了这里的河

① 见荷马：《伊利亚特》，Ⅷ，14。

② Τάρταρος.

流；河川填满时，就经过通道，穿越大地，来到不同的途径通往的
各个地方，造成海洋、沼泽、河流和泉水。从那里它们又深入地下，
D 有的绕过许多大的区域，有的绕过少数小的区域，重新流进鞑鞑若，
那里有的地方比吸进点低得多，有的只低一点点，总之都比入口低。
有些河流进它们原来流出的那一边，有些河则流到相反的一边；有
些完完全全绕着圈子流，像蛇一样环绕大地一次或多次，然后下降
到尽可能深的低处，重新落入裂缝。从两边可以向中心流去，却不
E 能越过中心，因为那里的坡度很陡，形成壁垒。

“这些水流既多且大，各式各样，其中有四道最大，顶大的称为
渥格阿诺[1]，绕着圈子流淌；与此相反，流到相反方向的是阿克戎[2]，
113A 穿过沙漠地带，流经地下，注入阿克儒夏湖[3]。很多亡人的灵魂都前
往此湖，在那里停留一定的时间，有的长些，有的短些，然后被送
回世间，再生为生物。第三道水流淌在这二者之间，在离开发源地
不远处落进一个广大的区域，为大火所焚烧，形成一个比我们的海[4]
还大的湖，湖中有滚烫的泥浆翻腾。它从这里拖泥带水地绕着圈子
B 流淌，汹涌澎湃，行经另外一些地方，到达阿克儒夏湖边，但并不
与其河水相混。然后它翻腾多次于地下，到达鞑鞑若的下层。这就
是所谓毕里甫勒葛通[5]，从其中分出许多支流，向大地的各处喷射着
岩浆。在这道水流的对面，据说又流出第四道，首先流过荒芜、可

① Ὠκεανός，即大洋。
② ’Αχέρων，冥河。
③ ’Αχερουσιάς，冥湖。
④ 指地中海。
⑤ Πυριφλεγέθον.

怕的地方，水色深蓝，好像碧琉璃。这就是所谓斯蒂克斯[1]地区，由这道水流造成的湖称为斯蒂克斯湖。这道水流进入这个地区，水中获得了可怕的力量时，就通过地下，沿着与毕里甫勒葛通相反的方向绕行，与毕里甫勒葛通相会，走另一条路进入阿克儒夏湖。这道水流的水也不与别的水相混，也绕着圈子落进毕里甫勒葛通对面的鞑鞑若。它的名字据诗人说是哥句多[2]。 C

“这些事物的本性就是这样。亡者各由其守护精灵引导到这个地方，首先根据他在世的时候是否善良虔诚受到审判。那些被判定生时不善不恶的，就前往阿克戎，搭乘为他们准备的船只来到阿克儒夏湖；他们在那里住下来，涤除过恶，如果做过错事，则受罚而得宽免，如果做过好事，也善有善报，一一按照功过处理。至于那些看来不可救药的，由于犯了许多大罪，如渎圣、杀人以及其他罪行，十恶不赦，则根据犯罪情节严重，投入鞑鞑若以为报应，永远不得翻身。还有一些被判定犯有大罪，但是还可以挽救，例如一时性起虐待父母，以后终身抱恨，或者在与此类似的情况下杀了别人之类，则必须投入鞑鞑若，在那里囚禁已达一年时由波涛涌出，杀人者取道哥句多，虐待父母者取道毕里甫勒葛通。他们被水流送到阿克儒夏湖的时候，就放声大哭，向过去自己所杀害或虐待的人呼喊，恳求他们宽恕，让自己进入湖中。如果感动了苦主，他们就进入湖中，脱离苦难，如果苦主不许，他们又被投入鞑鞑若，回到那两条河里，如此反复，直到蒙受苦主原宥为止，因为这是法官判定的刑罚。至

D（“这些事物的本性……”）E（“宽免，如果……”）114A（“虐待父母……”）B（“求他们宽恕……”）

① Στύξ.

② Κωκυτός.

于那些被判定为终生虔诚的人，则从地下的这些区域释放，犹如出
C 狱，上升到洁净的居所，住在大地的上面。还有那些曾经用爱智的哲理把自己清洗得干干净净的人，从此以后就完全脱离肉体，过着纯粹的生活，进入更加美丽的居所，那里是很不容易描述的，何况现在时间不够，不能细讲了。

"辛弥亚啊，我们已经把这一切跟你们说清楚了，我们应该全力以赴地在生活中寻求美德和智慧。因为奖励是荣耀的，希望是巨大的。

D "一个有识之士也不宜于断言我说的一点不差，不过在灵魂及其居所方面，这些话大体上是对的，因为既然证明了灵魂是不死的，我们就可以而且值得大胆相信它，大胆是可贵的。我们可以利用这样一些讲法来激励自己，常常给自己念念这些咒语，因此我把这个故事讲了那么长。也正是因力这个缘故，一个人应当为自己的灵魂
E 打气，在生活中拒绝肉体的快乐和奢华，以为这是身外物，对自己有害无利，而一心追求知识的快乐，不用外在的饰物打扮自己的灵魂，只用它自己固有的东西来装点它，如明智、公正、勇敢、自由、
115A 真实之类，等待着离开今生前往另一世界，准备在命运见召时就去。辛弥亚和格贝啊，你们以后也会去的，各在各的时间；我现在已经准备好了，正像悲剧作家所说的那样，受到命运的召唤，我去沐浴的时候大概到了；因为我想最好在服毒之前沐浴，免得妇女们洗濯遗体的劳累。"

他说完以后，格黎东说："苏格拉底啊，请你指点指点我们，说
B 说你的子孙和其他事情该怎么办，我们为你效劳。"

苏格拉底说："格黎东啊，就是我一直说的那些话，没有新的。

你们关心自己就是照顾我和我的家属以及你们自己了，怎么做都行，不一定要现在许愿；如果你们不关心自己，不愿意照我们现在和过去讨论过的道路一步一步前进，那就会一事无成，现在不管怎样诚恳许愿都没用。” C

格黎东说：“我们一定会照你说的尽力办的。可是我们怎样葬你呢？”

苏格拉底说：“你们爱怎么办就怎么办，把我抓牢不让跑掉就行。”然后温和地笑着，瞧着我们说：“我无法使格黎东相信，那个谈天说地、体察入微的苏格拉底就是我。朋友们，他认为我就是将要死掉的人，问起怎么埋我！虽然我长篇大论地说过，我服毒之后 D
就不再跟大家在一起，要去享受你们所知道的快乐和幸福，可是他似乎以为这只是鼓励大家、鼓励我自己的空话。所以我要请你们为我向格黎东担保，担保的内容与他向我的判案法官提出的相反，他担保我不会逃走，你们要担保我死时不会赖着不走，而要前往彼世，使他对此比较宽慰，看到我的身体焚化或埋葬时不太悲痛，不以为 E
我受到可怕的待遇，在葬礼中可以不说自己在送走苏格拉底，或者跟他到坟墓，或者在埋葬他。因为，亲爱的格黎东啊，这些不恰当的说法不但本身不好，而且对灵魂有损。你们一定要鼓足勇气说，你们埋葬我的身体，这样做你们认为最好、最合适。” 116A

他说这些话的时候，站起来走到另一个房间里去沐浴；格黎东跟着他，叫我们等着。我在等待的时候彼此交谈，讨论所听到的讲话，然后说到那行将降临到我们头上的巨大不幸，因为我们感到他好像我们的父亲，失掉他之后我们就要一辈子当孤儿了。他沐浴完毕后，人家把他的孩子带来（他有两个小儿子，一个大的），他家 B

的妇女也来了，他当着格黎东的面跟他们谈了几句，作了一些指示，然后让妇女们出去，自己又走到我们这里来。这时候太阳快下山了，因为他在室内的时间比较长。他浴后爽快地坐下。以后他没说多少话，典狱官的仆人走进来站在他的旁边说："苏格拉底啊，我决不会
C 像对待别人那样粗暴地对待你，因为他们在我奉令叫他们服毒的时候总是发脾气咒骂我。我这些时候从各方面看到你是来到这里的最高尚、最和气、最善良的人，现在我知道你的脾气是对着别人，不是对着我的，因为你知道谁该受谴责。现在你知道我来的使命，再见吧，请你尽量顺当地完成对你的要求吧。"说完之后他泪如泉涌，
D 转过身走出去了。苏格拉底瞧着他说道："再见吧，我会照你说的做。"然后他跟我们说："多好的人哪！自从我到这里来之后，他曾经一再地来看我，来跟我谈话，他是最善良的人，他为我流泪多么高尚啊！来吧，格黎东啊，我们服从他吧，毒药准备好了就叫人送来吧，要是还没备好就叫人准备吧。"格黎东说："可是我想，苏格拉
E 底啊，太阳还在山上，还没落呢；我知道别的人都很晚才服毒，在命令已经下达之后，还大吃大喝，有的还跟所爱的人盘桓。你别忙，还有时间哪。"

苏格拉底说："格黎东啊，你说的那些人那样做是很自然的，因为他们认为那样做有利。可我不那样做也是很自然的，因为我相信
117A 自己迟一点服毒并不利。我如果贪图活命，锱铢必较，那只有在我的眼睛里显得猥琐可笑，毫无实利可得。来吧，请满足我的要求，不要拒绝。"

这时格黎东向站在旁边的仆人点头示意。仆人走出去，待了很久，然后跟一个人走回来；那人是管毒药的，带来一杯备用的毒汁。

苏格拉底看见他的时候，就说："我的好人啊，你是懂这些事情的，
我该怎么做？"他说："没什么，你只要喝下毒药，来回踱步，直到
觉得两腿无力，然后躺下，毒性就发作了。" B

这时他把杯子递给苏格拉底。苏格拉底接了，态度非常温和，
艾克格拉底啊，他一点都不发抖，颜色和表情都没有改变，像平常
那样睁着大眼向那人说："我想从杯子里倒出一点来奠神[①]，你说可不
可以？"他说："苏格拉底啊，我们只准备了够用的。"苏格拉底说：
"我懂了。但是我想我可以而且必须向神灵祷告，祈求去得顺当；我
现在做这个祷告，但愿得到允许。"他说这些话时就举杯到唇边，爽 C
快地、安静地一饮而尽。在这以前，我们中间多数人还能控制自己，
忍住自己的泪水；等到目击他举杯的举止，看到他服尽毒药，我们
就沉不住气了；为了不让自己泪如泉涌，我用大氅遮着脸暗自饮泣；
这并不是为他而泣，而是因为我不幸失掉了这样一位朋友。格黎东
在我之前站起来走出去，因为他不能制止泪珠了。阿波罗多若原来 D
一直在啜泣，这时悲痛得放声大哭，使大家都哀痛欲绝，只有苏格
拉底例外。他说："这是什么举动，你们这些古怪人！我把妇女们送
走，主要是为了不让她们做出这种荒唐事情；因为我听说最好是安
安静静地死去。请你们平静、勇敢。"我们于是感到羞愧，止住了自 E
己的泪水。他踱来踱去，说两腿沉重的时候就躺下了，因为这是行
刑者的嘱咐。管理毒药的人两手放在他身上，过了一会儿就试探着
他的脚和腿，然后捏出他的脚硬了，就问他有没有感觉，他说"没
有"；接着又问大腿怎么样，像这样逐步往上挪，证明他在变冷变硬

① 信徒向神祷告，将杯中酒洒出少许，奉献给神。

118A 了。他又摸着他说，毒发时冷到了心，就完结了。这时已经冷到了大腿根，就把原来盖住的面部揭开，他就说出他的最后一句话："格黎东，我们还欠阿斯格雷彪[①]一只公鸡。还了这个愿，别忘了。"格黎东说："我就做，你还有什么别的话招呼吗？"这话没有得到他回答，片刻之后他动了一下；行刑者揭开他的遮面物，他的两眼定了。格黎东见此状就伸手把他的嘴和眼合拢了。

艾克格拉底啊，这就是我的朋友的末日。我可以说，在我们所认识的当时人中间，他是最善良、最明智、最公正的人。

① 'Ασκληπιός，医药神，也管毒药。

会饮篇[①]

（或《论爱情》，伦理的）

谈话人：阿波罗多若[②]、朋友

St.Ⅲ

阿波罗多若：你现在问的那件事，我心里还是有底。因为不久 172A
以前我刚从帕雷戎[③]我的家里进城，有一个熟人在后头望见我，就远远地用开玩笑的口吻喊道："阿波罗多若，你这个帕雷戎佬哇，怎么不等等我？"我就停下等他，他对我说："阿波罗多若，前不久我找你，是因为我希望详细地知道，苏格拉底和阿伽通[④]以及阿尔基弼亚 B
德[⑤]等人在会饮中讨论爱情的经过究竟如何。有人从丕利波[⑥]的儿子沛尼各[⑦]那里听说过这件事，说这件事你也知道，他说的不很清楚。

---

① συμπόσιον，一种礼节，如为庆祝某事举行的典礼，有酬神的仪式，仪式后参加的人在一起饮酒，边饮边谈，称为会饮。会饮这个词后来为拉丁文吸收，称为 symposium，成了座谈会的意思。

② 'Απολλόδωρος，苏格拉底的一个学生。

③ Φάληρον，雅典城外的一个地方，离城约三公里。

④ 'Αγάθων，悲剧作家。

⑤ 'Αλκιβιάδης，曾经当过苏格拉底的学生，后来成为出卖雅典的人。

⑥ Φιλίππος.

⑦ Φοίνικος.

所以要请你给我谈一谈。因为你转述你朋友的话当然比谁都合适。”他说：“首先请你告诉我，那次聚会你本人参加了没有？”

C 我回答道：“那位向你转述的大概说得很不清楚，否则你就不会以为那次聚会是新近的事，问我是不是参加了。”他说：“我原来以为很近。”我说：“怎么会很近呢，葛劳贡[①]？你不知道阿伽通好多年就不在这里了，而我跟苏格拉底在一起，向他请教，天天获悉他的一

173A 言一行，还不到三年光景。在这以前，我在各地转来转去，自以为做了点事，其实很不行，比谁都不如，和你一样以为干什么都比爱智慧强。”他说：“别挖苦人啦，告诉我那次聚会是在什么时候吧。”我说：“那时候我们还是毛头小子，阿伽通的第一部悲剧得了奖，为了庆祝，他和他的歌队在第二天举行了酒会。”他说：“看来那是很久以前的事了。是谁跟你说起的？是苏格拉底本人吗？”我说：“宙

B 斯在上，不是他，就是那位告诉沛尼各的人，一位名叫阿里斯多兑谟[②]的居达特奈人[③]，一个矮个子，总是赤着脚，他参加了那次聚会，是当时崇拜苏格拉底最为热烈的人之一，如果我没有看错的话。我后来问过苏格拉底，事情是不是像他说的那样，苏格拉底说确实如此。”他说：“那你是不是可以给我说一遍？进城的路上我们正好说说话。”

C 于是我们一路谈着那件事；所以我像前面说的那样，对那件事还是心里有底。要我给你说一说，我准能办到。自己谈论爱智慧的事，或者听人谈论这方面的事，我认为这样做给我带来乐趣；至于

---

① Γλαύκων，柏拉图的兄弟，本篇中与阿波罗多若对话的人。

② ’Αριστόδημος.

③ Κυδαθήναιεύς.

别的谈话，特别是你们这些富户和有钱人的谈话，我觉得索然无味。我也怜惜你们这班朋友，因为你们自以为做了点事业，其实毫无价值可言。也许你们也在怜惜我，认为我不中用，我却认为你们是自 D
以为是；我不仅认为你们不行，而且知道你们不行。

朋友：阿波罗多若啊，你永远是那个老样子。你总是责备你自己，责备别人，我看你是认为所有的人都十分可怜，包括你自己在内，只有苏格拉底不是这样。你怎么得到那个绰号，人家怎么叫你软蛋，我不知道。可是你的言论总是另外一个味儿，骂你自己，骂所有的人，只有苏格拉底除外。

阿波罗多若：朋友！难道我对我和你有那样的想法，就显然是 E
发了疯，神经错乱吗?

朋友：阿波罗多若，我们不必现在就在这个问题上争吵起来。我问你答是没有什么问题的，你还是给我说说那次谈话是怎样进行的吧。

阿波罗多若：当时的谈话经过大概是这个样子……不过我还是 174A
把这件事按照阿里多兑谟所说的原样从头到尾给你复述一遍为好。

他说他在路上遇见苏格拉底，洗得干干净净的，还穿了鞋，这是很少见的事。他问他到哪里去，打扮得那么漂亮。

他回答道："到阿伽通家赴宴。昨天他庆祝得奖，请了我，我没去，怕人太多。我答应今天去。我打扮得干净点，是为了漂漂亮亮地去看一个漂亮人。你怎么样，阿里斯多兑谟，跟我一道去赴宴好吗？" B

他说："我遵照你的吩咐。"

苏格拉底说："那很好，跟我走吧。那样我们就可以借用一条谚语，把它倒过来说，每逢好人[1]开宴，好人不请自来。其实荷马也借用过这条谚语，只是把它曲解了。他把阿伽门农[2]写成战争中一个精
C 明干练的人，而把梅内劳写成一个软弱无能的操戈手，可是有一次阿伽门农设宴，并未邀请梅内劳[3]，他却不请自来赴宴了。这样看来，就是让不大好的人赴好人的宴会了。”

他听到这番话就说：“苏格拉底，以我这样一个没有什么价值的人，作了一个聪明人的不速之客，恐怕不像你说的那个意思，倒像
D 荷马说的那样。你带我去赴宴，得说出个所以来。我不肯承认自己是不速之客，只能说是你邀请来的。”

他说：“两个人一道走，总有一个先想出拿什么话来说的。我们去吧。”

阿里斯多兑谟说：“大概在说了这些话之后，我们就动身走了。苏格拉底心里想着一件事，不觉落在后面。我在等他，他喊我只顾
E 先走。我走到阿伽通家，发现大门开着，遇到一件很可笑的事情。我一到，就有个仆人出来迎接我，把我领进正屋，别的人已经入座，正在准备用膳。

“阿伽通一望见我就说：‘哎呀，阿里斯多兑谟啊，来跟我们一同吃饭吧。你要是为了什么别的事来的，请你把它放到以后再说吧。我昨天找你，邀请你来，可是没有找到。苏格拉底呢，你怎么没带他来？’

“我回头一看，不见苏格拉底的影子，就说：‘他确实是和我一道

① ἀγαθῶν，希腊文原意为“好人家的”，而阿伽通的名字就是这样写的。
② ’Αγαμέμνων，《伊利亚特》中希腊联军的统帅。
③ Μενέλαος，阿伽门农的兄弟，斯巴达王，也是联军将领之一。

来的，我来还是他邀请的呢。’

“他说：‘很好，你陪他来很好，可是苏格拉底到哪里去了呢？’

“我说：‘刚才他还跟在我后面，他怎么没有来，我也觉得奇怪。’ 175A

“听到这话，阿伽通就对一个仆人说：‘小子，你没有看到苏格拉底，把他领进来吗？’又说：‘阿里斯多兑谟啊，请挨着鄂吕克锡马柯[1]坐。’

“一个仆人给我洗了脚，让我舒舒服服地躺下。另外一个仆人进来说：‘那位苏格拉底已经来了，没有进来，站在隔壁的前院里，我喊他，他不肯进门。’

“阿伽通说：‘真是怪事！你再去喊他，不要放过他。’

“于是我就说：‘别喊，让他待着。他有这样做的习惯，常常到 B
一个地方就不走了，站在那里不动。我想他就会来的，不要打搅他，让他待一会儿。’

“阿伽通说：‘好吧，就照你说的办吧。’他就喊仆人们来，吩咐他们说：‘给我们上菜吧。没人监督你们，你们爱摆出什么就摆出什么，我不出主意。今天你们应该设想我和这些客人都是你们邀请来 C
的；要好好伺候，争取我们的称赞。’”

阿里斯多兑谟说：“于是大家开始用餐，可是苏格拉底还没有来。阿伽通再三地要派人去找，都被我拦住了。后来他终于到了，比他素来的习惯还不算太迟，客人们才吃下一半。阿伽通独自坐在末席上说：‘来呀！苏格拉底，请挨着我坐，让我靠近你，可以沾到你在隔壁门楼里发现的智慧。显然你是找到了并且抓住了它，要不你还 D

① Ἐρυξίμαχος，医生。

不会来。’

“苏格拉底坐下来说：‘阿伽通啊，要是智慧能像满满一杯水，通过一根毛线，就可以引到一只空杯里去，只要两个人挨着坐，智慧
E 就从充满的人那里流进空虚的人心里，那该多好啊！如果智慧是这样的，我该把坐在你旁边这件事看得非常珍贵，因为我想这样一来你的许多智慧就会倾注到我身上。我的智慧很浮浅，有如梦幻，是真是假还说不定；你的智慧却光辉灿烂，有很大的发展前途，在你还很幼小的时候就发出光辉，就在前不久有三万多人为此作了见证[①]。’阿伽通说：‘苏格拉底，你在嘲笑我。关于智慧问题，我们还是等一会儿决定，请狄奥尼索[②]来给我和你作裁判。现在你开始用餐吧。’

176A “这以后苏格拉底入了席，和其他的客人一起用餐。他们向神奠了酒，唱了庄严的颂神歌，举行了例行仪式，大家开始饮酒。于是包萨尼亚[③]开始发言，说：‘诸位，我们现在用什么方式喝酒最愉快？我这方面可以告诉诸位，实际上我还没有从昨天喝的酒里醒过来，
B 需要缓口气；我觉得你们多数人也和我差不多，因为昨天你们也在场。所以请你们考虑一下我们怎么喝最合适。’接着阿里斯多芬[④]就说：‘你说得很对，包萨尼亚，我们得想办法喝得从容一些。因为我自己昨天也属于烂醉如泥之列。’

---

① 希腊每年祭神大典中要举行戏剧会演，并且评定甲乙。竞赛在露天剧场举行，观众有三万多人。阿伽通的第一部悲剧就是在这样的场面下评定得奖的。

② Διόνυσος，酒神。

③ Παυσανίας.

④ ’Αριστοφάνης，喜剧作家。

“阿古梅诺[①]的儿子鄂吕克锡马柯听到这话就说：‘的确如此，说得很对。不过我还想听一听你们中间另外一位的意见：你怎么样，还能喝吗，阿伽通？’

“阿伽通说：‘我尤其不行，没这个力量了。’

“鄂吕克锡马柯接着说：‘这样看来，我、阿里斯多兑谟、裴德 C 若[②]这些人今天运气还不坏，你们几位酒量大的都宣告退却了。我们这些人当然是没酒量的。我没有把苏格拉底算在内，因为他能喝，也能不喝，摆在哪边都行。现在大家既然都不很想痛饮，我就不妨谈谈醉酒是怎么一回事，我的话也就不会很刺耳了。我有一种信念， D 这也许是从我行医的经验得来的，就是醉酒对人实在有害。我自己不肯饮酒过量，也不肯劝旁人喝过量，尤其是头一天喝过酒，头还昏昏沉沉的时候。’

“那个缪里努西佬[③]裴德若插进来说：‘你的话我总是相信的，尤其是医学方面的话，别的人考虑一下也该相信。’裴德若的话得到大家一致赞同；大家都同意今天会饮时不闹酒，高兴喝多少就喝多少。 E

“于是鄂吕克锡马柯说：‘既然大家决定随意饮酒，不加勉强，我建议把刚才进来的吹笛女打发出去，让她们吹给自己听，或者在乐意的时候吹给闺房里的女眷听，我们还是用谈论来消遣这次聚会的时光。谈论什么问题呢？如果大家同意，我倒准备好了一个题目， 177A 情愿提出来。’在座的人听到这话都说乐意这么办，请他把题目提出来。

① ’Ακουμένος.

② Φαῖδρος.

③ Μυρρινούσιος.

“鄂吕克锡马柯就说：‘我的开场白要引用欧里彼德[①]的《梅兰尼波》[②]剧中一句话：这话并不是我自己的，而是[③]裴德若的。他时常很气忿地对我说：说起来真奇怪，鄂吕克锡马柯！各种神道都引起过
B 诗人们作歌作颂，只有爱若[④]除外，从来没有一个诗人写诗颂扬他，尽管他那样伟大。请想一想那些本领高强的智者们[⑤]，他们写散文颂扬的却是赫拉格勒[⑥]之流，柏若狄果[⑦]就是智者中的一位。这还不足为奇，有一天我看到一本书，作者把盐的效用大大赞扬了一番。还
C 有许多其他类似的事物都有人赞扬过。这些小题居然有人大做，而至今却没有一个人写过诗宣扬爱神的功德，这样大的一个神竟被忽略到这步田地！裴德若的这番话我看很对，我愿意陪着裴德若向爱神致敬，同时建议今天到会的人趁此良机来礼赞爱神。如果大家赞
D 成，我们就有足够的谈论资料，可以消磨今晚的时光。我建议我们从左到右轮流，每个人都竭尽所能作一篇颂扬爱神的讲话。裴德若应该带头，因为他不仅坐在首席，而且是这个论题的创始人。’

“苏格拉底说：‘鄂吕克锡马柯，谁也不会反对你的建议。我自己更不会反对，因为我只知道重视爱情方面的事；我想阿伽通和包萨
E 尼亚也不会反对，阿里斯多芬更加不会，他的全部时光就都消磨在

---

① Εὐριπίδης，著名悲剧作家。

② Μελάνιππος，剧本名，今佚，仅存片断。

③ 见该剧残篇 488。

④ Ἔρως，小爱神，男性。

⑤ σοφιστής，公元前 5—前 4 世纪的一批传授修辞、论辩或智术的教师，以热心辩论、破除成见著称。

⑥ Ἡρακλῆς，大力英雄。

⑦ Πρόδικος，著名的智者。

狄奥尼索和阿苇若狄德[①]身上。我看其余在座的人也都不会反对。你的办法对于我们坐在后排的可是不很公平，不过坐在前排的如果把可说的话都说尽了，而且说得非常之好，我们也就心满意足了。好吧，我们就请裴德若开头说，祝他运气好。'"

在座的人一致赞成这番话，都跟着苏格拉底怂恿裴德若先说。178A
这次聚会每个人所说的话阿里斯多兑谟当然不能完全记清，他对我转述的话我当然也不能完全记清。我只记得最重要的部分。凡是我认为值得记住的话，我现在依次给你转述。

据说裴德若第一个发言，他首先认为爱若是一个伟大的神，为人类和诸神所景仰。这表现在许多方面，尤其在他的出身方面。"他是一位最古老的神，古老就是一种荣誉。他的古老有一个凭证，就 B
是他没有父母，从来的诗歌和散文没有一篇提到过爱神的父母的。与此相反，赫西俄德[②]说：首先产生的是混沌[③]——

然后是宽胸的伽娅[④]这负载一切的基础，随后是爱若[⑤]。

阿古西劳[⑥]也跟赫西俄德一样，说随浑沌之后产生了两个神：伽娅和

① 'Αφροδίτη，女爱神，司色情的女神。这里与酒神并称是指阿里斯多芬耽于酒色，喜爱风花雪月。

② Ἡσίοδος，公元前八世纪希腊诗人，《神谱》的作者。

③ Χάος.

④ Γαῖα，大地女神。

⑤ 见《神谱》，116。

⑥ Ακουσίλαος，谱牒学家，将《神谱》转写成散文。

爱若。巴门尼德[1]描写创世时说——

一切神灵中爱神最先产生。[2]

C 由此可见普遍认为爱神是诸神中间最古老的神，而且是人类幸福的来源。拿我自己来说，我就认为一个年轻人最高的幸福无过于有一个钟爱自己的情人，情人的最高幸福也无过于有一个年轻的爱人。[3]因为人们要想过美好正当的生活，必须终生遵循一个指导原则，这并不能完全依靠血统，也不能靠威望、财富，只有靠爱才能办到。
D 这原则是什么呢？就是：厌恶丑恶的，爱慕美好的。如果没有这个，无论是国家还是大人物，都做不出美好的事情来。我敢说，如果一个情人在准备做一件丢人的坏事，或者在受人凌辱而怯懦不敢抵抗，这时他被人看见了就会觉得羞耻，但是被父亲、朋友或其他人看见
E 还远远不如被爱人看见那样羞到无地自容。爱人被情人发现他做坏事，情形也是如此。所以我们如果能想出一种办法，让一个城邦或一支军队完全由情人和爱人组成，就会治理得再好不过，人人都会
179A 互相争着避免做丑恶的事，努力做光荣的事。这些人如果并肩作战，只要很小的一支队伍就可以征服全人类了。因为一个情人如果脱离岗位或者放下武器，固然怕全军看见，尤其怕他的爱人看见；与其被爱人看见，他宁愿死百回千回。也没有一个情人会怯懦到肯把自

① Παρμενίδης，爱利亚学派哲学家。

② 见巴门尼德的残篇，132。

③ 古希腊社会有男子同性恋的风气，年龄较大的男子钟爱较小的少年。前者称为 ἐραστός，即爱者，这里译为“情人”；后者称为 παιδικός，即娈童，也就是 ερωμένος（被爱者），这里译为“爱人”。

己的爱人放在危险境地不去营救；纵然是最怯懦的人也会受爱神的鼓舞，变成一个英雄，做出最英勇无畏的事情来。荷马就说过，神 B 在某些英雄胸中激发起一股神勇，这无疑就是爱神对情人的特殊恩赐。

"还有一层，只有相爱的人们肯为对方牺牲性命，不但男人，连女人也是如此。贝利亚[①]的女儿阿尔革丝蒂[②]就在全希腊的人面前为我这句话提供了强有力的证据。只有她肯代替她丈夫去死，虽然她丈夫也有父亲和母亲。[③]她的爱超过了父母的爱，所以父母显出对于 C 儿子有如路人，只有姓氏的关系。她成就了她的英勇行为，不但人，连诸神也钦佩这行为的高尚。人死后神让他的灵魂还阳是极罕见的恩惠，连建立过丰功伟业的英雄们也很少蒙受，而神灵却将它赐给阿尔革丝蒂，准她死后还魂，以表示他们的钦佩。由此可知连诸神 D 也尊敬爱情鼓舞起来的热忱和勇气了。俄亚葛若[④]的儿子俄尔剖[⑤]所受的待遇就不一样。诸神放他离开阴间，却并没有让他满足他的要求，并不把他的妻子还给他，只让他看了一眼她的阴魂。[⑥]因为诸神看见他懦弱没有勇气（他本是一个琴师，这是不足为奇的），不肯像

① Πελίας.

② Ἄλκηστις.

③ 阿尔革丝蒂的丈夫因病当死，阿波隆神替他求情，准许他的父母或妻子之中的一个人代他死。他的父母虽然年老，却不肯替儿子死。于是阿尔革丝蒂毅然请死以代。诸神嘉奖她，让她死后复生。欧里彼德用这个传说写了一部悲剧，就以《阿尔革丝蒂》为剧名。

④ Οἴαγρος，河神。

⑤ Ὀρφεύς，据说是荷马以前最伟大的诗人，演奏竖琴可以使木石点头。

⑥ 伟大的琴师和诗人俄尔剖的妻子死了，他怀念甚切，活着走到了阴间，诸求冥王准他把她带回人世。他的音乐感动了冥王，冥王准了他的要求，但是附有一个条件，就是他的妻子跟在他后面走，未到阳间之前不准他回头看她。快到阳间了，俄尔剖忍不住回头看她一眼，冥王马上就把她夺回到阴间。

阿尔革丝蒂那样为爱情而死，只是设法活着走到阴间。所以诸神给
E 他应得的惩罚，让他死在女人们手里。①至于特底②的儿子阿启娄③却得到诸神优遇，死后到了福人岛。因为他虽然听到母亲叮嘱他说，要是杀了赫革多尔④他就会死，要是不杀赫革多尔他就会平安回家，长命到老，他却毅然下决心营救他的情人巴卓格罗⑤，为他报了仇，
180A 不仅为他而死，而且紧跟他死去。为了这个缘故，诸神非常钦佩他，给他特殊优遇，因为他懂得珍重爱情。

"艾斯区洛⑥把阿启娄说成巴卓格罗的情人，颠倒了二人的关系。阿启娄不仅比巴卓格罗美，也比所有的其他英雄们都美，还没有留胡须；而且根据荷马的说法，他比巴卓格罗年纪小得多。没有什么能比爱情激起的英勇更受诸神尊敬，而且爱人向情人表现的恩爱比起情人向爱人表现的钟爱也更博得诸神赞赏，因为情人是由爱神依
B 附的，要比爱人更富于神性。就是因为这个缘故，诸神优遇阿启娄要超过阿尔革丝蒂，让他住到福人岛上。

"总起来说，我认为爱神在诸神中是最古老、最荣耀的，而且对于人类，无论是生前还是死后，他也是最能导致品德和幸福的。"

C 根据阿里斯多兑谟的转述，裴德若说的话大致如此。他说完之后还有些人发言，阿里斯多兑谟记不太清楚，就把那些话撇开，接

① 据说俄尔剖后来被酒神的女信徒们撕裂而死。
② Θέτις.
③ 'Αχιλλεύς，希腊联军中的英雄。
④ Ἕκτορ，伊利亚特的猛将。
⑤ Πατρόκλος.
⑥ Αἰσχύλος，悲剧作家。

着转述包萨尼亚的发言。

包萨尼亚说："裴德若啊，我看我们的题目提得不很妥帖。我们只是规定颂扬爱神。如果爱神只有一个，这倒可以说得过去；可是爱神不止一个，我们一开始就该说明哪一个是我们要颂扬的。所以 D
我现在要做的就是纠正这个缺点，先把论题弄准，指出要颂扬哪一个爱神，然后再用适合这位尊神的语言来颂扬他。

"大家知道，爱若是与阿芙若狄德分不开的。如果阿芙若狄德只有一个，爱若也就只有一个；如果阿芙若狄德有两个，爱若也就必定有两个。谁能否认这位女神有两个呢？一个比较老，是天帝乌拉诺[①]的女儿，没有母亲，我们把她称为天上的[②]；另一位比较年轻，是 E
宙斯和宙尼[③]生的女儿，我们把她称为凡间的[④]。与这两个女爱神相配合的有两个爱若，应该一个称为天上的爱神，一个称为凡间的爱神。所有的神当然都应当颂扬，不过这两个爱神所司何事，我们必须弄明白。一切行动，专就其本身看，并没有美丑之分。比如我们 181A
此刻所做的事，如饮酒、唱歌或谈话，本身都不能说美，也不能说丑。美和丑起于做这些行动的方式。做的方式美，所做的行动就美，做的方式丑，所做的行动也就丑。爱是一种行动，也可以这样看它。我们不能一遇到爱就说美，值得颂扬；只有那驱使人以高尚的方式相爱的爱神才美，才值得颂扬。

---

① Οὐρανός，神话中的第二代天帝。根据《神谱》，他被他的儿子们砍碎投入大海，海中涌出一片白浪，就变成了阿芙若狄德这个女爱神。

② Οὐρανία.

③ Διός 或 Ιεύς，乌拉诺的儿子，第三代天神；Διόνη，宙斯的亲生女儿。荷马史诗上说他们父女相配生育了阿芙若狄德。

④ πάνδημος.

“凡间阿菁若狄德引起的爱神确实也是凡俗的，它不分皂白地奔
B 赴它的目的。这种爱情只限于下等人。它的对象可以是娈童，也可以是女子；它所眷恋的是肉体而不是灵魂；最后，它只选择愚蠢的对象，因为它只贪图达到目的，不管达到目的的方式美丑。因此怀着这种爱情的人苟且从事，不管好坏。这是当然的事，因为这种爱
C 情来自那位比较年轻的女爱神，她的出身是由于男的也由于女的。至于天上的那位的出身却与女的无关，只是由男子生的，所以其爱情对象只是少年男子。其次，她的年纪较大，所以不至于荒淫放荡。她只鼓舞人们把爱情专注在男性对象上，因为这种对象生来就比较
D 坚强，比较聪明。就是在这种专注于少年男子的爱情上，人们也可以看出，它是真正由这位天上爱神激发的：这种少年男子一定要显现理性，也就是腮帮上长胡须的时候，才能成为爱的对象。我想情人之所以要等爱人达到这种年龄之后才钟爱他，是由于存心要和他终生相守，不是要利用他的年幼无知来哄骗他，碰到另外一个可以
E 宠爱的对象时就把他扔掉。宠爱幼童是照规矩应当禁止的，免得人们在动摇不定的对象上浪费许多精力，因为幼童无论在心灵上还是在身体上都是动摇不定的，终于变好还是变坏谁也不能预先知道。善良的人们为他们自己制定这种规矩，也强迫那些凡俗的情人服从它，不许他们随便爱恋良家妇女。因为这种凡俗的情人使大家对爱情起了不良印象，以为爱人满足情人的要求是一件可耻的事。人们说这话时，心中所指的正是这种凡俗的情人，因为看到了这班人的
182A 卑鄙放荡的行为。正好相反，那种循规蹈矩的行为就永远不会引起人们的反感，不会招来指责。

“我可以指出，关于爱情的规矩在其他的城邦里是很明确易晓

的，我们这里的这方面规矩却很复杂。在爱利亚[①]、拉给代孟[②] 和博尤 B
底亚[③]，人们不长于辞令，他们干脆立了一条直截了当的法律，把接受情人的恩宠看成美事，无论老少，没人说它是丑事。我看这是由于他们不愿费心思拿辞令来争取少年男子，他们本来是并不长于此道的。但是在伊奥尼亚[④] 以及许多别的地区的规矩却把接受情人恩宠定为丑事，这是由于他们受蛮夷统治所致。蛮夷们把钟爱少年男子、爱智慧和爱体育都看成丑事，我想这是因为统治者不愿让被统治者 C
发扬高尚思想，有牢固的友谊和亲密的交往，而这一切都正是爱情所产生的。我们这个城邦的僭主们就从经验得知：由于阿里斯多给东和哈尔谟第欧[⑤] 的坚强爱情和友谊，就把僭主的统治推翻了。由此 D
可知，一个地方把接受情人的宠爱当成丑事，那地方人的道德标准一定很低，才定出这样的规矩来。这规矩表现的是统治者的专横和被统治者的懦弱。反之，一个地方无条件地把爱情当成美事，那个地方的人们一定不愿制定这样的规矩。

“我们这里制定的规矩比那些都要好得多，不过像我刚才说的那样，不大容易理解。我们可以想一想我们这里人的论调。他们说，与其暗爱，不如明爱，所爱的人应当在门第和品德上都很高尚，美还在其次。人们对情人都给予极大的鼓励，不认为他在做不体面的事；人们把追求爱情的胜利看成光荣，把这方面的失败看成羞耻。E
为了争取胜利，他可以做出种种离奇的事。习俗给了他这种自由，

---

① Ἠλίας，在希腊南部伯罗奔尼撒半岛上。

② Λακεδαίμων，斯巴达的别名。

③ Βοιωτία，在希腊中部。

④ Ἰωνία，爱琴海东岸地区。

⑤ ᾿Αριστογείτον 和 Ἁρμόδιος.

而这些离奇的行为如果是为了别的目的，不是为了爱情，他就逃不
183A 脱哲学的极严厉的谴责。

“比如说，假如一个人想别人给他金钱、官职或某种势力，就去做情人通常向爱人做的那些事，恳请，哀求，发誓，睡门槛，做出
B 一些奴隶所不屑为的奴性行为，那么，无论是他的朋友还是他的仇敌都会尽力阻止他，仇敌会骂他趋炎附势，朋友会责备他，替他害羞。可是这些事如果是情人做的，反而会博得赞许，我们的习俗给了他这种自由，丝毫不加谴责，以为他所要达到的目的是非常高尚的。最奇怪的是一般人认为：只有情人发了誓而不遵守，才可以得到诸神的宽恕，因为牵涉到阿芾若狄德的誓言据说根本就不是誓言。
C 由此可知神和人都准许情人有完全的自由，像我们这里的规矩所同意的那样。

“从以上的事实可以推想，在我们这个城邦里，做情人和做爱人都是很光荣的事。可是另一方面，爱人们的父亲常常请教师来管束他们，防止他们和情人的来往；和他们年龄相仿的少年及其朋友见到他们和情人来往也会指责他们，他们的长辈对这种指责也不加非
D 难或禁止。从这些事实又仿佛可以推想，在我们这个城邦里做情人和做爱人都是很丑的事。

“我认为道理是这样：这件事并不是十分单纯的，像我开头说的那样。单就它本身来看，它无所谓美，也无所谓丑；做的方式美它就美，做的方式丑它就丑。丑的方式就是拿卑鄙的方式来对付卑鄙的对象，美的方式就是拿高尚的方式来对付高尚的对象。所谓卑鄙
E 的对象就是上面说的凡俗的情人，爱肉体过于爱灵魂的。他所爱的东西不是始终不变的，所以他的爱情也不能始终不变。一旦肉体的

颜色衰败了，他就远走高飞，毁弃从前的一切信誓。然而钟爱优美品德的情人却不然，他的爱情是始终不变的，因为他所爱的东西也是始终不变的。

“我们这里的规矩要求对这两种人加以谨严的考验，知道哪种人 184A
可以钟爱，哪种人必须避开；它鼓励人们钟爱应当钟爱的，避开应当避开的；根据种种考验，判定情人和爱人在两种爱情之中究竟站在哪一方面。正因为这个缘故，我们的习俗定了两条规矩，头一条
是：迅速接受情人是可耻的，应该经过一段时间，因为时间对于许 B
多事物常常是最好的考验；第二条是：受金钱引诱或政治威胁而委身于人是可耻的，无论是不敢抵抗威胁而投降，还是贪图财产和地位，全都一样。因为这些势力、名位和金钱都不是持久不变的，高尚的友谊当然不能由此产生。

“按照我们这里的规矩，就只有一条路可以让爱人很光荣地接受 C
情人；如果这样做，从情人方面说，心甘情愿地完全做爱人的奴隶并不算是谄媚，也没有什么可谴责的；从爱人方面说，他也自愿处于奴隶的地位，这也并不是不光荣的。这条路就是增进品德。按照
我们这里的规矩，如果一个人肯侍候另外一个人，目的在于得到那 D
个人的帮助在爱智或其他品德上更进一步，这种卑躬屈节并不卑鄙，也不能指为谄媚。这两条规矩，一条是关于少年男子的爱情，一条是关于学问道德的追求，应该合而为一；如果合而为一，爱人眷恋情人就是一件美事。所以，情人和爱人来往，就各有各的指导原则。情人的原则是爱人对自己既然表现殷勤，自己就应该在一切方面为他效劳；爱人的原则是情人既然使自己在学问道德方面有长进，自
己就应该尽量拿恩情来报答。一方面乐于拿学问道德来施教，一方 E

面乐于在这些方面受益，只有在这两条原则合而为一时，爱人眷恋情人才是一件美事，如若不然，它就不美。如果是为了增进学问道德，纵然完全失败也没有什么可耻；如果是为了其他的目的，不管
185A 失败与否都是可耻的。假如一个少年男子以为他的情人很富，为了贪财就去眷恋他，后来发现自己看错了，其实他很穷，无利可图。其眷恋还是很可耻的，因为这种行为揭穿了他的性格，证明他这个人为了金钱可以侍候任何人、做出任何事来，这当然是很不光彩的。再假如一个少年男子以为他的情人很有道德，和他来往可以使自己
B 变好，后来发现自己完全看错了，那人其实很坏，毫无品德可言，在这种情况下，他虽然看错了，却还是很光彩的。因为大家认为他的这种行为表现了他的性格，表明他一心一意想好，想在品德上更进一步，才去眷恋一个人，比起前一个事例来，这却是最光荣的。总之，为了品德而眷恋一个情人是很美的事。这种爱情是天上的阿
C 莆若狄德所激发的，本身也就是属于天上的，对国家和个人都非常可贵，因为它在情人和爱人心里激起砥砺品德的热情。此外的一切爱情都起于凡间的阿莆若狄德，都是凡俗的。

“裴德若啊，关于爱神，我的没有准备的临时想出的话就说到这里。”

包萨尼亚使我们学到了聪明的能人们[①]那种转弯抹角的说话技巧。他的话一结束，阿里斯多兑谟就宣布该轮到阿里斯多芬发言。
D 不知是因为吃得太饱了，还是因为别的缘故，阿里斯多芬碰巧正在

① σοφοί，如所谓七贤。

打嗝，不能说话。他只好向坐在下一位的鄂吕克锡马柯医生说：“鄂吕克锡马柯啊，请你帮个忙，要么止住我的打嗝，要么代我讲话，等我复原再说。”鄂吕克锡马柯答道：“这两件事我都替你办。我先代替你讲话，等轮到我的时候你再讲。在我讲的时候你憋口气别呼吸，就可以止嗝，要是不止，你就得喝下一口水。如果这样办你打嗝还很厉害，你得拿样东西戳一戳鼻孔，打一个喷嚏，这样来一两回， E
无论多么厉害的打嗝都会停止的。”阿里斯多芬说：“你开始讲吧，我照你说的办。”

于是鄂吕克锡马柯说：“我看包萨尼亚的话开头很好，收尾却不 186A
很相称，所以我必须对他的话作一点补充。因为他说爱情有二重性，我看这样区分是妥当的；但是爱情激动人的灵魂不仅追求美少年，也追求许多别的东西，以及所有的其他事物，如一切动物的身体，一切在大地上生长的东西，总之一切存在物。这是我们从医学得出 B
的结论：爱神的威力伟大得不可思议，支配着全部神的事情和人的事情。

“为了尊敬我自己从事的行业，我愿意先从医学出发。身体的本性也具有这种二重的爱。因为身体的健康状态和疾病状态是不同的、不一样的；不一样的状态希求的、喜爱的是不一样的对象。因此，健康状态的爱和疾病状态的爱是两回事。正如包萨尼亚刚才说的那样，爱好人是美事，爱坏人是丑事。对身体来说也是同样的道 C
理：对身体上好的、健康的东西加以爱护是美事，这就是我们所谓医术所管的；爱坏的、有病的东西是可耻的，必须加以排除，如果懂医道的话。总之，医学就是关于身体的爱好的学问，研究如何培养、如何宣泄。医道高明的人就能区分美好的爱和恶劣的爱。要是 D

一个医生善于促成转变，以这种爱代替那种爱，引起身体里面本应具有而尚未具有爱，消除其中本不应有而实际具有的爱，那他就是医中高手了。医生还必须懂得使本来在身体里相恶如仇的因素变成相亲相爱。最相恶如仇的就是那些互相对立的因素，如冷和热、苦
E 和甜、干和湿之类。我们的祖师爷阿斯格雷比欧[①]之所以成为医学创始人，就是因为他能使相反相仇的东西和谐一致，像这里两位诗人[②]所说的、我自己所相信的那样。

187A “不仅医学完全受爱神统治，像我刚才说的那样，就是体育和农业也是如此。至于音乐受爱神统治更为明显，任何人不用费力思索也可以看出。赫拉克利特[③]说过一句话，字面含糊费解，也许指的就是这个意思。他说：*一与它自身冲突，又与它自身一致，有如弓和竖琴的和谐*。说和谐就是冲突，或者和谐是由冲突的因素形成的，
B 当然极端荒谬。他的意思也许是说，音乐的艺术就是协调高音低音的冲突，从而创造出和谐。如果高音和低音仍然在冲突，它们就绝不能有和谐，因为和谐就是协调，而协调是一种互相和合，两种因素如果仍在冲突，就不能互相和合；冲突的因素在还没有互相融合的时候也就不可能有和谐。可是节奏也是由快和慢产生的，快和慢
C 本来是两回事。后来却变成一致了。正如前面是医术带来了身体的协调，这里则是音乐的艺术产生了另外一种和谐，因为它协调快慢的差异，产生出节奏来。所以音乐可以说是关于和谐和节奏方面的爱的学问。在和谐与节奏的组成上，我们固然不难看出爱的作用，

---

① ’Ασκληπιός.

② 指阿里斯多芬和阿伽通。

③ Ἡράκλειτος，这句话见他的残篇 51。

却还看不出这二重性的爱；可是到了应用和谐与节奏于人生的时候，D 无论是创造曲调（就是所谓作曲），还是演奏已经制成的曲调（这需要好好调教），就都不是易事，需要高明的音乐大师了。在这里我们又要回到上面的结论，分别两个爱神。我们应该爱品格端正的人，以及小有缺陷而肯努力上进的人；这才是应该保持的爱情，才是那个美好的、天上的爱神，才是天上仙女们的爱情。至于那出于波吕 E 姆尼娅[①]的凡间的爱情则必须加以谨慎防范，以免因它的快感养成淫荡。这正如我们的医学重视食欲的正确使用，享受佳肴美味而不至于生病。由此可知，在音乐、医学以及其他一切人的事情和神的事情里面，我们都要尽量细心地注意这个二重的爱神，因为它是肯定存在的。

“四季的推移也充满着这两种爱情。我刚才说的冷和热、干和湿 188A 那些性质，如果有一种有节制的爱把它们约束在一起，使相反者相成，产生一种恰到好处的和谐，就会风调雨顺，人畜草木都健康繁殖，不发生任何灾害。反之，在季节的推移中如果那种无节制的爱占了上风，就会出现各种灾害，牲畜草木就发生瘟疫或其他各种疾病，凡属霜冻、冰雹、发霉之类，都是由于天文学所研究的爱情范 B 围内出现了反常失调的情况。天文学的对象就是星辰的变动和季节的推移。

“不仅如此，那些有关祭祀和占卜的仪式（这都是神与人之间的 C 交往）所做的无非就是对爱的保持和治疗。因为我们之所以不虔诚，大都由于不顺从那个有节制的爱神而皈依另一个爱神，以及对父母

① Πολύμνια，十个缪斯之一，专司风花雪月式文艺的女神。

（无论存殁）不孝顺，反对占卜所凭依的神灵，不加信奉和崇敬。占
D 卜术的功能就是监督和治疗这两个爱神，所以占卜术是调节人神友谊的艺术，因为它能分别人的哪种爱是符合敬天畏神的道理的。

“所以说，一般说来爱神的威力是多方面的，巨大的，普遍的；但是只有当他以公正和平的精神在人神之间成就善事的时候，才显示他的最大的威力，使我们得到最高的幸福，使我们不但彼此友好相处，而且与高高在上的诸神维持着敬爱的关系。

E “我的话就到此终结。也许我的颂词也有许多遗漏，可是这并非有意的。如果我有遗漏，阿里斯多芬，就请你填补。不过你颂扬爱神如果另有新意，就请随意发表，你已经不打嗝了。”

189A 据阿里斯多兑谟说，接着就是阿里斯多芬发言，他说：“不错，我的打嗝是停止了，不过这是打了喷嚏之后才停的，所以我觉得很奇怪，为什么一定要经过那一番大声的、怪痒的喷嚏折腾，才能恢复身体的正常状态呢？你看，一打喷嚏，打嗝果然停止了。”鄂吕克锡马柯回答说：“好哇，阿里斯多芬，当心你在干什么！你一开口就
B 开玩笑。你本来可以平平静静地说下去，却这样开玩笑，使我不得不提防着你，看你的话有什么惹人笑的。”阿里斯多芬听了哈哈大笑，说：“你说得对，鄂吕克锡马柯，我刚才说的全不算数。可是你千万不要提防我。我害怕的倒不是自己的话会惹人笑，因为惹人笑是我的诗神的胜利，这本来就是他的特产；我害怕的只是自己说的话荒唐可笑。”鄂吕克锡马柯说：“阿里斯多芬哪，你以为自己打了别
C 人可以不挨打么？小心点，说话要算数，要负责为它辩护的。只要你说的顺我的心思，也许我会放你过去。”

阿里斯多芬接着说：“对，鄂吕克锡马柯，我打算换个方式来

说，和你们两个的说法，包括你的和包萨尼亚的，都不一样。依我
看，一直到现在，人们对爱神的威力还是完全不了解。要是他们了
解，就会给爱神建立最庄严的庙宇，筑起最美丽的祭坛，举行最隆
重的祭典。可是一直到现在爱神还没有得到这样的崇敬，尽管他理 D
应得到。因为他是一切神祇之中最爱护人类的，他援助人类，给人
类医治一种疾病，治好了，人就能得到最高的幸福。我今天要做的，
就是让你们明白爱神的威力。你们明白了就可以把我的教义传给全
世界。

“你们首先要领教的是人的本性以及他所经过的变迁。从前的人
和现在不一样。从前的人本来分成三个性别，不像现在只有两个性 E
别。在男人和女人之外，从前还有一种人不男不女，亦男亦女。这
第三类人现在已经绝迹了，只有名称还保留着，就是所谓阴阳人，
他们原来自成一类，在形体上和名称上都是兼具阴阳两性的。现在
阴阳人这个名称却成了骂人的字眼。此外，从前人的形体是一个圆
形的东西，腰和背部都是圆的，每个人有四只手，四只脚，一个圆
颈项上安着一个圆头，头上长着两副面孔，一副朝前一副朝后，可 190A
是形状完全一模一样，耳朵有四个，生殖器有一对，其他器官的数
目都依比例加倍。他们走起路来也像我们一样直着身子，但是可以
随意向前向后。可是要快跑的时候，他们就像现在杂技演员翻筋斗
一样，四只胳臂四条腿一齐翻滚，滚动得非常快。其所以有这三个 B
性别，是由于男人原来是由太阳生的，女人原来是由大地生的，至
于阴阳人则是由月亮生的，月亮本身就同时具备太阳和大地的性格。
他们的形体和运动都是圆的，是像他们的产生者。他们的体力精力
当然非常强壮，因而要想和神灵比高低，就像荷马说的艾披亚尔德

C 和俄铎[①]一样，企图打开一条通天路，去和诸神交战。

“于是宙斯和其他的诸神会商应付的办法，他们茫然莫知所措。因为他们不能灭绝人类，像从前用雷电灭绝巨灵那样，要是灭绝了人类，就断绝了人对神的崇拜和牺牲祭祀；可是人类的横蛮无理也是确实不能容忍的。宙斯费尽心思，终于想出一个办法。他说：‘我
D 相信有一种办法，一方面让人类还活着，一方面削弱他们的力量，使他们不敢再捣乱。我提议把每个人剖成两半，这样他们的力量就削弱了，同时他们的数目也加倍了，这就无异于说，侍奉我们的人和献给我们的礼物也就加倍了。剖开之后，他们只能用两只脚走路。如果他们还不肯就范，还要捣乱，我就把他们再剖成两半，让他们只能用一只脚跳来跳去。’宙斯说到做到，把人剖成两半，就像切水
E 果做果脯，用头发割鸡蛋一样。剖开之后，他吩咐阿波隆[②]把人的面孔和半边颈项扭转到切开的那一边，让人常见切割的痕迹，学乖一点；扭转之后，再把伤口治好。于是阿波隆把他们的脸扭过来，把切开的皮从两边拉到中间，拉到现在的肚皮的地方，好像用绳子封
191A 紧袋口一样。他把缝口在肚皮中央系起，造成现在的肚脐。然后他像皮匠把皮子放在鞋楦头上打平一样，把皱纹弄平，使胸部具有现在的样子，只在肚皮和肚脐附近留了几条皱纹，使人永远不忘过去的惩罚。

“原来，人这样剖成两半之后，这一半想念那一半，想再合拢起
B 来，常常互相拥抱不肯放手，饭也不吃，事也不做，直到饥饿麻痹而死，因为他们不想分开。要是这一半死了，那一半还活着，活着

① Ἐφιάλτης，Ὦτος，见《奥德赛》，XI，305—320。
② ’Απόλλων，太阳神。

的那一半就到处寻求配偶，一碰到就跳上去拥抱，不管那是整个女人剖开的一半，即我们现在所谓的女人，还是整个男人剖开的一半。这样，人类就逐渐消灭掉了。宙斯起了慈悲心，就想出一个新办法，把人的生殖器移到前边（从前都是在后面，生殖不是凭男女交媾， C
而是把卵生到土里，像蝉一样孵化），使男女可以凭交媾生殖。由于这种安排，如果抱着相配合的是男人和女人，就会传下人种；如果抱着相配合的是男人和男人，至少也可以平息情欲，让心里轻松一下，好去从事人生的日常工作。就是这样，从很古的时候起，人与人相爱的欲望就植根于人心，它要恢复原始的整一状态，把两个人 D
合成一个，治好从前剖开的伤痛。

“所以我们每人都是人的一半，是一种合起来才成为全体的东西。所以每个人都经常在寻求自己的另一半。那些由剖开阴阳人造成的男人是眷恋女人的，大多数奸夫都属于这种人；那些来自这种 E
人的女人则眷恋男人，是淫妇。那些由剖开女人造成的女人对男人没有多大兴趣，却更喜欢女人，她们是来自这种人的同性恋者；那些由剖开男人而造成的男人从少年时期起都还是原始男人的一部分，爱和男人做伴，和他睡在一起，乃至互相拥抱以为乐事。他们在少 192A
年男子当中多半是最优秀的，因为具有最强烈的男性。有人骂他们为无耻之徒，其实这是错误的，因为他们的行为并非由于无耻，而是由于强健勇敢，急于追求同声同气的人。最好的证明是这样的男人到了成年之后就在政治上显示出雄才大略。一到壮年，他们就会 B
眷恋青年男子，对娶妻生子并没有自然的愿望，只是随俗而行；他们自己倒是宁愿不结婚，常和爱人相守。总之，这种人之所以眷恋少年、爱当被人眷恋的人，是因为他们永远在同气相求。

C “一个眷恋少年的人或者别的情人，如果一旦遇到他自己的另外一半，他们就会马上互相爱慕，互相亲昵，可以说片刻都不肯分离。他们终生在一起共同生活，也说不出自己从对方得到什么好处。没有人会相信，只是由于共享爱的欢乐，就能使他们这样热烈地彼此
D 结合在一起；很显然是这两个人的灵魂在盼望着一种隐约感觉到而说不出来的别的东西。假如当他们睡在一起的时候赫派斯多[①]来到他们面前，手里拿着他的铁匠工具问他们：‘你们俩盼望从对方得到的究竟是什么呢？’假如他们不知道怎样回答，他又问道：‘你们是不
E 是想尽可能在一块儿，日夜都不分离？如果你们的愿望是这个，我可以把你们熔成一片，焊成一块，两人合为一个，在世一天就在一起活一天，作为一个人活着，死了也一块儿到阴间，两个人一道死，不是两个人各死各的。你们想一想，是不是愿意这么办？这样办是不是能使你们心满意足？’他们听了这番话之后，准保没有一个人会说出半个不字，或者表示盼望别的事。他们每个人都会想，自己许久以来所盼望的正是和爱人熔成一片，两人合成一个人。

“其所以如此，原因就在于我们原来的性格就是这样，我们本来
193A 是个整体，这种成为整体的希冀和追求就叫作爱。从前，像我说的那样，我们本是一个，现在由于我们犯了过错被神分割开来了，如同拉给代孟人分割阿尔迦狄亚[②]人那样。我们要引以为诫，如果我们对神灵不守本分，恐怕还会被神再剖割一次，走起路来像墓碑上刻的浮雕人物似的，从鼻梁中线剖开，成为切开的两片。由于这个

① Ἥφαιστος，火神，铁匠的祖师爷。

② Ἀρκαδία，伯罗奔尼撒丰岛中部地区，其城邦曼蒂内亚（Μαντίνεια）于公元前385年被斯巴达人攻破，分割为四个村庄。

原因，应当劝告世人在一切事情上都要敬畏神灵，免得再度受惩罚， B
而且在爱神的保佑之下得到福气。任何人都千万不可在行为上触犯爱神，得罪于诸神通常都是由于这个原因。如果我们一旦成了爱神的朋友，与他和平相处，那就会碰见恰好和我们相配的爱人，今天能享到这种福气的人是多么稀少啊！鄂吕克锡马柯不要打断我，嘲笑我，说我这番话是暗指包萨尼亚和阿伽通（因为他们俩也许的确属于这种有福的人，而且生就是男的），我指的是全世界的男男女 C
女，我说全人类只有一条幸福之路，就是实现自己的爱，找到恰好和自己配合的爱人，总之，还原到自己的本来面目。这种还原既然是最好的事，那么，达到这个目标的捷径当然就是最好的途径，这就是得到一个恰好符合理想的爱人。爱神就是成就这种功德的神， D
所以他值得我们歌颂。在今生，他保佑我们找到恰好和自己相配的人，在来生，他给我们无穷的希望。如果我们能敬神，爱神将来就会使我们还原到自己原来的整体，治好我们的毛病，使我们幸福无涯。

"鄂吕克锡马柯啊，这就是我对爱神的颂辞，和你的不一样，请你不要拿它来开玩笑，我们还要听听其余各位的话，至少还有阿伽 E
通和苏格拉底两位没有说。"①

① 阿里斯多芬的颂辞，像他的喜剧作品一样，在谑浪笑傲的外表之下隐藏着很严肃的深刻的思想。从表面看，他替人类的起源和演变描绘了一幅极滑稽可笑的图画，替同性爱和异性爱给了一个既荒唐又似近情理的解释。从骨子里的思想看，他说明爱情是由分求合的企图，人类本是浑然一体，因为犯了罪才被剖分成两片，分是一种惩罚，一种疾病，求合是要回到原始的整一和健康；所以爱情的欢乐不只是感官的或肉体的，而是由于一种普遍的潜在的要求由分而合的欲望得到实现，这番话着重爱情的整一，推翻了包萨尼亚的两种爱神的看法；同时，像鄂吕克锡马柯的看法一样，也寓有矛盾统一的道理。

“好，我听你的话，”鄂吕克锡马柯说，“我实在很欣赏你的颂辞。要不是我素来知道苏格拉底和阿伽通在爱情这个题目上都很内行，我会担心他们不容易措辞的，因为许多话已经说过了。不过对于他们两位我还是很有信心。”

194A 苏格拉底就接着说：“鄂吕克锡马柯啊，你的颂辞倒挺好。可是，假如你现在坐在我的位置，尤其是在阿伽通说完话之后，你会觉得诚恐诚惶，像我现在这样。”阿伽通说：“苏格拉底啊，你是要灌我的迷魂汤，要我想起听众在指望我说出一番漂亮话，心里慌起
B 来。”苏格拉底说：“阿伽通啊，我亲眼见过你领着演员们高视阔步地登台，对广大听众表演你的作品，丝毫不露慌张的神色，如果我现在以为我们这几个人就可以扰乱你的镇静，那就未免太健忘了。”阿伽通说：“苏格拉底，希望你不要那样小看我，以为我轻而易举地把剧场听众弄昏了头脑，忘记了在一个明白人看来，少数有理解的人
C 比一大群蠢人要可怕得多。”苏格拉底说：“阿伽通啊，我要是以为你有俗见，那我就错了。我倒是很明白，知道你遇到你认为智慧的人就会把这些人的见解看得比众人的看法高明。可是我们不能是那些智慧的人，因为我们那天也在场，是众人的一部分。假如你遇到另外一些智慧的人，你会觉得在他们面前做丑事是很可耻的。是不是这样？”阿伽通说：“你说的对。”苏格拉底又问道：“在众人面前做
D 了丑事，你就不觉得有什么可耻吗？”听到这里，裴德若就插进来说：“亲爱的阿伽通啊，要是你只管回答苏格拉底的问题，他就会没完没了，完全不管我们今天计划做的事有什么结果。只要找到一个对话人，他就会和他辩论到底，尤其是在对话人是个美少年的时候。我自己倒是爱听苏格拉底辩论，不过我今天负责照管对爱神的颂辞，

在听过你们各位的话之后，还要听他的。请你们先把欠爱神的这笔账还清了，然后再进行你们的辩论吧。”阿伽通说：“裴德若，你说的 E
不错，没有什么事可以拦阻我说话，至于和苏格拉底辩论，我可以另找机会。

“我打算先说一说我认为应该怎样说，然后再说话。以前说话的几位都不是颂扬神灵，而是称颂人类从神那里得来的幸福，至于那位给人类造福的神本身是什么，谁也没有说到。无论颂扬什么，只 195A
有一个正确的办法，就是先说明所颂扬的对象是什么，然后说明这个对象产生的效果，所以颂扬爱神也要先说他是什么，后说他给予的恩惠。

“因此我首先肯定：一切神灵都是幸福的，而爱神可以公平地、不会引起妒忌地说，是神灵中间最幸福的，因为他最美，也最善良。首先他是诸神中间最年轻的裴德若。最好的证明是他自己给我们提 B
供的：他遇到老的就飞快地躲开；老本身就来得够快，快到我们很不乐意。爱神天生就厌恶它，不肯接近它，远远地避开它。他总是爱和少年打交道，因为他自己就是一个少年，古话说得好：物以类聚。裴德若说的话大部分我都同意，只是他以为爱神要比格若诺和雅贝多[①]更老，我不敢首肯。我的看法正相反，认为他在诸神中间最 C
年轻，而且永远年轻。至于赫西俄德和巴门尼德转述的古代诸神纷争，如果是真的，那也应该是定命神[②]造成的，与爱神无关。因为如果当时诸神中间已经有爱神，就不会有那些互相残杀、囚禁等等残

① Κρόνος，最古的第一代天帝，生下第二代天帝乌拉诺，乌拉诺又生下第三代的宙斯，Ἰαπετος 是宙斯的儿子。

② ’Ανάγκη，就是必然性的意思。

暴的行为，就会只有彼此相爱、友好，如同现在由爱神统率诸神以来的情况了。

D “所以爱神年轻是千真万确的。由于年轻，所以很娇嫩，可惜没有像荷马那样的诗人把这位神灵的娇嫩鲜明地描画出来。荷马倒是形容过阿德[1]，说她是一位女神，很娇嫩，至少她的一双脚是娇嫩的，荷马这样说：

> 她的脚实在娇嫩，从来不下地，
> 而在人们头顶上踱来踱去。[2]

E 他认为娇嫩有一个明显的标志，就是踏软的不踏硬的。我们用同样的标志来看爱神，也可以说他是娇嫩的，因为他不在地上走，也不踩脑袋瓜子（这也不是什么很软的东西），而是在世上最柔软的东西上溜达，并且住在那里。他寓居在神和人的心灵里、灵魂里。爱神不但用脚而且用全身盘踞在最柔软的东西的最柔软的部分，可见他本身就非常柔软，这是必然的。

196A “可见爱神最年轻，也最娇嫩。此外他也具有韧性。他如果坚硬，就不会随时随地都能迁就，在每个灵魂里溜进溜出，不叫人发觉。他柔韧和随和还有一个明显的证据，就是他的容貌秀美，秀美是爱神的特质，这是人所公认的。丑恶与爱神永远水火不相容。他

B 经常在花丛中，所以颜色鲜美。一个身体、一个灵魂或者别的什么

① Ἄτη，宙斯的女儿，常在不知不觉之中迷惑人的心神，使人轻举妄动。

② 见《伊利亚特》，XIX，92。

里面，如果没有开花，或者花已经谢了，爱神是不肯栖身的；他栖身的地方一定是花艳香浓的。

“关于爱神的美，所说的话已经很够，但是可说的话还是很多。我们现在来说爱神的品德。他的最大的光荣在于既不害神和人，也不受神和人的害。暴力与他无缘；要是他有所忍受，忍受的也不是暴力，因为暴力把握不住爱神，要是他有所发动，发动的也不是暴 C
力，因为爱情都是出于自愿的，双方情投意合才是爱情王国的金科玉律。

“爱神不仅公正，而且审慎。大家公认审慎是节制快感和情欲的力量。世界上没有一种快感比爱情本身还要强烈。一切快感都比不上爱情，就是因为它们都受爱神节制，而爱神是它们的统治者。爱神既然统治着快感和情欲，岂不是最审慎的吗？

“再说勇敢，连战神阿瑞[①]也抵挡不住爱神爱若。我们没听说过 D
爱神被战神所制服，只听说战神被爱神所制服，被阿莆若狄德所制服。[②]制服者总比被制服者强。爱神既然能制服世间最勇敢的，他也就必然勇敢无比了。

“爱神的公正、审慎和勇敢都已经说过了，剩下要说的是他的智慧。在这一点上我必须尽力说得透彻。首先，像鄂吕克锡马柯那样，我也得尊敬我的行业，说爱神是一位卓越的诗人，一切诗人之所以 E
成为诗人，都是由于受到爱神的启发。一个人不管对诗歌多么外行，只要被爱神掌握住了，就马上成为诗人。这就可以证明爱神是一位

① Ἄρης.

② 阿莆若狄德本是火神之妻，却爱上战神，和他私通。见《奥德赛》，Ⅷ，266。

熟练的诗人，对各种音乐创作都很拿手，因为一个人如果自己没有
197A 某件东西，就不能拿这件东西给别人，如果不会做某样事情，也就不能拿它来教别人。还有，一切有生命的东西的产生，谁敢说不是爱神的功绩？再说一切技艺，凡是奉爱神为师的艺人都有光辉的成
B 就，凡是不曾受教于爱神的都黯然无光。阿波隆是怎样发明射箭、医药和占卜的？还不是由于受欲望和爱情的引导吗？所以阿波隆其实还是爱神的徒弟。各位诗神在音乐方面，赫派斯多在冶炼方面，雅典娜在纺织方面，宙斯在统治神和人方面，也都要归功于得到爱神的教益。所以爱神一出现，诸神的工作就上了轨道，有了秩序；这显然是由于对美的爱好，因为丑不能作为爱的基础。像我在开头说过的那样，在爱神出现之前，定命神用事，诸神中间曾经发生过许多凶恶可怕的事；自从爱神降生了，人们就有了美的爱好，从美的爱好就产生了人和神所享受的一切幸福。

C “正因为如此，裴德若啊，我以为爱神首先本身就是最美的、最善良的，后来也创立了各种美好善良的东西。现在我想到两行诗，就说是爱神造成了：

人间的和平，海洋上的风平浪静，
狂飙的平息，一切苦痛的安眠。

D 他消除了隔阂，产生了友善，像我们今天这样的欢庆、宴会、合唱和祭典，都是由他发动，由他领导的。他迎来和睦，逐去暴戾，缔造友情，破除恶意，既慷慨又和蔼，所以引起哲人的欣羡、神明的惊赞。没有得到他保佑的人盼望他，已经得到他保佑的人珍视他。

他是欢乐、文雅、温柔、优美、希望和热情的父亲，他只照顾好的，不关怀坏的。在我们的工作中他是我们的领导，在我的忧患中他是我们的战友和救星，在诗文和会饮的聚会中他是我们的伴侣。无论 E
是神是人，都要奉他为行为的规范，每个人都应当跟着这位优美的向导走，歌唱赞美他的诗篇，并且参加他所领导的那个使人和神皆大欢喜的乐曲。

"裴德若啊，这就是我的颂辞。我尽了我的能力，使这篇颂辞时而庄重，时而诙谐。我愿意把它作为我对爱神的献礼。"

阿里斯多兑谟接着说，阿伽通说完就座之后，大家热烈鼓掌， 198A
感到这位少年才华横溢的发言给他自己带来了光彩，也给这位神灵带来了光荣。然后苏格拉底转过身向鄂吕克锡马柯说："阿古梅诺[①]的儿子啊，你看，我原来担心的事情已经有事实证明了，我早就说阿伽通会说得非常精彩，使我难以为继，这不是有先见之明吗？"

鄂吕克锡马柯回答道："你确实说过他会说得挺好，在这一点上你倒是有先见之明。可是你说你难以为继，我却不敢承认。"

苏格拉底说："我的好人啊，怎么不是难以为继？不但我，就是 B
任何一个人，听了这样既富丽又优美的颂辞之后要再说话，不是都会有这样的感觉吗？他的讲话各部分都很精彩，精彩的程度固然不同，快到收尾时辞藻却十分精妙，使听者不能不惊魂荡魄。以我自己来说，我知道得很清楚，无论如何我也说不到那样好，我自觉羞 C
愧，想偷着溜出去，可惜找不到机会。阿伽通的辞令使我想起戈尔

① ’Ακουμένος，鄂吕克锡马柯的父亲。

极亚[1]，我的诚惶诚恐的心情恰如荷马所描写的，生怕阿伽通在他的收尾辞句中会捧出那个雄辩大师戈尔共[2]的头颅给我看，使我化为顽石，哑口无言。

“所以我明白了，当初我和你们约定也跟随你们颂扬爱神，并且
D 说我自己对这个主题很内行，真是荒唐可笑，因为我对于怎样去颂扬一个对象是茫然无知的。由于我的愚蠢，我原以为每逢颂扬时，我们应当对于所颂扬的东西说出真话，以此为基础，然后从其选择出一些最美的部分，把它们安排成最美的样式。我原来自视很高，自信一定可以说得挺好，因为我自以为懂得作颂辞的真正的方法。可是现在看来，一篇好颂辞好像并不是这样，而是要把一切最优美
E 的品质一齐堆在所颂扬的对象上，不管是真是假，纵然假也毫无关系。我们的办法好像是每个人只要做出颂扬爱神的模样，并不需要真正颂扬他。就是因为这个缘故，在我看来，你们是费尽气力把一切都归到爱神身上，说他是这个样子的，产生了这样的效果，以此
199A 显示出他是最美的、最出色的；但这只是在无知之徒看来如此，绝非在有识之士眼中显示。所以说这是一篇富丽堂皇的颂辞。可是我答应跟你们颂扬爱神的时候并不知道要用这样的方式。因此那只是
B 口头应允，并非衷心应允。请诸位允许我告辞吧，我不能做这样的颂辞，我根本不会。不过，如果你们肯让我用自己的方式专说些老实话，不是和你们比赛口才，使自己成为笑柄，那我倒是情愿来试一试。斐德若啊，请你决定一下，是不是还要听一番颂扬爱神的老

① Γοργίας，是当时的有名智者，阿伽通所敬佩摹仿的。苏格拉底的话里包含讽刺，把阿伽通的话比作戈尔极亚的智者辩术，又把智者的辩术比作女妖的法术。

② Γοργών，神话中的女妖，头发是蛇，凶恶可怕，见者立即化为顽石。

实话，不斤斤计较辞藻，让我想到什么就说什么？”

斐德若和其他在座的人都请苏格拉底说下去，用什么方式都随他的便。苏格拉底说：“还有一个请求，斐德若，我想向阿伽通问几个问题，先得到他的一致意见，然后才说我的话。”斐德若说：“我同 C
意，你问他吧。”

阿里斯多兑谟说，苏格拉底接着就开始发言，他说：“亲爱的阿伽通，我觉得你的颂辞开头说得很好。你说首先必须说明爱神是什么，然后陈述他的功劳，我觉得这个开头说得很对。你既然把有关爱神的事说得非常美好、非常崇高，我还想请问你一句：爱神之为 D
爱神，是爱某某人呢，还是不爱任何人？我的意思并不是问：爱神是对母亲的爱，还是对父亲的爱？那样问是很可笑的。我的意思是：在涉及一个父亲的时候，我要问一个父亲是某某人的父亲，还是并非什么人的父亲。这样问倒和我刚才提出的问题类似。你如果想答得妥当，当然会说：一个父亲是儿子或女儿的父亲。是不是？”

阿伽通答道：“当然。”

苏格拉底说：“母亲也是这样吗？”

他表示同意。

于是苏格拉底说：“那就请你再回答几个问题，好使你把我的意 E
思了解得更清楚一些。我现在问你：一个哥哥之为哥哥，是不是某某人的哥哥？”

他说：“那当然，不就是一个弟弟或妹妹的哥哥吗？”他表示肯定。

“那就请你把这个道理应用到爱神身上说：爱神是不是对某某

的爱？”

“当然是对某某的爱。”

200A 苏格拉底说：“请你牢记这一点，牢记爱神是对某某的爱。我还要问你：爱者是不是盼望他所爱的东西？”

他说：“当然盼望。”

“他所盼望、所钟爱的那个东西，他是已经有了它，还是并没有？”

他说：“他大概还没有。”

苏格拉底说：“请你确定地说是还是否，不要说大概，要说必定。你想，一个人盼望一样东西，是不是必定还没有那样东西，有了它

B 是不是必定不再盼望它了？我看这是确定不移的。阿伽通，你看如何？”

他说：“我也这样看。”

“你说得很好。一个高大的人还盼望高大吗？一个强壮的人还盼望强壮吗？”

“根据我们的共同理解，那是不可能的。”

“因为他既然已经有了它，就不再需要它了。”

“你说得对。”

C 苏格拉底接着说：“假如强壮的还要强壮，敏捷的还要敏捷，健康的还要健康，那也许有人会说：‘那些已经是这样、已经有这样品质的，还在盼望这种品质。’为了不上这个当，阿伽通啊，我得这样说：‘你想想看，这些人既然有了这种品质，这个“有”就是必定的，不管他们愿意不愿意，都得有。既然这样，谁还能仍然盼望他已经有的呢？’假如有人向我们说：‘我本来健康，可是现在还盼望健康，

D 本来富有，可是现在还盼望富有，所以我是在盼望我已经有的。’那

我就该这样回答他：‘朋友，你拥有着财富、健康和气力，是盼望在将来也拥有这些东西，因为不管你是否愿意，现在你已经有了。’你想想看，他说他盼望已有的东西，心里是不是说，他现在已经有的东西，他愿意将来也有？对不对？他会承认吗？”

阿伽通表示肯定。

于是苏格拉底说：“爱不也是这样：一个人既然爱一件东西，就是还没有那样东西；他盼望它，就是盼望他现在有它，或者将来有它。是不是？” E

他说：“当然是。”

“所以总起来说，在这种和其他情况下，一个盼望的人所盼望的是他缺少的、还没有到手的，总之是他所没有的，是本身不存在的，不在他那里的；只有这样的东西才是他所盼望的、他所爱的。”

他说：“确实是。”

苏格拉底说：“那我们就总结一下所说的话。这就是：爱神首先是对某某东西的爱，其次是对他所欠缺的东西的爱。是不是？” 201A

他说：“是的。”

“既然如此，那就请你回想一下，你在颂辞里把爱神说成什么。如果你愿意的话，我可以提醒你。你大致是这样说的：由于爱好美的东西，诸神才把自己的活动安排成那个样子，因为丑的东西不是神所爱的。你是不是这样说的？”

阿伽通说：“不错。”

苏格拉底说：“你说得很妥当。朋友，既然如此，爱神所爱就是美的东西，而不是丑的东西咯！”

他表示同意。

B “我们不是也同意过一个人所爱的是他缺少的、没有的东西吗？”

他说：“是的。”

“那么，爱神就缺少、没有美的东西咯！”

他说：“必然如此。”

“那缺少美、没有美的，你说美吗？”

“不能那么说。”

“既然如此，你还主张爱神是美的吗？”

听了这话，阿伽通就说：“苏格拉底啊，恐怕当初我只是信口开河，并非真懂所说的话的意思。”

C 他说：“你说的还是很动听，阿伽通啊，可是我还有个小问题：你是不是认为好的东西也是美的？”

“我是这样想的。”

“爱神既然缺乏美的东西，而好的东西也是美的，那他也缺乏好的东西咯！”

他说：“苏格拉底啊，我没有办法驳斥你，就承认你的说法吧。”

苏格拉底说：“亲爱的阿伽通啊，你不能驳斥的是真理，驳斥苏格拉底并不是难事。

D “我现在放开你，谈一谈我从前从一位曼底内亚[①]女人狄欧蒂玛[②]那里听来的关于爱神的一番话。她对爱的问题，以及对许多别的问题，都有真知灼见。就是她，从前劝过雅典人祭神攘疫，使那次瘟疫推迟了十年；也就是她，传授给我许多关于爱的道理。她所说那些话，我要向你们转述，按照我和阿伽通达成协议的次序，努力做

① Μαντίνεια.

② Διοτίμα.

到如实托出；只不过没有她在场，由我一个人来说出对话的情况。阿伽通啊，我现在就照你的办法，先说爱神是什么，是什么样子，然后再说他的功劳。我看最好的办法是按照那位异邦女士考问我的 E
次序来谈。当时我向她说的话也和今晚阿伽通向我说的一模一样，我说过爱神是位伟大的神，是喜欢美的东西的。她驳斥我的话也和我驳斥阿伽通的一模一样，认为按照我的话来看他既不美也不好。

"于是我说：'狄欧蒂玛啊，你怎么说爱神是丑的、坏的呢？'

"她说：'你别说不敬神灵话。你以为不美就一定丑吗？'

"'那当然。'

"'不智慧的就无知吗？你没想到智慧与无知之间有一个中间状 202A
态吗？'

"'那是什么呢？'

"她说：'有正确的意见而说不出所以然来，就不是有知识（因为没有根据的不能算知识），却也不是无知（因为有正确内容的不能叫无知）。所以很明显，正确的意见就是介于智慧和无知之间的东西。'

"我说：'你说得很对。'

"她说：'那你就不能说不美的就是丑的，不好的就是坏的。爱神 B
也是这样，你承认他不好也不美，可不要说他必定丑、必定坏；他是介乎二者之间的。'

"我说：'可是人人都承认他是一位伟大的神。'

"她说：'你说所有的人，是无知之徒还是有识之士？'

"'包括各式各样的人。'

"于是她笑着说：'苏格拉底啊，他们既然不承认他是神，怎么能 C
承认他是一位伟大的神呢？'

“我问道：‘你说的他们是谁？’

“她说：‘你是其中之一，我也是其中之一。’

“我就说：‘你凭什么这样看呢？’

“她说：‘那不难。请告诉我，你不是认为一切神灵都是幸福的而且是美的吗？你有胆子说一切神灵都是不美、不幸福的吗？’

“我说：‘苍天在上，我不敢说。’

D “‘那你把那些拥有美的东西和好的东西的称为幸福的吗？’

“‘不错。’

“‘可是你却承认过：爱神正由于缺乏美的东西和好的东西，所以才盼望这种东西。是不是？’

“‘我承认过。’

“‘那个缺少美的东西和好的东西的，怎么能是神呢？’

“‘看来不能。’

“她说：‘你看，你自己就也把爱神不当作神。’

“我说：‘既然如此，爱神又是什么呢？是会死的凡夫吗？’

“‘绝不是。’

“‘那么是什么呢？’

“她说：‘像前面说的那样，是介乎会死的人和不死的神之间的东西。’

“‘那是什么，狄欧蒂玛？’

E “‘是一个大精灵，苏格拉底。因为精灵是介于神和凡人之间的。’

“我说：‘精灵有什么功能呢？’

“‘把人的东西翻译和传达给神，这就是使祈祷和献祭上达；再把神的东西翻译和传达给人，这就是使天意和报偿下达。它居于二者之间，填补空档，联成整体。通过精灵，进行着各种预言，以及祭司们牺牲、献祭、念咒、占卜、巫术的法门。因为神和人 203A
相隔，诸神与人之间的来往和交谈是通过这种精灵进行的，无论在醒时还是在梦中。通晓这些法门的人是受精灵感召的人，通晓其他技术和行业的人是普通人。这种精灵有多种多样，爱神就是其中之一。'

"我说：'他的父亲和母亲是谁呢？'

"她说：'说来话长，我还是给你说说吧。当初阿菁若狄德诞生的时候，诸神举行宴会，出席的有智谋女神梅蒂的儿子丰饶神波若。他们宴饮结束时，匮乏神贝尼娅来向他们作节日例行的行乞，站在门口。波若多喝了几杯琼浆（因为那时还没有酒），就走进宙斯的花园，昏昏沉沉地睡着了。贝尼娅由于贫乏，很想和波若生个孩子， C
于是和他睡在一起，怀下了爱若。爱若也成了阿菁若狄德的随从和仆人，因为他是在阿菁若狄德的生日投的胎，生性爱美的东西，而阿菁若狄德是很美的。

"'由于是丰饶神和匮乏神的儿子，爱神处在这样的境遇中：首先，他是永远贫乏的，人们总以为他文雅美好，其实远非如此，他倒是粗鲁的，不修边幅的，赤着脚，无家可归，总是露天睡在地上， D
无遮无盖，在人家门口、在大街上栖身，生来和他母亲一样永远伴随着贫乏。但是他也像他父亲那样追求美的东西和好的东西，勇敢，莽撞，精力充沛，是一个本领很大的猎人，总在设计各种谋略，门道多，终身爱好智慧，一个厉害的魔法师，一个配制毒药的，一个 E
智者。他不像不死的神灵，也不像会死的凡夫，在同一天之内一会儿发荣滋长，一会儿枯萎凋谢，情况合适时又立刻重新活跃起来，这是由于从父亲的本性得来的力量。他得来的又失掉，不断地流转着，所以爱若总是既不穷又不富。

204A “‘他也总是处在智慧与无知之间。情形是这样：所有的神都不从事爱智的活动，并不盼望自己智慧起来，因为他们是智慧的，已经智慧的就不去从事爱智慧的活动了。无知之徒也不从事爱智慧的活动，并不盼望自己智慧起来。因为无知的毛病正在于尽管自己不美、不好、不明白道理，却以为自己已经够了。不以为自己有什么欠缺的人就不去盼望自己以为欠缺的东西了。’

“我说：‘那么，狄欧蒂玛啊，从事爱智活动的又是什么人呢，如果不是有智慧者，也不是无知之徒的话？’

B “她说：‘这是很明白的。连小孩也看得出，他们是介乎二者之间的，爱神就是其中的一个。因为智慧属于最美的东西，而爱神是爱美的东西的，所以爱神必定是爱智慧的，他作为爱智者介乎有智慧者和无知之徒之间。他的这种性格也还是由于他的出身，因为他的父亲是智慧的、富足的，他的母亲是不智慧的、贫穷的。亲爱的

C 苏格拉底啊，这个精灵的本相[①]就是如此。你原来对爱神有别样的看法，这也并不足怪。我从你自己的话来看，觉得你认为爱神是爱人而不是情人，是被爱者而不是钟爱者。你把爱神看成绝美，就是因为这个缘故。可爱者倒真是美的、娇嫩的、完善的、最为幸福的，可是钟爱者的本质却是另外一回事，像我描述的那样。’

“我说：‘很好，女客人啊，你说得非常好。如果爱神就是那样的，他对于人类有什么用处呢？’

---

① ἰδέα.

“她说：‘这正是我要启发你的第二点，苏格拉底。爱神就是这个样子，就是这样产生的。他是奔赴美的东西的，像你说的那样。假如有人问我们：爱者从美的东西得到什么呢，苏格拉底和狄欧蒂玛？或者问得更明确一点：那盼望美的东西的是盼望什么呢？你怎么回答？’ D

“我说：‘他盼望美的东西归他所有。’

“她说：‘可是这个答案又引出另外一个问题：他使美的东西归自己所有又怎么样呢？’

“我说：‘这个问题我还不能立刻回答。’

“她说：‘假如有人把美的东西换成好的东西，向你问道：苏格拉底啊，你说，那盼望好的东西的是盼望什么呢？你怎么回答？’ E

“我说：‘他盼望好的品质归他所有。’

“‘他使好的东西归自己所有又怎么样呢？’

“我说：‘这个问题我比较容易回答，就是：他会幸福。’ 205A

“她说：‘由于拥有好的东西，那些幸福的人就成为幸福的。现在已经不需要再追问那要想幸福的是想什么了。你的答案看来已经到头了。’

“我说：‘你说得很对。’

“‘这种愿望和这种爱是人人共有的，所有的人都盼望拥有好的东西，你说是不是？’

“我说：‘是啊，这是人人共有的。’

“她说：‘既然所有的人都永远爱同样的东西，为什么我们不说所有的人都在爱，而说有些人爱，有些人不爱呢？’ B

“我说：‘这一点我也觉得奇怪。’

“她说：‘这也没有什么奇怪。因为我们是把某一个类型[1]的爱提出来加上共同的名称，称之为爱，而用别的名称来称呼别的爱。’

“我说：‘举个例，怎么样？’

C “‘这么说吧。你知道作品[2]就有许多方面的，凡是使某某东西从无到有的活动都是做或创作，因此一切技艺的实施都是创作，所有的师傅都是作家。’

“‘你说得不错。’

“‘可是你知道，我们并不把手艺人都叫作家，却给他们别的称呼；我们在全部创作活动中间单提出那一部分有关音乐和韵律的来，用全体的名称来称呼它。因为只有这个部分称为诗作，只有做这部分工作的人称为诗人。’

D “我说：‘你说得对。’

“‘至于爱的方面，情形也是这样。一般说来，凡属对于好东西、对于幸福的企盼，都是每个人心中最大的、强烈的爱。然而其余的那些在某一个方面有所追求的，无论是谋求获利的，喜爱体育的，还是爱智慧的，我们都不说他们在爱，不说他们是钟爱者；只有那些以某种方式发挥作用的喜好者，才占有全体的名称，我们说他们在爱，称他们为情人或钟爱者。’

“我说：‘你这番话也许有些道理。’

“她说：‘有一种说法，认为那些寻求自己另外一半的人在恋爱。

E 我们说法则不然，认为爱所奔赴的既不是一半，也不是全体，除非

① εἶδος.

② ποίησις，本义为“做的东西”，指一切做出来的作品，诗也是做出来的，所以也叫 ποίησις，诗人叫 ποιητής，即“做事的人”。

它是好的。因为人们宁愿砍掉自己的手和脚，如果觉得它们是坏的、有危险性的话。我以为人所爱的并不是属于自己的东西，除非他把好的都看成属于他自己的，把坏的都看成不属于他自己的。所以人所爱的只是好的。这些说法你觉得如何？’ 206A

“我说：‘宙斯在上，我不觉得不妥。’

“‘我们现在能不能干脆说：人们爱好的东西？’

“我说：‘可以这样说。’

“她说：‘怎么我们是不是应该补充说：人们爱拥有好的东西？’

“‘我们应该补充这句话。’

“她说：‘还有，不仅拥有它，而且永远拥有它。是吗？’

“‘该补上这一点。’

“‘总起来说，爱所向往的是自己会永远拥有好的东西。’

“我说：‘这是千真万确的。’

“‘如果爱总是这个样子，那些追求爱的人是采取什么方式，用 B
什么办法不折不挠地进行这种所谓爱的活动呢？你能说得出这是一种什么活动吗？’

“我说：‘如果说得出，狄欧蒂玛啊，我就不会这样钦佩你的智慧，也不用敲你的门了。我来向你请教的正是这种活动。’

“她说：‘那我就告诉你吧。这活动就是在美的东西里面生育，所凭借的美物可以是身体，也可以是灵魂。’

“我说：‘你这话要会卜卦的人才知道是什么意思，我听不懂。’

“她说：‘那我给你说清楚点。苏格拉底啊，所有的人都会生育， C
凭借身体或灵魂生育，到了一定的年龄，就为本性所推动，迫不及待地要求生育。可是他们不能在丑的东西里、只能在美的东西里生

育。男人和女人结合就是生育。怀胎、生育是一件神圣的事，是会死的凡夫身上的不朽的因素。但是这件事不可能在不协调的情况下
D 实现，丑的东西与神圣的事情不协调，只有美的东西才与它协调。所以美是引导和帮助生育的女神和决定命运的女神。因为这个缘故，那生育能力旺盛的一遇到美的对象就立刻欢欣鼓舞，精神焕发，同它交配生子；如果遇到丑的，就垂头丧气，毫无兴趣，避开它不去生育，宁愿把沉重的包袱背下去。因此那充满生育的种子和欲望的一遇到美的对象就欣喜若狂，是由于它可以结束他的巨大痛苦。照
E 这样看来，苏格拉底啊，爱并不是以美的东西为目的的，像你设想的那样。'

"'那是为了什么目的呢？'

"'其目的在于在美的东西里面生育繁衍。'

"我说：'就依你那么说吧。'

207A "她说：'确实是这样。为什么以生育为目的呢？因为在会死的凡人身上正是生育可以达到永恒的、不朽的东西。根据我们已经得出的看法，必然会得出结论说：我们追求的不仅是好的东西，而且是不朽的东西，爱所盼望的就是永远拥有好的东西。所以按照这个说法，爱也必然是奔赴不朽的。'

"这就是她对我的全部教导。她在爱的问题上和我谈话时，有一次问我：'依你看，苏格拉底，这种爱、这种盼望的原因何在？你有没有注意到一切动物急于生育时的那种烦躁不安的状态？无论是地
B 上走的，还是天上飞的，全都显得神魂颠倒，第一步要交配，第二步要育儿，尽管自己非常弱小，也不惜与非常强大的搏斗，不惜为

之牺牲性命；只要能养活幼仔，自己挨饿受罪都在所不辞。人这样做可以说是出于深思熟虑，可是禽兽也是那样如醉如痴，这是出于 C 什么原因，你能给我说说吗？'

"我答道：'我不知道是什么原因。'

"她说：'你连这都不知道，还想通晓爱的道理吗？'

"我说：'就是因为不知道，需要别人教我，我才向你求教。狄欧蒂玛啊，这是我早就说过的。请你告诉我，其所以如此，以及其他有关爱情的事情，究竟是出于什么原因。'

"她说：'你如果相信爱本来就是我们早已议定的那个样子，你就不会觉得奇怪了。因为和上面说的完全一样，那会死的东西也是 D 力求能够永远存在和不朽。要达到不朽，全凭生殖，以新的代替旧的。每一个个体的生物，虽然我们说它一生之中始终是同一个东西，例如一个人就从小到老只是那个人，称为某某人，可是实际上他并不总是原来的那一个，而在不断地变成一个新的，丢掉原来的头发、 E 肌肉、骨骼、血液以至整个身体。而且不仅身体如此，灵魂也是这样，他的习惯、性格、见解、欲望、快乐、痛苦和恐惧都不是始终如一的，而是有的产生有的消失的。而且还有一件更加奇怪的事，就是各种知识也在不断地有生有灭，我们在知识方面并非总是原样 208A 的，每一种知识都在生灭中。因为我们所谓钻研就是追索已经失去的知识。遗忘就是一种知识的离去，钻研就是构成一个想法来代替已经离去的知识，使前后的知识维系住，看起来好像是原来的知识。一切会死的东西都是以这种方式保持不灭的，但不是像神灵那样永 B 远如一，而是那离去的、老朽的留下另外一个新的东西，与原来的类似。她说，苏格拉底啊，就是用这种办法，一切有死的东西分沾上不朽，身体以及其他的一切全是这样；不朽者则不然。因此你不必感到奇怪，每一种生物全都生来就珍视自己的后裔，因为这种锲而不舍的追求和爱是伴随着不朽的。'

C “我听了这番话觉得很奇怪，就说：'最智慧的狄欧蒂玛啊，果真是这样吗？'

“她摆出一副智者大师的派头说：'这是毫无问题的，苏格拉底。如果你愿意看看人间的雄心壮志的话，你一定会非常吃惊，觉得简直不可思议，无法理解我说过的那些事情，就是人们有一种巨大的欲望，要求成名，要求流芳百世。他们为了名声，甚至为了子孙，D 全都不避危险，甘愿倾家荡产，不屈不挠地付出全部辛劳，直到牺牲性命。'

“她说：'你完全明白，阿尔革丝蒂是为了阿得枚多[①]而死的，阿启娄是跟随巴卓格罗死去的，你们的哥卓[②]是预先为了自己子孙的王位而不惜牺牲性命的：他们这样做如果不是想得到身后的、为我们现在所乐道的不朽英名，又是为了什么？'

“她说：'确实如此，他们这样做只是为了品德的不朽，为了这样一种辉煌的身后荣誉，而且他们为人越高尚越会这样做，因为他们E 是热爱不朽的。'

“她接着说：'那些在身体方面富于生育能力的人宁愿多接近妇女，以这种方式进行恋爱，以便通过生育后代而获得不朽、怀念和幸福，而且认为可以传到千秋万世。'

---

① 'Αδμήτος，阿尔革丝蒂的丈夫。事见 179B 及 298 页注 ①。

② Κόδρος，雅典国王。雅典与伲里斯（Δωρίς）交战，神谕说如果国王战死雅典即得胜。哥卓为此故意送死，为雅典博得胜利。

“她又说：‘至于那些在灵魂方面……[1]的，那些灵魂的生育能力不亚于肉体的，则孕育并且愿意孕育那些宜于灵魂孕育的东西。这 209A
是什么呢？是明智之类的品德。生育这些品德的是一切诗人，以及一切技艺师傅。’

“她说：‘这些品德中间最大的、最美的是安排国家事务和家庭事务的，称为清明和公正。那从幼年就在灵魂中孕育着这些品德的人 B
是近于神明的，到了一定年龄就有繁殖、生育的欲望。这时候，我想，这样的人也要四处寻访，找个可以在其中生育的美的对象，因为他绝不会在丑的对象里生育的。因此他喜欢美丽的身体，不爱丑陋的身体，这是由于他愿意生育的缘故；当他同时遇到一个既美又高尚又优秀的灵魂时，他就会对这个身心俱佳的对象五体投地地喜爱，他会和这样一个人大谈其品德，谈一个杰出的好人应该怎么样， C
要向什么方向努力，从而对他进行教导。由于他和这个美好对象接触，我想，由于他们的交往和谈话，他就把自己向来积蓄在内心的东西生育出来，由于他不管对象是否在场都在怀念对象，他就与对象共同培养着他所生出来的东西。所以他们之间有一种非常重要的共同性，比夫妻关系深厚得多，他们的友谊无比巩固，因为他们共同拥有着更美、更不朽的子女。每个人都应当不以生育凡俗的子女 D
为满足，而要求生出那样不朽的子女来。他要看一看荷马、赫西俄德和其他杰出的诗人，羡慕他们留下那样一些后裔，为自己带来不朽的名声，本身就永垂不朽。’

“她说：‘如果你愿意的话，也可以看看吕古尔戈[2]在拉给代孟留

① ［强大］。

② Λυκοῦργος，传说中的斯巴达立法者。拉给代孟是斯巴达的别名。

下那样一些后裔，挽救了拉给代孟，而且可以说挽救了全希腊。梭
E 伦[1]在你们这里也受到崇敬，因为他创立了法律；还有许多别的人物，他们在希腊人中间和蛮夷中间写下许多美好的作品，创立各式各样的品德，由于留下这样一些后裔而享受后人的供奉，那些生育凡俗子女的则无人理会。’

210A “‘苏格拉底啊，到此为止，你大致可以领会爱的一般秘密；可是，如果向你提出那种与此有联系的最高深、最神圣的道理来，你是不是也能领会我就不知道了。’

“她接着说：‘不过我会尽我所能给你仔细讲说。你专心静听吧。’

“‘一个人要想循着正确的途径接近这个目标，就必须从幼年时候起追求美的形体，如果开始做的正确，他当然首先只会爱好一个这样的形体，并且用一些美好的话语来称颂它，然后发觉某个形体
B 里的美与其他形体里的美是贯通一气的，于是他就要追索那个具有类型意义的美者[2]，这时，就只有大愚不解的人才会不明白一切形体中的美是同一个美了。明白了这一点，他就成了爱一切美好形体的人，把他的热情从专注于某一形体推广到一切，因为他把那种专注一点看成渺小的、微不足道的。再则，他必须把灵魂的美看得大大优于形体的美，如果有一个人灵魂值得称赞，即便形貌较次，那也
C 足够了，他也应该对这个人表示爱慕之情，加以照顾，他心里想出

① Σόλων，雅典的立法者。

② τό ’επ’ εἴδ ει καλόν，这里的 εἶδος（型）就是 ἰδέα（相），τό καλόν（美者）指“美的相”，或“美本身”。

来发表的那些美好的话语可以使青年奋发向上，他这样做也使他自己遍览人们各种行动中以及各种风俗习惯中的美，从而见到美是到处贯通的，就把形体的美看成甚为微末的了。可是他必须从各种行动向前更进一步，达到知识，这样就见到知识的美；眼睛里有了各式各样美的东西，就不再像奴隶似的只爱一个个别的东西，只爱某 D
个小厮、某个成人或某种行动的美了。他不复卑微琐屑，而是放眼美的汪洋大海，高瞻远瞩，孕育着各种华美的言辞和庄严的思想，在爱智的事业上大获丰收，大大加强，大大完善，发现了这样一种唯一的知识，以美为对象的知识。'

"她说：'说到这里，你要尽可能专心地仔细听着。一个人如果 E
一直接受爱的教育，按照这样的次序一一观察各种美的东西，直到这门爱的学问的结尾，就会突然发现一种无比奇妙的美者，即美本身。苏格拉底啊，他为了这个目的付出了他的全部辛劳；它首先是 211A
永恒的，无始无终，不生不灭，并不是在这一点上美，在那一点上丑，也不是现在美，后来不美，也不是与这相比美，与那相比丑，也不是只有这方面美，在别的方面丑，也不是在这里美，在那里丑，或者只对这些人美，对别的人丑。还不止此，这美者并不表现于一张脸，一双手，或者身体的某一其他部分，也不是言辞或知识，更不是在某某处所的东西，不在动物身上，不在地上，不在天上，也 B
不在别的什么上，而是那个在自身上、在自身里的永远是唯一类型的[①]东西，其他一切美的东西都是以某种方式分沾着它，当别的东西

① 这一句是柏拉图"相论"的基本观点。"在自身上、在自身里"就是不在别的东西上、不在别的东西里，不以别的东西为基础，本身就是基础，是独立不倚的。这个最根本的东西就是唯一的类型（μονοειδής），即相。

产生消灭的时候，它却无得亦无失，始终如一。所以说，人们凭着那种纯真的对少年人的爱，一步一步向上攀登，开始看到那个美时，
C 可以说接近登峰造极了。因为这是一条正确的途径，可以自己遵循着它去爱，也可以由别人领着去爱，先从这个个别的美的东西开始，一步一步地不断上升，达到那统一的美，好像爬阶梯，从一个到两个，再从两个到一切美的形体，更从美的形体到那些美的行动，从美的行动到美的知识，最后从各种知识终于达到那种无非是关于美本身的知识，于是人终于认识了那个本身就美的东西。’

D “这位曼底内亚女客人说：‘在人生的这个阶段，亲爱的苏格拉底啊，人见到那个美本身，这是人最值得活的阶段。你有一天看见了它，就会知道与它相比，你的钱财、首饰、姣童和美少年统统不值得一顾。而你今天一见这些东西就会神魂颠倒，心向往之，和许多别的人一样，为了看一眼心爱的宝贝，为了同这个宝贝永远在一起，不惜采取任何手段，可以不吃不喝，只要看着它守着它就行。’

“她说：‘如果一个人有幸看到了那个纯粹的、地道的、不折不扣
E 的美本身，不是人的肌肤颜色之美，也不是其他各种世俗玩意之美，而是那神圣的、纯一的美本身，我们能说这人活得窝囊吗？你想，一个人朝那里看，看到了那个一定要看到的东西，而且和它打交道，
212A 这难道是一辈子庸庸碌碌吗？’

“她说：‘你难道没有想到，他一定要观看美的东西才能上溯到美本身，他这样做并不是怀上品德的影子，因为他接触的并不是影子，而是真东西，是真的东西被他摸到了？谁怀上了、生下了并且抚养了真的品德，就为诸神所喜爱，如果人能得以不朽，他一定会成为不朽的。’

"斐德若和在座的各位啊，这就是狄欧蒂玛向我说的那些话，我 B
对她心悦诚服，我也努力使别人相信：要达到这个目的，一个凡俗的人很不容易做到，只有靠爱神帮助才行。因此我认为人人都应当尊敬爱神，并且自己也身体力行，尊敬一切与爱有关的事情，充满热情地这样做，而且激起别人这样做的热情，我现在和将来都尽可能地歌颂爱神的权力和威灵。斐德若啊，我的这番话，你把它称为 C
爱神赞也好，给它另外取个名字也好，都随你的便。"①

苏格拉底说完之后，大家纷纷称赞，只有阿里斯多芬想辩几句，因为苏格拉底提到了他本人说的话。可是这时突然有人敲打外面的大门，一伙人挤进来大呼小叫，还可以听到一个吹笛子女人的声音。于是阿伽通说："小子们，就没人去看看吗？要是有老朋友就请他进 D
来，要是没有就说我们已经不喝了，正要休息。"

不多一会儿就听到前院有阿尔基弼亚德② 的声音，他喝得醉醺醺的，大声问阿伽通在哪里，要人带他去见阿伽通。于是他们把他领

① 苏格拉底的颂辞是全篇三大段的中段，也是全篇精义所在。它本身分两部分：和阿伽通的对话以及和狄欧蒂玛的对话。在和阿伽通的对话里，他说明了：(一) 爱情必有对象；(二) 钟爱者还没有得到所爱的对象；(三) 爱情就是想占有所爱对象那一个欲望；(四) 爱情的对象既然是美，如阿伽通所说的，它就还缺乏美，"爱神是美的"一说不能成立；(五) 美善同一，所以爱神也不是善的。这样苏格拉底就把阿伽通的一篇大文章完全推翻了。接着他说他的爱情学问是从女巫狄欧蒂玛那里领教来的。他原来和阿伽通一般见解，她纠正了他。她使他明白：(一) 爱神是介乎美丑、善恶、有知与无知、神与人之间的一种精灵，是丰富和贫乏的统一，总之，就是一个哲学家；(二) 爱情就是想凡是美的善的永远归自己所有那一个欲望；(三) 爱情的目的是在美的对象中传播种子，凭它孕育生殖，达到凡人所能享有的不朽：生殖就是以新代旧，种族与个体都时时刻刻在生灭流转中。这种生殖可以是身体的，也可以是心灵的。诗人、立法者、教育者以及一切创造者都是心灵方面的生殖者；(四) 爱情的深密教，也就是达到哲学极境的四大步骤。

② Ἀλκιβιάδης，雅典人，虽然爱从苏格拉底听教，却轻浮好名，终于出卖雅典。

到阿伽通面前，有个吹笛子的女人扶着他，还有几个跟随他的人一
E 道。他在门口站着，头上戴着一个用常春藤和紫罗兰编的花冠，缠着许多飘带，说："各位，你们好！你们愿意让一个喝醉了的人来陪酒，还是让我们达到给阿伽通戴花冠的目的，戴上了就走？因为昨天我有事没能来，现在来了，头上戴着飘带，准备把它从我头上拿下缠到这位最智慧、最美好的人头上，我认为他就是这样的人。你
213A 们笑我喝醉了吧？尽管你们笑，我是说真话的。那就请你们告诉我：我在这种情况下该不该进来？你们是不是愿意一同喝酒？"大家嚷着欢迎他，请他入座。

阿伽通也表示邀请他。他走了进来，由那些人带领着，同时取下飘带，要给阿伽通缠上，尽管他走到苏格拉底面前，却没有看见他，就在阿伽通身旁坐下，坐在他和苏格拉底中间，因为苏格拉底挪开了
B 一点，这样他才能坐下。他坐下之后就向阿伽通致敬，给他加冠。阿伽通说："小子们，给阿尔基弼亚德脱下鞋，让他舒舒服服地待在这里陪着我们两个一起喝。"阿尔基弼亚德说："好啊，这同我们两个一起喝酒的第三位是谁呢？"这时他转过身来看见了苏格拉底。他一看见他就跳起来嚷道："天哪！怎么一回事？你苏格拉底又在这里埋伏着，像往常一样总是突然出现在我面前，教我大吃一惊，这回你想干什
C 么？你为什么正好待在这里？你不坐在阿里斯多芬身边，也不坐在什么逗乐的人和想逗乐的人旁边，偏偏跑到这里最漂亮的人身边待着！"

这时苏格拉底说："阿伽通，请你设法保护我。因为我和这个人
D 的爱曾经给我带来不小的麻烦。从我喜欢这个人的时候起，我就不能看任何漂亮人一眼，跟他说句话，否则这人就大吃其醋，用恶毒的办法虐待我，不伸手打我就是好事。你看，现在他的老毛病又发

作了，如果他动武，请你帮帮我。因为他的癫狂和妒忌使我发抖。”

阿尔基弼亚德说：“我们两个人和解不了。你现在说出求救的话，E
我就等下次再惩罚你。现在阿伽通啊，请你把飘带拿下来，我要把它缠到这一位的绝妙的脑袋上，让他不要责备我，说我给你加了冠，而他这个人在辞令上胜过所有的人，不仅这一次和你一样得到胜利，而且永远不败，却还没有得以加冠。’于是他立刻拿下飘带缠在苏格拉底头上，然后舒舒服服地喘了一口气说：‘来吧，诸位。我看你们都是清醒的，这不行，你们得喝酒，因为这是我们原来约定的事。现在我就来行令，一直到你们全都喝够为止。阿伽通拿出大杯子吧，要是有的话。也许用不着拿大杯，小子，你去把那个量酒的坛子拿
来，看来一坛盛八两多。’他把酒坛斟满，先自己一饮而尽，然后叫 214A
人给苏格拉底斟上，说道：‘诸位，对于苏格拉底，这点酒我看算不了什么，因为你要他喝多少，他就把它喝干，不会醉的。’”

苏格拉底接着小厮递上的酒一饮而尽。鄂吕克锡马柯说：“阿尔
基弼亚德啊，怎么这个喝法？我们愿意光喝酒，也不谈话，也不唱 B
歌，像渴极了的人那样牛饮吗？”

阿尔基弼亚德说：“鄂吕克锡马柯啊，你这位世界上最杰出的父亲生的最杰出、最明智的人，我向你致敬！”

鄂吕克锡马柯说：“我也向你致敬，你说我们怎么办？”

“你发命令，大家服从你，

因为行医的人胜过其他的人[①]。

① 见《伊利亚特》，XI，514。

你照你的意思开方子吧。”

鄂吕克锡马柯说：“你听着，我们在你进来之前已经商定，从左

C 到右，顺着这个次序，每个人都得做一篇颂辞，颂扬爱神，要尽可能做得美好。我们这些人都做过了，只有你还没做，却喝了酒，所以你得做，做完之后再出个题目让苏格拉底做，他说完再给他的右邻出题目，这样一直轮下去。”

阿尔基弼亚德说：“这个办法非常好。可是让一个喝醉了的人和

D 清醒的人比口才，有点不公平！而且，你真的相信苏格拉底刚才说的那番话吗？你知道完全是另外一回事吗？我要是当着他的面称赞他以外的某个神或者某个人，他是不能忍受，要对我动手的。”

苏格拉底说：“你别说废话！”

阿尔基弼亚德说：“波塞洞[①]在上，你可不能否认我提出的事情！因为我永远不能当着你的面颂扬某个别人。”

鄂吕克锡马柯说：“那你可以那么办，就是称赞苏格拉底。”

E 阿尔基弼亚德说：“你这话是什么意思？鄂吕克锡马柯，你是想着我应该这么办，当着你们的面报复他一通吗？”

苏格拉底说：“你这是什么意思？是想用讥讽的方式把这个人夸一顿，还是有什么别的用意？”

“我会说真话，你让我说吗？”

他说：“那当然，我不但让你说，还敦促你说真话哩。”

阿尔基弼亚德说：“我为什么不开口？你可要真的做到。只要我说了一点不真实的事，你就可以立刻打断我的话，说我说了假话。

---

① Ποσειδῶν，海神。

因为我是不会成心说瞎话的。可是，我要是像现在这样东一句，西 215A
一句，一会儿说这，一会儿说那，请不要见怪。因为像我现在这样昏昏沉沉的，要把你那些奇事原原本本地有条有理地和盘托出，是很不容易办到的。

“所以，要称赞苏格拉底，我想得用一些比喻来表示。他也许认为这是用讥讽的方式，可是我必须用比喻来表达实情，根本不是讥讽他。我说他外表很像雕刻铺子里陈列的那些西勒诺雕像①，匠人把 B
他们刻成手拿牧笛或笛子，身子由两半合成，掰开就看到肚子里撑着一些神像，所以我说他活像林中仙子玛尔叙阿②。说你外貌有如林中仙子，苏格拉底啊，你自己也不会辩驳的。此外你还有类似林中仙子的地方，且听我说来。你不是非常放肆吗？要是你不承认，我可以提出证据来。你不是会吹笛子吗？确实吹得比那个仙子还要高明！那个仙子的嘴用乐器施展魔法，把人们吹得神魂颠倒；现在还 C
是这样，谁演奏他的曲子，就能迷人。因为奥林波③用笛子吹的调子，我说就是玛尔叙阿所传授的。他的调子，不管吹奏的是高明笛师，还是蹩脚吹笛女，就能使人神往，就能显示出谁能蒙神庥，因为它是神圣的。你与玛尔叙阿的区别就在于你不用乐器，单凭言语就能产生同样的效果。如果我们听到别的出色的演说家所讲的话， D
我们并不会对此心悦诚服。可是一个人如果听到了你本人的话，或者听到别人转述你的话，尽管转述的人口才不佳，听的人不管男女

① Σιληνός，森林仙子的一种，是酒神的侍从，塌鼻，鼻孔朝天，喜爱酒色，苏格拉底的相貌就是这样。

② Μαρσύας，林中仙子（Σάτυροι）之一。

③ Ὄλυμπος，著名乐师。

老少都会为之神往。

“诸位，也许你们会以为我醉后失言，我还是要向你们担保说，这个人的言论对我影响很大，而且现在还发生影响。因为我一听到
E 他的讲话就心跳不已，眼泪夺眶而出，胜过为哥汝拔[①]舞所激动。我们也看到许多别的人也是这样。我听贝里格勒等等大演说家讲话时虽然觉得精彩，却从来没有听他讲话时的那种经验，没有神魂颠倒，不能把握自己，有如处在奴隶状态之中。听了这位玛尔叙阿，我觉
216A 得心情激动，认为现在这样活着还不如不活。苏格拉底啊，这话你也不能说不真实。就是现在我也完全知道，我只要一听就不免那样激动。他逼我承认自己还有许多缺点，由于关心雅典的事务，却放松了自己的修养。因此我强迫自己躲开他，就像掩耳不闻瑟壬[②]的
B 歌声一样，以免一直在他身旁坐到老。我在别人面前从来没有感到自己有愧，羞愧是我身上找不到的，只有在这个人面前除外。因为我完全明白，当着他的面我不能违反他，必须照他教导的做，可是一离开他，听到人家花言巧语，我就打熬不住，被名缰利锁拖跑了。因此我躲开他跑得远远的，一见到他就想起自己的诺言羞愧得无地
C 自容，甚至常常希望他不复存在于人间，可是如果他真的死了，肯定我会无比痛苦，所以我不知道应该拿这个人怎么办。

“我和许多别人就是这样被林中仙子用笛声戏弄了。请你们再听听，他多么像我给他打的比方，以及他具有多么神奇的法力。因为
D 你们中间谁也不了解他，而我是亲眼见到他的，愿意为你们把他描

① Κορύβας，小亚细亚的酒神祭司，祭神时狂舞。

② Σειρήν，海岛上的仙女，以歌声引诱过客登陆，把他们化为牲畜。见《奥德赛》Ⅻ。

绘一番。要知道，苏格拉底是迷恋美少年的，总是围着他们转，向他们献殷勤，而且做出完全无知、没有心眼的样子；这岂不活像西勒诺吗？确实如此。但这只是做出来的外表，正如刻出来的西勒诺一样，把他掰开一看，列位酒友们，不是看到其中充满着智慧吗？要知道，他不在乎一个人是不是美，对这一点看得很轻，轻到人家 E
无法相信，也不在乎一个人是不是有钱，是不是有世人所看重的那些长处。他倒是把这些东西看得不值一文，我跟你们说，他把我们看得不值一文，做出愤世嫉俗的样子，一辈子都在讥嘲世人。可是当他认真地推心置腹的时候，谁都看见他肚子里的那些神像。这些神像我看到过一次，它们非常神圣地、金光闪闪地、无比美好地、 217A
奇妙地向我走来，使我感到必须五体投地地去遵照苏格拉底的愿望做。

“我以为他认真地迷上了我的年轻美貌，感到这是我走上了好运，在得到苏格拉底欢心的时候就可以听到他所知道的一切。因为我对自己的美貌十分自信。由于有这种思想，我从前总是带着随从来看苏格拉底的。有一次我让随从走开，单独和他在一起。现在我必须把全部真相和盘托出，所以要请你们仔细听，如果有一句话不 B
真实，苏格拉底，请你立刻反驳。诸位，就只有我们两个人在一起，我以为他该和我说几句情人对爱人私下说的私房话，心里乐滋滋的。可是他一句都没说，还跟平常一样，和我待了一整天就走了。以后我邀请他和我一同做体育锻炼，我和他交手练拳，心想这回可以达 C
到目的。他和我练了几个回合，没有别人在场。我该怎么说呢？我毫无进展。既然这回还是不行，我打算用强制手段逼他一下，既然开了头就不能放手，看看到底会怎样。我请他吃饭，像一个情人追 D

求爱人那样。他没有立刻同意，后来勉强答应了。第一次他来了，吃完饭就要走，我不好意思，就让他走了。第二次我想了个计策，和他从饭后一直谈到深夜，他要走的时候我借口太晚了，硬把他留下。

“于是他就躺在他吃饭时坐的那个垫子上，与我并榻而卧，只有
E 我们两个，并无旁人在屋里。到此为止，凡是说得出口的都说了；下面我要说的你们在一般情况下大概不会听到，因为只有*酒*（加上或不加上小子）*才说真话*，况且在颂扬苏格拉底的时候把他的一件辉煌的行为瞒下不说，我觉得不对。我是一个被蝮蛇咬了一口的人，据说这样的人不肯把自己的遭遇告诉任何人，除非那人也同样被咬
218A 了一口，能够了解和谅解他所做的事和迫于痛苦而说出的话。我被重重地咬了一口，而且咬在最要紧的地方，这地方可以称为心脏或灵魂，也可以用别的名字称呼它，我在那里被爱智的言论咬伤了；这种言论一抓住一个年轻的、天真无邪的灵魂，就比蝮蛇更猛烈地吸住了他，使他无论做什么、说什么都随它摆布。现在我当着你们
B 的面，当着阿伽通、鄂吕克锡马柯、包萨尼亚、阿里斯多兑谟和阿里斯多芬（还用得着说苏格拉底本人吗？），以及其他所有的人，你们这些人都是饱尝爱智的怒火和狂热的，应该能听得进我的话，因为你们会谅解我当时的行为和今天的言语。至于佣人们以及那些局外人和粗鲁人，把大门关紧不让他们听见吧。

“诸位，现在灯灭了，佣人都出去了，我想也不用跟他转弯抹角
C 了，我不妨把心里话直截说出来。我推了他一下，说：‘苏格拉底，你睡着了吗？’——他说：‘还没有。’——‘你知道我心里想什么吗？’——他说：‘你想什么？’——我说：‘我以为只有你配做我的

情人，可是我觉得你有顾虑，不好对我开口。我思谋着如果不肯满足你的要求，不管是你有求于我的还是有求于我的朋友的，那我就 D
太傻了。因为对我最重要的事情无过于尽可能提高自己的修养，而能在这方面帮我一把的我认为只有你。所以，我如果不肯满足你这样一个人的要求，在明智的人看来，其可耻有甚于满足一大堆庸人的要求。'他听了这话之后，用他惯常的那种讥讽的、天真的味道说：'亲爱的阿尔基弼亚德啊，要是真像你说的那样，要是我真有那样一种本领能使你提高修养的话，看来你并不傻。要是那样，你就 E
是看到了我有一种十分惊人的美，比你的美貌高明得多。如果你看到这一点，要想与我共有它，用美来换美，那你就是打定主意不让我占便宜，想拿黄铜换金子[①]。可是，我的好人儿啊，你得认真考虑 219A
一下，看看你是不是弄错了，实际上我根本没有那种本事。要在肉眼失去敏锐的时候，灵眼才开始烛照，你离这种状况还远哩。'——我说：'我这方面已经把心里话都说了。你考虑怎样做对你和我最好。'他说：'你说得很好，我们从现在起要好好考虑一下，看看在这 B
件事和其他一切事情上怎样办对我们最好。'这样一问一答之后，我以为我的箭可以说已经射出去了，相信我命中了他，就站起来不让他有说话的机会，把自己的外衣盖在他身上（因为冬天到了），自己爬到他的外套下面，张开双臂把这个神圣的、实际上又非常古怪的人搂住，就这样过了一夜。苏格拉底，你不能说我说谎吧！尽管我 C
付出了一切努力，他却对我的美貌报之以蔑视和讥嘲，简直是放肆到极点。我要请诸位评评苏格拉底的这种放肆。凭着各位神灵和女

① 见《伊利亚特》，Ⅵ，235。

D 神，我就这样跟苏格拉底睡了觉，无非如此，好像跟一位父亲或哥哥在一起一样。

“这以后我的心情如何，你们是可以想象的；我认为自己受了伤，却又叹服这个人的性格，他的明智，以及他的毅力，认为自己从来没有遇到过一个人有那么英明，那么坚强。因此我既不知道该

E 怎样对他发火，怎样跟他分手，也不知道有什么办法把他拉过来。因为我完全知道，他不为黄金所动，不亚于艾雅[1]不为钢铁所伤。我相信自己只有一样东西能制服他，他却逃脱了我的掌心。所以我毫无办法，只有听人摆布，吃了从来没吃过的亏。

“这一切都是过去的事。后来我和他一同参加了波德代亚[2]战争，是同吃同住的伙伴。首先他表现得最能吃苦耐劳，不但比我强，而且胜过了所有的人。我们在战场上有时候被分隔开来，这是战时常有的事，我们断粮之后必须挨饿，忍饥挨饿的本事谁也比不上他。

220A 可是在供应充足的时候，唯有他懂得吃喝；他平常不大爱喝酒，在硬要他喝的时候却喝得比谁都多，说来奇怪，谁也没有见过苏格拉底喝醉了。关于这一点，我们现在也可以证实。在耐寒方面（那里

B 冬天很冷）他更加惊人，总是毫不在乎，特别是有一回霜冻很厉害，别人要么不出去，要么在值勤的时候穿得厚厚的，脚上穿着鞋还裹着毡子和毛皮，而他却穿着平常的衣服往外走，光着脚和别人穿着鞋一样在冰上来去。其他的战士斜着眼瞧他，因为他不把他们放在眼里。

C “事情就是这样。

① Αἴας，伊利亚特战争中的英雄，有七层牛皮做的盾，不怕刀剑。

② Ποτειδαία，一个北部城市，本属雅典，后来叛变，因而雅典出兵平叛。

可是这壮士还做了、坚持了一件事情，[①]

这是当时还在军队里做的，很值得说给大家听一听。有一回他遇到一个问题，就站在一个地方从清早起开始沉思默想，由于没有想出头绪，就不肯放弃，仍旧站在那里钻研。到了中午，人家发现了这件事，非常惊奇，就一传十、十传百，说苏格拉底从清早起一直站在那里思考问题。最后到了傍晚，晚饭后有几个伊奥尼亚[②]人（由于当时是夏天）把铺盖搬了出来，想在露天睡得凉快些，同时看看他 D
是不是在那里站着过夜。他一直站到清早太阳出山，然后向太阳作了祈祷才走开。

“你们也想知道他打仗的情况，这一方面也是值得向你们加以称赞的。有一个战役中将军给我颁发了奖章，而当时救我性命的不是别人，就是苏格拉底，他不肯丢下我这个伤员，就把我的武器和我 E
本人顺利地救出来了。苏格拉底啊，当时我也曾请求将军们把奖章发给你，你也不会谴责这个请求，说我说了谎话，只是将军们重视我系出名门，一定要给我颁奖，而你比将军们更强烈地要求把奖章发给我，不发给你自己。诸位，特别值得提出的是我军在德利恩[③]败 221A
退时苏格拉底的表现。当时我骑在马上，他扛着重兵器徒步走。队伍被完全打散时，他才退却，和拉刻[④]在一起。我正好碰到他们俩，叫他们不要惊慌，说我不会丢下他们。那时候我可以清楚地观察苏

① 见《奥德赛》，Ⅳ，243。
② Ἰωνία，小亚细亚西岸希腊人殖民地区。
③ Δηλίον，位于阿底迦边境，公元前 424 年雅典在此被特拜战败。
④ Λάχης，雅典军官。

格拉底，比在波德代亚时看得更明白，因为我骑着马，心里不很害
B 怕；我发现首先他比拉刻镇定得多，其次，阿里斯多芬啊，我觉得他正像你写的那样，昂首阔步，瞪着两眼[①]环视着敌我双方；不管什么人都只能远远地看着他，如果有人碰他一下，准会遭到重重的回报。因此他们两个得以安然脱险。因为这样的人在战场上是不大有
C 人侵犯的，被穷追的只是那些抱头鼠窜之辈。

“除此以外，苏格拉底还有许多别的方面确实值得称赞。只是在其他的活动上，同样的话完全可以用到别的人身上，而苏格拉底这个人完全没有别人和他相似，无论是古人还是今人，这是十分惊人的事。因为说起阿启娄来，可以举出步拉锡达[②]等人来相比；说起贝
D 里格勒[③]来，可以举出内斯多尔[④]和安德诺尔[⑤]来相比；还有一些别的名人，都可以用同样方式举出别的人物来相比；只有这个人十分奇特，无论在为人还是在言论方面，都找不出任何今天的人或古代的人来跟他相比，除非像我那样，不拿他和人比，而拿他比西勒诺们和森林仙子们。这一点我一起头就讲过，说他的言论活像那些造型
E 欠雅的西勒诺们的模样。一听苏格拉底的言谈，就觉得很可笑，所用的字眼和说话是外面包的一层皮，就像林中仙子脸上刻得一团傻气一样。因为他说的是些驮货的驴子，是些铁匠、鞋匠和皮匠，总是把这类话说来说去，在任何没经验、少脑筋的人听起来只能是笑
222A 柄。可是一个开通人一看，往里头一照，就立刻发现这些话里面包

① 见阿里斯多芬所著《云》362。这个剧本里讥嘲了苏格拉底。
② βρασίδας，斯巴达著名勇士，多次打败雅典军队。
③ Περικλῆς，雅典政治家，著名的民主派。
④ Νέστωρ，伊利亚特战争中希腊联军的著名谋士。
⑤ ’Αντήνωρ，伊利亚特战争中伊利亚特一方的著名谋士。

含着思想，是十分圣洁的，其中充满着品德的形象，引向最崇高的
目标，有助于追求美和高尚的人进行研究。

“诸位，这就是我称赞苏格拉底的话，又是我对他的谴责，我也
夹在一起向你们说了，因为我受了委屈。他不仅使我受委屈，也这 B
样对待了葛劳贡的儿子卡尔弥德[①]，以及第欧格勒的儿子欧替德谟[②]，
还有许多别的人；他蒙骗他们，原来是爱他们的情人，后来不当情
人了，成了他们所爱的爱人。阿伽通啊，我首先要给你打招呼，你
不要受他的骗，要从我们吃的亏里变得聪明起来，要小心提防，不
要像谚语说的孩子们那样吃一堑才长一智。”

阿尔基弼亚德说完之后，人们对他的坦率发出一阵大笑，因为 C
看来他对苏格拉底还未能忘情。苏格拉底却说：“阿尔基弼亚德啊，
看来你是完全清醒的，否则你不会那样仔细地转弯抹角，来掩盖你
说这番话的本意，就是把我和阿伽通拆开，因为你认为我只该爱你， D
阿伽通和另外一些人只能由你来爱，不能由另外一个人爱。只是你
这层意思已经掩盖不住了，你这个西勒诺和林中仙子的把戏已经被
大家识破了。亲爱的阿伽通啊，不要中他的计，要小心提防，不让
任何人离间我们俩，”——于是阿伽通说：“你说的大概是实情，苏格
拉底。我也猜到他夹到我和你中间来，是想把我们俩分开。他不会 E
如愿的，我来贴着你坐着。”——苏格拉底说：“那当然。你挨着我右
边待着。”——阿尔基弼亚德说：“天哪，我怎么又遇到这个人！他以
为自己一定会处处占我的上风。我的好人儿啊，还是让阿伽通至少待
在我们俩之间吧。”——苏格拉底说：“那不行。因为你称赞过我，而

---

① Χαρμίδης τὸν Γλαύκωνος.

② Εὐθύδημος τὸν Διοκλέους.

我现在必须称赞我右边的人。如果阿伽通坐在你右边，他就应该把我重新称赞一次，而他倒是我还没有称赞的人。就让他那样吧，请不要
223A 妒忌年轻人受到我的称赞；因为我有强烈的愿望要颂扬他一番。”——阿伽通说：“哎呀，阿尔基弼亚德啊，我现在绝不能原地不动，必须换个位置，好让苏格拉底颂扬我。”——阿尔基弼亚德说：“还是老样子，只要有苏格拉底在场，别人休想接近一个美少年。现在他又找到了一个轻松的、好像有道理的借口，声称阿伽通必须挨着他坐！”

B 阿伽通站起身来，要坐到苏格拉底旁边。突然有一大群酒徒来到门前，由于正好有人出去，大门开着，他们就一哄而入，坐下来喝酒。大家一阵喧哗，毫无秩序地彼此劝酒，喝得不可开交。

据阿里斯多兑谟说，鄂吕克锡马柯、裴德若和另外几个人走了，
C 他自己也躺下睡了，当时夜很长，他睡了许久。天亮鸡叫的时候他醒了，看见别人走的走了，睡的睡了，只有阿伽通、阿里斯多芬和苏格拉底还是醒的，用一个大杯子从左传到右喝着酒，苏格拉底和他们俩谈论着。谈的内容阿里斯多兑谟说他记不清了，因为他不是
D 从头听的，而且他当时正昏昏欲睡。主要是苏格拉底要想迫使他们承认同一个人既能写喜剧又能写悲剧，一个有才华的悲剧作家也是喜剧作家。他们俩被迫同意这种看法，并不是真正同意，都开始打盹了。阿里斯多芬先睡着，到天大亮的时候阿伽通也睡着了。

苏格拉底在这两个人入睡之后就站起来走了，还是按照惯例由阿里斯多兑谟陪着。他走进吕改雍①，洗了个澡，像平常一样在那里度过了一整天，傍晚才回家休息。

---

① Λύκειον，著名的花园，内有体育场。后来亚里士多德在此办学。

治国篇[①]

（或:《论公正》，政治的）

谈话人：苏格拉底、波雷马尔柯、葛劳贡、特拉叙马柯、阿兑满多、格帕洛

卷　一

St.Ⅱ

昨天我跟阿里斯东的儿子葛劳贡[②]一道下到贝莱坞[③]，去朝拜女 327A
神[④]，也想同时看看赛会办得怎么样，因为这是初次举行的。我觉得当地人办的赛会挺好，虽说未必比得上特拉革[⑤]人办的。我们行完礼、看过赛会之后动身回城的时候，格帕洛的儿子波雷马尔柯[⑥]远远地看到我们往家走，就叫他的小厮跑过来请我们等等他。小厮从后 B
面拉着我的披风说，波雷马尔柯要你们等他一下。

---

① Πολιτεία，指国家的治理，没有理想的意思，更不指共和政体。

② Γλαύκων τοῦ ’Αρίστων，柏拉图的兄弟。

③ Πειραιεύς，雅典的港口，在雅典城的西南海滨。

④ Βενδῖς，特莱格的月亮女神，雅典人也崇奉。

⑤ Θρᾴκη，希腊北方地区，旧译“色雷斯”。

⑥ Πολέμαρχος ὁ Κεφάλου，格帕洛的长子，公元前 404 年被三十人帮处死。

我转过身来问他的主子在哪里。他告诉我主子随后就到，请等他一会儿。葛劳贡说，我们等等吧。

C 过了一会儿波雷马尔柯赶到了，跟他一块儿还有葛劳贡的兄弟阿兑满多[①]，尼基雅的儿子尼格拉多[②]，以及几个看过赛会回来的人。

波雷马尔柯对我说：苏格拉底啊，我想你是要离开这里回城去。

我说：你猜得不错。

他说：你瞧瞧我们，有多少人？

瞧见了怎么办？

他说：你要是觉得自己人多就走，要不就留下来。

我说：就没别的路可走吗？要是我说服了你们让我走呢？

他说：我们不听你的话，你怎么说服我们？

葛劳贡说：那就没法了。

他说：你放心吧，我们不会听你的话的。

328A 阿兑满多插进来说：你们根本不知道傍晚要举行一次供奉女神的马上火炬赛跑吗？

我说：骑在马背上？这倒是新鲜事。是不是他们骑在马背上举着火炬依次传递着赛跑？

波雷马尔柯说：正是这样。此外他们还举行一次晚会，非常值得一看。我们吃完晚饭出来走走，到处看看，在那里可以见到很多

B 年轻人，跟他们聊一聊。留下吧，不要做别的事了。

于是葛劳贡说：看来我们得留下了。

---

① ’Αδείμαντος，柏拉图的另外一个兄弟。

② Νικήρατος ὁ Νικίου，雅典将领尼基雅之子，公元前 404 年与波雷马尔柯一同遇难。

我说：既然你那么想，就这样吧。

于是我们一同走到了波雷马尔柯的家，在那里见到了波雷马尔柯的两个兄弟吕西雅[①]和欧替德谟[②]，以及卡尔格涧的特拉叙马柯[③]、巴雅尼亚的卡尔曼蒂德[④]、阿里斯多纽谟的儿子格雷多捧[⑤]，还有波雷马尔柯的父亲格帕洛[⑥]，他显得很老，我已经很久没见到他了。他坐在 C
一张带垫子的椅子上，头戴花环，因为刚祭过神。我们挨着他坐下，那里摆着一圈椅子。

格帕洛一看见我，就跟我打招呼，他说：苏格拉底啊，你可不常到贝莱坞来看我们了。你该来哟。要是我还有力气，还能轻松地 D
进城走走，你就用不着来了，我们会去看你的。可是现在你该常常光临了。你知道，那些来自肉体的欢乐越从我身上消失，交谈的愉快就越在我身上增长。请不要让我失望，和这些年轻人到这里来交游，作好朋友的切磋琢磨吧。 E

我说：格帕洛啊，我也很喜欢跟老年人谈话。因为我认为他们已经走过了一段漫长的人生道路，这条路我们大概也要走，应当向走过的人讨教它是崎岖的还是平坦的，所以我也很想听听你的看法。你已经跨进了诗人们所谓的"老境"，是觉得活得难受呢，还是怎么样？

① Λυσίας，后来著名的演说家。
② Εὐθύδημος.
③ Θρασύμαχος ὁ Χαλκηδόυιος，修辞学家、智者。卡尔格涧在希腊东北部。
④ Χαρμαντίδης ὁ Παιανιος，以后是演说家伊索格拉底的学生。
⑤ Κλειτοφων ὁ ’Αριστονύμου，卡尔曼蒂德的追随者。
⑥ Κέφαλος，叙拉古人，来雅典居住了很多年，很有钱，也很有名。

329A 他说：苏格拉底啊，老实说，我很乐意把我的真心话告诉你。我们这些个岁数差不多的人常常走到一块儿，就像古话说的那样，物以类聚。碰头的时候多数人总是抱怨，怀念年轻时候的种种欢乐，感叹当年谈情说爱、花天酒地之类的大好事统统成了过眼烟云，认为从前的生活是幸福的，现在的日子简直不是味儿。有的人埋怨自
B 己老来受到亲近的人疏远，因而认为年老是遭遇种种苦恼的原因。我可不这么看，认为他们完全没有抓住苦恼的真正原因，你想，如果是年老造成了苦恼，那它就该在我以及一切与我同样老的人身上造成同样的效果，可是实际上我却遇到过很多人有完全不同的感觉。
C 比方说，我就记得有人问诗人索坡格勒[①]是不是还能享受女色的欢乐，他说："别提啦，我托天之福，已经摆脱了这种事情，就像脱离一个残暴疯狂的主子一样，不受约束了。"这话我当时认为说得很对，今天仍旧觉得有理，因为一个人到老年摆脱了这类欲望就得到很大的安宁。人们发现在欲望的暴力减弱、欲火熄灭的时候，自己就像索坡格勒说的那样，脱离了一群凶恶的主子的羁绊。至于上面
D 说的那些人的烦恼，以及他们所抱怨那种亲人的冷遇，并不是由于他们老了的缘故，苏格拉底啊，其唯一的原因是人的性格。如果心平气和，老年是可以安度的；如果性情与此相反，苏格拉底啊，青春也照样很难安度。

我听了他这番话心里很佩服，想听他再谈下去，就用话激他作
E 进一步发挥。我说：格帕洛啊，我想你这样说多数人是不会同意的，他们认为你之所以把年老不看成包袱，并不是由于你的性格好，而

① Σοφοκλῆς，著名的悲剧作家。

是因为你很有钱。他们说有了钱就可以得到很多的安慰。

他说：你说得对。他们不信我的话；他们说的也有点道理，但是道理并不够充分，没有他们自己想得那么多。你知道腾弥斯多格勒[①]回答那个塞里坡[②]人的话吧？那人蓄意中伤腾弥斯多格勒，对他说："你出名并不是由于你有本事，而是由于你是雅典人。"腾弥斯多 330A
格勒回答道："我如果是塞里坡人，当然不会出名，可是你即便生在雅典，也不会出名的。"这话也可以拿来对那些既不富有又恨年老的人说。因为一个明白人固然不容易同时容忍贫困和年老，一个不明智的人老来纵然富有也不会过得恬静舒坦。

我说：格帕洛啊，你那么大的家当多半是祖传的，还是你自己赚下的？

你说自己赚的吗，苏格拉底？我在赚钱方面介于我的祖父和父亲 B
之间。我的与我同名的祖父继承了一份和我现在那么多的财产，又使它变大了若干倍；我的父亲吕萨尼雅[③]却使它变得比现在少。我自己传给子孙的只要不少于我所继承的，还多一点，我就心满意足了。

我说：我这样问你，是因为你看来不是个贪财之辈。不亲手赚钱的人大抵不贪财；赚钱的人才比别人更加爱钱。他们对赚来的钱 C
有特殊感情，就像诗人对自己的文章、父母对自己的子女一样，情有独钟。他们和别人一样因为钱有用而重视钱，更因为这是自己的所有物而爱之如命。所以这种人是很难处的，他们眼睛里只有钱，没有别的。

① Θεμιστοκλῆς，民主派政治家。

② Σερίφιος，爱琴海中居格拉德群岛（Κυκλάδες）的一个小岛。

③ Λυσανίας.

他说：你说得对。

D 我说：很好。不过我还要问你，依你看来，你的万贯家财，给
你带来的最大的好处是什么？

他说：我刚才说的话许多人是不会相信的。可是你知道，苏格
拉底，一个人想到自己不久就要死的时候，是会发生一种以前从来
没有的恐惧和忧虑的。那些阴曹地府的故事，说今生作恶会在阴间
E 遭到报应之类，他过去常常听到，总是付之一笑，这时候却意识到
这也许是真的。这种想法的产生大概是由于他年老体衰，也说不定
是由于他离这些事情近了，看得更清楚了。因此他战战兢兢，心怀
疑虑，回想自己是不是在什么场合害过什么人。如果发现自己一辈
子造的孽不少，会常常像小孩似的在梦中惊醒，吓得直筛糠，以为
331A 噩运就要临头。如果这个人问心无愧，一点坏事都没做，那就始终伴
随着美好的希望，从小到老，都像宾达若① 说的那样好好地活着。苏
格拉底啊，一个活得公正而圣洁的人是像诗里描绘的那样极为安详的：

甜蜜的希望伴他把心抚慰，
用乳汁滋养他的垂暮之年；
任凭那世间人心潮澎湃，
管教他岿然不动保平安。

B 这话说得很对，真了不起。我觉得富有的好处主要就在这方面，虽
不是人人如此，至少明白道理的人是这样的。有了钱就不用昧着心

① Πίνδαρος（公元前 522—前 442 年），最著名的抒情诗人。

亏待别人，或者欠下对神灵的供奉，欠人的债不还，因而心惊胆战了。有钱虽然还有其他的很多好处，我看逐个比较起来，苏格拉底啊，这并不是最小的；对于明理的人来说，这是最大的好处。

我说：你说得好极了，格帕洛。可是拿公正这件事来说，我们能不能无条件地说这就是说老实话，就是欠人东西就要还呢？这样做不是有时候公正，有时候不公正吗？我以为是这样的。人家会说，如果有朋友在头脑正常的时候把武器托付给一个人，后来发了疯要他归还武器，那是不能还的；在这种情况下交还武器，或者说出全部真情，是不对的。 C

他说：你说得对。 D

那么说，讲老实话和拿东西照还并不是对公正的确切描述。

波雷马尔柯插进来说：苏格拉底啊，要是西谟尼德[1]的话可信的话，这种说话就确切了。

格帕洛说：你接着谈吧，我让位给你了，现在到了我去上供的时候了。

我说：是波雷马尔柯接替你吗？

格帕洛微笑着说：那当然。于是他跑去上供了。

我说：你这位接着发言的，请告诉我，你认为西谟尼德说得对的那句关于公正的话是怎么说的？ E

他说欠什么还什么就是公正的。我认为这话说得对。

我说：当然，西谟尼德是一位智慧的、贤明的人，我们很难对

① Σιμωνίδης，格奥人，约公元前556—前468年，抒情诗人。

他表示不信任；可是他说的那句话到底是什么意思，波雷马尔柯啊，你也许懂，我却不明白。因为他说的显然不是我们刚才说的那个意思，并不是指有人把一样不知什么东西寄在一个人那里，发了疯之
332A 后要求人家把那件东西还给他，虽说拿着别人寄放的东西确实是欠账。是吗？

是啊。

一个人发了疯，就无论如何不该把东西还给他吗？

他说：对的。

那就是说，西谟尼德所说的归还所欠，是指另外一个意思。

他说：毫无问题是另外一个意思。他认为朋友对朋友要做好事，不能做有害的事情。

我说：我懂了。如果借钱的和还钱的是朋友，可是把钱还他对
B 他不利，那样做就不算还了债。你说西谟尼德是不是这个意思呢？

当然是。

怎么？一个人该不该把欠敌人的东西还给他呢？

他说：当然应该把所欠的东西还给他；可是我想，一个人欠敌人的，真正说来，是适于给对方的东西，这就是某种坏事。

C 我说：这样看来，西谟尼德说的公正，是带着诗意的。他的本意是指把适于某人的东西还给某人就是公正的，他就把这称为还债。

他说：那你觉得怎么样？

我说：天哪，如果有人问他：西谟尼德啊，医术提供的适当的、合宜的东西是什么，提供给谁呢？你认为他会怎么回答？

他说：显然是把药品、食物和饮料提供给身体。

烹调术是把适当的、合宜的东西提供给什么呢？

把美味提供给菜肴。 D

那么，公正该把什么合适的东西提供给什么人呢？

他说：苏格拉底啊，比照着上面的话来说，公正就该是把有利的和有害的事给予朋友和敌人。

那他就是说，公正就是对朋友做好事，对敌人做坏事。

我是这样想的。

人们生病的时候，谁最能使朋友得到好处，使敌人遭到祸害？

医生。

在海上遇到危险的时候，谁最能做到这样？ E

舵手。

公正的人呢？在什么行动中，在为了什么目的的时候，他最能使朋友得益，使敌人遭殃？

我想是在作战的行动中，在结成同盟的时候。

很好。在不生病的时候，亲爱的波雷马尔柯啊，医生就没用了。

对了。

在不航海的时候，舵手就没用了。

是的。

那么说，在不打仗的时节，公正的人也就没用了。是吗？

我想不是这样。

那么说，就是公正在平时也有用。是吗？ 333A

有用。

种地也有用。是不是？

是的。

为了收庄稼。是吗？

是的。

做鞋也有用吗？

是的。

为了得到鞋子。我想你会这么说的，是吗？

那当然。

至于公正，你跟我说说，在平时它能满足什么需要，达到什么目的，因而有用呢？

它有利于合作，苏格拉底。

你所谓合作，是指合伙，还是指别的事情？

当然是指合伙。

B 下棋的时候，良好的、有益的伙伴是公正的人还是棋手？

是棋手。

在盖房的事情上，公正的人是不是比瓦匠更好、更有用的伙伴？

正好相反。

既然在奏乐的时候琴师是比公正的人更好的伙伴，那么在哪种合作的事情上公正的人比琴师更好呢？

我想是在财务方面。

C 可是，波雷马尔柯啊，要把用钱的事情除外，例如买卖马匹的事情就是如此。因为我想，在这种事情上还是以伯乐为好，对不对？

看来是这样。

在买船的事情上，就以造船的和驾船的师傅为好。

那是自然的。

那么在哪种财务合作的情况下，公正的人要比其他的人更有益呢？

在保管钱财力求妥善的时候，苏格拉底。

你的意思是说，在根本不想用钱，只想把钱存起来的时候吗？

当然是这样。

那样说来，金钱无用的时候，就是公正有用的时候吗？ D

差不多。

人们把修枝刀收起来的时候，公正是有用的，于公有用，于私也有用；可是在使用修枝刀的时候，有用的却是花匠活了。

看来是这样。

对于盾和琴你也会这样说：如果盾和琴收起来不用，公正就是有用的；如果要用它们，有用的就是武术和琴艺了。是不是？

必然是这样。

从所有的其他事情看，都是某件事有用公正就无用，某件事无用公正就有用。是不是？

差不多。

这样看来，朋友，公正就没有什么了不起了，如果它只是相对 E 于无用的东西而有用的话。我们注意这一点吧。在战斗、拳击之类活动中，最善于攻击的不是也最善于防守吗？

当然。

最善于预防或避免生病的人就是最善于使人得病的吗？

我想是这样的。

在战斗中，防卫阵地的好手也是善于偷袭强固敌阵的人吗？ 334A

当然。

能够很好地守护的人也是能够很好地盗窃的人吗？

看来是的。

这样看来，公正的人既善于保管金钱，也善于窃取金钱喽。

他说：是这个理。

这么说，我们心目中的正人君子竟然是一个惯窃，这话你大概是从荷马那里学来的，因为荷马称赞奥德修斯的外祖父奥多吕各[1]，
B 说他在装腔作势、吃里爬外方面是个人间圣手。所以足下和荷马、西谟尼德一样以为公正是一种盗窃，虽然这盗窃是为了给朋友谋利、使敌人不利的。你说的不是这个意思吗？

他说：天哪，不是这个意思。我简直不知道自己说的是什么了。但是我始终认为公正是给朋友谋利、使敌人不利的。

C 你所谓朋友，是指那些人人以为好的人，还是指那些人家并不以为好、却是好的人呢？你所谓敌人又是指什么人？

他说：一个人自然爱他以为好的人，恨他以为坏的人。

人们不是会弄错了，把许多并不好的人当成好人，并不坏的人当成坏人吗？

他们会弄错的。

那他们不是恨好人、爱坏人吗？

那当然是。

D 对于这些人来说，帮助坏蛋、打击好人不是成了公正的吗？

看来是的。

可是好人是公正的、不做不公正的事的呀，对吗？

对的。

照你这个说法，损害那些不干不公正的事的人就成了公正的了。

他说：不对，苏格拉底。那样说是很不对头的。

---

① Αὐτόλυκος，见《奥德赛》，XIX，395—396。

我说：既然如此，损害不公正的人、帮助公正的人就是公正的了。对吗？

这样说显然要好些。

波雷马尔柯啊，有许多人把人看颠倒了，就认为损害朋友、帮助敌人是公正的，因为他们把朋友看成了坏的、把敌人看成了好的。E
所以，我们的说法和上述西谟尼德的说法正好相反。

他说：当然会得出这个结论。我们还是改变一下吧，因为我们对朋友和敌人可能没有作正确的规定。

我们是怎么规定的，波雷马尔柯？

认为那些看起来好的人是朋友。

我说：那该怎么改？

改成这样：那些看起来好、实际上也好的人是朋友，那些看起来好、实际上不好的人只是表面上的朋友，实际上不是。至于敌人，335A
也可以作这样的规定。

照这么说，好人就是朋友，坏蛋就是敌人。

是的。

那你就给公正另外再加了一项规定。我们在上面说帮助朋友、损害敌人就是公正的，现在要说帮助那些是好人的朋友、损害那些是坏蛋的敌人才是公正的。是吗？

他说：当然，我觉得这样说才好。B

我说：可是公正的人还能损害另外一个人吗？

他说：那当然，应当损害那些是坏蛋的敌人。

遭到损害的马是变好了还是变坏了？

变坏了。

说的是狗的品质[1]，还是马的品质？

说的是马的。

如果是狗受到损害，变坏的就是狗的品质，而不是马的品质了。是吗？

必然是。

C 现在说到人，朋友，我们能不能说，如果他们遭到损害，他们就在人的品德上变坏了？

当然可以这样说。

公正不是一种人的品德吗？

必然是。

那么说，朋友，人受到损害就必然变得不公正了。

看来是这样。

音乐家能不能用他的音乐使别人变得粗俗不知音呢？

不能。

骑士能不能用骑术使别人变得不会骑马？

不能。

D 公正的人能用他的公正使别人变得不公正，或者一般地说，好人能用他的品德使别人变得不好吗？

那不可能。

因为降温并不是炎热所起的作用，适得其反。

是的。

发潮也不是干燥所起的作用，适得其反。

---

① ἀρετή，这个字用在物上与用在人上不同，我们把用在人的译为“品德”。

当然。

损害也不是好人所起的作用，适得其反。

看来是这样。

公正的人就是好人吗？

当然是。

所以损害并不是公正的人所起的作用，波雷马尔柯啊，他不会损害朋友，也不会损害任何人，适得其反，不公正的人才会害人。

他说：我觉得你说得非常对，苏格拉底。 E

如果有人主张偿还欠项就是公正的，而把欠项理解为欠敌人损害、欠朋友助力，说这番话的人就不是聪明人，因为他没有说出真理来。因为我们已经表明，不管损害什么人都是不公正的。

他说：我同意。

我说：我和你行动一致。如果有人说这种说话是西谟尼德提出来的，而且作这样主张的人还有弼雅[①]、壁答各[②]和另外一些先贤，那我们就一块儿抨击他。

他说：我准备跟你站在一起战斗。 336A

我说：你知道我认为那个主张公正就是帮助朋友损害敌人的人是谁吗？

他说：谁呀？

我以为这种说法属于贝良德若[③]，或者属于贝尔狄迦[④]，或者属于

① Βίας，公元前六世纪著名政治家，七贤之一。

② Πιττακός，公元前六世纪著名政治家，七贤之一。

③ Περιάνδρος，公元前七世纪到前六世纪的歌林沱僭主，七贤之一。

④ Περδίκκας，公元前八世纪的马格盾王。

克塞尔克瑟[1]，或者属于特稗的伊斯枚尼雅[2]，或者属于另外一个富有的、自以为有势力的人。

他说：你说得非常对。

我说：很好。既然我们已经看到，这里说的并不是公正，也不是公正的事，有谁能说说公正究竟是什么呢？

B 特拉叙马柯在我们俩交谈的时候多次想插进来，可是被在座的人拦住了，他们想把我们的话听完。现在我说完了我的话，我们停顿了一下，他再也不能保持沉默，跳起来站到我们面前，像猛兽似的来吞吃我们，使我和波雷马尔柯大吃一惊。他大吼一声，说：苏

C 格拉底，你尽说空话有什么用？你们俩你吹我捧，所为何来？你如果真想知道公正是什么，那就不要只是提问，再从别人的回答里挑刺儿，因为你心里明白提问要比回答容易，你自己提出答案，说说你主张公正是什么吧。你不要跟我说公正是相宜、是有益、是合乎

D 目的、是划得来，直截了当地告诉我你说的是什么，因为你提出的那一类废话我是不会理睬的。

我听了这番话吃了一惊，他的模样使我害怕。我认为要不是早先已经看见他在那里，是会吓得说不出话来的。幸亏他一发火我就看了他一眼，心里有点准备，才勉强回答了他，战战兢兢地说：特

E 拉叙马柯啊，别对我们那么凶吧。我们两个交谈的时候要是出了错误的话，那绝不是明知故犯。我们寻找金子的时候是不会只顾互相吹捧耽误了寻找的，现在我们在寻求公正这件比金子高贵得多的事情，朋友，我们能愚蠢到只管互相吹捧而不去努力求问它到底是什

① Ξέρξης，公元前五世纪的波斯王，侵入希腊。

② Ἰσμηνίας，政客。

么吗？我以为不是不干，是力所不及。列位非常杰出的人士应该同情我们，不要责备我们。 337A

他听了这番话冷笑着说：天哪！这就是众所周知的苏格拉底式讥讽！这我是知道的，我先就招呼过，你是肯定不会作出回答的，人家向你提出问题的时候，你总是用讥讽和各种别的手段搪塞过去。

我说：特拉叙马柯啊，你是个明白人，所以知道得很清楚，如果你问人家十二是多少，并且问的时候预先打招呼说："老兄，你不 B
能跟我说是二乘六，也不能说三乘四，六乘二，或者四乘三，因为这类废话我是很腻味的"，我想你很明白，发这种问题的人绝不会得到任何人回答。假如人家反过来问你："特拉叙马柯啊，你这是什么意思？我不能用你说的那些话回答你吗？万一那些话里有一句是对的，古怪人哪，我能说什么异于这一句的话吗？你到底是什么意思呢？"
你会怎么回答他？ C

他说：乖乖，这倒是旗鼓相当。

我说：这又何妨！就算说的不是一回事，那个被要求回答的人只要认为对就可以照他的想法说话，我们能制止他不能？

他说：那你不是要想这样做，用我禁止说的一句话来回答吗？

我说：那也没有什么奇怪，只要我经过考虑认为如何，就可以如何说。

他说：如果我现在就公正是什么这个问题提出另外一种回答， D
与已有的那些完全不同，比那些都好，你该受什么罚？

我说：什么罚？就是该受无知之罚呗，该向比自己有知识的人学习，我该受这个罚。

他说：你很机灵。可是除了学习之外还得出点钱。

要是有的话，就出。

葛劳贡说：会有的。在钱的方面，特拉叙马柯啊，你开口吧。我们这些人都愿意给苏格拉底付账。

E 他说：这我相信。苏格拉底这是故态复萌，自己一个字都不答，等人家一开腔他就抓住话柄说三道四。

我说：老兄，一个人首先并不知情，也并没有宣称自己知道，而且他即便在某件事情上有点看法，也有个并不坏的人禁止他说出他对这件事的见解，在这种情况下，他怎么能回答呢？所以你说话
338A 比较合适，因为你宣称你知道这件事，而且能够把它说出来。请不吝赐教吧！你的回答不但使我茅塞顿开，也可以使葛劳贡和其他的人得以领教。

我说了这话之后，葛劳贡和其他的人也纷纷请他不吝赐教。特拉叙马柯显然很愿意发表讲话博得人们赞许，因为他认定自己的答案不同凡响，虽说他扭扭捏捏地说该我回答。最终他还是同意说话
B 了。他说：苏格拉底是聪明人，他不肯教别人，却跟在别人后头学，学会了也不道一声谢。

我说：我跟别人学，这件事你说得对，特拉叙马柯，可是你说我不感谢别人，却不对。因为我是竭尽全力地致谢的；我所能办到的只有称赞，因为我没钱。只要我认为一个人讲得好，我就全心全
C 意地称赞他；你一作出回答就会立刻体会到这一点，因为我相信你会讲得挺好。

他说：你听着。我认为公正的不是别的，就是有利于强者的。你怎么不称赞这句话呢？肯定是不愿意啰。

那我首先要弄懂你的意思，因为现在我还闹不明白。你说有利

于强者的就是公正的。特拉叙马柯啊，这话是什么意思？是不是指这样的情况：因为运动健将布吕达马[1]比我们强壮，而吃牛肉是有利于他的体力的，所以这种食品也有利于我们这些比他弱的人，同时是公正的。 D

他说：苏格拉底呀，你真恶毒！你一把抓住话柄，就把它往最糟糕的路上拖！

我说：完全没有这个意思，先生，我只是把你的意思说清楚点。

他说：你难道不知道，有些城邦是僭主统治的，有些城邦是民主制的，有些城邦是贵族当权的？

怎么不知道？

每个城邦里的首脑不是大权在握吗？

那当然。

各邦的首脑都制定对自己有利的法律，民主制的制定民主的法 E
律，僭主当权的制定僭主制的法律，诸如此类。这些法律是他们制定的，所以宣布这种对他们有利的东西对被统治者是公正的，不遵守它就是违法，就是不公正的，要受到惩罚。先生，我的意思就在于此，就是说，在所有的城邦里都一样，公正的就是有利于当时的 339A
首脑的。首脑大权在握，是强者，因此可以顺利地推出：不管在哪里，公正的都是有利于强者的。

我说：现在我明白你的意思了，对不对我要先研究一番。特拉叙马柯啊，你的回答里也说“有利的”是公正的，虽然你不许我用这个说法来回答，只是你在这里加了“于强者”三个字。 B

① Πουλυδάμας，公元前408年奥林匹亚运动会的全能冠军。

他说：那不过是加上一点零碎儿。

加的是不是重要还不清楚，可是我们必须研究一下你说的对不对，这一点很清楚。因为我也看出公正的是有利的，可是你以为要加上“于强者”三个字，这一点我不明白，所以必须推敲一番。

他说：你推敲吧。

我说：一定做到。请告诉我，你不是也主张服从首脑是公正的吗？

我是这样说的。

C 各邦的首脑们是一贯正确的，还是也犯点错误呢？

他说：当然也会犯点错误。

那他们立法的时候，会不会有些法立对了，有些法立错了？

我想会的。

制定了于他们自己有利的法就是立对了，制定了于自己不利的法就是立错了，你说是不是？

我说是这样。

他们所制定的，百姓就必须奉行。这就是公正的吗？

怎么不是呢？

D 照你这么说，不光奉行有利于强者的是公正的，就连奉行与此相反的、不利于强者的也是公正的吗？

他说：你这是什么话？

我想这就是你自己说的话；我们还是好好考虑一下吧。你是不是同意：首脑对百姓发号施令的时候，有时会误以为这号令是对自己最好的，其实不然，可是百姓对首脑的命令却要一概奉行，这才是公正的？你同意吗？

他说：当然同意。

我说：你认为首脑误以为某事对自己有利而命令百姓去做，百姓奉行这不利于首脑和强者的事也是公正的，可是，智慧无比的特拉叙马柯啊，这不是正好违反你自己对于公正所说的话吗？因为这就是要弱者去做不利于强者的事了。 E

波雷马尔柯插进来说：天哪，苏格拉底，这是非常明显的。 340A

格雷多捧[1]跟着说：你知道就做个见证吧。

那人说：这还需要什么见证！特拉叙马柯自己就承认：首脑有时候会命令别人做于他自己不利的事，他治下的百姓这样做是公正的。

因为特拉叙马柯断言奉行首脑的命令是公正的，波雷马尔柯。

并且说过有利于强者的是公正的，格雷多捧。他说出了这两点之后，又承认首脑有时候要命令治下的弱者去做于他自己不利的事。根据他所承认的这些点可以推出：有利于强者的和不利于强者的同样是公正的。 B

格雷多捧说：但是，他心目中的有利于强者的，是指强者认为对他自己有利的，弱者必须做这种事，他把这样做认定为公正的。

波雷马尔柯说：可是这话并没说出来。

我说：那没什么关系，波雷马尔柯。如果特拉叙马柯现在说了这话，我们就承认他有这种看法。特拉叙马柯啊，请你告诉我，你是不是把公正的看成强者以为对他有利的，不管实际上对他是不是有利？我们能说这是你的意思吗？ C

他说：绝对不能。你以为我把犯错误的人犯错误的时候称为强

---

① Κλειτοφῶν.

者[1]吗？

D 我说：我确实相信你就是这个意思，因为你承认首脑并非一贯正确，常常也犯点错误。

他说：苏格拉底啊，你这个人说话转弯抹角。你不是要把一个治错了病的人就他治错病这一点称之为医生，把一个算错了账的人算错账的时候就他出这种错称之为会计吗？人们用一般的说法说，

E 医生误诊，会计算错，语文教师教错。可是我以为这些人只要真是我们称呼他的那种人，就没有一个出错。你是说话严格的，那我们就严格地说，没有一个师傅出错。因为在他的学问不足的时候，他不成其为师傅，才出错的。所以任何师傅、哲人、首脑在确定是主宰的时候，根本不出错。严格说来，首脑只要是首脑，就不出错；

341A 他不出错的时候，就制定出对他自己最好的法规，他的下属百姓必须遵守。所以我像开头所说的那样，把奉行有利于强者的命令称为公正的。

我说：很好，特拉叙马柯。你以为我颠三倒四吗？

他说：那当然。

那你是以为我想方设法，要用我所提出的问题把你问得晕头转向啰？

他说：这我知道得很清楚。这样做对你不会有多大帮助。因为

B 你既不能把我唬住，也不能用话把我吓倒。

我说：我根本没有那种打算，阁下。只是为了我们不再产生误会起见，请你说清楚你所谓首脑和强者是指什么，是照人们习惯的

---

① κρείττων，“比较强的”，亦即“比较好的”，可译“优者”。

那种说法，还是按照严格的说法，像你刚才说的那样，来说弱者奉行有利于强者的命令是公正的。

他说：按照最严格的说法来用首脑这个词。你用一切可能的阴谋诡计来颠倒黑白吧！我决不会央告你让我一个子，你的图谋是不 C
会得逞的。

我说：你以为我可能发疯了，想捋虎须，跟特拉叙马柯耍嘴皮占便宜吗？

他说：你刚才就试过，只是没有得逞罢了。

我说：够了，打住吧。可是你还得告诉我，按照你现在说的严格说法，医生是一个赚钱的，还是治病的？请你说那种真正的医生。

他说：给人看病的。

舵手呢？真正的舵手是水手的首脑，这是一般水手？

水手的首脑。

我想，这并不是因为他在船上干活，我们并不是根据这一点把 D
他称为舵手的。因为他之所以称为舵手，是由于他有技术，有统领水手的权柄。

他说：对了。

那么，这些人各有各的有利情况，是吗？

当然。

我说：技艺不是为各人寻求和提供有利于他的情况的吗？

他说：正是为了这个。

每一种技艺除了尽可能完善之外还有别的有利情况吗？

你这样问是什么意思？

我说：是这样：如果你问我，身体是身体，这样就够了吗？此 E

外还需要什么别的吗？我的回答将是当然需要。我们现在发现的这门技艺，医术，就是为了满足这个需要，因为身体会不适，不能满足于这种状况。由于这个原因，医术就提供了有利于身体的办法，这种技艺的目的就在于此。我说，你觉得我这样说对，还是不对？

342A 他说：很对。

怎么？就连医术也有毛病，任何一种技艺都还需要一种完满，就像眼睛需要视力，耳朵需要听力那样，因此一定要有另外一种技艺为它寻求和提供对它有利的东西吗？如果这种技艺也有毛病，又要有另外一种技艺为它寻求有利于它的东西，寻求的又要另外一个为它寻求，永远没完没了吗？还是每一种技艺都亲自关怀，对自己

B 有利的东西，还是都不需要自己或别的技艺来关怀有利于弥补自己缺点的东西，因为任何技艺里都没有什么毛病或欠缺，一种技艺所寻求的只是对它的服务对象有利的东西，它本身只要整个是它之为它，就是不折不扣、毫无瑕疵的？你从那种严格的意义看，情形是不是这样？

他说：看来是这样。

C 我说：既然如此，医术所关怀的就不是对医术有利的事，而是对身体有利的事。

他说：是的。

马术[1]也并不关怀有利于马术的事，而是关怀有利于马的事；任何一种别的技艺也不是关怀有利于它本身的事，而是关怀它所服务的对象的。

---

① ἱππική，养马和骑马的技术。这里专指前者。

他说：看来是这样。

可是，特拉叙马柯啊，各种技艺是支配、治理各自的对象的吗？

他同意了，可是很勉强。

那么，没有一门学问是关怀有利于强者的东西的，它们关怀的是有利于它所治理的对象的、有利于弱者的了。 D

他一起头还想争辩一下，后来终于同意了。在他承认了之后，我说：那么，一个医生，作为医生，谋求的就不是有利于医生的事情，而是有利于病人的事情了。因为我们已经同意，真正的医生是治疗身体的人，而不是赚钱的。我们不是同意了这一点吗？

他肯定了。

真正的舵手是水手的首脑，并不是水手吗？ E

他同意。

这样的舵手和首脑就不会制定和发布有利于舵手的命令，只会发布有利于下属水手的命令了。

他勉强肯定了。

我说：特拉叙马柯啊，任何衙门里的首脑，只要是首脑，关怀的就不是于他自己有利的事，而是有利于下属百姓的事，就关注有利于、符合于百姓的东西，说百姓所说的话，做百姓所做的一切。

说到这里，我们大家心里都很明白，已经把公正的定义颠倒过来 343A
了。特拉叙马柯并不回答，却反而问道：苏格拉底呀，你有保姆吗？

我说：怎么？你不愿意回答，却提出这种问题来吗？

他说：她听任你流着鼻涕，不给你擦掉；尽管有必要，你还是不知道羊倌是什么，羊是什么。

我说：你为什么这样说呢？

B 因为你以为羊倌或者牛倌们把牛羊喂肥育壮是为了牛羊好，并不是为了主子的好处和他们自己的好处，还以为各邦的首脑们真正统治的时候对下属的老百姓的看法异于羊倌对羊群的看法，日夜关注的并不是为他们自己造福。你对公正和公正的事、不公正和不公
C 正的事的想法是匪夷所思的，你还不知道公正和公正的事就是对别人好的东西，即有利于强者和首脑、不利于弱者和属下的东西。不公正则正好相反，是统治那些实际上很单纯的公正的人的，被统治的人做那种有利于强者、使强者幸福的事，他们是为强者服务的，
D 一点都不为自己。头脑十分单纯的苏格拉底啊，你该看清事实：在任何场合，公正的人都比不公正的人差些。首先拿合伙做买卖说，买卖是这样一个人和那样一个人合伙做的，可是你从来没有发现，在买卖结束的时候，公正的人拿到的不比不公正的人多，总是拿的少些。在涉及公家的事情上，国家征税时财产同等的住户里总是公
E 正的纳税多，不公正的纳的少些；发津贴时总是前者得不到，后者得的多。两个人做同样的官，其中公正的那一个虽然没有别的损失，却由于无暇顾及私事而把家务搞得很糟，而且因为公正的缘故，不从公家捞取任何好处，此外还由于不愿违背公正而徇私，招来至亲好友的怨恨，而不公正的那一个在这些方面则完全相反。我指的就
344A 是我刚才说的那种懂得占大便宜的人。你如果想看清每一个人都是在为自己捞好处，不公正要比公正捞到的多得多，那就瞧瞧这种人吧。你是非常容易得到这种认识的，只要看看那种最大的不公正会使多行不义的人得到最大的幸福，而使遭到不公正对待又不愿报之以不公正的人倒最大的霉，就明白了。这最大的不公正就是僭主政
B 治，它用暴力和欺骗的手段夺取不属于自己的东西，不论是庙产还

是非庙产，是公产还是私产，全都不加区别地据为己有，一口吞下，而非零打碎敲。犯了这类罪行的普通人，被抓住了是要受到重罚因而名誉扫地的，他们被判为亵渎神圣、掠取人口、诈骗、劫盗、偷窃，为人所不齿。可是一个人如果使用暴力不仅霸占了自己同胞的产业，而且霸占了这些人本身，使他们成为奴隶，却不会得到上述的那些恶名，反倒被认为有福的人，不仅受到本邦同胞的称颂，就 C
连异邦的人一听到他们的多行不义也都赞不绝口。人们之所以谴责不公正，并不是由于他们不敢干不公正的事，而是因为他们害怕受到这种事情的损害。因此，苏格拉底啊，不公正只要进行的规模很大，是比公正更有力、更自由、更专断的，所以我在开头就说：有利于强者的就是公正的，于每个人自己有益和有利的就是不公正的。

特拉叙马柯说完这番话就打算离开，就像洗澡堂子里的伙计似 D
的，把大量的高谈阔论往我们这些人耳朵里灌下之后就想走。可是这批人不让他走，要他留下来说说为什么要那么讲。我也恳请他这样做，说：高明的特拉叙马柯啊，你给我们发表了这样一篇讲话，现在就想走，也不充分给我们指点指点，或者想想事情是不是像你说的那样，你以为你提出来讨论的是小事一桩，我们每个人应当做的难道不是过最高尚的生活吗？ E

特拉叙马柯说：谁说我认为不是那样？

你似乎并不理睬我们的事，并不关心我们由于不知道你认为要知道的事，生活得是好些还是坏些。老兄，还是花点气力指点指点我们吧。你对我们这一大堆人做好事不会吃亏的，因我就从我的立 345A
场跟你说，我不信你那一套，不认为不公正比公正有利，虽然有人给不公正开大门，不让它受任何阻碍，可以为所欲为。老兄啊，即便有一个人是不公正的，能够做不公正的事，不管是偷着干还是凭势力硬干，干得很得手，却不能说服我们，使我们相信这样做比公正有利。这样想的人在我们中间还有不少，不止我一个。朋友，请
B 你给我们充分说清楚，好教我们不要看错了，误以为公正比不公正高。

他说：我怎么能说服你呢？说了你也不听，我拿你怎么办？我能把道理硬塞到灵魂里去，让它固定在那里吗？

我说：天哪，你不能。首先，你原来怎么说的，现在还要怎么说。如果你要改变说法，那就正大光明地改，不要暗中捣鬼，糊弄
C 我们。特拉叙马柯啊，你看，我们再考虑一下前面的讨论吧。刚才你是首先给真正的医生下了一个定义，后来却认为没有必要那样精确地给真正的羊倌下定义，以为他作为羊倌牧羊并不是为羊群的利
D 益，而是像厨子那样想养肥羊摆桌席，或者像羊贩子那样想拿肥羊卖个好价钱。可是牧羊的技术无非就是把羊尽可能养好，为养育的对象谋求最大的利益，因为它本身的利益是已经得到充分照顾的，只要它还是牧羊的技术，没有出毛病。所以我认为我们必须承认，任何首脑，只要还是首脑，考虑的就无非是他治理和照顾的百姓的
E 最大利益，不管他是城邦的首脑还是什么私人首领。你相信城邦里的统治者真的乐意治理吗？

他说：天哪，并非如此。这我完全知道。

我说：特拉叙马柯啊，这是什么缘故？你难道没有看到，其他的任何一种治理工作都是没人乐意干的，因为人们需要得到报酬，然而治理并不是为了治理者的利益，而是为了被治理者的利益。请
346A 告诉我，我们把每一种技术称为异于其他每一种技术，是因为它具

有另外一种功能吗？你的回答不要违背你自己的意见，这样我们才能得出结论来。

当然。

赚钱的法门不是也赚来钱吗？这就是它的功能。你能把医术和 B
航海术称为同一种技术吗？如果你愿意像你提议的那样精确地下定义的话，海员之所以健康是因为航海使他身体好，你是不是因此就把海员的技术称为医术呢？

他说：不能。

我想也不能把赚钱的法门称为医术，虽然有人凭这个取得健康了。

不能。

怎么？不把赚钱的法门称为医术，虽说有人把赚钱当成了治疗？

他说：不。 C

现在我们一致认为每一种技术的用处是一种特殊的用处吗？

他说：是这样。

如果有一种所有的工匠共同寻求的好处，他们必定有某种大家都有的技术，不分彼此地都使用它。

他说：显然是这样。

那我们该不该说，工匠们取得钱财作为好处，是由于他们还使用了那种取得钱财的法门？

他勉强同意了。

这种取得钱财的好处并非来自每一种专业技术。严格说来，就 D
是医术带来健康，赚钱法带来钱财，建筑术带来房屋，而那种伴随着各种技术的赚钱法也带来钱财。其他各种技术带来它们各自的产品，带来它们的对象的好处。如果钱财不与那些好处联在一起，工人师傅能从自己那种专业技术得到好处吗？

他说：看来不能。

E 如果他无偿地使用专业技术，这技术就不会给他带来好处吗？

这我也相信。

特拉叙马柯啊，这就很清楚，没有一种技术或统治是关心它自己的利益的，而是像我们早就说过的那样，它关心被统治者的利益，它安排一切时考虑的是弱者的福利，不是强者的。正是因为这个缘故，亲爱的特拉叙马柯啊，我在前面说，没有人乐意干这个差事，把别人的坏事情拉过来整顿，干这种事要得到报酬才行，因为愿意
347A 使用统治术的人一心据此安排事情，从来不关心、不安排他自己的好处，关心的是他统治的对象。因此很明白，必须让愿意做统治工作的人得到报酬，这报酬可以是金钱，可以是名誉，也可以是惩罚，不干就罚。

葛劳贡说：苏格拉底啊，你这样说是什么意思？前两种报酬我明白，你把惩罚算成报酬，用意何在我就不明白了。

我说：你难道不明白这正是给予最优秀的人的报酬，只有这样才能使最恰当的人为官作宰，你不知道图名图利是人所不齿的，也确实可耻吗？

他说：我知道。

我说：因此好人不肯为了名和利去当官。因为他们不愿意做官公开领俸而得禄蠹之名，也不愿意做官暗中受贿而号称窃贼。他们也同样不愿为了出名而当官，因为他们本来就不好名。所以有必要
C 逼他们出山，制定一种惩罚，他们不肯干就处分他们。因此自愿从政不待强迫几乎被认为可耻。对好人的最大惩罚则是自己不愿统治

别人而被比自己坏的人统治。在我看来，恰当的人做官是由于害怕这种惩罚，不得已而为之。他们从政并不是为了捞好处，不是贪图荣华富贵，而是出于不得已，因为既找不到比自己好的人，也找不到与自己同样好的人让权。如果有一个城邦是由好人组成的，这些 D
人就会争着不当官，正如现在争着当官一样。由此可见，真正的首脑关心的并不是他自己的福利，而是被统治的老百姓的福利，所以每一个有头脑的人都是宁愿别人为自己造福，而不肯花力气为别人造福。因为这个缘故，我根本不同意特拉叙马柯那个“公正的就是有利于强者的”说法。这个问题我们愿意以后再讨论。更重要的我觉 E
得是特拉叙马柯现在的说法，他主张不公正的人的生活要比公正的人好。我说，葛劳贡啊，你挑选哪种说法？你觉得哪种说得比较对？

他说：我觉得公正的人的生活比较可取。

我说：你有没有听到特拉叙马柯给我们举出的不公正者生活的 348A
好处？

他说：我听到了，可是我不信。

那我们能不能想出一种办法来说服他，使他承认自己说得不对？

他说：怎么不能？

如果我们现在想针对他的说法提出一番完全相反的议论，列举为人公正有多少好处，那他就又提出一种说法，我们又另外提出我们的，这样就要列举和权衡双方论证时举出的那些好处，我们就需 B
要有一个法官来判定双方的曲直了。可是，如果我们像向来做的那样，在研究的时候彼此寻求一致，我们自己就同时既是法官又是辩护律师了。

他说：那当然。

我说：这两种办法你比较喜欢哪一种？

他说：后一种。

我说：那就来吧，特拉叙马柯，请你从头回答我们。你主张完全不公正比完全公正有用吗？

C 他说：我提出了这个主张，并且说出了这样主张的理由。

你对公正与不公正这二者是怎么说的？你把其中的一个称为美德，另一个称为恶德吗？

怎么能不这样做呢？

那么，公正是美德、不公正是恶德吗？

他说：老伙计，你想想，我说了不公正很有用、公正没有用之后，会这样想吗？

怎样想？

他说：正好相反。

那么，公正是恶德吗？

D 不是恶德，而是一种最高尚的单纯。

那你把不公正称为歹毒吗？

他说：不是歹毒，而是精明。

特拉叙马柯啊，你认为不公正的人是些明白的、很好的人吗？

他说：是一些懂得把不公正的活动搞到很高程度的人，一些善于把整个城邦和部族搞到自己控制之下的人。你也许以为我指的是那些窃贼吧！干这种行当，在没有被逮住的时候，也确实是有用的；不过与我刚说的那种用处相比，这种用处是微不足道的。

E 我说：你的这种想法并不在我的意料之外。我只是感到吃惊，你居然把不公正放到美德和智慧那一边，而把公正放在与此相反的一边。

我就是那样放的。

我说：朋友，你这样做难免有点固执，人家不大容易跟你讨论下去了。因为你如果只肯定不公正有用，同时还同意它是恶德、是有害的，像有些别的人那样，那我们就知道自己能从设定的前提出发说什么话。可是现在很清楚，你也要说它是高尚的、坚强的，凡 349A
是人家归给正义的你都归给不公正，因为你胆敢把它也放到美德和智慧那一边。

他说：你说得完全正确，真了不起。

我说：只要我还能相信你说的是真心话，那就不能放弃讨论，还要继续研究和论证下去。因为我觉得你现在并不是开玩笑，特拉叙马柯啊，你在说你对实情的看法。

他说：我是不是这样想，于你有什么关系？你怎么不否定我的说法呢？

我说：当然没什么关系。可是我还想再提一个问题请你回答：你 B
认为一个公正的人会不会愿意自己有胜过另外一个公正的人的地方？

他说：绝不会。否则他就不是现在这样天真、这样单纯的人了。

怎么？他愿意自己胜过公正的行动吗？

他说：不愿意胜过公正的行动。

他是不是愿意自己有某个方面胜过不公正的人，并且认为这是公正的？

他说：他会认为这是公正的，他愿意这样，可是他做不到。

我说：可是我问的不是这个，我只问：公正的人虽然不愿意胜 C
过公正的人，却愿意胜过不公正的人吗？

他说：当然是。

不公正的人怎么样？他愿意在某个方面胜过公正的人和公正的事吗？

他说：他怎么不想？他就是想胜过一切的！

那么，不公正的人是愿意胜过不公正的人和不公正的事，力求占尽便宜高踞一切之上吗？

就是这样。

我说：那我们就说，公正的人不愿意胜过类似的人，却愿意胜
D 过不类似的人；不公正的人则相反，愿意胜过公正的人和不公正的人。

他说：你说得非常好。

我说：而且不公正的人是明白人、好人，公正的人两样都不是。

他说：这也对。

我说：那么，不公正的人就与明白人、好人类似，公正的人则与这些人不类似？

他说：那岂不是说，什么样的人与什么样的人类似，与不这样的人不类似？

很对。这样的人就是彼此类似的每一个人吗？

他说：怎么不是呢？

E 好，特拉叙马柯，你不是把一个人称为音乐家[①]，把另外一个人称为乐盲[②]吗？

我是这样做的。

① μουσικός，希腊人认为懂音乐的就是有教养的。

② ἄμουσος，希腊人认为不懂音乐的就是没有教养的。

哪一个是明白的，哪一个是不明白的呢？

音乐家是明白的，乐盲是不明白的。

只要明白，就好，只要不明白，就坏？

是的。

行医的怎么样？不也是这样吗？

也是这样。

先生，你相信一个弹琴的音乐家会愿意自己在收紧和放松琴弦方面胜过其他的音乐家，并且力求由此得益吗？

我不信。

他愿意胜过乐盲吗？

他说：这是必然的。

一个行医的怎么样？他愿意在配置饮食[①]方面胜过一个行医的或 350A
治疗活动吗？

当然不。

他愿意胜过不懂医的人吗？

愿意。

现在来看看各种知识和无知。你觉得某个有知识的人愿意在行动或言论方面胜过其他有知识的人，还是愿意在这样的事情上跟类似自己的人完全一样？

他说：他必然持后一种态度。

无知的人怎么样？他不是愿意既胜过有知识的人，也胜过无知 B
识的人吗？

① 希腊医学主要是食疗。

也许是这样。

有知识的人是贤明的人吗?

我认为是。

贤明的人是好人吗?

我认为是。

好而贤明的人不会愿意胜过类似自己的人，只愿胜过与自己不类似的、正好相反的人。

他说：看来是这样。

坏而愚昧的人愿意既胜过与自己类似的人，也胜过与自己相反的人。

显然是这样。

特拉叙马柯啊，不公正的不是愿意既胜过类似自己的人，也胜过与自己相反的人吗?你不是这样说的吗?

他说：我是这样说的。

C 公正的人则不愿意胜过类似自己的人，只愿意胜过与自己不类似的人。

是的。

所以公正的人类似好而贤明的人，不公正的人类似坏而愚昧的人。

似乎是这样。

可是我们曾经一致认为，这两方中间的每一方像什么人，他本身就是这样的人。

这是我们一致的看法。

那我们就得出结论：公正的人就是好而贤明的人，不公正的人就是愚昧而坏的人。

特拉叙马柯这时虽然承认了这个结论，可是并不像我现在说的那样容易，而是费了一番挣扎才同意的，弄得满头大汗，因为当时 D
正是炎热的夏天，我看见特拉叙马柯脸都红了，这是从来没看到过的。我们看法一致，承认公正是美德和智慧，不公正是邪恶和愚昧之后，我就说：好，现在说定了。可是我们还说过不公正是有力的。特拉叙马柯，你还记得吗？

他说：我当然记得。可是你现在说的我并不满意，我在这方面 E
还有话说。如果说出来我知道你会说我在发表公开演说。所以要么让我放开来讲，爱说多少就说多少，要么你爱问就问，我会像孩子们那样对给他们讲故事的大妈说"好"，点头或者摇头。

我说：可是不要违背你自己的想法。

他说：那我就照你的意思办了，因为你不让我讲话。你还有什么别的意见吗？

我说：天哪，没有了。你爱怎么办就怎么办吧，我愿意提问题。

那就问吧。

那我就提那个以前也提过的问题，好按次序讨论下去。这就是： 351A
公正和不公正比起来怎么样？因为你说过不公正要比公正强大有力。可是我现在说，如果公正就是智慧和美德，我想那就很容易看出，公正要比不公正有力，因为不公正是愚昧。这是谁都不会否认的。可是我并不要求那么简单地承认，特拉叙马柯啊，我倒是要这样来考察。你说一个城邦是不公正的，就力图以不公正的手段制服一些 B
别的城邦，并且已经制服了它们，还要用势力制服许多城邦吗？

他说：怎么不能？最优秀的城邦最有资格这样做，因为它是完全彻底不公正的。

我说：我完全了解这是你的道理。可是我要考虑的只是：这个变得比其他城邦强大的城邦之所以拥有势力，是不要公正，还是必定要公正？

C 他说：如果像你刚才说的那样，公正是智慧，那就要公正；如果像我说过的那样，那就要不公正。

我说：非常好，特拉叙马柯，你并不只是点头摇头，还很好地作了回答。

他说：我这是照你的意思办。

你做得真好。不过希望你再做一件使我满意的事，就是告诉我：在你看来，一个城邦，一支军队，一个匪帮，一群窃贼或什么别的人如果共同去干一件不公正的事，而用不公正的方式彼此相处，能达到这样的目的吗？

D 他说：肯定达不到。

如果不用不公正方式相处会怎样？会好些吗？

那当然。

特拉叙马柯啊，这是因为不公正使他们分裂、彼此仇视和争斗，公正使他们一致和友好。是不是？

他说：该是这样，这一点我跟你没有分歧。

你做得很好，先生。不过还要请你告诉我：如果不公正的作用就是到处掀起仇恨，它在自由民和奴隶中间起作用时不是会使这些

E 人彼此仇视、分裂、不能达到共同的目的吗？

那当然。

怎么？如果不公正出现在两个人身上，这两个人不是也会发生分歧，彼此仇视，彼此为敌，也敌视公正的人吗？

他说：会这样。

了不起的先生啊，如果不公正出现在一个人身上，它会失去力量，还是不折不扣地保留着呢？

他说：它会不折不扣地保留着。

可是，不公正似乎只有这样一种力量，就它不管出现在哪里，出现在一个城邦里、一个氏族里、一支军队里或者什么别的团体里都一样，首先就使他们不能团结一致行动，分裂，争吵，然后与自 352A
己人为敌，并且与一切反对的人为敌，与公正的人为敌。是不是？

是的。

不公正如果出现在一个人身上，我认为它也会产生它所特有的全部作用：首先它会使这个人不能完成任何事情，因为他分裂了，跟他自己不一致了，然后跟他自己为敌，跟公正的人为敌了。不是吗？

是的。

朋友，神灵也是公正的吗？

他说：多半是。 B

那么，特拉叙马柯啊，不公正的人就也是敌视神灵的，公正的人则是喜爱神灵的。

他说：你爱怎么说就怎么说吧。因为我的确不想反对你了，免得让大家讨厌。

我说：你把款待我的好事做到底，还像现在这样回答我的问题吧。我们看到，公正的人在行动表现得比较明智，比较好，也比较有力，而不公正的人却不能彼此合作做成任何事情。我们说不公正 C
的人用不公正的手段彼此合作坚决地共同完成某件事情，是说得完全不正确的。他们如果是完全不公正的，就一定不会相安无事，总要摩擦的；他们身上一定还有一点公正，使他在打击共同敌人的时候不至于用不公正的手段对待自家人，这样才达到了他们所奔赴的目标。不过那致使他们奔赴不公正的目标的不公正只是打折扣的邪恶，因为彻底的坏蛋和完全的不公正者是完全不能做到任何事情的。
D 我们已经了解到这一切，与你以前断言的不一样。至于公正的人是不是生活得比不公正的人好，比他们幸福，我们曾经提出在别处考察，现在必须加以考察了。因为这不是小问题，而是有关我们应当如何生活的大问题。

他说：请考察吧。

我说：我就来考察。请告诉我，你认为马的功能是什么？

E 我遵命。

你是不是会说，马和每一种别的东西的功能，就是只有用它才能进行，或者用它进行最好的那种能力？

他说：我不明白。

那就这样说：你能不用眼睛用别的东西看吗？

不能。

怎么？能不用耳朵用别的东西听吗？

绝不能。

那我们就有理由把看和听说成眼睛和耳朵的功能吗？

当然。

353A 怎么？你不能用匕首和凿子或者许多别的东西切割葡萄藤吗？

怎么不能？

我说：可是我想这种活用哪种东西干都没有用专门为此制造的剪刀好。

对了。

那我们就可以把整枝定为这种剪刀的功能了。

该这样定。

我想现在你可以更好地理解我为什么要这样问了。我是想知道：一样东西的功能是不是只有用它才行或者用它最好的那种能力？

他说：现在我当然理解了。我认为这就是一样东西的功能。 B

我说：很好。你是不是认为每样东西都有一种品质与它的功能相配合？我们再回到这一点吧。我们说眼睛有一种功能吗？

有。

也有一种眼睛的品质吗？

也有这种品质。

怎么？耳朵也有一种功能吗？

是的。

那就也有一种品质吗？

也有一种品质。

跟所有的其他东西一样？是不是一样？

一样。

请注意，眼睛如果没有它的特有品质，却有它的毛病，还能发 C
挥它的特有功能吗？

他说：那怎么行？你说的是没有视力、却有瞎眼吧。

我说：我问的并不是它的随便一种品质，而是问它是不是凭着它特有的品质很好发挥它的特有机能达到目的，凭着它特有的毛病却不行？

他说：你说得很对。

那么，耳朵如果失去了它特有的品质，就不能发挥它的功能吗？

那当然。

D 我们可以把这个道理用到一切其他的东西上去吗？

我想可以。

那你就再考虑这个问题。灵魂也有它那种你用任何别的东西都不能发挥的功能吗？例如经营、治理、谋划之类，我们能把它归给灵魂以外的什么别的东西，说这就是那个东西特有的功能吗？

当然不能。

生活怎么样？我们愿意把这也说成灵魂的一种功能吗？

他说：非常愿意。

那我们就也说有一种灵魂的品质吗？

我们这样说。

E 那么，特拉叙马柯啊，灵魂如果失去了它特有的品质，还能很好地发挥它的功能吗？这是不是不可能的呢？

这不可能。

所以一个坏的灵魂必然会治理和经营得很糟，好的灵魂却会把这一切发挥得很好。

必然是这样。

现在我们是不是达到了一致的看法，认为灵魂的品质是公正，它的毛病则是不公正？

我们达到了这个一致的看法。

那么，公正的灵魂和公正的人就会生活得好，不公正的人就会生活得坏了。

他说：根据你说的这个道理，这是很明显的。

生活得好[①]的不就是幸福的、快乐的，生活得坏的则与此相反吗？ 354A

他说：就是这样。

那么，公正的人就是幸福的，不公正的人就是凄惨的了。

怎么不是这样呢？

了不起的特拉叙马柯啊，那么说，不公正就绝不比公正有用了。

他说：苏格拉底啊，你该把这当作一桌本狄[②]节的酒席。

我说：这桌酒席是你备下的，特拉叙马柯。因为你待我温和了，不再对我发脾气了。可是我没有吃好，这要怪我，不怪你。我跟老 B
饕似的抓住端上来的每一盘菜，在还没有完全品透面前的菜之前，就扑到下一道菜上。就是说，在我们首先研究公正的事情是什么，还没有得出结论之前，我就抛开这个问题，转到另外一个问题上，研究起它究竟是邪恶和愚昧还是智慧和品德来。这以后在说到不公正比公正有用的时候，我按捺不住又从前一个题目转到这个题目上了。所以现在我通过全部谈话什么都没有学到。因为只要我还不知道公正的是什么，我就无法知道它是不是一种品质，以及具有它的人是不是幸福的。

卷 二

我说完这些话之后满以为讨论已经结束了，没想到这还只是一 357A
个开场。因为葛劳贡始终是个好胜的人，所以对特拉叙马柯的退却很不以为然。他说：苏格拉底啊，你是想仅仅显得把我们说服了， B

① εὖζῆν，生活得好就是生活得道德、生活得幸福的意思。

② Βενδῖς，女神名，见第 359 页注④。

还是想真的说服我们，使我们相信公正的事情在哪种情况下都比不公正的事情可取？

我说：我想真的说服你们，只要我能办到。

他说：你那样想，却没有做到。请告诉我，你是不是认为有这样一种好事，我们想得到它，却不是意图享有它的后果，而是为了它本身而喜爱它本身。例如享乐和一切无害的消遣之类，就并不在将来给我们留下什么后果，无非使我们当下快乐而已。

我说：我想这样的好事是有的。

C 怎么？此外还有一种好事，我们喜爱它，一方面是由于它本身，另一方面也是由于它产生的后果，例如讲理、明目、健体就是这样，因为我们爱这类事是由于两个理由。是吗？

我说：是的。

他说：你有没有看到还有第三种好处，包括体育锻炼、看护病人、行医以及其他赚钱的活动？这类活动我们会说是辛苦的，但是
D 对我们有好处；我们接受它并不是由于喜欢它本身，而是为了得到报酬和其他随之而来的好处。

我说：是还有这第三种。这又怎么样呢？

他说：你把公正算成哪一种？

358A 我说：我认为公正属于最美好的一种，一个要求幸福、很有希望的人就为了它本身、也为了它带来的后果而喜爱它。

他说：那只是表面现象，多数人并不这么看，而是把它算成要吃苦的那一种。人们之所以追求它，一般认为是为了获取报酬和名声，并不是由于喜爱它本身，因为太费劲了。

我说：我很明白人们是这样想的，正因为这个缘故特拉叙马柯

才把公正贬得那样低，而对不公正倍加颂扬。可是我是这样的人，看来不能学他。

他说：你听我说几句，看看你是不是也同意。在我看来，特拉 B 叙马柯过早地被你的话迷了心窍，就像一条蛇似的被你的咒语驯服了。我认为你对公正和不公正的说法还不能使我完全满意。因为我很想听到公正的是什么，不公正的是什么，以及它们本身具有哪种影响灵魂的力量，至于这两者得到什么报酬、产生什么后果，可以撇开不问。这就是我想做的事，如果你也认为可以做的话。我要把特拉叙马柯的论证复述一遍，首先说，他们认为公正是什么，是从 C 哪里产生的；其次说，一切奉行公正的人都并非出于本心，而是把它看成非做不可的事情来办的，并不是把它当成一件好事；再次说，他们有理由这样做，因为不公正的人的生活要比公正的人好得多。苏格拉底啊，这些都是他们的说法，因为我觉得并不是那样。可是我没有办法，因为耳朵里塞满了特拉叙马柯和成千成万其他的人说的那一套，至于赞成公正、说公正比不公正好的话，我很想听却没有听到任何人说。我希望听到人家实事求是地[①]颂扬它，并且愿意这 D 个希望从你那里得到满足。因此我要用最大的热忱说歌颂不公正生活的话，这样就给你提供了一个榜样，你可以照着这个样子满足我的愿望，说出诋毁不公正、颂扬公正的话来。你看我这个主意是不是合你的意。

我说：再好没有了，这样的题目一个明智的人能不喜欢一再地 E 说和听吗？

---

① αὐτό καθ' αὐτό，意思是“就着它本身，为了它本身”。

他说：你说得好极了。现在我说那首先要讨论的问题，你听着，这就是：他们认为公正是什么、是从哪里来的。在本性方面[1]，他们说，干不公正活动是好的，受不公正待遇是坏的；但是，受不公正待遇的坏处要比干不公正活动的好处大。所以他们彼此都干过这种活动、也受过这种待遇，大家都付出了代价之后，感到不能只要好
359A 处不受害处，就认为还是彼此协商，约定既不干这种活动也不受这种待遇为好。因此他们开始制定法律和彼此相待的契约，把法律所容许的称为合法的和公正的。公正的来源和它的实质，就是两种情况的折中，其中最好的一种是可以干不公正的活动而不受惩罚，最坏的一种是必须忍受不公正的待遇而不能报复。公正这一处于两者
B 之间的情况之所以得到喜爱，并不是因为它好，而是由于人们没有能力去干不公正的事，尽管这是人所重视的。因为一个人只要能干这种事，并且是个真正的男子汉，就不会跟任何人订立契约，承诺既不干不公正的事，也不受不公正的待遇，除非他疯了。苏格拉底啊，照他们说，这就是公正的本性，公正就是这样产生出来的。

他们奉行公正并不是出于自愿，而是由于没有能力干不公正的事。这一点，我们如果在思想上做点工作，就会对它了如指掌。这
C 就是：我们假定有两个人，一个公正，一个不公正，给予他们俩为所欲为的权力，然后跟在他们后面，看看欲望会把他们各自引到什么地方去。我们肯定会当场抓住公正的人，发现他由于私心作祟，追求的目标与不公正的人一模一样，是私心使众生都追求这个目标，以为这是好的，只有通过法律、使用暴力才能制止他走那条路，把

① 就是“是什么”。

他拉到尊重平等这一边来。我说的权力是指那种使人获得同等力量的尽可能大的权力，据说吕狄亚朝的太祖聚葛[1]就掌握过。这人曾经 D
是个羊倌，在当时的吕狄亚首领手下放羊。有一回狂风大作，暴雨倾盆，接着发生地震，地表裂缝，在他放牧的地带出现了一条大沟。他看到这沟大吃一惊，爬了下去，发现了许多稀奇古怪的东西，和一匹空心的铜马，身上有一些窗户，他通过这些窗户往里看，看见一具尸体，看起来身材比常人高大。这尸体身上什么都没有，只有手上戴着一只金戒指，他把戒指拿下就爬上来了。当时羊倌们有碰 E
到一起的规矩，要每月一次向国王报告羊群的情况，那个人也来了，手上戴着金戒指。他坐在人群里，偶然把戒指嵌宝石的那一边往手心的方向一转，这样一来，跟他坐在一起的人就看不见他了，他们谈论着他，好像他并不在座似的。他对此感到奇怪，就把戒指又往 360A
手背的方向一转，他立刻就在他们眼里出现，成了看得见的了。他发觉了这件事，就用戒指来试验，看看自己是不是具有这种力量；他总是看到，只要把戒指上嵌的宝石往手心那边一转，他就立刻变得看不见了，往手背那边一转，就看得见了。知道了这一点，他就想方设法当上国王的信使，一到王宫就勾搭上国王的妻子，与她合 B
谋劫持国王，把国王杀了，篡夺了王位。如果有两只这样的戒指，一只戴在公正的人手上，一只戴在不公正的人手上，那大概不会有一个人生性如此坚强，始终做公正的事，对别人的财物不拿不碰，虽说他可以毫无顾虑地从市场里拿他想要的东西，可以任意穿堂入室，跟他想要的女人同床，可以任意杀人，任意把人从牢狱里放出 C

① Γύγης，传说的吕狄亚国王，曾以隐形戒指获得妻子和国土。

来，如此等等，就像人中间的神似的。如果他这样为所欲为，他做的就跟不公正的人毫无区别，两个人走的就是一条路了。谁都不能不承认，这就是一个有力的证据，证明人做公正的事并不是出于自愿，而是迫不得已，因为这并不是对谁都好。因为不管在什么地方，只要人人都认为自己能干不公正的事，他也就那么干。因为人人都
D 认为不公正的事给他带来的好处比公正带来的大得多，而且认为赞成这种说法的人是对的。因为一个人如果拥有这样一种权力而不愿做不公正的事，不肯碰别人的财物，看到他这样做的人就会说他是最没脑子、最没见解的大傻瓜，因为人们由于害怕受不公正的待遇，总是互相欺骗、互相吹捧的。这个问题就说这么多。

E 为了对上述两个人的生活方式作出正确的判断，我们可以这样做，就是把最公正的人与最不公正的人明确地对立起来：如果不，那就不。怎样对立起来呢？就是不从不公正的人身上去掉任何不公正的成分，也不从公正的人身上去掉任何公正的成分，让他们各干各的，丝毫不打折扣。首先，不公正的人要像非常出色的师傅那样干。本领高强的舵手和医生知道分开他的技术能办得到事和办
361A 不到的事，于是干办得到的事，放弃办不到的事，即便一时看走了眼，也还能加以补救。同样情形，那不公正的人由于深知自己的行径，在必须对我们干非常不公正的勾当时，一定要把自己的不公正处掩盖起来不让人家看见，要是被人看出来了，那就一定被认为是一个蠢货。因为最高的不公正就是做得好像公正，其实不是。因此我们必须给完全不公正的人以地地道道的不公正，一点折扣都不打，
B 必须承认他做了最不公正的事情而取得了最大的公正名声，在对某件事看走了眼时也能加以补救，在由于干坏事而遭到谴责时善于为

自己的辩护，说得头头是道，在需要用权势达到目的时，有勇气和毅力取得权势，因为他明白凭朋友和财富可以做到这件事。我们像这样描述了这种人之后，就在他的旁边用我们的语言树立公正的人，也就是艾斯区洛[①]说的坦白单纯的人，他不愿意看起来好，要真好。我们必须把他的外表去掉。因为他如果被人看成公正的，就会得到荣誉和奖励，因为他表现成为一个这样的人。这样，我们就拿不准 C
他之所以是这样的人是由于他公正，还是由于他得到奖励和荣誉了。因此他身上除了公正以外的一切都要清除掉，还他一个与前面那个人完全相反的状态。他不做任何不公正的事，却背着不公正的最大恶名，这就使我们在公正方面受到严格的考验，因为它虽然遭遇到人们狠毒的议论以及由此产生的一切恶果，却不为所动，始终不变，坚持到死，虽然一生被说成不公正，却是公正的。这两个人各走极端，一个要公正，另一个要不公正。将这两个典型人物比比看才能 D
判明哪一个是幸福的。

我说：亲爱的葛劳贡啊，你给我们精心刻画了两个雕像，让他们比赛一番给我们看看。

他说：我是尽力而为。指出他们的情况之后，我想就不难断定他们各自的生活会怎样了。所以我必须来讲这个方面。如果说出来 E
的话太粗，苏格拉底啊，那就请你考虑到说话的并不是我，而是那些颂扬不公正、贬低公正的人。他们说，那视为不公正的公正者会受到鞭打、拷问，戴上枷锁，烙盲双目，在受完各种酷刑之后被钉 362A
上十字架，才体会到不能真做公正的人，只能做出公正的样子。艾

---

① Αἰσχύλος，悲剧作家。

斯区洛的话可说到了不公正的人的痛处。他们会说，不公正者是务实的，要实际上是，不要按照人们的意见行事，愿意事实上并不显得不公正，却是不公正的。

从心中畏惧这深厚的沃土，
B 产生出老谋深算的硕果。[①]

他由于被认为公正，首先会成为本邦的权贵，然后娶名门之女为妻，让子女与名门通婚，跟自己看中的人合伙结盟，还在各样的事情上搞到好处，因为他不怕干不公正的事。因此他在进行一项斗争时，不管是为了自己的，还是为了公事的，就会制服对方，占到上风。由于他到处都占上风，就富起来，就对朋友慷慨大方，就对敌人冷
C 酷无情，就给神灵奉上充足的供品和辉煌的祭典，就会在对待神灵、对待自己中意的人方面做得比公正的人气派得多，因此他比公正的人得到神灵的欢心。所以他们说，苏格拉底啊，无论从神的方面看，还是从人的方面看，给不公正的人安排的生活要比公正的人好得多。

D 葛劳贡说了这些话之后，我正想对这个题目说几句话，他的兄弟阿兑满多说：苏格拉底啊，你不认为对这个问题已经说得够多了吗？

我说：还有什么要说的吗？

他说：还有正是最该说的那一点。

我说：常言道：人帮自家兄弟。这一位要是还有什么没有说到，

① 艾斯区洛：《七人攻特拜》，593—594。

你就帮他说吧。不过这一位说得已经很透，足以把我打垮，使我无法为公正辩护了。

他说：你这话等于不说；你还是听一听下面的说法吧。我们必 E
须充分考虑那种与他相反的、颂扬公正谴责不公正的说法，这样才能更加明白葛劳贡的用意。做父亲的总是教训儿子，受委托关怀他
人子弟的人总是叮嘱晚辈，说为人必须公正；这样说的人并不是喜 363A
爱公正本身，而是喜爱由此产生的好名声。有了好名声就显出公正的样子，从这个公正的样子就产生出高官和权势，就得以联姻名门，就得到葛劳贡刚才说的由公正的好名声而来的好处。在这一方面人们还说了许多一般人心目中的看法，因为说我们与神灵的赞许有关，神灵给我们这些虔诚的信徒赏赐无数好处，就像高贵的荷马和赫西
俄德说的那样。前者说：神灵给公正的人备下橡树，“树的枝头结满 B
果实，中段有蜜蜂，树下有羊群，他说，羊身上长着厚厚的羊毛”[①]，
以及一些跟这联在一起的其他好东西。另一位的话也与此相似， C
他说：

> 这位好君王崇敬神灵也尊重公正，黑色的大地给他长出大量小麦和大麦，树上果实累累，牲畜繁衍，大海提供丰富的鱼类。[②]

穆赛尤[③]和他的儿子[④]却说公正的人具有神灵的高贵品质。他们在谈

① 赫西俄德：《工作与时日》，232—233。

② 荷马：《奥德赛》，XIX，109，111—113。

③ Μουσαῖος，公元前六世纪叙事诗人。

④ Εὔμολπος.

D 话中把公正的人引导到下界，让他们在那里躺着，备下善人宴请他们头戴花冠一天到晚喝酒，以为酬谢品德的最好报酬就是常在醉乡。另外一些人把神灵给予的报酬说成绵延不绝的，他们说诚人君子会子子孙孙一代一代传下去。他们就是用这一类话颂扬公正。至于那
E 些渎神的、不公正的人，他们却把这种人埋进阴间的粪土中，逼他们用筛子打水，在还活在世上的时候就得到邪恶的名声，受到葛劳贡说的公正者被视为不公正时所受的同样惩罚。对于不公正的人他们说的就是这些，别的他们就不知道了。这就是对这两种人的颂扬和谴责。

除了这些，苏格拉底啊，请你考虑另外一种关于公正和不公正
364A 的说法，这种说法是从街谈巷议和诗人们那里来的。他们众口一词地说，审慎和公正虽然很好，但是很难、很费劲，而不公正却很适意、很容易办到，只有一般人的意见和法律才认为这是可耻的。他们说，不公正的事通常要比公正的事有用，多数人对有钱有势的坏蛋非常尊重，称赞他们有福，不论在公开的场合还是在私下里都对
B 他们毕恭毕敬，而对那些贫穷可怜的人则加以蔑视，不放在眼里，虽然心里也知道穷人比阔人好。尤其令人吃惊的是他们对于神灵和品德的说法，认为神灵分配给公正的人以噩运和一种恶劣的生活，而使与此相反的坏人得到与此相反的好运。那些化缘的方士来到富人的门前向他们说教，说他们可以用祭祀和咒语从神灵那里取得力
C 量，以欢乐的赛会消除他本人或祖先的罪孽；如果有人想对他的敌人做某种不利的事，他们能够以很小的代价使那些人受到损害，不管对公正的还是对不公正的人都灵，因为他们能够用法力和符咒役使神灵为他们服务。他们引诗人们的话为自己所说的一切作证，表

明做坏事是非常容易的，因为：

> 邪恶的事情你轻而易举就能办到，
> 毫不费劲，这条路很平坦、离你不远。 D
> 不朽的神灵却在品德前面布下汗水和一条漫长而峻峭的山路。[1]

还有人引荷马的话证明神灵听人的摆布，因为他说过：

> 神灵本身就可以软化，通过献祭和恭维的祷告就能办到。人们犯了罪、犯了过失之后，祈求着用馨香和醇酒就能得到慈悲。[2] E

他们手里拿着许多穆赛尤和俄尔剖[3]的书——这两位是塞勒内[4]和缪萨的后裔——按照这些书上说的礼拜作法，据说不但说服了个别的人，而且说服了整个城邦，使人们相信通过献祭和迎神赛会，即他 365A
们所谓的法事，不但使生者而且使死者得以解救和净化，摆脱从前犯的过错。谁不献祭，就要等着可怕的事情发生。

亲爱的苏格拉底啊，品德和邪恶是人和神都重视的，人们在这一方面发表的各种议论，你认为对青年听众的灵魂有什么影响呢？他们非常敏感，是能够对所有的说法进行推敲，从其中推出应当怎 B

① 赫西俄德：《工作与时日》，287—289，290—291。
② 荷马：《伊利亚特》，Ⅸ，497—501。
③ Ὀρφεύς，荷马以前的特拉格歌手，传说是缪萨之一的儿子。
④ Σελενή，月神。

样做人、走哪条路才能把这一辈子活得最好的。很可能他们会向自己提出宾达若的那个问题：我是凭着公正爬上更高的宝塔，还是凭着阴谋诡计步步高升，[①]一辈子享福呢？我们听到的一切告诉我们，如果我公正而没有做出公正的样子，那就一点用都没有，倒会惹来
C 痛苦和麻烦，如果我不公正而懂得摆出一副公正的架势，那就会过上高贵的生活。如果像哲人们告诉我的那样，外观胜过真相，是有关幸福的东西，那我就必须全力以赴地追求它。我要做出一副道貌岸然的样子，却领着一只大智阿尔启洛柯的狡猾善变的狐狸。可是有人会说，做坏事而始终不让人看穿，是很不容易的。我们的回答
D 是：大事情没有一件是容易的；由此可见，如果我们想幸福，那就必须走各种言论的足迹给我们指出的这条路。为了始终不让人识破，我们要拉帮结派；有精明的演说家教我们在人民大会上、在法庭里说话；为此我们半凭机智、半凭势力，就会占尽上风而不受任何惩罚。可是人既不能欺骗、又不能强迫神灵。如果有没神灵，或者神
E 灵并不干预人事，那我们就根本不用担心被神灵识破，就像始终不被神灵察觉一样。如果有神灵，而且神灵是明察秋毫的，我们对于神灵的一切知识无非来自传闻和谱系诗人的神谱，这些神谱本身就说，神灵是会受影响的，为献祭、祷告和许愿所说服、所左右。我们对这些话要么全信，要么全不信。如果相信他们的话，我们就去
366A 做不公正的事，然后为自己的不公正行为去献祭。因为行为公正虽然不受神灵的惩罚，却断送了那种来自不公正行为的收益；如果不公正，那就会获得收益，虽然进犯了神的规条，通过恳求却可以把

① 宾达若残篇，213。

神灵说服，不受惩罚地脱身而去。可是在阴间我们要为今生的不公正行为承受惩罚，要么亲身受报，要么祸延子孙。朋友，善于盘算的人会说，我们有很多灵验的法事和消除灾祸的神灵在那里，所以 B
不要紧。这是许多最大的城邦和神灵的后裔们所主张的。他们就是诗人和神灵的信使，告诉我们事情就是那样。

那么，根据什么道理我们宁愿选择公正而摒弃最大的不公正呢？如果我们只是把公正与一种虚假的面子联系起来，那就在对待神和人的事情上按照自己的心意安排一切，无论在生时还是死后都这样办，像多数人和最可靠的权威言论所说的那样。根据以上所说的一切，苏格拉底啊，一个在才智、体力、财富、出身方面出众的 C
人，怎么能认为应该崇奉公正，在听到别人颂扬公正时不发笑呢？很明显，一个人如果能证明我们说得不对，并且完全见到公正是最好的事，对不公正的人尽管非常不满，却并不恼怒他们，因为他知道，除非一个人天性憎恶不公正的行为，或者完全明白它的丑恶； D
别的人是没有真心做公正的事的，只是由于懦弱、衰老或者别的缺陷才谴责不公正的行为而已，因为他们自己没有能力做。因为这些人中间第一个掌上权的，就第一个干不公正的事，只要能办到就干。其所以如此，并不是由于别的，就是由于这一位[①]和我跟你开始进行的这一谈话。我们对你说：苏格拉底啊，真是怪事，你所说的那些颂扬公正的人，从至今传颂的古代英雄起，到现在的人为止，谴责 E
不公正、歌颂公正的方式无非是着眼于名声、荣誉以及与此有关的报酬，至于公正和不公正本身固有的那种寓于灵魂中的力量，显然

① 指葛劳贡。

不为神和人所见，在诗歌和平常言论中却没有一个人充分指明；不公正是灵魂在自身中具有的最大的过恶，公正是最大的善良。如果
367A 你们一起头就这样说了，就把我们从小说服了，我们就不用提防对方做不公正的事，就都会成为自己的最好护卫者，害怕自己做不公正的行为，染上最大的过恶了。

苏格拉底啊，特拉叙马柯和另外一些人可以很容易地对公正和不公正说出这番话，甚至说得更凶一点，可是至少在我看来，他们是以一种流俗的方式弄乱了这二者的实质。至于我，我对你丝毫不想隐瞒什么，只想从你那里听到相反的话，听到我自己最想说的话。
B 请你在发言中不仅指出公正优于不公正，而且指出公正和不公正对具有它的人造成什么结果，即：就本身来说，不公正就是坏事，公正就是好事。你要把一切牵涉到名声的东西去掉，像葛劳贡提出的那样。因为你如果不是把公正和不公正的真面目撇开，换上假东西，
C 我们就会说，你不颂扬公正，而是颂扬公正的假相，不是谴责不公正；而是谴责假相，你只想劝人做不公正的事而不被人发觉，因而跟特拉叙马柯看法一致，认为公正的就是对别人好的，就是有利于强者的，不公正的则是对每个人自己有利、有用，只对弱者不利的。你就曾经主张过，公正是最大的好事，不但从它的后果看值得拥有
D 它，尤其从它本身看值得拥有它，例如看、听、理解以及健康和其他好事之所以好就是凭着它的本性，不是凭人们的意见。所以我希望你颂扬公正本身的好处，颂扬它对它的拥有者的好处和帮助，也谴责不公正本身的害处，而把报酬和名声留给别人去颂扬。别人颂扬公正、谴责不公正的时候只是美化和丑化它们的名声和报酬，我
E 听了还憋得住，你如果不公开提出那个要求，我是憋不住的，因为

你是终生追求那个目的，锲而不舍的。请你在发言中不要只说公正比不公正好，要指出它们本身使它们的拥有者怎么样，就是：不管它们是不是被神和人觉察到，一个是好的，另一个是坏的。

368A 听了这番话之后，由于我对葛劳贡和阿兑满多的才能向来非常佩服，这回觉得十分高兴，于是说：一位杰出父亲的儿子们哪，葛劳贡的爱护者[①]在你们于枚伽拉战役[②]中表现出色之后写的一首颂歌开头写得真不坏，他说：

> 阿里斯东的儿子，神圣家族的后代。

这话我觉得非常恰当，朋友。因为你们一定有某种神圣的禀赋，所以你们并不信服不公正优于公正，却能为不公正说了那么多话。实际上我并不相信你们信服那一套，这是我根据你们的整个倾向推出 B
来的，单从话音我就不会相信你们是那样的。可是我越相信你们，越不知道该怎么办。我既不知道怎样帮助你们，因为看来我没有这个能力，证据是：我向特拉叙马柯说的那些话我认为证明了公正优于不公正，可是你们听了并不接受；同时我也不知道怎样拒绝帮助你们。因为公正受到诬蔑，孤立无援的时候，一个人只要一息尚存， C
还能发出一点声音，就该奋起反击，我认为熟视无睹是有罪的。因此最好还是竭尽所能对你们进行帮助。

葛劳贡和其他的人央告我无论如何要帮助他们，切不可停止发言，一定要研究出公正和不公正是什么，以及它们的真正用处何在。

---

① 指他的父辈格里底亚（Κριτίας）。

② Μεγαροî μαχή，发生于公元前 409 年。

因此我就说，我们从事的这项研究非常重大，不同寻常，我觉得要
D 有一种非常敏锐的目光才能进行。可是我们现在目光不够敏锐，难以进行研究，我说可以想个办法。我以为可以用这样一种方式来进行研究，就像人家命令我们从远处看很小的字，而我们眼睛不够敏锐，看不清这些字的时候，有人发现同样的字也在别处用大号字写着，我们能看清，我想那我们显然就占很大的便宜了，可以先读了这些大字，然后再看那些小字，看看它们是不是同样的。

E 阿兑满多说：很好。可是你看，苏格拉底，这与研究公正的事有什么类似之处呢？

我说：这我就告诉你。我们说，公正既出现在单个的人身上，也出现在整个城邦上。

他说：那当然。

城邦要比单个的人大吗？

他说：大得多。

在一个比较大的东西上认识公正也许比较容易些。如果你们同
369A 意的话，我们就首先在城邦里研究公正是什么，然后也在单个的人身上考察它，这样就可以看到较小的东西上那种与较大的东西类似之处了。

他说：我觉得这是个好主意。

我说：是啊。我们如果从道理上看到一个城邦是如何产生出来的，那就会也看到它的公正和不公正是怎样产生的呢？

他说：也许是这样。

如果是这样，我们就该有希望比较容易地看到所寻求的东西了。

B 那当然。

你觉得我们必须设法进行这件工作吗？我认为这不是小事情。你考虑吧。

阿兑满多说：考虑过了。你照做不谈吧。

我说：这就像我设想的那样，产生了一个城邦，因为我们每一个人并不是自足的，还需要许多东西。你认为城邦的产生还有别的原因吗？

他说：没有别的原因。

就是这样，一种需要迫使一个人与另一个人联合，另外一种需 C
要又迫使他与另外一个人联合，由于有很多种需要，就要求把许多伙伴和助手集合在一个住处，这样一个共同的住处我们就称为城邦。不是吗？

当然是。

一个人把自己的东西分给另一个人，换取自己所要的东西，这样一来他们就产生了一个想法，认为这对他们自己比较有利。

当然咯。

我说：很好。那我们就从道理上从头建立一个城邦吧。它的基础看来是我们的需要。

怎么不是呢？

我们的第一个最大的需要是提供我们赖以活命的食品。 D

毫无问题。

第二个需要是住所，第三个是衣着之类。

是这样。

我说：很好。一个城邦怎样才能使我们的一切需要都得到满足呢？是不是要有一个农夫，一个盖房子的，另外还有一个纺纱织布的？此外是不是还要加上一个鞋匠，以及一个满足身体需要的人？

当然。

那么至少要四五个人才能组成起码的城邦。

E 看来是这样。

这几个人怎样工作呢？是不是其中的每一个人都必须把自己的工作贡献给所有的人，如农夫必须为四个人提供食品，耗费四倍的时间和精力生产出谷物分给其余的人？还是根本不管那三个人，只
370A 是把四分之一的时间精力用来为自己种粮食，把余下的四分之三中的一份用来盖房子，一份用来做衣服，还有一份用来做鞋子，并不跟别人交换什么，各人都为自己单干？

阿兑满多说：苏格拉底啊，我看前一种办法要比后一种方便些。

我说：天哪，这也没有什么奇怪。因为你说话的时候我就注意
B 到，在最初的状况下每一个人并不是生来跟别人一模一样的，而是生性有差别的，各人适合干自己的行当。你不这样想吗？

我也这样想。

怎么？你看是一个人干许多行当好，还是一个人干一行好？

他说：一个人干一行好。

可是我认为很清楚，如果一个人做一件事错过了恰当的时候，那件事就弄糟了。

当然很清楚。

我想，要做的工作是不等待要做这件工作的人有空才做的，做
C 工作的人必须规规矩矩地做要做的事，不能只是偶尔干一下。

必然如此。

由此可见，如果一个人干一件适合自己才能的工作，并且在恰

当的时候干，不干别的工作，就能制造出很多东西来，干得又好又容易。

完全对。

这样看来，阿兑满多啊，我们就一定要有四个以上的很多邦人来满足我们刚才提出的那些需要。因为农夫如果要有很好的犁，就不能亲自制造犁，更不用说锹和其他农具了。盖房子的泥瓦匠也是 D
一样，他也需要很多别的人。纺织工和鞋匠也是这样。

对的。

这样，木匠、铁匠和许多这一类的工匠就成了我们这个小城邦的伙伴，使它扩大了。

可是这样的城邦还不算很大，因为我们还要补充上放牛的、放羊的等等来饲养牲口，这样农夫才有牛来耕地，泥瓦匠和农夫才有 E
牲口拉东西，纺织工和鞋匠才有羊毛和皮革。

他说：城邦如果有了这一切，就不很小了。

我说：这个城邦坐落在一个孤立的地区，不需要从外地进口任何东西，是几乎不可能的。

当然不可能。

那它就还需要另外一些人，给它从其他城邦进口它所需要的东西。

会这样。

这做进口工作的人如果空着两手前往，不带那里的人需要的东西跟他们换自己需要的东西，那就会同样两手空空地返回。不 371A
是吗？

我想是的。

那么，这个城邦就不仅要在本邦生产出够自己用的东西，而且要生产出足够品种和数量的东西与提供物品给本邦的外邦交换。

一定要生产那么多。

那我们的城邦就需要更多的农夫和其他工匠了。

当然要有更多的。

还要有另外一些从事进口和出口的人员。这就是商人。是不是?

是的。

那我们也需要商人了。

当然。

B 如果生意做到海外，那就还需要许多懂得航海事务的人。

还需要许多人。

在城邦内部怎么样呢?人们是怎样交换各人所完成的东西的?正是为了这个，我们才彼此合作建立城邦的。

他说：虽然是通过买和卖。

这就在我们这里产生了一个市场，和一种钱币作为进行交换的确定标志。

就是这样。

C 如果农夫或者别的工匠拿着自己的产品走进市场，当时并没有需要买进他的货物的人在场，他就会放下自己的本分工作，在市场上坐下来等待。

他说：根本不会有这样的事。有一些人看到这种情况就决定自己来充当中间人，这种人在治理得很好的城邦里大抵是身体软弱的

D 人，不适于干其他的行当。他们必须停留在市场上，用钱买进愿意卖的人的东西，再把它卖给需要买的人换成钱。

我说：就是这种需要使我们的城邦里产生了一批店主，他们守

在市场上做买卖。至于那些往来于城邦之间的买卖人则称为商人。是不是？

就是。

我认为还有另外一些干活的人，他们在智力方面很难进入我们 E
的圈子，却有足够的体力，可以干各种重活，因而出卖劳力取得代价，这代价就叫工钱，我想这样的人就叫挣工钱的。是吧？

就是。

那就很明显，挣工钱的人也是城邦里的一个补充部分了。

看来是这样。

阿兑满多啊，这时候我们的城邦已经很发达，到了完备的程度吗？

也许。

公正和不公正出现在城邦里的哪种人当中呢？是伴随着我们考察过的哪种人同时产生的呢？

他说：这我看不出来，苏格拉底，说不定是产生于城邦里各种 372A
人彼此之间的某种交往之中。

我说：也许你说得对。我们至少要对这种情况进行考察，不能轻易放过。

我们首先来看一看那样一些人会以什么方式生活。他们不是会做饭、酿酒、缝衣服、做鞋子吗？此外他们还会盖房子，夏天常常光着膀子赤着脚、冬天穿着严严实实的衣服和鞋子干活。他们会吃 B
大麦粉和小麦粉做的主食，把面粉揉成团烤熟，做成精美的糕点、面包和卷子，放在干净的树叶上端出来，供自己和孩子们享用，他们靠在藤榻上饮着酒，戴着花冠歌颂神灵，大家在一起愉快地活着，按照自己的财产状况生育子女，免得受到贫困和战争的威胁。 C

这时葛劳贡插进来说：你似乎让那些人光啃面包不吃别的。

我说：你说得对。我忘了他们也要吃些副食，像盐、橄榄、奶酪以及葱和蔬菜那些在乡下煮着吃的东西，他们都拿来做成菜。在饭后我们要给他们添上无花果、豌豆、青豆，以及香桃果、橡子给
D 他们烤着吃，还适当地喝点酒。他们就像这样愉快地、健康地度过一生，看来要活到高龄才去世，把这样一种生活传给他们的后代。

他跟着就说：苏格拉底啊，你要是建立了一个猪仔的城邦的话，你能用别的方式喂养他们吗？

我说：我该怎么办呢，葛劳贡？

他说：照惯常的方式办。我想，他们要生活得不很难受，就得
E 靠在软垫子上，上餐桌用餐，还得有副食和甜食，就像现在那样。

我说：噢，我懂了。看来我们并不是只想看到一个城邦怎样产生，而是也想看到一个奢侈的城邦怎样产生。也许这样想并不坏，因为我们如果考察这样一个城邦，也就能够窥见公正和不公正怎样在城邦中形成了。真正的城邦我觉得就是我们刚才描述过的那个城邦，健康的城邦。如果你们不反对，我们也想考察一个发高烧的城
373A 邦，这样做也未始不可。因为在有些人看来我们说过的那种生活方式似乎还不够，还必须有靠椅、餐桌和其他家具，以及菜肴、香料、香水、妓女、糕点和各式各样的东西。我们以前提出的那些东西，如房屋、衣服和鞋子之类必需品，已经算不上什么了，人们还要搞到绘画和五光十色的刺绣、黄金和象牙之类东西。是不是？

B 他说：是的。

那我们就必须把城邦搞得再大些，因为那个健康的城邦已经不够用了，这时它必须容纳一大堆人，这些人之所以住在城邦里就不

再是由于必需。其中就有渔夫、猎户和各种模拟艺人，有许多是用形象和颜色模拟的，有许多是用声音模拟的，如诗人及其助手、朗诵者、表演者、舞蹈者、舞台管理人以及制造各种东西的匠人，特 C
别是制造妇女用品的匠人。我们还需要更多的佣人。你不认为我们也需要教孩子的以及奶妈、保姆、理发的、裁缝、烤面包的和厨子吗？连猪倌我们也需要。因为这种牲畜我们在原来的城邦里还没有，那时它对我们没有用，在现在这个城邦里我们就必须有它了；我们还需要很多别种的牲畜供我们食用。是不是？

怎么不是？

在过这种生活时，我们是不是比以前更需要医生呢？ D

更加需要。

当时足以养活原有居民的土地，现在变得太小了。我们说是不是这样？

他说：是这样。

那么，我们如果要有足够的土地放牧和耕作的话，就必须割一块邻人的土地。邻人如果不满足原来的那点必需品，要想越出界限追求无止境的财富的话，也要割我们一块土地。 E

他说：非如此不可，苏格拉底。

从这时起，我们就要打仗了吧，葛劳贡？还有什么别的办法吗？

他说：只能这样。

我说：我们且不谈打仗带来的是坏事还是好事，只说我们已经找到了打仗的来源。只要发生战事，整个城邦和个人都会遭到很大的损害。

那当然。

朋友！那我们的城邦就必须扩大，不是扩大一点点，而是扩大

374A 到能有整整一支军队，足以保护全部财产以及我们刚才说过的一切，打败入侵者。

他说：怎么？居民们还不能保卫自己吗？

我说：不能。因为我们原来建立城邦的时候，你和我们就一致得到正确的看法。我们曾经断言，如果你还记得的话，一个人是不可能精通许多门技术的。

他说：你说得对。

B 我说：为什么呢？你觉得打仗不是一门技术吗？

他说：当然是技术。

那我们是不是该重视制鞋的技术有甚于作战的技术呢？

绝不能。

我们不让鞋匠同时去种地、织布或盖房，让他专门缝鞋，这样可以给我们把活干好。我们也给其他的人中间的每一个指定一种行

C 业，是最适合他的本性的，他专门干这一行，不做别的事情，把全部时间都用在这上面，一生之中只以改善其本业为务，才能越干越好。至于打仗的事情，要很好地完成它才行，这不是非常重要的事吗？难道这是很容易的，一个原来的农民可以立刻成为士兵，一个鞋匠或一个从事其他行业的人可以马上变成战士，就像下棋掷骰子

D 的人那样，要成为国手，不用从小就受训练，只要随便玩玩就行？难道一个人只要手里拿上一面盾牌或某种战具和武器，就能在一天之内充当上重武器战斗或别种战斗中的优秀斗士；只要拿上一种什么别的工具，就成了工人师傅或运动健将不成？光有工具是没有用

的，一定要对它获得充分的知识并且付出充分的气力才行。

他说：如果是那样，工具就成了至宝了。

我说：卫士的工具更重要，所以就比别的工作需要更多的空闲 E
时间，更多的技术和注意。

他说：这我相信。

不是还要有特别适合于干这一行的天赋吗？

怎么不是呢？

那么，我们的任务将是尽力找出一些天赋适宜、具有特性的人来担任城邦的卫士。

确实如此。

我说：天哪，我们这个任务可不轻。我们只要还有一点气力就决不能退缩不前。

他说：当然不能。 375A

我说：你认为一条好看门狗的生性与一个年轻卫士的生性不一样吗？

你这话是什么意思？

我是想这二者都必须感觉敏锐，很快就抓住感觉到的东西，并且在必须打击抓住的东西时强壮有力。

他说：二者都必须这样。

如果要善于作战，那就必须勇敢。

怎么不是呢？

不管是一匹马，一条狗，还是什么别的动物，如果没有斗志[1]， B

---

① θυμός，即生气。

能勇敢吗？你难道没有注意到，斗志是不可抗拒、不可克服的，任何一个灵魂有了斗志就毫无畏惧，不可战胜吗？

这我完全注意到了。

一个卫士必须在身体方面有斗志，这是很明显的。

是的。

在灵魂方面也要有斗志。

也要有。

我说：葛劳贡啊，如果他们生性如此，他们怎么能不彼此冲突，不与其他同胞冲突呢？

他说：天哪，这是不容易的。

C 可是他们必须对自家人和善，只对敌人凶狠。如果不这样，他们就不等别人消灭他们，早就自己把自己消灭了。

他说：对的。

我说：那我们该怎么办呢？我们到哪里去找生性既和善又斗志昂扬的人呢？因为和善的生性是与斗志昂扬相反的。

这是明显的。

一个人缺少了这两种秉性中的一种，就不能成为好的卫士了。

D 然而二者兼备看来是不可能的，所以一个好的卫士是不可能有的。

他说：几乎不可能。

我觉得闹糊涂了，回想了一下我们前面说的话，才说：朋友，我们是该当闹糊涂的。因为我们忘掉了刚才提出来的那个比方。

你指的是什么？

我们没有注意到，我们认为不可能兼备的那两种秉性毕竟是有的，它们联结着对立的东西。

在哪里？

我们在其他的动物身上也可以找到它们，在我们拿来与卫士相比的那种动物身上最容易找到。因为你完全知道，那良种的狗就对 E
自家人和熟悉的人非常和善，对敌人则正好相反。

这我完全知道。

我说：由此可见这是可能的。我们寻找一个这样的卫士是并不违反自然的。

看来并不违反。

你是不是认为一个适于充当卫士的人除了具有斗志以外还必须生性爱好智慧呢？

他说：怎么？我不懂你的意思是什么。 376A

我说：你在狗身上也能看到这个。在动物身上能这样，的确很惊人。

哪个？

这就是：只要遇到一个生人，它就狂吠，虽然那人并没有对它做出伤害的举动；在遇到一个熟人的时候，它就摇起尾巴，虽然这个人根本没有对它表现出什么友好的姿态。这难道从来没有引起你的注意吗？

他说：到现在为止我还没有注意过这件事。不过狗会这样做，是很明显的。

可是这就表明它有一种优秀的本性，就是真正喜爱智慧。 B

何以见得呢？

我说：它区别朋友和敌人的唯一标准就是它认识这一个、不认识那一个。一个凭着认识和不认识来决定自家人和外人的动物，难道不是喜爱学习的吗？

他说：绝不能不是。

我说：喜爱学习和喜爱智慧是一回事吗？

他说：当然是一回事。

C 那我们对人类是不是可以断定，一个人只要对亲人和熟人温和，就一定也是生性喜爱智慧和喜爱学习的？

他说：我们可以这样断定。

如此说来，我们一定要生性爱好智慧、斗志昂扬、敏锐、有力，才能充当一个好的、优秀的城邦卫士。

他说：完全正确。

在我们看来，城邦的卫士就该有这样的品质。可是我们应当怎样培养和教育这种人呢？我们考察各个方面来进行的这项研究，是
D 不是有助于发现公正和不公正怎样在城邦里产生呢？我们的讨论既不能离题，也不能冗长。

这时葛劳贡的兄弟插进来说：我非常希望这项研究大大有助于达到我们的目的。

我说：天哪，亲爱的阿兑满多啊，那我们就不能中断讨论，即便冗长也要进行。

当然不能中断。

E 那我们就来谈这种人的教育问题吧，就像讲一个故事那样谈。

我很愿意。

教育是什么呢？不是很难找出一种教育比长期以来已经发现的那一种更好吗？这就是锻炼身体的体育和陶冶灵魂的音乐。[①]

---

① μουσική，广义的，指文艺。

就是。

我们的教育是不是该从音乐开始，然后教体育？

当然是。

我说：你说的音乐也包括故事在内吗？

也包括。

故事有两种，一种是真的，一种是假的。

是的。

他应当受这两种故事的教育，不过先要受假的故事的教育。 377A

他说：我不懂你这样说的意思是什么。

我说：你不懂我们首先给孩子们讲神话吗？神话整个说来是假的，但是其中也有真东西。我们先教孩子们神话，然后教他们体育。

是这样。

我说必须先教音乐后教体育，就是这个意思。

他说：很对。

你知道一切工作的开始是最重要的，尤其是对于幼小的、柔嫩的 B
儿童。因为那时候最容易接受熏陶，你把他怎么捏他就成什么样子。

这很明显。

那么，我们是不是应该轻率地听任儿童聆听随便什么人编出的随便什么神话，让他们的灵魂中接纳那些大都与我们认为成年人应该有的想法相抵触的意见呢？

我们不能容许这种事情发生。

既然如此，看来我们首先应该注意那些编写神话的人，他们编 C
得好的那些神话就采用，编得不好就排除。我们要保姆和母亲们将那些被采纳的神话讲给孩子们听，用这些神话小心翼翼地培养他们的灵魂，胜过用手养育他们的身体。至于现在所讲的那些，多数必须抛弃。

他说：哪些？

我说：我们可以照着比较大的来评判比较小的。因为大的和小

D 的该是属于同样类型、具有同样作用的。你不这样想吗？

他说：我也这样想，不过我还是不了解你说的大的是指哪些。

我说：是指赫西俄德、荷马等诗人所编的那些。因为诗人们给人类编出了一些虚假神话，过去如此，现在还是如此。

他说：你指的是哪些，谴责的是其中的哪些部分？

我说：是那些应当首先谴责并且特别谴责的，即写得并不美好的虚假神话。

是哪些？

E

就是那种用语言歪曲神和英雄们的本来面目的神话，这就像一个画家想描绘某件东西却画得不像一样。

他说：这类神话是应当谴责的。可是我们指的是哪些神话、哪些事情呢？

我说：首先，诗人对最大事件的最大歪曲无过于赫西俄德所描述的一世神王乌拉诺[1]的乖谬行为，以及他的儿子二世神王克若诺[2]

378A 对他的报复。至于克若诺的行为以及他的儿子[3]对他的报复，我想，即便是真事，也不应当随便给不懂事的年轻人讲，最好对此保持沉

① Οὐρανός，意思就是天。他把他的几个儿子打入最底层地狱。

② χρόνος，意思就是时间。乌拉诺的幼子，他推翻了父亲，并且把他阉割了。

③ 就是宙斯（Ζεύς 或 Διός）。他的父亲克若诺吞下了他的儿女，他是幼子，没有被吞，起来推翻了他的父亲，取而代之。

默；如果有必要讲，也必须以秘密的方式对尽可能少的人讲，而且先要献上牺牲，献的不是一头乳猪，而是一件很大的、难得的牺牲品，由于如此隆重，就只有很少的人能来听了。

他说：当然，这些说法是很不恰当的。

我说：在我们的城邦里可不容许流行这样的说法，阿兑满多啊， B
不能让年轻人以为，在做出大逆不道的事情的时候并没有什么值得大惊小怪，即便对自己父亲的乖谬行为施加这等惩罚也没有什么奇怪，那只是照看第一号最大的神灵的榜样做。

他说：天哪，我自己也觉得那样讲不合适。

我说：不能讲神与神的明争和暗斗，因为这是不真实的。我们 C
希望我们城邦的守护者们断然把明争暗斗看成最可耻的事，不要轻易地彼此发生口角。我们更不能从事讲述、描绘巨人们的战斗，以及其他各种神灵和英雄与其亲属和至交的反目成仇。[①]我们要使他们相信，同胞与同胞之间决不能发生彼此仇视的事，那是很不光明的， D
因此爷爷们和奶奶们必须从一开始就给孩子们说这些，等到孩子长大的时候还要给他们说，要责成诗人们按照这个意思写作。至于赫拉[②]被她的儿子捆绑，赫派斯多由于要和他遭贬的母亲站在一边被他父亲摔到凡间，以及荷马所编写的一切神灵之间的争斗，在我们的城邦里都不许讲，不管它是不是一种寓言式的说法。因为年轻人分不清是不是寓言的意义。在这个年龄进入他们脑海的东西是很难转 E
化、很难改变的。因为这个缘故，他们最先听到的应当是最适于培

① 神、巨人和英雄之间的争斗是当时文学、绘画和雕塑所喜爱的题材。

② Ἥρας，宙斯的妻子，被她的儿子赫派斯多（Ἡφαίστος，火神）哄骗坐在特制的椅子上不能行动。

养品德的说法。

他说：这很有道理。可是如果有人问我们这是哪些神话，我们怎么回答呢？

379A 我对这个问题回答道：阿兑满多啊，在这个时候我和你都不是诗人，而是城邦的奠定者。这样的城邦奠定者应当知道诗人必须按照什么标准来写作，如果他们偏离了这些标准，就不许他们写作，并不是我们自己亲手编写什么神话。

他说：对的。可是那些有关神话的标准是什么呢？

我说：神本来是什么样的，就该照着这个样子来描述他，无论在史诗中、颂歌中还是在悲剧中都要这样写。

就该这样。

B 神本来是善良的，就该把他描写成善良的吗？

怎么不是这样呢？

可是，凡属善良的东西都是不会有害的。是吗？

我想不会。

无害的东西会干坏事吗？

绝不会。

不干坏事的东西会作恶吗？

也不会。

根本不作恶的东西就不会是任何罪恶的原因吗？

那怎么会？

怎么？善良的东西是有益的吗？

是的。

那它就是善行的原因吗？

是的。

这样看来，善良的东西就并不是一切事物的原因，而是好事的原因，与坏事无关。

他说：完全正确。 C

既然如此，神既然是善良的，就不能像人们说的那样是一切事物的原因，只是少数有关人的事情的原因，而与多数事情无关。因为在我们这里好事要比坏事少，好的事情我们虽然不能归因于任何别的东西，坏的东西的原因却只能到别处去找，不能到神身上找。

他说：我觉得你说得完全正确。

我说：那我们就不能相信荷马或任何一个别的诗人的说法，因 D
为他发表亵渎神灵的蠢话，说有两个——

瓮摆在宙斯殿前的台阶上装满他的判决。一瓮好运，一瓮厄运。

宙斯把这两样东西掺和在一起给予一个人，

这人就抽到一个坏阄和一个好阄；

要是并不掺和、只把其中之一给他，

这人就在丰饶的大地上受饥饿的煎熬；①

① 见荷马：《伊利亚特》，XXⅣ，527—532。

E 我们也不要相信宙斯是分配者，

既给好的也给坏的。[①]

班达若[②]致使停战协定破裂，有人说是由于雅典娜[③]和宙斯的怂
380A 恿造成的，我们决不同意这种说法，也不同意神灵之间的争执和分裂是由于特密[④]和宙斯的挑唆，更不能同意艾斯区洛[⑤]说的那些必须让年轻人听到的话：

神如果要彻底毁掉一个家族，就立刻在人间播下惩罚的原因。

可是，写出这些诗句的诗人如果要想吟唱尼优倍[⑥]的苦难或者贝洛普斯[⑦]后代、德若亚战争[⑧]之类的厄运，我们也不能让他把这种事情说成神造成的。即便是神造成的，诗人也必须找出一个这样的道理来，
B 像我们现在寻求的那样，说神只做公正的好事，那样做是为了使那

---

① 原出处已佚。

② Πάνδαρος，德若亚国王的孙子，在战争中约定停战的时候听从挑唆用暗箭射伤联军统帅阿伽门农的弟弟梅内劳（Μενέλαυς），破坏了协议，致使战争再起。

③ ’Αθηνᾶ，希腊人最著名的智慧女神。

④ Θέμις，司法女神，宙斯的一个妻子。

⑤ 见艾斯区洛残篇 156，说因为尼优倍和他的十四个孩子吹牛，阿波隆和阿尔德米（Ἄρτεμις）把他们杀了。

⑥ Νιόβη，特拜王的妻子，有七子七女，嘲笑宙斯的一个妻子勒多（Λητῶ）只有一子阿波隆和一女阿尔德米，被这兄妹俩杀死。

⑦ Πελοπίδας，意为 Πέλοψ 的后代。贝洛普斯曾经被杀饷客，肩头一块肉被吃了。后来诸神使他复活，用一块象牙代替被吃掉的肉。后来他的后代肩头都有一块白的记号。

⑧ Τρωικὰ，即长达十年的德若亚战争或伊利亚特战争。

些人从惩罚中得到益处。我们不容许诗人说，受罚的人是很倒霉的，是神使他们这样。如果他说坏人倒霉是因为他们需要惩罚，神惩罚他们是希望他们变好，那样说是容许的。可是宣称神虽然善良，却是某个人邪恶的原因，我们必须加以驳斥。因为一个城邦如果治理得良好，就不能听到这种说法，任何一个人，不管是老的还是小的，都不能发表这种言论，不管是有韵的，还是无韵的，因为说这种话 C
既是亵渎神灵的，又是对我们有害的，又是自相矛盾的。

他说：我和你看法一致，主张立这条法律，我很喜欢它。

我说：所以这是我们关于神灵的法律和准则中间的一条，只能按照这条准则来说话和吟唱，说神并不是一切事物的原因，只是好事的原因。

他说：这算说到地方了。

第二条准则怎么样呢？你是不是认为神是个魔术师，按照需要 D
有时候显示出这种形相，有时候显示出那种形相，有时候甚至于采用多种形相更变其本来面目，有时候只是欺骗我们，使我们以为他原来如此；还是认为他十分单纯，最不能脱离其本相？

他说：这我现在还说不上。

怎么？一样东西脱离了它的本相，岂不必然是由于它自己或者 E
由于别的东西的缘故发生了改变吗？

必然是这样。

每一种最出色的东西不是最不容易被别的东西改变和变动吗？身体要受饮食的影响，各种植物要受阳光、风雨之类的影响，那最健康、最强壮的不是最不容易被别的东西改变吗？

怎么不是呢？

灵魂这种最勇敢、最讲理的东西不是最不容易被外界的影响所

381A 干扰和改变吗？

是的。

由于这个道理，一切组合而成的工具、房屋、衣服制造得越扎实，安排得越周到，就越不容易为时间和其他各种影响所改变。

那是当然的。

B 一切天生得好或者制造得好或者这两方面都好的东西，是最不容易被别的东西改变的。

这很明显。

可是神和属于神的一切从哪方面看都必定是最好不过的。

怎么不是这样呢？

既然如此，神就绝不能具有很多的面目了。

绝不可能。

可是，也许他会自动变迁和改变吧？

他说：那很明显，如果他发生改变的话。

他会变得比以前好、比以前美，还是变得比以前坏、比以前丑？

C 他说：他如果改变，必然变成坏的东西。因为我们不能说神缺少任何美和品德。

我说：你说得无比正确。既然如此，阿兑满多啊，你以为谁会愿意变得比以前坏吗，不管是神还是人？

他说：那不可能。

我说：那么，神是不可能自愿变迁的，神灵中间的每一位都始终如一，因为他是尽可能最美、最好的，也永远以他的本来面目保持纯一。

他说：我觉得这是必然的。

我说：老兄，那就没有一个诗人能对我们说： D

神灵变换着形相，以多种面目，从一个城邦走到另一个城邦。[①]

任何人都不能说那种歪曲柏若斗[②]和特蒂[③]的谎言，不能在悲剧和其他诗歌里把赫拉[④]说成改变形相，化为女祭司的模样，

为阿尔给域[⑤]伊纳柯河[⑥]的那些给予生命的孩子们[⑦]

化缘，也不许说许多诸如此类的瞎话，做母亲的更不能听信这类说 E
法，说些荒唐的神话来吓唬儿童，说什么某些神灵在夜间化为可怕的怪物穿梭游荡；她们这样做不但亵渎了神明，同时也使孩子们胆战心惊，变成懦夫。

他说：可不能这样。

我说：可是，也许神是那样的：他们虽然不改变，却会对我们耍把戏，使我们以为他们以多种面目出现似的。

他说：也许是那样的吧。

---

① 见《奥德赛》，XVII，485—486。

② Πρωτεύς，海神之一，以善变著称。见《奥德赛》，IV，456—458。

③ Θέτις，海的女神之一，曾以变化多种形相拒婚。

④ Ἥρα，天后，宙斯之妻。

⑤ Ἀργεῖος，荷马诗中称呼希腊人为阿尔给域人。

⑥ Ἴναχος，原为著名英雄，落水而死，故此河因其名称伊纳柯河。

⑦ 指自然诸女神中的河流女神们。见艾斯区洛残篇 168。

382A 我说：怎么？神难道愿意说谎，在言论和行动上给我提供假相吗？

他说：我不知道。

我说：你不知道世界上如果有真正谎话的话，这种谎话是一切神灵和人都讨厌的吗？

他说：你这话是什么意思呢？

我说：我的意思是说：任何人都不愿意在自己最要紧的部分[①]、在最要紧的事情上行骗，都是最怕遇到骗局的。

他说：我还是不懂。

B 我说：那是因为你以为我说了很高深的事情，其实我的意思很平常，只不过是说：在灵魂深处、在有关是者[②]的问题上受骗和行骗，愚昧无知，以及在这方面接受骗局，是所有的人都深恶痛绝的事情。

他说：把刚才描述的那种谎言称为真正的谎言，是有充分理由

C 的，我指的是受骗者灵魂中的无知。因为口头讲述的谎言只是灵魂中某种心境的摹本，只是一个晚出的影像，不再是十足地道的谎言。是不是？

当然是。

这种地道的谎言不但神讨厌，人也讨厌。

我想是的。

口头的谎言怎么样呢？如果它在某个时候、对某个人可用，那不是并不令人生厌了吗？对敌人不是可用吗？在我们称为朋友的那

---

① 指灵魂。

② περὶ τά ὄντα，“是者”指“是的东西”，也就是“真者”和“实者”。“是”在希腊文是实质动词，不可仅仅了解为系词。

些人中间，如果有人发了疯，或者由于一时糊涂而胡闹的时候，不是可以拿它来当作防范的办法使用吗？在刚才说的那些神话里，我 D
们由于不知道古代事情的真相，才说得真假不分，利用它来启发人不是有用的吗？

他说：我们确实是这样做的。

在什么情况下谎言对神有用呢？是不是神由于对古代的事情无知，才说出一些似是而非的假话呢？

他说：这样想是可笑的。

在神里头就找不到一个说谎话的诗人吗？

我想没有。

由于害怕敌人他会说谎吧？ E

根本不会。

有发疯的、糊涂的人要对付吗？

神没有发疯的、糊涂的人做朋友。

那神就没有说谎的理由了。

没有。

从哪一方面说精灵和神灵都与虚假无缘。

他说：都不能有假。

这就很明显，神是纯一的，言行真实的，自己并不改变，也不欺骗别人，无论在醒时或梦中都不以形象、言论或暗示行骗。

他说：听了你这番话，我觉得心里亮堂了。 383A

我说：那你就得同意，这就是我们定下的第二条原则，诗人要照这条原则讲说和吟唱神灵，既不把他们说成变换形相的魔术师，也不说他们以言论和行动对我们行骗。

我同意。

因此我们虽然称赞荷马的很多说法，却不肯称赞他书里写的宙
B 斯给阿伽门农托梦的事[①]，也不能称赞艾斯区洛诗中所说的特蒂故事[②]，她说阿波隆[③]在她结婚的时候唱歌祝贺

我将是幸福的母亲，
生的儿子无病痛长寿命，
又说我的命运有神保佑，
用这样的祝福给我打气。
我深信阳光神不会骗我，
他的英明预言有如泉涌。
可是这位这样歌唱的神，
这位亲临当年婚宴的神，
竟是杀我儿子的凶手。

C 如果有这样的人在议论神灵，我们会大发脾气，绝不肯给他派歌队参加咏唱，也不让教师用这样的诗教育青年，因为我们要我们未来的城邦卫士们在人可以达到的范围内尽可能成为敬畏神灵、也类似神灵的人。

他说：我完全同意这两条原则，建议把它们立为法律。

---

① 《伊利亚特》，Ⅱ，1—34说：宙斯托梦给希腊联军统帅阿伽门农，说他可以得胜，骗得他下决心进攻，酿成德若亚（即伊利亚特）战争。

② 见艾斯区洛残篇，350，说是阿波隆引导巴里（Πάρις）的箭射死女海神特蒂的儿子阿启娄（’Αχιλλεύς）。

③ ’Απόλλων，希腊人最著名的太阳神。

卷　三

我说：如果要他尊敬神明，敬重父母，不忽视朋友之间的情谊，我看就要明确该让他们从小就听到哪些关于神灵的说法，不该让他们听到哪些神话。 386A

他说：我认为我们这些看法是对的。

怎么？如果要他们勇敢，光给他们说这些就能使他们不怕死吗？你认为一个心里怕死的人会勇敢吗？ B

他说：天哪，我不这么看。

怎么？如果有一个人相信有阴间，并且认为阴间是可怕的，你觉得他会临危不惧，在战斗的时候宁死不肯投降当奴隶吗？

绝不会。

看来我们必须对那些想讲这种神话的人加以监督，要求他们别把阴间说得一塌糊涂，而要说得比较好，因为不这样说不但不真实，而且还不利于那些行将成为战士的人。 C

他说：我们该这样做。

我说：那我们就从史诗开始，削掉其中的这一类文字吧：

我宁愿活在世上给别人扛活
投贫困的主子用气力谋生，
也不愿统帅成千上万个亡灵。[①]

① 《奥德赛》，Ⅺ，489—491。这是阿启娄死后的感慨。

以及：

亡灵的住所暴露在人和神面前，
D 阴森可畏连神灵见了也心惊。①

以及：

老天哪，在冥王的庭院里还留下
灵魂和鬼影，却毫无情意可言。②

以及：

只有他还思想，其余的都是幻影。③

以及：

灵魂脱离肢体下降到地府，
悲叹他的噩运，告别了豪迈和青春。④

以及：

① 《伊利亚特》，XX，64—65。这是冥王在神灵大战时害怕暴露了冥府的黑暗。
② 《伊利亚特》，XXⅢ，103—104。阿启娄梦见亡友不认他。
③ 《奥德赛》，X，495。已死的先知德瑞霞（Τειρεσίας）是唯一有知的亡灵。
④ 《伊利亚特》，XⅥ，856—857。巴卓格罗（Πάτροκλος）之死。

灵魂有如一缕轻烟， 387A
悲悲切切地没入地下。[①]

以及：

好像一群蝙蝠在洞穴中盘旋，
尖声呼叫着，有一只触岩坠落时
便一只跟着一只悲鸣，
众鬼魂一块儿哀叹着归阴。[②]

我们要恳求荷马和其他的诗人们原谅我们挑出这一类诗句来加以否定，因为我们的意思并不是说这些诗句不是好诗，大家听起来不悦耳，而是认为这些诗句越是好诗，就越不宜于让儿童和成人们去听，因为他们应该是自由人，应该宁愿死也不肯当奴隶。 B

你说得完全正确。

因此也必须废除一切表明这类事物的阴森可畏的名词，如奈何川、恐怖河、泉下人、死鬼等等，它们是让人听了毛骨悚然的。也许这些名词可以用来达到另外一个目的，可是我们非常担心它们造成恐惧会浇凉和软化我们卫士的勇气。 C

他说：我们的担心是有道理的。

那就该废除这些说法吗？

---

① 《伊利亚特》，XXXⅢ，100—101。巴卓格罗的出现。

② 《奥德赛》，XXⅥ，6—9。贝内洛贝（Πηνελόπη，奥德赛之妻）的追求者们的灵魂归阴。

是的。

可以用一些与此相反的话来交谈和作诗吗？

当然可以。

D 我们也会因此取消那些著名人物的痛哭和悲叹吗？

他说：根据上述理由，必须那样做。

我说：你只要考虑一下这样做是不是正确。我们的主张是：一个明白人是不会把他的朋友、另外一个明白人的死看成可怕的事情的。

我们当然这样主张。

那他就不能对朋友的死表示悲伤，好像朋友遭遇到可怕的事情似的。

当然不能。

E 可是我们还要说：这样一个人单凭自己就足以过幸福的生活，是无求于任何别人的。

他说：对的。

因此对于这种人来说，丧失掉儿子、兄弟、财产或什么别的东西，是一点都不可怕的。

一点都不可怕。

因此他绝不会悲伤，在遇到这样一种不幸的时候，他还是泰然处之。

那当然。

因此我们有理由删除那些著名人物的悲叹，把这悲叹归之于妇人之口，而且认为这些妇人并不包括比较优秀的妇女，同时把它归
388A 之于某些庸庸碌碌的男子，使我们正在培养的城邦卫士们不屑于效

法他们。

他说：你说得正确。

所以我们也要恳求荷马和其他的诗人们不要把阿启娄这位女神的儿子写成：

> 一会儿侧卧一会儿仰卧，
> 一会儿又把脸朝下趴着，

然后突然站起来，在不毛的大海边上东一脚西一脚地徘徊，[①]也不要描述他双手捧起黑色的灰土往头上撒[②]，此外也不要写他像 B
荷马描述的那样饮泣悲叹，也不要写那位几乎等于神明的国王柏里亚谟[③]：

> 在肮脏的土地上翻滚，
> 呼唤着每个人的名字恳求。[④]

我们尤其要请求诗人们别把神灵写成哀痛欲绝地说：

> 唉，我完了！唉，不幸的老娘哪！[⑤] C

① 《伊利亚特》，XXⅣ，10—11。阿启娄思念亡友巴卓格罗的痛苦情境。
② 《伊利亚特》，XXⅣ，11—12，及，XⅧ，23—24。
③ Πριᾶμος，德若亚的国王。
④ 《伊利亚特》，XXⅡ，414—415。国王恳求众人让他出城为儿子收尸。
⑤ 《伊利亚特》，XⅧ，54。阿启娄的母亲女神特蒂的哀叹。

不但对一般的神灵不能这样糟蹋，对神灵中间最大的宙斯尤其不能加以歪曲，让他说：

> 哎哟！我心爱的人被追得抱头鼠窜，
> 我亲眼目睹，心如刀绞。[①]

以及：

> 哎呀！命运使我心爱的人萨尔贝洞
> D 在枚诺伊刁的儿子巴卓格罗手里倒下。[②]

亲爱的朋友阿兑满多啊，我们的年轻人如果认真地听信了这些说法而不嗤之以鼻，斥为无稽之谈，那他们既是凡夫俗子，在身处其境的时候，就很难把这类说法视为不当，引以为戒，就会自己也那样说、那样做了；我们每个人就会并不认为这是可耻的，因而不肯那样做，而是为了些小的事情长吁短叹、伤心落泪了。

E 他说：你说得非常正确。

可是按照我们刚才说的道理，那样做是不应该的，我们必须坚持这个道理，直到有人提出另一个更强的道理取代它。

确实不该那样做。

可是也不应该非常爱笑。因为一个人放纵自己哈哈大笑时，常

① 《伊利亚特》，XXII，168—169。宙斯哀叹赫格多尔（Ἕκτωρ）。

② 《伊利亚特》，XVI，433—434。萨尔贝洞（Σαρπεδών），枚诺伊刁（Μενοιτιάδης）之子就是巴卓格罗。

常造成剧烈的反应。

他说：我也这样想。

所以我们不能容许任何一个有身份的人放声大笑不能自制，更 389A
不用说神灵了。

他说：当然不能。

所以我们不能同意荷马对神灵们说这样的话：

> 神灵们爆发出一阵大笑，
>
> 竟看到赫派斯多青衣行酒。[①]

按照你的说法，我们就不能接受它。

他说：如果你愿意把这种说法看成我的说法的话，那我们就不 B
该接受它了。

可是我们必须把真看成至高无上的。因为如果我们刚才说得不错，假话对于神灵是不起作用的，对于人来说只是有时可以当作药用，那就很明显，我们只能让医生拿它当药用，其他的人都一概不许说假话。

他说：这很明显。

只有城邦的治理者们，不管哪一个，可以为了城邦的利益向敌人
或国人说假话，其他的人一概不许这样做。假如有哪个人企图欺蒙治 C
国者，我们会说其罪过等于或大于病人对医生不说病情，运动员对教练不说身体实况，水手对船长不据实报告船只和船员的实际情况。

① 瘸腿的火神一拐一拐地行酒，非常可笑。见《伊利亚特》，Ⅰ，599—600。

他说：确实如此。

D 如果治国者在城邦里抓住某个说谎的人，

> 如一般的工匠，
> 巫师，或者医师，或者建筑师，[1]

就会处罚他，因为他的行为足以颠覆城邦，正如摧毁和覆灭一只船一样。

他说：如果他的话见效的话，会危及城邦。

怎么？我们的年轻人难道不应该审慎吗？

为什么不应该？

一般人的审慎主要在于对待治理者，治理者的审慎主要在于饮
E 食男女方面。

我也这样想。

因此我认为这样一些话说得很好，例如荷马的诗里狄鄂枚德说：

> 老兄，你静静地坐着，听我的劝告，[2]

以及与此联系的：

> 阿凯亚人奋勇前进，

① 《奥德赛》，XVII，383—384。

② 《伊利亚特》，IV，412。统帅阿伽门农斥责狄鄂枚德（Διομ ήδης）和斯特内洛（Σθένελος）作战不力。斯特内洛不服，狄鄂枚德劝告他应当服从领导。

默默地听从着首长的命令。①

还有另外一些话。

说得很好。

可是这样一些话怎么样呢:

醉醺醺地长着一双狗眼、一颗兔子心,②

还有这以下的话,以及言论或诗歌中那些下级对上级的下流话, 390A
难道说得好吗?

不好。

我认为这些话年轻人听了不利于养成审慎;可是如果它们此外还能使年轻人得到一些别的乐趣的话,那也没有什么值得奇怪。你觉得怎么样?

他说:我也这样想。

怎么?有人在诗里让最智慧的人说,他认为世界上最美好的事莫过于:

面前的桌上摆满了
面点和肉食,司酒从瓮里舀出 B
香醇的美酒,不断斟进杯中,③

① 参见《伊利亚特》Ⅲ,8和,Ⅳ,431。阿凯亚人('Aχαιοί)指希腊联军。

② 《伊利亚特》,Ⅰ,225。阿启娄骂统帅阿伽门农的话。

③ 《奥德赛》,Ⅸ,8—10。最智慧的人指奥德赛。

你觉得年轻人听了有助增进他的审慎能力吗？还有：

> 世上最惨的事莫过于饿死，①

听了有利于年轻人克制自己吗？还有，诗中说宙斯在其他的神灵和人都熟睡的时候，独自一个醒着发愣，②把所有的事情都忘得精光，C 由于欲火上升按捺不住，一见赫拉的倩影就扑了上去，也不想进屋，就在地上同她交媾，并且说他迫不及待，胜过第一次幽会时背着他们亲爱的父母；③还有，阿瑞和阿芾若狄德④正是由于这种事被赫派斯多用铁链锁起的说法：年轻人听了这些有利吗？

他说：天哪，我觉得这些都是不该说的。

D 我说：另一方面，有一些著名人物在言论和行动中表现出坚忍不拔的精神，这倒是年轻人值得看看听听的。例如：

> 他捶击着胸脯扪着心说：
> 坚持住，心啊，你见过更坏的事。⑤

他说：那当然。

也不能容许我们的人受贿和贪财。

---

① 《奥德赛》，Ⅻ，342。

② 《伊利亚持》，Ⅱ，1—4。

③ 《伊利亚特》，ⅩⅣ，292—345。赫拉（῞Ηρα）与宙斯是同父同母的兄妹，后来成了宙斯的妻子。

④ 'Αφροδίτη，美神，是火神赫派斯多的妻子。她与战神 'Άρης 私通，被丈夫发现做了用铁链锁起的囚徒。见《奥德赛》Ⅷ，266—366。

⑤ 《奥德赛》，ⅩⅩ，17—18。奥德赛回家见到不快的事。

绝不能。 E

那就也不能对他们唱：

> 贡品打动神灵，打动尊贵的君王；[①]

更不能称赞阿启娄的导师颇伊尼克斯[②]说得有理，因为他劝告他的学生收了人家的钱财就该帮助阿凯亚人，不受礼也不要忘了自己的仇恨。我们也不要相信阿启娄非常贪财，得了阿伽门农的钱财，[③]以及 391A
为了一笔赎金就发还尸体，[④]否则就不干。

他说：称赞这些举动是不公正的。

我说：如果不是尊敬荷马，我会毫不迟疑地断言这类关于阿启娄的说法是不敬的，如果是别人说的我也不会相信，也不肯信阿启娄对阿波隆说过：

> 你骗了我，你这高明射手，最恶毒的神，
> 我要处罚你，如果我有权力的话。[⑤]

还有他不愿遵从克桑托这位河神，准备与他战斗，[⑥]以及他又一回把 B

① 出于赫西俄德的诗句。

② Φοίνιξ。这话见《伊利亚特》IX，515—518。

③ 《伊利亚特》，XIX，278—281。阿启娄是为报他的朋友被杀之仇而战。

④ 《伊利亚特》，XXIV，502，556，594。德若亚国王向阿启娄赎回阵亡王子赫格多尔的尸体。

⑤ 《伊利亚特》，XXII，15，20。

⑥ 《伊利亚特》，XXI，130—132。Χάνθος 是德若亚 Σκάμανδρος 河的神。

他准备献给另一位河神斯贝尔客尤的发卷收回，说我还是把它献给英雄巴卓格罗吧，[①] 他长眠在这里：我们不能相信他真做过这类事情。诗人又说他把赫格多尔的尸体拖着绕巴卓格罗的坟墓奔跑，并且在他的火葬场上大肆屠杀俘虏，这些话我们不愿相信说得符合事实，
C 也不愿让我们的年轻人相信阿启娄这位女神与最明理的贝娄[②]的儿子，宙斯的孙子，大贤恪戎[③]的弟子，竟如此乱七八糟，内心里有两种正好相反的毛病，一种是狭隘的贪婪，一种是狂妄自大，目中无神和人。

他说：你说得对。

我说：我们也不愿意相信和让人讲说这类故事，如特叟这位波
D 塞洞的儿子[④]伙同宙斯的儿子贝里托[⑤]企图进行可耻的拐骗，以及某个别的神明的儿子或英雄胆敢干出诗人捏造的那类残酷无情的行为。我们还要迫使诗人们宣布这些事情并不是这等人物的行为，或者声明干这等坏事的并不是神明的儿子，总之，这两点他们都不能说，不能加以发挥，令我们的年轻人误以为神灵也干出坏事，英雄并不
E 比一般人高明。因为正如我们上面说过的那样，这类话既不虔诚又不真实。因为我们已经指出过，从神那里是不可能产生邪恶的。

怎么不是呢！

再则，这类故事是对读者非常有害的。因为每个人都会很容易

---

① 《伊利亚特》，XXⅢ，151。

② Πηλεύς.

③ Χείρων.

④ Θησεὶς 是海神 Ποσειδῶν 的儿子。

⑤ Πειρίθους，曾在英雄特叟的协助下企图劫走冥王的妻子贝尔塞坡内（Περσεφόνη）。

谅解自己干坏事，只要他相信这类事情现在和过去都有人做过，这就是：

> 神灵的近亲，
> 离宙斯不远，天帝在伊代山[①]巅
> 为他们建立了天宫于清气之中，

而且

> 他们的脉管里奔流着神的血液。[②]

因此我们必须禁止这类神话流传，不让它影响我们的年轻人，使他 392A
们非常轻易地作恶。

他说：必须禁止。

我说：那么，还有哪一类的话我们必须规定为该讲和不该讲呢？因为对神灵该说哪些话，已经规定了，对精灵和英雄以及阴间的鬼魂该说哪些话也已经规定了。

我们已经规定了。

还有关于人的话吧？

显然有的。

朋友，我们目前还不能对这个方面作出全面的规定。

为什么？

---

① Ἰδαῖος，在德若亚。
② 艾斯区洛的《尼鄂倍》（Νιόβη）残篇 162。

B 因为我认为我们会说，诗人和说书人在有关人的重大事情上胡说八道，说很多不公正的人享福，公正的人倒霉，不公正的行为干得隐蔽就带来好处，公正对别人好对自己不利。我们要禁止他们说这类话，而且要责成他们歌唱和宣讲与此相反的话。你不这样想吗？

他说：我就是这样想的。

如果你承认我说得有理，我就要得出结论，认为你已经同意我们早就寻求的那个出发点了。

他说：你的想法很对。

C 如果我们发现了公正是怎么一回事，以及它本身对具有它的人是有益的，不管他是不是得到公正的名声，那我们就能断定在人的事情上该说哪一类的话了。

他说：你说得非常对。

说哪类话的问题就讨论到这里。我想底下必须讨论修辞问题，这样我们就把该讲什么和该怎样讲两个方面都充分讨论到了。

于是阿兑满多说道：我不懂你这话的意思。

D 我说：可是你必须懂。也许这样看你就比较明白了。说书的和诗人所讲的不是过去、现在或将来发生的事情吗？

他说：怎么能是别的呢？

他们进行讲述的方式不是要么单纯描述，要么配上摹拟，要么两者都用吗？

他说：这方面我想知道得更明白一点。

我说：看来我真像个可笑的糊涂教员！我愿意像那些不会讲话

E 的人那样，要想把自己想讲出来的意思告诉你，却不能完整地陈述，

只好点点滴滴地讲。请告诉我，你知道《伊利亚特》开头诗人的话吗？他在那里说，克睿塞[①]恳求阿伽门农释放他的女儿，阿伽门农大怒，不肯释放，克睿塞得不到女儿，就当着神灵央告阿凯亚人。[②]你 393A
知道吗？

我知道。

那你就知道以后的诗句是：

他恳求全体阿凯亚人，
特别是阿周[③]的二子，人民的首领。[④]

这是诗人自己在说话，并没有越出自己的范围，使我们感到说话的是他以外的某个别人。可是在这以后，似乎他自己就是克睿塞了， B
他用一切手段使我们以为说话的不是荷马，而是那位老祭司。他就是以这种方式陈述一切在伊利亚特以及伊塔给[⑤]发生的事件以及整部《奥德赛》的故事的。

他说：确实如此。

然而陈述有两种情况，有时是陈述自己说的话，有时是陈述话与话之间的事情的。是吗？

怎么不是这样呢？

① Χρύσης，伊利亚特城阿波隆神庙的祭司，他的女儿克睿塞伊（Χρυσηίς）被希腊联军俘虏，其父重金相求赎回她。

② 《伊利亚特》，Ⅰ，1—42。

③ 'Ατρευς，缪格乃（Μυκῆναι）的王，阿伽门农和梅内劳的父亲。

④ 《伊利亚特》，Ⅰ，15—16。

⑤ Ἰθάκη，奥德赛的故乡。

C 可是当他把自己当成另外一个人来陈述某某话的时候，我们能不能说，那时他的遣词造句是尽可能地摹拟他前面说要讲话的那个人的话？

我们是这样说的。怎么不能说？

用声音和姿态摹拟另外一个人，不就是扮演自己所摹仿的那个人吗？

当然是。

看来在这类情况下，荷马和其他诗人就是用摹拟来陈述的。

确实是。

如果诗人在任何地方都不想把自己掩盖起来，那他们全部陈述

D 就是不带摹拟成分的。可是为了你不至于不懂，我愿意举出实例来说明。荷马曾经说，克睿塞来了，带来赎他女儿的赎金，恳求阿凯亚人，尤其是两位君王；接着他就不以克睿塞的口气，而一直以荷马的口气往下说。由这你看得出，这并不是摹拟，而是纯粹的陈述。他的陈述大致是这样，我现在用白话文说出来，因为我不是诗人：[①]

E 那位祭司来了之后，就祝告神灵让他们攻克德若亚城平安回国，同时请求他们尊敬神灵，接受赎金，把女儿放回。他说了这些话，别的人都对这位祭司表示尊敬，同意他的请求。阿伽门农却勃然大怒，斥令他立即离开，不许再来，否则阿波隆的权杖和桂冠就不起保护他的作用。[②] 他说，这祭司的女儿在获释之前，必须在阿尔戈[③]陪他到老。他叫祭司走开，不要再惹他恼怒，这样才能平安回家。这位

---

① 以下与《伊利亚特》I，17—42 的原诗相当。

② 祭司来时带着表明神圣身份的权杖和桂冠。

③ Ἄργος，阿伽门农的领地。

老人听了气得发抖，不声不响地走了。他离开营帐的时候向阿波隆 394A
频频祝告，呼唤着这位大神的各种称号，使神想起他侍奉神明的一切劳绩，如建立庙宇，奉献美好丰盛的牺牲品，请求神明念他虔诚，
把神箭射到阿凯亚人身上作为他流泪的报偿。我说，朋友，这种说 B
话方式就不是什么摹拟，而是纯粹的陈述了。

他说：我明白。

我说：可是你也明白，有一种体裁与纯粹的陈述相反，就是把诗人所写的道白与道白之间的话统统去掉，只留下那些对话。

他说：这我也明白，就是悲剧的写法。

我说：你猜得很对。我想我现在已经能够把以前做不到的事情做到，就是给你清清楚楚地说：全部诗歌和神话有几种写法，一种
像你说的那样，包括悲剧和喜剧，另一种则是诗人的自述，你可以 C
在酒神颂歌里找到，还有一种是二者的结合，可以在叙事诗和许多别的诗文中找到，如果你明白我的意思的话。

他说：我现在完全懂得你刚才想说的意思了。

你再想想上面说过的话吧。我们曾经说，诗文里应当讲什么已经规定之后，还要考虑的就该是怎么讲了。

这我当然记得。

我的意思正是必须弄明白，我们是不是容许诗人用摹拟的办法 D
来陈述，是不是有些地方可以用摹拟法，有些地方却不能，在哪些地方行，哪些地方不行，还是哪里都不行。

他说：我猜你的意思是要考虑，我们是不是应该把悲剧和喜剧放进我们的城邦。

我说：也许是这个意思，也许还要多一点，因为我还不知道，

讨论的谈风朝哪里吹，我们就必须往哪里走。

他说：你说得很对。

阿兑满多啊，你来看看，我们的城邦卫士该不该是从事摹拟的

E 人。根据上面的话不是可以推出，每一个人都只能干好一个行当，而不是好多个行当，如果他样样都干，那就会都干不好，因而一事无成吗？[①]

就该这样。

在摹拟方面也是一样。一个人摹拟好多件事就不如摹拟一件事那么好。

当然不能。

395A 一个人很难献身于一件重要的事业，同时又从事许多摹拟工作，而且摹拟得很出色。即便是两种看来很靠近的摹拟工作，例如写一部喜剧和写一部悲剧，同一个人也很难做得很好。你不是把喜剧和悲剧都称为摹拟吗？

我是把它们都称为摹拟的。你说得很正确，同一个人不能两样都干得好。

一个人不能同时既说书又演戏。

对了。

B 同一个人也不能把喜剧和悲剧都演得好。可是这两者都是摹拟，对不对？

都是摹拟。

阿兑满多啊，在我看来，人的天性是分成许多更小的倾向的，

① 见上文370B。

所以一个人不能很好地摹拟许多事情，也不能做好他所摹拟的那些事情。

他说：非常正确。

如果我们要坚持我们的第一条原则，认为我们的卫士应当放弃其他的一切手艺，专门从事保卫城邦自由的工作，不做任何与此无 C
关的事，那他就不应当从事或摹拟任何别的事情。即或摹拟，也只能是从小就仿效那些与此有关的，如勇敢、审慎、虔诚、自由的高贵人物，而不从事或者摹拟那些不自由的卑贱行为，以免从摹拟进而学会那样干。你难道没有注意到，人如果从小就下劲仿效某些事， D
就会养成习惯，成为第二天性，在体魄上、言谈上和心灵上受深刻的影响？

他说：那当然。

因此我们不能容许我们倍加关怀、寄予厚望的人身为男子却摹拟妇人，不管是年轻的少妇还是年老的婆婆，还是跟男人吵架的女人，还是狂妄自大目无神灵自以为无比幸福或者遇到不幸就痛苦得 E
号啕大哭的女人；更不用说生病的、热恋的或者临产的女人了。

他说：完全正确。

他们也不能摹拟男女奴隶，做奴隶的事情。

不能。

因此他们也不能摹拟坏人，以及怯懦的人，还有那些行为与上述好事相反的人，那些人互相争吵、辱骂，不管酒醉时还是清醒时 396A
都满口脏话，言语和行动全是既糟蹋自己也糟蹋别人的。他们虽然必须知道疯子和坏蛋，包括男的和女的，却不能吟唱和摹拟这种人。

他说：你说得完全正确。

我说：可是，像铁匠或者从事另外一种手艺的工人，战船上的
B 划桨手或者船老大，或者干这类活的其他人，他们能用摹拟的办法加以陈述吗？

他说：那怎么能？这类行当不是他们想都不该想的吗？

可是，像马的嘶鸣，牛的哞哞声，河流的咆哮和海洋的澎湃，以及雷鸣和这一类的其他事情，他们能摹拟吗？

他说：也不能，因为我们不愿意他们当疯子，连摹仿疯子都不许。

C 我说：如果我了解得不错的话，你的意思是说，有一种讲法和叙述法是老老实实的好人有话要说的时候用的，又有另一种与此不同的讲法，是秉性和教养与此相反的人一贯坚持的叙述方式。

他说：这是哪两种呢？

我说：我想，不偏不倚的正派人陈述一个好人的言行的时候，是愿意设身处地地描写的，并不以这样一种摹拟为耻，而且特别愿
D 意摹拟好人坚定明理时的行动，如果这人由于生病、热恋、酒醉或其他遭遇而变得不坚定，就不怎么愿意摹拟他了。如果遇到的对象是跟他这个老实人不般配的，他绝不会认真摹拟比自己差的人，即便这人做点好事，他也不多讲他，以讲他为耻，因他没有摹仿这种人的经验，也不情愿以比他差的人为样板，贬低自己的身份，即便
E 提一提这种低级人物，那也只是为了开玩笑，他心里是怀着反感的。

他说：这是很自然的。

既然如此，他所作的陈述就像我们刚才举出的荷马史诗那样，他的文章就兼用两种写法，一种是摹拟，一种是单纯的叙述，而且在很大的篇幅里只有很小的一部分是用摹拟法写的。我说的不对吗？

他说：你说得很对。这样的说书人必然是这个类型的。 397A

我说：至于另外一类说书人，越不老实，就越是什么都摹拟。他觉得没有什么东西与他不般配，因此一本正经地当众摹仿一切事物，包括我们刚才说的雷声、风声、冰雹声、车轴声、轱辘声，以及喇叭声、笛声、哨声和各种乐器的声音，狗的吠声、羊的咩咩叫声、鸟的叽叽喳喳声，总之，这种人的整个陈述都是摹拟声音和姿 B
态，很少单纯的叙述。

他说：这也是必然的。

我说：这就是我要说的那两种陈述方式。

他说：就是这两种。

这两种方式中的一种是很少变化的。如果可以给文章定出合适的调子和节奏的话，准确的宣讲者就几乎可以按照一个调子、一个节奏讲述，因为变化是很少的，用同样的腔调讲就够了。 C

他说：很明显，就是这样。

可是，另外一种方式怎么样呢？不是正好相反，需要用各种调子、各种节奏来表达所要讲的东西，因为它包含着各式各样的变化吗？

他说：有很多很多花样。

是不是所有的诗人和陈述者都必须采用这两种方式中的一种，还是可以两者混用？

他说：必然要选一种。

我说：那我们怎么办？我们是容纳这三种方式进入我们的城邦， D
还是只容纳泾渭分明的那两种里的一种，还是容纳混用的那一种？

他说：要是让我选的话，就选摹拟好人好事的那一种单纯的。

可是，阿兑满多啊，两种混用：毕竟最有魅力，儿童和管教儿童的人[①]最欢迎的却与你所挑选的相反，绝大多数群众也是这样。

确实最受欢迎。

E 我说：可是，你也许会以为这与我们城邦的情况不合，因为我们这里没有两样都会的人，更没有多能的人，每个人都是只干一行。

当然不合。

因此唯有在这样的城邦里鞋匠只当鞋匠，并不兼做舵工；农夫只当农夫，并不兼任法官；战士只当战士，并不兼营商业，诸如此类。是吗？

他说：对的。

398A 那么，假如有一个人凭着聪明，善于摹拟一切事情，他要是来到我们的城邦，想为我们朗诵他的诗篇，我们是会向他致敬，认为他是一个神圣的、了不起的、令人倾倒的人物的。可是我们会告诉他，他这样的人物我们的城邦里是没有的，也不能进入我们的城邦。我们会用香膏给他灌顶，给他戴上有羊毛飘带的花冠，送他到别的

B 城邦去。我们这里从实际利益出发，宁愿要比较淳朴、比较不花哨的诗人和宣讲神话人，这种人会向我们摹拟高尚的语言，按照我们当初规定的规范说话，来教育我们的战士。

他说：如果听任我们挑选的话，我们是会这样做的。

我说：朋友，现在我们似乎已经把关于讲话和故事的音乐部分[②]全部讨论了，因为我们已经规定了该讲什么以及该怎样讲。

他说：我也这样看。

---

① παιδαγωγός，希腊人的初级教师，多以奴隶充任。

② 即文艺部分。

我们还要谈谈吟唱的风格和格调吗？ C

那很明显。

任何人都会立即发现，我们对这个问题该说什么话，吟唱的风格和格调一定是什么样的，如果我们愿意遵循以前定下的原则的话。

这时葛劳贡笑着说：苏格拉底啊，我恐怕不在这些人之列；我不能立即断定我们对这个问题该怎么看，我有点怀疑。

我说：无论如何，你首先会断定曲子由三样东西构成，就是歌词、调子和节奏。 D

他说：是的，这我知道。

至于词，不管是不是唱的词，都必须按照以前定下的规范写出，不是吗？

他说：对的。

曲调和节奏必须与歌词相应。

怎么不是呢？

可是我们说过，我们的歌词里不需要委屈悲伤的话。①

当然不需要。

委屈的调子是哪一些呢？请告诉我，因为你是音乐家。 E

是混合吕狄亚调、高吕狄亚调②和一些与此类似的调子。

我说：这些调子是应当摒弃的，因为它们对那些自命不凡的妇女都没用，更不用说对大丈夫了。

当然。

可是对卫士最不适宜的是沉醉、软弱和懈怠。

---

① 见上文 387E—388D。

② μειξολυδιστί 和 συντονολυδιστί。吕狄亚在小亚细亚西部。

怎么不是呢？

哪些调子是酒席上常用的软绵绵的调子呢？

他说：是伊奥尼亚调[①]和吕狄亚调，也称为安眠曲。

399A 朋友，这些调子对战士有用处吗？

他说：毫无用处。看来你只有佗里调[②]和普瑞及亚调[③]了。

我说：我对调子并不内行，可是要请你给我们留下那样一种调子，它能够恰当地摹拟一个勇士在战争和各种艰苦条件下的（**译文到此中断，未完成。——编者**）

卷 十

595A 我说：确实还有许多理由使我相信我们这个城邦是最出色不过的，其中突出的是我谈到诗歌时十分佩服的那一项。

他说：你佩服哪一项？

B 就是决不认可诗歌里的摹仿成分。因为我们把灵魂的不同部分彼此分别开来之后，我觉得我们现在就更清楚地看到，那种成分是完全不能接受的。

你怎么这样说呢？

就来告诉你，因为你是不会把我的话透露给悲剧诗人和各种各样的摹仿派的。我认为这种诗是腐蚀读者灵魂的毒药，如果他们并不熟知事情真相，没有这种解毒剂的话。

① ἰαστί。伊奥尼族（Ἴωνες）是希腊东部海边和岛屿上的居民。

② δωριστὶ。佗里族（Δωρις）是希腊中部贝罗奔内索（Πελοπόννησος）半岛上的居民。

③ φρυγιστί。Φρυγία 是希腊东北海峡地区的一部分。

他说：你为什么要这样说呢？

我说：我必须解释清楚，我从小就对荷马怀着深厚的敬意和爱心，这种敬爱使我不能说他不好。因为他可以说是一切这类悲剧作 C
家的第一位鼻祖和导师。可是任何人都不能置身于真理之上，所以我必须把自己的心里话说出来。

他说：那你就摊开来说吧。

那你就听着，然后回答我的问题。

请你问吧。

你能告诉我一般说来摹仿是什么东西吗？因为我自己看得还不那么清楚。

他说：那就该我看得清楚吗？

我说：那也没有什么奇怪，因为常有视力差的看一件东西比眼 596A
睛好的看得清楚的事。

他说：是这样。可是当着你的面我不能一下抓住核心，说出我的看法。还是你自己看吧。

那你愿意照我们的老办法来进行考察吗？这就是：我们总是提出单一的型来说明我们用同一名称来称呼的众多事物。你懂不懂？

我懂。

我们可以举出一些这一类的众多事物，比方说许多床和桌子。 B

怎么不可以呢？

可是用来说明这些家具的只有两个相，就是床的相和桌子的相。

我们不是常常说制造家具的匠人是看着相造出我们使用的那些床、那些桌子以及其他家具的吗？因为相本身是任何一个匠人都造不出来的。他怎么造得出相呢？ C

当然不能。

那就请你考虑一下，你会把这样一个匠人称为什么人？

什么匠人？

制造每个手艺人所造的一切物品的匠人。

你说的是一个出乎寻常的、令人吃惊的人。

等一等。你马上就会说出比他更强、更棒的。因为这人实在能干，不但能做所有的器具，还能制造地上所生的一切，制造包括他自己在内的各种动物，还有天、地、神灵以及天上和地下的一切他都能造出来。

D 他说：你把他说成一个十分惊人的智者了。

我说：你不信吗？请告诉我，你是根本不信有这样的匠人，还是认为一个匠人只是在某个意义上能做这样一些事情，在另外一个意义上并不能这样做？你难道没有觉察到，你自己也能在某种意义上做这一切事情？

他说：在什么意义上呢？

我说：这种事情一点都不难做，可以翻来覆去地做，在很短时间内做。你只要拿一面镜子往周围一照，就很快体会到，你一会儿

E 制造了太阳和天上的一切，一会儿制造了月亮，一会儿制造了你自己以及其余的生物和器具、植物等等刚才说到的东西。

他说：是的，不过这都是现象，不是货真价实的东西。

我说：很好，你的话说得很对头。因为画家我认为就是这类匠人中间的一个。是不是？

怎么不是！

我以为你会说，他制造的并不是真的。在某种意义上画家也制

造了一张床。不是吗?

他说:是的,他也制造了一个现象。

制床的木匠怎样呢?你刚才不是说,他制造的并不是我们认为 597A
真正是床的那个型,是造了一张床。是吗?

是这样说的。

那么,如果他并不造是的东西[1],那他就并不造是者[2],只不过造一种类似是者而非是者的东西了。要是有人想说,制床的木匠或者某个手艺人的作品是在本来的意义上是的,[3]那就大概说得不对了。是吗?

他说:当然不对,至少那些熟悉我们这种说法的人认为不对。

那么,如果说这种东西与真的东西相比不过是一个影子,我们听了也不要感到惊奇。

当然不。 B

那我们就从以上的例子来研究摹仿者,研究他究竟是谁。你看行不行?

他说:你愿意这么办就这么办吧。

那我们就有三种床,一种在自然界[4],我想我们会说这是神造的。除了神谁能造它呢?

我想谁也不能。

一种是木匠做的。

---

① ὅ ’έστιν,当名词用的“它是”,指实在的东西。

② τὸ ὅν,指实物。

③ ὅν,就是“实在的”。

④ εν̓̂ τῆ φύσει οὖσα,天造地设的意思。

他说：是的。

一种是画家画的，是吗？

是。

那么，画家、造床的木匠、神这三位就是这三种床的作者。

是这三位。

C 至于神，他或者是违背自己的本意，或者是受制于宿命，不能造一张以上的床，所以他只造了一张唯一的床，即：是的床。两张或两张以上这样的床，神是没有造的，也不会造。

他说：为啥？

我说：因为神如果只造了两张床，那就表明还有一张床是它们所依据的型，即：是的床。那两张都不是。

他说：很对。

D 我想，神知道这一点，他愿意做本来的床的作者，而不做某一张床的制造者，不做制床的木匠，就造了那张天然的床。

看来是这样。

我们该把神称为这种床的作者，还是什么别的名称？

他说：这样称呼很正确，因为他造了这个，也造了一切天然的东西。

木匠怎么样？我们不已把他称为造床的工匠吗？

是的。

我们也把画家称为造床的工匠和制作者吗？

绝不能。

那你说他与床是什么关系？

E 他说：我想我们把他称为床的摹仿者最合适，不能说他是工匠。

我说：很好，你是把制作远离自然的东西的第三位作者称为摹仿者吗？

他说：当然是。

悲剧诗人们也是这样，他们是摹仿者，是远离君王、远离自然真相的第三者，其他一切摹仿者也是如此。

看来是这样。

在摹仿者方面我们意见一致了。不过请你再告诉我画家是怎 598A
样摹仿的。他力图向你摹拟的是自然界的每件东西，还是工匠的作品？

他说：是工匠的作品。

它们实际如何，还是看来如何？这一点对我是有区别的。

他说：你这话是什么意思？

是这样。一张床，从侧面、从上面或者从别的方面看它的时候，就因此与它自己不一样，还是并没有不一样，却显得不一样？其他的各种情况也是这样吗？

他说：是这样。只是显得不一样，实际上并没有区别。

请你再考虑这一点：下列两种情况，绘画属于哪一种？它是摹拟 B
是者的实况，还是摹拟显现的现象，是摹仿影像，还是摹仿真相？

他说：是摹仿影像。

摹仿是与真相相去甚远的。看来摹仿是万能的，可以做一切事情，因为它只从每样东西里取一点点，而且取的是影像。举例来说，
我们不否认画家会描摹鞋匠、木匠和其他的工匠，而对这些手艺人 C
一无所知，可是在儿童和头脑简单的人看来，他却是一个好画家，他们远远地看一眼他画出来的东西，会以为这是一个真木匠。

怎么不是！

可是我想，朋友，我们应该从这样的事情想到，如果我们听人
D 说，他遇到过一位懂得各种各样作品的人，连别人很少懂的其他一切事情他都懂得很确切，不亚于任何人，那就应该说他是一个头脑简单的人，被魔术师和摹仿者骗了，以为这人无所不知、无所不晓，这是因为他本人不能分辨知识、无知和摹仿的缘故。

他说：完全正确。

E 我说：往下我们就来谈谈悲剧及其鼻祖荷马。因为我们总是听一些人说，这位诗人是懂得各种各样的技艺的，懂得一切人事，品德方面的和过恶方面的，以及神的事情。因为一个好诗人要写得好，写得内行，就一定要掌握他的写作对象，否则就不能写诗。那我们
599A 就得看一看，这些人是不是被那些摹仿者骗了，看了他们的作品，却看不出这是远离是者的第三个东西，是不知真相的人很容易编造出来的，因为他们制造的是影像，不是是者。是不是他们说得有点道理，好诗人真懂得他们以为说得好的东西。

他说：这一点我们当然得研究。

如果一个人能够制造摹本和影像，你以为他会甘心把很多力量
B 奉献给影像的制造，以此为这一生的顶岸，以为再好不过了。

我不这么看。

我可是以为，他如果明白他所摹仿的东西的真相，就会宁愿献身于制造实物而不愿去制造摹本的，他会做出许多出色的作品，作为留给子孙后世的纪念物，宁愿被人颂扬而不愿作颂扬者。

他说：我也这样想，因为这样做可以得到更大的荣誉和更大的好处。

我们并不要求荷马或某位别的诗人说明别的事情，不问他们中间有哪个真会行医，并非只是摹仿医生说话的人，有哪个古代或现代的诗人曾经使什么人恢复了健康，像阿斯格雷比尤那样，或者向门徒传授医术，像他把医术传给后人那样。我们也不想在其他的技艺上向他们提问题，荷马总要讲那些最大的、最重要的事情，如将帅的韬略，城邦的治理，人们的教育，在这些方面向他提问才合适。我们就问他："亲爱的荷马啊，如果你在品德方面并不是离开真相的第三者，即影像的制造者，我们讲的那种摹仿者，而是第二者，能够知道人们凭着哪种努力可以在家务和公务中变得好些或坏些，那就请告诉我，有哪个城邦是由于你而得到较好的治理的，就像拉给代孟由于吕古尔戈[①]、许多大大小小的其他城邦由于另外一些人而得以大治那样？有哪个城邦把你看成它的优秀立法者和造福者？因为意大利人和西西里人就是那样看待卡戎达[②]、我们就是那样看待梭伦的；谁说你是呢？"他能回答得出来吗？ C D E

葛劳贡说：我想不能，连那些荷马的传人也没有一个断言他能的。

有没有听说过荷马的时代发生过什么战争，是在他的领导或策 600A
划下打胜的？

没有。

是不是有许多技术方面的、实际事务方面的有用发明被人家归功于他，就像归功于米利都的泰利士[③]、斯居泰的阿那卡尔锡[④]那样，

① Λυκοῦργος，公元前七世纪的斯巴达国王，传说他是伟大的立法者。

② Χαρώνδας，与梭伦同时（公元前六世纪）的西西里立法者。

③ Θαλῆς τοῦ Μιλησίου，据说发现过日蚀，预测过橄榄丰收。

④ 'Αναχάρσις τοῦ Σκύθου，据说发明过锚和陶轮。

表明他是一个灵巧的务实派呢？

根本没有这样的事。

荷马如果并未担任过公职，是不是在世的时候曾经从事过私人
教育活动，弟子们乐于列身他的门墙之下，并且能够把一种荷马式
B 的生活方式传播给后人，就像毕泰戈拉本人那样，生平专门从事这
项活动，直到现在，后人还把自己的生活方式称为毕泰戈拉派的，
以示别于他人？

他说：这样的事也没听说过，因为荷马的徒弟格瑞欧丕洛[1]这个
人不但名字可笑，而且在教养方面也同样可笑，如果关于荷马的传
C 闻属实的话。据说他在世的时候就遭到这个人蔑视。

我说：这样的传闻是有的。可是，葛劳贡啊，你是不是想到，
如果荷马真能教育人、使人变好，并非只是这方面的摹仿者，而是
有真知灼见的，那他就会有许多门徒，受到他们尊敬和爱戴？阿布
德拉的柏若答戈拉[2]和格尤的柏若狄果[3]等等就能凭着他们的教化使
D 同时代的人相信，他们如果不进行教育，就不能使大家在家务和国
务中成为好人，他们凭着这样一种智慧为大家所热爱，以至于被门
徒们扛在肩上游行。荷马如果能够帮人们增进品德，与他同时代的
人们岂能让他跟赫西俄德[4]一样到处流浪，以卖唱为生，他们只会跟
他依依难舍，把他视为珍宝，留在自己家里的，如果留不住，也要
E 作为弟子跟随他到处走，直到获得足够的教育为止。是吗？

---

① Κρεώφυλος，“食肉族”的意思，暗示肉食者鄙。

② Πρωταγόρας ὁ ’Αβδηρίτης，著名智者。

③ Πρότικος ὁ Κεῖος，著名智者。

④ Ἡσίοδος，公元前七世纪诗人，《神谱》作者。

他说：总之，我觉得你向我说的完全对，苏格拉底。

那我们就很愿意肯定：从荷马以来，所有的诗人都只是一些摹仿者，摹拟着品德以及他们自己虚构的其他事物的影子，而毫不涉及真相。正像我们刚才说的那样，画家会造出某种据说与鞋匠有关的东西，却完全不了解制鞋的事情，既然对这种事情一无所知，就 601A
只是看见颜色和线条而已。是吧？

我同意。

我想我们也可以这样来说诗人。诗人和各种艺术使用色彩一样，只是用言语和名词作为手段来摹拟，此外一无所知。其他同样的人根据他的语言来考察事物的时候，如果他是用恰当的、合适的、动听的言辞描述制鞋工作的，他们必定认为说得十分中肯，如果他是 B
描述战事或别的什么事情的，就认为十分生动精彩了。诗人的作品剥去了这门音乐性的艺术本身具有的那些色彩之后，会表现得如何，我想你是知道的，因为你有过经验。

他说：我有过。

（**此处译稿有缺失。——编者**）

什么道理？

就是对于每一样东西都有三种技术：使用术、制造术和摹仿术。D
是吗？

是的。

然而一切器物、工具以及一切生物、一切行动的品质、美和正确都统统系于使用，使用是一切人造物和天然物的目的。

对。

使用者必然最有经验，他必须通知制造者他用的那样东西是好

还是坏。吹笛子的必须告诉制笛子的哪种笛子他吹起来最满意，必
E 须通知他应该怎样制造笛子，制笛者必须听从吹笛者的话。

怎么不是！

一个是知情的，他向人通报笛子的好坏；另一个则相信他的话，照着制造笛子。

是的。

制造者对所造器物有一个正确的信念，相信它是好的或者坏的，
602A 因为他与知情者往来，必须听知情者的话；使用者具有对此的知识。

当然。

摹仿者会从使用得到一种知识，知道他画的东西是不是美和正确吗？他由于跟知情者作必要的交往，听了知情者要他怎样画的命令，会产生一种正确的意见吗？

两样都不会。

那么，摹仿者对他摹拟的东西是好还是坏就既没有见解，也没有正确意见了。

显然没有。

那么，那写诗的摹仿者是对他所写的东西有真知灼见的吗？

当然不是。

B 可是尽管如此，他还是在摹仿，并不知道每件东西是好的还是
坏的。看来他摹拟的是多数无知之徒以为美的东西。

只能这样。

看来我们已经得到了一项非常一致的看法：摹仿者对他所摹拟的东西并没有值得一提的见解，摹仿只不过是儿戏，并不是认真的工作，尤其是那些从事写作悲剧诗的人，不管是用抑扬格的诗句写

的，还是用叙事诗的风格写的，都是一样的摹仿者，与其他的没有差别。

确实如此。

我说：天哪，这摹仿属于远离真相的第三者。不是吗？ C

是的。

可是摹仿是在人的哪一部分发挥它的力量呢？

你这话是什么意思？

是这个意思：同样的大小远看和近看在我们眼睛里显得不一样。

当然不一样。

同一根棍子我们放到水里看是弯的，放在水外面看是直的。同一件东西由于颜色对眼睛产生的幻觉，显得或者是凹的，或者是凸的。这是我们灵魂中的一种很大的混乱。描画影像就是利用我们本 D
性中的弱点造成幻觉，魔术以及其他这一类的手法也都是这样。

对。

我们不是深知尺寸、数目、重量是帮助我们克服幻觉的最佳手段吗？这样，在我们心里起决定作用的就不是表面看来的大、小、多、重，而是那个进行计算、测定长短、衡量轻重的部分了。

怎么不是！

这可是灵魂里面那种理智活动的工作啊。 E

就是嘛。

可是一个人经过反复实测，肯定某某东西比另一个大些或小些，或者一样大的时候，又会觉得同一样东西同时显出两种相反的情况。

是的。

我们不是说过灵魂的同一部分对同一样东西不能同时持两种相

反的看法吗?

我们说得很正确。

603A 灵魂里面那个违反实测下判断的部分与按照实测下判断的部分不能是同一部分。

当然不是。

相信实测和计算的,是灵魂的最佳部分。

怎么不是!

与此相反的,就是我们心中较差的部分。

必定是。

我说:我现在很愿意肯定,绘画和一般摹拟的艺术进行工作,

B 是与真相离得非常之远的,因此它与我们心中远离理智的部分打交道,与健全、真实的东西完全不沾边。

他说:完全正确。

摹拟的艺术本身就是坏的;又与坏的东西联成一气,也产生出坏的东西来。

看来是这样。

这话仅仅适用于视觉方面的摹拟,还是也适用于听觉方面的摹拟,即我们所谓的诗歌?

他说:我觉得也适用于后者。

C 我说:我们不要只相信我们从绘画得来的大致情况,要进一步看清灵魂中那个与诗歌摹拟术打交道的部分,看看它是恶劣的还是高尚的。

当然要看。

我们还是这样看吧。这种摹拟术向我们摹拟行动的人,摹拟他

们自愿的或被迫的行为，摹拟他们由于这些行为而自以为幸福或倒霉，过得愉快或忧愁。除此以外还有别的吗？

没有了。

人在这些事情上全都与自己看法一致吗？还是正如他在有关视 D
觉的事情上并不一致，对同一对象同时持有互相对立的看法一样，在对待自己的行为时也摇摆不定，跟自己打架？不过我想我们对这个问题现在并没有必要争论，因为我们在前面说的话里已经足够地证明了，我们的灵魂是充满着成千成万个这样一些同时出现的对立面的。

他说：很对。

我说：当然对，可是我们那时候没有说的，我想现在有必要补上。E

他说：补上什么？

我说：一个讲理的人遇上噩运的时候，例如丧失了亲生儿子或者其他最心爱的东西时，上面已经说过，这样的人会忍住悲痛，这样做比其他的人容易得多。

自然。

我们现在来考虑一下：是不是他根本不痛苦？既然不痛苦是不可能的，是不是他在某种程度上能对悲痛保持节制？

他说：实际上大概是后一种情况。

我现在还要问你这样一个问题：你认为他在哪种场合更需要克制 604A
悲痛、保持泰然态度，是当着别人的时候，还是独自一个人的时候？

他说：那当然是在当着人的时候。

在独处的时候，我想他是会说出许多不好意思让人听到的话，做出许多不愿意让人看到的事的。

他说：就是这样。

B 要求他克制悲痛的不是道理和法律，鼓动他为悲痛开门的不是感情本身吗？

对。

人心里既然同时对同一个东西产生两种相反的态度，我们说他心里必然有两个部分。

怎么不是！

一个部分是准备服从法律的指点。是吗？

怎么讲？

法律告诉我们，遇到不幸的时候最好尽量保持安静，不要激动，因为这种事是好是歹还看不明白，说不定不如意的事会产生对将来

C 有利的后果，何况这样的一些人间事故并不值得我们过分关注，忧愁总是会妨碍我们获得迫切需要的帮助的。

我说：你说的是什么帮助呢？

是好好考虑所发生的事故，就像我们玩掷骰子的游戏时要准照掷出的情况，听从道理的最佳指点，来重新安排自己的行动，不要在摔倒的时候像小孩似的一把捂住伤处，大哭不止。与此相反，要

D 让灵魂养成良好习惯，尽可能地去治疗伤口，恢复秩序，解除病痛。

他说：这是我们遭到不幸时最正确的办法。

我们说最佳的部分是愿意听从这种讲道理的办法的。

很明显。

另一部分则使我们保持痛苦的回忆和悲叹，没完没了。我们愿不愿意说，这个部分是不讲道理的、懈怠的、与胆怯沆瀣一气的？

我们愿意这样说。

我们心里那个急躁不安的部分给摹拟提供了许许多多、各式各 E
样的机遇。至于那种讲道理的、心平气和的心态却总是保持同一状况，是不容易摹拟，摹拟出来也不容易得到理解的，尤其是对于聚集在剧场里的大批群众，因为摹拟的是一种他们并不熟悉的状况。

这是当然的。 605A

所以很明显，摹拟派诗人并不配合灵魂中的这一部分，他的聪明才智并不是取悦这一部分以求在群众中传名的，与此相反，他与那种急躁多变的心态却有联系，因为这一部分是容易摹拟的。

很明显。

那我们就很有理由把他抓来跟画家排在一起。因为他制造出恶
劣的东西来，人家向往真实的东西，他却跟画家一样造假；他逢迎 B
灵魂中的那样一个部分，却不理那最佳的部分。在这些方面他们彼此类似。因此我们有充分理由不让他进入一个具有完善法制的城邦，因为他鼓动、培养、加强灵魂中的那一部分，败坏讲道理的部分，正如在城邦中让坏人当政主宰国务，把好人轰下台一样。我们也会
说，摹拟派的诗人在灵魂里建立了一个恶劣的体制，总是大小不分， C
把同一件事一会儿看成大的，一会儿看成小的，搞出来的是一种影响，与真的相隔十万八千里。

确实如此。

可是到此为止我们还没有举出诗歌的最大罪状。因为它还能败坏那些人数不多的好心人。这是很糟糕的。

它如果做了这样的事，当然很糟糕。

请你听我说，然后自己考虑吧。我们中间最优秀的人，听到荷
马或者另外一个悲剧诗人吟唱的时候，由于他描述一位英雄可歌可 D

泣的行动，用长篇的叹息，捶击着胸膛慷慨陈词，会听得眉飞色舞，恍然自失，充满着同情，我们会认真地对待，把一个最能使我们进入这种状态的诗人称赞为好诗人。

这我知道，怎么能不知道呢？

可是，当我们中间一个人遇到麻烦的时候，你知道我们也会正
E 好相反，以能够保持安静、泰然自若为高，引以自豪，因为大丈夫固当如此，我们以前称赞的那种态度却是女子的行径。

他说：我知道的。

我说：看到一个自己不会充当而且耻于充当的角色却不讨厌它，反倒喜欢它，并且称赞它，这样做面子上过得去吗？

他说：天地良心，这样做未免不合道理。

606A 我说：也有道理，如果你愿意这样看的话。

怎么看？

就是考虑到：我们遭到不幸时勉强约束的那个部分渴望痛哭流涕，从而得到发泄，因为它的本性要求它这样做。诗人们就满足和逢迎我们心中的那个部分。至于我们心中的这个本来最佳的部分，
B 由于还没有受够道理和习俗的教育，却放松了自己对那个含泪部分的监督，因为它是在旁观别人的悲痛，赞美和怜悯另外一个人一心为善而陷于极端痛苦是并没有什么可耻的，它倒是认为这种设身处地得到的愉快是莫大的收获，不同意由于全盘否定诗歌而把这样得来的好处丧失掉。我想，很少人能想到，我们设身处地而得到的愉快会不可避免地反过来影响我们自己，因为养肥了那种同情和怜悯，我们自己遇难时就不容易制服它了。

C 他说：完全对。

这种说法不是也适用于闹剧吗？你自己虽然耻于表演小丑的丑色，可是在公开演出的喜剧中或一个不大的小圈子里听到插科打诨时，不是难免一笑，并不以为是坏事，因而在激情奔放时自己也这样做吗？你自己想插科打诨的时候，由于从道理上想，就把这种念头打消了，因为你害怕招来小丑的名声，你不爱听。你在观看喜剧时曾经跃跃欲试，到了你自己的小圈子里就立刻不知不觉地成了一个喜剧演员了。

他说：你说得非常好。

爱情和忿怒，以及随伴着我们一切行动的灵魂之中各种欲望和 D
苦乐，也是这样。诗人的摹仿对我们所起的作用与此类似。因为我们应当让这些情感枯死，它却予以施肥浇灌；我们必须管制它们，它们却管制了我们。这样，我们就不是变得更好、更幸福，而是变得更坏、更不幸了。

他说：我不能说别的话。

我说：既然如此，葛劳贡啊，如果你遇到人家颂扬荷马，说他 E
教育了希腊，在安排和管理人事方面必须向他讨教，自己的全部生
活都要按照这位诗人的教导来进行，这时你应该对说这些话的人表 607A
示敬爱和钦佩，因为他们是尽心尽力的，你该同意他们说荷马是第一个诗人和第一个悲剧作家，但是你要知道，诗歌之中可以进入我们的城邦的，只是赞美神灵和好人的颂歌。如果你放进那位甜蜜蜜的缪斯来抒情吟史，在城邦中称王称霸的就是快乐和痛苦，而不是法律和公认为最佳的道理了。

他说：太对了。

这就是我们为自己作的辩解。因为我们已经再次提到诗歌，认 B

为我们有理由把它逐出城邦，它就是那样的东西，于理应当排除。可是我还愿意劝劝它，不要以为我们简单粗暴，因为哲学与诗歌之间是向来有争执的。例如“向主人狂吠的恶狗”、“空谈于蠢物中间
C 的伟人”、“高踞于圣贤之上的群氓”、“由于饥寒而编造出精致的辩论”之类的话就是明证。然而尽管如此我们还是说，只要那为快乐服务的诗歌和摹拟能说出一个理由，表明它在治理良好的城邦里也占有一席之地，那就会受到热烈欢迎，因为我们是意识到自己受到它的吸引的。可是我们不能出卖真理。朋友，你不是也受到它很大
D 的吸引吗，当它出现在荷马口中的时候？

我很为它的魅力吸引。

我们是不是可以堂堂正正地让它下来为自己辩解，不管是用诗体还是用别的体裁？

当然可以。

我们也愿意那些自己不写诗而爱诗的票友们用大白话来表明，它不仅可爱而且有利于治国、有利于人生的各个方面，我们愿意倾
E 听他们的辩解。因为如果像所说的那样，它不但可爱而且有益，那对我们将大有好处。

他说：怎么能对我们没好处呢？

608A 如果不是那样，亲爱的朋友啊，我们就有理由像那些一度热恋、却想到爱情对自己不好而咬紧牙关幡然割爱的人那样做了。我们由于在这种美好体制的教育下培养起对诗的热爱，很想帮它一把，把它说成最好而且最真的，可是一旦它的这种辩解站不住脚，我们虽然听信了它，却不免要把我们心里的那番道理拿出来念诵一通，当作咒语避邪，以免再度陷入那种幼稚的、众人的热爱，宁愿确信这

种诗说话不认真，不是严肃对待真理的，作为它的听众，我们要关心自己的正确体制以保护自己，要像我们宣布过的那样看待它。 B

他说：我在所有的方面都同意你。

我接着说：因为这是大事，亲爱的葛劳贡啊，这一场非同小可的斗争决定了人是好还是坏。因此不能受名誉、金钱、权势的引诱，更不能惑于诗歌，漫不经心地对待公平以及其余的各种品德。

他说：根据我们所作的分析，我同意你的看法，我相信别的人也都会这样做。

我说：品德的最大报酬和它可以获得的奖赏，我们还没有分析。 C

他说：你准是说一种无比伟大的东西，如果有什么东西比上面说的更大的话。

我说：在短短的时间内能产生什么伟大的东西呢？因为从幼年到老年这一段时间和全部时间相比是微不足道的。

他说：太短了。

怎么？你以为一个不会死的东西应当只涉及这样短的时间，而不扩展到全部时间吗？ D

他说：我相信它至少要涉及全部时间，可是你说的是什么东西呢？

我说：你不知道我们的灵魂是不会死的、永远不消灭的吗？

他瞧着我吃惊地说：天哪，我不知道。你能这样说吗？

我说：只要我不糊涂，我能这样说。我想你也能，因为这一点都不难。

他说：对我很难。不过我还是很乐意听你说说这件并不困难的事。

我说：那你就听着。

他说：你只管说。

我说：你把一件事称为好的和坏的吗？

我是这样做的。

你这样做时想法和我一样吗？

E 什么想法？

认为凡是毁灭性的、破坏性的就是坏的，凡是保存性的、改善性的就是好的。

他说：我就这样想。

609A 怎么？你认为每样东西都有对它来说的坏事和好事吗？例如眼睛有红肿，整个身体有疾病，粮食有霉烂，木头有朽败，铜铁有生锈，照我说，一切东西都有它特有的、天生的坏事和疾病。是吗？

他说：我是这样看的。

那么说，就是当坏事来到一样东西的时候，这样东西就因此变坏了，最后就完全解体了，消灭了吗？

怎么不是呢？

凭着每一样东西天生的坏事，邪恶就把每一件东西破坏了。如

B 果不是它破坏的，那就没有别的能摧毁某物了。因为善良是不能破坏任何东西的，那不坏也不好的也不能。

他说：那怎么能呢？

如果我们发现某种东西虽然有它的坏事，它由于这种坏事的作用而变坏，但是这种坏事并不能使它就此消灭，那我们不是已经知道，那个天生如此的东西[①]是没有什么消灭可言的吗？

他说：看来是这样。

① 指灵魂。

我说：怎么？灵魂就没有什么东西使它变坏吗？

他说：当然有，我们刚才谈论的一切，如不公正、放肆、怯懦、 C
愚昧都是。

这几项里面的某一项能摧毁和消灭它吗？你只要考虑一下，我们不能弄错了，以为一个不公正、不讲理的人做不公正的事被抓住时就是由于不公正而完蛋了，这不公正就是灵魂的邪恶。你倒是要这样设想：正如疾病是身体的邪恶，它使身体削弱和崩溃，进入不
再是身体的状态一样，上述的那些东西由于自己特有的坏事在它自 D
身内起破坏作用，终于到了消灭的结局。不是吗？

是啊。

那你就来以这种方式看看灵魂。不公正以及其他在灵魂内部的坏事，能够凭着在它内部附着于它而使它破坏、瓦解以至终于死亡，与身体分离吗？

他说：绝不能。

认为别的东西的恶劣能够毁灭某某东西，它自己固有的却不能，这种想法是不合道理的。

不合道理。

我说：葛劳贡啊，你只要想一想，我们也不是相信由于食品的 E
恶劣，不管这恶劣是陈旧，还是腐烂，还是什么别的情况，身体就必定损坏，而是认为：如果食品的恶劣在身体里引起了身体的苦难，我们就会说，身体是由于它自身的恶劣——疾病——而垮台的；身
体是一样东西，食品是另外一样东西，食品的恶劣是身体以外的坏 610A
事，不在身体的本性之中，不能说食品的恶劣能够引起身体的垮台，这种主张我们决不会提出。

他说：你说得非常正确。

我说：根据同样的道理，如果身体的恶劣并不在灵魂中引起灵魂自身的恶劣，我们就决不愿意相信：由于一种外来的坏事，不因自己本身的恶劣，灵魂就垮台了，它作为另外一个东西由于别的东西的坏事而垮台了。

他说：这很有道理。

B 因此我们必须驳倒这种说法，指出它说得不对。在尚未驳倒的时候，我们也决不要说：由于炎症或者一种什么别的病，或者由于刀剑挥舞，把整个身体剁成碎片，仅仅由于这些事，灵魂就垮台了，除非有人证明，由于身体的这些遭遇，灵魂是变得不那么公正、不那么虔诚了。只要有人说，在另外一个东西里起作用的是一种外来

C 的坏事，而不是这东西本身固有的，我们就不能承认灵魂或什么别的东西以这种方式垮台。

他说：可是从来没人能证明，临终者的灵魂由于死而变得不那么公正。

我说：如果有人死不松口，为了免于承认灵魂不会死，硬说临死的人变得比较邪恶，比较不公正，那我们就愿意提出，如果他说得对，不公正对于不公正者就必定是致命的，好像一种疾病，它的

D 本性是要杀人的，染上它就死，染得多的死得快些，染得少的死得慢些，可是现在实际表明不是这样，不公正者的死是由于别人就此给他判处了死刑。

他说：不公正如果对于染上它的人是致命的，那就显得它是一件并不那么可怕的事情了，因为这样一来它成了使人摆脱一切坏事

E 的手段。我倒是认为情形正好相反，不正义是尽可能杀别人的，却

使染上它的人活得挺好，而且除了活得挺好以外还清醒地活着，正像大家看到的那样，与致命相去甚远。

我说：你说得很好。如果那专门的邪恶和专门的坏事并不能把灵魂杀死、消灭，那指定去破坏另外一个东西[①]的恶事就很难消灭灵魂，除了指定它去破坏的另外一个东西以外。

他说：很难，我们应该得出这结论。

如果固有的坏事和外来的坏事都不能把它消灭，那就很明显， 611A
它必然是个永远活着的东西，既然永远活着，那就是不会死的了。

他说：这是必然的。

我说：那就这样定下来吧。你知道，灵魂也是永远如此的。因为它们不能变，既不减少，也不增多。因为不会死的东西中间的某一个如果变多了，你知道，它必定是从会死的东西里产生的，那样到了最后就一切都不会死了。

你说得对。

我说：可是我们不能相信这种说法，因为道理上讲不通；我们 B
也不能认为灵魂的真正本性是充满着多种差异的、不相似的和自相矛盾的。

他说：你为什么这样说呢？

我说：一件东西由许多成分组成，而不是组合得天衣无缝，像现在说的灵魂那样，是很不容易不死的。

不能那样想。

此刻说的话以及另外一些话使我们不得不承认灵魂是不会死的。

---

① 指身体。

可是真正说来它是什么东西，却不能像我们现在这样去看，不能从
C 它与身体以及其他坏事混在一起去看它，而要看它本来是什么，把它洗得干干净净从道理上去看，这样你就会发现它要美得多，它与非常确定的公正和不公正分开，与我们刚才说过的一切分开了。现在我们做的是要正确地去看它的本来面目，可是我们只是看见它的
D 这种支离破碎的状态，有如海神葛劳果[①]的雕像那样，不容易看出他原来的本性如何，因为雕像的组织结构已经打碎了，分散了，整个被海水冲刷得面目全非，已经成了全新的东西，夹带着贝壳、海藻和沙砾，与他的原来样子相比已经是一个怪物。我们看见的灵魂就是夹带着各种坏事的。可是，葛劳贡啊，我们得把注意力转到另一方面了。

他说：哪一方面？

E 转到它爱智的方面。我们必须注意这个方面所追求的东西，看看它寻找什么东西来打交道；这就是神圣的、不朽的、永恒的东西，与它有血缘关系的。我们还要看看，它如果完完全全听从这些东西
612A 推动，从它现在置身的海底往上升，除掉它身为尘世过客弄得土头土脑、花里胡哨、非常野蛮而夹带上的那些被视为幸福标志的沙砾和贝壳，会变成什么样子。到了那时，人们才会认识它的真正本性，不管是多样的还是单纯的，是什么样的。它在人世所带上的各种情感、各种倾向，我想我们已经分析得够清楚了。

他说：都对。

B 我说：所以我们已经满足了论证的其他一切要求，而并没有祈

---

① Γλαῦκος 本来是渔夫，吃了仙草变成保护水手和渔夫的海神，有变换形相的能力。

求公正应得的荣誉，像你们说赫西俄德和荷马做的那样。我们发现公正本身是对灵魂本身最好的东西，灵魂必须做公正的事，不管它有没有聚葛[①]的指环，是不是除了指环以外还有冥王的头盔[②]

他说：你说得非常对。

我说：葛劳贡啊，把报酬给予公正以及此外的其他各种品德， C
让人们在活着的时候和死后获得神灵为人的灵魂备下的对于品德的报酬，是不至于遇到什么麻烦的吗？

他说：完全不会反对。

那你们能把论证时欠下的债偿还吗？

什么债？

我曾经向你们承认，公正的会被当成不公正，不公正的会被当成公正，这样的事虽然不可能逃过神灵和人们的眼睛，但是为了研究的缘故却必须承认这一点，这样就能把公正本身和不公正本身比 D
较一番了。你还记得吗？

他说：如果说不记得，那就不公正了。

比较了这二者之后，我以公正的名义要求把神灵和人们实际上对它的看法归还给它，并且要求我们都承认；这样一来，它就可以把它靠外表赢得的那种献给它的持有者的荣誉收起来，因为我们已经证明，它可以安享那些由于它本身好而赢得的祝福，而不欺骗那些真正追求它并且赢得了它的人。

他说：你的要求是公正的。 E

我说：你们该归还的第一项是：神并不是不知道这二者的实情。

① Γύγης，又见第 398 页注①。

② 冥王布鲁东有隐身头盔。

是不是?

他说：我们愿意归还这个。

如果神不能不知道这一点，那就很清楚，一种人是神喜爱的，另一种人是神所憎恨的，就像我们一开始一致同意的那样。

就是这样。

613A 至于神所爱的人，我们难道不愿意承认他会遇到神那里来的一切最好不过的事情，除非他由于前世犯罪还要接受必要的坏事?

当然愿意。

因此我们就应该想到，公正的人即便穷困潦倒、身患重病或者陷于一种什么别的苦难，这种厄运对于他终究成为好事，无论是在生时还是在死后。因为一个人热切要求做到公正无私，而且尽可能实践一种与神相似的品德，神是不会对他熟视无睹的。

B 他说：神对这样一个与他相似的人当然不会熟视无睹。

对不公正的人不是必定要持相反的态度吗?

那当然。

这就是神灵给公正的人颁发的胜利锦标了。

他说：至少我以为是这样。

我说：在人中间怎样呢?如果从现实生活看，事情不也是这样吗?那些霸道的、不公正的人不是好像某些赛跑选手，前半个赛程跑得很出色，后半个赛程却不是那样吗?他们一起头以很大的速度
C 跑，最后不行了，得不到花冠，在一片嘲笑声中夹着尾巴下场了。真正的赛场国手则毫不懈怠地一直坚持到终点，获得奖赏，戴上花冠。公正者的结果不是常常也像这样吗?他的每一个行动、每一次交往以及整个一生的结局不是受到表彰，从人手里获得奖赏吗?

确实是这样。

那么，如果我把你对于不公正者说的那些话说到公正者身上，
你会觉得难堪的。我会说，公正的人到了年长的时候，只要愿意就 D
可以在本邦担任官职，就可以从自己满意的家族里娶来妻子，把女儿嫁给他本人满意的男儿，凡是你当时说给不公正者的，我现在都说到公正者身上。对于不公正的人我也会说，他们中间的多数人虽然年轻时候不被识破，到了晚年就会被认出来，遭到非议和讥嘲，
老来被异邦人和本邦人所不齿，打得半死不活，受到你恰当地称之为 E
粗野的酷刑，如鞭笞和烧灼之类。你可以认为从我这里听到了他们遭遇到的一切。那你就想想你自己是否像说过的那样认为理当如此。

他说：那当然，因为你说得很公正。

我说：所以说，这些就是公正的人从神灵和人们那里得来的奖 614A
赏、报酬和赠品，此外公正本身还要给他一些别的好处。

他说：都是非常之好、非常可靠的。

我说：可是与这两类人死后会得到的报应相比，这些好处无论从数量说，还是从大小说，是微不足道的。你们要听一听，才会知道这两类人是会各自得到于理应得的报应的。

他说：你说吧，这是我最最爱听的。 B

我说：我给你讲的这个故事不是阿尔基挪[①]的，却是一个英勇的人[②]的。他名叫爱若[③]，是阿尔枚纽[④]的儿子，班丕洛[⑤]岛人。他在一次

---

① ’Αλκίνοος，东方古国派雅吉亚的国王。荷马《奥德赛》9—12 有关于他的描述。

② ’αλκίμος，读音与阿尔基挪相近。

③ Ἠρός，一个与小爱神同名的人。

④ ’Αρμενίος.

⑤ Παμψύλος，地处小亚细亚。

战役中阵亡，死后十天尸体被寻获抬回，尚未腐烂，准备殡葬。可
是第十二天他躺在火葬场上复活了，讲了他死后的见闻。他说他的
C 灵魂离开肉体之后跟许多亡魂一道游荡，来到一个奇异的地方，那
里地上有两个并排的洞口，天上也有两个洞口，彼此对立。天地之
间坐着一些裁判，他们向亡魂宣读了判决书之后，就吩咐公正的从
右边向上走进天国，背上背着判决无罪的标志，不公正的则从左边
D 进入地下，背上背着表明此人所作所为的标志。等到他走到这里的
时候，裁判们要他向人们传达那里的情况，命令他仔细地看和听那
个地方的一切。他于是看到，通过天上和地上的两个洞口中的一个，
那些亡魂在受到审判之后分别升天和入地，而从另外两个洞口则走
E 出另一些亡魂，上来的蓬首垢面，风尘仆仆，从天上下来的则干干
净净。他们好像是经过漫长的旅途来到这里，非常高兴，可以在这
片草原上扎下营欢度节日。那些彼此相识的互相打招呼，来自地下
的询问天上的情况，来自天上询问地下的情况。他们彼此倾诉自己
的经过，其中的一些唉声叹气，泣不成声，因为他们想起自己逗留
615A 地下时亲身受到并且看人受到的种种苦难，他们在那里走一趟就是
一千年。从天上来的则叙述他们的幸福遭遇和那里令人惊异的美好。
葛劳贡啊，这类话说得很多，一一陈述很费时间，其中主要的内容
是：他们每个人都要为自己过去做过的不公正的事受到十倍的惩罚，
B 一百年罚一次，这是因为人寿百年，一千年才能为不公正承受惩罚
十回。因此，那些致使很多人丧命、出卖国家和军队、令人们沦为
奴隶，或犯有其他这类性质的罪过的人，必须为某一件罪行判处十
倍的重刑。他们如果做了善事，表现得公正圣洁，那就要受到同样
C 规模的奖赏。至于那些生下来只活了几天的，他说又当别论，这里

不用说了。至于那些虔信神灵、孝顺父母的以及不敬神灵、不孝父母并且亲手杀人的，都要得到更大的报应。

他亲身见到，有一个亡魂问另一个亡魂："阿尔迪爱尤[①]大王在哪里？"这个阿尔迪爱尤是一千年前统治班丕洛一个城邦的僭主，据说是杀死年迈的父亲和长兄、犯下许多骇人听闻的罪行之后篡位的。D
那个被问的亡魂就说："他不在这里，也不会到这里来了。因为我们也看到这样一件最可怕的事情。我们服完刑，走到洞口，以为可以往外走的时候，突然看见了阿尔迪爱尤和另外一些人，其中多数也是僭主，只有少数身为平民却犯了大罪的。这些人打算往外走的时 E
候，洞口不让他们通过，只要有一个罪恶滔天或重刑未服够的想走上来，它就立刻发出大声。那里守着一些彪形大汉，面呈怒容，他们听得懂吼声的意思，就把其中的某一些亡魂拉出来，把阿尔迪爱尤和另一些人的手、脚和头部捆绑起来，按在地上剥了皮，拉到路 616A
旁用荆条抽打，好让那些目击者明白他们是罪不可恕，要拉去投进鞑尔鞑若[②]地狱的。"他说，在他们遇到那么多可怕的事情之后，每一个亡魂都感到那最最可怕的是自己想上去的时候听到吼声，要是走上去的那一刻无声无息那就最满意不过了。总之，审判和处罚的经过就是那样，与此相反的则是对善人的奖赏。B

每一次亡魂们都在草原上停留七天，第八天必须动身赶路，走四天来到一个地方，看见一道从上到下的笔直的光芒，像根柱子似的贯穿着整个天和地，有如一道彩虹，却比彩虹更辉煌、更纯净。他们又走了一天，到了那里，在光芒中间看到一些道道，其末端从 C

---

① ᾽Αρδιαῖος.

② Τάρταρος，最可怕的地狱。

天上往下伸展着，因为这光芒就是维系天的枢纽，好像大船上的龙骨似的使整个船身成为一体。宿命[①]的锭子就连在这些末端上面，通过它们使一切星球运转。锭子上的杆子和钩子是金属做的，盘子是
D 金属和别的材料配起来做的。这盘子的结构很特别，形状和平常用的一样，只是据他说应当注意到，这一个大盘子是空空的，里面又套着另外一个小些的盘子，这二者配合得很好，里头还套着第三个、第四个以及另外的四个盘子。因为八个盘子全都套在一起，它们的
E 边沿从上面看都是圆的，却围绕着柱子构成一个盘子的连续的平面，柱子穿过第八个盘子的中心。第一个最外面的盘子的边沿最宽，边沿第二宽的是第六个，第三宽的是第四个，第四宽的是第八个，第五宽的是第七个，第六宽的是第五个，第七宽的是第三个，第八宽
617A 的是第二个。最大的盘子边沿五光十色，第七个盘子的最亮，第八个的反射第七个的光辉和颜色，第二个的与第五个的很接近，颜色比后者更黄一点，第三个颜色最白，第四个发红，第六个在明亮上居第二位。[②]这个大锭子在旋转着，可是在整个运动中靠里的七个圈动得慢，与整体旋转的方向相反。这些圈中间走得最快的是第八个
B 圈，第七个、第六个、第五个的速度慢一些，彼此相同，第四圈的速度占第三位，第三圈占第四位，第二圈转得最慢，占第五位。整个锭子在命运的膝盖上旋转着。在每个圈子上面坐着一个瑟壬[③]，与圈子一同旋转，各自唱出一个声音，永远保持相同的调子，八个调

① ’Ανάγκη，即必然性。这里当作人格化的神。

② 这八个盘子指的是：(1) 恒星，(2) 土星，(3) 木星，(4) 火星，(5) 水星，(6) 金星，(7) 太阳，(8) 月亮。

③ Σειρῆνες，唱歌的女灵，以歌声诱人来到她们那里。

子合在一起形成一个和声。另外有三个女神围成一圈以相等的距离坐在位子上，身穿白袍，头戴花环。她们是宿命的三个女儿，三位 C
莫伊拉，即：拉刻锡、格罗托、阿德若波[①]，唱着瑟仁们的曲子。拉刻锡唱过去，格罗托唱现在，阿德若波唱未来。格罗托不时地用右手摸着锭子的外部帮它旋转，阿德若波同样地用左手摸着它的内部，拉刻锡则用两只手交替地摸着外部和内部。

他们一到，就必须来到拉刻锡面前。有一位先知[②]首先让他们排 D
成队，然后从拉刻锡的膝盖上拿来许多阄和生活样板，然后走上一座高台说道：

“这是命运的女儿拉刻锡姑娘说的话。朝生暮死的亡魂们！你们会死的种族新的一轮带着死亡的生命开始了。护灵[③]不会给你们挑 E
选，要你们自己去选择护灵。谁抽到第一号阄，就第一个挑选自己以后必定要过的生活。品德是无主的，谁重视它，谁就会多得到它，谁轻视它，谁就会少得到它。责任由选择人自负，神没有责任。”

说完这些话之后，他就把那些阄往前一撒。每个亡魂都得捡起落在自己面前的那个阄，只有我例外，他不许我捡。捡了阄就明白自己该第几个挑选了。这以后他就在他们面前把许多生活样板往地 618A
上一摊。样板的数目比在场的亡魂要多得多，是各式各样的，有各种动物的，也有各种人，应有尽有。其中也有各种僭主生活，有终生的，也有中途下台，贫困潦倒、被逐出乡邦、沦为乞丐的。还有各种名人的生活，有由于貌美的，也有由于身体强壮、孔武有力的， B

① αἱ Μοῖραι Λάχεσις, Κλωθώ, Ἄτροπος.

② προφήτης，神灵的传话者。

③ δαίμων，介于神和人之间的精灵，每个人都有一个保护他的护灵。

还有由于系出名门、托庇于祖宗的品德的，也有一些由于在这些方面有缺陷而默默无闻的。男人如此，女人也是这样。可是这些都不决定灵魂的地位，因为选择了另外一种生活方式就成了另外一样的。这些生活方式彼此混在一起，夹杂着贫穷与富有、健康与疾病，还有些是处于二者之间的。亲爱的葛劳贡啊，对于人来说，关键就在
C 此一举，所以我们每个人都要高度注意，宁愿放弃其他一切方面的认识，也要追求一件事的认识，向能人讨教，学会如何分辨好的生活和坏的生活，随时随地从各种情况里选择那最好的，考虑刚才说的一切情况分别开来和综合起来对生活的美好起什么作用，计算得
D 清清楚楚，认清美与贫富混在一起，与某种心理状态结合起来，会对好和坏产生什么后果；考虑私人身份和官员身份，有权和无权，多识和无知，以及种种先天禀赋的或后天获得的心理状态混合起来会产生什么作用；把这一切方面考虑明白，看清灵魂的本来面目，
E 才能区别比较坏的生活方式和比较好的生活方式，把比较坏的生活称为致使灵魂不公正的生活，把比较好的称为致使灵魂公正的生活；至于其他的一切姑且不论，因为我们已经看到，无论对于今生还是
619A 对于死后，这都是最好的选择。人应当坚定不移地带着这个看法走到地府，在那里也不要受到财富之类坏东西的迷惑，不要陷入僭主专政以及其他类似丑事的泥坑，以致做出非常邪恶的事情，甚至做出更大的罪行，而要与此相反，认识到必须在这些事情上选择一种合乎中道的生活，不走两个极端的方向，而且在今生和来世都尽可
B 能这样做，因为这样人才会最幸福。

根据这位来自另一个世界的使者报道，那先知接着说："即便是最后一个来挑选的，只要他选择得很理智，并且认真地生活，还是

能得到一种愉快的生活的，并不坏。所以第一个挑选的要小心谨慎，最后一个挑的也不要灰心失望。”

先知说了这些话之后，据说那个抽上第一号阄的立刻跑上来挑
选了头等的霸主身份。由于愚昧和贪婪，他作了这样的选择，并没
有仔细考虑，不知道这就包含着注定要自食其子、作恶多端的命运 C
在内。详细考虑之后，他对自己抽上那个阄、作下那个选择非常懊
悔，号啕大哭。他没有听信先知事先指点的话，因为他不认为这种
坏事要由他自己负责，而是埋怨命运、责怪神灵等等除了自己以外
的一切。他是来自天上的灵魂之一，曾在一个治理得很好的邦国度
过前生，分沾着品德，不过只是凭着习惯，并不是由于爱智的缘故。 D
也许可以说，吃这种亏的多数是从天上下来的，因为他们没有吃过
苦头；与此相反，很多来自地下的由于自己吃够了苦，而且在那里
见过别人受苦，是并不那么匆忙地作出选择的。除了抽阄的偶然因
素以外，由于来自两处而经历不同，也是多数灵魂之所以出现好的
变坏、坏的变好的原因。一个人每一次回到人世的时候，如果总是
真心追求智慧，抽到的阄号也不落在最后的话，根据上面的说法， E
这样的人不仅今生幸福，而且他从今生到死后、从死后再到来生的
道路也不是崎岖坎坷的地府之路，而是一马平川的天国之路。

这一场各个灵魂为自己挑选生活方式的情景是值得一看的，因 620A
为看起来实在可叹、可笑而又可惊。多数灵魂是比照着前生的经验
选择的。据他说，那个曾经是俄尔剖[①]的灵魂挑选了天鹅的生活，这
是因为他死于妇女之手，仇视女性，不愿从女人肚子里生下来；塔

① Ὀρφεύς，荷马之前的伟大歌手，被特拉格妇女撕成碎片。

弥里[①]也挑选了夜莺的生活。他还看见一只天鹅的灵魂通过选择转为
B 人身，一些别的善鸣的动物也是这样。抽到第十二号阄的灵魂选择了狮子的生活，这是德拉孟[②]之子阿雅[③]的灵魂，他想起武器归属问题上的判决不公，心怀不满，不欲为人。这以后是阿伽门农[④]的灵魂，他由于一生的遭遇而仇恨人类，就反过来选了鹰的生活。阿妲兰答[⑤]抽的阄号数居中，她发现男运动员享有殊荣，就按捺不住选了
C 这种生活。在她后面，他看到巴诺贝欧[⑥]之子艾贝优[⑦]的灵魂，他愿意当一个手艺高超的妇人。在抽中最后几阄的灵魂中间，脱尔夕多[⑧]这个丑角的灵魂给自己披上了猴子的行头。奥德修斯[⑨]的灵魂恰好抽上最后一阄，就最后一个挑选。他回忆自己一生千辛万苦，到头来不过如此，因而把雄心壮志抛在脑后，一心向往一种远离政治的人
D 的生活，最后在一个无人注意的角落里找到了它。他一看到它就说，即便自己抽中了第一阄，也不会挑选别的，要愉快地过这种生活。同样情形，动物中间有的变成了人，有的变成了另外一种动物，不公正的变成凶猛的，公正的变成驯良的，有各种各样的混合方式。

所有的灵魂都选定了自己的生活方式之后，就按照阄号的次序

① Θαμύρις，歌手，惹怒文艺女神，被刺瞎了眼，弄哑了嗓子。

② Τελαμών.

③ Αἴας，希腊大将，与奥德赛争夺阿启娄所遗甲胄不得，忿而自杀。

④ ʼΑγαμέμνον，希腊统帅，于胜利归来时被妻子及其情夫所杀。

⑤ Αταλάντα，善跑的女子。

⑥ Πανοπεύς.

⑦ ʼΕπειός，制造木马的人。这木马腹中装有兵士，被拉进伊利亚特城后出来杀敌，从而破城结束战争。

⑧ Θερσίτος.

⑨ Ὀδυσσεύς，希腊大将，足智多谋，也吃够苦头。

列队走到拉刻锡面前，拉刻锡就给每一个灵魂派出它所挑选的护灵，
来保护它度过一生，帮助它完成使命。这护灵就把它领到格罗托面 E
前，在她的手下，在她推动的锭子的旋转中使它所选定的命运固定
下来。护灵接触了她之后，又把它领进阿德若波的纺织活动，使纺
成的纱线一发而不可收，再也不能逆转。这以后，他就头也不回地 621A
走到定命的宝座前面，不停地跑过那里，在其他的灵魂全都这样做
了之后，与它们一道冒着可怕的炙热和焦灼来到离惕[1]平原，那里是
不毛之地，既无树木，也没有地上所生的一切东西。由于天色已晚，
它们就在那里的阿枚累[2]河边宿营，这河的水是没有什么器皿可盛
的。每一个灵魂都只许喝下一定分量的这种水，那些渴得晕头转向
的灵魂毫无节制，喝得大大过量；一个灵魂喝了这水就什么都忘了。
它们静下来之后，到了半夜，一时雷声隆隆，地动山摇，它们突然 B
弹起来，好像流星似的这个被抛到这里，那个被抛到那里，各自投
生去了。爱若的灵魂虽然没有喝那种水，却不知道怎样到了自己的
身体里面，只知道天亮时睁开眼睛一看，发现自己已经躺在火葬场
上了。

葛劳贡啊，这段神话就这样保存下来，没有失传。我们如果相 C
信它，它会帮助我们挽救自己，我们就会平平安安地渡过离惕河，
灵魂不受污染。你如果信任我，那就听我的忠告，相信灵魂是不会
死的，能够经受各种坏事和各种好事。我们要一贯坚持走向上的道

① Λήθη，遗忘的意思。

② 'Αμέλης，忘记的意思。

路，在智慧的指引下千方百计地追求公正。这样我们就得到我们自己的喜爱，也得到列位神灵的喜爱，不但在度过今生的时候，而且
D 在为此得奖的时候，全都如此，就像各项竞技的胜利者转着圈子接受奖赏似的；无论在今生，还是在上述的千年旅途中，我们都会享福的。

巴门尼德篇

（或《论相》，逻辑的）

谈话人：格帕洛、阿兑满多、葛劳贡、安谛捧、毕妥陀若、苏格拉底、泽农、巴门尼德、阿里斯多德

格帕洛：[①] St.III

我们从老家格拉左枚奈[②]到了雅典，在市场上遇到了阿兑满多[③] 126A
和葛劳贡[④]。阿兑满多拉着我的手说：你好！格帕罗，你在这里要是有什么需要，是我们能办到的，请说吧。

我说：我正是为了这件事到这里来的，我向你们有一个请求。

他说：那就说出来吧。

我接着就说：你的那位同母的弟弟叫什么名字啊？我想不起来 B
了。我上次从格拉左枚奈来的时候他还是个孩子，现在已经过了好

---

① Κέφαλος，与《治国篇》第一卷里的不是一个人。本篇全文是格帕洛的报告。

② Κλαζ ομεναί，伊奥尼亚的一个城邦。

③ Ἀδείμαντος，柏拉图的同母兄弟。

④ Γλαύκον，与阿兑满多二人是柏拉图的哥哥。

多年了。他的父亲我想是叫毕日兰贝[①]。

他说：正是这样，他的名字是安谛捧[②]。你为什么要问他呢?

我接着说：这几位是我的同乡，非常爱智慧的人。他们听人说安谛捧跟一位名叫毕妥陀若[③]的人很熟，这位毕妥陀若是泽农[④]的朋

C 友，跟他谈过苏格拉底和泽农、巴门尼德[⑤]的一次谈话。由于听了好多遍，毕妥陀若就牢记在心了。

他说：你说得对。

我跟着就说：我们就是想听听这些谈话的内容。

他说：那不难办到。因为他年轻时候对那些言论下功夫考虑过，虽然他现在跟与他同名的祖父一样把大部时间用在骑术上。你要是认为需要，我们就去看他吧。他刚从这里回家，他住在很近的枚利得。[⑥]

127A 说了这些话之后，我们就出发了，在安谛捧家里遇到了他，他正在叫匠人修理马笼头。等到他跟匠人说完之后，他的两位哥哥把我们的来意告诉了他。他回想我前次的访问，还能认出我来，向我表示欢迎。由于我们请求他复述那次谈话，他先表示有点困难，说那是一件费力的事；后来他还是复述了。

B 安谛捧说毕妥陀若曾经告诉他，有一次泽农和巴门尼德来过泛

① Πυριλάμπης，柏拉图的继父。
② Ἀντιφῶν.
③ Πυθοδώρος.
④ Ζήνων，爱利亚派哲学家。
⑤ Παρμενίδης，爱利亚派的创始人。
⑥ Μελίτη，在雅典西区。

雅典娜亚大节[①]。巴门尼德那时已经很老，满头白发，但是气宇轩昂，大约六十五岁光景。泽农大约四十岁，魁梧高大，据说已经是巴门尼德钟爱的人了。他们落脚在城外格然梅谷[②]的毕妥陀若家里，苏格 C 拉底也到那里来了，还有许多人和他同来，他们都很想聆听泽农的文章，因为这些文章还是初次由他们带来的。苏格拉底当时还很年轻。泽农亲自给他们宣读，巴门尼德刚好到外边去了。毕妥陀若说他自己从外面进来的时候文章已经快读完了，和他一道进来的还有 D 巴门尼德和那位后来成了三十人[③]之一的阿里斯多德[④]，所以他们只听到文章的很少一部分，可是毕妥陀若以前已经听泽农读过了。

苏格拉底听完之后又请他把第一个论证中的第一个假设再读一遍，他读了。苏格拉底问他：泽农啊，你这是什么意思呢？"是者[⑤] E 如果是许多个，那就必定既像又不像，然而这是不可能的，因为不像的不能像，像的也不能不像。"你不是这样说的吗？

泽农说：是这样。

如果像的不可能不像，不像的也不可能像，那就不可能是许多个了。因为如果是许多个，那就遇到不可能的情况。你这些话的目的是不是想说，你的主张与一切已有的说法相反，认为不是许多个？你以为你的每一个论证都是证据，所以你写了多少论证就提供

① Παναθήναια τά μεγάλα，雅典人庆贺雅典娜女神的大节日。

② Κεραμεικός，在雅典城的西北部，一部分在城内，一部分在城外。

③ 指公元前 403 年在雅典上台的三十个恐怖政治家。

④ Ἀριστοτέλης，一个与亚里士多德同名的人，参加了三十人的政权。

⑤ τό ὄν，即"是的东西"（英译 being），巴门尼德的基本范畴。"是"包含"存在"而不只是"存在"，有"起作用"的意思。

了多少证据，表明不是许多个。你是这样想的吗，还是我没有正确
128A 地理解你的意思？

泽农说：你理解得不错，完全正确地掌握了整篇文章的意图。

苏格拉底说：巴门尼德啊，我发现这位泽农不仅在其他方面、在友谊上企图与你联成一气，在文章上也是如此。因为在某种程度上他写的和你写的意思相同，只是他换了个说法，试图使我们看花
B 了眼以为他说了别的东西。因为你在你的诗[①]里说一切是一个，并且为此作出了美好的、恰当的证明，而他又说不是许多个，也提供了丰富的、有力的证据。一个人主张是一个，另一个人认为不是许多个，两个各说各的，似乎说的不是一回事，可是实际上几乎毫无区别。你们这些言论对于我们局外人来说真是高不可攀啊。

泽农说：是的，苏格拉底。不过你并没有完全看清这篇文章的
C 真面目。你虽然像斯巴达猎狗似的善于追踪言论的迹象，可是你首先忽视了一点，就是这篇文章并无意于像你说的那样转移大家视线，掩盖它的自夸。你所指出的只是偶然的情况；真正说来这篇文章是维护巴门尼德的论点，反对那些嘲弄他的人说什么“如果是一
D 个”这一假设要遇到很多荒谬的结果，使自己陷于矛盾之中。所以这篇文章是反对那些主张“许多个”的人的，它即以其人之道还治其人之身，而且还要多点，力求使大家看清，只要仔细钻研，就知道“如果是许多个”这个假设要比“如果是一个”那个假设遇到大得多的荒谬结果。由于有这种好胜心，我在还很年轻的时候就写下
E 了这篇文章，写成后被人暗中传抄了，所以我一直拿不定主意是不

① 巴门尼德的哲学诗《论自然》。

是应该把它公开发表。苏格拉底啊，你就在这一点上没有弄对，你以为我写这篇文章并不是由于青年人的好胜，而是由于成年人的好名；虽说你的描述还不算太离谱，这我已经说过了。

苏格拉底说：这我承认，我相信事实是你说的那样。不过要请
你告诉我，你是不是承认本来就有一个“像的型”，[①]还有另外一个 129A
与此相反的“型”，是不像的；我和你以及其他我们称为众多的各
种东西都分沾着这两个“型”？那些分沾了“像”的东西就成了像
的，在哪方面分沾就在哪方面像，分沾到什么程度就像到什么程度，
分沾着“不像”的就成了不像的，分沾了这两个“型”的就既像又
不像？如果一切东西都分沾着这两个“型”，可这两个“型”是相
反的，因此一切东西由于分沾二者就成为既像又不像的，那有什么 B
奇怪呢？如果有人指出，那些像的本身[②]成了不像的，不像的成了像
的，那才是怪事。如果他指出，那分沾着两个“型”的就成为这两
个样子，我想，泽农啊，这一点都不荒唐。如果他指出，某某东西
由于分沾着“一”就成为一个，由于分沾着“多”就同时是许多个，
那也不荒唐。可是如果有人指出，那是一个的[③]本身是多数的，多数
的又是一个，我就觉得很奇怪了。其他的情况也是这样。如果有人 C
指出，那些“种”[④]或“型”本身在自己里面容纳着这些相反的性质，
那就要令人吃惊了。可是如果向我指出我既是一个又是许多个，那
有什么奇怪呢？如果他愿意说我是许多个，就只消说，一个是我的

---

① εἶδός ὁμοιότητος，“像”就是“类似”，“型”与“相”同义，指客观的普遍者。

② αὐτὰ τὰ ὅμοιά，“本身”指不是“别的”。

③ ὁ ἔστιν ἕν，即“一的相”或“一本身”。

④ γένός，即“类”，与“相”（ἰδέα）同义。

右侧，另一个是我的左侧，一个是前身，另一个是后身，以及上身、下身等等，这样我就分沾着“多”了。如果他愿意说我是一个，就
D 可以说，我是这里七个人中间的一个，因为我分沾着“一”。他指出这两方面是非常正确的。如果有人从事证明，同一件东西如石头、木头之类既是一个又是许多个，我们愿意说，他只是向我们表明了既是许多个又是一个，没有说许多个就是一个、一个就是许多个，因此并没有说出什么奇怪的话，而是我们大家都乐意承认的。可是，如果有人像我刚才说的那样，能够把那些本来的“型”，如“像”和
E “不像”、“许多个”和“一个”、“动”和“静”，以及一切这一类的东西，先彼此混合起来，再彼此分隔开来，那就教我大大地佩服了，泽农。这项工作我敢说你已经很勇敢地进行了。可是，如果有人能
130A 够指出那种错综复杂地交织在各个“型”之间的麻烦，正如你们在可见对象[①]里缕述的那样，也能在思维对象里指出这种麻烦来，那我就更加佩服了。

据那位毕妥陀若说，苏格拉底说这番话的时候，以为巴门尼德和泽农在每一点上都会被激怒，可是这两位非常注意地倾听这个发言，而且不时地相视而笑，显得对苏格拉底非常满意。这一点巴门
B 尼德在苏格拉底说完之后就吐露出来，他说：苏格拉底啊，你这样热心钻研，是很可佩的。请告诉我，你是像你说的那样作出区别，肯定一边是那些“型”本身，一边是分沾着“型”的东西，二者彼此分离吗？你是不是认为有个“像”本身在我们具有的“像的”[②]之

① 就是各种可以感觉到的事物。
② 就是分沾着“像”的具体事物。

外，以及“一个”、“多个”和你刚才从泽农那里听到的一切？

苏格拉底说：确实是这样。

巴门尼德说：此外还有个本来的“公道的型”以及“美的型”、“好的型”和一切诸如此类的“型”？

他说：是的。

还有，有个“人的型”在我们以及一切我们这样的东西之外，有个“人的型”本身，或者“火的型”、“水的型”吗？ C

他说：在这方面，巴门尼德啊，我常常遇到麻烦，不知道是不是应该在这种情况下这样主张，在那种情况下换一种主张。

苏格拉底啊，对于那些可笑的东西，例如头发、烂泥、垃圾以及最不足道、最无价值的东西，你是不是也感到麻烦，不知道是否应当肯定它们各有一个分离的“型”，异于我们用手摸到的物件？ D

苏格拉底说：决不能肯定它们有“型”。这些东西虽然像我们看到的那样在那里，相信它们有个“型”却是十分荒唐的。可是我过去就常常感到不安，觉得未必不是所有的东西全都一样。因此每当我遇到这种情况就逃之夭夭，害怕掉进愚昧的深渊不能自拔，返回到我们刚才承认有“型”的那些东西那里，把工夫花在那上面。

巴门尼德说：苏格拉底啊，这是因为你还年轻，哲学还没有把你紧紧抓住，依我看它是会紧紧抓住你的，那时候你就不会再轻视这些东西里面的任何一个了。可是现在你由于年龄不大还不能不考虑人们的意见。请告诉我，你是不只像你说的那样，认为有某些“型”，这些其他的东西[①]由于分沾了它们就具有它们的名字，因此 E

① 指个体事物。

131A 分沾了“像”的就成了像的，分沾了“大”的就成了大的，分沾了“美”和“公道”的就成了美的和公道的？

苏格拉底说：确实是这样想的。

那么，每一个分沾者就必定要么分沾着整个“型”，要么分沾着它的一部分吗？除了这两种以外还有什么别的分沾方式吗？

他说：怎么能有呢？

既然“型”是一个，你想是整个“型”在众多事物的每一个里面，还是怎么样？

苏格拉底说：巴门尼德啊，那对于它是一个有什么妨碍呢？

B 那同样一个“型”要是同时在许多彼此分离的事物里，那就要与它自己分离了。

苏格拉底说：不会的。就像同样一个日子同时在各个地方却并不与它自己分离一样，每一个“型”也是同时在一切事物里面的。

巴门尼德说：苏格拉底啊，你很巧妙地使同样一件东西同时在许多地方，就像用一块帆布盖在许多人身上，就说一件东西整个在许多东西上面。你不认为你说了这样的话吗？

C 他说：也许是这样。

是这张帆布整个盖在每一个人身上呢，还是它的一部分盖在某人身上，另一部分盖在另外一个人身上？

是一部分。

苏格拉底啊，那么说，“型”本身就是可以分割的了，那些分沾着它的事物就是只分沾着它的一部分，它并不是整个在每件事物里面，而是有某一部分在每件事物里面。

至少看来是这样。

他说：苏格拉底啊，那你是不是愿意说，那是一个的“型”实际上由我们加以分割，却仍然是一个？

苏格拉底说：决不。

巴门尼德说：你看，如果你把那个“大”本身加以分割，那些大的事物中的每一个就该由于“大”的一部分而成为大的，而这一 D 部分却小于“大”本身，这不是显然不合理的吗？

他说：很不合理。

再者，如果每件事物具有着“均等”的一小部分，这具有者就该由于具有着小于“均等”的东西而等于另一件事物吗？

不可能。

可是，如果我们中间的某个人具有了“小”的一部分，那“小”本身就比这个部分大些，因为它是“小”的部分。因此“小”本身就比较大，那个被取得的部分加在某物上，某物就因此变得比原来 E 小些，而不是大些了。

他说：绝不能发生这种事情。

苏格拉底啊，其他的事物既不能部分地、又不能整个地分沾你那些“型”，那是以什么方式分沾的呢？

他说：老天哪，这个问题我可不容易解决。

怎么？还有一个问题你怎么看呢？

什么问题？

我认为你之所以认定每个类有一个“型”，是由于你看到许许 132A 多多的东西都是大的，你把它们合在一起看，就觉得也许有同样一个“相”或“型”本身在那里，因为这个缘故你就认为“大”是一个了。

他说：你说得不错。

可是，这个“大”本身以及其他的那些大的东西，你如果用心把它们合在一起看，岂不是又觉得有一个“大”在那里必然使你看到它们全都是大的？

似乎是这样。

在“大”本身和那些分沾着它的事物之外，还会出现另外一
B 个“大的型”，并且在这一切合在一起之上又要出现另外一个“大的型”，使这一切成为大的，这样，你们每一个“型”就不再是一个，而是无穷多的了。

苏格拉底说：巴门尼德啊，也许这些“型”中间的每一个都只是个思想[①]，不在别处，只在心里，这样就不会遇到刚才说的那些问题了。

他说：怎么？这些思想中间的每一个都是一个，都是纯粹的思想吗？

苏格拉底说：那是不可能的。

是有对象的吗？

是的。

C 它的对象是“是者”，还是“不是者”？

是“是者”。

这岂不是某个东西，这东西是那个思想认为在一切事物里头的，即一个“是的相”？[②]

是啊。

---

① νόημα，指理性的对象，异于可以感觉到的事物。

② οὖσα ἰδέα，即“是”本身。“相”与“型”同义。

这不就是那被思想认为是一个的“型”，那个在一切中永远如此的“是者”本身吗？

看来必然是这样。

巴门尼德说：还有：正像你说的那样，其他的事物必然分沾着“型”，你岂不必定认为：要么是这些事物都由思想组成，都在思想，要么是它们都是思想却不能思想？

苏格拉底说：可是这样说并没有道理，巴门尼德啊，在我看来情形正好相反，这些“型”树立在自然界好像模型，其他的事物则 D
像它们，是一些摹本；说其他事物分沾着“型”，无非是说照着它们的样子造的。

他说：如果一样东西是照着“型”的样子造的，就它造得像“型”这一点来说，这“型”有可能不像那个像它的东西吗？

不可能。

那像的东西岂不是与所像的东西非常必然地分沾着同一个东西吗？ E

必然如此。

那使像的东西由于分沾着它而像它的东西，岂不正是“型”本身吗？

非常明显。

这样，一件东西就不可能像那个“型”，“型”也不可能像其他的东西了。否则在那个“型”旁边就永远要出现另一个“型”；如果那个新出的“型”又是像的，就要再出现一个“型”。新的“型”不 133A
断出现，永无止境，如果“型”必须像分沾着它的东西的话。

你说得非常对。

那么，其他的东西分沾着“型”就不是由于“像”，我们就必须去寻求它们用什么别的办法分沾的了。

看来是这样。

巴门尼德说：你看，苏格拉底啊，如果分出一些“型”，当作本来的“是者”，麻烦有多么大。

是啊。

B 巴门尼德说：可是你得知道，正像我说过的那样，你还没有稍稍体会到，如果你树立一个与每件事物严格分开的“型”，麻烦有多么大。

他说：这是怎么一回事？

巴门尼德说：有许多麻烦，其中最大的是这个：假如有人说，“型”要是像我们说的那样应当如何如何，那就无法认识了——对这样说的人是无法证明他说的不对的，除非这位持异议者经验丰富、

C 禀赋优良、又很愿意听从别人用很多的、长串的论证来证明，不这样是不能说服主张“型”不可认识的人的。

苏格拉底说：这是为什么，巴门尼德呀？

苏格拉底啊，这是因为我相信，你和任何主张每样事物都有个本来的“所是”① 的人都会承认，首先这个“所是”是在我们这里② 找不到的。

苏格拉底说：不这样怎么会是本来的呢？

巴门尼德说：你说得很好。那些“相”是什么，只是相应于

① οὐσία，由动词“是”的阴性分词 οὖσα（是的）转来的名词，表示“所是的那个东西”，即“是什么”。汉语过去没有这个表达法。

② 即具体事物界。

“相”与“相”之间的关系。它们是在它们彼此间的关系里才有它们的“所是”，并不是在它们与我们这里的摹本的关系里，也不是像人 D
们设想的那样，相应于那种在我们这里分沾着、因而被我们称为这个或那个的东西。至于那些在我们这里的、那些同名的东西，也是相应于它们彼此间的关系的，不是相应于“型”的，是由于它们自己彼此彼此，不是由于那个叫作这个名字的东西①。

苏格拉底说：你这样说是什么意思呢？

巴门尼德说：是这样：如果我们中间有个人是别人的主子或奴 E
才，那他就不是主子本身即主之为主的奴才，也不是奴才本身即奴之为奴的主子；他作为一个人，是另外一个人的主子或奴才。主性本身，即主之为主，是相对于奴性本身的；奴性本身，是相对于主性本身的。我们这里的东西不能相对于那边的东西，那边的东西也不能相对于我们这里的东西，而是像我说的那样，二者各管各的。 134A
你明白我的意思吗？

苏格拉底说：我很明白。

巴门尼德说：知识本身，即那个是知识的②，岂不就是关于实在本身、是实在者的知识吗？

当然是。

知识中间的每一种，即那个是的知识③，就是关于“是者”中间的每一种、关于那个是“是者”的东西④的知识。是吗？

---

① 即“相”或“型”。

② ὅ ἔστι ἐπιστήμη，指“型”界的知识，有别于我们这里的知识。

③ ἥ ἔστιν，同①。

④ ὅ ἔστιν，即 ὅ ἔστιν ὄν 的省略，指“型”界的东西。

是的。

我们这里的知识，就是关于我们这里的实在的，既然这样，我们
B 这里的每一种知识就是关于我们这里的每一种“是者”的知识吗？

必然如此。

可是那些“型”本身，像你同意的那样，我们并不具有它们，它们也不能在我们这里。

不能。

那么，每个是的“种”① 本身是由知识的“型”本身认识的吗？

是的。

可是我们并没有这样的“种”。

当然没有。

那就没有一个“型”为我们所认识了，因为我们是并不分沾知识本身的。

看来是这样。

那么，那个“美”本身，即美之为美，以及“好”和一切我们
C 认为是“相”的东西就都是我们不能认识的了。

恐怕是这样。

可是你看，还有一点比这更可怕。

哪一点？

你也许会承认，如果有一个知识的“种”本身，就比我们这里的一切知识都完善得多，“美”和其他一切“型”也是这样。

是的。

---

① γένος，与“型”和“相”同义。

那么，如果有某个其他的东西分沾着知识本身，你是不是要说，没有一件东西比神更能具有十分完善的知识了？

必然如此。

那么，那具有知识本身的神就能认识我们这里的东西吗？ D

怎么不能呢？

巴门尼德说：苏格拉底啊，我们已经同意：那些"型"对于我们这里的东西是没有能力做什么的，我们这里的东西对于"型"也不能做什么，这两者是各管各的。

我们确实同意了。

那么，如果那种最完善的统治和那种最完善的知识是在神那里，那种对那里的统治就决不能统治我们，那种知识也不能认识我们或我 E
们这里的任何东西了。同样情形，我们也不能以我们的统治去统治那里的东西，不能以我们的知识去认识神那里的任何东西；根据同样理由，神虽说是神，却不是我们的主子，也不认识任何人的事情。

他说：这个论证太可怕了，如果它把认识从神那里剥夺掉的话。

巴门尼德说：可是，苏格拉底啊，如果有这些关于事物的"相"本身，而且有人想把每一"相"规定为"型"，那就必定要遇到这种 135A
关于"型"的麻烦，以及许多别的麻烦。这样，听的人就产生了疑虑，提出反面意见，以为未必有这种东西，即便有，也必定是人的本性所不能认识的。而且看来说这种话的人说的不无道理，要说服他，像我们刚才说的那样，是非常之难的。能够看出每类事物有一个"种"，有一个本来的"所是"的，是天分很高的人，可是还需要 B
有更加杰出的人把这一点发现，并且教给另一个对这一切作出适当分辨的人。

苏格拉底说：巴门尼德啊，我跟你看法一致，因为你是照我的意思说的。

巴门尼德说：可是，苏格拉底啊，另一方面，如果有人鉴于上述的一切麻烦以及其他类似的麻烦，不愿意承认有那些关于事物的“型”，不想为每类事物规定一个“型”，由于他不容许每类事物有个
C 永远如此的“相”，他就没有运用思虑的处所，这样，他就完全失去了研究的能力了。这个后果似乎是你首先注意到了的。

他说：你说得对。

那你在哲学方面会做什么呢？如果不弄明白这些，你往哪里走呢？

这我现在还一点都看不出来。

他说：苏格拉底啊，这是因为你早在投身训练之前就从事规定美
D 的、公道的、好的以及每一个“型”了。不久前我听到你和阿里斯多德谈论的时候就注意到这一点。你知道，热心论证诚然是美好的、高尚的事，但是你必须趁着还年轻的时候用那种看来无用的、被许多人斥为空谈的办法磨炼自己，训练自己，否则真理就会躲开你。

苏格拉底说：巴门尼德啊，用什么方式训练呢？

用你刚才从泽农那里听到的那种方式，不过有一点除外。我很
E 欣赏你对他说，你不同意的是只对可见的事物进行研究，局限在那个方面，认为要对另一方面进行研究，就是要研究那最能用论证把握的、被认为是“型”的东西。

苏格拉底说：我觉得用那种方式不难指出，事物既像又不像，或者有任何一种别的模样。

他说：你可以这样说。不过除此以外你还要做一件事，就是不

仅要假定如果是某个样子，看看从这个假定会得出什么结果，而且 136A
要假定如果不是这个样子，这样做你才能得到更好的训练。

苏格拉底说：你这是什么意思呢？

他说：这可以举泽农一起头提出的那个假设为例：“如果是许多个”，那么，对于“许多个”本身、联系到“一个”，以及对于“一个”本身、联系到“许多个”会有什么样的结果。然后，“如果不是
许多个”，那么，对于“一个”和对于“许多个”，以及联系到“一 B
个”和联系到“许多个”会有什么样的结果。同样地，如果你设定“是像的”或“不是像的”，就要看看对所设定者和对于与此不同者，以及联系到这二者会有什么样的结果。同样的话也适用于“不像的”、“动”和“静”、“生”和“灭”、“是”本身和“不是”。总之，适用于你所设定的“是”和“不是”，以及每一种可以设想的模
样，要看看对于所设定者本身以及对于每一种你愿意选择的其他模 C
样、对于其中的多数和对于其全部会有什么样的结果。如果你愿意受到全面的训练、透彻地看清真相的话，那就要对于另一方面本身、联系到你每次愿意挑选的每一种模样加以研究，无论你假定的出发点是“是的”还是“不是的”。

苏格拉底说：巴门尼德啊，你描述了一件非常繁重的工作，我还不完全理解。你怎么不提出某个假设来说明一下，使我懂得清楚点？

他说：苏格拉底，你让我这样年纪的人干这件重活。 D

苏格拉底说：泽农啊，你怎么不肯给我们讲讲呢？

于是泽农微笑着说：苏格拉底啊，我们请巴门尼德自己来做这件工作吧，因为他说的不是一件轻巧事。也许你没有看出你给他指

派的是什么活吧？如果我们是一群普通人，那就不宜于请他做这件事，因为在众人面前谈这种事情是不恰当的，尤其是对一位这样高
E 龄的人。因为众人并不知道，要是不通过全面的钻研和盘查，是不可能看到真相、求得真知的。巴门尼德啊，因此我也加入苏格拉底的请求，希望在多年之后再听一次你的高论。

泽农说完之后，安谛捧说，毕妥陀若就表示同意，说他本人和阿里斯多德等人都请求巴门尼德说说自己的想法，不要做别的事情。
137A 于是巴门尼德说：我不能不从命。可是我觉得自己好像伊弼果[①]笔下的老马似的，在再度套上赛车即将起步的时候，作为一个勇敢的、却已经年老的斗士，知道自己面临的事情而战栗。正因为如此，伊弼果才把自己比作这匹老马，说他也是在这样老的时候违背着自己的意愿，被迫再次走上爱情的道路。我也是想到过去的经历不免战栗，要在这把年纪游过那宽阔汹涌的论证大海。然而我必须使你们满意，因为正像泽农说的那样，我们是自家人。那么，我们从哪里
B 开始，应当首先假定什么呢？既然要进行的是一项重大的活动，你们是不是愿意让我从我自己、从我的假设开始，就是假定“一个”本身，看看如果是一个，该产生什么结果，如果不是一个，该产生什么结果？

泽农说：就这样办吧。

巴门尼德说：那么谁来回答我提的问题呢？是那位最年轻的吗？他最不会惹是生非，而且最能说他的心里话，他的回答还会使我休息一会儿。

---

① Ἴβυκος，抒情诗人。

阿里斯多德说：巴门尼德啊，我准备回答你的提问。因为你说最年轻的人就是指我。你问吧，我就回答。 C

巴门尼德说：那好。如果是一个[①]，那“一个”就不能是许多个吗？

——那怎么会！

那它就既不能有部分，也不是整个的了。

——为什么？

因为部分就是整体的部分。

——是的。

那整体是什么呢？不缺任何部分不就是整个的吗？

——当然。

那么，“一个”在这两种情况下，即如果它是整个的并且有部分，就会由若干部分组成。

——必然如此。 D

那么，在这两种情况下，“一个”就是许多个，而不是一个了。

——对啦。

可是它不该是许多个，该是一个。

——应该如此。

那么，“一个”既不能是许多个，也不能有部分。

——当然不能。

如果它根本没有部分，那它就既没有开头，也没有末尾，也没

① εἰ ἕν ἔστι 句中的主语未写出，意指“是一切者”。

有中间了，因为这些就会是它的部分。

——对啦。

可是开头和末尾就是每样东西的界限。

——怎么不是？

“一个”如果既无开头又无末尾，那就无界限了。

——是无界限的。

E 那它就没有形状了。因为它既不分沾圆的，也不分沾直的。

——怎么？

圆的就是所有的终点都与中心距离相等的。

——是的。

直的就是中心在两端前面的①。

——是这样。

那样，“一个”就有部分，是许多个了，如果它分沾着直线形和圆形的话。

——当然。

138A “一个”如果没有部分，那它就既不是直的，也不是圆的了。

——对啦。

此外，“一个”既然是这样的，就不在任何处所了，因为它既不是在一个别的东西里面，也不是在它自己里面。

——怎么？

它如果是在一个别的东西里面，那就必须为它所在的那个东西

① 意指从直线的一端看另一端，看到它的中点在前面，不是在左面或右面。这与圆形很不一样。

所包围，并且在许多方面以许多点接触到那个东西。可是本身是一个、并没有部分、并不分沾着圆的东西，是不可能在许多方面以许多点接触到周围的东西的。

——那不可能。

再则，它如果是在它自己里面，那就必须包围着它自己，因为一样东西在一样东西里面而不为那样东西所包围，是不可能的。 B

——当然不可能。

其中的一个是包围者，另一个是被包围者。因为同一个东西不能整个儿既施又受。那样，“一个”就不是一个，而是两个了。

——当然不能。

“一个”既然不是在它自己里面，也不在别的东西里面，那就不是在任何处所的。

——不是。

如果“一个”是这种情况，你看它能够静止呢还是能够变动？

——为什么不能变动呢？

因为他如果变动，就要么运动要么变化，只有这两种状态是变动。 C

——是的。

可是“一个”如果发生变化，那就不可能还是一个了。

——不可能的。

那它就并不作变化意义上的变动了。

——显然不。

那它就作运动意义上的变动吗？

——也许。

可是，“一个”如果运动，那必定要么是原地旋转，要么是从一个地点挪到另一个地点。

——必然如此。

可是，它如果旋转，那必定是以中心静止，以其他的部分围绕

D 着中心转动。试问一样东西既没有中心又没有部分，又怎么能围绕着中心转动呢？

——绝不能。

如果它更换地点，那就是一会儿变得在这里，一会儿变得在那里，像这样变动着吗？

——应该是这样。

那岂不是向我们宣布了：它不可能在任何东西里？

——是的。

那它岂不是更加不可能进入任何东西吗？

——我看不出它怎么进入。

如果某某东西进入另外一件东西，当它将要进入的时候，它必定还不在那件东西里；当它已经开始进入的时候，它不是并非完全在那件东西外面吗？

E ——必然是这样。

要进入别的东西里，那只有那种具有部分的东西才能行。因为它的一部分可以已经在别的东西里，与此同时，它的另一部分却还在那个东西外面。可是那没有部分的东西决不能同时整个地在别的东西里，而又在那个东西外面。

——这很明显。

139A 那么，"一个"既不能凭着向某处前进、进入某某东西而更换它的地点，也不能凭着在原地旋转、凭着变化而发生变动。

——不像。

那么，从任何一种变动看，“一个”都是不变动的。

——不变动的。

可是我们也主张“一个”不可能在任何东西里。

——我们是这样断定的。

那它就不会老在同一个东西里。

——为什么？

因为它在同一个东西里就是在某个东西里了。

——是啊。

可是它既不能在它自己里，也不能在另外一个东西里。

——当然不能。

那么，“一个”就不是老在同一个东西里。 B

——不像。

如此看来，“一个”是既不静止也不变动的。

——在我们看来，当然不能。

而且，它还既不与另外一个东西、也不与它自己等同，既不与它自己、也不与另外一个东西相异。

——这是为什么呢？

如果它与它自己相异，那它就异于“一个”，也就不是一个了。

——对的。

此外，如果它与另外一个东西等同，那它就是那个东西，也就不再是它自己了。这样它也就无法是它所是的东西，就不是一个而 C
异于一个了。

——当然不是。

这样，它就既不能与另外一个东西等同，又不能与它自己相异了。

——不能。

只要它还是一个，它就不能异于另外一个东西；因为那异于任何东西的并不是“一个”，只是那异于别的东西、不属于任何东西的。

——对。

那么，只要它还是一个，它就不会是殊异的。这你相信吗？

——绝不会。

可是，如果殊异不是由于它是一个，那就不是由于它是它自己；如果不是由于它是它自己，那它自己就根本不是殊异的。如果它本
D 身根本不是殊异的，它也就不是异于任何东西的。

——对。

可是它也会与它自己不是一回事。

——怎么不是这样呢？

因为“一个”的性质并不是“等同”的性质。

——怎么？

因为某某东西变成等同于某某东西的时候，并不变成一个。

——这是什么缘故呢？

因为它变成等同于许多个的时候必定变成许多个，而不变成一个。

——对了。

可是，如果“一个”与“等同”毫无差别，某某东西变成等同的时候就总是变成一个，变成一个的时候就总是变成等同的。

——那当然。

E 那么，如果“一个”会等同于它自己，它就不会与它自己是一

个；于是，它就是一个又不是一个，然而这是不可能的；于是，“一个”就既不能异于或等同于它自己，也不能异于或等同于别的东西。

——当然不能。

但是它既像又不像它自己，也既像又不像别的东西。

——为什么？

因为那带上“等同”的性质的就像。

——是的。

这就表明了“一个”在性质上是与“等同”分离的。

——已经表明了。 140A

但是“一个”如果在“是一个”之外还带着什么别的性质，那它就不只是一个，就要成为许多个了；然而这是不可能的。

——是的。

那么，“一个”就绝不能成为等同的，既不能等同于别的东西，也不能等同于它自己。

——显然不能。

那它就既不能像别的东西，也不能像它自己。

——看来不能。

“一个”也同样不能成为殊异的，因为这样就要成为许多个，不只是一个了。

——成为许多个了。

那带有异于它自己，或者异于别的东西的性质时，就不像它自己或者不像别的东西；那带有“等同”的性质的，就像。

——对啦。

B 看来那完全不带任何“殊异”的性质的“一个”是根本不像的，既不像它自己，也不像别的东西。

——不像。

所以“一个”是既不像、也不不像别的东西或者它自己的。

——显然不。

可是，它如果是这样，那就既不等于、也不不等于它自己或者别的东西了。

——怎么？

为了等于，它必须与它等于的那个东西有同样的尺度。

——是的。

C 为了大于或小于，它必须联系到那些有同样尺度的东西上，比小些的多几个单位，比大些的少几个单位。

——是的。

联系到那些与它没有同样尺度的东西上，它的尺度必定大于其中某些的，小于其中另一些的。

——怎么不是这样呢？

那根本不分沾“等同”的，不是不可能有同样的尺度或其他任何同样的东西吗？

——不可能有。

那么，“一个”是既不等于它自己、也不等于别的东西的，因为它没有同样的尺度。

——看来它不等于。

如果它该有更少的或者更多的尺度，那它有多少尺度就有多少

部分，这样它就又不是一个，而是有多少尺度就有多少个了。 D

——对啦。

如果它只有一个尺度，那它就等于尺度。可是它已经表明不可能等于任何东西。

——它已经表明了。

因为它既不分沾一个尺度，也不分沾很多的尺度，也不分沾少数几个尺度，也不分沾“等同”，所以它不会等于它自己或者等于别的东西；它也同样不会大于或小于它自己或者别的东西。

——总之，它是这样的。

怎么？你以为“一个”能够比某某东西老些或者年轻些，或者与它同龄吗？ E

——为什么不能呢？

因为要与它自己或别的东西同龄，它必须分沾着时间上的“均等”和“像”，然而我们说过，它是没有分沾的，既不分沾“像”也不分沾“均等”。

——我们说过的。

可是我们也说过，它是既不分沾“不像”，也不分沾“不等”的。

——的确如此。

既然是这种情况，它怎么可能比某某东西老些或年轻些，或者与那个东西同龄呢？ 141A

——完全不可能。

所以，它与它自己相比，或者与什么别的东西相比，它既不老些，也不年轻些，也不是同龄的。

——显然不是。

如果是这种情况，“一个”不就根本不能在时间里吗？否则，那在时间里的东西岂不必然要变得比它自己越来越老吗？

——必然如此。

那老的不是比年轻的越来越老吗？

B ——怎么不是？

那么，那变得比它自己老的就同时变得比它自己年轻；如果它需要有个东西与它相比，才变得比那个东西老些。

——你这话是什么意思？

是这样：一个殊异的东西如果已经是殊异的，那就不需要变得异于另一个殊异的东西了；与此相反，它如果已经是殊异的，就应当已经是异于那个东西[①]的；它如果已经变得殊异，就已经变得异于那个东西；它如果将是殊异的，那就将是异于那个东西的；它既非已经变得异于那个东西，也非将要变得异于那个东西，亦非正在变得异于那个东西，而是在刚刚变的历程中，并非以别的任何方式。

——必然如此。

C 可是“老些”是异于“年轻些”，并不是异于别的东西。

——是这样。

所以那变得比自己老些的也必然同时变成比自己年轻些。

——看来是这样。

然而它的变化并不花费多于或少于它自己的时间，而是与它自己花费同等的时间于变化，它的“是”、“已是”和“将是”也是一样。

---

① “那个东西”指“它自己”。这里的意思是：自己$_1$变得比自己$_2$年长些，就等于自己$_2$变得比自己$_1$年幼些。

——这也是必然的。

如此看来，也必然是这样：那在时间里的以及分沾着时间的与 D
它自己同龄，又比它自己年长些和年幼些。

——恐怕是这样。

可是在这些性质上“一个”是毫不沾边的。

——不沾边。

那它就并不分沾时间，并不在时间里。

——并不，正如我们的论证指出的那样。

怎么？难道“曾是”、“曾变为”、“曾在变”并不意味着分沾过去的时间？

——显然。

怎么？难道“将是”、“将变为”、“将要变”并不意味着分沾未 E
来的时间？

——是的。

难道“是”、“变为”并不表示分沾现在的时间？

——当然。

那么，如果“一个”根本不分沾任何时间，那它就既不在过去“变为”、“在变”或“是”，也不在现在“变为”、“在变”或“是”，也不在将来“变为”、“在变”或“是”了。

——非常对。

一样东西除了以上面的某一种方式以外，还能以什么别的方式分沾“所是[①]呢？

---

① οὐσία，即“是什么”，也就是“相”。

——不能。

那么，“一个”就根本不能分沾“所是”吗？

——看来不能。

那“一个”就根本不是了。

——显然不是。

它也不像“是一个”那样是。因为那样它就曾经是、曾经分沾
142A 着“所是”了。可是看来正好相反，如果相信这个论证，“一个”就不是一个，而且根本不是了。

——恐怕是这样。

如果一件东西不是，那就不能有什么东西属于这个“不是者”，不能对它有什么看法吗？

——那怎么能？

那它就没有名称，关于它就不能说任何话，有任何知识、任何感觉、任何意见了。

——显然不能。

那就没法称呼它、说明它、设想它、认识它，谁也不能感觉到它了。

——看来不能。

那么，“一个”能是这样的吗？

——我想不能。

B 那你是不是愿意我们再回到原来的假设上，重新推论一番，看看会得出什么不同的结果？

——我很愿意。

那么，如果是一个，我们说，由此推出的结论不管是什么样的，我们都必须接受。不是吗？

——是的。

那你就看看，如果是一个，“一个”能不能是而不分沾着“所是”？

——不能。

那么，如果有个“一个”的“所是”，“所是”跟“一个”就不是一回事；否则这“所是”就不是“一个”的“所是”，“一个”就不分沾“所是”，说“是一个”就和说“一个是一个”完全一样了。C
可是我们的假设并非如此，不是“如果一个是一个”，而是“如果是一个”，看产生什么结果。不是吗？

——当然。

这样看来，“是”就意味着某种异于“一个”的东西吗？

——必然是这样。

那么，人家概括地说“是一个”的时候，意思不就是指“一个”分沾着“所是”吗？

——那当然。

那我们就再说一次：“如果是一个”，看产生什么结果。你看看，这个假设不是必然表明“一个”是一个有部分的东西吗？

——怎么？D

是这样：如果说的是“是的一个”的“是”，是“一个是者”的“一个”，那“所是”与“一个”就不是等同的，只是同一个东西的，即我们假设的那个“是的一个”的，这“是的一个”岂不必然是整体吗？“一个”和“是”岂不成了这个整体的两部分吗？

——必然是这样。

我们愿意把这两个部分之一只称为部分呢，还是必须把这个部分称为整体的部分？

——整体的部分。

那个是整体的、是一个的，也有部分吗？

——那当然。

E 怎么？“是的一个”的两部分“一个”和“是者”分得开吗？“一个”离开“是”的部分，还是“是者”离开“一个”的部分？

——这不可能。

那么，这两个部分的每一个又含有“一个”和“是者”，至少要由两个部分组成，并且老是这个样子，凡部分都永远含有两个部分。因为“一个”永远含有“是者”，“是者”永远含有“一个”，所以每

143A 个部分永远要变为两个，永远不是一个。

——当然如此。

“是的一个”岂不是要像这样无限地成为许多个吗？

——看来是这样。

你跟随我再往下研究。

——怎么研究？

我们说“一个”分沾着“所是”，所以它是。是吗？

——是的。

因此“是的一个”就显现为许多个了。

——是这样。

怎么？那“一个”本身，我们说它分沾着“所是”；如果我们用思想单单扣住它，抛开我们说它分沾着的东西，那它仅仅显现为一

个呢，还是本身也显现为许多个的？

——我想显现为一个。

那我们来看看："一个"的"所是"岂不必然是另外一回事，"一个"本身又是另外一回事，因为"一个"并不是"所是"，它只是作为"一个"分沾着"所是"。 B

——必然是这样。

如果"所是"是另外一回事，"一个"又是另外一回事，那么"一个"异于"所是"并非由于"一个"，"所是"异于"一个"亦非由于"所是"，它们彼此相异是由于"殊异"和"另外"。

——当然。

所以"殊异"既与"一个"不一样，又与"所是"不一样。

——怎么会一样呢？

怎么？如果我们按照你的意思从其中选出两个来，要么选"所是"和"殊异"，要么选"所是"和"一个"，要么选"一个"和 C
"殊异"，我们每一次选出的不是可以称为"一双"吗？

——你这是什么意思啊？

是这样：人们能说"所是"吗？

——能。

还能说"一个"吗？

——也能。

那不是说了二者中间的每一个吗？

——是的。

那我说"所是"和"一个"的时候不是说了一双吗？

——当然。

D 那么，如果我说“所是”和“殊异”、“殊异”和“一个”，不是说了一双吗？

——是的。

那有理由称为一双的，能是一双而不是两个吗？

——不能。

那是两个的，其中之一能不是一个吗？

——不行。

既然合起来是两个，其中的每一个本身就该是一个。

——这很明显。

如果其中的每一个是一个，把任何一个加到上述的一个组合上去不是总共成了三个吗？

——是的。

三不是奇数，二不是偶数吗？

——怎么不是？

E 怎么？有二，不是必然有两倍，有三，不是必然有三倍吗，如果二就是一的两倍，三就是一的三倍的话？

——必然是这样。

如果有二和两倍，岂不必然有两倍的二吗？如果有三和三倍，岂不必然有三倍的三吗？

——怎么不是？

怎么？既然有三和两倍，以及二和三倍，岂不必然有三的两倍

144A 和二的三倍吗？

——就是这样。

那就也有双倍的偶数、单倍的奇数、单倍的偶数、双倍的奇

数了。

——是这样的。

如果是这样的，你想，还有什么数不是必然有的吗？

——当然没有。

那么，如果有一[①]，那就必然有数。

——这是必然的。

而且如果有数，也就有许多的东西，有数目无限多的“是者”。数不是变成在数量上无限的，分沾着“所是”吗？

——当然是这样。

如果所有的数是分沾着“所是”的，数的每一部分不是也分沾着“所是”吗？

——是的。

那么，众多的“是者”全都分配着“所是”，无论是最小的还是 B
最大的，没有一个例外吗？这样问难道没有理由吗？“所是”怎么能脱离任何“是者”呢？

——绝不能。

所以“所是”是分散在最小的、最大的、各式各样的“是者”当中的，它比任何东西都分散，它的部分是无限多的。 C

——是这样。

它的部分是比任何东西都多的。

——无比多。

那怎么？其中是不是有某一些虽然是“所是”的部分，却不是

① εἰ ἔστιν ἕν，“有一”即“是一”。一在希腊数学中不算数，是“数的开始”。

部分？

——那怎么能呢？

事情正好相反。我想，如果有某个部分，只要还有它，它就必然是一个部分，不可能根本没有它。

——必然如此。

那么，“一个”是附着在每个部分上的，既不脱离小些的部分，
D 也不脱离大些的部分，根本不脱离任何部分。

——是这样。

“是者”如果是一个，它能同时全部在许多不同的处所吗？你仔细想想。

——我仔细想过，看出这是不可能的。

那么，如果它不是全部的，就是分开的。因为不分开就根本不能同时分别在“所是”的一切部分里。

——是的。

而且有多少部分，它就必然分成多少块。

——这是必然的。

那我们刚才说的就不对了，我们刚才说“所是”分为最多的部
E 分。因为它并不是分得比“一个”更多，看来它分得与“一个”相等的，“是者”不离开“一个”，“一个”也不离开“是者”，这二者在哪里都永远相等。

——看来完全是这样。

那么，“一个”本身就被“所是”分割成许多块，成了无限多的了。

——显然如此。

那么，不仅“是的一个”是许多个，“一个”本身也被“是者”

必然分成许多个了。

——毫无疑问。

此外，既然部分是整体的部分，“一个”相对于整体，就受到限制。部分不是为整体所包围吗？

——这是必然的。 145A

然而包围者就是界限。

——怎么不是？

那么，“是的一个”就既是一个又是许多个，既是整体又是部分，既是有限制的又是无限多的了。

——看来是。

有限制的不是就有边缘的吗？

——必然有。

怎么？如果有一个整体，它会没有开头、中间和末尾吗？一个整体能缺少这三者中的一个吗？如果缺少了其中的某一个，还能成其为整体吗？

——不能。

那么，“一个”看来是有开头、中间和末尾的咯。 B

——有。

而中间是与边缘的各点距离相等的，因为不这样就不成其为中间。

——当然不。

既然是这样，看来“一个”就是分沾着某个形的，如直、圆或二者的混合吗？

——它分沾着形。

如果是这样，它岂不是既在它本身里面，又在别的东西里面？

——怎么？

每一部分都在整体里面，没有一个部分是在整体外面的。

——是这样。

C 一切部分都为整体所包容吗？

——是的。

“一个”的一切部分就构成“一个”，这些部分就是那么多，不多一个，不少一个。

——不多不少。

“一个”不也是整体吗？

——怎么不是？

那么，如果所有的部分都在整体里面，所有的部分构成“一个”，构成整体本身，全都被整体所包容，“一个”就被“一个”所包容，“一个”就已经在它自己里面了。

——这很明显。

可是另一方面，整体又不在部分里，既不在所有的部分里，也
D 不在任何一个部分里。因为如果在所有的部分里，就必然在一个部分里。因为如果有某一个部分它不在，它就不再在所有的部分里；如果那一部分是所有的部分中间的一个，而整体并不在它里面，它怎么还能在所有的部分里面呢？

——根本不能。

此外，它也不能在一些部分里面；因为整体如果在一些部分里面，大些的就会在小些的里面了，这是不可能的。

——这不可能。

整体如果不在许多部分里面，也不在一个部分里面，也不在所有的部分里面，它就必然或者在某些其他的东西里面，或者哪里都不在吗？

——必然是这样。 E

哪里都不在的就什么都不是；可是它既然是个整体，又不在它自己里面，那它就必定在其他的东西里面了。

——当然。

那么，“一个”既然是整体，就在其他的东西里面；可是它既然是一切是的部分[①]，那就在它自己里面。这样，“一个”就必然既在它自己里面，也在其他的东西里面。

——必然是这样。

“一个”的情况既是这样，那它不是既变动又静止吗？

——怎么？

它本身在自己里面的时候，它就静止；因为它既然在“一个”里面，并不离开“一个”，那就永远在同一个东西里面，即在它自己 146A
里面。

——就是这样。

可是那永远在自己里面的，毫无疑问一定永远是静止的。

——那当然。

怎么？永远在其他东西里面的，岂不正好相反，必定从来不在

① τὰ πάντα μέρη ὄντα，“是”即“存有的”。这里的意思是指“一个”与“是者”的结合。

同一个东西里面。从来不在同一个东西里面的，就不是静止的；不静止岂不是在变动吗？

——是这样。

那么，“一个”既然永远在它自己里面，又在其他的东西里面，也就永远是变动的，又是静止的了。

——显然是这样。

此外，它也必须既与它自己是一回事，又与它自己不一回事，

B 并且既与其他的东西是一回事，又与其他的东西不一回事，如果上面对它说的那些话合适的话。

——怎么？

一切事物之间的关系是这样：要么是等同，要么是殊异，如果既不同也不异，那就是这个是那个的部分，那个是这个部分的整体。

——显然是这样。

那么，“一个”是它自己的一部分吗？

——根本不是。

那它就不能是它自己作为部分所从属的整体，因为这样它就成了它自己的一部分了。

——当然不能。

C 可是，“一个”是异于“一个”的吗？

——绝不。

那它就不是与它自己相异的了。

——当然不是。

如果它既不与它自身相异，又不是它自己的整体或部分，那就

必定与它自己相同吗？

——必定。

怎么？那在自己里面却又与自己不在一处的，既然在别的地方，岂不必然是异于它自己的吗？

——至少我是这样想的。

这就使我们感到，“一个”既在它自己里面，同时又在别的东西里面。

——是这样。

这样看来，“一个”就是异于它自己的了。

——看来是这样。

怎么？如果某某东西异于某某东西，它不是会异于那个殊异的东西吗？ D

——必然会这样。

既然这样，那并非“一个”的岂不是异于“一个”的，“一个”岂不异于并非“一个”的吗？

——怎么不是这样呢？

那么，“一个”就异于所有其他的东西了。

——异于其他一切。

你看，“等同”和“殊异”不是本身正好相反的吗？

——怎么不是这样呢？

会不会有时候“等同”在“殊异”里面，或者“殊异”在“等同”里面？

——不会。

那么，“殊异”如果从来不在“等同”里面，那就没有一个“是

E 者”“殊异”能在其中待上一小段时间了。因为“殊异”只要有一会儿在某某里面，在这段时间内它就在“等同”里面了。是不是这样？

——是这样。

“殊异”既然从来不是在“等同”里面的，那它就永远不会在任何“是者”里面了。

——对。

那它就既不会在“一个”里面，也不会在并非“一个”的东西里面了。

——当然不会。

那么，“一个”就不能由于“殊异”而异于并非“一个”的，并非“一个”的也不能由此而异于“一个”了。

——当然不能。

147A 它们也不能由于自己而彼此相异，如果它们不分沾着“殊异”的话。

——不能。

如果它们并不是由于自己而彼此相异，也不是由于“殊异”而互异，那它们就根本无法彼此相异吗？

——无法相异。

再者，那并非“一个”的并不分沾着“一个”，否则它就不是并非一个的，而在某种意义上是“一个”了。

——对啦。

所以那并非“一个”的也不是某个数；因为如果它有某个数，它就不会完完全全地是并非“一个”了。

——当然不会。

怎么？那并非“一个”的是“一个”的部分吗？要是这样，那并非“一个”的岂不分沾着“一个”吗？

——分沾着“一个”。 B

那么，如果“一个”绝对是“一个”，并非“一个”的绝对是并非“一个”，“一个”就不能是并非“一个”的部分，也不能是以并非“一个”的为部分的整体；那并非“一个”的也同样不能是“一个”的部分，也不能是以“一个”为部分的整体。

——不能。

可是我们说过，那些彼此之间并非部分、亦非整体、又不相异的，就会是相同的。

——我们说过。

那我们是不是愿意说：与并非“一个”的对立的“一个”是与它相同的呢？

——愿意。

那么，看来“一个”既异于其他的东西，又异于它自己，既等同于其他的东西，又等同于它自己。

——从以上的论证看来，这是很明显的。

“一个”既像又不像它自己以及其他的东西吗？ C

——也许。

既然我们见到“一个”是异于其他的东西的，其他的东西就同样异于“一个”。

——怎么不是这样？

那它就异于其他的一切，其他一切也异于它，既不多点，也不少点。

——怎么不是？

如果既不多点，也不少点，那就是一样吗？

——是的。

那么，那致使“一个”异于其他一切、其他一切异于“一个”的，也致使“一个”等同于其他一切、其他一切等同于“一个”。

D ——你这是什么意思？

是这样：你用各种名称来称呼某某东西吗？

——我用。

怎么？你能多次说同一个名称，还是只能说一次？

——我能说很多次。

你只说一次就是在标明那个叫这名称的东西，说许多次就并不标明那个东西吗？还是不管你说一次还是多少次，你都是必定永远在说同一个东西？

——就是这样。

“殊异”不就一个称呼某某东西的名称吗？

——当然是。

E 你说它的时候，不管说一次还是许多次，涉及的并不是别的东西，你所标明的无非是那个叫这名称的东西。

——必然是这样。

我们说其他的一切异于“一个”、“一个”异于其他一切的时候，虽然说了两次“异”，指的却无非只是这个名称所标示的那种性质，而不是别的。

——当然。

那么，既然“一个”异于其他一切、其他一切异于“一个”，都是由于“殊异”，不是由于不同的性质，而具有相同性质的就是相像的。不是吗？ 148A

——是的。

那么，那致使“一个”异于其他一切的，也会致使一切像一切。因为一切都是异于一切的。

——似乎是这样。

可是像与不像相反。

——是的。

“殊异”也与“等同”相反。

——也是的。

可是我们也见到，“一个”等同于其他一切。 B

——我们见到。

等同于其他一切，都是与异于其他一切相反的性质。

——当然。

致使它异的，就表明它像。

——是的。

那么，它是等同的，却会由于那种与使它像的性质相反的性质而不像。是“殊异”使它像吗？

——是的。

那就是“等同”使它不像，要不“等同”就不会与“殊异”相反了。

——看来是这样。

C 所以“一个”既像又不像其他的一切。由于“殊异”，它像；由于“等同”，它不像。

——看来确实有这种情况。

还可以这样解释。

——怎样？

“一个”既是等同的，就不是殊异的；既不是殊异的，就不是不像的；既不是不像的，那就是像的。它既有殊异的性质，就是殊异的；既是殊异的，那就是不像的。

——你说得对。

因此，“一个”既然等同于其他一切，又是殊异的，由于这两个理由，以及其中的一个理由，它就既像又不像其他的一切。

D ——那当然。

既然我们见到，“一个”既等同于它自己、又异于它自己，那就同样可以见到，由于这两个理由，以及其中的一个理由，它就既像又不像它自己。是不是？

——必然是这样。

怎么？关于“一个”接触不接触它自己以及其他一切的问题，情形究竟如何，请你考虑。

——我考虑。

我们已经见到，“一个”是在它自己这个整体里面的。

——对。

它也在其他的一切里面吗？

——是的。

它由于在其他的东西里面，就接触到其他的东西，由于在它自己里面，虽然不能接触到其他的东西，却自己接触到自己，这是因为它在自己里面。 E

——这很明显。

所以“一个”是接触到它自己、又接触到其他的东西的。

——接触到。

怎么？那要接触到另一个东西的，必须排在它要接触的那个东西后面，占据的位置紧贴着待接触的东西所占的位置吗？

——必然是这样。

那么，“一个”如果要接触到它自己，就必须紧跟在它自己后面，占据那个与它自己所在的位置紧贴着的位置。

——那当然。

“一个”如果是两个，那就能够做到这种事情，同时在两个位置上。可是，只要它是一个，它就办不到那种事情吗？ 149A

——当然不能。

“一个”不能是两个，不能接触到它自己，这两件事都是不可能的。

——都不可能。

可是它也不能接触到其他的一切。

——为什么？

我们说，因为那要接触的必须在外面，却紧贴着要接触的东西，二者之间不能有第三者。

——对的。

那至少要有两个项目才能接触。

——必须有两个。

如果在两个彼此外在的项目上加上第三个，它们就是三个项目
B 了，然而接触却是两个。

——是的。

每增加一个项目就增加一个接触，其结果是：接触的数目总是比项目的数目少一个。因为原来的二项要超出接触多少，因而在数目上比接触多，后来每一次项目的数目也就超出接触多少。因为每
C 在项目上增加一个就往那些接触上增加一个接触。

——很对。

那么，项目的数目有多少，它们的接触就少一个。

——对的。

如果只有一个，没有两个，那就没有接触了。

——怎么会有呢？

可是我们说，那些异于“一个”的既不是“一个”，也不分沾着“一个”，因为它们是其他的东西。

——当然不。

所以在其他的东西里面是没有数的，因为其中并没有“一个”。

——怎么会有呢？

D 那么其他的东西并不是“一个”，也不是两个，也没有任何数目的名称。

——没有。

那么只有“一个”是一个，两个是没有的。

——显然没有。

如果没有两个，那就没有接触了。

——没有。

如果没有接触，“一个”就不接触其他一切，其他一切也不接触“一个”了。

——看来是这样。

那么，它是不是既等于、又不等于它自己以及其他的东西呢？

——怎么？

如果“一个”大于或小于其他的，或者其他的大于或小于“一个”，这并不是由于“一个”是一个，也不是由于其他的异于“一个”，而是由于它们彼此间有大些或小些的关系，由于它们的“所是”吗？如果它们除了是这样以外，还各自具有着“均等”，它们就彼此相等；如果“一个”具有“大”、“其他的”具有“小”，或者与此相反，那就在这两个“型”之外再加上“大”使它大些，加上“小”使它小些，是吗？ E

——必然是这样。

那就有这样两个“型”：“大”和“小”吗？因为如果它们是没有的，它们就不会彼此相反，不会出现在那些“所是”里面了。

——那怎么会？ 150A

那么，如果“小”在“一个”里面，它就要么在整体里面，要么在“一个”的部分里面。

——必然是这样。

如果它在整体里面，它是怎样的呢？那岂不是要么遍布于“一个”之中，与“一个”范围同样大，要么包围着“一个”？

——显然是这样。

“小”如果与“一个”范围同样大，岂不与“一个”相等？如果包围着“一个”，岂不是大于“一个”吗？

——怎么不是？

“小”能不能比某某东西大些，或者与某某东西相等，起着“均等”和“大”的作用，而不起它自己的作用呢？

B ——不能。

那么，“小”就不在整个的“一个”里面，而是在一个部分里面。

——是的。

但是它也不在一个完整的部分里，因为那样它就会走上面的老路，作为整体而等于或大于它刚才所在的部分了。

——必然如此。

它如果既不在部分里面，又不在整体里面，那就不在任何“是者”里面；除了“小”本身以外，就不会有什么小的了。

——似乎没有。

那么，“是者”中也就不会有“大”；因为否则就一定有另外一

C 个更大的东西在“大”本身之外，“大”就在这个东西里面；再者，如果这个东西是大的，那就必须超过小的，可它并没有小的可超过；这是不可能的，因为哪里都没有小的。

——对的。

可是“大”本身只是比“小”本身大些，并不比其他的东西大，“小”本身只是比“大”本身小些，并不比其他的东西小。

——当然不。

那么，其他的东西并不比“一个”大些，也不比“一个”小些，

D 因为它并没有“大”也没有“小”；“大”和“小”本身也没有超过、

不超过“一个”的能力，只有相对的关系；“一个”也同样不能大于或小于那二者或其他的东西，因为它既没有“大”，也没有“小”。

——显然不能。

“一个”既不大于也不小于其他的东西，那就必定既不超过其他的东西，也不被其他的东西所超过吗?

——必然如此。

那既不超过也不被超过的必然是同等范围的，同等范围的就是均等的。

——怎么不是? E

“一个”与它自己的关系是这样的：它既没有“大”，也没有“小”，既不超过它自己，也不被它自己所超过，而是与它自己有同等范围的，与它自己相等的。

——就是这样。

那“一个”就与它自己相等，又与其他的东西相等。

——很明显。

再者，由于“一个”本身是在它自己里面，所以它必须从外面包围着它自己；作为包围自己的东西，就比自己大些，作为被自己包围的东西，就比自己小些；这样，它就既比它自己大些，又比它 151A
自己小些了。

——它是这样的。

是不是在“一个”和其他的东西以外必然没有别的东西呢?

——怎么没有呢?

那“是者”总该在某处。

——是的。

一个在某处的东西岂不是小些的在大些的里面吗？因为不这样一个就无法在另一个里了。

——绝不能。

既然除了“一个”和其他的以外再没有别的东西，而这二者必须在某某东西里面，那它们就必须彼此内在，“一个”在其他的里B 面，其他的在“一个”里面，否则它们就无处存身了吗？

——这很明显。

那么，既然“一个”在其他的里面，其他的是包围者，就比“一个”大些，“一个”是被包围者，就比其他的小些。可是，既然其他的在“一个”里面，“一个”就比其他的大些，其他的就比“一个”小些。

——好像是这样。

那么，“一个”就等于、大于和小于它自己以及其他的了。

——很明显。

如果“一个”大于、小于和等于它自己以及其他的，那它就与C 它自己以及其他的有相等的尺寸，有多于和少于它自己以及其他的尺寸；既然有那些尺寸，那就有部分了。

——怎么不是呢？

如果有相等的、较多的和较少的尺寸，那它在数量上就多于、少于它自己以及其他的，并且在这一方面等于它自己以及其他的了。

——怎么？

它比哪个大些，就比哪个多一些尺寸，有多少尺寸，就有多少部分。比哪个小些，就比哪个少一些尺寸；跟哪个相等，就与哪个有同等的尺寸。

——是这样。

它比它自己大些、小些，与它自己相等，岂不与它自己有同等的尺寸，有比它自己多些、少些的尺寸吗？有尺寸，也就有部分吗？ D

——怎么不是？

它有与它自己同样多的部分，就在量上与它自己相等。具有的部分少些，它的数量就少些，具有的部分多些，它的数量就多些。

——这很明显。

“一个”与其他的不也是处在这样的关系中吗？如果它显得比后者大些，它就在数量上多些，如果小些，那就少些，如果范围同样大，那就在数量上与其他的相等吗？

——必然如此。

如此看来，“一个”就在数量上等于、大于和小于它自己以及其 E
他的了。

——是这样。

“一个”是不是分沾着时间，是并且变得比它自己和其他的年轻些和年老些，还是虽然分沾着时间，却并不是、并不变得比它自己和其他的年轻些和年老些？

——怎么？

如果是“一个”，“是”就为“一个”所享有了。

——是的。

“是”不就是在现在这段时间里分沾着“所是”，曾是不就是在
过去那段时间里分沾着“所是”，将是不就是在将来的时间里与“所 152A
是”联结起来吗？

——就是。

“一个”分沾着时间，是因为它分沾着“是”。

——当然。

时间前进吗？

——是的。

“一个”如果随着时间前进，不是变得越来越比它自己老吗？

——必然如此。

我们还记得那变老的变得比变年轻的越来越老吗？

——我们记得。

那么，“一个”如果变得比它自己老，它一定变得比那个变年轻

B 的它自己老吗？

——必然如此。

那它就变得比它自己既老些又年轻些了。

——是的。

“一个”在处于“曾是”和“将是”之间的现在时变化的时候，不是比较老吗？因为他不能从以往越过现在迈进到以后。

——当然不能。

C 可是“一个”达到现在的时候岂不停止变老，不变老不就是已经比较老吗？因为只要它前进就永远不会被现在抓住。前进的意思就是它接触到现在和以后这两项，它放弃现在，抓住以后，在现在和以后这二者之间变动。

——对的。

如果一切变动者都必然不绕过现在，那它在现在的时候必然停

D 止变动，那时它正是它已经变成的东西。

——很明显。

那么“一个”就是这样的：它在变老的过程中达到现在的时候，就停止变动，就是比较老的了。

——当然。

它变老就是变得比刚才那个样子老些，这不就是变得比它自己老些吗？

——是的。

那老些的是比一个年轻些的老些吗？

——是这样。

那么，“一个”在变老过程中达到现在的时候也比它自己年轻些。

——必然是这样。

但是“现在”永远伴随着“一个”，经历着它的全部是的过程。因为它是的时候永远是现在。 E

——怎么不是呢？

那么，“一个”就永远是并且变得比它自己老些和年轻些了。

——看来是这样。

它是或者变的时间比它自己长，还是同样长？

——同样长。

是或者变的时间同样长，不就是年龄相等吗？

——怎么不是？

年龄相等的，就既不老些也不年轻些。

——当然不。

那么，“一个”是或者变的时间既然与它自己相等，那就既不是也不变得比它自己老些或年轻些。

——我想不会。

怎么？比其他的一切呢？

153A ——我不知道怎么说。

可是你能够说，那些异于“一个”的既然是所有的殊异者而不是某个异物，那就多于“一个”。因为它如果是一个异物，那就是“一个”了；可是它是所有的殊异者，所以它多于“一个”，构成许多个。

——构成许多个。

它构成许多个，就必定分沾着一个大于“一个”的数目。

——怎么不是？

怎么？在数目中间，那最先变或者变成的是大些的数还是小些的数？

——小些的。

B 那最小的就是开头的；开头的就是“一个”。不是吗？

——是的。

那么，“一个”就是一切有数的东西中间最先变成的。其他的一切也有数，因为它是所有的其他的，不是某个其他的。

——它有数。

但是我认为“一个”是一开头变成的，也是先变成的，其他的是后变成的。后变成的要比先变成的年轻些；这样，其他的一切就比“一个”年轻些，“一个”就比其他的一切老些。

——是这样。

C 怎么？“一个”是违背着它的本性变成的呢？还是不能违背它的本性？

——不能。

可是我们已经见到"一个"是有部分的，如果有部分，那就有开头、中间和末尾。

——是的。

一切东西的开头是最先变成的，无论在"一个"当中，还是在每个其他的当中，都是如此。在开头之后才变成其他一切，直到末尾。是吗？

——怎么不是？

可是我们要说，这一切其他的是整个"一个"的部分，整个的"一个"是与末尾一道变成一个整体的。

——我们要这样说。

可是我认为，末尾是最后变成的，而"一个"按照本性是与末尾一道变成的。那么，"一个"如果是并不违背其本性而必然变成 D
的。那它就是按照其本性与末尾一道在其他的之后变成的。

——很明显。

那么，"一个"就比其他的年轻些，其他的就比"一个"老些。

——在我看来就是这样。

怎么？"一个"或某个别的东西的开头或其他部分，如果是一个部分而不是所有的部分，那它既然是一个部分，岂不必然是"一个"吗？

——必然是。

那么，"一个"既与第一个变成的同时变成，又与第二个变成的同时变成，并不放过任何一个可以接着变成的，直到最后通过最末 E
了的一个变成了完整的"一个"，它在变动之中并不放过中间的、也不放过末了的、也不放过开头的、也不放过任何其他的部分。

——对的。

那么，“一个”就与一切其他的有同等的年龄；这样，“一个”如果不违背它的本性，那就不能比一切其他的早些或晚些变成，只
154A 能与它们同时变成。根据这个说法，“一个”就比一切其他的既不老些，也不年轻些，一切其他的也不比“一个”老些和年轻些；根据前面的说法，“一个”就比一切其他的老些和年轻些，一切其他的也比它老些和年轻些。

——当然。

这就是“一个”是和变动的情况。它怎样变动呢？是变得比一切其他的老些和年轻些，还是其他的变得比它老些和年轻些，还是变得既不老些也不年轻些？它“是”的情况，就是它“变动”的情
B 况，还是不一样？

——我不知道怎么说。

但是我至少可以说，如果一样东西比另外一样东西老些，那么在年龄的差别上，它就不能变得比它开始变的时候还要老些；那年轻些的也同样不能变得更年轻些。因无论在时间方面还在别的方面，两个相等的加在两个不相等的上造成的差别，永远等于原来两个不相等的之间的差别。

——怎么不是呢？

一个“是者”绝不能变得比另一个“是者”更老些或更年轻些。
C 因为它们永远保持着同样的年龄差别，这个是老些、变得老些，那个年轻些，可是它们并不变得更老些、更年轻些。

——对的。

那么，一个“是者”就不会变得比其他一切“是者”更老些或

更年轻些了。

——当然不会。

你看它们是不是以这种方式变得一个比另一个更老些和更年轻些。

——以什么方式呢?

像我们指出的那样,“一个”比其他一切老些,其他的比“一个”老些。

——怎么?

“一个”如果比其他一切老些,那它就比其他的生活了更多的时间。D

——是的。

你再考虑一下:如果我们把相等的时间加到较多的时间和较少的时间上,那长些的是以相等的一段异于短些的,还是以较少的一段异于它?

——以较少的一段。

那岂不是这样:正如“一个”原来在年龄上与其他的有差别,它在以后还是有差别;可是由于它与其他的添上了同等的时间,它在年龄上就与其他的差别越来越小;不是吗?

——是的。

一件东西与另一件东西相比,如果在年龄的差别上比以前小了一些,那就是变得比以前年轻了一些,而它以前是比那件东西老些的。是吗? E

——变年轻了一些。

如果“一个”变年轻了一些,那么对于“一个”来说,其他的一切不是变得比以前老了一些吗?

——那当然。

那么，生得晚些的相对于生得早些的、老些的来说，就变得老些了。可是它并不是老些的，而是变得越来越比后者老些。因为后
155A 者是趋向于更年轻，前者是趋向于更年老的。老些的又变得比年轻些的更年轻些。因为二者朝着彼此相反的方向前进，变成彼此相反的东西，就是年轻些的变得比老些的更老些，老些的变得比年轻些的更年轻些；可是它们绝不能变成这样。因为如果它们变成这样了，那就不再变了，就这样了。可是现在它们彼此相对地变得老些和年轻些。这就是："一个"变得比其他一切年轻些，因为我们已经见到，
B 它是老些的、生得早些的；其他的一切变得比"一个"老些，因为它们生得晚些。根据同样的说法，其他的一切相对于"一个"也是这样，因为我们已经见到，它们是比它老些的、生得早些的。

——显然是这样。

既然没有一样东西变得比另外一样东西老些和年轻些，它们彼此间的差别在数量上是永远相等的，这样，"一个"就并不变得比其他一切老些或年轻些，其他的也不变得比"一个"老些或年轻些。既然生得早些的必然永远以不同的一段时间区别于生得晚的，晚些的也像
C 这样区别于早些的，这样，其他的一切相对于"一个"就必然变得年轻些和老些，"一个"相对于其他的也是如此。是不是这样？

——当然是。

根据这一切，"一个"就是、就变得比它自己和其他一切老些和年轻些，也并非不是、并非不变得比它自己或其他的老些或年轻些。

——毫无疑义。

D 既然"一个"分沾着时间，可以变得老些和年轻些，那么由于

分沾着时间，它就必定分沾着以前、以后和现在吗？

——必然如此。

那么，“一个”就曾经是、正在是、将要是并且曾经变、正在变、将要变了。

——怎么不这样呢？

那就有某某东西属于它、关于它，无论在过去、现在还是将来。

——当然有。

也能有关于它的知识、意见和感觉，因为我们现在就在对它做这些事情。

——你说得很对。

并且有名称和言语属于它，我们可以称呼它、讲说它。总之，E
只要是以这种方式涉及其他一切的，都同样涉及“一个”。

——毫无问题。

我们再来讲第三遍。如果是“一个”，像我们上面讨论过的那样，那岂不必然是这样：由于它是“一个”又是许多个，又并非“一个”亦非许多个，还分沾着时间，它就由于是“一个”，在某个时候分沾着“所是”，由于不是“一个”，在某个时候并不分沾“所是”？

——必然如此。

那么，在它分沾的时候，它能不分沾吗？在它不分沾的时候，它能分沾吗？

——不能。

那它就是在一个时候分沾，在另一个时候并不分沾；因为只有这样它才能既分沾又不分沾同一个东西。

156A ——对了。

是不是有一个时候它占领着“是”，在另一个时候它放弃了“是”？不这样它怎么能一会儿拥有、一会儿没有同一件东西，如果它不一会儿抓住、一会儿放跑它的话？

——只能这样。

你不把占领“所是”称为“变成”吗？

——我是这样做的。

你不把放弃“所是”称为消灭吗？

——当然是这样。

看来“一个”抓住“所是”的时候就变成了，放跑“所是”的时候就消灭了。

——必然如此。

B 既然它是“一个”又是许多个，变成又消灭，是不是当它变成“一个”的时候，那是许多个的就消灭了；当它变成许多个的时候，那是“一个”的就消灭了呢？

——当然。

它变成“一个”和许多个的时候，不就必然变成分散的和复合的吗？

——必然如此。

它变得不像和像的时候，就该是变像和变不像了吗？

——是啊。

C 它变得大些、小些、等量的时候，就该增长、收缩和等同吗？

——就是。

它保持运动和从静转变到动的时候，本身必定不在一个时间里吗？

——怎么能呢？

先静后动和先动后静，这种事情没有转变是不会发生的。

——那怎么会？

绝没有一个时候某某东西能够同时既运动又静止。

——当然没有。

它也不能不经过转变就转变过来。

——这是无法设想的。

它在什么时候转变呢？因为它既不能在静止的时候转变，也不能在运动的时候转变，也不能在时间里转变。 D

——当然不能。

那它是不是在一个奇怪的东西里转变的呢？

——什么东西？

“突然”。因为“突然”似乎指那样一个关键，一样东西就是从它那里转变到运动或静止的。因为没有一样东西是在仍然静止时从静止转变、在运动的时候从运动转变的；而是在“突然”这个处于动静之间的、不在任何时候的怪东西里，由它出发，运动者转变到 E
静止、静止者转变到运动的。

——恐怕是这样。

那么，“一个”如果既静止又运动，就必定从一种状态转变到另一种状态；因为只有这样它才能做这两件事情。可是它如果转变，那就是在“突然”中转变，这样，它就根本不在任何时间中转变，既不运动，也不静止了。

——当然不。

其他的各种转变也是这样吗？它从“是”转变到消灭、从“不

157A 是”转变到产生时，是以某种方式处在动静之间，既非是又非不是，既不产生又不消灭吗？

——看来是这样。

按照这种说法，它从“一个”进到“许多个”，或者从“许多个”进到“一个”时，就既不是“一个”，也不是“许多个”，既不分散，也不复合。它从“像”进到“不像”，从“不像”进到“像”时，就既不是像的，也不是不像的，既不是变像的，也不是变不像
B 的；从小进到大、进到均等及其反面时，就既不小，也不大，也不均等，既不增长，也不收缩，也不等同。

——看来不是那样。

“一个”是具有这一切性质的，如果它是“一个”的话。

——怎么不是呢？

如果是“一个”，其他的又有什么性质呢？这一点我们不是应该考虑一下吗？

——应该考虑。

那我们就可以说：如果是“一个”，“一个”以外的其他一切该有什么性质呢？

——我可以这样说。

C 如果有异于“一个”的东西，这其他的东西就不是“一个”；因为不这样它就不能异于“一个”了。

——对了。

可是这个其他一切也不是完全摆脱了“一个”，而是以某种方式分沾着它的。

——以什么方式?

异于“一个”的其他一切是有部分的，所以是其他的东西；如果没有部分，那就完全是“一个”了。

——对了。

我们说过，部分只属于那个是整体的东西。

——我们是说过的。

可是整体必然是由许多东西构成的“一个”，部分就是整体的部分。因为每个部分不能是许多东西的一部分，而是整体的一部分。

——这怎么讲?

如果某某东西是许多东西的一部分，本身就在它们里面，那它 D
就会是它自己的部分，这是不可能的；它也会是其余每一个东西的部分，如果它应该是它们全体的部分的话。因为它如果不是某一个的部分，就只会是除这一个以外的其他那些的部分；这样，它就不会是每一个的部分了。它如果不是每一个的部分，它就不是许多个里面的一个的了。既然不是任何一个的部分，它就与它们全都没有关系，既没有部分关系，也没有任何别的关系，这是不可能的。

——这很明显。

那么，部分就不是许多东西的部分，也不是全部东西的部分， E
而是一个“相”的部分，我们称之为整体的“一个”的部分，这整体由所有的成分合成一体；部分必须是这个东西的部分。

——完全是这样。

那么，其他一切如果有部分，那它就必须既分沾着整体、又分沾着“一个”。

——当然。

那么，异于“一个”的其他一切必然是一个完备的、有部分的整体。

——必然是。

这个说法也同样适用于每一个部分，因为每一个部分也必然分
158A 沾着“一个”。如果其中的每个部分都是一部分，那就意谓着是一个东西，就是说，它是与其他的东西分离的、独立的东西，如果是每一个的话。

——对了。

它显然能够分沾着“一个”，因为它是异于“一个”的东西，否则它就不是分沾着“一个”，而是“一个”本身了。可是“一个”以外的每个其他的东西根本不可能是“一个”本身。

——不可能。

整体和部分都必然分沾着“一个”。因为前者是一个整体，那些部分正是它的部分，每个部分都是整体的一部分，作为部分构成整体。

B ——是这样。

那么，分沾着“一个”的是由于异于“一个”才分沾“一个”吗？

——怎么不是？

异于“一个”的必定是“许多个”。因为“一个”以外的如果既不是“一个”、又不是“许多个”，那就什么都不是了。

——那当然。

既然分沾着部分“一个”的和分沾着整体“一个”的不止一个，那些占有“一个”的本身岂不必然是数量上无限制的吗？

——怎么?

我们可以这样看。是不是那些东西在沾上“一个”的时候自己并不是一个，并不占着“一个”呢?

——很明显。

那就是并不包含“一个”在其中的一大堆。 C

——就是一大堆。

怎么?如果我们凭着思想从其中抽出最小的来，像我们向来做的那样，那个抽出来的既然并不分沾着“一个”，岂不必然是一大堆，并不是“一个”吗?

——必然是这样。

每当我们观察那异于“型”的东西[①]本身时，所见到的总是那么多，那不是数量上无限制的吗?

——毫无疑义。

每一个部分成为部分的时候，它就有一个相对于其他部分、相对于整体的界限，整体也有一个相对于部分的界限。 D

——这很明显。

至于那些异于“一个”的东西，当它们与“一个”会面的时候，就从它们自己那里和“一个”那里产生出另外一个东西，在它们相互之间造成限制，而它们的本性却使它们不受限制。

——看来是这样。

那么，那些异于“一个”的无论作为整体还是作为部分，都是没有限制而分沾着界限的。

① ἑτέρον φύσιν τοῦ εἴδους，指个别的事物。

——当然。

E 它们彼此之间，以及它们与它们自己，岂不是既像又不像吗？

——怎么？

它们既然在本性上都是没有限制的，那就都是一样的了。

——那当然。

它们既然全都分沾着界限，在这方面就全都是一样的了。

——怎么不是呢？

它们既然是有限制又没有限制的，那就是具有这两种彼此相反的性质。

——是的。

159A 相反的就是最不像的。

——怎么不是？

那么，根据这两个性质中间的一个，它们就像自己并且彼此相像，根据这两个性质合在一起，它们就以两种方式完全相反，最不像了。

——恐怕是这样。

那么，每一个其他的就都与它自己既像又不像，也彼此既像又不像了。

——是这样。

它们既然是一样的，又是彼此相异的，是变动的，又是静止的，那

B 就不难看出，凡是异于"一个"的东西所享有的相反性质它们都具有。

——你说的对。

如果我们认为这已经很明白，那就可以进一步研究：如果是

“一个”，那些异于“一个”的就不是这样，还是只能这样？

——我们研究吧。

那我们就从头再说一遍：如果是“一个”，那异于“一个”的该怎么样呢？

——就这样说吧。

那岂不是“一个”与其他的一切完全分离，其他的与“一个”分离吗？

——为什么？

因为在它们之外并没有别的东西既异于“一个”、又异于其他的。因为我们说“一个”和其他一切的时候，就把话说完了。 C

——说完了。

那就不再有什么东西异于这二者，这二者共处于其中了。

——当然没有。

“一个”和其他的绝不会共处在一个东西里面。

——看来不会。

那它们就是分离的吗？

——是的。

我们也不能说真正的“一个”有部分。

——怎么能那样说呢？

那么，“一个”就既不是整个在其他的里面，也不是其他的一部分，如果它与其他的分离，而且没有部分的话。

——怎么能有呢？

那么，其他的就根本不能分沾着“一个”，既不能分沾它的一部分，也不能分沾它的整体。 D

——看来不能。

那么，其他的就根本不是“一个”，也没有“一个”在它里面。

——当然不是。

那么，其他的也不是“许多个”。因为它如果是许多个，其中的每一个就是整体的一部分了。现在那异于“一个”的既不是“一个”、也不是“许多个”，既不是整体、又不是部分，因为它根本不能分沾“一个”。

——对了。

那么，其他的本身既不是两个，也不是三个，也不包含这些数

E 目在它里面，因为“一个”根本被剥夺了。

——就是。

那么，其他的就既像又不像“一个”，也没有“像”和“不像”在它里面。因为它自己如果既像又不像，包含着“像”和“不像”在它里面，那异于“一个”的其他的就在自己里面有两个彼此相反的“型”了。

——很明显。

可是那并不分沾“一个”的就不可能分沾“两个”。

——不可能。

那么，其他的就既不是像的，也不是不像的，也不是既像又不

160A 像的。因为如果像或者不像那就分沾着那两个“型”中间的一个，如果既像又不像那就分沾着这两个相反的“型”。可是这已经说过是不可能的。

——对了。

那么，它就既不是一样的、又不是殊异的，既不是变动的、又

不是静止的，既不是产生的、又不是消灭的，既不是大些的、又不是小些的、又不是均等的，也没有这一类性质中的任何其他一个。因为其他的如果能够带上某一个这类性质，它就必定分沾着一个、两个、三个、奇数、偶数，这已经说过是不可能的，因为它在任何 B
情况下都是排除了“一个”的。

——对极了。

如果是“一个”，这“一个”就既是一切，又不是任何一个[①]，无论对它自己还是对其他的来说。

——完全是这样。

很好。这以后，如果不是“一个”，我们岂不是应当研究研究会产生什么结果吗？

——应当研究。

如果不是“一个”这个假设，真正说来是什么呢？它与如果不是“并非一个”有什么区别呢？

——当然有区别。

仅仅有区别吗？“如果不是并非一个”，不是与“如果不是一个” C
完全相反吗？

——完全相反。

怎么，如果有人说：如果不是大的，如果不是小的，等等，是不是他在每一种情况下都认为：说不是的就是指殊异的？

——当然。

① οὐδὲν，从 Bekker A 本，不从 Burnet 和 Diès 作 οὐδὲ ἕν（不是一个）。

那他现在是不是认为：他说“如果不是一个”的时候，“不是的”是指另外一个殊异的东西？我们知道他的意思吗？

——我们知道。

他说“一个”的时候，首先是指某个可知的东西，然后是指某个异于其他一切的东西，他可以在这个东西上面附加上“是”或

D “不是”。因为我们说某某不是的时候也同样知道它是什么，知道它异于其他的。不是吗？

——必然如此。

那我们就该从头说：如果不是“一个”，看看要产生什么结果。看来首先会产生的是这样一个结果：有一种关于它的知识。否则人家说“如果不是‘一个’”的时候我们就完全不理解他的意思是什么了。

——对的。

那么，其他的也是异于“一个”的，否则就不能说“一个”异于其他的吗？

——当然。

那么，除了有关于“一个”的知识以外，“一个”还有它的“殊

E 异”。因为人家说“一个异于其他的”时，指的并不是其他的那边的殊异，而是“一个”这边的殊异。

——这很明显。

那“不是的一个”分沾着“那个”、“某个”、“这个”、“这个的”、“这些个的”以及诸如此类的事情。因为否则就无法说“一个”，也无法说“异于一个的”，也无法说它是某某，无法说他所说的那个东西，如果它不分沾着某某、不分沾着其他的这类事情的话。

——对了。

如果不是“一个”，“是”就不能属于“一个”，但是并不妨碍“一个”分沾许多东西，倒必然是这样：如果是那“一个”，那就不 161A
是其他不是的了。因为说到的如果既不是“一个”，也不是“那个”，而是另外的什么，那就根本没有什么话可说了。如果假设为不是的是那“一个”，不是其他的，那它就必然分沾着那“一个”和许多别的东西了。

——那当然。

那么，相对于其他的来说，“一个”是有“不像”的性质的。因为其他的异于“一个”，必定是殊异的一类。

——是的。

那些殊异的东西不是另外一类的吗？

——怎么不是呢？

那些另外一类的东西应该不像吧？

——当然不像。 B

既然它们不像“一个”，那就很明显，那不像的东西是不像跟它不像的东西的。

——很明显。

“一个”也有“不像”的性质，由于它有这种性质，其他的才跟它不像。

——看来是这样。

如果它有不像其他一切的性质，不是必然有像它自己的性质吗？

——怎么？

如果“一个”有一种不像“一个”的性质，我们的说法就不是关于“一个”这样的东西的了；我们的假设就已经不是关于“一个”的，而是关于异于“一个”的东西的了。

——当然。

它不该是这样的。

——不该。

C 那么，“一个”就一定有一种像它自己的性质了。

——一定。

可是“一个”也不等于其他的。因为它如果均等，那它就已经是其他的了，而且由于均等就像其他的了。可是如果不是“一个”，这二者就都是不可能的。

——不可能。

如果它不等于其他的，其他的就必然不等于它吗？

——必然。

那些不均等的不是不相等吗？

——是的。

那不均等的不是不等于不均等的吗？

——怎么不是？

D “一个”也分沾着不均等，由于这种不均等，其他的才不等于它。

——它分沾着。

可是不均等却是大和小。

——正是。

这样的“一个”也有大和小吗？

——恐怕有。

大和小总是背道而驰的吧？

——当然。

那它们之间总有个东西在那里。

——有。

在它们之间，除了均等你还知道有什么别的吗？

——除了它没有别的。

一样东西有大和小就有二者之间的均等。

——很明显。 E

看来那“不是的一个”既分沾着均等，也分沾着大和小。

——看来是这样。

它也以某种方式分沾着“所是”。

——怎么样呢？

就像我们说的那样。因为如果它不是那个样子，我们说“不是一个”就没有说对。如果说对了，那我们就说到了“是者”。不是吗？

——就是这样。

如果我们肯定自己说对了，那我们就必然肯定自己说到了“是者”。 162A

——必然。

看来“一个”似乎是“不是的”。因为它如果不是“不是的”，而是为了“不是”而放弃了“是”，那它就马上成为“是者”了。

——那当然了。

它一定有一个纽带把它与“不是”联在一起，这就是“不是者”，如果它应当不是的话；这正如“是者”必须有“不是”才能

完备一样。因为只有这样“是者”才真正地是，“不是者”才真正地不是。“是者”如果要完整地是，那就既要分沾着是“是者”的那
B 个“所是”，又要分沾着不是“是者”的那个“非所是”；“不是者”如果要完满地不是，那就既要分沾着不是“不是者”的那个“非所是”，又要分沾着是“不是者”的那个“所是”。

——完全正确。

由于“是者”分沾着不是，“不是者”分沾着是，“一个”既然不是，就必然分沾着是，这样才能不是。

——必然。

“一个”如果不是，那就显然有个“所是”。

——显然有。

它既然不是，那就有一个“非所是”。

——怎么没有？

C 是某种状态，能不是这种状态吗，如果不从这种状态转变的话？

——不能。

那么，凡属是这样又不这样的事情，都意味着一个转变。

——怎么不是呢？

转变是变动吗？此外还有没有别的说法？

——就是变动。

可是“一个”表现为既是又不是。

——是啊。

那么，“一个”就表现为既这样又不这样了。

——看来是这样。

那“不是的一个”既然有从是到不是的转变，岂不表现为变动的吗？

——恐怕是这样。

它既然不是，不能在任何“是者”里面，那就不能从一处转移到另一处了。

——那怎么能呢？

那么，它也就不是以移动来变动的了。

——当然不是。 D

它也不能在同一处所旋转，因为它是不在任何处所接触同一个东西的。因为同一者就是“是者”，而不是的东西是不可能在任何“是者”里的。

——当然不可能。

那么，“不是的一个”就不能在它所不在的那个东西里旋转了。

——当然不能。

“一个”也不能变得异于它自己，无论是“是的一个”，还是“不是的一个”。因为它如果变得异于它自己，我们的说法就不是关于“一个”的，而是关于另外一个东西的了。

——对了。

如果它既不变异，又不在原处旋转，又不改变位置，它还能以 E 别的方式变动吗？

——怎么？

不变动的必然安静，安静的必然静止。

——必然。

那么，“不是的一个”看来既静止又变动。

——看来是这样。

此外，如果它变动，那它就大大地必须改变。因为它越是不像
163A 它原来那样，换了样子，就越是变动了。

——就是。

变动的“一个”也就改变了。

——是的。

可是那根本不变动的也根本不改变。

——当然不。

“不是的一”怎么改变就怎么变动，不改变就不变动。

——当然不。

那么，“不是的一个”就既改变又不改变了。

——很明显。

那改变的岂不是必然变得异于以前，从以前的状况中消失吗？
B 那不改变的不是既不产生也不消失吗？

——必然如此。

那“不是的一个”作为改变的，就既产生又消失；作为不改变的，就既不产生又不消失。这样，那“不是的一个”就既产生又消失，也既不产生又不消失了。

——当然不。

我们可以再一次回到出发点，看看是不是会见到现在得到的那些结果，或者得到什么别的。

——我们这样做吧。

C 如果不是“一个”，那我们就说，这应该得出什么结果呢？是

不是？

——是的。

我们说“不是”的时候，意思就是指我们说不是的那个东西一无“所是”吗？

——没有别的意思。

我们说某物不是时，是指它仅仅不是这样，却可以那样，还是干脆指那个“不是者”在哪里都不是，根本就不是，完全不分沾“所是”？

——完完全全不是。

那么，“不是者”就既不能是，又不能以任何方式分沾“所是”了。 D

——当然不能。

产生和消失就无非是前者抓住“所是”，后者放弃“所是”吗？

——无非如此。

那并不分沾它的，就既不能抓住它，也不能放跑它吗？

——怎么能呢？

“一个”既然根本不是，那就根本不能持有、放跑、抓住“所是”了。

——不能。

那么，“不是的一个”既然根本不分沾“所是”，就既不消失也不产生吗？

——看来不。 E

它也不会有任何改变，因为发生改变的时候就已经有所产生和消失了。

——对了。

它如果不改变，那就必然不变动吗？

——必然。

我们也不肯定“在哪里都不是的”常住，因为常住的必定永远在原处。

——在原处，它怎么不在呢？

因为这个“不是者”我们既不能说它常住，也不能说它变动。

——确实不能。

164A 可是任何“是者”都不属于它，因为分沾着某个“是者”就已经分沾着“所是”了。

——这很明显。

大、小、均等都不属于它。

——当然不。

它与它自己、与其他的既不像，又不相异。

——显然不。

怎么？既然任何东西都与它无关，其他的能以某种方式属于它吗？

——不能。

那么，其他的就既不像它，又不不像它，既不与它是一回事，又不与它相异了。

——当然不。

怎么？是不是能有个“某某的”、“属于某某的”、“某个”、“这个”、“这个的”、“其他的”、“属于其他的”、“从来”、“以后”、“现
B 在”、“知识”、“意见”、“感觉”、“言语”、“名称”，或者任何“是者”的其他性质，可以与“不是者”有关？

——不能有。

这样，“不是者”就根本没有什么状态了。

——看来它是根本没有什么状态的。

我们可以再说一次：如果不是“一个”，其他的又该如何？

——我们可以这样说。

那就该是其他的了。因为如果不是其他的，那就不用对那些其他的说什么话了。

——是这样。

如果要说其他的，那么，其他的就是殊异的。否则你就不需要总是把“其他的”和“殊异的”这两个词当成一样的了。

——我就是这样做的。 C

所谓殊异的，我们说，就是异于一个殊异者的；其他的不就是有别于另外一个东西的吗？

——是的。

其他的既然是其他的，那就要相对于一个有别于它的东西。

——必然是这样。

这是什么东西呢？因为它不是有别于“一个”的东西，“一个”是“不是的”。

——确实不是。

其他是相互的。彼此互为其他。因为只剩下这条路可走，否则其他的就不能有别于任何东西了。

——对了。

其他的作为许多个的东西，就每一个有别于其余那些；因为作为不是的“一个”，就不能这样了。然而，这许多个中间的每一个看

D 来是一大块，其中包含着数目无限多的东西；如果我们拿起自己认为最小的一块，那就会像梦中出现的那样，突然显示为并非自己设想的“一个”，而是许多个，并非很小，而是很大，可以从其中进一步分割出许多东西来。

——对极了。

如果不是“一个”而是其他的，其他的作为一块一块的东西，就彼此互为其他的了。

——当然是这样。

如果根本不是“一个”的话，其他的就会是许多块，每一块显示为“一个”，却不是“一个”吗？

E ——是这样。

如果其他的是许多块，每一块显示为“一个”，那它们就有一个数目了。

——当然。

如果不是“一个”的话，其他的就有些显现为偶数的，有些显现为奇数的，却并不真是，只是显现而已。

——当然不是。

我们说，看来其中也有最小的；但是相对于那些既多又小的来

165A 说，它们又显现为既多又大的。

——怎么不是？

看来每一块就等于那许多小的东西合在一起；因为它在达到中间之前是不能从较大的转变为较小的现象的。中间就是均等的样子。

——大概是。

每一块既然是另一块的边界，这样看来，它本身就并没有什么

开头、中间、结尾吗？

——为什么？

因为每当我们在思想上认定某个是开头、中间或末尾的时候，总是在开头的前面还会出现另外一个开头，在末尾后面总可以出现一个 B
跟在后面的末尾，在中间里面总可以出现一个更确切的、更小的中间，因为我们无法把任何东西肯定为“一个”，“一个”是根本没有的。

——非常之对。

我想，凡是我们在思想上肯定的一切都必然分割成片断，因为我们所肯定的总是一块，并非“一个”。

——完全正确。

这样的块，如果从远处马马虎虎地看，就好像必然是“一个”； C
如果从近处仔仔细细地看，就显得每一个都是无限多的，因为这样一来就剥夺了那不是的“一个”。

——必然是这样，对极了。

既然如此，每一个其他的就显得既是无限制的、又是有限制的，既是“一个”，又是许多个了，如果不是“一个”，是异于“一个”的其他的话。

——应该是这样。

看起来它们是既像又不像的吗？

——怎么？

一幅画在站在远处的人看来一切现象就显得是“一个”、是像的。

——当然。 D

这些现象，我们走近看来，就显得很多、显得不一样了；由于显得不一样，它们就不一类、不像了。

——是这样。

于是那些一块一块的东西就必然显得与自己既像又不像，彼此之间又像又不像了。

——当然。

那它们就显得彼此相同又彼此相异，互相接触又彼此分离，以各种方式变动又绝对静止，产生又消失，不生又不灭，以及我们很

E 容易遇到的其他各种样子，如果不是“一个”、是许多个的话。

——太对了。

那我们就再回到出发点，说：如果不是“一个”，是异于“一个”的东西，看看该怎样。

——我们这样说吧。

其他的东西不是“一个”。

——为什么？

它也不是许多个。因为在许多个里面就有“一个”。如果其中竟没有“一个”，它们加起来就什么都不是，这样就不能是许多个了。

——对了。

“一个”如果不在其他的里面，其他的就既不是许多个，也不是“一个”了。

166A ——当然不是。

它们也就既不显现为“一个”，又不显现为许多个。

——为什么？

因为其他的并不在任何处所、任何情况下与“不是者”有任何联系，任何“不是者”都不能在任何其他的那里，因为“不是者”

根本没有部分。

——对。

其他的并没有对于“不是者”的看法和观念，根本不能以任何方式设想“不是者”。

——根本不能。

那么，如果不是“一个”，就不能把其他的里面的任何东西设想 B
为“一个”或者许多个。因为没有“一个”就不能设想许多个。

——当然不能。

如果不是“一个”，其他的就不能是“一个”或者许多个，也不能被设想成“一个”或许多个。

——看来是这样。

那它们就既不像又不不像了。

——当然。

那它们就既不相同，又不相异，既不接触，又不分离，也没有我们上面指出的那些现象，既不是那样，也不显得那样，如果不是“一个”的话。

——对了。

那就可以概括起来说：如果不是“一个”，那就什么都不是。我 C
们这样说对吗？

——完全正确。

这样说了之后，我们还要说：无论从是“一个”看，还是从不是“一个”看，“一个”本身以及那些其他的，从自身说，并且彼此相对着说，完完全全是、也不是一切，显现、也不显现一切。

智者篇

（节选自《通种论》）

谈话人：（爱利亚的）来客、泰艾德多

254B **来客**：我们已经看法一致，认为在“种”[①] 中间有一些是可以彼此相通的，有一些却不行，有一些与少数的“种”相通，也有一
C 些与多数的“种”相通，还有一些以各种方式毫无阻碍地与所有的“种”相通。现在我们接下去讨论，先不要考察所有的“型”，以免多了弄不清楚，可以选几个公认为最大的，先看其中的每一个是什么样的，再看它们相通的能力有多大。这样，我们纵然不能十分明确地弄清“是者”和“不是者”，至少可以在这项研究所容许的范围
D 内对此作一番估量，尽可能地在讲“不是者”的时候说出它确实是“不是的”，说得没有什么毛病可挑。

泰艾德多：[②] 就该这样做。

来客：在我们刚才讲过的那些“种”当中，最大的就是“是者”

① γένος，普遍性很高的“相”或“型”。

② Θεαίτητος.

本身、“静”和“动”。

泰艾德多：就是。

来客：后面两个我们说是彼此不相通的。

泰艾德多：根本不通。

来客：“是者”是可以与后两个相通的。因为这两个都“是”。

泰艾德多：怎么不是这样呢？

来客：那就成了三个“种”。

泰艾德多：就是嘛。

来客：其中的每一个都与其余的两个相异，与它自己相同。

泰艾德多：就是。 E

来客：可是我们说的“同”和“异”是什么呢？是两个异于前三个、却必定总是与那三个混在一起的“种”，因而我们必须把注意力放在五个“种”上，而不是只管三个“种”，还是用“同”和 255A
“异”来指那三个“种”里面的一个，却并不知道？

泰艾德多：也许是这样。

来客：可是“动”和“静”的确既不是“异”，也不是“同”。

泰艾德多：怎见得呢？

来客：不管我们把“动”和“静”合起来叫成什么，这个合称绝不能是二者中的一个。

泰艾德多：这是为什么？

来客：因为这样一来，“动”就变成了静的，“静”就变成了动的。只要你从这两个里挑出一个来称呼另一个，另一个就不免变成与它的本性相反的东西，分沾着这个反面性质。 B

泰艾德多：这很明显。

来客：它们俩既分沾着“同”、又分沾着“异”。

泰艾德多：是的。

来客：那我们就不能说“动”是“同”或“异”，也不能说“静”是“同”或“异”了。

泰艾德多：当然不能。

来客：可是我们能不能把“是者”和“同”了解成一回事呢？

泰艾德多：也许可以。

来客：可是，如果“是者”和“同”并没有什么区别，那我们
C 说“动”和“静”都“是”的时候，就是承认它们是“同的”、是“是的”了。

泰艾德多：然而这却是不可能的。

来客：那么，“同”和“是者”就不可能是一回事了。

泰艾德多：差不多。

来客：那我们就该在那三个“种”之外添上“同”作为第四个“种”了。

泰艾德多：那当然。

来客：怎么？我们该把“异”当成第五个“种”，还是该把“异”和“是者”了解成一个“种”的两个名称？

泰艾德多：很可能。

来客：可是我认为你会承认，在“是者”当中，有一些是从本身说的，有一些总是仅仅相对于别的东西说的。

泰艾德多：怎么不承认呢？

D **来客**：“异”总是相对于另外一个东西。是吗？

泰艾德多：是啊。

来客：可是这只有“是者”与“异者”截然不同才行。如果“异者”也跟“是者”似的有那两种方式，就会有一些“异者”并非相对于别的东西而“异”了。可是非常明白，“异者”之所以“异”必定是相对于另外一个东西说的。

泰艾德多：正像你说的那样。

来客：那我们就要说，“异”的本性在我们挑出的那些“型”当 E
中是第五个“种”。

泰艾德多：是的。

来客：我们还应该说，“异”是贯穿于一切“种”之中的，因为每一个“种”都异于其余的“种”，这并不是由于它的本性，而是由于它分沾着“异”的“相”。

泰艾德多：毫无疑问。

来客：那我们就逐个地讨论这五个“种”吧。

泰艾德多：怎么谈？

来客：先说“动”，“动”是绝对异于“静”的。我们怎么说呢？

泰艾德多：就是这样说。

来客：那它就不是“静”了。

泰艾德多：绝不是。

来客：然而由于分沾着“是者”，它“是”。 256A

泰艾德多：它“是”。

来客：可是“动”又是异于“同”的。

泰艾德多：差不多。

来客：那它就不是“同”了。

泰艾德多：当然不是。

来客：然而它又在某种意义上是“同”，因为一切都分沾着“同”。

泰艾德多：这也对。

来客：那我们就必须承认“动”既是“同”、又不是“同”，不可犹疑。因为我们说它是“同”，和说它不是“同”，并不是从同一个角度看的。说它是“同”，是从它本身看，着眼于它分沾着“同”；
B 说它不是“同”，是由于它与“异”相通，这就与“同”分开，不成其“同的”，而成为“异的”了，所以说它不是“同”又是正确的。

泰艾德多：毫无疑义。

来客：那么，“动”如果在某种意义上分沾着“静”，把它称为“稳定”[①]就没有什么奇怪了。

泰艾德多：对极了。因为我们承认：在“种”当中，有一些是能够彼此沟通的，另外一些却不能。

C **来客**：这一点我们在说到这里之前就已经证明过，指出这是由于它们的本性。

泰艾德多：怎么不是呢？

来客：我们又说：“动”是异于“异”的，正如它异于“同”、并且异于“静”一样。

泰艾德多：必然是这样。

来客：那么，“动”就不是异的，可以根据现在的说法，它也是异的。

泰艾德多：对了。

---

① στάσιμον，与“静”（στάσις）字出于同根，原意为“站立”。

来客：往下研究什么呢？我们能不能说："动"是异于前三个"种"的，却并不异于第四个[1]？既然我们已经同意要提出来加以研究的是五个，这样说行不行？ D

泰艾德多：那怎么行呢？我们绝不能把原定的数目减少哇。

来客：那我们就放大胆子说话，力争"动"是异于"是者"的吧。

泰艾德多：一点都不用害怕。

来客：那就很清楚，"动"并非真正是"是者"，它之为"是的"，是因为它分沾着"是者"。

泰艾德多：再清楚不过了。

来客：那么，"不是者"就必然"是"了，无论对于"动"来说，还是对于所有的"种"来说，它都"是"。因为所有的"种"都 E 是"异"的本性使它们异于"是者"，成为"不是者"，所以我们在某种意义上把它们都说成"不是的"是正确的，而就分沾"是者"这一点把它们都说成"是的"也是正确的。

泰艾德多：可以这样看。

来客：那么，对于每一个"型"来说，有很多是的情况，而有无限多不是的情况。

泰艾德多：看来是这样。

来客：不是应当说，"是者"本身是异于其他一切的吗？ 257A

泰艾德多：必然如此。

来客：那么，有多少异于"是者"的东西，"是者"就有多少回不是。因为它不是其他的东西，它本身是"一个"，不是数目无限的

---

① 指"是者"。

其他东西。

泰艾德多：这差不多。

来客：这是没有什么奇怪的，因为那些“种”有彼此相通的本性。如果有人不同意这一点，那就请他先驳倒我们以前的说法，再来驳斥我们以后的说法。

泰艾德多：你的话太公允了。

来客：我们再看看这一点。

B **泰艾德多**：哪一点？

来客：我们说“不是者”，似乎不是指“是者”的反面，指的只是一个异于“是者”的东西。

泰艾德多：怎么？

来客：我们说某某东西不大的时候，你以为这话指的是小，不是中等个儿吗？

泰艾德多：我怎么会这样想呢？

来客：那我们就不能承认否定是专指反面的。“不”、“非”这样
C 的否定词只表示一个异于后面那个实词的东西，或者说，只表示一些与后面那个实词有关联的东西。

泰艾德多：当然如此。

来客：那我们可以再往下考虑，如果你觉得合适的话。

泰艾德多：考虑哪一点？

来客：“异”的本性我以为跟“知识”一样，是分成很多的成分的。

泰艾德多：怎么？

来客：“知识”虽然只是“一个”，可是知识的每一部分各有各的

对象，各有各的专门名称，因而有很多门类的技术和学问。 D

泰艾德多：当然如此。

来客："异"的本性也是这样，它也有许多部分，虽然它是"一个"。

泰艾德多：也许是这样，我们怎么说呢？

来客："异"有一个部分与"美"相反吗？

泰艾德多：有。

来客：这个部分有没有名称？

泰艾德多：它有名称。因为每当我们说"不美"的时候，指的无非是那种异于"美"的本性的东西。

来客：好，请告诉我下面这一点。

泰艾德多：哪一点？ E

来客：我们所谓"不美"，是指那种属于某种"是者"、又与另一种"是者"相反的东西吗？

泰艾德多：是啊。

来客："不美"看来就是"是者"与"是者"的对立了。

泰艾德多：非常对。

来客：怎么？按照这个说法，"美"就是"是者"当中的多数，"不美"就是其中的少数吗？

泰艾德多：不对。

来客：那就该说"不大"跟"大"一样吗？ 258A

泰艾德多：一样。

来客：那"不公道"和"公道"就等量齐观，谁也不比谁强吗？

泰艾德多：就是。

来客：对其余的“种”我们也这样说，因为“异”的本性属于“是者”的范围，它“是”，它的那些部分就必然也同样是“是的”。

泰艾德多：怎么不是呢？

B **来客**：看来“异”的本性的一部分与“是者”的本性的一部分发生对立时，这对立应该说无非表明“是者”本身的“所是”，并不是“是者”的反面，而是一个异于“是者”的东西。

泰艾德多：再清楚不过了。

来客：那我们把这个对立叫什么呢？

泰艾德多：显然就是“不是者”，我们为智者们寻找的正是这个。

来客：“不是者”是不是像你说的那样，跟任何一个其他的“种”一样有它的“所是”？我们该不该大胆地说，“不是者”确确实实
C 具有它自己的本性，正如“大”是大的、“美”是美的、“不大”是不大的、“不美”是不美的一样，“不是者”也是不是的，算是众多“是者”的一个“型”？泰艾德多啊，我们对此还有疑问吗？

泰艾德多：一点都没有。

来客：你知道我们已经忘掉了巴门尼德的告诫，走得很远了？

泰艾德多：怎么？

来客：我们已经把研究和证明推进到大大超出他给我的划定的研究范围了。

泰艾德多：怎样超出的呢？

D **来客**：他说：

他绝不会使“不是者是”得到证明，

要让你的思想避开这条研究途径。

泰艾德多：他是这样说的。

来客：我们不但指出了“不是者是”，而且说明了“不是者”所归属的那个“型”。因为我们后来又指出，“异”的本性是“是的”，它分布在一切“是者”彼此之间，因此我们敢说，每个“是者”的 E
一些部分与该“是者”相对立，这对立的部分真正说来就是“不是者”。

泰艾德多：客人啊，这种看法我认为完全正确。

来客：那可不要听人背后议论我们，说我们认为“不是者”是“是者”的反面，却又敢于主张“不是者”是。因为关于“是者”的反面，我早就不去研究它“是”还是“不是”，是可以论证的还是根 259A
本不能论证的。可是现在我们声称“不是者”是，反驳我们的就该摆出道理来证明我们说的不对，如果说不出道理，就该跟我们一样说，“种”是彼此相通的。既然“是者”和“异”贯穿在一切“种”当中，并且互相渗透，“异”就分沾着“是者”，由于这一分沾而成为是的，却并不是它所分沾的东西，而是一个“异”，异于“是者”， B
所以必然是“不是的”。另一方面，“是者”又分沾着“异”，是异于任何一个其他的“种”的，也异于它们全体，不是其中的一个，也不是它们合在一起，只是它自己。所以毫无疑问，“是者”又在成千成万的场合不是；其他的一切“种”也是一样，不管单看还是合在一起看，都在很多场合是，又在很多场合不是。

泰艾德多：对啊。

来客：如果有人不相信这些对立，他可以仔细想想，提出一种比我们现在讲的更好的说法来。要是自以为想出了某种艰深的东西，就自夸其得，把话一会儿朝这边说，一会儿朝那边说，那就像我们 C

刚才说过那样，把气力费在很不值得费的事情上了。因为这是既不要什么才智、也不是很难发现的，可是另一件事却非常困难、同时又十分美好。

泰艾德多：什么事啊？

来客：前面说的那件事，就是：把人家说的那些话摊开，都放到各自的位置上逐个探索，加以检验。例如人家就把一个某种意义上的“异”也当成“同”，把一个“同”也当成“异”，用他所说的
D 那个意义、那种关系使两者中间的一个适合他的要求。如果笼统地主张“同”也是“异”，“异”也是“同”，“大”也是“小”，“像”也是“不像”，喜欢在自己的言论里不断地提出矛盾的东西，那多半不是真正的研究，多半是初次接触到各种事物的新手的所为。

泰艾德多：非常明显。

E **来客**：老兄啊，想把一切与一切分割开来，那是件无比的蠢事，只有一个胸无点墨、不爱智慧的人才会干。

泰艾德多：为什么？

来客：因为把每一件事都与其余的一切隔开，就是为了彻底取消一切话语。只有把各式各样的东西搭配起来，我们才能产生语言。

泰艾德多：对啊。

260A **来客**：你想想，现在正是我们跟这些人争辩的时候，要迫使他们承认一个是与另一个混在一起的。

泰艾德多：为了什么？

来客：因为语言对我们来说是一个实在的“种”。因为语言是我们最大的事，剥夺了语言也就剥夺了哲学。此外我们必须在这里取

得一致看法，肯定语言是什么东西。我们要是想完全排除语言的话，语言就该什么都不是，我们也就根本不能说话了。如果我们认为任 B
何东西与任何东西都没有联系，那我们就把语言排除了。

泰艾德多：你说得很对。可是为什么我们现在要弄清语言是什么，我还没有懂。

来客：你跟着我往下看也许比较容易搞懂。

泰艾德多：怎么看？

来客：我们发现“不是者”是其余的“种”当中的一个“种”，分布在一切“是者”上面。

泰艾德多：是这样。

来客：那我们首先要看看：“不是者”是与意见和话语联在一起的吗？

泰艾德多：为什么？

来客：如果“不是者”不与意见和话语联在一起，那就必然是每个意见、每句话都是真的；如果联在一起，那样才产生出错误的 C
意见和话语。因为心想或口说出的“不是者”，就是可以在思想和语言中出现的虚假。

泰艾德多：是这样。

来客：哪里有虚假，哪里就有欺骗。

泰艾德多：是的。

来客：有欺骗，就必然有各式各样的幻象、幻影和欺人的假相。

泰艾德多：怎么能不是这样呢？

来客：我们说过，智者就躲在这个地带，却完全否定有任何虚 D
假。因为他以为“不是者”是既不能想又不能说的，这是由于“不是者”根本不能分沾任何“所是”。

泰艾德多：就是。

来客：可是现在我们知道，“不是者”是分沾着“是者”的。这样，他也许不会再在这方面攻击我们了，可是他可以说：只有某些“型”分沾着“不是者”，其他的“型”则不是这样，话语和意见就属于后者，是不分沾“不是者”的；于是他就凭着那种制造假相和
E 幻影的伎俩，躲在其中不断地攻击我们，说虚假是没有的，因为意见和话语与“不是者”绝不相通；既然根本没有这种相通，虚假就没有了。因此我们必须首先研究清楚话语、意见和幻觉是什么，这以后，正像前面说的那样，我们才能见到“不是者”也与它相通，
261A 见到这个，我们才指出虚假是有的，指出了这一点，我们才把智者拴在那里，如果他犯了这种罪的话，否则就把他放了，到另外一款里去找他。

泰艾德多：客人啊，看来我们一起头对智者说的话确实没错，我们说他是很难抓到的一种人。因为我们看到，他是重重防卫，一道防线套着一道防线的，必须把这些防线攻破，才能接近他们。现在我们好不容易才攻破了他们布下的“不是者不是”这一道，他们
B 又摆出了另外一道，我们必须首先指出，在话语和意见方面是有虚假成分的；而且在这一道后面也许还有另外一道，在那一道后面又有另外一道，看来永远不会有止境的。

来客：泰艾德多啊，如果能够向前继续迈进，哪怕进步很小，也必须鼓起勇气。因为一个人如果在这种情况下已经泄气，那还能
C 做什么，也许只有原地不动，或者反而倒退吧。这样的人，正像谚语所说，不是个开基创业的人。老兄，现在照你说已经克服了困难，

我们确实拿下了最牢固的堡垒，余下的事情已经很小，难不倒我们了。

泰艾德多：你说得太好了。

来客：那我们就像上面说过的那样，首先提出话语和意见来，以便切实地考虑一番，看看它们是不是涉及“不是者”，是不是都是真的，一个都不假。

泰艾德多：是啊。

来客：好。我们已经谈过“型”和字母方面的情形，现在就以 D
同样的方式谈谈语词。我想这样做可以达到我们研究的目的。

泰艾德多：在语词方面我们应该注意什么呢？

来客：注意它们究竟是都可以彼此连接，还是都不能连接，还是有一些能有一些不能。

泰艾德多：显然是有一些能有一些不能。

来客：你的意思也许是说：那些相继说出的、表达一个意思的 E
词就可以连接起来，那些摆在一起并没有意义的就不能连接。

泰艾德多：你这话是什么意思呢？

来客：我以为这就是你表示同意的时候心里所想的。我们有两种方式表达自己的意思是什么。

泰艾德多：怎么？

来客：一种是名词，一种是动词。 262A

泰艾德多：你把这两种都讲一讲。

来客：表示动作的叫动词。

泰艾德多：是的。

来客：表示动作者的叫名词。

泰艾德多：很明显。

来客：单有一连串的名词并不能造成一句话，单有一些与名词没有联系的动词也不成话。

泰艾德多：这个我不懂。

B **来客**：你心里想的显然不是你向我表示同意的那个意思。因为我要说的正是：用这些词连着说出来并不成为一句话。

泰艾德多：怎么连？

来客：就是把走、跑、睡等等表示动作的动词通通串起来说出也不成为一句话。

泰艾德多：那怎么办？

C **来客**：同样情形，就是把狮子、鹿、马以及人们称呼动作者的那些名称串起来说出也不成为一句话。因为不管单用动词还是单用名词，都不能表达"是者"或"不是者"的行动或闲散，也不能表达它是什么，一定要有人把动词与名词配合起来才行。把它们配起来了，这一配就成了一句话，一句最起码、最简短的话。

泰艾德多：你这话是什么意思呢？

来客：如果有人说"人学习"，你认为这是最简单、最起码的一句话吗？

D **泰艾德多**：我认为是。

来客：因为他用这种方式宣布了某件现在、过去或未来发生的事情，并不只是吐字，而是作出了某种规定，把名词与动词连起来了。所以我们可以说他在说话，不只是吐字，我们给这一联结加上了"话"这个名称。

泰艾德多：对的。

来客：正如事物当中有些是互相配合的，有些是不配合的，语 E
言符号也有些并不配合，那些配合的则构成了一句话。

泰艾德多：太对了。

来客：不过还有一件小事要说。

泰艾德多：什么事？

来客：就是在说一句话的时候必须是关于某某事情的话，不可能是无所指的。

泰艾德多：就是。

来客：而且必须是有它的性质的。

泰艾德多：当然。

来客：现在我们来考察一下我们自己吧。

泰艾德多：我同意。

来客：我要对你说出一句话，用名词和动词把一样东西联到一个动作上，请你告诉我这话说的是什么。

泰艾德多：我尽可能告诉你。 263A

来客：“泰艾德多坐着。”这句话并不长。

泰艾德多：不长，挺合适。

来客：那你的任务就是说说这话是关于什么的、说什么的。

泰艾德多：显然是关于我的、说我的。

来客：还有这一句呢？

泰艾德多：哪一句？

来客：“跟我谈话的泰艾德多在飞。”

泰艾德多：这句话谁都会说是关于我的，是说我的。

来客：我们说，每句话都必定有某种性质。

B **泰艾德多**：是的。

来客：那我们愿意说这两句话的每一句是什么性质的呢？

泰艾德多：一句是假的，一句是真的。

来客：真的那一句说的涉及你的“是者”①。

泰艾德多：可不是嘛。

来客：假的那句说的异于“是者”。

泰艾德多：是的。

来客：那它就是把“不是者”说成了“是者”。

泰艾德多：差不多。

来客：它说的“是者”只是涉及你的“不是者”。因为我们说过，对于每件东西来说，是有许多“是者”和许多“不是者”的。

泰艾德多：这很明显。

C **来客**：我对你说出的后一句话，按照前面给话是什么下的定义来看，当然是最短的一句话。

泰艾德多：这至少是我们已经同意的。

来客：它是说到某个东西的。

泰艾德多：就是。

来客：说到的如果不是你，那就肯定不是任何别的东西。

泰艾德多：那为什么？

D **来客**：如果它什么东西都不说到，那它就根本不是一句话。因为我们已经指出过，是一句话的绝不可能什么都不说到。

---

① τὰ ὄντα，“是者”就是事实。

泰艾德多：太对了。

来客：那么，如果说到你的时候把相异的说成相同的，把不是的说成是的，这样一种由动词和名词造成的结合就的的确确要成为一句假话。

泰艾德多：你说得完全正确。

来客：怎么？思想、意见、想象这些在我们灵魂里产生的东西不是显然有真有假吗？

泰艾德多：何以见得？

来客：你要想看清这一点，只有首先弄明白它们是什么，以及 E
各自与其余的东西有什么区别。

泰艾德多：这话对我有点帮助。

来客：思想和话语是一样的，只是那灵魂与它自己进行的无声对话，我们称之为思想。

泰艾德多：说得好。

来客：由嘴巴用声音吐出的思想就叫话语？

泰艾德多：对了。

来客：我们知道，在话语里面就表现出这样的东西。

泰艾德多：什么东西？

来客：肯定和否定。

泰艾德多：这我们知道。

来客：这种东西在灵魂的思想里默默产生的时候，你不是只能 264A
把它称为意见吗？

泰艾德多：只能这样。

来客：如果有人并非出于自发，而是由感觉发现了这样一件事，我们是不是只能把它称为想象？

泰艾德多：没有别的办法。

来客：既然话语有真的也有假的，而思想是灵魂与它自己的对
B 话，意见是思想的结果，想象按照我们刚才的说法无非是感觉和意见的结合，所以这些东西既然与话语有血缘关系，就必然会有一些有时候是假的。

泰艾德多：怎么会不是这样呢？

来客：你看，虚假的意见和话语已经被我们发现了，发现得比预料的早；我们提出研究的时候原来有点害怕，以为会力不从心啊。

泰艾德多：我看出来了。

C **来客**：那我们就鼓起劲来往下研究吧。在搞清这一点之后，再回忆一下前面作下的那些分别。

泰艾德多：哪些分别？

来客：我们曾经把造像的技术分为两类，一类是制造肖像的技术，一类是制造幻象的技术。

泰艾德多：是的。

来客：我们说过对于智者是心存疑虑的，不知道该把他归入这两类中间的哪一类。

泰艾德多：是这样。

来客：我们陷于这种困境的时候，又有一件更加严重的糊涂事冲击着我们：有人提出一种与众不同的主张，认为根本没有什么肖
D 像、雕像、幻象，因为从来就没有什么虚假的东西。

泰艾德多：你说得对。

来客：现在我们已经见到虚假的话语和意见是实有的。可以有一些仿效“是者”的东西，由于有这种情况，就产生了一种骗人的技术。

泰艾德多：可以有这种东西。

来客：智者该属于哪一类，这是我们前面的说法已经决定了的。

泰艾德多：是的。

来客：那我们就再来努力一番，把摆在面前的那个类分成两个，沿着分出来的东西的右边不断前进，抓住那个与智者相通的东西，直到最后把一切与其他东西相通的东西都排除掉，仅仅留下他专有的本性，把它清清楚楚地指给我们看，也指给那些生来与这种方法 265A
有缘的人看。

泰艾德多：对啦。

来客：当时我们是从分别生产的技术和营利的技术开始的吗？

泰艾德多：是的。

来客：我们看到他是表现出猎取、竞争、经商以及某些这一类的营利技术的。

泰艾德多：就是。

来客：现在那仿效的技术已经把他吸收进去了，所以我们首先必须把生产的技术本身分为两类。因为仿效就是一种生产，我们说， B
这是生产出形相，不是生产事物本身。是不是？

泰艾德多：完全对。

来客：生产的技术首先应该有两类。

泰艾德多：哪两类？

来客：一类是神的，一类是人的。

泰艾德多：这我还不懂。

来客：我们可以回忆一下一起头说的话：生产的技术，我们说就是那种使以前没有的东西后来产生的力量。

泰艾德多：我想起来了。

C **来客**：一切会死的动物，以及地上的那些从种子和根系里长出来的植物，还有那些并无生命、藏在土里的可熔和不可熔的物体，我们应该说，这些东西是由于一种异于神力的作用而产生出来的，以前并不存在，还是应该采纳多数人的信条和说法？

泰艾德多：哪种说法？

来客：这就是：说自然界以一种并不思想的自发原因造成了这些东西，还是由圣言，一种神圣的、来自神的知识造成的？

D **泰艾德多**：我原来动摇于这两种看法之间，这也许是由于年纪太轻的缘故；现在瞧着你，心想你认为这出于天意，我也采取这种看法了。

来客：很好，泰艾德多。如果我们估计你是那种将来会改变思想的人，那我们现在就该着手用言辞提出论证来争取你的同意。因
E 为我看到你有这样的本性，不用我们劝说就会自动倾向于你承认现在被吸引的那种看法，我就不多说了，以免浪费时间。我只坚持一点：凡是人们归功于自然的东西，都是由神的技术造出来的；凡是人们用自然物制造的东西，都是由人的技术造出来的。根据这种说法，生产的技术就有两类，一类是人的，一类是神的。

泰艾德多：很对。

来客：你把这两类里的每一类再分为两类吧。

泰艾德多：怎么分？

来客：正像你刚才把一切生产技术从横的方面加以划分那样，266A
现在你从竖的方面分吧。

泰艾德多：就那么分吧。

来客：那就一共分出四个部分，两个部分是我们人的，两个部分是神的。

泰艾德多：是的。

来客：从另一个方面划分，原来分出的那两个部分就各自包含两个小组，一组是生产事物本身的，另一组可以称为生产假相的技术。这样，生产的技术又分成两个了。

泰艾德多：你告诉我后两个是怎么样的。B

来客：我们自己和其他的动物，以及产生一切的原素如水、火之类，我们知道都是神的产物，是原物。对吗？

泰艾德多：对的。

来客：这些东西又伴随着一些假相；假相不是事物本身，却也是神筹划出来的。

泰艾德多：哪些假相？

来客：就是梦中见到现象，以及白天见到的各种自然产生的假
相，如阴暗物闯入亮光时造成的影子，还有目光与外物的光在一个 C
光滑的平面上相遇时发生的幻觉，它使人产生一种印象，与通常见到的刚好相反。

泰艾德多：这就是神的生产作用所造成的两种产物：一种是事物本身，一种是伴随着事物的形象。

来客：我们的技术怎么样呢？我们岂不会说，它用建筑术造出

了房子本身，还用绘画术制造另外一所房子，好像为清醒的人准备一场梦似的？

泰艾德多：确实如此。

D **来客**：那我们就可以指出，我们的生产技术有双重的产物。我们说，一种是真正的生产，制造出事物本身，一种是制造形象的。

泰艾德多：现在我懂得比较透了，我用两种方式划分生产的技术，按照一种办法把它分为神的和人的，再按照另一种办法把它分为制造事物本身的和制造类似事物的东西的。

来客：现在我们回忆一下：造像的技术有两种，一种是制造肖

E 像的，另一种是制造幻象的。如果假的确实“是”假的，也自然是“是者”中间的一种的话。

泰艾德多：就是这样。

来客：既然已经搞清楚这一点，我们现在可以毫无争执地举出两种造像技术了吧？

泰艾德多：是啊。

267A **来客**：我们把制造幻象的技术再分为两类。

泰艾德多：怎么分？

来客：一种使用工具，另一种是制造幻象者把自己当工具使。

泰艾德多：你这样说是什么意思？

来客：我的意思是说：有人用他自己的身体来表现你的姿态，或者用他的声音来代表你的声音。这种制造幻象的技术通常就叫摹仿。

泰艾德多：是的。

来客：我们就把这一部分分出来称为摹仿的技术，至于另外一

部分，为方便起见，我们就把它放在一边，让别人把它概括成一种，B
给它取一个合适的名称。

泰艾德多：那就把前一种定下，把后一种放开吧。

来客：泰艾德多啊，就是这一种也该再分成两部分。你看看为什么要这样分吧。

泰艾德多：你说吧。

来客：在摹仿者中间，有些人是明知所摹仿的东西而加以摹仿的，也有些人并不知道。还能有什么区别比无知和有知的区别更大吗？

泰艾德多：根本没有。

来客：刚才说的就是有知者的摹仿。因为只有知道你和你的姿态的人才能加以摹仿。

泰艾德多：怎么不是这样呢？ C

来客：公正和一般所谓品德有什么样的姿态呢？不是有很多人并不真正知道它，只是对它有一个大致的估计，就千方百计去表现他们自己设想的那个模样，在行动和言谈上尽可能地摹仿它？

泰艾德多：这样的人很多。

来客：那些显示自己公正的人其实根本不是那回事，不是通通失败了吗？他们不是适得其反吗？

泰艾德多：适得其反。 D

来客：我们必须把这一类摹仿者与那一类分别对待；那一类是有知的，这一类是无知的。

泰艾德多：是的。

来客：怎么给这两类摹仿各取一个恰当的名称呢？这显然是一

件难事，因为在分类方面我们的前人疏于思考，因循不进，没有人在划分上下功夫，所以我必然遇到缺乏名称的困难。可是，尽管有些大胆，我们为了分清还是愿意把那种从意见出发进行的摹仿称
E 为根据意见的摹仿；而把从知识出发进行的摹仿称为实事求是的摹仿[①]。

泰艾德多：就这样吧。

来客：我们关心的是前者。因为智者不属于有知识的人，而属于一味摹仿的人。

泰艾德多：确实如此。

来客：那我们就把这种根据意见摹仿的人当作一块铁打量一番，看看他是整整的一块，还是在哪里有点破绽，表明他是由两股拼成的。

泰艾德多：我们就这么办吧。

268A **来客**：他们确有破绽，而且破绽很显著。一些人是老实的，真的以为自己知道那个臆想的东西。另外一些人则不然，他们闪烁其词，表明他们心存疑虑，并不知道自己在别人面前说知道的东西。

泰艾德多：确实有你说的那两种人。

来客：我们是不是愿意把前一种称为单纯的摹仿者，后一种称为装腔作势的摹仿者？

泰艾德多：当然可以。

来客：这后一种人是一类还是有两类？

泰艾德多：你自己看吧。

B **来客**：我看了，发觉有两类。一类人能在大庭广众之中用长篇

① ἱστορική μίμησις，即照本宣科的摹仿。

附　　录

大论来装腔作势，另一类人只跟少数人谈话，用片言只语迫使与他交谈的人说出自相矛盾的话。

泰艾德多：你说得太对了。

来客：我们要搞清楚这些长篇大论的人是哪一等人：是政治家，还是说客？

泰艾德多：是说客。

来客：我们愿意怎样称呼另外一种人呢？叫他哲人[①]，还是叫他智者[②]？

泰艾德多：不可能把这种人叫哲人，因为我们已经说完他们是 C
无知的。但是他们是摹仿哲人的，应该得到一个与哲人类似的名称。我现在已经完全弄懂，我们必须把这种人称为道地的智者。

来客：我们现在是不是愿意像前面那样把关于他们的各种说法确定下来，从头到尾编成一串呢？

泰艾德多：那当然最好。

来客：那么，那种制造矛盾的技术就属于摹仿技术中的装腔作势的部分，摹仿技术又是制造形象技术中的制造幻象的部分，而制造形象的技术是神与人共有的生产技术的一部分，这里说的不是神的生产，而是人的生产。就是那种制造矛盾技术提供了玩弄言辞的把戏。谁说出道地的智者的世系和血缘，看来就说了最正确的话。

泰艾德多：的的确确。

---

① σοφός，有智慧的贤人。“智慧”希腊文作 σοφία，指高明的知识，相当于汉语的“哲”字。

② σοφιστής，原来也当“有智慧的人”讲。由于这种人只有表面的机灵而无真正的智慧，所以后来“智者”这个词成了贬语。

苏格拉底、柏拉图传

第欧根尼·拉尔修

一

苏格拉底

B

苏格拉底是石雕工梭甫若尼斯哥（Sōphroniskos）和产婆裴娜瑞 18
德（Phainaretē）的儿子，这是柏拉图在《泰艾德多篇》（Theaitētos）里的说法。他生于雅典，系出阿罗贝格（Alōpekē）部。据说他曾经跟欧里彼德（Euripidēs）合作，所以谟内西马柯（Mnēsimαkhos）写道：

> 《甫吕及亚人》（Phryges）是欧里彼德的新剧本，……苏格拉底为它提供了木料。[①]

他还把欧里彼德说成"苏格拉底捶打出来的"。加利亚（Kallias）也在《俘虏》（Pedetais）里说：

---

① 木料（phrygana）与甫吕及亚人（Phryges）谐音。

甲：你怎么那样得意，那样自负呢？

乙：我当然应当这样，我是苏格拉底造就的。

阿里斯多芬（Aristophanēs）在《云》（Nephelais）里说：

是他为欧里彼德谱写了那些悲剧，

那些絮絮叨叨的、智慧的戏文。

19 根据这些作家的说法，他是阿那克萨戈拉（Anaxagoras）的弟子，此外他也是达孟（Damōn）的弟子，这是亚历山大（Alexandros）在《师承记》（Diadokhais）里的说法。在阿那克萨戈拉被判罪之后，他成了自然哲学家阿尔刻劳（Arkhelaos）的学生。据阿里斯多克森（Aristoxenos）说，阿尔刻劳非常喜欢他。杜里（Douris）认为他当过奴隶，当过石匠，据说卫城里的美惠三女神（Kharitas）群像就是他的作品，所以蒂孟（Timōn）在《讽刺诗》里写道：

与她们背道而驰的是这位石匠，这位饶舌的立法家，希腊行吟者，析理能手，辩术克星，毫无风趣的讽刺者。

他有很大的演说能力，这是伊佗美纽（Idomeneus）的说法；但是
20 三十人帮[1]禁止他传授修辞术，这是克塞诺封（Xenophon）的说

① 雅典在伯罗奔尼撒战争中战败，民主政府垮台，由三十人专政。

法。阿里斯多芬在喜剧中指摘他把没理说成有理。按照法博里诺（Phabōrinos）在《杂史》（Pantodapēshistoria）里的说法，苏格拉底和他的弟子艾斯钦（Aiskhinēs）是最初教授修辞术的人，这一点伊伦美纽在《论苏格拉底派》（Peri tōn Sōkratikōn）中也证实了。他也是最初讨论人生问题的人，第一个被判处死刑并且服了刑的哲学家。斯宾塔若（Spintharos）的儿子阿里斯多克森说他投机要钱，赚了就花，花光了就重新开始赚。

拜占庭的德梅特里欧（Dēmētrios ho Byzantios）说格黎东 21
（Kriton）把他拉出了作坊，使他受了良好教育，对他的灵魂美十分倾倒；把深信研究世界对我们完全无益，就把物理学抛在一边，专门研究伦理学；他在作坊里和市场上讨论问题，声称他在研究——

家家户户的好事和坏事。[①]

由于他辩论得激烈，常常有人饱之以老拳，或者扯他的头发；在多数情况下他总是遭到白眼和嘲笑，他却对这类虐待泰然处之。有一回他挨了一脚毫不在意，别人看了甚为吃惊，他说，“要是毛驴踢我一脚，我能跟它打官司吗？”这些都是德梅特里欧告诉我们的。

他跟别的哲学家不一样，并不需要旅行，只有从军远征才外出。 22
他一生中其余时间都在家乡度过，跟愿意同他交谈的人进行比较深刻的讨论，其目的不在使别人改变看法，而在于求得真理。人们说欧里彼德拿赫拉克利特（Hērakleitos）的论文给他看，问他的看法如

① 见荷马：《奥德赛》，Ⅳ，392。

何，他的回答是："我懂得的那一部分是天才的杰作，至于我没有读懂的那一部分，我相信也是这样，不过需要有个岱洛岛（Dēlos）潜水员探明底蕴。"

他很注意锻炼身体，精力充沛。我们知道他参加了安丕波利（Amphipolis）战役；克塞诺封在岱利雍（Delion）战斗中落马时，
23 他把他扶上马背，救了他的命。雅典全军溃退的时候，他徐徐后撤，毫不慌张，时时转身回顾，准备反击扑上来的敌人，他又参加了波德代亚（Potidaia）战役，是从海道前往的，因为那时已经无法走陆路了。据说当时他整夜坚守岗位，在战斗中表现英勇，却把功劳让给了阿尔基弼亚德（Alkibiadēs），他很钟爱他，这是阿里斯底波（Aristippos）在《论古人的享乐》（Peri palaias tryphēs）中的说法。齐奥（Khios）的伊雍（Iōn）说他年轻时和阿尔刻劳一道到过萨摩岛（Samos），亚里士多德说他到过毕妥（Pythō）[①]，他也到过伊斯特摩（Isthmos），这是法博里诺在《回忆录》（Apomnēoneumaton）第一卷中的说法。

24 他性格坚强，富于民主精神。这一点可以见于他对待萨拉密人雷翁（Leon ho Salaminos）的那件事：格里底里（Kritias）一伙[②]要他把这个富翁抓来处决，他拒绝了；还有一回，他单独投票主张释放十将领[③]；最后，他本来有机会越狱潜逃，他不愿这样做，申斥朋友为他的命运哀痛，留在狱中向他们发表感人肺腑的讲话。

---

① 即德尔斐（Delphoi）。

② 即三十人帮。

③ 公元前406年雅典在阿尔京奴（Arginousai）战胜，十位将领因失落阵亡者尸体而被控。

他是一个非常谦虚又很庄重的人。班丕拉（Pamphila）在《追忆》（Hypomnēmaton）里说，有一回阿尔基弼亚德送给他一块地皮盖房子，他回答道：“假如我需要鞋子，你给我送来整整一张皮子，让我做一双鞋，我把它收下岂不可笑吗？”他常常瞧着人家摆在那里卖的大量货物自言自语道：“我不需要的东西有那么多！”他经常 25
玩味两句诗：

银器和紫袍有什么用处？
它适于当道具，无益于人生。

他蔑视马其顿的阿尔刻劳、格拉农（Kranon）的斯果巴（Skopas）、拉里萨（Larissa）的欧吕罗柯（Eurylokhos），不肯接受他们的赠品，也不愿访问他们。他生活规律，因此好几次雅典时疫流行时独能不受传染。

亚里士多德说他娶了两个妻子：一个叫克桑替贝（Xanthippe）， 26
给他生了一个儿子，名叫兰布若格勒（Lamproklēs）；一个叫缪尔多（Myrtō），是公正的阿里斯戴德（Aristeides）的女儿，他娶她没有要嫁妆，同她生了两个儿子，名叫苏甫若尼斯果（Sophroniskos）、枚内克森（Menexenos）。另一些人认为缪尔多是他的第一个妻子，而别的作者包括萨底若（Satyros）和罗得岛人歇若尼摩（Hieronymos）则认为她们同时是他的妻子。因为他们说，雅典感到男人短缺，又希望人口增加，就通过一项法令，允许公民娶一个本邦妇女为妻，再同别的女人生儿子；他们认为苏格拉底就是遵循这项法令。

他懂得蔑视那些嘲弄他的人，以简朴的生活为自己添荣誉，不 27

向任何人收纳钱财。他喜欢说：最饿的人并不考虑调味品，最渴的人并不等人拿酒给他喝，懂得舍弃多余物品的人离神灵最近。这些特点可以在喜剧作家那里读到，他们在嘲弄他的台词里给他很高的赞美。阿里斯多芬就这样写着：①

> 公正地寻求智慧的人啊，
> 你将在雅典人、希腊人中间多么幸福。
> 你有记忆，你在回忆，你有一个坚忍的
> 性格，你站得稳，走得正，
> 你不会冻僵，不爱佳肴，
> 你不饮酒，不赴宴，不干任何蠢事。

28 阿枚普夏（Ameipsias）也把他放上舞台，穿着一件旧斗篷，说道：②

> 甲：苏格拉底这位最好也最自负的人，
> 你来到我们中间。
> 你虽然健壮，怎么只穿件羊毛斗篷？
> 乙：这是因为我说了皮匠的坏话。
> 甲：怪人啊！饿得要命也决不拍马。

苏格拉底的这种轻蔑自负的态度，在阿里斯多芬的诗句里也加以

① 《云》，412—417。

② 阿里斯多芬所引，见《蛙》，14。

强调：①

你趾高气扬，眼睛长在额头上，

满不在乎地光着两只脚，瞪着我们。

不过他有时候也穿上好衣服应应场面，例如柏拉图在《会饮篇》里就写到他到阿伽通（Agathōn）家去赴宴。

他有劝说和劝阻两方面的本事。例如柏拉图就说，他在同泰艾 29
德多交谈知识问题时，最后把泰艾德多送走，使人家心花怒放；可是在欧悌甫戎控告父亲杀人时，苏格拉底同他交谈虔诚问题之后，就使他放弃原来的打算了。通过规劝，他曾使吕锡（Lysis）变成一个非常道德的人。他很善于从事实里找出论据：他的儿子兰布若格勒对母亲暴怒时，苏格拉底就迫使他尊敬母亲。这是克塞诺封的说法。柏拉图的兄弟葛劳贡（Glaukōn）想从事政治活动，他就劝阻他，据克塞诺封说，这是因为他没有这方面的才能；可是反过来他却鼓励卡尔弥德（Kharmidēs）从政，因为他有政治家的才能。②

为了激发将领伊丕格拉底（Iphikratēs）的战斗精神，他让他看 30
理发匠米迪亚（Midias）的公鸡拍着翅膀向迦利亚（Kallias）的公鸡进攻。葛劳果尼德（Glaukōnidēs）说为了城邦应当保留苏格拉底，就像保留野鸡或孔雀那样。

他常说他感到很奇怪，问一个人有多少只羊，他可以毫不费力地说出准确的数目，可是说不出谁是他的朋友，说不出他有多少朋

① 《云》，361—362。

② 《回忆录》，Ⅲ，7。

友，因为他认为朋友没多大价值。他看到欧格雷德（Eukleidēs）对诡辩很感兴趣，就对他说："欧格雷德啊，你会跟智者们很合得来，跟人却合不来。"因为他认为这种钻牛角尖的事是无益的。这是柏拉图在《欧谛德谟篇》（Euthydēmos）中说的。

31　有一回卡尔弥德送给他几个奴隶，让他可以由此得到点收益，他拒绝了。有人说他还蔑视阿尔基弼亚德的美貌。他把闲暇看成最好的财物，这是克塞诺封在《会饮篇》（Symposion）里说的。他说只有一件好事，就是知识，也只有一件坏事，就是无知；财富和高贵也是坏事，并不表明荣誉。有一回有人告诉他安谛斯滕（Antisthenēs）的母亲是特拉格（Thrake）人[①]，他说："怎么，你以为这位如此高贵的人的双亲都是雅典人吗？"裴洞被俘为奴，展转于困境之中，苏格拉底让格黎东把他赎回，使他成为哲学家。

32　此外，他在年纪很大的时候学弹竖琴，宣称他学习自己不会的事是很顺当的。他有经常跳舞的习惯，深信这种活动有益健康，这是克塞诺封在《会饮篇》里说的。他常说他有一个精灵[②]向他预示未来，又说好的开始有不小的好处，小事情可以使局面改观，还说他所知道的只是自己无知这件事。他说高价收买早熟水果的人一定会对正常成熟的水果失望。有人问他青年人的美德是什么，他说："行事不过分。"他认为几何学研究到能够丈量自己置备或出让的土地就够了。

33　欧里彼德在《黎明》（Augē）剧中认为美德就是：

---

① 旧译误按英文发音写成"色雷斯"。希腊北方国家，雅典人视为蛮夷。

② daimonia，见克塞诺封《回忆录》，Ⅳ，8。

"最好听之任之，"

他听了立刻站起来离开剧场，因为他认为跑了奴隶就喊叫一顿是听任美德沦丧，非常荒谬。有人问他：我该不该结婚，他的回答是："你不管做什么事都会后悔的。"他觉得很奇怪：雕刻石像的匠人肯花气力把石块刻得很像人，却不肯花气力把自己从石头变成人。他劝告青年人经常照镜子，看见自己漂亮就要在行为上也做得漂亮，看见自己丑陋就要用教育来弥补缺点。

有一回他请一些富有的客人吃饭，克桑替贝觉得饭菜不好，有 34
点不好意思，他说，"不要紧，他们如果是讲道理的，就不会计较什么，如果他们不是好人，我们就不用为此费心了。"他说别人为吃而活，他自己是为活而吃的。至于那些可鄙的众人，他说很像那么一个人，把一块四德拉克玛的钱当成假的，却把一堆这样的钱心甘情愿当成真的收下来。艾斯钦（Aischinēs）对他说："我是个穷人，什么都没有，我把我自己送给你。"苏格拉底答道："怎么，你不知道你送给我的是无价之宝？"有一个人抱怨自己在三十人帮当权的时候受到冷遇，他对这人反问道："使你难堪的就是这个吗？"有人告诉
他："雅典人将你判处死刑，"他答道："自然会这样。"也有些人说这 35
话是阿那克萨戈拉说的。他妻子号哭着说他被处死不公正，他反驳道："怎么，你愿意这事情公正吗？"他梦见有人跟他说：[①]

第三天你将来到甫替亚（Phthia）沃土。"

① 见荷马：《伊利亚特》，IX，363。

他就对艾斯钦说："第三天我要死。"他就要喝下毒药的时候，阿波罗多若（Apllodōros）送上一件华美的斗篷以供入殓之用，他说："怎么，我的旧斗篷活的时候很好穿，死了就不好穿吗？"有人说这话对
36 他不吉利，他回答道："这是因为他没有学会说吉利话。"安谛斯滕翻转他的衣襟使破洞露出，他说："我从这些破洞里看到你的虚荣心。"有人说："你不觉得这人冒犯了你吗？"他说："不，他说的跟我毫无联系。"他认为有必要让喜剧作家批评自己，"因为他们如果指出了我身上确实有的错误，那就给我纠正了，如果不是这样，那有什么关系呢？"克桑替贝对他大发雷霆，然后浇他一身水，他说："我不是早说克桑替贝的雷声会带来大雨吗？"阿尔基弼亚德说克桑替贝的脾气实在太难堪，苏格拉底说："我可听惯了，就像听风车连续不断的鸣响
37 一样。你们也不在乎鹅叫的。"阿尔基弼亚德说："不在乎，鹅会给我鹅蛋和小鹅。"苏格拉底说："克桑替贝给我生孩子。"有一回她在市场上把苏格拉底的斗篷从背上扒下来，他的朋友们叫他给她两耳光，他说："天哪，为了让我们两个斗一顿拳头，你们谁都可以掺和进来当啦啦队，叫喊'干吧，苏格拉底！上吧，克桑替贝！'"他说他和泼妇生活在一起，就像骑手酷好烈马一样，"骑手驯服了烈马就可以毫不费力地对付其余的马，我也一样，我学会了和克桑替贝相处就可以毫不费力地和其余的世人相处。"就是这些佳言懿行致使毕妥的女祭师对他大为称赞，给了凯瑞奉（Khairephōn）那个著名的神签：

在所有的人中间苏格拉底最智慧。

38 从此他大遭妒忌，特别是因为他宣称自命不凡的人最愚蠢，把安虞

铎（Anytos）看成其中之一。这是柏拉图的《枚农篇》里说的。安虞铎不堪苏格拉底的嘲弄，首先挑动阿里斯多芬一伙反对他，后来劝说梅雷多告他不虔诚、毒害青年。

状子是梅雷多递的，波吕欧格多（Polyeuktos）为他作辩护。这是法博里诺《杂史》中的说法。写状子的是智者波吕格拉底（Polykratēs），这是赫尔密波（Hermippos）的说法；也有人说是安虞铎写的。鼓动者吕贡（Lykōn）作了一切必要的准备。

安谛斯滕在《哲学家师承记》中、柏拉图在《申辩篇》里说，39
原告有三个人：安虞铎、吕贡和梅雷多。安虞铎代表匠师和政治家申诉，吕贡代表演说家，梅雷多代表诗人，他们都代表各种受苏格拉底攻击的人。法博里诺在《回忆录》第一卷中说波吕格拉底所写的控告苏格拉底的状子是伪作，因为其中提到重建郭农（Konōn）边墙，那是苏格拉底死后六年的事。这是实情。

这案子的誓词现在还保存在法博里诺的《枚德若恩》（Mētrōon）40
里，其文如下："发誓控诉人梅雷多，是壁托部人梅雷多的儿子，被告苏格拉底，是阿罗贝格部人梭甫若尼斯哥的儿子：苏格拉底犯有不信本邦所奉神灵之罪，企图另立新的精灵，并且犯有毒害青年之罪。要求科以死刑。"这位哲学家看了吕西亚（Lysias）为他写的辩护词之后说："吕西亚啊，这是一篇好文章，可是对我不合适。"因为
这篇文章显然是律师味多于哲学味。吕西亚说："如果是篇好文章，41
怎能对你不合适呢？"他回答道："漂亮的衣服和鞋子就不能对我不合适吗？"

蒂倍里亚（Tiberias）的优斯多（Ioustos）在他的《谱系》（Stemmates）里说，在审判过程中柏拉图走上台说："雅典公民

们，在登台说话的人中间虽然我最年轻……”法官们朝着他喝道：“下去！下去！”后来苏格拉底以281票之差被判为有罪，法官们考虑罚款数量的时候，他本人提出缴纳25德拉克马。欧步利德
42（Euboulidēs）说他愿付100德拉克马。他这话在法官中引起一阵喧闹时，他说：“考虑到我的行为，我认为给我的处分应该是责令在贵宾馆（prytanion）免费用餐。”

法官们投票表决，判处苏格拉底死刑，赞成的比定罪时还多出80票。他被关在监狱里，几天以后喝下毒药，临刑之前作了好多美好的谈话，柏拉图把它记载在《裴洞篇》（Phaidon）里。有些人说他作了一首颂神诗，开头是：

> 岱洛岛的阿波隆和阿尔忒弥（Artemis）啊，
> 我向你们致敬，两位高贵的尊神！

狄俄尼索多若（Dionysodoros）说这首颂神诗并不是苏格拉底作的。他作过一则伊索式的寓言，不很工巧，开头是：

> 伊索向哥林沱（Korinthos）的人们说，
> 不要用民众的智慧来评判美德。

43 他离开人间之后不久，雅典人就大为懊悔，封闭了角力场和体育场，处分了那些原告，把其中的一些人流放，把梅雷多处死，给苏格拉底立了一尊纪念铜像，这是吕西波（Lysippos）的作品，立在大典堂（Pompeion）里。不久安虞铎跑到赫拉格勒阿（Hēraklea），

那里的人们把他立刻驱逐了。不但在苏格拉底的案子里，而且在许多别的案子里，雅典人都是像这样后悔莫及。他们认为荷马胡说八道，判处罚款 50 德拉克马，这是赫拉格勒德（Hērakleidēs）的说法。他们也说都尔戴欧（Tyrtaios）胡说。他们还在艾斯区洛（Aiskhylos） 44
之前给阿斯都达马（Astydamas）立了铜像。欧里彼德在他的《巴拉美德》（Palamēdēs）里谴责雅典人道：

> 你们杀了，你们杀了那位最智慧的、
> 无罪的缪斯夜莺。

这是一种说法；丕罗科若（Philokhoros）的说法与此不同，他说欧里彼德死在苏格拉底之前。

阿波罗多若在他的《编年》（Khronikoi）里说他生于阿普塞丕恩（Apsephiōn）任执政时 77 届奥林比亚赛会的第四年①塔葛良（Thargēliōnos）月六日。那一天雅典人净化城市，据岱洛岛人说是阿尔忒弥的生日。他死于 95 届奥林比亚赛会的第一年②，享寿七十岁。这种说法得到法勒戎（Phalēron）人德梅特利欧（Dēmētrios）的赞同，但是也有人说他死于六十岁。

苏格拉底和欧里彼德都是阿那克萨戈拉的弟子，欧里彼德生于 45
加利亚德（Kalliadēs）任执政的 95 届奥林比亚赛会第一年③。

我个人认为，苏格拉底在一些关于天道的对话里不仅讨论到伦

① 公元前 469—前 468 年。
② 公元前 400—前 399 年。
③ 公元前 480—前 479 年。

理学，也讨论到物理学，虽说克塞诺封宣称他只讨论伦理学。可是柏拉图在《申辩篇》中提到阿那克萨戈拉和其他一些自然哲学家之后，也谈到苏格拉底所否定的那些问题，虽然他把一切问题都归给苏格拉底。

亚里士多德说到一个魔术师从叙利亚来到雅典，向苏格拉底作了预言，他的预言多不应验，却正确地指出了苏格拉底将要死于非命。

46 我写过几句诗咏苏格拉底：

喝吧！苏格拉底，在天神宙斯那里，
因为他说你智慧，他就是智慧本身，
雅典人曾让你喝下毒药，
他们却在你唇上把毒药喝干。

根据亚里士多德在《诗学》第三卷中的说法，他受到雷姆诺（Lēmnos）人安底洛科（Antilokhos）的严厉批评，并且受到预言家安蒂封（Antiphōn）的批评，正像毕泰戈拉为格若东（Krotón）人居龙（Kylon）所批评，荷马生前为叙阿葛若（Syagros）所攻击，死后为哥洛封（Kolophōn）人克塞诺潘尼（Xenophanes）所攻击一样。赫西俄德（Hēsiodēs）也是生前受盖尔果普斯（Kerkōps）批评，死后受上述克塞诺潘尼批评；宾达若（Pindaros）受哥斯（Kōs）人安丕美内（Arnphimenēs）批评；泰利士受费雷居德（Pherekydēs）批评；弼雅（Bias）受布里也尼（Priēnē）人萨拉若（Salaros）批评；毕答各（Pittakos）受安底美尼达（Antimenidas）和阿尔该欧

（Alkaios）批评；阿那克萨戈拉受苏西弼欧（Sōsibios）批评；西孟尼德（Simōnidēs）受蒂摩格瑞恩（Timokreōn）批评。

在他以后的所谓苏格拉底派分子中间，主要的代表是柏拉图、 47
克塞诺封、安谛斯滕（Antisthenēs），在所谓十家中间，最著称的是艾斯钦、裴洞、欧格雷德（Eukleidēs）、阿里斯底波（Aristippos）。我要首先谈克塞诺封；安谛斯滕以后在犬儒派里谈；在克塞诺封之后我要讲那些苏格拉底派，再过渡到柏拉图。柏拉图是十派的首领，他也是第一学园的创立人。这就是我要遵循的次序。

在名叫苏格拉底的人中间，有一个是历史家，写了一部讲阿尔戈（Argos）的地理著作；另一个是弼悌尼亚（Bithynia）的逍遥派哲学家；还有一个是写讽刺短诗的诗人；最后一个是哥斯人苏格拉底，写敬神祈祷文的。

二

柏 拉 图 Γ

柏拉图，雅典人，他的父亲是阿里斯东（Aristōn），母亲是 1
贝里格雕尼（Periktionēs），又名波多尼（Pōtōnēs），家世源出梭伦（Solōn）。梭伦有一个兄弟德若比德（Drōpidēs），是格里底亚（Kritias）的父亲，格里底亚生加来斯克若（Kallaiskhros），加来斯克若生三十人帮之一的格里底亚，以及葛劳贡（Glaukōn），葛劳贡生卡尔弥德（Charmidēs）和贝里格雕尼。贝里格雕尼和阿里斯东结合生柏拉图，因此从梭伦传到柏拉图是第六代。梭伦的家世渊源于内娄（Nēleus）和波塞洞（Poseidōn）。柏拉图的父亲据说也是出于哥德若（Kodros）嫡系，哥德若是枚兰托（Melanthos）的儿子，根据特拉须洛（Thrasylos）的说法，他们也是波塞洞的后裔。

2 斯彪西波（Speusippos）的著作《柏拉图的丧宴》，格雷阿科（Klearkhos）所著的《柏拉图赞》，阿那克西拉伊德（Anaxilaidēs）所著的《论哲学家》第二卷，都告诉我们雅典有一个传闻，说阿里斯东在贝里格雕尼亚的豆蔻之年企图与她强行交欢，没能达到目的，在停止使用暴力的时候梦见了阿波隆，阿波隆的干预使她得以不受侵犯，直到生下孩子。

阿波罗多若（Apollodoros）在所著的《编年》里把柏拉图的生辰定为88届奥林比亚赛会的塔葛良月七日，也就是岱洛岛人传说的阿波隆生日。根据赫尔米波（Hermippos）的说法，他在108届奥林比亚赛会的第一年死于一次婚宴上，享年八十一岁。内安特
3 （Neanthēs）却认为他死于八十四岁。这样看来，他比伊索格拉底（Isōkratēs）小六岁。因为伊索格拉底生于吕西马科（Lysimakhos）任执政时，柏拉图生于阿枚尼亚（Ameinias）任执政时，即贝里格勒（Periklēs）逝世的那一年。他属于哥吕多（Kollytos）部，这是安谛雷翁（Antileon）在他的《论时日》第二卷中所说的。有些人说，他生于艾及尼（Aigínē）城泰利士之子丕狄亚达（Phidiadas）的房子里，这是法博里诺《杂史》里的说法。因为他父亲曾经和另一些人一同被派到这个岛上殖民，后来斯巴达人占领艾及尼时驱除雅典人，他们就回到雅典。柏拉图曾经在雅典参加合唱，合唱队由狄
4 翁（Diōn）资助，这是阿特诺多若（Athenodōros）在《漫步》第八卷中说的。他有两个兄弟：阿兑满多（Adeimantos）和葛劳贡

（Glaukon），一个妹妹：波多尼（Pōtōnē），即斯彪西波的母亲。

他在狄俄尼修（Dionysios）那里上学发蒙，在《敌手篇》（Anterastai）里提到了狄俄尼修。在阿尔戈（Argos）摔跤手阿里斯东那里他学了体育。由于他身材茁壮，这位体育老师给他取名柏拉图[1]，代替他按祖父名取的原名阿里斯多格勒（Aristoklēs），这是亚历山大在《师承记》中说的。另一些人却认为他得名柏拉图是由于口若悬河，或者由于前额宽阔，像内安特指出的那样。还有一些人认为他在伊斯特摩（Isthmos）赛会上格斗，这是狄盖阿科（Dikaiarkhos）在《论生活》第一卷里说的。据说他首先是学绘画、 5
学写诗，先写酒神赞歌，后来又写抒情诗和悲剧。他嗓音不大，这是雅典人蒂谟透（Timotheos）在他的《论生活》里说的。据说苏格拉底梦见一只天鹅落在他膝盖上长出羽毛，然后长啸一声冲霄而去。第二天柏拉图前来求当弟子，苏格拉底宣称他就是他梦见的那只鸟。

他起初在阿加德米（Akadēmia），后来在哥隆诺（Kolōnos）附近的花园里讲哲学，据亚历山大在《师承记》里说，他是讲赫拉克利特哲学的。后来在悲剧评奖的时候，他在狄俄尼索（Dionysos）剧场前面遇到苏格拉底，交谈之后把自己写的诗稿都丢到火里，说道：

> 赫派斯多（Hēphaistos）[2]啊，来吧，柏拉图现在需要你！

这时他二十岁，从此他成了苏格拉底的弟子。苏格拉底逝世 6

---

① πλάτων，意为“宽广”。

② 火神。

后，他依附于赫拉克利特派的格拉底洛（Kratylos）和讲授巴门尼德哲学的赫尔摩根尼（Hermogenēs）。他二十八岁时，据赫尔摩多若（Hermodōros）说，跑到梅伽拉（Megara），和一些别的苏格拉底弟子一道到了欧格雷德（Eukleidēs）那里。然后他到居勒尼（Kyrēnē）访问了数学家泰俄多若（Theodōros），又到意大利访问了毕泰戈拉派哲学家裴罗劳（Philolaus）和欧吕多（Eurytos），再到埃及访问了一些先知，据说欧里彼德伴同他到埃及。在埃及他病了，由祭师们用海水把他治好，因此他引证诗句说：

大海洗尽人间一切不祥。

7 他还说，根据荷马的说法，埃及人是人间精通医术的。柏拉图还有意去结识波斯法师（Magois），为亚洲的战争所阻。回到雅典之后，他住在阿加德米（Akadēmia）。那是城外一处运动场，林木扶疏，得名于某位英雄赫加德谟（Hekadēmos），这是欧波利（Eupolis）的剧本《免役人》（Astrateutois）里说的：

在神圣的赫加德谟的林阴道上。

此外蒂孟（Timōn）还有一些关于柏拉图的诗句：

在众人中间来了那位轩昂的首领，
他谈笑风生有如那引吭高歌的蝉，
在赫加德谟的树上唱出优雅的晨曲。

所以这地方原来的名字是阿加德米，拼成“he”。这位哲学家是伊索 8
格拉底的朋友，柏拉克西蕃（Praxiphanēs）写到他们俩在乡下一个地方交谈，柏拉图是在那里招待伊索格拉底。阿里斯多克森说他参加过三次战役，第一次在丹那葛拉（Tanagra），第二次在哥林沱，第三次在岱利翁（Dēlion），他在那里曾经立功受奖。他把赫拉克利特、毕泰戈拉派和苏格拉底的学说混合到一起。在感性事物的学说方面他同意赫拉克利特，在理智对象的学说方面他同意毕泰戈拉，在政治哲学方面他同意苏格拉底。

包括萨谛若（Satyros）在内的一些人说，他曾经写信给西西里 9
的狄翁，要他拿一百米拿付给丕洛劳（Philolaus），买三本毕泰戈拉的书。他们说这件事他很能办到，因为他从狄俄尼修（Dionysios）那里收到了八百多答兰敦（talanton）。这是俄内多尔（Onētōr）在一篇论《哲人能不能致富》的文章里说的。柏拉图得益于喜剧诗人厄壁卡尔摩（Epikharmos）甚多，因为他从这人的作品里汲取了不少东西。这是阿尔基谟（Alkimos）在献给阿闵答（Amyntas）的文章里说的，文章共有四篇。第一篇里写道：

“显然柏拉图常常借用厄壁卡尔摩的说法。我们来考虑一下。柏拉图说感觉对象是在质和量上都不固定的，不断地流转变化。比方
说，有一些事物，我们从其中拿掉了数，它们就不再是相等的、确 10
定的了，就没有量、没有质了。这些事物是生成变化的，不是恒常的。然而心智对象却不增不减，是永恒的本性，永远同一不易。其实厄壁卡尔摩就非常清楚地说明了感觉对象和心智对象：

甲：神灵永远存在，万古常存，

我说的这个是根本不变的。
乙：可是据说混沌是第一个神。
甲：为什么？无中是不能生有的。
乙：那就没有什么东西是初次产生的了？
甲：也没有什么东西第二次产生，天哪，
11 至少现在说的东西是这样。你看：
假若你拿掉一个数，奇数或偶数，
那总数还依然如故吗？
乙：不会。
甲：假若你在一个体积上拿掉一个长度，
或者加上一个长度，
那体积还能如故吗？
乙：不能。
甲：人也是一样，你看，
这一个长大，那一个萎缩，都在变，
在同一瞬间，一个人变化不已，
他现在与刚才不一样，
你和我都与昨天不同，
我们明天将异样，永远变迁。”

12 阿尔基谟还说：“哲人们认为，有些东西是灵魂通过形体察知的，例如通过眼睛和耳朵，另一些东西是灵魂凭自身而不借助形体来分辨的。因为这缘故，我们把存在的东西分为感官对象和心智对象。所以柏拉图说，如果想洞察万有的本原，就该分别清楚：首先

是那些‘相’（ἰδέα）本身，如‘相似’（ὁμοιότης）、‘一’和‘多’、
‘大’、‘静’和‘动’，其次是‘美’本身、‘好’本身、‘公正’本 13
身等等，第三是那些与其他的‘相’相对的‘相’，例如‘知识’、‘大小’、‘权力’。经验中的事物之所以与那些‘相’同名，是因为它们‘分沾着’（μετέ-χειν）‘相’；我的意思是说，分沾着公正的事物是公正的，分沾着美的事物是美的。这些‘相’都是永恒的，可理解的，而且是不能感知的。柏拉图也说这些‘相’本性上好像原型，一切事物之所以类似‘相’是因为它们是‘相’的摹本。厄壁卡尔摩是这样讲‘好’和‘相’的：

甲：吹笛子是一件事吧？
乙：当然是。
甲：一个人是吹笛子吗？ 14
乙：根本不是。
甲：吹笛子的是什么？你说他是谁？
不是人吗？
乙：确实是。
甲：对了，‘好’也是这样，你看：
‘好’本身是一件事，谁学会它、知道它
就成为好人，
就像知道吹笛的成为吹笛人，
知道跳舞的成为跳舞人，知道织布的成为织布人。
各种技艺都是这样，谁知道它
就不是人怀技艺，而是艺人。

15 柏拉图在他的‘相论’里说：既然有记忆，那就必定在事物里有一些‘相’，因为记忆是对于某种静止而持久的东西的记忆，只有‘相’才是这样的东西。他说，生物如果不是联系到‘相’上，如果不是由自然赋予这种认识能力，怎么活得下去呢？它们记得那些相似之点，记得它们的食物是什么样子，这就说明生物有分辨类似物的天赋能力。这个意思厄壁卡尔摩是怎样说的呢？

欧迈尤（Eumaios）啊，智慧不是一个种独有的，
一切生物全都有认识能力。
你可以看看家禽中间的母鸡，
16 它并不生下活鸰，而是抱着蛋唤醒其中的生命。
它的这种智慧只有自然授予，
因为它是从它自己学会的。

又说：

我觉得可以毫不奇怪地说：
鸡和鸡鸰对自己很满意，以为不错，
因为狗就认为狗很好，
牛也认为牛很行，
驴中意驴，猪喜欢猪。”

17 这一类的例子，阿尔基谟在他的四卷书里通篇都有，表明柏拉图得益于厄壁卡尔摩很多。厄壁卡尔摩完全意识到自己的智慧，这

也可以从他的诗句中看得出来，他预言他将会有一个门生：

> 我相信，我完全有把握地想到，
> 人们以后会想起我写的东西，
> 有人会采取我的诗句，去掉原来的韵律，
> 给它换上紫袍，加以润色，
> 使它无坚不摧，所向无敌。

人们也认为柏拉图是第一个把苏甫戎（Sōphron）的滑稽剧本 18
介绍到雅典的人，这些剧本已经被人忽略多年了，他又把它拿来规范自己的品德。据说他的枕头底下放着这种剧本的抄件。他到西西里去过三次，第一次是去看这个岛和火山，那时赫尔谟格拉底（Hermokratēs）的儿子狄俄尼修（Dionysios）正在位，强迫他和他亲近。他和狄俄尼修交谈僭主政治，认为统治者一个人的利益并不是最好的，除非这位统治者道德卓越。他冒犯了狄俄尼修，狄俄尼修大怒，喊道："你跟我说的话是老生常谈！"柏拉图也反唇相
讥，喊道："你说的话是僭主之谈！"这时这位僭主大发脾气，先想 19
把他处死，后来经过狄翁（Dion）和阿里斯多门（Aristomenēs）劝阻，没有作出过分之举，只是把他交给当时刚刚到任的驻西西里大使斯巴达人波利斯（Pollis），下令把他卖为奴隶。波利斯把他带到艾及尼发卖。当时卡曼德里德（Charmandridēs）的儿子卡曼德若（Charmandros）根据当地法律控告他犯了死罪，因为依法应当将第一个涉足该岛的雅典人处死，毋需审判。而这条法律的制定者就是这位卡曼德若本人，这是法博里诺《杂史》里说的。可是有一个人故

意开玩笑，强调被告只是个哲学家，法庭就把他开释了。还有一种说法，说他被带到公民大会上，受到严格审讯，但他一言不发，耐心等待处理，大会决定把他并不处死，只当作战俘发卖。

20 居勒尼（Kurēnē）人阿尼盖里（Annikerīs）碰巧在场，就用二十末纳（也有人说三十末纳）把他赎回，送到雅典，交给他的朋友们。朋友们立刻奉还价款，但是阿尼盖里不收，说他们没关照柏拉图的特权。还有人说狄翁送来钱，阿尼盖里不肯要，给柏拉图买了阿加德米的小花园。至于那个波利斯，据说被卡布里亚（Chabrias）打败了，后来在赫利贡（Helikōn）被丢到水里淹死，他对哲学家的迫害遭到了神怒的报应。这是法博里诺《回忆录》第一卷里说的。狄俄
21 尼修当然惴惴不安。他听到信息就写信央求柏拉图不要说他的坏话。柏拉图回信说他没有工夫老记住狄俄尼修。

第二次他到西西里访问小狄俄尼修，请求拨给他土地和居民实行他的法制。小狄俄尼修慨然应允但是口惠而实不至。有人说柏拉图蒙受了生命危险，因为他企图劝说狄翁和泰俄度答（Theodotas）解放全岛；这时毕泰戈拉派的阿尔区答写信给小狄俄尼修，请求原谅，使他能够安返雅典。原信如下：

"阿尔区答顺致狄俄尼修，恭祝健康！

22 我们这些柏拉图的朋友曾经派遣拉弥斯各（Lamiskos）和福底达（Phōtidas）前来，按照我们的协议把这位哲学家接回。您还记得，您曾经热切地希望接待柏拉图，答应优渥接待，听任他自由来去。您还记得，您非常重视他的到来，那时您对他喜爱逾恒，胜于任何来客。如果他对您有所冒犯，请大度宽容，不加追究，听其返回。如此足见阁下高义，不胜感激。"

他第三次到西西里是为了给狄翁和狄俄尼修调解，但是徒劳无 23
功，返回母邦，毫无成就。他在那里不想干预政治，虽然他的著作
表明他是长于此道的。其理由是人民已经习惯于一种异于他的母
邦的政治制度。班丕拉（Pamphila）在她的《回忆录》第25卷里
说，阿加狄亚（Arkadia）人和特拜（Thēbai）人建立枚伽罗波利
（Megalopolis）时，邀请柏拉图给他们立法，他发现他们反对平等，
就谢绝了。传说卡步里亚（Khabrias）将军[①]被控告有处死刑危险时，
雅典人都不敢为他说话，但是柏拉图却挺身而出，担任辩护；当他
和卡步里亚走上卫城时，格若弼洛（Krōbylos）这个原告人遇见他就 24
对他说："你要为别人辩护，就不知道苏格拉底的毒药在等着你吗？"
柏拉图回答道："我为保卫母邦而战斗是甘冒危险的，现在我为保卫
一个朋友也甘愿蒙受危险。"

柏拉图是第一个采纳问答法的人，这是法博里诺《杂史》第八
卷里说的。他第一个向塔索（Thasos）的雷俄达马（Leodamas）讲授
用分析方法解决问题；并且第一个在哲学讨论中使用相反者、元素、
辩证法、性质、长方数、平面、天意等名词。

他也是对盖法洛（Kephalos）的儿子吕西亚（Lysias）提出反 25
驳的第一个哲学家，他把对方的言论在《裴德若》篇中逐字逐句复
述了。他第一个研究了语法的重要意义，并且第一个攻击了他以前
的几乎全部前辈的看法，就是不知道为什么没有提德谟克里特。居
集各（Kyzikos）的内安悌（Neanthēs）说，有一天他上奥林比亚
（Olympia）去，所有的希腊人都围起来看他，他在那里跟狄翁会合，

① 雅典将军，曾参加抗击斯巴达和特拜的战役，死于公元前357年。

狄翁正准备带兵去攻打狄俄尼修。法博里诺《回忆录》第一卷里说，波斯的米特拉达德（Mithradatēs）在阿加德米为柏拉图立了一座雕像，刻着如下的铭文：“波斯的俄戎多拔德（Orontobatēs）之子米特拉达德向缪斯献上柏拉图雕像一尊，锡拉尼翁的作品。”

26 赫拉格勒德（Herakleidēs）说他年轻的时候非常老成持重，从来没有见他放声大笑过。可是尽管如此，他还是不免遭到喜剧家的嘲弄。泰俄本波（Theopompos）在他的《赫狄卡瑞》（Hedykharēs）里就这样说：

> 一并不是真正的一，
> 连二也很难是一，像柏拉图说的那样。

而且，阿那克散德里德（Anaxandridēs）在《泰叟》（Thēseus）里也说：

> 他在照柏拉图的样子吞橄榄。

就连蒂孟也玩弄文字，说：

> 像柏拉图那样平铺直叙（peplasmena）[①]。

27 那个阿勒克锡（Alexis）还在《梅若壁》（Meropis）里说：

---

① 利用柏拉图（Platon）这个字与动词 plássō 音近来说的笑话。

你来得正是时候，看到我糊里糊涂
像柏拉图似的转来转去，
找不到一点聪明主意，只累了两条腿。

又在《昂居利翁》（Ankyliōn）里说：

你说些自己也不知道的东西，跟柏拉图
跑来跑去，只会知道些烧碱和大葱。

安丕斯（Amphis）也在《安丕格拉底》（Amphikratēs）里说：

甲：至于什么是好，你可以就其本身来理解，我所知道的非常有限，
主人啊，绝不多于柏拉图的所谓好。
乙：那就听着吧。

并且在《德克西德米德》（Dexidemídēs）里说： 28

柏拉图啊，
你知道做的无非是装出悲天悯人的模样，
把双眉紧皱，皱得好像蜗牛。

格拉底诺（Kratinos）在《假变形儿》（Pseudopobolimaios）里也说：

甲：你显然是一个人，具有一个灵魂。

乙：按照柏拉图的说法，我不能断定只能猜想我有。

阿勒克锡在《奥林比俄度若》（Olympiodṓros）里说：

甲：我的有死的形体萎谢了，

那不朽的部分升入天空。

乙：这是柏拉图的教言吗？

并且在《寄生虫》（Parasitḗ）里说：

或者单独地跟柏拉图谈话。

阿纳克西拉（Anaxilas）也在《薄得汝良》（Botrylion）、吉尔盖（Kirkē）和《有钱妇女》（Plousiais）里嘲弄了他。

29 阿里斯底波（Arístippos）在他的《论古人的奢侈》（Peri palaiâs tpyphēs）第四卷里说，他喜爱一个名叫阿斯德若（Astéros）的青年，是跟他学天文学的，也喜爱前面说过的那个狄翁，有人说他还喜爱裴德若（Phaídros）。他的这种多欲的作风，表现在下列警句中，这些句子据说是他给他们写的：

你观看星辰，我的阿斯德罗啊，我岂不是

那诸天，以千万只眼睛注视着你。

又说：

阿斯德若照耀众生有如晨星，
如今故去，有如昏星烛照亡灵。

他还这样写给狄翁： 30

为伊利安[1]的女儿和王后挥洒的泪珠
是由命运安排定了的。
你啊，狄翁，完成了丰功伟绩之后，
神灵却推倒了你的伟大抱负。
你现在安眠在这里，享受国人的尊敬，
你深受爱慕，却为我无穷哀悼！

这些话据说是刻在叙拉古他的墓碑上的。 31

此外，据说他心怀着对于阿勒克锡和上述裴德若的情爱，写下了下列诗句：

只有我说过在我眼里阿勒克锡是美的，
因此人们从各方面都把眼光向着他。
我的心哪，你为什么拿出骨头给狗看呢？
你以后会伤心的。我不是因此失掉了裴德若吗？

他还有一个情妇阿尔凯阿娜莎（Archeánassa），他为她写下了下列四行诗：

---

① Ilion，即史诗中的特罗亚城。

我的阿尔凯阿娜莎，哥洛封（Kolophon）的美人，
尽管有了皱纹，我对她献上真心。
你跟她萍水相逢真是不幸，
在你胸中燃起了熊熊烈焰。

32 还有一首给阿伽通写的：

热爱阿伽通时我的灵魂来到唇边，
这可怜的心要想走进他的胸中。

另一首是：

我抛给你一个苹果，你要是真爱我
就把它接了，让我享受你的童贞。
如果你不接受我的爱，
就拿着它看它如何急速枯萎吧。

另一首是：

我是苹果。爱你的人把它抛给你。
接着吧，克桑替贝，我和你会跟它一样枯萎。

33 还有几句给逐出母邦的爱瑞德里亚人（Eretriás）写的诗，据说也是他的手笔：

我们是欧博亚（Eúboia）的爱瑞德里亚人，
却葬身于苏撒（soûsa）附近，远离母邦！

还有一首说：

于是居柏里（Kúpris）[①] 向缪撒（Mousaîos）[②] 说：
姑娘们，服从居柏里吧，
否则我就武装爱洛（Eros）[③] 来对付你们。
缪撒们向居柏里说：
不要对阿瑞（Arēs）[④] 喋喋不休吧，
这位青年并不向我们飞来。

又说：

一个人想上吊，他找到了金子却丢了带子，
另一个人没找到金子却看到带子，上吊了。

他的仇敌莫隆（Mólōn）说："看到狄俄尼修在歌林沱是不必吃 34
惊的，看到柏拉图在西西里倒值得吃惊。"克塞诺封看来是跟他唱反调的：他们以唱反调的精神写了同样的题材：《会饮篇》、《苏格拉底

① 爱神。
② 美惠女神。
③ 小爱神。
④ 战神。

的申辩篇》和一些伦理论文。一个写了《治国篇》，一个写了《居鲁士（Kýros）的教育篇》。柏拉图在《法篇》里说克塞诺封这书不对，因为这个居鲁士并不是他描述的这样。这两个人虽然都讲苏格拉底，却彼此都不引证对方的话，只有在《回忆录》第三卷里克塞诺封提
35 到过柏拉图。人们还说安谛斯滕（Antisthénēs）要想公开宣读他的一部作品，邀请柏拉图出席。柏拉图问他要宣读的是什么，他说是一篇讲“不该有矛盾”的文章。柏拉图说“你怎么能写这个题目呢？”向他指出这个说法就是自相矛盾的。因此他写了一篇对话来反驳柏拉图，题名为《萨通篇》（Sáthōn）。这以后他们继续彼此疏远。人们说柏拉图宣读《吕锡篇》的时候，苏格拉底听了喊道：“天哪，这个年轻人把多少我没说过的话说成我说的！”他确实在篇中写了不少苏格拉底没有说的话。

36 柏拉图也跟阿里斯底波不和。至少他在那篇《论灵魂》[①] 的对话里糟蹋了阿里斯底波，说苏格拉底临死的时候他不在场，虽然当时他在不远的艾及尼（Aigínē）。人们还说他之所以嫉视艾斯钦（Aischínēs），是因为这位艾斯钦得到狄俄尼修的重视，来的时候由于贫穷而受到柏拉图的轻蔑却为阿里斯底波所支持。伊陀梅纽（Idomeneàs）说，格黎东在狱中敦促苏格拉底潜逃的那番话实际上是艾斯钦说的，柏拉图把它归到格黎东名下是因为他讨厌艾斯钦这个人。

37 柏拉图在他的著作中一般不提艾斯钦的名字，只在《论灵魂》和《申辩篇》中提过。亚里士多德说柏拉图的文章风格是处在诗和

① 即《裴洞篇》。

散文之间。根据法博里诺的说法，柏拉图宣读《论灵魂》的时候
只有亚里士多德一直听到了底，其他的听众都没听完就走了。有人
说俄补（Opoùs）的斐利波（Phílippos）把原来写在蜡版上的《法
篇》抄录了下来，据说他是《厄比诺米篇》（Epinomís）的作者。欧
颇里雍（Euphoríōn）和巴乃彫（Panaítios）说《治国篇》（Politeía）
的开头反复重写过很多次，这个《治国篇》本身据阿里斯多克森
（Aristóxenos）说几乎都已经包含在柏若大戈拉（Protagoras）的《争 38
辩篇》（Antilogikoîs）中。据说《裴德若篇》（Phaiaros）是他所写的
第一篇对话，因为它的主题中包含着一些青年人的新鲜味道。狄该
亚尔柯（Dikaíarchos）认为它文风粗陋。

据说柏拉图有一回谴责一个人掷骰子。那人说他玩的是一件小
事，柏拉图跟着说：“习惯可不是一件小事。”有人问他是不是留下
一些值得牢记的话，就像前人那样，他回答道：“一个人应该首先留
下名字，那样就会不缺少值得牢记的话了。”有一天克塞诺格拉底
（Xenokrátēs）走进他的家门，他就请克塞诺格拉底给他鞭打奴隶，
因他正在发怒，不能动手打。另一个说法是他对一个奴隶说：“我要 39
不是在发怒的话，会狠狠给你一顿鞭子。”他骑上马背，马上就跳下
来，说他害怕传染上马失前蹄的毛病。他劝那些喝醉酒的人照照镜
子，因为他们看到自己醉得不成样子会改掉喝酒的习惯。他说在任
何时候喝得烂醉都不相宜，除非是在那位赐给我们酒的神灵的节日。
他也不赞成睡眠过多。至少他在《法篇》[1]里说：“任何人在睡梦中都
是没有什么好的。”他也说真理是最使人愉快的声音，或者最令人愉

① 808 B.

快的事情是说真话。关于真理，他在《法篇》[1]里是这样说的：“外乡
40 啊，真理是美好而且耐久的东西，但是它很不容易说服人们。”他很
愿意给后世留下他的纪念品，或者是留在朋友们的心里，或者是留
在他的著作里。有些人说他宁愿避开人群。

他逝世的情况我已经叙述过了，是在斐利波王在位的十三
年，这是法博里诺在《回忆录》第三卷里说的；根据泰俄本波
（Theópompos）的说法，他逝世时得到斐利波王给予的盛大哀荣。
缪若年诺（Myrōnianòs）在《比喻篇》（Homoíois）里说，丕隆
41 （Phílōn）举出一则说到柏拉图长虱子的流行谚语，说他的死是由虱
子造成的。他葬在阿加德米，他一生中大部分时间从事哲学研究的
地方。因此他所创立的学派被人们称为阿加德米学派。那里的全体
学员都参加了葬礼。他的遗嘱如下：

“我柏拉图立遗嘱传下下列财产：位于伊丕斯底亚代（Iphistìadaī）
的地产，北界来自盖丕锡亚德（Kēphisiādēs）庙的道路，南界伊丕
斯底亚代的赫拉格勒（Hēraklês）庙，东界甫瑞阿热（Phreárrhēs）人
阿尔凯斯德拉多（Archéstratos）的地产，西界科雷德（Cholleídēs）
42 人斐利波（Philippos）的地产：此项地产不许出卖或转让，应归吾
子阿兑满多所有，听其支配。我在爱瑞西代（Eiresidaî）的地产系
购自加利马科（Kallimachos），北界穆日诺（Myrrhinos）人欧汝枚
洞（Eurymédōn）的地产，南界克须贝德（Xypete）人德谟斯德拉多
（Dēmóstratos）的地产，东界穆日诺人欧汝枚洞的地产，西界盖丕索
（Kēphisós）的地产。我还留下三密纳的银币；一个银壶，重 165 德拉

① 663 E.

克马；一个金杯，重 45 德拉克马；一个金图章戒指连耳环共重 4 德拉克马 3 俄博洛。宝石工欧格雷德（Eukleídēs）欠我 3 密纳。我释放阿尔德米（Artemis），给他自由。我留下四个家奴：底空（Týchōn）、弼格答（Bíkta）、阿波罗尼德（Apollonídēs）、狄俄尼修（Dionýsios）。我的衣物列在一张单子上，由德梅德留掌管。我不欠任何人的债。我 43
的遗嘱执行人是雷翁斯滕（Leonsthénēs）、斯彪西波（Speúsippos）、德梅德留（Dèmḗtrios）、赫及亚（Hēgías）、欧汝枚洞、加利马科（Kallímachos）、特拉西波（Thrásippos）。"

这就是他的遗嘱。他的墓志铭如下：

这里长眠着如神的伟人阿里斯多格勒，
他在人间明智而公正无与伦比。
这是人所能达到的最大的智慧，
因为他从来不知道什么仇恨。

另外一通是： 44

大地的胸中珍藏着柏拉图的身体，
他的灵魂与不朽的神灵同在。
阿里斯东的儿子虽然魂归天外，
却无往不受尊敬，有如神道。

还有一通时间较晚的：

雄鹰啊，你为什么飞翔在这坟墓上？

是不是在景仰不朽圣哲的佳城？
我是柏拉图灵魂的形相，它已经高飞
到奥林普山，他的躯体长眠在阿提卡土壤。

45 我自己也写了几句：

若不是阿波隆使柏拉图降生在希腊，
他怎会用文字治好人们的心灵？
正如神子阿斯格雷比佑①是肉体的医生，
柏拉图所治疗的是不朽的灵魂。

另外还有几句追悼他的逝世的：

阿波隆赐给凡人阿斯格雷比佑和柏拉图，
一个救治人的灵魂，一个救治肉体。
为了使二者联姻，他来到这个城邦②，
这是他创立的，建在宙斯的土壤上。

这些就是他的墓志铭。

46 他的弟子有：雅典的斯彪西波、卡尔格洞（Chalkedṓn）的克塞诺格拉底（Xenokrátēs）、斯答给拉（Stágeira）的亚里士多德、俄补（Opoùs）的斐利波（Phílippos）、贝仁托（Perinthos）的赫斯谛爱欧

① Asklēpiós，神医。神话谓阿斯格雷比佑也是阿波隆的儿子。
② 指雅典。

(Hestiaîos)、叙拉古的狄雍(Díōn)、赫拉格勒阿(Hērakleia)的阿缪格洛(Ámgklos)、斯格普锡(Skḗpsis)的爱拉斯多(Érastos)和哥里斯各(Koriskos)、居戚各(Kýzikos)的底谟劳(Timólaus)、朗普萨果(Lámpsakos)的欧艾翁(Euaíōn)、艾内亚(Aineías)的毕通(Pýthōn)和赫拉格勒德(Herakleídēs)、雅典的希波塔利(Hippothálēs)和加利波(Kállippos)、安丕波利(Amphípolis)的德梅德留(Dēmḗ trios)、本多(Pontós)的赫拉格勒德,以及许多别的人,其中有两名妇女:曼底内亚(Mantíneia)的拉斯滕内亚(Lasthéneia)和甫留(Phlioũs)的阿克修特亚(Axiothéa),后来据狄该亚尔科(Dikaíarchos)的报道是女扮男装的。有人说泰奥甫拉斯多(Theóphrastos)也听过他讲课。卡迈雷翁(Chamailéōn)还加上许贝里德(Hyperídēs)演说家和吕古尔戈(Lykoûrgos)。波雷蒙(Polémōn)同意此说。萨弼诺(Sabīnos)把德谟斯滕 47
(Demosthénēs)说成他的弟子,在《演说资料》第四卷中引塔索(Thásos)的姆内西斯德拉多(Mnēsístratos)为证。这件事不是不可能的。

既然你是爱好柏拉图的人,而且你爱好柏拉图是很有理由的,你迫切要求知道这位哲学家的学说,胜过其他一切人的说法,我想我就有必要依次说一说他的说法的本性,他的那些对话的次序,他进行推理的方法,尽可能深入浅出地说出主要的梗概,以便在我所搜集的那些生平资料之外再补充上对于学说的陈述,免得犯买椟还珠的毛病。如果啰唆一大堆,单单忘记了陈述他的思想,那就正像俗话说的那样,向雅典娜送猫头鹰了[1]。

---

① 意即多此一举。因为雅典娜本来就有一只猫头鹰在头上,不必再给她送。

48 人们说爱利亚的泽农（Zēnon）[①] 是对话体的创始人。可是根据法博里诺《回忆录》里的记载，亚里士多德在他的《诗学》第一卷里说，这创始人是斯谛拉（Stýra）或德俄（Téōs）的阿勒克撒梅诺（Aléxamenos）。依我看来，柏拉图是使这种体裁达到完美地步的人，应该享受发明和美化这种文体的荣誉。所谓对话就是一篇讨论哲学问题和政治问题的讲话，包含着问和答，文章剪裁匀称，用语切合对话人物的性格。所谓辩证法就是通过对话人物的问和答来否定或肯定某个命题的讲话技术。

49 柏拉图的对话有两大类，一类是教导性的，一类是探索性的。前一类又分为两种，即理论性的和实践性的。理论性的分为物理的和逻辑的，实践性的分为伦理的和政治的。探索性的对话也分为两种，即训练的和斗争的。训练的分为诱导的和试探的。斗争的也分为批评的和颠覆的。

50 我不是不知道其他作家对这些对话还有别的分类法。他们说有些对话是戏剧性的，有些对话是叙述性的，还有些对话是二者的混合。但是这种划分对话的说法比较适用于舞台，不甚适用于哲学。在他的对话中间，有讨论自然的，如《蒂迈欧篇》；有讨论逻辑的，如《政治家篇》、《格拉底洛篇》（Kratýlos）、《巴门尼德篇》和《智者篇》；有讨论伦理的，如《申辩篇》、《格黎东篇》、《裴洞篇》、《裴德若篇》（Phaîdros）、《会饮篇》以及《梅内克塞诺篇》（Menéxenós）、《格雷多封篇》（Kleitophōn）、《书信集》、《丕雷博篇》（Phílēbos）、《希巴科篇》（Hípparchos）、《敌手篇》（Anterastaí）；

① 过去一般译为“芝诺。”

有讨论政治的，如《治国篇》、《法篇》(Nómoi)《米诺篇》(mínōs)、《厄比诺米篇》(Epinomìs) 以及《大西洲篇》(Atlantikós)。属于诱导性的对话有《阿尔基弼亚德》(Alkibiádēs) 两篇、《泰阿葛篇》(Theágēs)、《吕锡篇》、《拉刻篇》；试探性的对话有《欧悌甫戎 51
篇》、《枚农篇》、《伊雍篇》(Íōn)、《卡尔弥德篇》、《泰艾德多篇》(Theaítētos)。在《柏若答戈拉篇》(Prōtagóras) 里可以见到证明，在《欧谛德谟篇》(Euthýdemos)、《戈尔吉亚篇》(Gorgías) 和两篇《希比亚》(Hippías)。以上概述了对话的定义和不同种类。

人们对于柏拉图是不是树立了教条有很大的意见分歧，我们来稍稍谈一谈这个问题。树立教条就是规定哲学上的教条，有如立法就是制定法律一样。教条有两方面意思，既指看法的对象，又指看法本身。

这两样东西前者是命题，后者是概念。柏拉图在很有把握的场合
摆出他的理解，驳斥错误的意见，对可疑的看法悬而不决。他自己 52
的观点是通过四个人物表达出来的，这就是苏格拉底、蒂迈欧、雅典客人、爱利亚客人。这两个异邦人并非像某些人所主张的那样就是柏拉图和巴门尼德，而是想象出来的无名氏；即便用苏格拉底和巴门尼德当发言人，那也是表达着柏拉图的教义。至于他所驳斥的错误意见，则是由特拉叙马科 (Thrasýmachos)、加利格勒 (Kalliklēs)、波洛 (Pōlos)、戈尔吉亚 (Gorgías)、柏若答戈拉 (Prōtagóras) 或者希比亚 (Hippías)、欧谛德谟 (Euthýdemos) 等人来代表的。

他证明某事的时候，常常用归纳法，而且用的不是一个类型的， 53
而是两个类型的。所谓归纳法就是根据一些已知的真理进行推理，推出一个与此相似的真理。有两类归纳法，一类是通过矛盾来进行

的，一类是通过一致来进行的。在通过矛盾的那一类归纳里，给予
每一问题的答案必须跟一致的提法相反，例如："我的父亲异于你的
父亲，或者等于你的父亲。如果你的父亲异于我的父亲，他既然异
于一个父亲，那就不是一个父亲。如果他等于我的父亲，他既然等
54 于我的父亲，那就是我的父亲。"还有："如果人不是一个动物，他就
是一块石头或木头。可是他不是一块石头或木头，因为他是活的并
且能自己运动。所以他是一个动物。可是，如果他是一个动物，如
果一条狗或牛也是一个动物，人既然是一个动物就会也是一条狗和
牛。"这就是那一类通过矛盾和争执来进行的归纳，柏拉图使用它并
不是以此建立他自己的学说，而是为了驳斥别人的意见。另一类通
过一致来进行的归纳也有两种方式，一种是用部分来证明部分，一
种是用部分来证明全体。前者适用于修辞学，后者适用于辩证法。
例如前一情况下问题就是这样提出的："这样一个人杀了人吗？"证
55 据是发现这人当时身染血迹。这是修辞型的归纳，因为修辞学所关
心的是特殊事例，不是普遍的共相。它不研究公正本身，只研究公
正的事例。另一型是辩证法的归纳，它通过特殊事例来证明普遍的
命题。例如，所提出的问题是灵魂是否不死，活人是否来自死人。
这在《论灵魂》中是通过一个普遍的命题来证明的，即反面生自反
面。这个普遍的命题是通过一些特殊的命题建立起来的，如睡来自
醒，醒来自睡，大来自小，小来自大。这种归纳法是他用来证明他
自己的看法的。

56 很久以前，在悲剧里歌队是唯一的演出者。后来，为了让
歌队喘一口气，泰斯比（Théspis）设计了一个角色，艾斯区洛
（Aischýlos）设计了第二个，索福格勒（Sophoklẽs）又设计了第

三个，这样一来悲剧就完备了。哲学也是这样：一起头自然哲学是唯一的题材，后来苏格拉底增加了第二个主题，伦理学，柏拉图又加上第三个主题，辩证法，这样就使哲学完备了。特拉叙洛（Thrasýlos）说柏拉图写他的对话是以四篇为一组①，有如悲剧作家们的作品那样。悲剧作家们就是拿出四部剧本在酒神节（Dionysía）、醴神节（Lenaía）、泛雅典娜大节（Panathenaía）、瓶子节（Chýtri）上竞赛的。第四个剧本是一出讽刺剧；四个剧本合在一起就称为一个"四联组"。

57
特拉叙洛说，柏拉图的真手笔一共五十六篇对话，如果把《治国篇》分为十篇，把《法篇》分为十二篇的话。法博里诺在他的《列邦史》（Panlōdapēs historías）第二卷里说，《治国篇》几乎整个可以在柏若答戈拉的《争论篇》（Antilogikē）中找到。他的著作共有九个四联组，如果把《治国篇》算成一篇，把《法篇》算成一篇的话。他的第一个四联组有一个共同的计划，就是要描述哲学家的生活应该怎样。特拉叙洛给每一篇著作定了两个篇名，一个是根据对话人的名字定的，一个是根据篇中论述的主题定的。这第一个四 58
联组包括：1.《欧悌甫戎篇》或《论虔诚》，试探性的；2.《苏格拉底的申辩篇》，伦理的；3.《格黎东篇》或《论义务》，伦理的；4.《裴洞篇》或《论灵魂》，伦理的。第二个四联组包括：1.《格拉底洛篇》或《论名词的正确性》，逻辑的；2.《泰艾德多篇》或《论知识》，试探性的；3.《智者篇》或《论是》，逻辑的；4.《政治家篇》或《论君权》，逻辑的。第三个四联组包括：1.《巴门尼德篇》或《论相》，逻

① tetralogía，即"四联组"。

辑的；2.《丕雷博篇》或《论快乐》，伦理的；3.《会饮篇》或《论
好》，伦理的；4.《裴德若篇》或《论爱》，伦理的。
59 第四个四联组包括：1.《阿尔基弼亚德篇》或《论人性》，诱导
性的；2.《阿尔基弼亚德第二篇》或《论祈祷》，诱导性的；3.《希
巴尔柯篇》或《爱得利者篇》，伦理的；4.《敌手篇》或《论爱智》，
伦理的。第五个四联组包括：1.《泰阿葛篇》或《论爱智》，诱导性
的；2.《卡尔弥德篇》或《论明智》，试探性的；3.《拉刻篇》或《论
勇敢》，诱导性的；4.《吕锡篇》或《论友情》，诱导性的。第六个
四联组包括：1.《欧谛德谟篇》或《争论者篇》，反驳性的；2.《柏
若答戈拉篇》或《智者篇》，解释性的；3.《戈尔吉亚篇》或《论修
60 辞》，反驳性的；4.《枚农篇》或《论品德》，试探性的。第七个四
联组包括：《希比亚篇》两篇：1. 或《论美》，2. 或《论伪》，都是
反驳性的；3.《伊利亚特篇》或《论伊利亚特》，试探性的；4.《梅内
克塞诺篇》或《墓志铭》，伦理的。第八个四联组包括：1.《格雷多
封篇》或《勉励篇》，伦理的；2.《治国篇》或《论公正》，政治的；
3.《蒂迈欧篇》或《论自然》，自然哲学的；4.《格里底亚篇》或
《大西洲篇》，伦理的。第九个四联组包括：1.《米诺篇》或《论法》，
政治的；2.《法篇》或《论立法》，政治的；3.《厄比诺米篇》或《晚
会篇》或《爱智者篇》，政治的；4.《书信集》，共十三封信，伦
61 理的。这些书信的开头都写着"愿您幸运"，正如给伊壁鸠鲁的写
着"愿您安好"，给格雷翁（Kléōn）的写着"愿您高兴"。其中一
封给阿里斯多德谟（Aristódēmos）的，两封给阿尔区答（Archýtas）
的，四封给狄俄尼修（Dionýsios）的，一封给赫尔米亚（Hermías）、
厄拉斯多（Érastos）和哥里斯各（Koriskos）的，一封给雷俄达

马（Leōdámas）的，一封给狄雍（Díōn）的，一封给贝尔第加（Perdíkkas）的，两封给狄雍的家属的。这就是特拉叙洛和其他人对柏拉图著作的分法。

还有些人，包括语法家阿里斯多芬（Aristophánēs）在内，把这些对话排列成若干三联组。第一个三联组是:《治国篇》、《蒂迈欧 62
篇》、《格里底亚篇》；第二组是:《智者篇》、《政治家篇》、《格拉底洛篇》；第三组是《法篇》、《米诺篇》、《厄比诺米篇》；第四组是:《泰艾德多篇》、《欧悌甫戎篇》、《申辩篇》；第五组是:《格黎东篇》、《裴洞篇》、《书信集》。其余的对话没有按次序划分。我在前面已经说过，有些人以《治国篇》为首篇，有些人以《大阿尔基弼亚德篇》为首篇，还有些人以《泰阿葛篇》为首篇；有些人从《欧悌甫戎篇》算起，也有些人从《蒂迈欧篇》算起；还有些人从《泰艾德多篇》算起，而很多人却从《申辩篇》算起。下列对话被认为是可疑的：《弥洞篇》（Mídōn）或《养马人篇》（Hippotróphos）、《厄汝克夏篇》（Eryxías）或《厄拉锡斯德拉多篇》（Erasístratos）、《阿尔居雍篇》（Alkyṓn）、《无首者篇》（Aképhalois）或《锡须坡篇》（Sísyphos）、《阿克修科篇》（Axíochos）、《裴阿格人篇》（Phaíakes）、《德谟陀哥篇》（Dēmódokos）、《燕子篇》（Chelidṓn）、《第七天篇》（Ebdómē）、《厄比美尼德篇》（Epimenídēs）。在这些对话中间，《阿尔居雍篇》被认为是某个雷翁（Léōn）的作品，这是根据法博里诺《回忆录》第五卷中的说法。

柏拉图使用各式各样的名词，使他的学说不易为浅人所理解。 63
他把智慧定义为关于可理解的实存事物的学问，这门学问他说是涉及神灵和异于形体的灵魂的。他还把智慧这个名字给予爱智之学①，因为它是倾慕神圣的智慧的。一般意义的经验他也称之为智慧，例如他就把工匠称为智慧的。他情愿用相同的字眼表示不同的意思。例如他就用 φαῦλος（平易）这个字表示 ἁπλῦς（诚实）的意思，如同欧里彼德（Euripídēs）一样，欧里彼德在《利君尼俄篇》（Likymníos）里就说赫拉格勒（Hēraklẽs）——

> 平易（φαῦλος），无文，勇于做大事，
> 他的智慧表现在行动上，
> 却讷讷不能言。

64 可是有时候柏拉图也用这个字眼表示渺小，在别的时候却用来表示微小。他也常常用不同的字眼表示同样的意思，例如他就把 ἰδέα（相）称为 εἶδος（型）、γένος（种）、παρὰδειγμα（范型）、ἀρχή（本原）、αἴτιον（原因）。他也用相反的字眼表示同样的意思。因此他把感性事物既称为 ὄν（是）又称为 μηὄν（不是）。说它"是"，是因为它进而"是"②；说它"不是"，是因为它不断变化。他说"相"既不运动也不静止，既是一又是多。他在很多场合习惯于这样做。

65 为了说明他的话，要做到下列三个方面：1. 弄明白他所说的是什么意思；2. 弄明白他这样说的目的，究竟是断言如此，还是以此喻彼；3. 弄明白他是怎么说的，究竟是建立自己的学说，还是驳斥别人的意见。这三个方面都必须弄准确。

66 **（以下译稿缺失。——编者）**

---

① philosophía，即哲学。这个字即由 phíl -（爱）+ sophía（智慧）构成。

② 即进而存在，即产生的意思。

亚里士多德论柏拉图[①]

一

在上面说到的那些哲学[②]之后来了柏拉图的哲学，它在许多方面 B987a
追随那些思想家，又有许多特点与意大利人的哲学[③]不一样。因为早在青年时期他就熟悉了格拉底洛[④]以及赫拉克利特[⑤]的见解，认为一切可以感觉到的东西都永远在流动，对它们是不能有知识[⑥]的，这些看法他甚至坚持到晚年。苏格拉底从事研究伦理问题，根本不管整 987b
个自然界，他在各种伦理性的事情里面寻求普遍的东西，首先把心思放在定义上面。柏拉图接受了他这种观点，但是认为定义不能下在可以感觉到的东西上，只能给另外一类东西下定义，其所以如此，是因为感觉到的东西变化不定，不能有共同的界限。他把这另外一类的东西称为“相”，[⑦]说它在可以感觉到东西以外，可以感觉到的东

---

① 录自亚里士多德:《形而上学》，A6，9。

② 指自然哲学，如伊奥尼亚派、爱利亚派、毕泰戈拉派的哲学。

③ 指希腊西部的人，他们住在意大利沿海，但不是拉丁族人。

④ Kratylos，赫拉克利特的学生。

⑤ Herakleitos.

⑥ 只能有稍纵即逝的感觉，不能有科学知识。

⑦ idea，指理性的对象或心灵中的形相。

西都是按照它来称呼的；因为众多事物之所以与它同名都是由于分沾[①]了它。“分沾”只是一个新的说法，因为毕泰戈拉派也说各种事物之所以如此是由于摹仿了数，柏拉图说它们由于分沾而成为它们，是换了个名称。到底是分沾还是摹仿了“型”[②]，可以留下来让大家研究。他说在可以感觉到的东西和“型”之外还有数理[③]，是中间性的东西：数理与可以感觉到的东西区别在于它的永久和不动，与“型”不同在于它有很多相似的[④]，“型”在每一情况下都是唯一的。既然“型”是其他各种事物的原因，他认为“型”的要素就是一切事物的要素。作为质料，大和小是本原；作为本体，一是本原；因为由大和小，通过分沾一，就产生出各种数来。他同意毕泰戈拉派说一是本体，不是述说其他事物的谓项；他说数是其他事物本体的原因，这也是同意毕泰戈拉派的说法；但是他又设定一个二，认为由大和小构成无定者[⑤]，而不把无定者看成一，这是他的特点。所以他认为数在可以感觉到的事物之外，而毕泰戈拉派说事物本身就是数，并不把数理放在二者之间。他与毕泰戈拉派的不同在于他认为一和数与事物分开，他引进“型”是由于他要研究定义（因为早期的人没有碰到辩证法），他把另外一个元素说成二，是由于他相信数除了最
988a 初的以外都能由二产生，就像用模子塑造似的。可是事情正好相反，因为这个说法并不合道理。因为他们认为从质料造成许多其他事物，而“型”的制造只是一次性的。我们看到一张桌子是由一块质料造成

① methexis.

② eidos，与 idea 同义，也是客观的形相或形式。

③ ta mathēmatika，多数，指各种数学研究的对象，如三角形、方根等。

④ homoia，如三角形有直角三角形、锐角三角形等。

⑤ to apeiron，指没有特定性质的东西。

的，可是那个应用“型”的虽然是一个，造出来的桌子却有许多张。这种关系好像公的和母的那样，因为母的由于一次交配而怀孕，公的却使许多母的受孕。这还是对于那两大本原的摹仿。柏拉图对提出的问题自己宣布了这样一些答案。从以上所说的看来，他显然只用了两种原因，即“是什么”①方面的原因和质料方面的原因（因为“型”是其他事物是什么的原因，“一”则是“型”是什么的原因），作为底子的质料②对于可以感觉到的事物来说是“型”所表述的，对于“型”来说是“一”所表述的，也就是说，它就是那个二，即大和小。他还把好和坏的原因归给两种元素，认为一种元素造成了二者中的一种。这件工作我们说他以前的某些人就尝试过，例如恩贝陀格勒③和阿那克萨戈拉。④

二

那些提出“相”来当作原因的人，在试图掌握我们周围各种事物出于什么原因的时候，首先引进了另外一些东西，它们的数目和 990b
事物相同。这样做就好像一个人要想清点东西又怕东西太少数不清，企图把它们的数目扩大了再来数。因为“型”实际上跟事物一样多，也就是并不比事物少，他们试图说明事物的时候就从事物出发进而找到了“型”。这是因为每一类事物都有一个与本体⑤同名而又与这

① ti estin，即本质。

② he hylē he hypokeimenē，即纯粹的质料。

③ Empedoklēs.

④ Anaxagoras.

⑤ ousia，指个体事物。

些本体并立的东西跟它们相应；其他的各类也是这样，都有个“一”在众多的事物之上，不管这些事物是会变化的还是永恒的。

此外，我们用来证明[①]有“型”的那些说法没有一个是令人满意的，因为根据某些说法推论并不能必然得出结论，根据另外一些说法可推论出有某些事物的“型”，而这些事物我们认为是没有“型”的。因为根据一些说法，由于有各门学问，就会有这些学问所研究的一切事物的“型”；根据有一个属性为许多事物所共有这一说法，就连否定性的东西[②]也会有它们的“型”；根据即便在事物消灭之后也还有一个印象这一说法，就会有会消灭的东西的“型”，因为我们心里可以有这些东西的影像。此外还有一些比较严密的说法引出了关系的“相”，而我们说关系并不是自成一类的东西；另外一些说法则引起“第三者”[③]的麻烦。总之，那些为“型”作论证的说法把事物毁坏了，而我们是重视事物甚于“型”的；因为按照那些说法，在先的就不是二而是数，也就是相对的先于绝对的了。此外，有些人在贯彻那些关于“相”的意见时提出了若干主张，这些主张全都会与根本原则发生冲突。除此以外，根据我们赖以认定有“相”的那些假定，就会不但有本体的“相”，而且有许多别的东西[④]的“相”（因为不仅对本体有“一”的想法，对别的东西也有“一”的想法，

① deknymen，“我们证明”。这话里用“我们”二字，表明作者亚里士多德本人承认自己也曾是柏拉图派的一员。

② 如垃圾、废物之类。

③ 即：这个大东西和那个大东西（第一者）同为大的，所以它们之上有个大的相即大本身（第二者）；而那些大东西和大的相又同为大的。所以在它们之上又有一个大的相即大本身（第三者）……。这样下去，永无止境。

④ 指本体以外的其他范畴，如性质、数量、时间、地点等。

不仅有本体的学问，也有其他东西的学问，此外还可以得出成千上万个这样的结论）。因为按照必然性原则以及那些与“相”有关的意见，如果“相”是可以分沾的，就必然只有本体的“相”，这是由于“相”并不是偶然地被分沾的，一件事物分沾它，是必然地分沾那个不表述底子的东西①（我说，如果一件事物分沾着“倍本身”，那就也分沾着“永恒”，但这是偶然地分沾，因为“永恒”是偶然地可以表述“倍”②）。因此“型”就是本体，这个名称既指现实的本体又指理 991a
想的本体；如果不是这样，说有事物以外的“相”，有多之上的一，又有什么意思呢？如果“相”和它的分沾者具有相同的“型”，那就有某某东西为它们所共有，为什么二在那些可以消灭的二里和在那些虽然是多却又永恒的二里是相同的二，在二本身里和在特殊的二里却不相同？如果它们没有相同的“型”，那就必定只有名称相同，就像一个人没有看到张某和木偶的任何共同之处就把二者都称为人那样。尤其值得注意的，是可以提出一个问题讨论：“型”对于可以感觉到的事物，不管是永恒的还是有生灭的，究竟起什么作用？因为它既不使事物运动，又不使它们变化，还不能有助于取得对它们的知识（因为它并不是事物的本体，否则它就在事物里头了），而且无助于事物存在，如果它不在那些分沾着它的事物里头的话。如果它是在事物里头，那才可以认为它是原因，就像白搀在事物里面使事物成为白的那样。可是这个先由阿那克萨戈拉、后由欧陀克索③等人提出过的说法太容易推翻了，因为不难收集许多无法置辩的反对

① “底子”（hypokeimenon）指逻辑上的主项，不表述“底子”的就是本体。

② “倍”就是二。“倍”的相是永恒的，特殊的“倍”不是。

③ Eudoxos，几何学家。

意见来驳斥这种说法。况且从一般的意义看，是无法说其他事物来自"型"的。说"型"是模型，其他事物分沾着它，那不过是在说空话，打诗意的比方而已。因为从"相"这方面看，起的到底是什么作用呢？任何东西都和与它相似的东西一样，可以存在、可以产生，用不着仿效它；不管苏格拉底存在不存在，都可以有一个与苏格拉底相似的人产生出来；很明显，即使那苏格拉底[①]是永恒的，事情也会是这样的。而且同一样东西可以有若干个模型，也就是若干个"型"，例如"动物"、"两脚的"和"人本身"就都是人的"型"。再者，"型"不仅是可以感觉到的事物的模型，也是它自己的模型，例如"种"的"型"就也是"型"的"种"，因此一样东西可以是模型也是摹本。还有，我们必须肯定本体不可能在以它为本体的东西以外，既然如此，怎么能有作为事物本体的"相"在事物以外呢？在《裴洞篇》[②]曾经说过，"型"是"存在"和"产生"的原因；但是单有"型"还不会使那些分沾着它的事物产生，除非有一个推动者在起作用。另外还有许多事物，例如房子和指环，我们说是没有"型"的，也在产生。由此可见，即便是那些事物，也能由于那个产生出上述事物的原因[③]而存在和产生。再者，如果"型"是数，数怎么能是原因呢？是不是由于万有是一些不同的数，例如人是某个数，苏格拉底是另外一个数，张某又是别的数呢？为什么一组数是另一组数的原因呢？即使前一组是永恒的，后一组不是，那也不会造成什么不同。如果由于现实的事物（例如和声）是数的比例，就认为成比例

① ho Sokratēs，苏格拉底加上定冠词，表示"作为'相'的苏格拉底。"

② Phaidon，100D.

③ 即动力因或作用因。

的是个“一”，那么，这个（质料）如果是某种确定的东西，那就很明显，那些数本身就是这样东西与那样东西之间的数的比例了。例如，如果张某是火、土、水、气的数的比例，他的“相”就是别的底子[①]的数了。可是人本身[②]，无论是不是某种意义的数，仍然是某些东西的数的比例，而不是数，它并不因此就成了数。此外，从许多数可以产生出一个数来，一个“型”又怎么能从一些“型”产生出来呢？如果数并不是从若干个数（如一万）里的某些数产生的，而是从其中的单位[③]产生的，那些单位又怎样呢？它们如果是同型的，那就会涌出许多荒唐的事情了；如果不同型，那就会在同一个数中各个单位彼此不一样，在不同的数中各个单位也不是全都一样的，它们既然没有性质，又怎么互相区别呢？这种看法是不合理的，与我们的单元观念不相容。此外，他们还不得不设定另外一类数，即算术上的数，以及某些人称之为“中间体”[④]的一切东西，这些东西
是怎样的，是从什么本原产生的呢？它们怎么介于现在的和本来的 992a
之间呢？此外，二里头的两个单位必须都来自一个在先的二，然而这是不可能的。还有，一个数合在一起怎么是一呢？还有，除了上面说的以外，那些单位如果是各色各样的，他们[⑤]的说法就该和那些说有四个或两个元素的人类似了，因为那些人中间的每一个，都把元素这个名称并不给予那共同的东西，例如形体[⑥]，而给予火和土，

① 即不是“相”的火、土、气、水等元素。

② 即人的“相”。

③ hai monados，一个一个单独的东西。

④ ta metaxy，处于二者之间的东西。

⑤ 柏拉图派的人。

⑥ to sōma，有长、宽、高的东西。

不管其中有没有共同的东西，即形体。现在有的人说这个“一”跟火和水一样是同质的，如果是这样，数就不是本体了。很明显，如果有一本身，而且是本原，这就是把不止一个意义用在一上了，因为不这样是不可能的。把各种本体归结到它们的本原时，说线是从长短（即一种大小）产生的，面是从宽窄产生的，体是从深浅产生的，可是面怎么能包含线，体怎么能包含面或线呢？因为宽窄是不同于深浅的另外一种东西。所以，正如数不在线、面、体里一样（因为多少是不同于长短、宽窄、深浅的），高一级的东西显然不在低一级的里面。可是宽并不是一个包含着深的“种”，因为否则体就是面的一个“属”了。既然如此，又有什么根据推出点在线中呢？柏拉图甚至把这类东西斥为几何学上的武断。他把不可分的线称为线的本原，这是他常常提到的。可是线必须有一个界限，所以根据有线也可以证明有点。总之，智慧虽然追求可见事物的原因，我们[①]却放弃了这项工作（因为我们没有讲发生变化的原因）。我们自以为在讲可知事物的本体，讲的却只是另外一类本体；我们说这类东西怎样是可见事物的本体，说的只是空话；所谓“分沾”，像我们前面说的那样，是毫无意义的。“型”也完全不是我们说的那种形成各门学问的原因，不是全部心灵和整个自然奔赴的目的，就是说，“型”并不是我们说的那些本原中的一种；可是在现时的思想家们[②]那里数
992b 学已经成了哲学，虽然他们也说数学是为了别的目的而研究的，可以设想，他们认为在底下支撑着的那个本体太像数了，这种本体与

① 包括作者本人在内的柏拉图派。

② 指柏拉图死后斯彪西波（Speusippos）领导的学园派。

其说是质料本身，不如说是质料的一个范畴、一个属差；就是说，大和小很像自然哲学家们说的浓和淡，因为这是一种有余和不足。从运动看，如果大和小是运动，“型”就会动；如果它们不是运动，运动又从何而来呢？我们如果不能回答这个问题，那整个关于自然的研究就完蛋了。证明一切是一个，这是我们认为很容易办的，却没有做到。用展示一切的办法是得不到一个的；如果我们承认那一切假定，那也只能得出那个“一本身”。如果我们不承认共相是一个种，连那个结论也得不出。然而在有些情况下这也是不可能的。我们也不能说明数以后的线、面、体是怎样存在和怎样才能有的，因为它们不能是“型”（因为它们不是数），也不能是“中间体”（因为“中间体”是“数理”），也不能是可以消灭的事物，显然是属于第四类的东西。总之，我们如果寻求“是者”[①]的元素而不区别我们说的各种“是”的意义，特别是用这种方式寻求“是者”如何构成，那是不能成功的。因为“能动的”、“被动的”、“直的”由什么东西构成，是发现不了的，如果能够发现元素，那只能是本体的元素；因此寻求各种“是者”的元素，或者以为找到了这些元素，是不对的。我们怎样求知一切“是者”的元素呢？显然不能从先知道什么东西开始。因为学习几何学的人虽然可以先知道某种别的事情，却不知道这门学问所研究的、他应当学习的那种东西，别的情况也是这样。因此，如果像某些人主张的那样，有一门研究一切“是者”的学问，学习这门学问的人就会事先一无所知。然而所有的学科都要靠一些

① to on，即“是的东西”。旧译“有”或“存在”，但希腊人说的“是”（einai）包括“存在”而不只是“存在”。

已知的前提（全部的或部分的），不管这学科是凭借证明还是凭借定义建立的，因为构成定义的成分必定是事先知道的、熟悉的；用归
993a 纳法进行的学习也是这样。如果学问是天赋的[①]，那就很奇怪，为什么我们拥有这种伟大的知识却不意识到它。我们怎样知道各种事物是由什么东西构成的，以及怎样把它向人家说明白，是个难题；因为可以发生意见分歧，例如对于某些音节的理解就是如此，有人说ζα是由σ、δ、α合成的，也有人说这是一个独特的音[②]，与我们熟悉的任何音都不一样。

我们如果没有某种感官，怎么能认识这种感官的对象呢？如果构成各种东西的元素都是一样的，就像构成复合音的音素那样，那我们才能那样做。

① 指柏拉图的"回忆说"，认为一切知识在出生前就在灵魂里面。

② 即今天我们说的"音位"，如ζα（za）不同于σ（s）、δ（d）、α（a）等音素。这里用音位来比柏拉图提出的"相"。

附：亚里士多德论苏格拉底、柏拉图

§1［《形而上学》A6，987a29—b14］

随我们指名说到的那些体系[①]之后而来的是柏拉图的哲学。它在许多方面都追随那些思想家，但是也有自己区别于意大利思想家[②]的哲学之特点。因为，早在青年时代，他就首先结识了格拉底洛[③]，熟悉了赫拉克利特的学说（这种学说主张所有的感性事物总是处于流动状态，因而认为对它们根本没有任何知识）。他持有这些观点一直到晚年。苏格拉底本人正忙于伦理问题，忽视了整个自然界。他在这些问题中寻求普遍者[④]，第一次把思想集中到定义上。柏拉图接受了他的教导，但是认为定义并不适用于感性事物，而适用于另一类东西。——由此之故，共同的定义不能是任何感性事物的定义，因为这些事物总是在变化的。这另外一类的东西，他名之为“理念”。[⑤]

---

① 指苏格拉底以前的各派哲学。

② 指区别于伊奥尼亚派的毕泰戈拉学派和爱利亚学派。

③ Κρατύλος，约与苏格拉底同时的一个赫拉克利特派哲人。

④ Καθολόν，又译“共相”。

⑤ ἰδέα，εἶδος，即本书柏拉图著作中所译的“相”。

至于感性事物，他说是与这些东西分离①、并依据这些东西来称呼的；由于“分有”②理念，那些众多的事物才有与理念同样的名称。只有“分有”这个名词是新的；因为毕泰戈拉派说事物存在是由于摹仿“数”，而柏拉图说它们存在是由于“分有”理念。这只不过是把名词改换了罢了。分有或摹仿究竟是指什么呢？——他们留下了一个悬而未决的问题。

§2［《形而上学》M4，1078b9—1079a4］

现在说到理念。我们首先必须就理念学说本身来考察它，并不以任何方式把它联系到数的本性上，而以那些首先主张有理念存在的人原来理解的样式来看待它。理念学说的支持者们之所以想到理念，是因为他们服膺赫拉克利特的学说。这个学说认为所有感性事物都永远处于流动状态，所以，如果我们有某种关于任何事物的知识的知识和见解③，那就必须在感性事物之外④还有某种其他的永久实体，因为对流动状态的事物是不能有任何知识的。苏格拉底当时正专注于道德品质，并且与此相联系，成了第一个提出普遍定义的人。——因为在自然哲学家当中，只有德谟克里特接触到这个问题，并且勉强地给“热”和“冷”下了定义，毕泰戈拉派在此以前曾联系到数来说明少数几种事物，如机会、正义或婚姻。——但是，［苏

① χωρίς，即“分开”、“脱离”。

② μέτεξις，即本书柏拉图著作中所译“分沾”。

③ φρόνησις，即深刻的认识。

④ παρά，即“离开”。

格拉底］要寻求事物的本质。[①] 这是很自然的，因为他还寻求理性的推导，而事物的本质正是理性推导[②] 的出发点。因为那时还没辩证的办法[③] 使人在并无本质知识时也可以思考相反的东西[④]，并研究是否能用同一门学问来处理相反的东西。有两件事可以公正地归给苏格拉底：归纳论证和普遍定义。这两者都是与知识的出发点有关的。但是，苏格拉底并没有使普遍者或定义分离地存在；然而他那些后继者们却给了它们以分离的存在，这就是那些把普遍者称为理念的人物。

因此在他们看来，几乎用同样的论证就可以得出：凡是普遍称谓的事物都具有理念；这非常近似于一个人希望清点事物的数目，却以为数目太少无法清点，只有把数目加大才行。因为理念[⑤] 的数目几乎比感性事物的类别还要多好些，而他们寻求感性事物的原因时向前迈进到了这些理念。因为每一组实体都有一个理念与它们相应，与它们同名，存在于它们之外。其他的实体也是这样，都有一个“一”[⑥] 统率那些“多”[⑦]，不管它们是感性的还是永恒的实体。

§3［《形而上学》M9，1086^{a}30—^{b}12］

至于那些相信理念的人，我们可以同时考察他们思维方法以及

① τὸτίἔστιν，即“是什么”。

② συλλογισμός，即“三段推论”。

③ διαλεκτικὴ，即“辩证法。”

④ ἐναντίον，即对立面，如“动”和“静”、“同”和“异”等等。

⑤ εἶδος，即本书柏拉图著作中所译的“型”。

⑥ ἕν，数目是一的，即理念。

⑦ πολλόν，数目是多的，即感性事物。

他们所陷入的困境。因为他们既把理念看成普遍的，又把它们当成分离的、个别的。我们在前面[①]已经表明了这是不可能的。那些说实体[②]是普遍的人，为什么要把这两种观点联在一起呢？那是因为他们并不把普遍者与感性事物等同起来，认为感性的特殊事物处于流动状态，无一常住不变，而普遍的东西却是与这些事物分离开来的、彼此不同的。我们在前面说过，苏格拉底借重于他的定义，推动了这个理论，但是他并不把定义与特殊事物分割开来；在这一点上，在并不分割它们这一点上，他的想法是对的。这在结果上是明显的，因为如果没有普遍者，是不可能取得知识的；而分离却是人们对理念提出反对的原因。另一些人[③]则把分离看成必然的；如果在感性的、变动不居的实体之外还有某种实体的话，这种实体就该是分离的，就是它们使那些普遍称谓的东西得到分离的存在；这样就可以推出普遍者与个别者几乎是同一类的东西。这本身就是我们刚刚描述过的那个观点的一个困难。

§4［《尼各马可伦理学》Γ8，1116^b4—15］

对于特殊事情的经验也被认为是勇敢；这确实是苏格拉底之所以认为勇敢是知识的理由。不同的人在不同的危险中显露出这种品质，军人就在战争的危险中显露出勇敢；因为战争中看来有很多空洞的惊恐，军人对这些惊恐是有最广泛的经验的；因此他们看来是

① 见《形而上学》，B6。

② οὐσία，即“本体”。

③ 指学园派。

勇敢的人，因为别的人并不知道这些事情的本性。而且，他们经验使他们最能去做事而不陷于被动，因为他们能够使用自己的武器，最善于主动做事而不陷于被动，所以他们像武装人员打击非武装人员，像有训练的运动员压倒票友；因为在这类竞争中间并不是最勇敢的人打得最高明，最高明的是最强壮、身体状况最佳的人。

§5［《尼各马可伦理学》Δ7，1127^b23—32］

那些假冒谦虚的人把实情说得大打折扣，似乎在品格上比较吸引人；因为大家以为他们这样说不是为了得利，而是为了避免浮夸；在这一点上，他们也是不愿承认自己具有那些带来名声的品质，苏格拉底也是惯常这样做的。那些不承认自己具有某种微末的、明显的品质的人，大家说是骗子，比较可鄙；看来这样做有时近乎自吹自擂，好像披着斯巴达的服装[①]；因为过分和高度不足都是自夸。可是有些人适当地使用谦辞，他们说的打了折扣的实情并不过分招引我们注意，这样的人看来还有吸引力。吹牛的人看来与老实人相反，因为他是品格不好的角色。

§6［《尼各马可伦理学》Δ13，1144^b14—32］

因此，在形成各种意见的那一部分有两种品质，即聪明和明智[②]，在伦理道德的部分也有两种品质，即自然的美德和严格意义的

① 斯巴达人生活刻苦，刻苦的生活也成为标榜的标志。

② φρόνησις，即实践上的智慧。

美德，后者也包括明智在内。就是因为这个缘故，有些人说所有的美德都是各种各样的明智，苏格拉底也是在一个方面走着正道，在另一方面却误入歧途；他认为一切美德都是各种各样的明智，这是错误的；他说离开明智即无美德，则是正确的。这一点的证明是：即使现在，每一个人在给美德下定义时，都要在指出那种状态及其目的之后，再加上“这是依据正确的理由的”；这正确的理由就是以明智为依据的理由。因此，每一个人似乎都在某个意义上推测这种状态是美德，也就是说，这种状态是依据着明智的。但是我们一定要进一步指出：这种状态不仅依据着正确理由，而且包含着正确理由在其中，这就是美德。明智就是关于这类事情的正确理由。所以苏格拉底认为美德是理性的各种形式（因为他认为美德都是认识的形式），而我们则认为美德包含着理由。因此从以上所说看来很明显，如果不明智，是不可能有严格意义的善的；如果没有道德上的美德，也是不可能明智的。

§7［《尼各马可伦理学》H2，$1145^{b}21$—35］

现在我们可以问：行为无节制的人具有哪一类的正确信念？有人说，这人有知识的时候是不可能行为无节制的；因为正如苏格拉底所想的那样，如果在一个人拥有知识的时候会有别的东西支配他的知识[①]，把它像奴隶似的拉来拉去，那就是怪事了。因为苏格拉底完全反对那种看法，认为根本没有无节制这种事。他说没有人会深

① 见柏拉图：《柏若答戈拉篇》，352B。

信某事最好却偏偏不那样办——人们那样做只是由于无知。那种看法是与明显的现象相抵触的，我们应当研究这样一个人遇到的事情；如果他这样行动是由于无知，他的无知是什么样式的呢？因为很明显，那个行动无节制的人在进入这一状态之前并不认为自己应该这样行动。但是有一些人采纳了他的某些见解而不同意他的另一些见解；他们承认没有任何东西比知识更有力量，却不承认没有人会见到较好的做法偏偏不肯照办，因此说无节制的人受快乐支配时并无知识，只有意见。

§8［《尼各马可伦理学》］H3，1147^{b}6—16］

要解释无知是怎样解除的，无节制的人是怎样恢复知识的，正如解释一个酒醉或熟睡的人如何恢复清醒一样，并不专限于前一种状态；我们必须在这一方面求教于研究自然学的人。上面提出的既是关于感觉对象的意见，又是决定我们行动的东西，这种东西，一个人热情奔放时可能并没有它，也可能只是在一种意义下有它，即他虽有知识而自己并不认识，只是谈谈而已，有如醉汉可以诵出恩培多克勒的诗句一样。因为决定性的语词并不是普遍的，也不是使用普遍语词表达的知识的对象，所以苏格拉底谋求建立的那种见解实际上就产生出来了；因为感情所压服的①并不是那被认为知识本身的东西（也不是由感情拉来拉去的东西），而是感性的知识。

---

① 依 Ross 将 παρούσης γίνεται 读为 περιγίνεται。

§9［《大伦理学》A1，1182^{a}1—30］

看来我必须首先来谈美德，谈它是什么，以及它从何而来，因为知道美德而不了解它是怎么一回事，不明白它是从哪里产生的，也许没有什么用处。我们不能给自己的研究划定范围，只求知道美德是什么，而不进而弄清它是怎么产生的。当然，我们有必要知道美德是什么，因为我们如果不知道它是什么，知道的不比各种学问里多一点，是不容易知道它的来源和产生方式的。我们也应当明白别人在我们之前对这个主题说了些什么。

毕泰戈拉首先企图说明美德，但是讲得不很正确。因为他把美德联系到数目上，用一种不恰当的方式来处理美德。因为公正就不是一个平方数。在他之后来了苏格拉底，他对这个主题讲得比较好些，比较前进了一步，但是还不很正确。因为他总是把美德说成知识，这是不可能的。因为知识全都包含着道理，道理要在灵魂的理智部分去找。因此所有的美德在他看来都要在灵魂的理性部分里寻找。其结果，他在把美德说成知识的时候是抛开了灵魂的非理性部分，因而既抛开了感情，又抛开了品格；因此他对美德问题的处理是不正确的。

这以后，柏拉图把灵魂划分为理性部分和非理性部分，这样做是正确的。他把适当的德行归给这两个部分。到此为止他是对的，但是再往后就走入歧途了。因为他把美德与善的研讨混为一谈，这是不对的、不恰当的。因为他在讲真理的时候不该讨论美德；因为这二者并无共同之处。

§10［《大伦理学》A1，1183^b9—18］

苏格拉底把美德说成知识，也是不对的。因为他一贯认为，没有一样东西应当是无用的，可是根据美德即是知识这一点，他就要得出美德无用的结论了。为什么这样呢？是因为以知识而论，一个人只要知道了这种知识是什么，他就是有知识的了（因为一个人知道了医学是什么，就立刻是医生了，别的知识也是这样）。但是在美德的情况下，就得不出这个结论。因为一个人知道了公正是什么，并不立刻就是公正的人，以其他美德而论，情形也是这样。这就可以推出：美德是实际无用的；美德并不是知识。

§11［《大伦理学》A9，1187^a5—18］

既然讲过了美德，我们就该接着研究美德能不能获得，可是按照苏格拉底的说法，做好人还是做坏人是我们作不了主的。他说，如果要问任何一个人希望做公正的人还是做不公正的人，是没有人会选择不公正的。至于勇敢和怯懦，以及其他美德方面的事，情形也是一样。很明显，任何一个坏人都不是愿意坏的，所以任何人都不是由于愿意就成了好人。

这样的说法是不对的。因为，立法者为什么要禁止恶行、鼓励善行呢？他为什么要给人们办下坏事、不办好事定下刑罚呢？为我们的能力所办不到的事情立法，应该是荒谬的。看来做好人还是做坏人是在我们的能力范围之内的。

§12［《大伦理学》A20，1190^b21—32］

既然人以很多方式成为勇敢的，我们就必须研究什么样的人是勇敢的人。因为你可以说一个有经验的人勇敢，例如士兵。因为他们根据经验知道，在这样的时间、地点、条件下，是不可能蒙受任何损害的。可是一个人知道这些事情因而固守迎敌，并不是勇敢的人；因为如果不具备这些情况，他不会固守。因此不应该把这些凭经验获得勇气的人称为勇敢的人。苏格拉底宣称勇敢是知识，确实是不对的。因为知识是从实际取得经验而成为知识的。可是那些凭经验得以坚忍的人我们并不说他们勇敢，人们一般也不会这样说。所以勇敢并不是知识。

§13［《大伦理学》A14，1198^a10—21］

苏格拉底错误地说，美德就是理性，他认为人的行动要出于知识，出于理性的选择，否则这行动就是无用的。就是因为这个缘故，他才说美德即是理性。他这话并不正确，现在的人说得要好些；因为他们说美德就是准照着正确的道理去做好的事情。但是即便是他们说的也不正确。因为一个人可以做公正的事情而丝毫没什么选择，也不知道这是好的，却是出于一种非理性的冲动，然而这行动是正确的，符合正确的道理；我的意思是说，他所做的可以是正确道理所要求的。可是尽管如此，这种行动并不值得称赞。比较好的说法则是：根据我们的定义，这是伴随着一种求好的冲动的，因为这是美德，是值得称赞的。

§14［《大伦理学》B6，1200^b25—33］

现在这位老苏格拉底[①]否定了、完全拒绝了那种无节制，说没有人会明知是恶偏偏选择恶。可是，无节制的人似乎是明知其坏仍然选择坏事，听任自己受感情摆布的。考虑到这些，他并不认为有这种无节制。可是他这还是错了。因为相信这个论证以致否认可信的实事，是很荒谬的。因为的确有人无节制，做自己明知其坏的事情。

§15［《欧德谟伦理学》A5，1216^b3—25］

因此，这位老苏格拉底认为认识美德是目的，经常研究公正是什么，勇敢是什么，以及美德的每一部分；他的做法是有道理的，因为他认为所有的美德都是不同种类的知识，所以认识公正和做得公正是同时到来的；因为我们在学会了几何学或建筑学的那一刻就是几何学家和建筑师了。因此他研究美德是什么，不管美德是怎样产生、从何而来的。这从理论上看是正确的，因为天文学、自然学[②]或几何学的任何部分都是仅仅在于认识和沉思这些学问所研究的是什么；虽然它们不妨对我们颇有用处，我们缺了它们不行。可是各种生产知识的目的却异于学问和知识，例如健康异于医学，治理和

① 这个老苏格拉底就是苏格拉底本人。说他“老”，是示别于另一与苏格拉底同名的年轻人，见《智者》《政治家》《泰艾德多》等篇，大约是学园派的后学。

② ἡ περὶ φύσεως ἐπιστήμη，即“关于自然的学问”，指生物学。

秩序之类异于政治学。现在，认识美好的事情本身是美好的；可是以美德而论，重要的并不在于认识它是什么，认识它从何而来才是最可贵的。因为我们的目的并不在于知道勇敢是什么，而在于做勇敢的人，也不在于知道公正是什么，而在于做正派人，正如我们希望健康、并不希望知道健康是什么，以及希望身体安泰、并不希望知道安泰是什么一样。

§16［《欧德谟伦理学》Γ1，1229^a12—16］

有五类勇敢，可以比较其异同，因为它们全都不怕某种事情，却各自出于不同的原因。一类是政治上的勇敢，这是出于羞耻之心；另一类是军事上的勇敢，出于经验和知识，但是并非像苏格拉底所说的那样出于知道可怕的事物①，而是出于知道如何对付可怕的事物。……

§17［《欧德谟伦理学》Γ1，1230^a4—16］

一切由于有经验而敢于面对危险的人，并不是真正勇敢的，这也许就是多数士兵的情况。因为实情与苏格拉底的想法刚好相反；他主张勇敢是知识。那些知道怎样爬上桅杆的人很有信心，这并不是因为他们知道事情可怕，而是因为他们知道怎样在危险中搭救自己。使人们大胆作战的也不都是勇敢；因为要是那样的话，照特俄

① 参看《柏若答戈拉篇》，360D。

格尼[①]的说法，力量和财富就都是勇敢了。他说，“人人都畏惧贫困。”很明显，有些人虽然怯懦却敢于面对危险，这是因为他们有经验，因为他们知道怎样搭救自己，不认为自己危险了。其所以如此，是因为他们认为不能搭救自己、危险迫在眉睫时，就不坚持在那里了。

§18［《欧德谟伦理学》H1，$1235^{a}31—^{b}1$］

有些人认为我们只把有用的人看成朋友，证据是所有的人都追求有用之物，而把无用之物，哪怕是自己身上的，统统扔掉（老苏格拉底就说抛弃自己的唾沫、头发和指甲），我们放弃无用的部分，甚至在临死的时候放弃自己的身体，因为尸体是无用的；可是能利用它的人还是保持它，在埃及就是这样。

§19［《欧德谟伦理学》H14，$1247^{b}11—15$］

从一些不确定的、说不准的前情发生同样的事件时，会是一件好事或者坏事，却不会由于这事的经验而产生知识，如果不是这样，有些人就会学到幸运了，就会像苏格拉底说的那样，一切知识都会是不同种类的好运了。

§20［《政治学》A13，$1260^{a}20—24$］

很清楚，伦理的美德属于所有的人，但是根据苏格拉底的主张，

① Θέογνις，公元前6世纪哀歌作者，见文集，177。

男人的节制和女人的节制不是一回事，男人的勇敢和女人的勇敢也不是一回事；男人的勇敢表现在发号施令上，女人的勇敢表现在服从上。

§21［《政治学》B1—2，1260^b37—1261^a22］

城邦的全体公民必须要么共有全部财产，要么任何财产都不共有，要么有些财产共有，有些财产不共有。不共有任何财产，显然是办不到的，因为国家就是一个共同体，无论如何一定要有一个共同的地点；一个城邦就要在一个地点，公民就是参加一个社会的人。一个治理良好的国家应该共有一切尽可能多的财产呢，还是应该只共有某些财产，别的不共有？因为根据柏拉图《治国篇》里苏格拉底的建议，公民们可以设想为共有着妇女、儿童和财物。哪一种办法好些：是我们的现行制度，还是一种符合《治国篇》中所定法律的制度？

共有妇女是有很多困难的。苏格拉底主张必须建立这种制度，他所根据的原则并没有得到他的充分论证。还有，他给国家规定了一个目的；至于达到这个目的的手段，即体制，是行不通的，他没有在哪个地方详细说过，我们也没法加以解释。我们现在谈谈苏格拉底据以论证的那个假定，即认为整个国家最好尽可能团结为一体。这岂不显然是说，一个国家可以最后达到不再是国家的程度吗？因为国家的本性就是繁多，要它从国家谋求统一，就成为一个家庭，再从家庭成为个人；因为家庭可以说比国家统一，个人可以说比家庭统一。所以我们决不应当达到这种最大的统一，即便我们能做到也不要做，因为这将是国家的灭亡。

§22［《政治学》B4，1261ᵇ16—1262ᵇ23］

即便假定一个共同体最好的情况是达到最大限度的统一，这种统一也完全不能证之于所有的人同时说“我的”和“不是我的”，根据苏格拉底[①]的说法，这话是一个国家完全统一的标志。因为“所有的”是一个模糊的说法。如果这意味着每个个别的人都同时说“我的”和“不是我的”，也许苏格拉底所追求的结果就可以在某个程度上达到了；每人都会把某人叫自己的儿子，把某人叫自己的妻子，以同样的方式来谈财物和一切归自己支配的东西。然而这并不是人们说他们共有妻子儿女时的说法；他们会说“所有的”，不会说“每一个”。他们会以同样的方式把他们的财物描述成集合地而非单个地属于他们。“所有的”这个词里有一种明显的逻辑谬误，如同“彼此”、“奇数”、“偶数”一样，是有歧义的，甚至在抽象的论证中成了逻辑困惑的来源。所有的人都像每一个人那样把某物说成“我的”，这可能是一件好事，可是行不通；如果把语词了解成别的意思，这样一种统一是绝不会带来和谐的。对这种共有的建议还有一种反对的理由。因为最多的人所共有的东西得到最少的关心。每一个人想的主要是他自己的东西，根本不想共同的利益；他只有在作为个人的时候才关心自己。除了其他方面的考虑以外，每个人都是比较忽视他指望别人完成的事情的；如家庭中仆人多就不如仆人少顶用。每个公民都有一千个儿子，这些儿子并不是他个人的儿子，而是每人都同样是每人的儿子，因此将同样地受到忽视。

---

① 指柏拉图《治国篇》中人物苏格拉底。参看 462C。

§ 23 [《政治学》B4，1262^a33—1262^b24]

非常奇怪的是那位理论家[①]提出子女共有之后，只是要阻止相爱的情侣性交，而允许父子之间、兄弟之间相爱相亲。没有比这更不适宜的，因为即便在这些人之外，这种情爱也不恰当。而且也非常奇怪，禁止性交仅仅是由于这种欢乐太猛烈，似乎父子兄弟之间的关系就没有什么差别了。

这种共有妻子、儿女的办法似乎对农民比对卫士更适合，因为他们如果共有妻子、儿女，就会有一根较弱的友谊纽带把他们捆在一起，使之成为一个从属的阶级，他们会保持服从，不会反叛。总之，这样一种法律所产生的结果会与良好法律应当造成的情况正好相反，苏格拉底制定这些关于妇女儿童的法规的用心是会击败其自身的。因为我们相信友谊是城邦的最大好事，最能保护城邦免于战乱。苏格拉底特别赞扬城邦的团结，在他看来，在他说来，这是由友谊创造出来的。可是，他所议论的这种统一，和《会饮篇》中情侣的统一一样，据阿里斯多芬[②]说，是要求通过热情奔放合而为一的，要从二化为一，一方或双方都没入其中了。然而在一个实行妻子、儿女共有的城邦中爱情会冲淡了，父亲当然不会说“我的儿子”，儿子也不会说“我的父亲”。正如大量白水中掺进一点甜酒，会尝不出甜来，在这一类共同体中，那种以这些名称为基础的关系也消失不见了；所谓“父亲”会没有理由关心儿子，儿子也不关心

---

① 指柏拉图《治国篇》中人物苏格拉底。

② Ἀριστοφάνης，柏拉图《会饮篇》中人物。

父亲，兄弟也不关心兄弟。那主要激发起关怀和喜爱的两种情况，即所有权和宝贵，在这样的城邦里也不能存在了。

§24［《政治学》B5，1263b30—43］

苏格拉底的错误应当归因于他赖以出发的那个错误假定。应当有统一才行，不管是家庭还是城邦，全都一样，不过只是在某些方面统一。因为有一个点，一个城邦可以在这一点上达到某种程度的统一，过此就不再是城邦了，或者它在这一点上并未实际停止存在，就会变成很差的城邦，有如和声变成独奏、节奏化为单音一样。依我说，国家是个多，要通过教育使它统一起来，成为共同体；然而很奇怪，那位首创教育制度的人[①]虽然认为教育会使城邦道德，却指望不用哲学、风俗或法律，而用这类规章来改善他的公民，有如拉给代孟[②]和克里特流行的共同用餐制那样，那里的立法者就以此建立了财产公有。

§25［《政治学》B5，1264a12—b25］

但是苏格拉底的确没有说过，也很不容易决定，在这样一个共同体里一般的国体会是什么。不是卫士的公民是国家的大部分，然而对他们毫无规定：农民是不是要财产公有呢？是不是每一个人都该有自己的私产？他们的妻子和儿女该是个人的，还是公有的？如

① 指《治国篇》中人物苏格拉底。

② Λακεδαίμων，斯巴达别名。

果他们跟卫士一样，对一切都实行公有，那他们跟卫士又有什么区别，他们服从政府会得到什么呢？他们在一条原则上可以服从，这就是统治阶级采取克里特人的英明政策，对奴隶用同他们自己一样的规矩来治理，只是禁止奴隶从事体育锻炼，不许持有武器。如果低等阶级在婚姻和财产方面跟其他城邦一样，那他们的公有制又是什么呢？这岂不是一个共同体包含两个国家，彼此敌对吗？他使卫士们成为专门卫戍的常备军，使农民、工匠等等成为真正的公民。可是这样一来，被苏格拉底所肯定的存在于其他城邦中的那些诉讼、争吵和罪恶就会在他们当中同样存在了。他确实说，有了这样好的教育，公民们就不会需要众多的法律，如城邦法、市场法之类，可是这样说了之后他却只让卫士受教育。还有，他让农民占有财产，而以纳税为条件。可是在这种状况下他们不好驾驭、桀骜不驯有甚于黑罗人[①]和贝内斯德人[②]，以及一般奴隶。至于共产、共妻是否对低等阶级同对高等阶级同样必要，以及与此相连的问题，如低等阶级的教育、统治方式、法律将如何如何之类，是在哪里都没有规定的。这些问题很难解决，他们的情况对于维持卫士们的共同生活也没有什么重要。还有，如果规定共妻而保留私产，男人会去照管田地，有谁会去照管家务呢？如果耕作阶级既共产又共妻，有谁会去做那些事呢？再则，以动物来比，来说明男女应当同工，是很荒谬的，因为动物就不用料理家务。苏格拉底所制定的政府也包含着危险因素，因为他让同样的人永远在位当权。如果这种情况常常在地位卑

① Εἵωτος，斯巴达境内农业奴隶，稍有财产。

② Πενέοτη，北方特萨利亚的农耕奴隶，与黑罗人一样，是被征服全族为奴者。

下的人当中引起乱子，在趾高气扬的战士中间岂不尤有甚哉？但是他所规定的统治者显然必定是同样的人，因为神搀进人的灵魂的金子并不这一次给这个人，下一次给那个人，而是永远给同一个人。他说：神从人出世时起就把金子掺进某些人心里，把银子掺进另一些人心里，至于铜和铁则掺进卑微的工匠和农夫心里。而且，他甚至剥夺了卫士们的幸福，还说立法者应当使整个城邦幸福。可是整体要幸福，只有让绝大部分、一切部分或者某些部分安享幸福才行。在这一方面，幸福并不像数目上的偶数原则，这个原则只可以存在于整体中，不可以存在于部分中，幸福却不是这样。如果卫士们不幸福，什么人幸福呢？当然不是工匠们，不是普通的人。苏格拉底所讲的国家有这一切困难，还有另外一些同样重大的困难。

§26［《政治学》B6，1264ᵇ26—1265ᵃ11］

对柏拉图的晚期著作《法篇》，也可以提出同样的批评，或者几乎同样的批评，所以我们最好简单地考察一下该篇所述的制度。在《治国篇》中，苏格拉底只对很少几个问题作了确定的论断，如共妻共子，共产，以及国家体制。人口被分成两个阶级，一个是农民阶级，一个是战士阶级；从战士阶级中再抽出第三个阶级，即国家评议员和统治者的阶级。但是苏格拉底并没有规定农夫和工匠是否在政府中有份，他们是否携带武器，是否服兵役。他确实想过妇女应当享受卫士教育，和卫士们并肩作战。这部著作的其余部分充满着一些与主题无关的枝节以及一些关于卫士教育的讨论。在《法篇》中，几乎除了法律以外没有什么别的；但是对体制说的不多。由于力求接近通常类型，他逐步恢复到另外的那种体制[①]。因为除了共妻、共产以外，他认为这两个国家里别的都一样；有同样的教育，两国公民都要免于从事奴隶的职业，两国都要实行共餐。唯一的区别是:《法篇》中妇女也要参加共餐，战士人数五千,《治国篇》中只有一千。

§27［《政治学》Δ4，$1291^{a}11—^{b}13$］

《治国篇》里讲的虽然才华横溢，但是论述并不恰当。苏格拉底说国家由四类绝对必要的人组成，就是纺织工、农夫、鞋匠、建筑工；后来他发现这样还不够，又加上铜匠和牧人，来照看必需饲养的家畜，以及商人和零售商。这些人合在一起满足了第一个城邦的需要，好像国家的建立只是为了供应生活必需品，而不是为了善，是鞋匠和农夫同样需要的。但是他不容许国家里有一个军人阶级，除非领土扩张，开始与邻邦密迩，行将发生战事。然而即便在原来四种公民之间，不管他们交往的人有多少，总要有一些人来主持正义，判定他们谁是谁非。因为灵魂可以说是生灵的重于形体的部分，所以国家的高等部分，即战士阶级，负责主管司法的阶级，负责进行研讨的阶级（因为研讨是政治思想工作的特殊任务），要比那些为生活需要而服务的人对国家重要。至于这些人的种种职能究竟是不同公民的职能，还是同一公民的职能（因为常常有同样的人既是士兵又是农夫的事），他的论述却不重视。高等的人和低等的人被他

① 指《治国篇》中所说的体制。

同样看成国家的部分，既然这样，那军人分子就无论如何应该包括进来。还有一些有钱的富人，是以财产为国家服务的，构成第七个阶级。第八个阶级是公仆和官吏，因为没有统治者国家就不能存在。因此一定要有一些人能够担任官职、为国服务，不管是终身还是轮流。剩下的一个阶级是那些担任评议和审理诉讼的人，我们现在把他们区分出来。如果国家需要有这些分子，以及他们组成的公平合理的机构，那就一定也要有一些能够充当政治家的人物。不同的职能看来常常结合在相同的人身上，例如士兵可以也是农夫或工匠，参政可以又是法官。所有的人都声称具有政治能力，认为自己完全能够充任很多官职。但是同一个人不能同时既富又穷。因为这个缘故，富人和穷人被专门看成一个国家的部分。而且，由于富人一般很少而穷人很多，所以他们表现出对立，谁占势力谁就当权。因此通常认为有两种政体：民主制和寡头制。

§28［《政治学》E12，1316ᵃ1—ᵇ27］

苏格拉底在《治国篇》里讨论了革命，但是讲得不好，因为他没有提到是什么原因造成了改变，对第一个或完善的国家发生特殊影响。他只说原因是无物常住，一切都在循环变化，并且说变化的来源就在于一些数目当中，即 4 和 3 与 5 联姻产生两个和谐（指这种数相乘成立方）；他以为自然在某些时候产生出坏人，不听教育；他这个特殊想法大概不太错，因为很可能有某些人是不能接受教育成为有道德的人的。可是，为什么这样的变化原因专门属于他的理想国家，而不为一切国家所共具，或者属于一切进而存在的东西呢？

是不是像他说的那样，由于时间的作用，致使一切事物变化，使那些并非一同产生的东西一同变化？例如，如果某物在周期届满的前一天才进于存在，它会与以前进于存在的东西一同变化吗？还有，那完善的国家为什么会变化成为拉歌尼格①呢？因为各种政体常常化为相反的那一种，而不大变成接近的一种。这一点也同样适用于其他各种变化：他说拉歌尼格政体变成了寡头制，寡头制变成了民主制，民主制又变成僭主制。一反故常是最常见的，因为民主制变为寡头制的可能性要大于变为僭主制。此外，他也从来没有说过僭主制是不是容易引起革命，如果是这样，革命的原因又是什么，通过革命将变为什么政体。他不说这些，是因为他没有能力很好得说出来，因为没有规则可言；照他说是要恢复到第一个最好的状态，那就会整整兜一个圈子。可是事实上僭主制常常变成僭主制，如锡居雍②就从缪戎③的僭主制变成格雷斯滕④的僭主制；卡尔基⑤则从安底雷翁⑥的僭主制变为寡头制；叙拉古葛隆⑦家族的统治变为民主制；迦太基变为贵族制，拉给代孟的卡里劳⑧僭主制变为贵族制。寡头制常常变为僭主制，如西西里的一些古老寡头制；例如在雷翁底尼⑨由

---

① Λακωνική，拉给代孟的别名，即斯巴达。参见《治国篇》，Θ545A。

② Σικυών，伯罗奔尼撒半岛上的城邦。

③ Μύρων.

④ Κλεισθένης.

⑤ Χαλκίς.

⑥ Αντιλέον.

⑦ Γέλων.

⑧ Χαριλάος.

⑨ Λεοντινι.

寡头制变成巴奈刁[①]僭主制；在葛拉[②]变成格雷安德若[③]的僭主制；在瑞忌恩[④]变成阿那克西劳的僭主制；同样的情况也发生在许多别的城邦。认为国家变成寡头制只是由于统治阶级爱钱和赚钱，不是由于很富的人觉得很穷的人与他们平分天下太不公平，这是荒谬的看法。而且，在很多寡头制国家是制定法律反对贸易赚钱的。但是迦太基行民主制，却并没有这种禁令，而且到那时为止迦太基并没有闹过什么革命。他说寡头制的地方有两个城邦，一个是富人的，一个是穷人的，这话也荒谬。在拉歌尼格，或者在任何并非人人均产、亦非人人皆好的国家，情形不正是这样吗？并不需要有人变穷，寡头制也可以变成民主制，只要穷人构成多数就行；民主制也可以变成寡头制，只要富有的阶级比大众强大，而一个部分雄心勃勃，另一个部分不置可否就行。还有，虽然变化的原因有多种多样，他却只提一种，认为是因为公民由于浪费和负债而变穷，好像他认为公民的全部或大部原来是富有的似的。但是这并非事实，虽然某些首脑人物失去财产时确实足以发动革命，某个别的人这样做时却没有什么了不起，那时寡头制变为民主制的可能性常常并不大于变为其他的政体。还有，人被剥夺了公民荣誉、受到冤屈、受到侮辱的时候，会起来革命，改变政体，虽说他们并未挥霍尽自己的资财，因为他们可以为所欲为，挥霍无度，所以他说他们革命的原因是过度的自

① Παναιτίος.

② Γέλα，西西里城邦。

③ Κλεάνδρος.

④ Ρήγιον，意大利城邦。

由。最后，虽然有各式各样的寡头制和民主制，苏格拉底谈它们的革命时却好像这两种政体都只有一种样式似的。

§29［《政治学》Θ7，1342^a34—$^b35$］

《治国篇》里的苏格拉底只容留弗吕及亚[①]音乐伴随着多里斯[②]音乐，而且越来越这样，因为他排斥笛子；这是不对的。弗吕及亚音乐之于各种乐曲，有如笛子之于各种乐器，这两样东西都是刺激性的、带激情的。诗歌也证明了这点，因为酒神式的癫狂和一切类似的激情都最适于用笛子来表现，用弗吕及亚乐来配胜于用其他乐曲配。例如酒神颂就被认为是弗吕及亚的，音乐界的行家们为此提出过很多证据，他们说丕罗克塞诺[③]就试图把他的《哀歌》用多里斯调谱成酒神颂，发现不行，于是按照实情返回到恰当的弗吕及亚调。所有的人都同意多里斯音乐最沉重、最富于男子气。正如我们说必须避免极端、遵循中道，多里斯曲之于其他曲调就是中间的，很明显应该用多里斯音乐来教我们的青年。

有两条原则应当遵循，就是可能和变化，人人都应当以此为目标。然而这两条也是相对于年龄来定的；年老的人已经失去力量，就不能很好地吟唱高调门，本性似乎在那里暗示他们唱的歌要比较放松。就是因为这个，有些音乐家也谴责苏格拉底，而批评得公正，因为他在教育中排斥放松的曲调，以为这有陶醉的意思，但

① Φρυγία，小亚细亚民族，其乐曲激昂。
② Δωρίς，希腊人的一族，其乐曲平稳。
③ Φιλοξενος.

不是通常意义的陶醉（因为酒也颇能刺激人），而是指这种调子本身没有气力。因此对于人们行将变老的这段时间来说，也应当和别人一样演唱比较优雅的曲调和和声，而且要唱这样一些调子，特别是吕底亚的，因为这种调子适合于幼稚的儿童，具有秩序和教育这两个因素。所以很明显，教育必须建立在三条原则上，即适中、可能、变化。

§ 30［《修辞学》A9，1367^b8—12］

我们发表颂扬的讲话时，也必须考虑到我们这位特殊听众的本性。因为正如苏格拉底常说的那样，向雅典听众颂扬雅典人并不困难。[①] 如果这位听众重视某品质，我们就必须说我们的英雄具有这种品质，不管这话是对谁讲的，不管听的人是斯居泰人[②]，还是拉歌尼格人，还是爱智慧的人。任何事情只要是受重视的，我们就要把它说成了不起的。总之，人们认为这两者简直就是一回事。

§ 31［《修辞学》B1393^b3—8］

苏格拉底曾经说：官员不应该用抽签法选出。那很像用抽签法挑选运动员，而不挑选那些适于竞赛的人；或者用抽签法从船员中挑选舵手，仿佛我们应该要中签的而不要懂得最多的人似的。

① 参见柏拉图的《梅内克森诺篇》，235D。

② Σκύθαι，黑海以北的游牧民族。

§32［《修辞学》B23，1398ᵃ24—］

还有一个例子，就是苏格拉底不愿前往阿尔刻劳[①]宫廷时所说的那个理由。他说，“一个人既不能报怨也不能报德，是不光彩的。”我们所提出的那些人都是给自己的话下定义，得出它的本质意义，然后在讨论事情要点的时候下结论的。

§33［《修辞学》B23，1398ᵇ29—31］

柏拉图说了一些太武断的话，阿里斯底波[②]答复他说：“这样的话从来没有听见我朋友说过。”这就是指苏格拉底。

§34［《修辞学》Γ14，1415ᵇ30—31］

苏格拉底在送葬辞中说得对：“困难的不是在雅典而是在拉给代孟赞美雅典人。”

---

① Ἀρχέ λαος，马其顿王。

② Ἀρίστιππος，苏格拉底的学生，居勒尼派首领。

王太庆论柏拉图哲学和翻译问题

柏拉图关于“是”的学说

作为人类思想基 点的“实在”在不同民族中有不同的表达方式，中国人用“有”表示，西方人则用“是”表示，西方人说的“是”有起作用的意思。关于“是”的思考是西方哲学的关键所在，柏拉图的“是论”起着继往开来的作用。巴门尼德提出“它是”，认为这是唯一认识真理途径，他强调理性，否定感觉，肯定“是者”是一个。柏拉图在巴门尼德“是者”说的基础上发展出他的“相论”，他提出“是者”是什么（即“所是”），认为这就是“相”。他把“相界”与“事物界”分开，认为事物“分沾着”“相”。属于事物界的人凭着分沾“相”可以逐渐靠拢“相”，这就是灵魂的回忆。柏拉图的“相论”引出了许多麻烦，柏拉图批评了自己的“相论”，亚里士多德也批评了柏拉图。“相论”的毛病在于“相”与“事物”的分离和“相”与“相”的分离。柏拉图在《巴门尼德篇》的第二部分里作了正反两方面的分析，找出“相论”失败的原因。在《智者篇》中他进而论证了“种的联合”，指出各个“相”通过“自者”而相通，解决了分离的问题。柏拉图关于“是”的学说走了一个之字形的道路。

一

人的思想要有一个基点，正如人的身体总要有一个所在一样。身体可以在这里不在那里，却不能哪里都不在。思想要有所思，所思的可以是现实的事物，也可以是概括的或抽象的东西，但是后者只是前者的概括和抽象，离开了前者就无法设想后者。一个人可以浮想联翩，想到太虚幻境，可是那幻境里的金陵十二钗毕竟离不开地上的大观园。完全脱离实在的思想者只能是疯子。日常生活中的思想是这样，作为集中的、提高了思想的哲学也是这样。任何哲学都要以实在为基点，哪怕你的哲学主张四大皆空，这空却不能不从四大说起。这一点是古今中外概莫能外的。

但是不同的民族说着不同的语言，不同的语言使他们的思想方式有所不同，从而影响到他们的哲学形态及其发展。这个人人都要碰到的思想基点"实在"，却不是所有的人都用同样的语词来表达，用同样的哲学范畴来论证的。首先我们中国人就与西方人有所不同。因此中国哲学与西方哲学是有差异的。从总体上说有差异，从细节上说差异更加显著。我们要通晓西方哲学，必须做到知己知彼，掌握这个差异。不知道这个差异就抓住人家的某几点说法用自己固有的想法去捧场喝彩或者说三道四，那最好也只是雾里看花而已。

因此我们除了从大的方面即微言大义着眼以外，还要从细的方面即语言文字着手，看清自己是怎样说怎样想的，人家又是怎样说怎样想的。本文提出的"实在"这个范畴，中国传统哲学里用"有"来论述，现在则有很多人愿意用"存在"这两个字。西方人则用动词“是”来表达，例如希腊文的 ἔιμι，拉丁文的 sum，英文的 to be 等。中国和西方的这两种不同的说法曾经给我们带来一定的麻烦，因为我们的“有”字所指的与西方的“是”只有一部分相当，其他的部分是两回事。汉语的“有”字原义为占有，是实际占据实物的意思，作为动词前接主语、后接谓语，构成判断。接着又突出这个词的核心意义，即“实际”，而抛弃其具体意义，即主语的人称和宾语的何物，从而使其词义普遍化，成了不带主语的一般实在之意。就是这个意义的“有”后来成了中国传统哲学的基本范畴。西方语言则用一个“是”字，“是”作为一个动词的原始意义是“起积极作用”。在这个原始的“是”上加上主语，就表示“谁在起作用”，再加上宾语，则表示“起什么作用”或“怎样起作用”。这样就构成了判断。这个原始意义的“是”与汉语“有”的一般意义是相通的。但是用作判断的“是”与汉语“有”的原义并无共同之处。而且西方的“是”用在与时间、空间相关的场合，仍是表示“怎样起作用”，汉语却用另外一个动词“在”字或“存”字。

这个重大的差别的产生，是由于汉语原来并没有这个西方意义的“是”字。至少在先秦的汉语从来不出现“是”这个动词。在表示判断的场合，如 S 是 P，原来的汉语只将主语加上宾语，不用动词，或者在主语加个“者”字，在宾语后加个“也”字，而“者”和“也”都不是动词。西方的“是”原来是一个实质动词，后来用在判断中用得多了，看起来好像一根绳子把主语和宾语拴在一起，人们才将这种场合的“是”取了个新名字叫 copula，我们把它译为“系词”。汉语原来并无系词，只是在判断需要强调主语时加上一个代词“是”于主语、谓语之间，这个“是”用久了渐渐得到了动词的外观，于西汉末东汉初形成了判断的标志，即汉语原来没有的系词。这个新生的系词与西方的相当，只是西方语言必须用它而汉语可以用它也可以按照原来的惯例不用它。而且在用于时间、空间的场合汉语不用“是”字，只用“在”字。

因此从中国人的观点看，西方人说的“是”有三个意义：(1)广义的“起作用”，相当于我们传统哲学中的范畴“有”；(2)判断中的系词，相当于我们东汉以后的系词“是”；(3)用于时间、空间的动词，相当于汉语的动词“在”。这三个意义在西方人看来是同一个意义的三方面，在我们中国人看来却是三个互不相同的独立意义。

此外还应该注意到，西方人的“是”还可以作形态动词用，其意义还是“起积极作用”，用在不定式动词的前面，表示“能”，如希腊语的 ἔστι εἶναι(可能是)，英语的 he is to come(他就会来)。在我们中国人看起来这又是另外一个意义，因为汉语的“能”的确是一个与“是”不一样的动词。但是汉语原有的代词“是”也含有“肯定”的意思，与西方人的“是”有一定的联系。

语言的异同体现着思想的异同。要懂得别人心里的意思是什么，必须听清他嘴里说的话。当然，光听别人说的话还不够，还必须加以思考，透过表层，掌握实质。这就是说，研究西方人的哲学一定要学懂西方人的语言，用自己的眼睛去看，而不是一味依靠道听途说；而且必须用自己的脑子去想，不是一味听信权威，而是在可靠的材料上进行实事求是的思考，即掌握来龙去脉的研究。

关于“是”的思想是西方哲学的关键所在，从希腊哲学一开场就讨论“是”的问题，到今天仍然在讨论。在希腊哲学的发展中，柏拉图的“是”论起着继往开来的作用。本文将讨论：(1)柏拉图以前的是论;(2)柏拉图的早期是论;(3)柏拉图对自己早期是论的批判;(4)柏拉图的新是论。

二

希腊人在公元前六世纪开始从事哲学思考，其中明确地提出"是论"的是巴门尼德(παρμενίδης)。他在他的哲学诗《论自然》里指出:"只有哪些研究途径是可以设想的。一条是：它是，它不能不是。这是说服的途径，因为它通向真理。另一条是：它不是，它必定不是。这条路，我告诉你，是完全走不通的。因为不是者是你不认识也说不出的。"(D4，KR344)

这里说的两条途径是指两种对象：ἔστιυ 和 οὐκ ἔστιν，我们现在译为"它是"、"它不是"，理解为"起作用的"、"不起作用的"，即 τὸ ὄν(是者)和 μη` ὄν(不是者)。但是我们曾经百思不得其解，我个人就接受流行的看法将希腊人的"是"(είμι)了解为时间、空间中"存在"，并采用 H. Diels 的看法把 ἔστιν 所包涵的第三人称单数主语规定为 τὸ ὄν，因而译成"存在者存在"、"存在者不存在"。这样就造成一个同义反复、一个自相矛盾，与巴门尼德的思想不合。

意识到自己的理解错误之后，我发现这里说的 ἔστιν 是原来意义的"是"，不是加上时、空意义的"存在"，而且 ἔστιν 所包含的主语是泛指的"它"，并非专指的 τὸ ὄν(是者)，所以这里的 ἔστιν 就意味着 ὅ ἔστιν(那个是的)，οὐκ ἔστν 就意味着 ὅ οὐκ ἔστιν(那个不是的)。这样，就可以理解到：作者不是从可以感觉到的事物说的，而是从纯粹理智的观点立论的。他要求研究理性对象，这就是干干净净的、不折不扣的起作用者。这样理解的根据是：

> 因为无法证明不是者是。要使你的思想远离这种研究途径，别让习惯用经验的力量把你逼上这条路，只是以茫然的眼睛、轰鸣的耳朵或舌头为准绳，而要用你的理智来解决纷争的辩论。（D1，KR346）

所以作者以理性主义观点指出，“是者”是不生不灭的、不动的、完整的、不可分的、没有缺陷的。这种理想的“是者”是绝对的，为了表明这一点，作者甚至借用了形象的语言，说它“好像一个滚圆的球体，从中心到每一个方面距离都相等”。这句话如果从具体的意义来看，当然是感性的，似乎这位理性主义者违背了自己的根本立场，陷于自相矛盾。可是我们也应该注意到他用了比喻的语气，并非直指，实际上是强调其圆满无亏的理想性。

可是，由于这位作者强调只能研究理想的“是者”，不能以感性的“不是者”为对象，使人得到一个印象，仿佛作者主张闭目塞听一味苦思冥想似的。然而他并非如此，倒是主张博学的。他说：

> 你应当学习各种事情，从圆满真理的牢固核心，直到毫不包含真情的凡夫俗子的意见。意见尽管不真，你还是要加以体验，因为必须通过彻底的全面钻研，才能对伪相作出判断。（D1，KR342）

可见他不是把“不是者”抛开不管，而是要用理智看出其所以不是。"不是"是想不通的，如自相矛盾；"是"是想得通的，如是者不能不是。所以他说："因为'能被思维'和'能是'是一回事"。（D5，KR344）这是理性主义认识论的根本原则。换句话说："可以言说，可以思维的必定是。"（D6，KR345）反过来，不可言说，不可思维的就必定不是。这个真理标准是很严格的，但是用起来并不到处顺利。首先遇到的是"是者是什么"的问题。根据他所说的不生不灭、不动、完整、不可分来想，"是者"该是个什么东西呢？从我们现在掌握的残篇和古代记述看，并没有直接的回答。有人推想这"是者"是一个包含一切的东西，是一个其大无外的大球，这个大球后来分裂了，就成了原子论者的原子。就在巴门尼德在世的古代，他的传人泽农（Ζήνων）发展他的学说，指出"是者如果是多数的"就会得出荒谬的结论，实际上就是肯定"是者是一个"，成为"是者是大全"说的依据。

后来柏拉图在《巴门尼德篇》中说："因为你（指巴门尼德）在你的诗里说一切是一个，并且为此作出了美好的、恰当的证明，而他（指泽农）又说不是多数的，也提供了丰富的、有力的证据。一个人主张是一个，另一个人认为不是多数的，两人各说各的，似乎说的不是一回事，可是实际上几乎毫无区别。"（128B）这番话明确地说明泽农和巴门尼德的一致之处，所说的"一切"（πάγ）是指所有是者的总和。不同的只是巴门尼德从正面论证是者，泽农则从反面论证不是者。

巴门尼德的出发点是肯定"它是"（ἔστιν），即"那个是的"（ὅ ἔστιν）或"是者"（τὸ ὄν），而否定"它不是"（ούk ἔστιν），即"那个不是的"（ὅ οὐκ ἔστιν）或"不是者"（μὴ ὄν）。再进一步就要问这个是者是什么，或是什么样的。这个“是什么”在巴门尼德和泽农那里还没有称呼它的术语，后来在柏拉图那里，尤其在亚里士多德那里，才用 ούσία 来称呼。我们把 τὸ ὄν 这个词译成“是者”，是根据它的原义“那个是的东西”（由“是”的分词中性形式 ὄν 加定冠词 τὸ 形成的名词），也是根据原意（“是”的分词阴性形式 οὖσα 转为名词）把 οὐσία 译为“所是”。

柏拉图在巴门尼德“是者”学说的基础上发展出他的“相”的理论，但是他又看出这种理论的不足之处，对它进行批判，然后建立新的是论——通种论。

三

柏拉图也和巴门尼德一样，是为求得真的知识而研究哲学的。他的主要目的是求真，别的都在其次。虽然他也有关于人生的伦理学说和关于社会的政治学说，以及关于美的学说等等，这一切都以他关于知识的学说即是者理论为依据。希腊人的 ἐπιστήμη，指的就是纯粹的知识。只有不夹杂任何私心杂念的知识才能普遍有效，要取得这样的知识必须满足两个条件：廓然大公的、清清楚楚的心灵（νοῦs）和地地道道的、干干净净的对象。

因此他要纯粹由理性来认识，排除各种感官的干扰。这是理性主义的认识论，也就是巴门尼德信誓旦旦的主张。另一方面，所认识的对象他认为绝不能是假相或外貌，必须是不折不扣的真面目。就此而论，他是实在论者，也和巴门尼德一样。因此他一贯运用论证的方法去研究理性的对象，这对象不是看得见、摸得着的个别事物，恰恰就是巴门尼德提出的“是者”。

柏拉图并不限于研究“是者”，指出它在起作用，就算完成了研究。他进一步注意它在起什么作用，它是什么样的。一定要看出它在起某种作用，才能断定它是起作用的，否则就谈不上有什么知识。所以“所是”很重要，是什么样子是判定“是者”的标志，也就是“是者”的内容。柏拉图提出“所是”是巴门尼德“是者”理论的进一步发展。他把“所是”理解为模样，但不是眼睛看到的模样，而是心灵掌握到样子。希腊语动词 εἴδω（看）的对象就叫 εἶδος 和 ἰδέα（所见，前者为阳性词，后者为阴性词，同出一根，意义相同），他就用这两个词来表达“所是”的意思。我们现在按照原意把 εἶδος 译为“型”、把 ἰδέα 译为“相”。柏拉图关于“相”的学说就称为相论。

柏拉图提出了各式各样的“相”（或“型”），如美的相、大的相、好的相、像的相、等的相，等等。他又把美的相称为“美本身”，大的相称为“大本身”……用“本身”来表示根本。他认为一切美的东西都以同一个美的相为根本，由于有这个根本，其他的东西沾上了它，才成为美的东西。其他的情况也是这样。这样，所有的“相”合在一起，构成一个相界，所有的可以感觉到的事物，即“其他的东西”（τάλλα），构成了一个事物界；前者与后者是对立的。就这一点说，柏拉图还保存着巴门尼德“是论”的基本结构，即肯定“是者”，否定“不是者”。但是巴门尼德的“不是者”与“是者”毫无联系，柏拉图的事物却可以“分沾”“相”，即沾上几分那个根本，在某种程度上是那个样子；沾上的可以少可以多，却永远不能沾上“相”的全部。这个“分沾”的说法是借自毕泰戈拉（πυθαγόρας）的摹仿说，以理想的为绝对的原本，以现实的为相对的摹本。摹本只是有点像原本，却是另外一回事。

由于“相”是“是者”的“所是”，所以巴门尼德对“是者”的描述都适用于“相”，如不生不灭的、不动的、完整的、不可分的、没有缺陷的，等等，总之是绝对的。这种绝对的“相”当然只能有一个，“分沾”那唯一的“相”的其他事物则可以有很多，例如美人、美景、美物、美事很多，其所以美是由于“分沾”了那个美本身即美的“相”。“相”对于事物来说是一个，但是相界又有不止一个“相”，就这一点说，“相”又是多数的。巴门尼德和泽农认为“是者”只有一个，这种初步的“是论”只说明了“实在”的统一性，并不能说明世界万物繁多性中的统一性。柏拉图的“相论”说明了这“多中之一”，是进一步发展了原来的“是论”。

柏拉图提出的“相”很多，都是正面的、积极性的作用。首先是伦理方面的，如“品德”、“公道”、“好”之类，其次是数学方面的，如“一”，此外还有自然物方面的，如“人”、“火”等。前面两类都是典型的理想，是用感官绝不能把握的，符合理性主义的要求，所以柏拉图完全予以肯定，和巴门尼德肯定“是者”一样。只是第二类数学方面的“相”（他称为 μαθεματική（数理））与第一类的不完全一样，因为它虽是理想的，却也可以看见，所以他称之为“中间的”，列为次等。至于第三类自然物方面的理想的程度较低，所以等而下之。此外还有人造物如桌、床之类，它们的“相”更在自然的“相”之下。至于那些没有价值的东西，如烂泥、垃圾之类，他认为根本没有“相”。所以柏拉图的“相”并不是彼此并列的，而是有高低之别的，积极意义的大小决定“相”的高低。这是因为他认为“相”是理想的东西，是原动力，这理想的东西吸引着其他的东西（事物）追求它，分沾就是追求。按照他的看法，相界是一个金字塔，它的顶点就是“好的相”。这是目的论的观点。在柏拉图的早期著作中，主要是目的论的。这个时期的代表《裴洞篇》（Φαίδων）、《治国篇》（Πολιτεία）两篇中体现了他的早期“相论”。

“相”是“实在”，掌握了“相”才得到真理，哲学的目的才算达到。所以柏拉图还要论证人如何获得“相”的知识。这个问题从巴门尼德那里就可看出有一定的难度，因为他尽管要求研究“是者”，却否定“不是者”，认为“不是者”与“是者”无关，然而人不是“是者”，怎么能研究“是者”呢？在柏拉图这里也是这样：人这个看得见、摸得着的东西不是“相”，是“其他的东西”，与“相”不是一类，怎么能碰得到那个“原本”呢？人能见到的只是摹本，摹本顶多只是近似原本，永远不等于原本。这就是说：人永远不能掌握“相”。这是《枚农篇》（Μένων）里的一个结论。然而他不能就此止步，还要研究。

他进一步注意到，这个有血有肉的人虽然受肉体之累，却毕竟是分沾着“相”的，人有体现着“相”的灵魂。如果把陷于肉体之中的灵魂集中起来，逐步摆脱感官的干扰，是可以渐渐靠近“相”的。在《会饮篇》（Συμπόσιον）里提出了一个分为三阶段的办法：先从一个一个的形体入手，例如看一个美的形体，再看另一个美的形体，看了很多之后注意它们的共同之处，排除它们的不同之处。这是第一步。然后，对这些排掉了不同个体性的实例深入思考，用一句话（λόγος）把那共同的固定下来，巩固那种排除个别性的做法，使它成为习惯。这是第二步。最后，在做完上述准备之后，纵身一跃，完全脱离形体，蓦然瞥见了美本身，即“美的相”。

从认识论看，这是灵魂逐步上升的过程，就是经过 εἰκασία（表象）、πίστις（相信）、διάνοια（理解）、νοήσις（理性）四个阶段，终于达到了“相”，而且像《治国篇》里论证的那样，一直上升到“相界”的顶峰——“好的相”。“好”不只是伦理意义的慈善，而是“是论”意义的最高实在，一切“是者”的本原。认识到“好”本身，就达到整个上升的最终目的，完成了哲学的任务。

因此不能把这个过程看成简单的归纳，它的背后有一层一层向上的那个“是者”的金字塔。“是者”就是能力，最高的“是者”能够吸引一切。这是柏拉图从巴门尼德“是论”中吸取的精华。他把人之所以能够认识“相”解释成灵魂的回忆，就是根据“是论”的观点。人认识“相”是靠与“相”同类（συγγενής）的灵魂排除形体的干扰，独立发挥理性的作用。但是人不能摆脱自己的肉体，除非肉体死后灵魂才能干干净净地活动，因为灵魂这个“是者”是不生不灭的。它在与肉体结合之前就与其他“是者”（即“相”）在一起，本来就知道它们，只是在进入肉体这个烂泥坑之后才糊涂了。它只有在某些“相”的摹本（即分沾了“相”的事物）的诱导下才能逐渐回想起自己原来认识的东西（即相），这个回忆（ἀγάμνησις）就“是者”发挥其固有作用（ἔστι）的过程，也就是找出普遍性、清除个别性的理解过程。这个过程柏拉图甚至形象化地称之为“学习死亡”，他所说的“死亡”指的只是消除那干扰理性的感性活动，其目的是让那体现理性的灵魂无拘无束地活动，灵魂这个“是者”是不会死亡的。

柏拉图的这种“相论”并不是空空提出的，而是在研究具体问题时考虑到的方法。正如巴门尼德在他的哲学诗里一开头就提出的那样，目的在于求得普遍适用的真理，为了这个目的，他才提出他的“是论”。柏拉图的“相论”是这种“是论”的进一步发展，他要用它作为方法去寻求各方面的普遍知识，这就是爱智慧的活动（φιλοσοφέω）。他的爱智活动方面很广，例如探讨什么是美（见《会饮篇》）、什么是品德（见《枚农篇》）等等。特别是在《治国篇》中，他不仅研究了知识问题，而且研究了伦理道德问题，以至治理国家的问题。他所建立的学园（Ἀκαδημία）更是一个研究当时各种学问的中心，他为他的成员提供了研究的方法，他们做了各方面的研究，进行了热烈的学术讨论。

四

柏拉图学园中的成员们本着柏拉图的“相论”研究各方面的问题，他们互相讨论，也发生不同的看法，得出不同的结论。他们的实践为柏拉图的“相论”作出了检验，说明了这种理论会造成种种麻烦，并不是像原来设想的那样是无往弗届的万应灵丹，其中必定包含着毛病，需要把它揭明，以便改进。这就是对“相论”的批判。提出批判的并不是别人，就是学园中运用过“相论”作为方法进行研究的人，他遇到了麻烦，才反躬自问，找自己的毛病，目的是把自己治好，并不是把自己打倒或消灭。

从我们今天还能看到的文献看，批判“相论”有两个人，一个是柏拉图的得意门生亚里士多德。他在学园中是佼佼者，但是他虽然爱好恩师的学说，却更爱真理，因此并不为尊者讳，而是把包含真理的师说中所夹杂的缺点揭露出来，加以否定，从而使它的真理性得以发扬。这宝贵的东西就是爱智和求真的精神，也就是柏拉图从巴门尼德的“是论”中继承来的理智态度。他的批评是不讲情面的，甚至批评到根本上，例如他就说：“说‘型’是模型，其他事物分沾着它，那不过是在说空话，打诗意的比方而已。”可是他并没有因此把“型”（即“相”）一举而歼灭之，却把它吸收到自己的学说中成为最基本的范畴，即与质料（ὑλὴ）合组成事物的εἶδος。只是我们把它翻译成“形式”，好像是与“相”不同的新东西而已。亚里士多德的“形式”是从“是者”出发经过“相”进一步发展出来的。此外，他也从柏拉图的“相”（即“是者”的“所是”）再返回“是者”本身，来研究“是者之为是者”（τὸ ὄν ᾗ ὄν），建立他的基本学说，即后人称为 ontologia（是者论）的哲学。

“相论”的另一个批判者是柏拉图自己。柏拉图和亚里士多德一样，并不是站在敌对的方面对“相论”作摧毁性的攻击，而是作为“相论”的主人对自己原有理论进行自我批评。亚里士多德在批评中就说“我们”如何如何（见《形而上学》A，9Bekk.990b），柏拉图在《巴门尼德篇》中以谈话人物“巴门尼德”之口批评另一人物“苏格拉底”的学说，是以“巴门尼德”代表他自己批评代表他过去学说的“苏格拉底”。这种自我批评的精神非常难得，意谓着哲学思想在除旧布新，不断上升。进行批评的人以自己掌握的东西来衡量别人，发现别人不如自己，因而指出别人的缺点。自我批评却要以自己为对象，根据自己掌握的东西来衡量自己，发现自己的不足。这比批评别人要困难。柏拉图批评的是自己的理想，这就要求他掌握足够的材料来进行比较。他新掌握的材料来自实际，一个人闭目塞听是不能掌握的。因此，他必须既尊重理想又尊重实际，由于追求理想，他才对“相论”有感情，由于重视实际，他才看出这个理论与实际的差距。他必须是个彻底的理想主义者，不满足于旧有的理想，不惜为了更完善的新理想而克服不够完善的旧理想，哪怕是自己的产物。同时他也必须是一个诚恳的实在主义者，对实事斤斤较量，毫不马虎，一点都不凑合。大家都知道柏拉图是理想主义者，但是他的理想主义并不是天马行空的空想主义，而是着眼于“拯救现象”的，他有强烈的实在主义倾向。他的似乎空灵的“相”，本来就是实在的“是者”。

柏拉图在《巴门尼德篇》里（见 St. 131A—135B）对“相论”提出以下的诘难：

（1）每一个分沾者必定要么分沾着整个“型”，要么分沾着它的一部分。

同一个“型”要是同时在许多彼此分离的事物里，那就要与它自己分离了。

要是它的某一部分在某个事物里，另一部分在另一事物里，那它就是可以分割的了。

（2）如果把那个“大”本身加以分割，那些大的事物中的每一个就是由于“大”的一部分而成为大的，可是这一部分却是小于“大”本身的。

（3）如果一件东西具有着“等”的一部分，就该由于具有着小于“等”的东西而等于另一事物。

（4）如果某人具有了“小”的一部分，“小”本身就比这个部分大些，可是这个具有者还是成为小些的，而不是大些的。

（5）如果把“大”本身和那些分沾着它的大东西合在一起，它们就都是大的，那就该另外有个“大的型”来使它们大。这样下去，就没完没了。

（6）如果一件事物是照着“型”的样子造的，因而像这个“型”，这“型”应该也像那个分沾它的事物。可是二者既然都像，就必定都分沾着另外一个“型”。这样下去，就永远没个完了。

（7）“相”只是相应于“相”与“相”之间的关系，是在它们彼此间的关系里才有它们的“所是”，并不是在我们这里的摹本里。我们所认识的只是我们这里的摹本，永远不能达到原本的东西本身，不能认识任何“相”。

（8）如果有一个知识的“种”本身，比我们这里的一切知识都完善得多，那就只有那属于“相界”的神才能具有十分完善的知识。可是那些“型”对于我们这里的东西不能做什么，正如我们这里的东西对于“型”不能做什么一样，二者各管各的，所以神也并不认识任何人的事情。

这样的诘难在亚里士多德的《形而上学》第一卷里也可找到印证。他指出：“主张‘相’的人在试图掌握我们周围各种事物出于什么原因的时候，首先引进了另外一些东西，它们的数目和事物相同。这好像要想清点东西又怕东西太少数不清，企图把它们的数目扩大了再来数。”由于这种情况，就产生种种麻烦：

（甲）如果一类事物有一个共同的“型”作为原因，那就连否定性的东西也有它们的“型”了。

（乙）如果事物消灭之后还有一个印象，那就有会消灭的东西的“型”，因为我们心里可以有这些东西的影像。

（丙）主张“相”的人根据事物之间的关系断言有关系的“相”，

然而关系并不是自我一类的事物。

（丁）会引起“第三者”的麻烦。

（戊）事物分沾“相”是必然的，不是偶然的，所以只有本体的“相”，然而人们主张属性之类的其他东西也有“相”，分沾这种“相”就是偶然的了。

（己）“相”既不使事物运动，又不使它们变化，既无助于取得对它们的知识，又无助于事物存在，如果它不在那些分沾着它的事物里头的话。

亚里士多德终于指出了产生种种麻烦的原因，这就是“相”不在分沾着它的事物里头，也就是说，“相”是在事物之外，与事物分离的。分割开来的“相”和事物就彼此不相干，完全没有相互作用了。对于这一点，柏拉图也是意识到了的，他说：“如果分出一些‘型’，当作本来的‘是者’，麻烦有多大。”（《巴门尼德篇》，133A）

柏拉图分开“相”和事物、再让事物“分沾”“相”的做法，实际上使“分沾”毫无意义，不起任何作用。这种分开是从巴门尼德那里发展出来的。巴门尼德肯定了“是者”、否定了“不是者”，这本来是人进行明确思维的出发点，若不分清是与不是，混作一团，就不可能有任何科学的思想。可是分析并不等于分割，对“实在”进行分析并不是把它一刀两断，巴门尼德的肯定和否定却是简单分割的意味很浓。柏拉图继承了他的高明之处，也蒙受了他的消极影响。“相”的提出是高明的，“相”与事物分离是走了岔路。而且，在他那里不仅“相”与事物分离，由于分清不同的“所是”而是建立不同的“相”，“相”与“相”之间也就发生了分离，特别是那些相反的“相”如“大”和“小”就完全隔开了。柏拉图的自我批判集中到一点，就是意识到原有“相论”的消极因素——分离。

五

柏拉图在《巴门尼德篇》的第一部分里借“巴门尼德”之口批评了自己原来的相论之后，接着就在第二部分里也同样借巴门尼德之口作了大量的分析和推论，研究在什么情况下必然产生相与相的分离以及相与事物的分离，从正反两个方面加以验证，为改进自己的哲学奠定基础。具体的做法是首先顺着巴门尼德原来提出的命题ἕν ἔστι（它是一个），作出正反两个假定，再强调其中的一个，分成八组推论：

第一组：假定“是者”是一个，而强调“一个”，即“所是”（οὐσία）或“相”，于是推出：这“一”是孤立的，只是一个，不是别的；不是整体，没有部分，无开端，无末端，无中间；无界限，无形状，不圆，不直；无处所，不在“其他的”里，不在它自己里；不在过程中，无质变，无位移，也不是不变的；与“其他的”既不像，也不不像，既不相等，也不不相等，既不老些，也不少些，也不同龄，即不在时间里，与“是”无干，不被认识和知觉。这就是说，如果“相”（以“一”为代表）是孤立、封闭的，相反的“相”就不互相结合（137C—142A）。

第二组：假定“是者”是一个，而强调“是”。这样，“一”就与“是”相结合，是“是的一”，以“是”和“一”为组成部分，因而是“多”。在这样的“一”上结合着整体和部分这一对相反的；有开端、末端和中间；是圆的又是直的；在它自身里，也在“其他的”里；不变、又在过程中；与自身同，又与“其他的”同；与自身异，又与“其他的”异；既像自身、又像“其他的”；既接触自身，又接触“其他的”，又不与自身和“其他的”接触，既与自身、又与“其他的”相等，又大于、小于自身和“其他的”；由于它是，所以它在时间里，老于、少于自身和“其他的”，又与自身和“其他的”同龄，曾经是、现在是和将要是；它是被认识和知觉的。这就是说，如果“相”（以“一”为代表）联系到“是”上，相反的“相”就在“一”上会合到一起（142B—155D）。第一组的情况是原有“相论”必定要遇到而且无从自拔的麻烦，第二组的情况是如何改造“相论”的基础。柏拉图发现原有“相论”的缺点之后，并不是加以掩饰，而是加以揭露并对它的原因进行深入的分析，找出关键所在，从而建立的“相论”而不是完全将它抛弃。在这两组推论之后，又提出了第三、第四两组推论，假设同前，但从另一个角度对第一、第二组的内容作了补充。

第三组：相当于第二组，也是强调“是”的。其推论是：“一”（即“相”）不是“其他的”（即多数的事物）。“其他的”虽然异于“一”，却分沾着“一”；“其他的”有部分，部分是“多”，每个部分又是“一”，所以在“其他的”上结合着“一”和“多”两个相反的性质；“其他的”不仅是“多”，而且是无限多的；“其他的”上结合着“无限的”（ἄπειρον）和“限制”（πέρας）、“像”和“不像”、“等”和“不等”、“动”和“静”等等相反者。这就是说：只有一个“相”与另一个“相”（在这里是“一”与“是”）结合，相反的性质才出现在同一事物上（156B—159B）。这个结论是与第二组推论异曲同工的。

第四组：相当于第一组，也是强调“一”的，以孤立的“一”为基点。其推论是：“一”与“其他的”完全分离；由于完全分离，“其他的”就没有一切相反的性质。由此可见，第二、三组的推论是符合实际的，柏拉图所要拯救的现象就是这个实际。第一、四两组推论由于脱离了“是”，“相”就无相联结（κοινωνία），因而不符合实际。

根据前四组推论，可以看出柏拉图一反原有“相论”中片面强调普遍的“相”，贬低个别的事物，认为“相”与事物迥然不同的主张，进而把“相”和事物挪近，要求把“相”与“相”在“是”的共同基础上结合到一起，成为“相”的集合体。这个“相”的集合体并不在事物外面，就是事物本身。在以后四组推论中可以说是重申前义。

第五组推论的假设与前四组相反，是“如果不是一”。不是“一”就等于是“其他的”，“是其他的”是“不是”却又是“是”；所以“不是的一”既与“不是”结合又与“是”结合，这样，“一”与同它相反的“多”联结。由此可见，这是从“不是一”出发推出与第二组推论相同的结论。

第六组推论的假设与第五组因为“如果不是一”，但把“是”孤立起来，看成简单的、片面的“是”。这样，不是的“一”就成了绝对不是的、根本不是的“一”；什么都不是的“一”就既没有这种性质，也没有那种性质，就被取消了（163C—164D）。由此可见，第六组推论是与第一组异曲同工的。

第七组和第八组推论也都和第六、第七组一样，假设“如果不是一”。第七组得出的结论与第三组相同，只是用“表现”（φαίνω）

替换了“是”；第八组得出的结论与第四组相同，只是补充一点：“其他的”也不表现如此这般的性质（164B—166C）。

总起来看，以上八组推论表明了一个完整的意思，就是为原来的“相论”作了一次多方面的诊断，查出其病因，同时也就指明了如何治疗。这治疗的办法见于以后的一篇对话《智者篇》。

六

在《智者篇》中，柏拉图提出“相”并不是完全孤立的。他把“相”称为“种”（γένος），其意义等于“型”（εἶδος），认为有些“种”是彼此相通的（即有联系，κοινωνία），有些“种”只与少数的“种”相通，有些“种”则与多数的“种”相通，还有一些“种”以各种方式毫无阻碍地与所有的“种”相通（254B—C）。接着他指出在“种”当中最重要的（μέγιστα）是下列三个，即（1）“是者”本身（τὸ ὄν αὐτὸ），（2）“静止”（στάσις），（3）“运动”（κίνησις）。“静止”和“运动”不相通，但是二者都与“是者”相通，因为它们都是“所是”（οὐσία）。这三个“种”每一个都与另外两个相异，而与自己相同。这“殊异”和“等同”也是最重要的“种”，与前三个合起来一共是五个。“运动”和“静止”都分沾着“等同”，也都分沾着“殊异”，“殊异”是遍布于其他一切“种”之中的，因为每一个“种”都异于其他的“种”。“殊异”既在每一个“种”里，就使每一个“种”都异于“是者”，因而成为“不是者”（μὴ ὄν）。

这样，原来是对立的、分离的“是者”和“不是者”就到了一起，成为相通的了。一件东西是什么样的，就包含着它不是别样的。

这与当年巴门尼德只要“是者”，不要“不是者”的想法很不一样，弥合了简单的割裂，消除了“相界”与“事物界”的对立。原来“相”的孤立性为“相”的联结、相通所代替，但并不是“相”的取消，而是“相”在“是者”的基础上提高了。“相”作为“是者”的“所是”仍然保留着，因为这是明确认识的基础，一切科学知识都离不开明确区别的范畴，不如此就只能混沌一团，或者张冠李戴、胡搅蛮缠了。分析是必要的，但不能武断地割裂。原有“相论”的割裂是它的致命伤，柏拉图清楚地意识到这一点，果断地否定了割裂，却并没有把作为分析基础的“相”一并否定掉。他对“相论”作了改造，取消了“相”的孤立性，原来“分沾”着“相”的“其他的”东西就不再是离开真理、只沾上一点真理气味的空虚现象，成了实实在在的“相的集合体”了。原来的“分沾”处于两个世界之间，实际上并不能沟通，流为诗意的空话，经过改造之后成了在“是者”基础上的联合，就有了实质意义了。

柏拉图关于“是”的学说是西方古代哲学发展中的一个重要的一段，它并不是前无古人后无来者的千古绝唱，而是前有古人后有来者的，走了一个之字形的道路。这个曲折的道路并不是偶然的，它使我们在两千多年之后读了仍然感到值得深思，虽然我们无意于把任何伟大的人物奉为万古不变的偶像，柏拉图也不例外。

七

本文试图对西方哲学思想发展中的一个重要线索描画出个人的理解，供大家参考，以便进一步深入钻研，提高国人对西方哲学的认识，促进中国哲学的新发展。正如张横渠所说，我们是“为往圣继绝学，为万世开太平”的，所以要向外国人、以致外国古人学习我们中国人原来没有的那份精神财富的，学到的必须是原汁原味的外国东西，不能有不纯的成分混入，否则我们就不能达到目的。但是，尽管学了一百多年，大致的梗概也知道一点，但是要学到原汁原味，还有许多工作要做。

我刚进大学的时候也读过一些讲西方哲学或者翻译西方哲学著作的书，可是得到的印象和读中国固有的书差不多，西方人特有的锋芒我体会不到。直到三年级的时候受到陈康先生的教育，才发现自己以为会通中西的办法不对头，读书应该实事求是，不能塞进自己从别的地方拿来的或者在自己脑子里猜出来的东西。这才开始学着老老实实地念书，学着照原样理解外国人的思想及其发展。要念书必须识字，我的英文很差，法文只能看点简单的小说，德文才学了一年，希腊文不会，只是听陈先生说如何如何，怎么能念书呢？可是我又觉得非念不可，所以只有硬着头皮一句一句念，好像被赶上架的鸭子一样不断摇晃着拼命求站着不掉下来。这篇文章就是这样拼命的结果。

我从汤用彤先生学到，中国人在刚刚接触到佛教这一外国思想的时候，是努力用本土所有的道家思想来讲解和翻译的。后来知道得多了，理解得深刻了，才发现原来的办法不合适，必须改弦更张。我跟随贺麟先生学黑格尔哲学，并且在贺先生的领导下从事西方哲学著作的翻译工作，从他那里学到很多东西。贺先生创导哲学翻译，对中国人认识西方哲学是有贡献的。他为使中国人顺利理解西方思想，就曾采取用中国固有思想来注解和翻译西方哲学的办法。陈先生和贺先生在学习西方哲学思想这一点上是志同道合的，但是在介绍和翻译西方思想时所采取的办法却不相同，贺先生主张会同中国固有思想，陈先生主张清除翻译中的不纯因素，以外国原有思想为归依。我受这两位老师的影响很深：在遣词造句方面我力求像贺先生那样通达，合乎中国人的习惯；在义理和术语方面我力求像陈先生那样忠于原义，一丝不苟。这篇文章就是力图以陈先生的“信”配上贺先生的“达”。这样做也很吃力，常常顾此失彼。

陈先生在他所译注的《巴曼尼得斯篇》的序中，第三部分谈到他对哲学翻译的看法，认为“信”是翻译的天经地义，“达”不是普遍地以一切可能的读者为标准，只是以有专业素养的读者的标准。因此，凡是中国固有思想所没有的说法，就不能以有点类似的、实质上颇有距离的中文词语去翻译，只求表面光鲜；必须分析清楚其含意，另铸恰当的新名来表达。新名不合中国人的固有习惯，读起来会感到陌生，不能很快地触类旁通，但是它正因为没有习惯的联系，也就避免了读者望文生训，据以任意遐想，以致差之毫厘、谬以千里。这是一剂苦口的良药，有利于治疗我们误解外国哲学思想的痼疾。

陈先生另铸新名的例子是如何翻译柏拉图的 ἰδέα/εἶδος。这个术语过去按照英译 idea 译成“观念”或“概念”，其实并不是英文 idea 的意思，而是客观的形相。可是由于这误译，我国人至今在“念”字的暗示下仍然以为这是心中的主观图相。后来有人鉴于 ἰδέα 有模型的意思，又联系到宋明理学中的理气说，把它改译为“理型”，也有人以为那个“念”字不能放弃，因而改译为“理念”。其实这个 ἰδέα 既不是“理”也不是“念”，所以他改译为“相”。这样，就割断了误解为“理”和“念”的可能。本文采取了陈先生这一新译法，

将 ἰδέα 译为“相”，并将与此同义的 εἶδος 译为“型”，以便联系到作了种、属解的 γένος 和 εἶδος。

本文论述的中心 τὸ ὄν，即巴门尼德原来提出的 ἔστι，原是动词 εἶμι（是）的变形，其原义为“起作用”，ἔστι 即“它是”，强调“它”，指“是的东西”，与 τὸ ὄν（分词作名词用）同义。古汉语中本来没有“是”这个词，东汉初年才在文献中借用形容词“是”（即“此”）作为主语与谓语之间的联系，后来演化为现代汉语的动词“是”。由于语言中没有，所以中国古代哲学中也没有这个范畴，过去翻译 τὸ ὄν 无法借用现成的词，就从老子哲学中借了一个在某些方面近似的“有、无”来译 τὸ ὄν 和 μὴ ὄν，但是汉语“有”绝无判断中系词的意义“是”，所以无法表达兼具“有”、“是”、“在”、“能”诸义于一体的原意。后来有鉴于 ἔστι 与时间、空间联系时有汉语动词“在”、“存”的意思，就把它译为“存在”或“在”，但是还是不能表达“是”、“能”的意义。主张译“存在”的人认为译“有”不对，其实都不恰当。陈先生曾经发现这个问题，但认为没有什么办法，他曾经把它音译为“洒殷”（德语 Sein），并在某些地方译作“是”，解释为有“有”的意思而又不等于“有”。

在我们这里把 ἔστι 改译为“它是”，把 τὸ ὄν 改译为“是者”，把 οὐσία 改译为“所是”，把与时间空间相联系的 ἔστι 译为“在”，认为“存在”只是“是”的特殊状态，不能用“存在”代替“是”。

这样一些改译的根据是对希腊哲学的解释，而不是主观的审美感觉，把它当作建议提出来，请有哲学思维素养的读者考虑，希望结合希腊哲学思想的实际想想。

（原载台湾《哲学杂志》季刊第 21 期，1997 年 8 月）

我们怎样认识西方人的“是”？

内容提要

西方哲学的范畴“是”（希腊文 eimi，英文 to be）在历史上占重要位置，我国曾译为“有”或“存在”，但是它的含义与我们的理解颇不一样。西方人的所谓“是”原意为“起作用”，与宾语联结则成为“起何等作用”，即逻辑判断中的“是”，若与时间、空间联结则成为“在何时何地起作用”，即“存在”。汉语的“有”没有这种三合一的意义，“存在”仅仅有第三种意义，二者均无第二种意义“是”。应当辨明这一点。此外，也应当区分表明本体的“是者”（to on，being）与表明“属性”的“是”。

我们中国人学西方哲学，不管是系统地学习哲学发展的历史，还是凭着自己的喜爱学习柏格森、海德格尔或萨特的学说，都会首先遇到一个问题：西方人说的那个“to be”[①]（德文 sein，法文 être，拉丁文 esse，希腊文 einai）到底是什么意思？从词典上看，“to be”

① 举英文为代表。

的汉语解释是“是”，可又附上一个解释：“有，在，存在，生存”。“是”和“有”在说中国话的人脑子里完全是两码事，然而那些西方哲学家把它们说成一样。这怎样理解呢？

唯一可能的解释是：我们跟他们想法不一样，因此说法也不一样。他们说的 to be 兼有“是”和“有”两个意思，而且是这两个意思的合一而非并列。我们中国人的想法和说法并不兼有这个双重意义，所以只有先学会他们的那个意思，扩大我们的想法，从而扩大我们的说法，才能真正地洋为中用。如果死守着固有的想法，用穿凿附会的手段来解释外来的思想，那只是自己在那里兜圈子，想的和说的与实际不一样，当然谈不上洋为中用。

我们想分两个部分来讨论：第一部分是我们中国人自己的想法和说法，以及它的历史发展。第二部分是西方人的说法和想法，以及它的历史发展。最后，再把这两个部分综合到一起，试着为我们自己提出一种新的想法和说法，供大家讨论。

一

我们中国人学习说话和作文，原本是从说话和作文本身学习，就是“熟读唐诗三百首，不会咏诗也会咏”，并没有别的办法。后来进步了，要学一点语法，再学一点逻辑，还要学一点外国语参考参考。这主要是“五四”以后的事情。我生在“五四”后四年，学的是新法，但是非常粗浅。汉语语法的研究从无到有，我开始学的时候还离根据“泰西格朗玛”写出《马氏文通》的筚路蓝缕时期不远，上大学学逻辑，也只限于亚里士多德的传统逻辑。外国语我也只学到粗通文字，不算文盲而已。可是这就是我学习西方哲学的文化基础。

因此，我根据说话（说汉语）的经验，参照所学汉语语法的知识，加上形式逻辑关于判断的说法，认定我们用的动词“是”字只有一种意义，就是把主语和谓语联系起来成为判断。我这里说的是动词“是”字，而且是现代汉语的，不包括“是非之是”之类的意思。在句子里面，“是”字以后的部分表述着“是”字以前的部分，“是”就是把这种关系（表述）的两项联起来的，称为“系词”。这个意义与西方语言中的copula（即英语的be，法语的être）完全相当。汉语的动词“是”字没有别的意思，尤其没有“有”的意思。

用这个意思来理解形式逻辑的格和式，完全没有问题。例如第一个Barbara，就是：

SAP 所有的人都是会死的，

SAP 苏格拉底是人，

∴ SAP 苏格拉底是会死的。

这几个例句的汉语都通顺，没有语法毛病。只是用口语会说：

人都会死，

苏格拉底是人，

∴苏格拉底会死。

只有小前提里有“是”字，大前提和结论里都没有了。因此，上面那个意思主要只适用于书面的普通话，口语中如果不是由于必要（如上面的小前提）是不说那个“是”字的。而且不说并不是省略，而是根本不需要。要表现那个关系（表述关系）只要在主语后面直接加上谓语说成SP就行了，这也是汉语语法的通则。例如就可以问“你什么人？”答“我学生”，不说“是”字。上面的小前提“苏格拉底是人”，“是”有肯定的意味，加上就清楚了。可是这个“是”字在西方语言中一般地不能不说。[①]

再看中国古书。在先秦典籍中，甚至在公元前的《史记》中，我们根本找不到“是”这个动词，所有的判断都写成SP的形式，不用系词。例如：“百里奚虞人也。”（《孟子》万章上）“南冥者天池也。”（《庄子》逍遥游）“荀卿赵人。”（《史记》孟子荀卿列传）“朕高皇侧室之子。”（《汉书》文帝纪）这里面的“也”是助词，不是动词，也可以不用。主语后的“者”字也不是动词，是一种enclitic（附加词），表示“这样的”，如希腊文的te或拉丁文的que，当然也可以不用。总起来说，一个判断句可以有以下几个形式：（1）SP，（2）S者P，（3）S者P也，（4）SP也。“者”加在S后面，“也”加在P后面，以使这个判断更明显。除此以外，还有一个办法，就是在P前面加一个“此”或“是”字，例如：“和氏之璧，隋侯之珠，三棘六异，此诸侯之所谓良宝也。”（《墨子》耕柱）“富与贵，是人之所欲也。”（《论语》里仁）“此”是指示代词，当然不是动词。“是”在这里也不是动词，作用与“此”完全相等，是指前面的S，加强一下，使判断更明显。

这个古来就有而又并不是系词的“是”，到底是什么意思呢？这字的小篆作，许慎说：“直也，从日正。”而“正”字的解释则是：“是也，从止一。”（见《说文解字》第二下）看来“是”就是“正”。“正”写成当脚趾讲的“”上加一横，该是“立正”的意思，也可

① 也有个别不说的，如俄文что это？—это книга[这（是）什么？——这（是）书]。

以转训“方正”、“正当”、“正直”。“是”字在正加了一个⊙，即太阳；太阳下面的“正”，该是最高的“正”，“正好如此”，“正是这个”。如果可以这样推断的话，“是”的意思该与“此”基本相同，甚至程度更高，因此该是一个指示代词，意为“就是这个”。这个“是”字用得越来越多，“此”字就不大用了。“是”的位置摆在主语和谓语之间，很像及物动词摆在主语和宾语之间，渐渐地就不被看成代词而看成系词了。例如：“余，而所嫁妇人之父也”（《左传》宣公十五年）这句话到了公元一世纪的王充《论衡》里就被说成“余是所嫁妇人之父也。”（死伪篇）王充所说的“是”已经不是代词而是系词了。但是我们不能说王充的话里用的“是”都是系词，只是说他那时候已经开始用系词“是”，然而不用系词而用代词“是”的时候还是很多的。我们现在用系词“是”已经比王充多得多，但是不用系词的句子在口语里还是非常多。只是没有用代词“是”的办法而已。在从前的人说“S是P也”的场合，我们现在说“S就是P”，前者无系词，后者有系词。

总起来说，现代汉语有系词，但是不如西方语言系词那样广泛使用。其次，现代汉语的系词“是”是从代词“是”发展出来的；古汉语不用系词也不加代词的办法在现代汉语中还用。现代汉语的系词“是”只有表达判断的作用，没有别的意思。

用系词表现的判断形式在西方哲学中得到重点注意，因此这个系词就成了重要的哲学范畴。在中国则是另一种情况，人们并没有像西方人那样密切注意判断，因而在传统的中国哲学中也见不到“是”这个范畴。中国哲学家们深感兴趣的问题在另一方面，在传统哲学中就有一个重要的哲学范畴“有”，《老子》上就有“天下之物生于有，有生于无”这样的话。（四十章）“有”这个范畴是怎样来的呢？

“有”最初只是一个动词，表示“拥有”，前面接主语，后面接宾语。如：“予有乱臣十人。”（《论语》泰伯）“寡人有疾。”（《孟子》梁惠王）这是非常具体的，小篆写成“”，原来指一只右手，后来也用这个字兼指“又”和“有”。这是采用同音字，但右手和拥有本来有直接联系，即用手持有，后出的专用“”字就在“”下加了个“”，表示手持一块肉，非常形相。

再从“我有”这样的“有”前进一步，超出有限的我，着眼于自然界的事物，认为它虽不是我所有，却是实际上有的。所以说“东有启明，西有长庚”（《诗经》，小雅，大东）这样的话。东、西虽不是我、你、他，却还是带着空间的限制，这样的“有”还是有限的“有”。人们要求再进一步摆脱一切限制，就在“有”这个动词前面不加任何主语，例如“有大雨，自其窦入”。（《左传》襄二六年）这样的“有”就带着一般的意义了。这个一般意义的“有”，也可当形容词用，如“五谷皆熟，为有年也。”（《谷梁传》，桓三年）有年就是丰年。还有另外一种办法，把“有”加在名词前面，表示一般性的意思，如“予欲左右有民。”（《书经》，益稷）“有民”就是“一般老百姓”。这样的例子很多，特别突出的是“有夏”、“有殷”、“有周”之类，还有“有居”、“有王”、“有帝”、“有众”等等。①

到此为止，还属于日常语言的范围。由此再进一步，思考到

① 王了一先生认为这“有”是类似词头的前附加成分，见《汉语史稿》219页。为什么汉语中会有这种成分，他没有说，鄙意以为绝非出于偶然，应当作语义学分析。

“有”本身，才进入哲学范围。上面提到的《老子》四十章上写的“天下之物生于‘有’，‘有’生于‘无’”，就是正式提出了“有”和“无”这一对哲学范畴。这句话只有从哲学观点去思考才有意义，从日常语言的角度看只觉得语法通顺，别的就说不上了。

在中国传统哲学里，“有”这个范畴占重要地位，有如 being（希腊 τὸ ὄν，拉丁 ens，德文 das Sein，法文 l'être）之于西方哲学。但是中国和西方的这两个被认为相当的范畴是从不同的思路发展出来的，内部隐藏着差别。在我国学术界尚未接触西方思想之前，可以各行其是，我们沿着我们传统的思路往前走。鸦片战争以来我们开始接触西方哲学，需要了解对方，以为借鉴，这就有了妥善翻译的必要。翻译也反映了我们对西方思想的认识。对 being 这个重要的哲学范畴，我们有过几种不同的译法。比较早的译名是“有”，这是采用中国传统的哲学范畴。后来比较流行的译法是“存在”，翻译存在主义著作时也有译为“在”的，最近还有译为“是”的主张。“有”和“是”在汉语中的渊源已见上文，“存”和“在”在中国传统哲学中并没像“有”那样成为重要的哲学范畴，却与“有”也有相同之处。它们的共同处是客观性，区别在于“存”和“在”都有一定的限制，异于“有”的无限制性。“存”与时间连在一起，有开始和结束，它的开始就是“生”，它的结束就是“灭”或“死”，如“死生存亡，……是事之变、命之行也。”（《庄子》，德充符）“在”主要与空间相联，是汉语中相当古老的字，金文中作十，在十字架上面划一横道，像十字路口加标志，表明在一定地点。如“与从者谋于桑下，蚕妾在焉。”（《国语》晋语四）“存”和“在”有时空的限制，“存在”也是一样，都没有系词“是”的意思。

二

现在我们来看西方的情况，举英语为例，其他的印欧系语言及其哲学都仿此。

我们说 this *is* a book（这是一本书），there *is* a book（有一本书），that book *is* in my bag（那本书在我书包里），三句话里都用一个同样的 is，被认为是同样的意思。可是这个意思用汉语说却用了“是”、“有”、“在”三个不同的字，被认为是三个不同的意思。如果我们用英语说“我有一本书”这句话，说成 I *have* a book，我们的“有”和他们的“have”倒是旗鼓相当，因此被认为是一个意思。有人会得出结论说，英语的“to have”等于汉语的“有”，甚至会以为英语的“to be”等于汉语的“是”。其实并不尽然，我们说“有”的时候，印欧系语言常常用相当于“to be”的那个字。例如“我有一本书”这句话用俄语说就是 у меня естb книга（我这里是书），不说 я имею книгу（我有书）。古老的拉丁语也不说 Librum *habeo*（书我有），而说 *Est* mihi liber（是我这里书），甚至更古老的梵语也说成 Pustakam mam*ā'sti*（书我的是）。[1] 总之，他们的 to be 之类的词里头同时包含着我们的“是”、“有”、“在”三个意思，他们认为这三个意思是一个意思。这个三合一的意义就体现在 being 这个范畴里。我们说中国话的人从古到今都没有这样的想法，因此也没有这样的说法，更没有这样的哲学理论。

① 参见金克木：《印度文化论集》，第 2、4 页。

我们学西方哲学，就必须弄懂这样的说法和想法。这有不小的困难，我个人就是如此。我在学西方哲学史之前就学过一点西方语言，知道一点他们的习惯，可是一碰到他们的哲学理论，我自己的老习惯就不由自主地钻进来跟他们的习惯和道理扭打起来，乱成一团。我的老师并不是像现在这样纯粹用中国话讲的，他掺杂着英话讲解，特别是术语。例如讲到希腊哲学时他就说“being”的时候多，说“有”的时候少，讲亚里士多德的本体论时就只说 being as being，不翻译。我听时仿佛明白了，一念书，尤其是念原著时，就像不会游泳的人下了水似的，拼命挣扎，喝一肚子水。后来在刚当讲师的青年时代，我接受任务编译《古希腊罗马哲学》那本原著选辑，在翻译巴门尼德的残篇时，就是那样挣扎的。我并没有真的读懂，又不认得希腊文，遇到困难只能反复推敲英文译文（C. M. Bakewell：Source Book in Ancient Philosophy）。还弄不通就再看别的译本，看过 J. Burnet 的 Early Greek Philosophy，H. Diels 的 Fragmente der Vorsokratiker，还有 J.Voilquin 的 Les penseurs grecs avant Socrate。这样挣扎出来的译本很不理想，其错误和不妥之处在读者中间造成了不少混乱。我曾经从别人的文章中看到对此的意见，非常感激他们指出我的问题，为之反复思考，但是在学会希腊文深入钻研解决问题之前，我只能沉默。现在在多年之后我想谈一谈自己思考的过程，遇到的问题，以及设想的解决途径，提供大家参考。

“Being”范畴的经典出处是巴门尼德的残篇 4—5。那里提出了两条研究途径：

（1）hē men hopōs estin te kai hōs ouk esti mē einai

（2）hē d’hōs ouk estin te kai hōs chreōn esti mē einai

前句中的第四个字 estin 是动词 eimi（即 to be）的直陈式现在时第三人称单数，所以 Burnet 译为 it is；同句中的倒数第三字 esti（字尾可以加 n 也可以不加）也是一样，Burnet 译为 it is。问题是这个“it”（希腊文含在动词中不必另写出）是什么？后句中的第 3—4 字 ouk estin 的 ouk 是否定词，所以 Burnet 译为 it is not；同句中的倒数第三字 esti 与前句相同，Burnet 译为 it is。

为了决定这个“it”是什么意思，我请教 Diels 和 Voilquin。Diels 把前句的 estin 译为 das Seiende ist，把后句的 ouk estin 译为 es nicht ist。Voilquin 把前者译为 l’être est，把后者译为 l’être n’est pas。他们两位都把“it”描出来了，即 Seiende=être。我接受了这个看法，把前句的 estin 译为“存在物是存在的”，把后句的 ouk estin 译为“存在物是不存在的”。[①] 这样一来就给人一种印象，仿佛巴门尼德提出了“同义反复”。后来我把“存在物”改为“存在者”，[②] 还是没有摆脱困境。我所造成的那个误解必须消除。

现在我考虑到，巴门尼德注意的中心是 eimi（to be），不管哪一个在 estin（is）都行，只要它 estin。为了强调这一点，他还在 estin 后面加了一个附加词（enclitic）te，表示“那个在 estin 的”。他要求人们研究“那个在 estin 的”，不研究“那个不 estin 的”。因此 Diels 和 Voilquin 把后句理解成“那个在 estin 的不 estin”是不对的，我也跟着弄错了。他们把后句的下半 hōs chreōn esti mē einai（mē，否定词；einai, eimi 的不定式，相当于英语的 be）译成 daβ dies Nichtsein

① 《古希腊罗马哲学》，第 51 页。

② 《西方哲学原著选读》，上册第 31 页。

notwendig sei 和 nécessairement le non-Êtse est（这不存在必然存在），我也跟着译成“非存在必然存在”，就失去原来的意思了。Burnet 译为“and that it must needs not be”是正确的。我现在认为这两句应改为：

（1）一条是：它是，它不能不是。

（2）另一条是：它不是，它必定不是。

这里的“它”指研究的对象。“是”指“起作用”，兼为系词“是”和“存在”的基础，而不单是系词“是”和“存在”。这个问题下文再详细论述。

再下面一句：

oute gar an gnolēs to ge mē eon oute phrasais

我译为“因为不存在者你是既不能认识，也不能说出的，”[①] 把 to mē eon(后来写成 on) 译为“不存在者”。译 to eon 为存在者，混淆了“起作用”与“在某时某地起作用”的区别，应当改为“是者”，即 ho estin。译为“× 者”不错，因为 to eon 是“本体”（ousia，substance）不是“属性”，正如“老者”不是“老”一样。这一点很重要，必须把“to be”和“being”分开，不能了解成一样。此处说的 to mē eon 就是上面（2）的 ouk estin te（即 it is not）中藏着的“it”（那个它）。巴门尼德提出的哲学范畴是 to eon，并不是一般的“存在”。Burnet 说得很正确，to eon 不是英文的 being、德文的 das Sein、法文的 l’ être，应当译成英文的 that which is、德文的 das Seiende、法文的 ce qui est[②]。

① 《西方哲学原著选读》，上册第 31 页。

② 参见叶秀山：《前苏格拉底哲学研究》，第 142 页。

再往下就是残篇5上那个有名的“思维与存在同一”或“思有合一”。这个问题由于黑格尔的论述而闻名于世，但是最早是巴门尼德提出来的：

to gar auto noein estin te kai einai

这句话提出：to noein estin 的就是 einai 的，为我们的知识奠定了基础：noein 就是“被思想”，einai 就是“是”，二者同一才有真理。但是对这话有一种粗率的了解，即 Diels 所译的“Denken und Sein ist dasselbe”（思想 = 是）。Zeller 看出 noein estin 的 estin 不只是一般的“是”，而是“起作用”的意思，即“can be”，应该了解为“能被思想的”，所以把这个残篇译为“Dasselbe kann gedacht werden und sein”。Burnet 译得更清楚：“It is the something that can be thought and that can be”。[①] 他们的看法是正确而且细致的，所谓 estin einai（that can be）就是 to eon。由此可见，to eon 并不指一般的“是”，而指“是者”。过去我在《古希腊罗马哲学》（页51）里译为“思维和存在是同一的”，是跟随着 Diels 的粗率了解译的，只是在注②中说明了 Zeller 和 Burnet 的精确理解。

巴门尼德的 to eon 被柏拉图吸取了，发展成他关于 idea[②] 的理论。idea（eidos）是客观的“是者”，又是“可以思想或理解的”（to noein estin）。事物分有了美的 idea 便成为美物，美物之所以美是由于其中分有了美本身（美的 idea），美本身是可理解的。这 idea（eidos）就

① J. Burnet；Early Greek Philosophy，p. 175.

② idea 不是英语的“观念”，而是客观的相、型。过去译为“理念”，是误用了黑格尔的“Idee”（即“理性的概念”）之意。可参看陈康译注《巴曼尼得斯篇》第39页注[35]。

被他说成“ho estin”（那个“它是”）或“ho estin auto”（那个“它是”本身）。例如他在《巴门尼德篇》128e—129a 里就说，“Tode de moi eipe，ou nomizeis einai auto kath’auto *eidos* ti homoiotētos，kai tōj toioutōj au allo ti enantion，*ho estin* anomoion... ;”（你不承认本来就有一个“像的 *eidos*”，又有另外一个相反的“不像的 *ho estin*”……？）

estin（it is）说明了“它”在“是”，“是”就是“起作用”或“有能力”。这是一般地说的，再加上个某事就成了“起什么作用”或“有什么能力”了。说“某某 estin 什么”，就是一个判断。estin 原来是个实质动词，现在又成了系词。这个“什么”和本体的关系，即 SP 的关系，就既包含着我们中国人的所谓“有”，同时也包含着我们中国人原来不用动词来说的那个关系。用德国话说很容易明白：巴门尼德提出 Sein，说 es ist，这个 es 就是 to on；柏拉图提出 Sosein，说 es ist so，这个 es 就是 idea（eidos）。

柏拉图提出了各式各样的 idea，如“大的 idea”、“美的 idea”、“像的 idea”、“好的 idea”等等，其中的每一个都是 to on[①]。亚里士多德强调这一点，认为哲学所研究的是 to on hē on，即“on 之为 on”，或 on 本身，这也就是回到了巴门尼德。这门研究 on 的哲学名叫 ontologia，是用 onta（beings）这个字命名的，我们译为“本体论”是利用了中国传统的哲学范畴“本体”，不能表现 onta，所以过去有人曾经利用中国传统哲学范畴“有”命名的“万有论”，近来也有人利用现在将 being 译为“存在”的办法命名的“存在论”，而照我们

① 巴门尼德时期说的 eon，柏拉图时期简化为 on。

的想法该译为"是者论"。

亚里士多德认为 to on 是 ousia（本体，substance），ousia 有许多标志，其中的一个是他所谓 to ti ēn einai（它是什么），即英译的 essence。这个字出于拉丁文的 essentia（所是者），还保留着"是"的意思，中文译成"本质"，看不出词的来源了。to ti ēn einai 就是判断中的谓项，即上面说的 Sosein。

西方人的这个"是"和时间、空间放在一起，就成了我们中国人说的那个"在"。例如英语中的"there is"，德语中的"ist da"，又如上文举的例子"Est mihi liber"（书在我这里是），都是这样。西方人没有我们中国人的"在"这个动词，说在何时何地的时候用的还是那个"是"，如"我在北大"就说成"I *am* in Peking University"。他们觉得这个 am 跟说"I *am* a man"的 am 意思完全一样。至于笛卡尔说的"I think therefore I *am*"，也是同样的 am，只是我们中国人认为单单一个"是"不能懂，（汉语普通话的"是"只是系词，有主语缺宾语就系不成了），才给它凑上一个 there，译成"我思故我在"，其实原来并没有"在"的意思。加上 there 的"是"才是在或存在，德国人把它叫 Dasein。Dasein 这个字和 Sosein 一样，里头都有一个 Sein（"是"）；Sein 加上 so（样子）就成了 Sosein（是什么样子），sein 加上 da（那里）就成了 Dasein（是在那里）。

这个加上时空的"是"，即"在"或"存在"，后来在拉丁文里又出现了一个"existentia"来表示它，其动词形式 existere 出于 ex（外面）+ sistere（安放），也是出现在外面时空中的意思。这个字后来的发展偏向生命方面，几乎等于"生活"或"人生"。存在主义者所讲的主要是这个意思，不过他们并不是劈头就讲人生而且只讲人生，却是从那个 to on（是者）讲起的，如海德格尔就大讲其 Sein，萨特也大讲其 être。我们的翻译把它与 existence 同译为存在，就看不出区别了。

三

我们摄取食品，是为了通过消化和吸收，使它进入自己的机体，变成我们的一部分，为我们所用。我们学习古人的、外国人的哲学思想也是一样，要它为我们所用。但是学习哲学思想不同于拿来就吃，还有个方法问题。如果学的方法不对头，就可能吸收不进来，达不到目的。我们学习西方是鸦片战争以后的事情，最初的目的是救亡图存：在西方人面前打败了仗，看到戈矛敌不过枪炮，于是想"师夷之长技"，学习西方制造枪炮的技术来自卫。可是有了江南制造局、汉阳兵工厂造的枪炮还是打败仗，这才考虑到西方人的枪炮后面还有更厉害的东西，他们的科技后面还有他们的经国济世之学，不能死抱着孔孟之道挨打，要师法他们更大的长技——哲学。于是《天演论》来了。有人以为这就是救亡的灵丹妙药，一丸就成。可是单单这丸灵丹加在我们树大根深的传统思想上面不啻九牛一毛，还是不能起我们所盼望的自立富强的作用。于是我们一方面要彻底否定我国传统的统治哲学，打倒"孔家店"，另一方面要到西方寻找更灵的金丹，希望药到病除，代替"孔家店"收长治久安的效果。由于大量涌进了西方的、我们原来没有的新思想，我们的思想界不能不起这样或那样的变化，这是我们衷心欢迎的。

可是我们学习外国思想的方法却还是传统的，好像进菜市场买菜，挑顺眼的买。尝尝对了自己的口味，就认定专吃这一种，别的看也不看一眼。至于烹调的办法还是老的，认为天下只此一法。也就是说，基本上还是离“中学为体、西学为用”不远：照自己的希望挑选，按自己的想象理解，凭自己的爱好吸收。外国人到底是怎么想的，我们并不深究，遇到与自己的想法不合或者相反的就轻轻带过，忽略不计，看见似乎与自己相投的就浓圈密点，由此出发而浮想联翩，自以为尚友千古。至于为什么外国人会这样想，以及这样想会产生什么结果，就更加不注意了。读书之后自己做文章的人，过去在科举考试中守一条原则，就是“代圣人立言”。等到孔家店打倒之后，孔孟没了，这条老规矩却还没有多大变化，只是换上自己选中的哲学家，要为他们立言。真正的自己不在考虑之列，客观实际可以马虎，这样就很难掌握西方思想的本来面目，难免在自己的想象中兜圈子了。

知己知彼才能百战不殆，我们在学习西方思想上面也必须这样做。我们和西方人同样是人，同时也有很大的差异。只有从异中见同，又在同中见异，反复端详，才能逐步加深认识。本体论哲学问题是我们与西方人都有的，必须抓紧这一共同点，一定要从哲学的角度去看西方哲学，不能只抱着思古之幽情去欣赏它的古色斑斓，也不能把它当作野味咬上几口，或者视为虎豹狠打它几棍。我们不仅要看它与我们的相似之点，还要注视它与我们差异甚至矛盾之处。上面提出的这个西方本体论哲学中的基本范畴 being，支配了他们上下几千年的思想，是我们了解西方哲学的关键所在。记得十来年前齐良骥先生曾在一次讨论会上提出“being 是什么”的问题，当时无人发言，那是思想上没有准备所致。这个问题提得语重心长，至今言犹在耳，我觉得在先生作古后的今天还是很有必要重新提出的。

在本文的前两部分我们已经指出：我们中国哲学中的本体论范畴“有”，是从手持的观念发展出来的，西方哲学中的本体论范畴“to on”（即英语的 being）则是从 eimi（即英语的 to be）的观念发展出来的。eimi 的本意是“起作用”，它用在判断中表示主体在起什么作用，它与时间、空间相联则表示主体在哪里起作用。

“有”和“to on”指的是本体（ousia，substance），这一点是中西哲学的共同处。

“有”没有“是”的意义，不像“eimi”那样可以用于判断中当作系词；“有”也没有“在”的意义，不像“eimi”那样可以联到时间、空间上表示“存在”（existence）。这是中西本体范畴的区别所在。

我们过去用“有”来翻译“to on”，从同为本体这点说，是正确的。但“有”的确没有“是”和“在”的意义，用“有”来译“to on”又是有缺点的。“to on”这个范畴同时兼有“本体”、“是”和“在”这三重意义于一身，译语应当表现，所以有另铸新名之必要。

过去批评“有”这个译名有缺点是对的，但是提出来代替的“存在”这个译名又有它的不足之处。首先，它的含义与时间、空间不可分，只适于翻译 existence 和 Dasein，不能表示 to on（being，Sein 或 Seiende）。这种情况有如我们不能把“food”译成“馒头”一样，因为馒头虽是 food，food 却不等于馒头。其次，“存在”这个词不能明确地表明“本体”而非“属性”（如说“人存在”、“鬼不存在”，就是指“属性”而非“本体”）。我们的口语中常常并不严格区分这两个范畴，容易混淆，哲学术语应当把它们明确地分开。不但汉语有此必要，其他语言也是一样。例如“to on”在法语中被译为 l’être，晚近已有改译为 l’étant 的；德语译为 das Sein，也改称 das

Seiende。第三，"存在"也没有"是"的含义，而"是"的意义是西方哲学中十分注意的，也是它异于中国哲学的一大特征。"存在"这一译名的缺点，"×在"之类的译名也都同样具有。

由于把 to be 译为"在"或"存在"，曾经在我们中间造成一些理解上的偏差。例如笛卡尔的"Cogito ergo sum"（Je pense donc je suis，I think therefore I am）译成"我思故我在"，一共五个字，念起来带古乐府的味道，一向被认为译中佳品。可是一问"我在"怎么讲，一种回答是"我在场"，另一种回答是"我在世"。可是原来说的 sum（je suis.I am）根本没有我并未缺席的意思，也不是说我已出生尚未死去。sum 只表明"我在起作用"，即"我是本体"，不管在哪里和在哪年起作用。

还有一例是将巴克莱的"Esse est percepi"（To be is to be perceived）译成"存在即被感知"。原来的意思是说：一件东西是甜的，无非是它尝起来甜而已。Esse 就是拉丁语中相当于希腊语 eimi 的词，希腊语的 eimi 在亚里士多德理出逻辑上的格和式之后，突出了判断中"是"的意思。巴克莱说的就是这个"是"，虽然其中还有原义"起作用"并存，却并不是"存在"（exist）。

我认为把"to on"译为"有"不合适，把它译为"存在"或"在"更不合适，因为这会使人望文生训，或者想入非非，远离原意。可是要找出一个中国字兼具"有"、"是"、"在"三义是不可能的，因为我们的想法和说法与西方人从来不一样。过去对于这种不可译的外国字只想出一个"音译"的办法，如"般若"、"逻辑"之类，陈康先生也曾把 sein 译为"洒殷"。音译有一个无可置疑的优点，就是字面并无汉语的意义，因而从根本上取消了望文生训的可能性。但是这一优点本身也伴随一个缺点，就是难理解和不习惯，佛经里的译名音译的很多，中国僧侣念了一千多年还多半是照本宣科而实际不懂。因此，我们仍有必要考虑妥善的新译法。新译名必须取音译之所长，杜绝不正确的望文生训，同时又要避音译之所短，有取得正确理解的可能性。

“有”和“存在”可以引起不恰当的联想，我们不用它表示 estin 或 to on，把“有”只用来表示亚里士多德的 hexis（拉丁译为 habitus），即用在“× × 有某某”的场合，而把“存在”仅仅用来翻译英文的 existence 和德文的 Dasein（希腊文没有这个字）。

剩下的还有一个“是”字可供考虑。陈康先生曾用它译柏拉图《巴门尼德篇》中“ei hen estin”的 estin（“如若一是”），对 to on 却没有固定的译法，有时仍旧译为“有”，有时译为“是”。“是”字包含着“有”所没有的系词意义，这个意义正标志着西方哲学的特色，需要表明。因此我建议选定“是”字译 estin，把“estin”译为“它是”，把“ei hen estin”译为“如果它是一个”，[①] 以杜绝“存在”造成的误解。但是“是”的确没有 estin 原来的那个“起作用”、“能够”的意思，是一个缺点。我觉得这个缺点可以通过说明来克服：说清楚了，读者就可以增广“是”字的含义了。这是可能办到的，因为“是”字原来只是个指示代词，并没有系词的意义，后来通过实践才产生了这个意义，可见新的意义是可以培养出来的。为了培养，我建议把巴门尼德说的第一条途径“estin”（it is）译为“它是”，加注

① 这个 ei hen estin 我不读为 if one is，而读为 if it is one，即 if being is one，理由当另撰文说明。

说明这“是”字的本义为“起作用”、“有能力”，并在课堂上和专著里讲明此意。同时，在译笛卡尔的 cogito ergo sum 时也把“我思故我在”改为“我想，所以我是”，并加注说明这样改的道理。

汉语“是”的原意“正当”、“正确”，在今天还继续保持着，即是非之是。这个意义在希腊语中也有，即 estin 是真的，圆满无亏。这两个词本来不是一回事，却在这个意义上交叉了，所以用前者译后者不会发生大问题，不过我们不能把 estin 和 to on 当成一样，只能把 estin 译为“它是”。因为 to on 意为“那个是的”，“是的”是本体，必须在译文中表现出来。巴门尼德说的 estin 所包含的“它”就是本体，柏拉图所用的 ho estin（“the it is”= that which is）这个说法指的也是本体“是的”。由于“是的”的“的”字容易被忽视，我建议把“的”字换成“者”字，译为“是者”。“者”这个古汉语词没有别的意思，不可能被人据以遐想。同时它现在已经被现代汉语所吸收了，构成一些词，如“记者”、“工作者”、“第三者”等等，用得很好，我们只要注意不要把“是者”当成“有理的人”就是了。[1]

* * *

西方哲学史上“是”的问题，是一个重要的关键，关系到我们对全部西方哲学的理解正确与否，因此我常常和朋友们谈起它。赵敦华先生对它作了详尽的分析，使我得到教益，我在感激的同时也感到有必要从历史发展的角度和中西异同的角度考察一番，所以写了这些看法，向大家领教。

（原载《学人》第四辑，1993 年）

---

① “者”从来不单指“人”，如“子在川上曰，逝者如斯夫。”

试论外国哲学著作的汉语翻译问题

一

本文主要讨论两个方面的问题：1. 为什么要翻译哲学著作？2. 要怎样翻译哲学著作？

我生在第一次世界大战之后，也就是“五四”之后。那个时代人们脑子里向往的东西，是我和着乳汁咽下的，几乎成了第二本能，对上述两个问题的想法里难免与它有千丝万缕的联系。无可讳言，这也是我们保守性，我缺乏年轻人的开拓思想。例如第二次世界大战后欧洲人对“爱国主义”嗤之以鼻的大有人在，而我对生长我的这块土地上的老百姓还未能忘情，甚至有几分另眼看待。电子计算机已经家喻户晓，老太太上街买菜的都带个计算器，我却还不能完全抛掉算盘珠。我穿过西装，现在却还是安于中山服。陈寅恪先生曾说过他自己“思想囿于咸丰同治之世”，这样的话我当然不能说，但觉得有些问题在没有得到完全解决之前，还是不能抛开不理，我只能接着思考，无法一步登天。我考虑上面这两个方面的问题和许多问题一样，是二十世纪中国人的问题，离不开现在的中国，也无法请外国人代我们解决，而现在的中国是历史的中国的发展，离开了中国的历史也无从谈起，当然更不能解决。

“五四”以来中国人向往的德先生和赛先生，我觉得现在还是不能反对。曾经有些人反对过，或者变着词儿反对过，曾几何时，他们到哪里去了呢？所谓德先生的对立面，是代表封建专制的传统思潮，或者某种正统精神，以不变应万变的。而赛先生的反面则是主观独断，唯我独尊，也是以不变应万变的。二者合起者过去称为“孔家店”，为了打倒这个“孔家店”中国人流血牺牲，难道能忘得了吗？具体的形式可以有所变换，那披着新衣的亡灵却还在伺机而动，要不然为什么还要不断地努力奋斗呢？我们今天要现代化，就是还要扫清各式各样的古代化。我们提出的这两方面问题，也是完成现代化的问题之一。

二

翻译外国著作的工作，在中国已经有将近两千年的历史。早在公元 67 年（东汉明帝永平十年），中天竺僧人竺法兰和迦叶摩腾受聘来到洛阳，用白马驮来佛教经典，这是中国人看到外国著作的开始。据说他们在洛阳白马寺译出了《四十二章经》，这是用汉语翻译外国著作的开始。竺法兰虽然是外国友人，《四十二章经》的翻译却肯定有中国人参加，否则不可能有那样的译文。以他为首的翻译班子在中国开始了一个史无前例的翻译事业，从东汉起，经过南北朝、唐、宋，完成了举世无双的汉译大藏。译经时间长达一千多年，译者人数众多，也是世界之最，其中杰出的领导人物辈出，最著名的有南北朝的鸠摩罗什和唐代的玄奘。佛经传入中国之后，16 世纪末年又来了西方基督教的代表，以利玛窦为首，从海道带来了另一批外国著作。他们与中国知识分子合作，进行了翻译事业。他们译出的著作除《圣经》以外还有自然科学的典籍如欧几里得的《几何原本》和哲学著作《名理探》、《寰有诠》等。这一次的翻译事业，规模虽然不如佛经翻译之大，但是开创了一个全新的领域，使中国人窥见了从希腊、罗马以来的辉煌西方文化。中国知识分子徐光启在这一事业中起了很重要的作用。随后的清朝康熙皇帝曾经对西方文化给予注意，自己学习过拉丁文，注意过西方著作的翻译工作，主要是自然科学方面的。鸦片战争之后，西方的资本主义一浪高似一浪地扑向中国，中国挨打了，中国的先进知识分子开始要求认识西方。林则徐起了重要作用。此后的先进中国人掀起了学习西方的运动，从科学技术开始，进而注意文化、政治、思想，并且通过翻译来广泛介绍。在这个运动中起骨干作用的代表人物首推严复。严复翻译西方典籍的工作开了近代翻译的先河，对中国近代思想发生了深刻的影响。他翻译的《天演论》在中国的风雨飘摇之际有发聋振聩之功，他把中国人直接引导到西方人的哲学思想，比起鸠摩罗什、玄奘引进夹带在宗教中的哲学来可以说是跃进了一大步。严复以后的中国人在孙中山的领导下跨入了新的时代，哲学著作的翻译也走进了新的阶段。新文化的主将鲁迅也是翻译界的主要代表，他的主要工作虽然在文学方面，却不只在文学一隅，而是涉及全部文化思想，也包括哲学在内的。“五四”运动以后的中国文化代表人物，不管对他赞同的也好，反对的也好，完全不受他影响的却几乎没有。其次要数胡适，他虽然主要从事写作，只译过一篇都德的散文《最后的一课》，也与哲学无关，却也对翻译界发生了广泛的影响。解放以前，翻译界的重心是文学，无论从数量说还是从质量说哲学翻译都比文学翻译逊一筹。当时在哲学翻译方面力图攀登高峰的是我的老师贺自昭先生，贺先生不只自己从事翻译，而且主持“西洋哲学名著编译会”，广泛团结同志，并且教育和训练后进进行有研究的哲学翻译，翻译的成果直接影响了解放以后的哲学研究和哲学翻译。解放后的哲学翻译主力不像以往那样是个别的翻译家，而是以国家力量组织的马恩列斯著作编译局。这个机构虽然以马列主义经典著作为专业对象，不翻译此外的哲学典籍，却以译品的质量和数量成为这一时期哲学翻译的样板，为译者们不得不考虑和借鉴。

我们两千年来的哲学翻译发展经过，大体上如上所述。总起来看，这是为了什么目的而进行的呢？是因为外国人有一些好东西，是我们原来所没有的，我们没有理由故步自封，可以采彼之长，补我之短，以充实和发展我们自己的。如果认定自己什么都好，无以复加，那还要翻译别人的东西干什么？如果认为别人的东西会对我们自己不利，或者会抢走我们自己的买卖，那当然最好把那些东西烧掉，或者丢进大海，彻底消灭别人进行翻译的可能性最理想。——是不是我们的祖宗太傻，干了两千年的蠢事呢？

也许有人不愿意说那样极端的话，认为外国人有些东西好，对我们有用，还是可以译的。可是，哲学是不是那样的东西？它不是声光化电之学，也不是造电视机、计算机之术，我们要不要？有人就说不要。洋务派就这样说过，他们说“中学为体，西学为用”。用的是洋枪洋炮，可以要；体是修齐治平之道，我们的中学最正统，别人那些异端邪说万万要不得。据此，外国哲学当然不能要，至少某一些不能要。不要的自然不能译，译出来的也必须销毁。秦始皇的

“悉诣守、尉杂烧之”，不久以前不是还认真奉行过吗？由此可见，这种思想有点像我们国粹，过了二千多年还会煞有介事地复活，只不过活不了几天，还是被收进《笑林广记》罢了。

哲学，尽管有人不喜欢，毕竟也有人认为“不可须臾离”的。一种哲学可以一时不时兴，代替它的毕竟还是另一种哲学，而且后一种之所以能代替前一种不仅在于它是前者的对立面，更重要的在于它批判地包括前者而高于前者。只要不要求自己的哲学一成不变地万古千秋，而期望它不断发展，越来越好，永无止境，就没有理由盲目地一概排斥异己的东西，因为它也可以“玉汝于成”，关键只在于自己如何消化它。如果不会消化，只能囫囵吞枣，最妙的灵药也始终是异物，服下的效果等于吞金。对于善于消化的人来说，异域思想是很好的营养品，纵然有点毒也能排除，应当为了取精用宏而大量摄取，多多益善。我们的祖宗就是这样做的。人们并没有由于读了汉译《大藏经》和其他《汉译世界名著》而被其中所涵有的宗教迷信、唯心论和谬说所毒倒，身患不治之症，反倒比那些不识字或者不读书的千金之子们通达一些，智慧一些。所以我们要哲学，尤其在我们自己遇到困难、感到局限、缺少办法的时候，有必要参看别人的哲学。我们不像秦始皇、汉武帝那样派人到海外去找不死灵药，只想找些人所能吃的异域菜肴佐餐，改进营养。过去如此，现在也是如此。过去没有遇到西方思想，是一大损失，现在就该挽回这一项。我们现在还深感古代化的东西仍有不少，在拖我们的后腿，就更有必要在自己努力的基础上大量吸取外国思想。

要吸取外国思想就必须认识外国字，读他们写的书，而不是只听以讹传讹的介绍。再一个办法就是用我们的字把他们的书写出来，这就是翻译。翻译不只是为了不识外国字的人，也同样是为了识外国字的人，因为优秀的翻译可以纠正误解、加深理解，所以翻译者并不是简单的舌人，负有更多的责任。译者必须是内行，要有学问，有研究而且肯研究才行。有人以为只要识外国字就能翻译一切书，并且以此为原则来教育人、使用人，那是出于无知，过去已经误事，现在还会误事，误的不是小事，是现代化的大事。这类人当然不会要哲学的。

哲学是智慧，而不是具体知识。智慧涉及全体，它的用处并不仅在于某某部分，而在于解决大问题。因此哲学不是为了某某细小的目的可以利用的，也不是装扮面孔的胭脂花粉，不是茶余酒后的消闲品。正因为如此，我们才需要这种不哭不笑的同生死、共患难的智慧。由于它包容一切，所以不能浅尝辄止，只取其一脔消遣消遣。“真理是全体”，不是鸡零狗碎的东西；对待真理必须严肃认真，一丝不苟，既从统一中见对立，又从对立中见统一。这是研究哲学的根本态度，也是翻译哲学著作的基本守则。我年轻时候喜欢花哨，贺先生曾经一针见血地指出这是 display of intelligence，不是 wisdom。我为此苦恼，但是几经磨难之后，我觉得这才是颠扑不破的真理。翻译外国哲学著作是为了一件“大事因缘”，不是玩玩的。因此我认定这工作不能凭兴趣，既不能厚古薄今，也不可厚今薄古。“急用先学”用在一般事务上可以，用于哲学和哲学史的研究只能是遁词。

总起来说，翻译外国哲学典籍不是只为捞一点油水，而是一件大事，一件关系到中国人的智慧的大事。我们要现代化，现代化没有智慧是办不到的。我们过去所作的不够，西方哲学典籍的翻译至少要用汉译大藏的魄力去干才行。我们应当下定决心干下去。

三

有人把翻译看成一件简单的工作，认为只要一个字一个字堆上去就行了，本质上翻译和誊写或打字差不多，或者和照葫芦画瓢差不多，因此应当少给稿费。这种人当然没有做过翻译，连翻译的书大概也没看过几本。鲁迅如果还活着，准会横眉冷对的，因为这样看说明了没学问，也不爱学问。文章有好的有差的，翻译也有好的和差的。文章有内容丰富的有差劲的，翻译也有译文正确的和不对头的。文章有精致的有粗率的，翻译也有精的和粗的。两者有一致的地方，也有不同之处。一致的是文字都必须清通流畅，没有语法不通意思混淆的毛病。不同的是翻译必须以原文的内容为内容，不增不减不走样。后者是翻译外国哲学典籍的绝对要求，怎样满足这个要求，则是译者的方法问题。

方法必须服从原则，凡违背原则的方法都必须摈弃。译文不能符合原意，不管多么流丽典雅，都不算翻译。反之，尽管译者宣称忠于原意，而译文疙里疙瘩，佶屈聱牙，不能使人读了之后得到原意的，也不能算好翻译。前者是达而不信，当然要否定。但是后者被有些人认为"不达而信"，毕竟还是信的，似乎可以肯定。其实，达而不信者有之，不达而信者未之有也，因为从效果看也同样没有传达原文的内容，并不是信。我们要求既信又达，然而这两个方面常常是矛盾的，因此在我们的翻译史上不断地发生争辩。

一般说来，文学作品传达的是感情，故事情节只占二等地位，是服务于传达感情的。译文如果不能用文学的手段传达原作的感情，那就不是文学，不是文学的译文遗失了原作的内容，因此也就不是翻译。所以，文学翻译主张意译、反对直译的趋向比较强，只有鲁迅明确地提出反对以译者自己的感情代替原作的感情，甚至要求硬译，并且亲手作过试验。另一方面是科学翻译。科学著作表达的是事理，不讲什么感情。因此译文重在科学内容，不重文辞表达。不过这种译文往往被视为干面包，没有油水。我小时学代数用的是译本，同学们就惯于用书中的怪调子开玩笑。可是后来学了法国人写的代数课本，调子完全不是那样，朗朗上口，错落有致，使我怀疑到科学译本是不是就该干枯乏味。再次是历史著作的翻译，有点介乎上述二者之间。它的内容主要是事迹的描述，接近科学文字，但是也有感情的记载和评论，又接近于文学作品。外国的“相砍书”也不等于流水账，文采不下于史汉的有的是。但是汉文译作还是以尚质的译文为主，甚至有刻意求直的。哲学文章与历史文章有相似处，即介于文学和科学之间，但是哲学文章的内容主要不是个别的事迹，而是概念和推理，它的感情表述也不是对个别事例的，而是带普遍性的、全体性的。它的这两方面对立的内容又常常不能分开，既对立而又统一。有些著作既是高度的说理文字，又是高度艺术性的篇章，例如柏拉图的对话就是如此。但是哲学文章的内容尽管千差万别，总的说来还是以说理为主，不过感情的成分并不能排除。对立得到统一，才是好文章。

因此，翻译的困难在于如何取得对立的统一，翻译的方法势必要用一种唯物的辩证法。形式和内容是对立的，却又要统一。意思要表达出来，这表达就是对立的统一。表达得好，才是好文章。这本来是写文章的原则，由于翻译也是文章，这也是翻译的原则。有人有一种误解，以为翻译不是文章，可以疙里疙瘩，读起来似懂非懂，那是看惯了拙劣的翻译而形成的成见。拙劣的翻译不能把形式和内容很好地统一起来，正像文化太差的学生写不好作文一样。翻译和作文在这一点上应该一致，不同处在于作文用自己的语言表达自己的思想，而翻译却要用自己的语言表达别人用另一种语言所表达的思想。除了形式与内容的对立外，翻译又遇上一个严重的对立，两种语言形式的对立。拙劣的译文最常见的问题是两种语言在打架，既像这一种，又像那一种，两种都不像，于是非驴非马，稀里糊涂。高明的译者必须先从原作中把内容析取出来，与它的形式分开，再把它纳入另一种形式，析取得干净利落，纳入得丝丝入扣。这是翻译的技术，也是翻译的艺术。译者要既是科学家，同时又是艺术家。文学的翻译是这样，哲学的翻译原则上应该也是这样。

然而要做到这样，光凭愿望是不行的。可以想入非非，自以为有灵机妙用，翻译起来天马行空，却每每只落得个自我表演，要受鲁迅的白眼。辩证法不是自来的，不是天生的，只能出于下工夫锻炼。下工夫要费气力，要反复失败而后才有寸进，所以有人认为翻译是不可能的，至少理想的翻译不可能实现。翻译既是代用品，又只能是二等货以至末等货，那就不必搞吧，有本事的去读原文得了。这样想只是貌似理想，实际上是消极的，而且也未必理想。能读原文的如果不愿费气力，能得到多少原意？有比较优秀的译文，倒可以纠正马虎的原文读者有意无意的误解或曲解。为什么不肯看到这一点呢？翻译的可能性本来就不是一块现成的铸币，而是通过实践不断发展的。我们看一看中国翻译史，可以有所体会。

四

竺法兰翻译《四十二章经》的时候，遇到的困难大不大？中国人完全不知道印度人的生活，不懂他们的语言，更不用说他们的文化传统了，而竺法兰和迦叶摩腾对中国的了解大概也几近于零。这样的两国人见了面，生活上的事情都难于互相了解，顶多靠看着实物比比画画，指指点点。而佛教思想是高度文化的产物，抽象而且夹着许多想象，怎么比画？记得我小时在上海上学，外国老师命题要我说说昨天的生活，我要说打烂一个暖壶的事，可是不知道暖壶怎么说，左描右画他也听不懂，一直到拿了一个来看才解决问题。可是，有一次有位土生土长从未出过远门的上海同学问我山是怎么一回事，我用尽各种办法还是不能使他明白，他说那是“土墩”，把另一个四川同学笑得前仰后合，而又无可奈何，我们又不能把山搬来给他看。我看了《四十二章经》，怀疑它不是根据原本一句一句翻译的，而是取其大致另外写出来的，我不敢肯定其中没有“土墩”的成分。后来我在大学跟季羡林先生学了两年梵文，虽然没学通，却相信《四十二章经》不是翻译，而是转述。因为梵文和汉文距离太大了，季先生给的习题中的句子我译不成汉语，只好勉强译成德语交卷，德语也属印欧语，好办一点。《四十二章经》内容比我学的梵文入门难得多，怎么能译成那样地道的汉语呢？

这个想法后来从另一件事上得到了证实。我读严几道译的《天演论》，着了迷，又弄了英文原著比了比，大吃一惊：原来这本名译是对不上的，不过意思的确差不多，而文辞之美又有过之！难怪译者不写他译的，而说“侯官严复达旨”。如果他一句一句译，一定不会有那么精确生动。因为早年的翻译手段不够，如果勉强按原话写汉语，就只能写出林琴南所谓的“引车卖浆之徒”的言辞，不但不雅，而且不信。严复说“达旨”，是他所用的辩证法。达旨就是转述，吃透原意而转述出来，才能形式与内容统一。如果不吃透，就“率尔操觚”，尽管逐字逐句紧跟原文，也只能形式与内容两阕，像后来的一个白话文译本那样。

但是“达旨”这种辩证法只是早期的“不得已而为之”，严复的《天演论》里有删节也有增益，实在不易表达的说法他避过了，或者用另一些话“烘托”其旨，不能说是精密的、科学的译法。如果根据严译来对达尔文主义进行科学研究，当然不够。要满足人们“欲知其详”的要求，就只有再想新法。这新法就是进一步的实践：详究原文，分析原意，在语法上、逻辑上、专业上下功夫，然后仔细考虑自己的语言，找出适用的手段，直到在原有汉语的基础上设法创新，使它丰富起来，用于译文而不断地推敲，以求改进。这当然还是辩证法，而且是唯物的辩证法，根据客观的要求而发挥主观能动性，而不是主观臆断。汉朝以后的佛经翻译就走上了这条路。南北朝的鸠摩罗什对此作出了贡献。什法师非常注意译文要合乎原意，甚至带感情地说，如果他的译文有违背经旨的地方，他的舌头会烂掉。但是，他也很重视译文的流畅。他把不好的译文比作“嚼饭喂人”，不但没味，而且教人恶心。他的译文要求信、达兼顾，而不仅是达旨，纠正了以前译经的“滞文格义”，翻译水平提高了一大步。到唐代，对佛经译文的要求进一步提高，不能满足旧译。玄奘为此亲到印度深入学习，而且研究语文和逻辑，回国后主持译经，更进一步求信，使翻译质量大大提高。他用的方法是在深入研究的基础上进行翻译，在翻译过程中讲学，培养人才。他所译唯识论经典非常细致，还留下名为《成唯识论》的讲义。在佛经翻译中，玄奘的新译达到了高峰。

佛经翻译方法有许多创造，最突出的是组织译场，集体工作，但并不是现在那样将一部书砍成几段，分给各人翻译，实为集体单干，而是各人负责一项任务，如主译、笔录、校勘、润色等，都是从头到底的。这样可以吸收多数人的智慧，起互相监督相互补充的作用，并不只是求快。在翻译手段方面，他们作了大量创造性的工作，凡是本国所没有的概念，就创立新的名词，而且对已用的名词进行改进；创立和改进都是以研究为基础的。他们还吸收了一些必要的梵文表现方法，以至梵文句法，以补汉文之不足。梵文的"颂"，他们加以吸收。但是有一关他们始终未能突破，就是继续使用脱离口语的古汉语，甚至接受齐梁以来的骈文影响，写成四字一句。这种新文体一看就与中国习惯不同，僧侣等于学习一种新的语言，久而久之，就只知诵读，不明意义了。读书不明白道理何在，书就不再是书，不管原著或译文都等于废纸。佛经翻译落到这般结果，是一大悲剧。这个悲剧值得我们深刻反省，不可等闲视之，因为后之来者还有这样想的。严复翻译书是为了普及一种新学说来挽救危亡，所以唯恐译文不能达意，唯恐被人们作庸俗化的了解。他力求译文完善，请求桐城派大师吴汝纶为他润色斧正。他不肯用八股调子翻译，是为了防止人们把它当"近世利俗文字"去读，以致失其本旨，这是很正确的。但是他选择的手段是先秦古文，尽管活泼生动，却未免古老陈旧。他力求易懂，甚至把原文的恺撒改为秦始皇，吴汝纶认为这样做太过火，也是失真，这个意见严复接受了，因为他重在存真。但是吴汝纶觉得他的译文太像周秦诸子，应该换一个文体，像佛经一样使人一看就是外国书，以免混淆。这一点严复不能接受，他认为翻译是为了宣传的，文体必须大家熟悉，否则没有人看，还宣传什么。严复努力求信，同时也努力求达，这是十分正确的。但是他求达的手段虽能排斥八股调和欧化的洋泾浜，在今天六十岁以下的人却没法读了，这就走到了达的反面。严复晚年的译作朴实一些，不像译《天演论》那样大做文章。这是进步，但始终没有放弃古汉语，和林纾一样。这一关很难闯，“五四”以前没人闯，“五四”以后也不是一切顺利，即便在今天，还有人总是发思古之幽情，在文章里夹点不通的假古文，以为博雅，拿来吓唬小青年。这回潮值得深思。

用古汉语译印欧语原著，困难是很大的。就是用现代汉语，也不是没有困难。难在印欧语的分析性强，汉语比较笼统，使用汉语的人也有笼统的倾向。根本问题在于改变这种倾向，使汉语的表达精密起来而又不啰唆。这个任务在“五四”以后开始突出，首先是改用白话文。现代汉语的表现能力和弹性比古汉语强，因为现代生活本身比古代丰富得多，细密得多，要求语言尽可能表现它，能松能紧才行。不用白话文，哲学翻译就只能依稀仿佛，精确不起来，不能满足科学的要求，至多做到严复那样的达旨。改用白话文，其实不只是不用文言文，而且包含着改造白话文。原来的口语长期以来不用于文字，用起来虚弱得很，粗率得很，语词不够，语法模糊，而且汉语方言众多，缺乏规范。这个改造汉语普通话的过程在解放前进行了三十来年，解放后又进行了三十来年，到今天才有这个样子，但还不是大功告成，而是仍须不断努力。如果没这七十年来的努力，我们的翻译水平就只能落后。我们拿出解放前的译本和“五四”前的译本、今天的译本一比，就可以比较清楚地看出差别。香港、台湾现在出版的译本，我们看起来感到译文陈旧，主要是由于那些地方缺少了解放后的改造。

这改造主要表现为新词的创立，语法的精确化，复合句的灵活处理。依靠的是对外国哲学的理解加深，对逻辑的认识加深，对汉语语法的意识加深。“五四”以前对外国哲学的理解较浅，不能见其真相，就只能用模糊的词句翻译，例如 bourgeois 就曾译为“豪绅”。以后知道的多了，发现“豪绅”不对，才改为“布尔乔亚”，又发现音译不解决问题，才改为“资产阶级”。逻辑和语法是过去的中国人最忽视的，然而印度人和西方人却很重视，他们逻辑谨严的文章，我们译不准，因为翻译手段本来不够，同时自己又不管逻辑，而且对汉语语法一般不加理睬，那就只好马马虎虎。

这些年来，我们的哲学译文有不少进步，这是大家深入研究内容，讲究逻辑，钻研语法的结果，同时也是使用对立统一的辩证法的结果。但是应当说还不够，这表现在好几方面，例如：

（1）遣词不当。例如 первичное（the primary）译成“第一性的现象”。第一性的怎么能还是现象？这“现象”一词是用了一般口头语的意义，以为等于“东西”，可是哲学术语“现象”是相对于“本体”的，在这里不能用，用了等于自打耳光，形成逻辑矛盾。毛病出在缺少语意分析上。

（2）将印欧语的语法形式直接搬入汉语。例如拉丁语的前缀 prae-（pre-，pré-，vor，Ao-）被译成“前 ××”，如“前资本主义”、

“前苏格拉底”、“前批判”等等。印欧语一般都把介词放在前面，所以称为praepositio，即“前××”或“后××”的形式，我们把它照搬到汉语里，而汉语的介词是后置词，即“××前”或“××后”的形式，因此发生冲突，不知道是什么意思。人们根据汉语习惯来猜，以为“前××”是“前面那个××”，如“前汉”、“前途”、“前人”之类，万万想不到是“汉以前”……的意思。当然，造那些服从外国语法的新词的人并没有想到用“前战”代替“战前”，用“前解放”代替“解放前”，那是他们究竟不能全抛汉语语法的缘故。这种做法的毛病在于不知道语法不能搬家，在哪里就得守哪里的法律，不守就要治罪。

（3）把汉语的虚字当印欧语的用。例如把汉语“和”字看成英语and（et，und，i，u）的等价物，一遇and就译成“和”。这样的译文就成了用汉语词按英语语法写成的非英语亦非汉语，和翻译电报码差不多了。“和”跟and的确在逻辑上是等价的，即p·q里的·，但是从语法上看却是不同的，用法不一样，而且这用法不是任意的，而是有客观规律的。在汉语里，不容许违犯“和”的规律，正如在英语里不容许违犯and的用法规律一样。具体语言的规律以逻辑规律为依据，却不等于逻辑规律。不懂逻辑会犯根本性的错误，只管逻辑不管具体的语法则会犯张冠李戴的错误，后一种错误也是不能容许的，犯了就会造成不达。翻译要懂逻辑，也要懂一般的语言学原理，还要懂具体语言的用法，包括原文的和译文的。我们在这一方面工夫下得还不够。

（4）把文言的虚字当白话的用。例如遇到“的”过多说不明白，就换上几个“之”字。“的”和“之”确实等价，但也确实不是一回事，其不同和两种语言的同义词不能混用一样，我们在英语中并不能因为 and 过多而换上几个 et，就是这个道理。“的”字过多的问题只能改变句子结构来解决，用省事的办法并不能真正解决问题，使人明白。我们的白话文用的是和文言文相同的汉字，给我们造成文白不分的幻觉，以为等价，甚至以为文言词比白话词美，该用“也”字的地方偏偏用“亦”，该用“就”字的地方偏偏写“便”，或者写“则”。我们还没有意识到白话文必须彻底摆脱文言文的枷锁，才能在广阔的天地间昌盛发展，也只有在得到自由发展的情况下，才能吸收文言文中间有用的成分来丰富自己。丰富当然要通过消化吸收，而不是生吞活剥，那样做只能是贴些异物，不是真的长了肉。我们还有一些情况，拿来一个文言词，再加上个白话尾巴，冒充白话词，例如用“导致”、“涉及”之类加个“到”字，就是这样。我们对白话和文言，也像对于外语和汉语一样，还需要加强知己知彼的工夫。

总起来说，我们自觉地或者不自觉地使用了唯物辩证法，在哲学翻译上有了长足的进展，但是新的任务正在以更大的压力要求我们进一步钻研和使用唯物辩证法。

五

既然如此，我们该怎么办？

首先，我们应当从原则说起。哲学翻译的目的，是为了开阔眼界，增长见识，促进哲学研究，提高思想水平，以利于革命实践，即中国的现代化。这一点，我们本来是明白的。在解放之初，多数人都对哲学抱着极大的热情，付出无私的努力，也得到众所周知的效果。但是，曾几何时，情况变了，人们不重视哲学了，对它冷淡了，甚至厌恶了。那是由于有些人意在谋私，见到哲学的威望，以为可以利用，于是把它垄断起来，上下其手，拿来吓唬老百姓，把它变成争权夺利的工具。人们上了他们的当，吃了大亏，看透了他们手里的所谓“哲学”并不是什么真理，而是骗人的诡辩，甚至是害人的蒙汗药。但是人们哲学水平不高，分辨不了其中之假和假中之真，因而不加分别地把哲学笼统地加以否定。这否定是不幸的，但也是必然的，它会带来新的局面：山重水复疑无路，柳暗花明又一村。今天年轻的中国人正在对哲学兴起新的热潮，长江后浪推前浪，正是历史的辩证法的明证。

要发展哲学思想，就必须让思想从少数人手里解脱出来，结束垄断状态。要做到这一步，需要放眼纵观古往今来的人类智慧成果，这就是哲学翻译翻身光大的条件。即使现在人们的眼光还受到一定限制，只看到目前某些惹人注目的新鲜现象，往后一定会看到那些在历史上起过重大作用的光辉里程碑。翻译有前途，而且任重道远，需要我们为它准备条件。

第一个条件是深入研究外国哲学史，突破以往的窠臼，使人们看到光明，产生进一步的斗志。为此必须改革我们近乎经院的学校教育制度，让喜爱智慧的人代替别有用心的利禄之徒，让他们学到有益的基本知识而不是浪费时间精力于教条。从事哲学翻译的人必须是懂哲学的人，而不是只会几句外语。为此也必须改革外语教育，不能只造就仅会外语而没有文化的所谓专业人才，应该面向广大学生，让他们在学习专业的同时学好外语，专门外语院校则负责提高有一定专业水平的人的外语水平。

第二个条件是大力提高汉语水平，汉语不通的人是不堪翻译重任的。今天这种现象相当普遍，大学生的卷子很难看，别字连篇，语法不通，甚至不会用标点。应该说，这是一个民族的奇耻大辱，我们必须雪耻。在过去的封建时代，一个王朝只有在行将灭亡的时期才出现语文程度低落的现象，例如明朝末年，而一个新兴的王朝首先必须革除这方面的弊政，例如清朝初年。我们是在解放以后，应当深思。过去一个时期轻视知识、蔑视知识分子的错误偏向必须彻底扭转，给小学教师、中学教师以受人尊重的社会地位，因为包括语文在内的基本知识水平低落不是大学里所能纠正的，小学教师才是教育界的父母官。

第三个条件是加强逻辑教育。翻译必须头脑清楚，不能似是而非或张冠李戴。治疗马虎毛病的最好办法还是学逻辑。逻辑也可以办业余教育，成人教育，但必须列入正规教育，要成为国家考试的必修科目，因为在我们国家考试是最有效的方式，科举是这样，我们也能这样办。

以上这些议论都不是什么新意，而是我在四十来年受教育和从事哲学翻译工作中点滴汇成的。哲学翻译的教育很重要，贺自昭先生既教了我哲学，又教了我翻译哲学的办法。他主持哲学编译会，并不是仅仅用行政管理的方式分配任务、收取成果，而是要求研究，要撰写导言、进行讨论的，而且他亲自校阅并亲手修改译文，要求提高质量。我的另一位老师陈康先生则从哲学翻译的理论上给了我们深刻教育，教我们把翻译看成一件严肃的事业。我在以后的工作中虽没有把他们的教导当教条背，却时时在心，还在遇到问题的时候接着往下想。我不能忘记自己接受教育的母校西南联合大学，也不能忘记我一直在工作的北京大学，因此我希望后之来者也能有这样的教育条件，而不只是设法和出版社签订些合同。但愿我国的哲学翻译事业昌盛！

论翻译之为再创造

一　我们的任务

我国古代的佛经翻译，包括汉文译本和藏文译本，是世界闻名的文化伟绩，不论从数量上还是从质量上看，都堪称世界第一，所以在历史上起了重大作用，对我国思想史的发展发生重大影响。这件事实说明了翻译工作的意义，在古代是这样，在现代应该也是这样。

我国现代的翻译工作开始于鸦片战争之后，露头角于戊戌政变之年。古代的译者是虔诚的宗教徒，他们的目的是普度中土众生往生极乐世界，这是献身于一个伟大的事业；现代的译者目标虽然不再是升天，然而却是为了一个更加伟大的事业：挽救中华民族于帝国主义侵略的炮火之下。中国人民前赴后继的斗争，是得益于翻译工作者传来的先进讯息的。所以，不管在古代还是在现代，翻译工作从来都不是儿戏，而是担负着兴国的重任的，并且随着时间的推移，任务越来越紧迫。我们祖先的翻译任务完成得很好。但是现代的任务要重得多，前人的努力也确实卓有成效，我们却不能说成绩已经胜过古代。无论从数量还是从质量上看，在翻译工作方面我们仍然处于发展中国家的状态：与十多亿人口的大国不相称。这种迫切需要改进的状态应当引起一种危机感：如果不赶快追上去，整个中华民族会吃大亏。

这就决定了我们的当前任务：外国的经典性著作要赶快翻译，送到那些不通外文或者知之甚少的人面前，使他们一眼就能看见。而且有些经典性著作过去曾经一译、再译，却仍旧无法读懂，一定要赶快译出比较好的译本，使莘莘学子不致捧着书干瞪眼。这就是说，不管是翻译的数量，还是翻译的质量，都有必要赶快提高。特别是质量的提高应占第一位，因为错误的、读不懂的译本数量越多对读者越不利，而我们目前的情况却是数量既少而次品甚多。

有人说，在翻译欠缺的时候可以放宽尺度，差点总比没有好。这话乍听起来似乎有理，其实不然。如果在清末民初的时代，那样做也许还有一点作用；可是即使在当时，发挥巨大作用的还不是次品，而是高质量的《天演论》。今天已经到了进一步发展的时期，降低质量要求只能非常不利，简直是开倒车了。

为了具体说明问题，可以举两个突出的例子：

在哲学上，有一部重要的经典著作，康德的《纯粹理性批判》。这部书是德国古典哲学的开端，不了解它就不可能真正了解整个德国古典哲学，因而不可能了解一切从德国古典哲学里发展出来的哲学思想，只能作一个现代哲学的门外汉。所以我们这个时代的中国人必须掌握它的基本精神，我们需要一个比较好的译本。但是这部书内容比较深刻，在英国和法国都曾经多次翻译，译本质量逐步提高。我国也曾有过两个全译本。不同之处在于外国的第一个译本虽然精密度较差，却能基本上传达原意，其文字虽然凝重，却可以顺利阅读，而我国的第一个胡仁源先生译本却不管怎样努力也读不懂，一页都读不懂，实际效果等于零，正如严复说的那样，“译犹不译”。

因此又有了第二个蓝公武先生的译本。蓝译本与胡译本大有不同：我们对照胡译本所据的 Max Müller 英译本看，只是在词句顺序上大体一致，思想上完全不相干，足见译者并不理解康德的思想；而对照蓝译本所据的 Kemp Smith 英译本看，却不只是形似，可以看出蓝先生是在深入研究的基础上翻译的。这表明了我国学者在提高翻译质量上的努力，是我们尊敬的楷模。但蓝译本仍然很少有人能够卒读，因为他也和胡译本一样用旧时报纸式的文言文，那是一种退化了的文言文，既不精确，又无文采，读时非常吃力，把握不稳，印象非常浮浅。因此，第二个译本的质量虽然提高了一大步，从译者不懂提高到译者懂，但是译者懂的东西读者还是不能顺利、确切地懂，常常要对照 Smith 的译本才能肯定蓝先生理解得正确。这就是说，这部书的译文质量还有待进一步提高。

从这个例子里可看出，（1）译者不懂内容时写出的译文一定不符作者的原意，当然不能沟通读者和作者。（2）译者掌握原意时未必能在译文中顺利表达原意，从而沟通读者和作者。（3）要做到沟通读者和作者，译者必须深入地理解原著的思想，同时充分考虑到确切、顺利地表达这个思想。这就是要做到严复所说的“信而且达”。信而且达就是我们的翻译质量所在。

前一个例子说明了我国学者为提高翻译质量而努力，并且现在仍须努力。下面还有一个例子说明另一种情况。这就是前人已经达到了比较高的成就，后人如果不有意识地继续提高，会有所退步。

我们知道，早在戊戌年（1898）严复翻译了赫胥黎的《天演论》，引进社会达尔文主义的进化论思想，在中国思想界起了发聋振聩的作用。他为了救国，力图准确传达本土所未有的异域真理，而且文辞优美，力求为国人所共晓。因此他立下三条翻译标准，即“信”（忠实）、“达”（明白）、“雅”（优美），而以“信”为第一位，因为“不信”的译文根本不是翻译，只是假货，不能用来达到救国图强的目的。但是忠实的翻译同时也要求明白流畅，不这样不能流传，等于无效。此外还要译文优美，为读者喜爱，因为“言之无文，行之不远。”他的这三条，他认为是“文章正轨”，也就是“译事楷模”。这本来是很正确的，但是他选用的表达工具“汉以前字法、句法”却与这三条发生矛盾。本来，中西思想距离很大，中文翻译西方著作在这三方面都困难。他看到了用“近世利俗文字”即八股文很不容易达到目的，因而选用汉以前未受骈文之害的古文，确实很有道理。可是同八股文一样，古文也是脱离今日口语的半死文字，要想表达西方思想而仍旧保持古文格调，是非常困难的事。

为了解决这个矛盾，严先生采取了“达旨”的办法，也就是后来的所谓“意译”。这就是并不完全依照作者原文的词句结构，而“将全文神理融会于心”，然后“下笔抒词”。也就是掌握原意，另起炉灶写文章。这样，当然容许作出某些必要的增删。《天演论》用这个办法很成功，所以大行于世。但是做到这一点并不容易，他也预料到自己的原则会被歪曲，警告后人说：“学我者病。”他以后的译品未解原意而任意增删的也的确很多，直到改用白话文翻译之后还没有止住。因此对这种名为“意译”实际上不是翻译的篡改提出了批评，要求逐字逐句，不上下其手，名之为“直译”。今天看起来，严先生的“达旨”是要求提高翻译质量，当年提出“直译”也是要求提高翻译质量。前者适用于文言译文，后者适用于白话译文。

用了白话文，才能摆脱老套，参考外国的表达方式来写出新式的译文。这样才能做到毫无遗漏。但是要真正做到毫无遗漏，不能只靠用白话文，必须通晓原意才行。有一个例子可以说明这个问题：70年代出了一个名为《进化与伦理》(即《天演论》)的白话新译本，从数量看每一句都译了，不像严译本那样舍去不少，但是从内容看平淡模糊，不像严译本那样“骎骎与晚周诸子相上下”(吴汝纶语)。因此严译本可以反复钻研，越读越有味，新译本禁不起推敲，读起来令人昏昏欲睡。从这个例子看来，我们当前确实有提高翻译质量的必要。因为原来差的必须变好，原来好的变差了必须再进一步变好。

二 翻译并不是描红

有人把翻译看成幼儿学写字时的描红：原文好比红字范本，译文好比墨笔描在红字上的道道。这是一种最原始的看法，但是相信它的人不少，主要是不识外文的或者文化较差的。如果真是这样，翻译就只需要学会外文，加上他原来就会的那点中文，就万事大吉，无所不能了。这样的译者可以完全不了解他自已所译的是什么东西，因为他搬弄的只是两种文字，只管红车对黑车、红马对黑马，对上就行了。

但是凡是读书的人都知道，自己读的是那本书的意思，并非只是书上的文字。翻译就是把一种语言所表达的意思用另一种语言表达出来。表达的对象是意思，不是某种语言。因此，严复所说的“达旨”，即“达原著之旨”，是对翻译所下的科学定义。后来提出的“直译”，如果过分强调逐字逐句的表达，倒是有可能被理解为“达旨”的反面，即“达辞”（表达词句），因而违背翻译的定义。“直译”纠正任意歪曲的所谓“意译”，是正确的；它一忽视意义本身，就立刻变成错误的了。我们上面所举《纯粹理性批判》的第一个译本，就是不管康德这本德文书的意思，仅仅逐字逐句摹仿其词句而造成的。译者自己没有弄懂，写出的译文当然只能是谁也读不懂的天书。有些书的情况稍好一点，译者弄懂了一部分，但是没有掌握全局，因此读起来还是不懂。关键在于译者动笔之前没有弄明白原著的意思，硬要翻译，就只好“率尔操觚”，在白纸上写出一些黑字来充数。

解决这个矛盾的办法只有提高翻译的质量，首先是译者的质量。译者要进行研究，既知道表面现象，也知道深处的问题才行。如果没有做到这一点，那只能盲人摸象，一出口就出毛病。例如柏拉图的著作是大家熟知的，他的一个基本范畴 ἰδέα 是什么意思，在我国就转了好多圈子。由于英文译本按拉丁文译文的转写办法译成 idea，而 idea 这个字的一般意思是指“心里的图像”，即观念，所以就有人译成“观念”，可是这样一来柏拉图就和巴克莱、休谟分不清了。后来有人为了分清这一面，想到朱熹哲学中的“理”，再加上“心中图像”的意思，译成“理念”，可是这样一来又和黑格尔分不清了。此外还有考虑到希腊文 ἰδέα 的本义是 form，因而译成“理型”的，但是柏拉图哲学中本来没有“理”的意思。现在我国多数书籍中采取“理念”一名，致使多数人还是把柏拉图误解为黑格尔所理解的那样，无视 ἰδέα 的客观性。这个错误不改变译名是无法消除的，要改变译名必须放弃那种描红式的盲目摹仿。

还有一个例子是摹仿英文 pre- 和 post- 结构制造出“前资本主义”、“后亚里士多德”之类的名词，实际上汉语只能说“资本主义以前”和“亚里士多德以后”，一如不能把“门前”说成“前门”一样。为了翻译而不惜破坏汉语的基本构词法，应该说是骇人听闻的怪事，然而现在居然广为流行，这是什么问题呢？我认为这还是那种认为翻译是描红的思想所造成的恶果。

翻译不是机械的描红，而是复杂的创造。翻译的过程分为两个段落：第一步是从原文追索原意，也就是说，从原文的词汇和语法入手，找出原著的逻辑结构。译者如果是这门学问的外行，就必须以原文为出发点，小心地进而追出作者立论的道理，即客观存在的逻辑（并非个人的主观遐想），从而化不懂为懂，成为内行。第二步，是这位已经弄懂道理的内行译者设法运用汉语的词汇和语法来表达这个道理，即原著的内在逻辑，让读者明白它。原文的语言跟译文的语言不一样，译文不能照搬原文；但是其中包含的逻辑必然一样，否则翻译就是不可能的事了。每一种语言都以自己的特殊形式表达那共同的逻辑，因此译者既要精通外语，以便从其中看出逻辑，又要精通汉语普通话，以便恰当地表达出这个逻辑。而且外语中的专门术语，必须求得精确的理解，这样才能在汉语词汇中选用妥善的表达办法来表达它，如果汉语词汇中还没现成的办法，需要增造新词，那也必须按照汉语构词规律从已有词素中选择合适成分来铸造，那样说汉语的读者才有可能准确地理解。

这两个段落都是科学的活动，科学的活动是人类的创造活动。作者想出了道理之后，把它精确地表达出来，是进行科学的创造活动；译者虽然没有亲自想出这个道理，却仔细地学会了它，再把它精确地表达出来，这种科学的活动可以说是再创造。因而“信”和“达”都必须创造。

三 翻译并不是传声筒

有人说翻译是传声筒，意思是说译文只是原文的翻版，并无自己的内容。这话对于描红式的译文来说，也许是正确的，因为那种翻译是只取糟粕（词句）不取精华（思想）的次品，与原著无法相提并论。但是，名副其实的翻译绝非如此，例如，经过作者亲自看过并且改过的 authorized translation，就与原著具有同等价值，并没淡化或磨平，绝不是传声筒。

信而且达的翻译，是科学活动的产物，其中包含着译者创造性的劳动，是译者与作者的合影，当然不是简单的传声筒。而且好的翻译还不只“信”和“达”，还具有自己的风格和魅力，即严复所说的“雅”。这个“雅”字向来颇有争执，正面的看法是：“言之无文，行之不远”；反面的意见是：“文胜于质，行远愈耻”。关键在于所谓“雅”、“文”指的是什么。如果指的是花里胡哨的辞藻，则反面意见是有道理的，主张“直译”的人反对“意译”就是认为有人任意用辞藻取代了内容。但是“文”如果是指“整饬”、“精彩”，正面看法就有道理了，因为文章写得马里马虎、没精打采的确没人爱看，译文也是如此。译者也有义务把自己的译文写得干净一点、光鲜一点，为读者的阅读创造有利条件。应当说，译文优美也是译者道德品质的表现。当然，这优美并不是花里胡哨，涂脂抹粉的意思。古代翻译佛经都要最后润色一遍，我们现在有什么理由不修边幅地把乱糟糟的文字拿出来糟蹋读者的眼睛呢？

作者行文的结构之美，译文中也要表达出来。这当然不能字字照翻，但是必须了然于心，时时注意传神。优美的原文译成磕磕巴巴的文章总是不够理想、不够道德的，因为它糟蹋了读者的时间精力。因此，优秀的译文不但是科学的，同时也是道德的、优美的。体现真、善、美的译品，丰富了中华民族的精神宝库，怎么能说是传声筒呢？

此外还有一点必须指出，完全由自己创造出来的东西是不多的，我们要善于学习，善于思考，这样才能做出自己的一份贡献。翻译，就是帮助我们学习的一个重要条件，正如教师一样。教师大量学了别人的东西，经过消化，再教给我们，我们并不因为他不是发明家而斥之为传声筒。我们应当承认教师付出的创造性劳动，也应该这样看待翻译工作者。我敢说，一个认真的译者作出的贡献，无论从质量上还是从数量上看，都绝不亚于一般作者，而且大大优于某些欺世盗名的人。正因翻译不是欺世盗名，所以有必要不断改进，不断提高作品的质量。

附：论翻译之为再创造（初稿）[①]

怎样提高翻译的质量，从而促进和加强我们文化的发展，是摆在我国翻译工作者面前的一个严肃的任务。我国的社会科学翻译，基本上是从严复开始的，到现在已经将近百年。这大约一百年间，西学东渐的途径主要是通过翻译。翻译使中国人的思想从古代过渡到了现代，翻译的数量和质量直接影响了这场变革。

如果说中国古代的佛经翻译在数量和质量上都堪称世界第一，现代的文学、社会科学和自然科学翻译却不能这样说。只要比较一下先进国家的翻译水平，我们的确是瞠乎其后的。可是，古代的宗教需要无论怎样迫切，绝不能比得上我们现代对外国文学、社会科学和自然科学的需要。我们现在需要翻译远胜于古代，我们的先辈也作出了巨大的努力，可是还很不够。这一点每一个稍微见到世界大势的人都很明白，只有浑浑噩噩的人才不知不觉，然而人类社会的竞争愈演愈烈，缺乏新知的注定要失败。这是铁的事实，我们对

---

① 除上文外，在王太庆先生手稿中还有此篇在标题、主旨和内容上与之基本一样，写法文字上不尽相同的文稿，对照读来，可以确定它是上文的初稿。它虽然不及上文洗练，但在说明作者长期从事翻译研究工作的切身体验和感触上，对许多典型现象作深入分析和评价针砭上，更加具体生动和丰富深入。这对有心的读者会更感亲切和富于启发教益作用。因此我们将它也全文发表，作为上文的附录。——编者

此不能不有危机感。

翻译是为了中国人了解世界的，不了解世界就不能真正了解自己。过去的封建统治者闭关自守，狂妄自大，他们的下场是深刻的教训。我们知道，就连统治者中间的开明分子都不肯闭目塞听，《大唐西域记》就是显著的证据。而这本名著的署名是“三藏法师玄奘奉诏译”，这个“译”字不同于今日的词义，却正好表明书的内容是外域的事情，外域的事情很重要，连皇上都要注意。今天的中国人民难道比不上贞观天子么？

李世民只求认识当时的国际形势，并未关心外国的文史。我们今天则大有不同，举凡异域的哲理治术、社会科学、自然科学、文学艺术无不在求知范围之内。而且必须兼知上下古今，因为不知古者亦不能真正知今，有如不知外域者亦不能真正认识自己。这点起码的辩证法道理本来应该家喻户晓，可是事实上知道的人并不很多。以哲学而论，学的人很多，多半只靠一本教科书，此外一概不管，既不知古，也不知今，只知穿凿附会，实则浮想联翩。这样治学是误己，这样教人焉能不误人子弟，误国误民！

救治这种弊端办法只有让我们的人民多读各样的书，多见世界上的各样事情。要做到这一点，翻译是责无旁贷的。要多译，少了不行；而且要译得好，差了不行；甚至多而差还不如少而精。因为不“信”的翻译不是翻译，不“达”的翻译根本就不是话，只能糟蹋读者的时间精力，使谬种流传，不利于科学，有损于人群。数量固然重要，但是离开了质量的数量是价值很小、甚至有负价值的。在比较简单的原著中，由于本来浅近，译得差一点也许还有几分正确的内容可以传达出来；至于比较深刻复杂的原著则不能作这种指望，第一页读不懂或猜不懂，底下就再也读不下去了。然而这样的著作译文在我国是事实上存在的，例如康德的《纯粹理性批判》，30年代有过胡仁源的译本，就既不达也不信，根本读不下去；50年代又有蓝公武的本子，如果对着所据 Kemp Smith 的英译本读，会发现汉译还算忠实，但是过分不达，单读就读不下去了。还有一个例子，就是斯宾诺莎的《伦理学》，30年代的伍光建译本完全读不下去，但是50年代的贺麟译本已经基本上正确而且可读了。

这两个比较突出的例子表明了几种情况：（1）不信的翻译也可以同时也不达，（2）信的翻译可以不达，（3）信的翻译也可以达。此外也表明了一个要点：不达的翻译不管信不信都读不下去，用严复的话来说，就是"译犹未译"，即等于不译。不过不达的译文中信者究竟与不信者不同，前者可以仔细分析，对照原文读，或者在一个懂原文的老师指导下读，经过弯路然后纠正，得以理解原意；不信的译文即使通达上述途径也不能读出原意来，只会以讹传讹。我们愿意从这些例子来研究研究怎样提高质量的问题。

一　翻译不是描红

初学翻译的人是不会意译的，他们大都是字字对译。字字对译仿佛忠实，实际上正好相反，要么写出的话意思正好与原文相反，要么前言不对后语，莫知所云。总起来说，这样的译文不是中文，甚至根本不是话，更谈不上是文章。上面举的两本书的前二种翻译就是这一类的，虽然译者是知名之士。但是从译文可以看出，译者是不懂哲学和哲学史的。胡仁源先生曾任北京大学校长，原来是工学院院长，虽然是留学德国的，却不能读康德的文字，他的译文造句与 Max Müller 的英译文一致，大概根据的是那个本子。伍光建先生是著名的文学翻译家，从来没有见过他的哲学文章。从译文看他们用的方法是字字对译，毫无意译痕迹。他们二位虽然在工学和文学上有各自的造诣，在哲学和哲学史方面却不能要求他们。由于缺乏对原著的起码知识，就只有从文字、语法着眼，一句一句照描。原著的内容译者既然不懂，译出的文字当然读不懂，不但是某字某句不懂，而且是整个不懂。

逐字照描好比幼儿描红。描红可以描得差一点，可以描得好一点，但绝不能成为书法。这个道理是大家都容易理解的，但是实际上人们常常不很理解，甚至很不理解。不很理解是认识问题，很不理解就不止是认识问题了。一般文化不高、不识外文的人常常以为中国话一个词对外国话一个词，就像象棋的红子黑子对应一样，都是将士相车马炮，外加小卒子。“This is a book”就与“这是一书”对应。不但不识外文的会这样想，有些学过外文、略识之而不足以读书的人也是这样。他们以为中国人只要学了外语就会翻译，而且哪一行的书都能译。总之，翻译是单纯技术，不要学问，一不要语言学知识，二不要专业知识，只要知道“来是 come 去是 go”就行了。年轻人所学不多就想翻译，以致照猫画虎，还是可以原谅、甚至值得肯定的，因为他是初生之犊，一次不行还可以不断努力，等到尝够酸甜苦辣之后反复改进，就逐渐地不再是描红，而是一家书法了。问题是有些人不识外文、不知外国事情，却不想自己努力求知，一心只愿别人翻好拿来，自己随心所欲地取其一二，就可以打出学者排场指指点点，这不但误己，而且误人了。

后一种人常常手里有权，可以发号施令。他们以翻译组织者的身份自居，把一本书分成几大块，分给一群不知底里的人去查电报码；所译内容是大家都不懂，合起来还是不懂，却美其名为集体主义。这样的集体主义其实是集体单干，放在一起还是四分五裂的。此外，在这样的思想支配之下，培养人才的教育也深受其害：从外语院校毕业的学生在校只读了外语，并不了解该语言背后的深厚文化基础，更没有社会历史知识，只是当作一部打字机培养的。这样的人当然不能翻译学术著作。其中只有一部分有心人不甘于只做指定的机械工作，主动潜心研究，找出规律性的东西，扩大知识面，才能作出合格的翻译。总起来看，当初的教育应当说收效甚微。而这种教育的思想基础是机械论的，与辩证法完全不相干。它的只见一隅、目无全局的眼光，加上急于求成的心情，只能收到降低教育质量的结果。然而我国处在理应腾飞的时代，迫切需要提高质量，如不克服形而上学的教育思想，势必仍然无法克服停滞的现状。

另一个情况是我们的译文亟须改进，这也是中文教育质量低落的后果。大学生的错别字很多，文句语法不通，甚至缺乏语法意识，是大学教师深感不安的。以低劣的中文怎么能译出通畅的译文？提高译文的质量首先要依靠提高学生语文修养，提高学生语文修养要靠基础教育。语文修养不高的现象历史上也有过，笔者见识不广，但也见过老档中的明末殿试考卷，就是这个样子。但是明朝亡国后经过清朝几十年的整顿，就挽回了那个颓势，为什么我们这个盛世就做不到呢？我们的中学生能在奥林匹克数学、物理等大赛中得金牌，绝没有中文不通的理由。中文是国家的根本，我希望我们的现状能得到注意，从而获得根本改善。

现在总起来看。从前面举出两本书的译文可以看出：如果译者不懂所译书的内容，就率尔操觚，那只能以己之昏昏启读者之昏昏。此其一。如果译者能知所译书的内容，但缺少适宜的手段，即流畅的现代汉语（普通话），仍用过去报纸所用的退化文言，如蓝译，那也不能使读者得以昭昭。此其二。如果译者深知所译著作的内容，又能基本上以白话文表达，那就能得到读者基本正确的接受。此其三。

以上的第三种情况是合格的翻译，但并不是无以复加的翻译。因为白话文也在发展，并不是到了尽善尽美的地步：在词汇上，近百年来的发展非常显著，但是还有许多不能表达的地方，需要进一步改进。在语法上，也需要在原有的基础上作出新的灵活运用，使汉语得到新的发展。保守到仍用文言的程度，是今天根本办不到的；但是今天仍然有一种保守的趋势，就是有些人并不会写文言文，却尽力不全照口语写，写出来的文句不文不白，似是而非。这种新文言的趋势，对翻译是非常不利的。我们要求新，但不是求脱离实际的新，而是求更丰富、生动而且更能表达的新；不是新文言，而是新白话。

翻译要是做到这样的程度，文学的译文也是中文的文学，哲学的译文也是中文的哲学，那就是一种创造了。我国有一个很奇怪的现象，就是重写作轻翻译，稿费有差别，据说是由于写作是创造，翻译不是创造。这是天大的误解，因为想入非非的写作有多少价值，难道高于实事求是的妙手译文吗？这种颠倒从前并没有，鲁迅并没有因为翻译即少得稿费。现在少得稿费的人有些人还愿意付出创造性的劳动，并不因此就去搞不费气力的事，就正好证明翻译本来具有创造性的价值。

二 翻译不是传声筒

翻译曾经被贬为传声筒。意思是说，原著有自己的思想和自己的表达，翻译则没有自己的思想，仅仅传达别人的思想。有价值的只是思想，作者的表达好比声音，翻译则是传达这个声音，所以没有什么价值。这种看法的具体表现是不准译者的名字出现在封面上，据说这是陈伯达提出来命令商务印书馆遵守的。他说，译者的名字跟马克思排在一起，成何体统！编译局出的马克思著作没有一种封面上署译者的名字，大概也是受这个影响。

我们中国有一个习惯，就是相信作者的思想，因而相信译者的译文，哪怕不知道译者是谁，更不知道译文的水平如何。在发生问题，展开论战的时候，辩论的双方都大引特引马克思怎样说，但是引的不是马克思说的德国话，而是编译局本中某位译者的中国话。这就是说，作为传声筒的译者这时又有了同马克思一样的价值。这是矛盾的：翻译既没有价值，又有决定性的价值。

这个矛盾的形成，是由于双方对翻译都缺少正确的、如实的认识，而具有错误的、形而上学的观点。双方都没看清：思想固然重要，表达也很重要；同一思想可以用不同的语言表达出来：翻译就是将那个以一种语言表达出的思想换一种语言表达出来。表达可以精确一些也可以粗率一些。同原来的思想相比，作者用来表达的原文也可以比较精确或者比较粗率，这是第一次的表达，此外还有第二次或第三次的表达。第一次的就是原著，第二次的就是翻译，第三次的就是根据译文作出的转译。原著、翻译、转译都表达原来的思想，但表达的程度可以不同。假定原意是 100，原文就可能不到 100，而是 m%，m< 100；翻译根据原文追溯原意，再将所得原意表达出来，就可能不等于 m%，而是 n%，这 n 可以小于 m，也可以大于 m。这是单就数量来说的，事实上还不止此，还可以有“生动”、“悦耳”……等方面。一般假定原文为 100，是武断的。实际上原作者如果将原意表达多次，就可证明哪一次表达都是以 100 为极限，而非等于 100。意在言外的情形是很常见的，用绘画来比就是意到笔不到。作者写出原稿以后，常常反复加工，就是为使它更接近于 100。翻译既不是字字对比的机械工作，就是根据原文得出原意之后，再把原意表达出来，它要求接近的并非只是原文，而是**原意**。

表达只能接近，不同的表达作出不同的接近。我们要作出精益求精的接近再接近，这是人的天性使然。所以文章要翻来覆去地修改，一挥而就是神来之作，我们是人不是神，好文章是一修再修的结果。如果初稿是创作，修改就是再创造。创作有它的价值，再创作也有它的价值。因为在创作的时候意在胸中酝酿，不出不快，如何写出需要反复推敲，这不是懒人的活计。写出以后，意犹未尽，于是乎再进一步琢磨，这更是不能不费气力的。等到琢磨出来，别人只见其光辉，不知其辛苦，往往以为妙语天成，只能出于才子。天才是什么？只能是勤奋的结晶。诗人费尽心血，写出了警句，我们读它觉得如饮醍醐，于是反复吟哦，越吟越体会到其意无穷。我们的吟哦不也是创作的一环吗？

翻译也是这样。我们在进行翻译之前要苦读原著，反复琢磨作者的原意，每有所获，便欣然忘食。这不也是创作的开始吗？真正的翻译工作只能这样。有人将一部名著组织翻译，分为若干段，让不同的人各译一段，不管其余。于是受命的人一行一行地翻，翻完了才知道一点说的大概是什么，总起来是怎么一回事当然不知道。这是时下某些人的做法，我想前面所举二部名著的初译本也是这样做的，这种做法大概不能算翻译。

翻译工作的第二步是考虑如何表达。这第二步是以第一步的苦读为条件的，不苦读就谈不上考虑表达，只能一个字一个字翻电报码。翻电码的人至多能做到把西方的定语从句从名词的后面挪到前面，或者把名词重复一下当句主加上那个从句另造一句，而考虑不到如何表达那句话的顺理成章的思想。那是需要费脑筋捉摸的，既要分析又要综合：不分析不行，分了合不拢还不行。只有本着那个思想，才能谈得上想法表达。想好一个译法每每到后面又通不过，还得重来。这才叫作苦思冥想反复推敲，难道还不是创造性的劳动吗？翻译不只是在白纸上写上黑字就算完成任务，要经得住再三诵读，再三考虑，看出真的接近原意才行，而且还要求再接近一些。这样的工作与作者写作时的工作是一类的，后者是创作，前者是有了那次创作以后的又一次创作，所以我以为是再创作。翻译之为再创作，应该得到肯定。这肯定当然不只是稿费，而是不以简单工具和厮仆看待这类劳动者。视翻译为传声筒的错误观点，为害甚大，它在我国这个需要大量高质量译本以促进发展的时代，应该说是倒行逆施，不能认为只是简单的认识问题。

三　前进还是倒退？

我国的翻译工作，这一百年来，起了很大的促使社会前进的作用，是进步的。但是进步有个过程，并不是前后一样。在这个过程中，有往前推的，也有往后拽的。在同一个人身上，也有推的一面和拽的一面，认清是推还是拽，以自己身上进步的因素去克服落后的因素，不惜以今日之我与昨日之我战，才能永葆青春，否则昨日之我占上风，就只能步步倒退，无可奈何花落去了。

严复开了一个好头。他的翻译并不是为稿费，更不是奉命，而是为了救中国而向西方学习的。他从西方的书籍中吸取中土所未有的精华，即进化论思想，用精粹的中国语言表达出来，使它成为中国的文献，为中国人所有。这个原则也决定了他所遵循的标准，即信、达、雅。他要求译文忠于原意，因为目的就在于取来这个真经，用来救中国，不是原意就不能救国了。这一条可以说是翻译的天经地义。但是他所谓"信"是指忠于原意，而不是字字比附，因为那样反倒会走大样。严复的译文是符合原著思想的，用他自己的话来说就是"达旨"，当然不是描红，不是传声筒。他的办法是深入掌握要旨，然后用自己的话把它表达出来。如果对照原文，是有很多地方对不上原来的字句的。这种办法以后被称为意译。他用意译法有重要的理由，这是因为文言文的遣词造句与西方思想距离太远，如果照原文字句仿造就一定不成其为文言文，必须经过一番改造才能成诵。这种情况到了使用白话翻译的时候有了不同：白话的遣词造句方法与西方语言的表达方式距离较近，比照原文对译比较可能，但也不是可以照搬西文构造。所以，"五四"以后的中国译文用严复的达旨法的少了。这一方面是进步，但也有一方面是倒退。

白话文运动大大地推进了中国的翻译：过去用文言作出的译文，最高明的也只能依稀仿佛，很难丝丝入扣。白话文解决了这个难题；而且白话文本身也在发展，可以使翻译作到越来越严密，又能吸收西方语言的一些表现法，使汉语更加丰富。所以，我国近年的白话文译品着实比过去进了一大步。

但是尽管有此进步的一面，却也有另一种倾向：有些人做不到严复的切实钻研，却借用了他的意译法，把自己未读懂的东西不声不响地去掉，把自己闭门造车幻想出来的东西添上。二十年代就有些人把厚书翻薄，把高明的翻庸俗。也有人说别人译得不全而自己的是足本，其实也并不全多少，难懂难译之处照样没有。这一类翻译也并不一定全是主观上要标新立异，主要还是由于不懂装懂：不懂不肯钻研而瞎猜了事，所以并不是意译而是胡诌。胡诌是倒退。这种胡诌主要是文言译本，但是也有白话译本。当年鲁迅痛斥的就是后者，不过他所评论的限于文学译品，还没有谈哲学的。哲学的胡诌也许为害不大，因为诌到根本莫知所云，谁也不懂。

由于不信，因而不达的翻译，病在不懂。不懂的东西是胡诌的，当然不通，不通的东西谁能通晓？严复预见到这种翻译，指出这是“译犹未译”，要不得。这对于描红式的译文，应当说是当头一棒。有人遇到难译的文句时就字字照描，连语法结构也照样复制，结果造成一连串的拗口令，好像佛经里的咒语，读者看了左思右想也参不透其中奥秘，等到拿原文一对，才发现根本不是那么一回事，译者没有真弄懂。这种不达的根源是偷工减料。当然，也有的情况是译者弄懂之后并没有设法让别人懂（信而不达的，如前所举出的蓝译康德著作），那也是翻译的工夫花得不够。两种情况有一个共同点，就是对原意没有充分消化：前者根本不懂，也就是说，与作者的整个思想，尤其与上文的思想联系不上；后者虽然能联系上，却不能与我们中国人的思想沟通。所以说，要作出信而又达的翻译，首先要有学问，还要下苦功。以为懂一点英文的中国人都能翻译，那是外行；以这样的理解来组织翻译，结果一定是害多利少，至少也会误人子弟。

严复把“信”放在第一位，但并非只要“信”，而是同时也要“达”，而且“雅”。不达的信，不算翻译。有的人力求忠于原意，不惜把译文写得疙里疙瘩，以为这就是“信”。他们求“信”之心是无可非议的，问题是这样做的结果常常适得其反，表达的信息正好与原意相反，或者颇有距离。这主要是由于细处精致而大处模糊，译笔没有照顾到大的方面明晰，以至于大处不懂，细处懂也无用。不达的信，正好是不信。表达是技术，但又不只是技术，它要求高度的思想，是一种不可等闲视之的学问。视翻译为描红或传声筒的人心中没有这种学问，以为没有什么了不起，是大大地错了。

要表达得明白有分寸，必须善于掌握语言文字。语言文字的掌握不是一天的工夫，一定要童而习之，而且终身锲而不舍。我们这几十年的教育没有抓紧这件事，以至于大学文科的学生颇有一部分人文章写不通，遣词造句的办法不讲究，书法叫人认不出来。这样的现象是民族的羞耻，如听它继续下去，是难以指望翻译会有长足的进步的。由于一般的语文水平下降，反过来也影响到著作和翻译的文字，因而作者也可能从俗。这种情况可以举几个例子。造句的事情比较复杂，这里暂且不论，只从构词的问题谈谈。

第一个问题是假文言的问题。我们处在“五四”以后，已经走上了历史的新阶段，本来不该向后转重走老路，只能向前迈进，日新又新，可是近年来有些人觉得使用普通话不过瘾，或者不光彩，于是想法转几句文，可是真的文言工夫没有下过，于是生造一些异于口语的东西，即新文言或假文言。最突出的是造一些既非口语亦非文言的语词，用的办法是从文言的词汇中取来某些成分，凑合上口语或者外语中的某种说法。例如，从文言词汇中取来“涉及”，再加上口语中的“到”，构成“涉及到”，而不肯说“牵涉到”。本来“及”就是“到”，只有完全不通文言才会在“及”字后面加“到”字，也只有不通口语才会把“及”字放在“到”字前面。这是语法混乱。又如，从文言词汇中拿来“之”和“所以”这两个成分，就凑成“之所以”放在首句，而不知文言的说法本是“×之所以××”，“之所以”离了前面的×就失去意义，一定要说“其所以”才行，“其”的意思就是“×之”。所以这种歪曲文言的说法是假文言。

更严重的是从外语中取来某种构词法，用汉字照描，造出新词，而这种外语构词法是与汉语（包括文言和白话）的构词法矛盾的。如根据拉丁语的前置词（介词）加宾语这一办法造出“前资本主义”、“后工业化”之类，用来表示“资本主义之前”、“工业化之后”，而读者依照汉语构词法只能了解为“前一个资本主义”、“后一个工业化”。汉语的这种构词法是相当固定的，决不容许把“门前”说成“前门”、“战后”说成“后战”。“前×”、“后×”的说法原来只是用于翻译“pre-”、“post-”的，现在居然也用于写作或讲话了，其实不对，充其量只带点假洋味，是十足的假文言。这种假文言是对于汉语的侵犯，自然应当清除，不必等待自然淘汰。

如何清除假文言，应当从根源做起。假文言的根源是对汉语、特别对汉语的现代形式无知，以为汉语无语法规律，可以乱来，或者用外语的语法成分来顶替。总起来看，不达的翻译有相当大的成分是由不懂汉语语法造成的。不懂语法而写出的有语法错误的文章，我们的老说法叫“不通”，不通的翻译就是不达。忠实是天经地义，通达也同样是天经地义。应该说不达的翻译事实上就是不信的翻译，因为人家读不懂只能乱猜，一定不合原意。所以，译者在苦读原著，参透原意之后，一定要下大功夫在汉语的表达上；掌握原意要注意逻辑，表达原意当然也要注意逻辑，而且要注意汉语语法，不注意这两者一定要失败。

严复的翻译要求“信”而且“达”，此外还要“雅”。这个“雅”字一直引起不同的了解：早年有些人把它理解成辞藻华美，这就令人想到骈文，以为可以因辞害意，这就与严复要求“信”为第一位的主张直接矛盾。因此，有些人反对“雅”，以为雅者不信。也有些人认为“雅”只是翻译文字的脂粉，脂粉多了反倒叫人恶心。至于严复本人却不是那么理解，他说：“言之无文，行之不远。故信、达而外，求其尔雅。此不仅期以行远而已耳，实则精理微言，用汉以前字法、句法，则为达易；用近世利俗文字，则求达难。”这话大致可以分析成：（1）雅就是文，（2）文的目的是行远，（3）不达就不能行远，（4）汉以前的语法容易达，近代的文字难达。总起来说，他认为“雅”是利于达的修辞，古代文字容易懂，所以用它来修辞。如果是这样，那可以把他的“信、达、雅”理解成：忠于原意，合乎读者所理解的语法，作恰当的修辞。这样，我觉得完全可以适用于今天的翻译。

因为过去翻译的积极成果就是合乎这三条。不合乎第一条的不是翻译，不合乎第二条的等于不译，不合乎第三条的不是文章。第三条很重要，因为不是整饬的文章就没人看。严复的翻译目的是传来本土所未闻的道理以求治，所以一定要中国人乐于看。他不求名不求利，求的只是达到宣传目的，所以“达”异常重要，“雅”也是

“达”，不过是比字句通顺与否更大的“达”，即有感染力。翻译不能只是写通顺就完，还要作恰当的修辞。这条经验在我国也是古已有之；佛经的译文在经过辨析意义符合之后，还要“润文”。似乎今天的编译局也有这种工作。我们要给译文拔拔草、整整枝，这样做并不是涂脂抹粉，而是必要的整容。不刮胡子不洗脸见客是不礼貌的，何况是以文章见读者呢?

严复说汉以前的文字易达，近世利俗文字难达。这也是有一定道理的，唐宋八大家就是因此发动古文运动。严复只是没有看到白话文不但比八股文易达，也比先秦文字易达，他还不能呼出胡适、陈独秀的口号。林纾说白话是引车卖浆之徒的语言，不能表达高深的思想，这也不是全无道理。白话需要、也必然会发展提高，这是我们的任务，但不是扭转头来搞些假文言。那是倒退。有一个明显的例子发我们深省：严复翻译的《天演论》引起中国思想界的巨变，我在六十年代劳动之余读了还夜不成寐，可是就在当时出版的该书白话新译文我在白天读了一页就睡着了，它能起什么作用？外国名篇，本来应当一译再译，以求后者胜于前者，使中国人得到更好的精神养料，进而发扬光大，为我所用。但是后译者必须细读先译者，取其精华，弃其糟粕，这才是百尺竿头更进一步。如果不这样，对前人不予理睬，以致重复错误，而且将已经译对的弄错，虽然用了白话文，实际上只是开倒车。

翻译不但有助于吸收外国先进思想，促成我国思想的发展，而且会直接影响我国的文风，优美的翻译起积极作用，拙劣的翻译起消极作用。这一件重要的工作，切不可等闲视之。我们要使它好些再好些，就必须检讨过去的工作，以便发扬优点，吸取教训。

希腊哲学术语的翻译问题

所谓术语，是指专业词汇，其中主要的部分是名词，但也包括一些专用的表达方式。在一种语言中，专业词汇是它的一般词汇的一部分，必须遵守这种语言的共同规则，即语法和构词法。因此，我们的术语翻译要严格遵循一条原则，就是按照汉语语法，正如柏拉图的著作不违反希腊语法一样。因为合乎汉语语法的译文，读者才能按照汉语语法去分析理解。为了这个目的，必须把一切从他种语言抄袭来的、违反汉语语法的说法纠正过来。这是科学的要求。

此外还有一条科学的要求，就是术语译文的意义必须符合原旨。这个第二条原则对于哲学翻译格外重要，因为差之毫厘，可以谬以千里。不读原文的读者眼睛里只有译文，他们会从译文的词句出发推演，推到原来意旨的反面去。译者必须在译文中作好提防，不让他们有那样推演的可能性。这就要求译者正确掌握原来的意旨，看出过去的译名尽管流行却有引起误解之处，分析它的弊病，对症下药，提出经过周密考虑的新译名。这样做并无哗众取宠之意，只有实事求是之心。也只有这样才能逐步提高我们的水平，以利我国读者对西方哲学的认识。这种批判的方法并不是新的，唐朝的玄奘法师就作出了光辉的榜样，从严几道先生到现在一百来年的先辈们就作出了不断的努力，我们没有理由不付出自己的劳动以利后人。在对西方哲学的认识方面，我们在前人努力的基础上有一定进步，但是应该见到需要改进之处很多，并不是差不多了。

目前把译名当作问题提出的学者们主要是着眼于译名不统一。我们希望在提高译名质量的基础上逐渐统一，而不要求绝对的统一，因为译名质量不高而统一就杜绝了批判，从而结束了发展。我们希望读者不囿于流行译名的习惯，以批判的眼光来评价新出的成果，走上蓬勃发展的道路。

从第一条原则看，可以看出有两类现象值得注意：一类是在汉语语法容许的基础上描深一点，另一类是输入印欧语构词法却又不能取代汉语固有的构词法，因而陷入不能自拔的矛盾之中。第一类的例子是由于汉语缺少词性的标志，为了突出形容词变成的抽象名词，就在该形容词上加个“性”字，如“可能性”、“必然性”之类。这是一个很好的创新，是在原有基础上的发展，因此得到普遍的接受。但是我们究竟不能在所有的形容词上都加“性”字，在哲学文章里少加“性”字也能看懂，加得太多反倒引起反感。因此我们在非加不可的地方加，在不加更顺当的地方不加。此外还有一个例子是加“被”字。由于汉语动词缺少主动被动的明显标志，一般可以按情况判明，只在某些特殊情况下会有两解，因此有了加“被”以判明被动的办法。这也是合乎汉语语法的，但只是用作补充手段，用得太多了反倒引起反感。因此我们也是非加不可的一定加，不加也明白的就不加。

第二类的例子是八十年代开始风行的“前 × ×”和“后 × ×”的译法，用来翻译英语“pre-”和“post-”，现在不但出现在社会科学、哲学著作中，甚至出现在美学以至地质学著作中。它的构成是照搬印欧语的办法：结构是外语的，材料是汉字。在哲学上广泛采用的是“前苏格拉底”、“后亚里士多德”，用来表示“苏格拉底以前”、“亚里士多德以后”，但是按汉语语法却只能理解为“前面那个苏格拉底”、“后面那个亚里士多德”，同“前汉”、“后汉”一样。这就是说，它的译者造成了一个矛盾：汉语固有的“×前”、“×后”跟输入的“前×”、“后×”势不两立，因为我们不能废弃“门前”这样的说法代之以“前门”之类，“前门”有它自己的意思，也不能调换工作。汉语中的介宾结构就是宾在介前，正如印欧语宾在介后一样。要改变这个语法规则是办不到的，绝不会有人把“解放前”换成“前解放”。“前×”、“后×”的说法在汉语里[①]只能是异己物，有如癌细胞，只能割治，否则遗患无穷，绝不像有些好心人那样以为可以原谅，因为癌细胞会使正常细胞癌变，到死为止。所以我们不但自己抵制它，而且讲明道理，规劝大家不要用。

第二条原则要求术语译文必须符合原旨，是直接关系到哲学的内容的。翻译哲学著作不是自己做文章，必须准照原著的哲学思想内容，如实地传达给读者，使他们准确地获得原旨，而不是想入非非。这种翻译好比打靶，不是放它一枪就算了事，必须中靶。中靶不中环也比打飞了好，中环多的要比中环少的好。我们取法乎上，要求正中靶心，但这是从整体说的，并非吹毛求疵。哲学著作的翻译如果把作者的哲学思想内容说走了样，文章做得再漂亮也是次货。

① 严格地说，就是现代汉语，即普通话。因为“前”、“后”在普通话里只当介词用，不能当动词。古代汉语里的“先”、“后”也能当动词用，例如《易经》乾卦的彖辞里就说，“先天而天弗违，后天而奉天时”。后来用的“先天”、“后天”就是从这里引来的说法，“先秦”这个词也是这样来的，并不是古人要摹仿希腊文。

必须反复修改，直到改对为止。哲学思想的表述要运用术语，因此术语的译文准确与否对译文质量高低起着重要作用。

我国翻译的历史已经有将近两千年，所译佛经中含有哲学成分，所以我们翻译西方哲学著作是很有历史上的经验作借鉴的。我们中国固有的哲学传统与西方很不相同，印度对我们陌生，希腊也同样对我们陌生。而且，我们汉藏系的汉语与印欧系的梵语、希腊语距离都很大。因此理解和翻译是相当困难的，我们的先辈不断研究、不断改进，才取得今天的成就。我国人对印度佛教的研究和理解，是世界上人所共知的，但是我们对于希腊哲学的了解，总的说来，还在初步。正因为如此，我们有改变这种状态的迫切任务。就术语的译法来说，是有一个不断深入理解和不断改进的发展过程的，佛经的翻译是这样，近百年来的西方哲学翻译也是这样。像玄奘那样对旧译的批评和改进就是我们学习的榜样，因为他的努力使人们的认识提高了一步，人们在这提高一步的基础上再向前进，步步登高，才能不断进步。严复是翻译西方哲学的开山祖，他创立的术语译名是百年来中国研究西方哲学的起点，如"天择"、"内籀"、"外籀"、"名学"、"生学"等等，都经过反复思考，颇有根据。但是后来的学者批判吸收后更进一步，改立新名，甚至多次革新，才达到今天的状态。这些否定了前人而又被后人否定的前辈是功不可没的，他们作出的批判和改进是整个发展过程中的一个光辉的环节，其积极意义依然存在于后人进一步的改进中。被否定的只是消极方面，不否定就不能进步。

因此我们在翻译的时候细读前人的译文，吸取其优长而扬弃其不足，在术语方面尤其如此。柏拉图哲学最基本的术语是 ἰδέα，

εἶδος。这个术语在整个西方哲学史中起着关键性的作用，要求我们把它了解正确、表达清楚。这两个词同出于动词 ἰδεῖν（看），指“所看的”。εἶδος 是中性形式，ἰδέα 是阴性形式，其意思是“形相”，εἶδος 在逻辑上也用来指 species。这是它的本意，原来指的是肉眼所见的形相，柏拉图将它借用来指心灵所见的形相，但是并非出于主观的想象，而是客观实在的。罗马人翻译柏拉图的作品时没有照它的意义译成 forma，而是用拉丁字母摹写成 idea，作为一个借词，借词的含义当然等于原文。英文译者翻译柏拉图作品时完全依照这个办法译成 idea，法文译本也是一样（作 idée），甚至日本学者都用假名写成アイデイア。我国学者介绍柏拉图哲学时并非根据日文材料，而是根据英文译本，把英译的术语 idea 译成“观念”。英语的 idea 这个词借自拉丁语，正如拉丁语的 idea 借自希腊语一样。但是尽管词形一样，它的意义却有发展：idea 初借来时只有“形相”的意义，以后由于柏拉图的 idea 是绝对的原型，是不折不扣的，于是转而为“理想”的意思；再由于理想在意识中，又转而为“思想”的意思。idea 本来是“客观的形相”，经过发展，就变成了“思想中的形相”，即“观念”。在日常英语中，idea 就是“观念”，而且由于受英国经验主义的影响，这观念又被了解成只是感性的。把 idea 译成“观念”，就是因为只从近代的英语去理解，与原来的“客观形相”发生很大的距离。这个理解上的偏差一直影响着我们的读者，成了先入之见，总感到柏拉图哲学讲的跟英国经验主义有点瓜葛。甚至于有人把 idealism 也译成了“观念主义”，这是走到极端的情况，不过早已没有人再用了。

柏拉图的 ἰδέα 理论也确实有涉及主观方面之处，所以把它译成“观念”也并不是一无是处，只是他的本意毕竟是从客观方面立论，由此出发进而发挥到主观方面，我们不能把后者当成主体或全体。而且柏拉图的 ἰδέα 并非感性对象，前人有鉴于此于是改译为“概念”，再改为“理念”。然而在柏拉图、甚至在亚里士多德那里还没有论述过“概念”（conceptus），那是中世纪哲学的范畴。至于“理念”，即“理性概念”，则是黑格尔给予他的 Idee 所下的定义，柏拉图的 ἰδέα 连“概念”都不是，当然不能是“理念”了。现在讲柏拉图哲学的已经没有人还用“观念”和“概念”，一律都把它称为“理念”，那是用黑格尔的思想来代替柏拉图，把时代颠倒了。

前辈学者也注意到这一点，他们的办法就是避开这个“念”字。其中的一种与拉丁文译为 idea，日文译为アイデイア相同，按照 ἰδέα 的发音用汉字写成“埃提”。这种办法在汉译佛经中曾经大量使用过，玄奘把它归结成“五不翻”，其中的一种是意义太多不翻，不翻就是不译词义，只写其音。这样做有个好处，就是避免采取片面的解释，使人发生误解。类似的情况如 λόγος，νοῦς 等，在西方就是转写成 logos，nous。我们过去称它为音译，用得很多，现在的广东、上海方言里还有不少。可是用在文字中的日见其少，这主要是因为不写意义，终隔一层，人们在读佛经的时候往往只能敲着木鱼一个字一个字照念，念熟了还是囫囵吞枣，并不理解，只有用汉语写出的才能使人满足。所以，中国学者宁愿费劲还是不懈地努力想方设法设计出“汉语化”的译名，例如“逻辑”这个词译成“名学”、“论理学”、“理则学”都没有行得通，音译成“逻辑”发音很清晰，再加上章士钊先生解释成“逻而辑之”很生动，才行通了。可是这种情况并不多见，还得从“汉语化”方面继续努力。

避开“念”字而不用音译的办法，有一类是用“理式”或“理型”。“式”和“型”是表达 ἰδέα 和 εἶδος 的原意，即形相。国外学者也考虑到现代语言的 idea 和 Idee 虽然有原来借自希腊语的意义，后来这个字已经变了解释，与原意有了距离，容易产生误解，于是改译为 form（英译）或 Gestalt（德译）。“理式”的“式”和“理型”的“型”就是这个 form 或 Gestalt，只是在它的前面又加了一个“理”字作为字头，与单用 form 或 Gestalt 不同。这样加是由于我国学者常常以为这个 ἰδέα 与程朱理学的“理”很相似，加上这个词头可以唤起读者的联想。在初步接触外来思想的时候，我国学者常常以本土固有的思想为标准来比照外来思想，去捕捉外来思想中与固有思想类似的成分，作为自己理解的出发点，例如用玄学理解佛学就是这样。这样做在初期是无可厚非的，但是等到认识的多了，发现这些类似之处包含着实质上区别，人们就不能满足于单纯比附，要求深入钻研了，例如玄奘译经时就是这样。所以，到了四十年代就产生了排除比附的要求，代表这个要求的是陈康先生对柏拉图著作的翻译和注释。[①]

陈先生分析了 ἰδέα 和 εἶδος 这个术语，认为它有多种用法，如果单从某种用法作出翻译，就看不出别种用法来，读者望文生义地猜想，一定不能达到应该达到的目的。如果不从这个字的引申意义而从它的原义翻译，就堵住了望文生义的路，迫使读者从它的上下文

① 陈康译注:《巴曼尼得斯篇》，注 35，第 39—41 页，商务印书馆，1982 年（1944 年版第 23—25 页），以及该书的序中第三部分，第 8—12 页（1944 年版第 5—9 页）。

来确定其含义，也就是先掌握原意，然后探求它演变的线索，这样就能达到目的了。因此他从这个字的本义将它译为“相”，在一些文章里也曾译为“形”。可见他并不坚持具体用什么字译，但是他坚持他所提出的原则：术语从本义译。

这条原则，笔者早就从我的老师口中听到了他的论证，因为论证得有道理，而我以后还没有听到过任何反驳它或修正它的道理，所以在慎重考虑之后我接受了。我的接受并不只是因为这是师说，而是因为它有道理。可是今天在将近半个世纪之后，我发现自己认识得很不够，只是抽象地理解，没有考虑到实践。我虽然知道译“理念”有弊病，理应“名从主人”，改为“形相”，却并没有见诸行动。我同意译名要统一，而“理念”这个译名现在几乎是唯一的，所以我别别扭扭地从众了，无论在课堂上还是在文字上，都说“理念”，不过总是附加说明其本义是“形相”。但是说明的效果很差，大多数听讲的人还是觉得这“理念”是一种观念，念了书以后也没有多大变化。我终于意识到，大家既然用了“理念”这个字眼，就不能制止读者往“理”和“念”上想。这就是语言的作用，是不以人的意志为转移的；要人家不那么想，自己必须不说那个话，把译名改变了。改变译名所造成的不统一，是提高认识水平所必须的，是新东西与旧东西不统一；打破低水平的旧统一，才能实现高水平的新统一。换上了恰当的译名，使人们无法像过去那样望文生义，才能迫使他们从上下文具体考虑，探求演变的痕迹，得到正确的理解。改变译名并不是为了标新立异，而是为提高认识，是科学问题。阻碍改进译名的思想障碍主要是认为旧的用惯了，方便，换上新的不习惯，不方便。其实习惯是养成的，不是天生的，就像吸烟那样，一旦发现吸烟有害，可以戒烟，也就是养成不吸烟的新习惯取代吸烟的旧习惯。如果说旧译名也有道理，不必改，那等于说吸烟也有道理，能提神，不必戒。道理要看是哪方面的，要看大小，不能一概而论，需要具体分析，分别重轻。约定俗成是事情的一方面，在我们的语言中，就还有另一个方面，即批评和淘汰，批评就是发现不妥而予以改进，淘汰就是将不可救药的废弃。（过分强调约定俗成，因而牺牲内容，那就是"约定错成"了。）如果只有前一方面没有后一方面，我们的语言就成了硕大无朋的垃圾堆了。与此相反，语言的发展就是创新与除旧的结合过程，一般语言是这样，术语更是这样。

基于以上的考虑，译者根据上述原则，将柏拉图的基本术语 ἰδέα 译为"相"，εἶδος 译为"型"。ἰδέα 和 εἶδος 是同一个词根的阴性形式和中性形式，意思是一样的，即"所见者"，这就是它的原义。"相"和"型"的意思也是一样的，即"样子"；"所见者"就是"样子"，用它来译这个术语是表达原义。其所以选择"相"字而放弃"形"字，是因为在现代汉语中"形"字偏于表示几何形状，"相"字没有这个毛病。其所以又译"型"，是因为"型"字本来当"模型"讲，现在理解为"典型"和"类型"，柏拉图的 εἶδος 正是指典型，同时也指类型，即 genus（种）下的 species（属），用"型"字可以兼顾这两方面。此外，译者也放弃了"式"字，是因为在现代汉语中"式"偏于表达数学上的式子，与"形"有类似的毛病。

除了 ἰδέα，εἶδος 以外，希腊哲学还有一个重要的术语 τὸ ὄν，是巴门尼德提出的，为柏拉图所继承，他的 ἰδέα 的思想就是从 ὄν 来的。这个 ὄν 在西方哲学史里关系重大，哲学的一个分支 ὀντολογία

（过去译为本体论、万有论或存在论），就是关于各种 ὄν 的学问。这 ὄν 过去有“存在”和“有”两种翻译，还有译为“实体”和“本体”的。它是动词 εἰμί（是）的分词中性形式，用作动名词，所以英文译为 being，但是德文和法文并不译成分词形式的 seiend，étant，而译成不定式当名词用的 das Sein，l’être，此外德文还可以译为 das Wesen，这 wesen 在古代高地德语中就是 sein 的意思。

这个 τὸ ὄν 的原义只能是 εἰμί 的分词，巴门尼德原来就写成 τὸ ἔον，柏拉图才把 ἔον 简化为 ὄν。εἰμί 的意思是“是”，它的直陈式现在时第三人称单数 ἔστι 在柏拉图的《巴门尼德篇》中当作重要的术语用，其原义与 τὸ ὄν 是一致的，即“是”。可是我们原有译名“有”、“存在”、“本体”、“实体”没有一个跟“是”联得上，因而无法表达其中的哲学思想。

其所以如此，主要在于汉语的表达方式与印欧系语言存在差异：先秦汉语没有表达希腊语 εἰμί 的动词，汉代才由代词“是”（这）演变为这样的动词，但是它的历史与西方语言不同，用处也比西方语言小，例如“是”就不能表达“在”的意思[①]，而西方语言中这两个意义是联在一起的。在希腊人看来，一样东西是起作用的，如果根本不起作用，那就不是东西。至于所起的是什么样的作用，可以接着说，但是起什么样的作用必须以起作用为前提。表达“起作用”的词，就是动词。表达“起什么样的作用”的是什么样的动词，只表达“起作用”本身的，他们用 εἰμί 这个动词。这 εἰμί 现在人们说既是联系动词又是实质动词：如果说“A ἔστι（εἰμί 的变位形式）B”，

① 如英语的“there is”和德语的“dasein”都用“是”表达“在”和“有”。

这 ἔστι 就是联系动词；如果说“A ἔστι”，那它就是实质动词。前者汉语说“甲是乙”，后者汉语却不能说“甲是”，因为汉语的动词“是”只是联系动词，离开了所联系的项目就没有意义。然而希腊语的 ἔστι 却不是这样，它本来有“起作用”的意义，单用就只表达“起作用”本身，加上一个所联系项（B）就表达“起 B 那样的作用”。所谓联系动词与实质动词本来是一回事。ἔστι 的本来意义（即原义）可以引申推广，引申到时间空间上，[①] 就有了“在时空中”的意义，即“存在”的意思。正是因为这个缘故，在今天的西欧语言中可以把“是”解释为“存在”。但是把二者简单地等同是不对的，因为“是”只是“起作用”，引申推广了才是“存在”。

因此，在用作哲学术语的时候，只能用这个 ἔστι 的原义，即“是”，不能把它说成“存在”，正如不能把“粮食”说成“馒头”一样。据此，ὄν 的原义是“ἔστι 的东西”，只能说“是者”，不能说“存在者”，更不能说“存在”。当然这样说与汉语的老习惯不全合，一定要先交代明白“是”的定义（“起作用”），再以“今是而昔非”的道德引申意义为例，说明可以并不违反汉语语法地说“× 是”、“× 是个‘是者’”。“是者”过去没有说过，但是我们说过“记者”、“逝者”、“老者”，可以类推。像这样根据汉语的基本结构加以推广，是能够养成新的习惯的。

“有”是中国固有的哲学术语，它的原义与“存在”相同。它的好处是大家已经有深厚的习惯，但是也很容易让人望文生义。为了堵住望文生义的路，迫使读者踏踏实实地探求演变的痕迹，用这个

① 如英语的 there is，德语的 dasein 按字面就是“那里是”。

生疏的“是者”是比较合适的。

至于“实体”和“本体”，是形容“是者”的，柏拉图还没有在这方面作出充分的分析，ὀυσία 这个词他还只是当普通词用，尚未成为术语。

希腊专名的译法

人名、地名从外文转写为中文，必须做到明确划一，不致混淆，这就要根据一定的原则和规律。我们的原则是名从主人，这就是严格依照原文，而不仿效他种语言的译文，因为那样会走样以致造成混淆。我国过去的希腊专名译文，绝大多数是仿效他种语言转译，其中仿效得最多的是英文，甚至按照美国口音译写，以致离希腊文甚远，难以还原。而且译写用字往往出于译者的方言，由于读者的方言不同而造成的混淆更多。因此我们提出这条原则时注意到两方面的情况：

（1）欧、美各国人读希腊文并不一致，各依其本国习惯发音。因此我们只能按照希腊古典时期（不是今天的希腊）的发音。有人以为古代发音现在已经无从确知，不如跟着现代某一欧洲国家的语言读。其实根据文献可以考订希腊古典时期的发音梗概，并非全无定准，这个发音梗概的准确度要大大高于我们考订出来的唐诗发音，是完全足以使我们做到“明确划一、不致混淆”的。

（2）我国过去的专名音译，初期是采用闽、广方言，后来是采用吴、越方言，以及其他方言，彼此分歧很大。因此我们规定一律照汉语普通话即北京语音译写。凡是普通话所缺少的音，则用古汉语中相当的字代替，选字按照《广韵》为准。如果古汉语中也缺，才以发音方法相近的字代替。这样译写并非主观臆断，确有客观标准，其准确度可以得到保证。

古典希腊语的音素中与现代欧洲语言不一致的主要是爆发音有清、浊、送气三套而无轻唇音和舌根擦音，这就是：有［p］、［t］、［k］、［b］、［d］、［g］、［pʻ］、［tʻ］、［kʻ］而没有［f］、［θ］、［x］。字母π、τ、κ读［p］、［t］、［k］（如“北”、“得”、“革”三字的辅音），是不送气的清音，不是送气的。这一组我国人常常跟随英语或德语习惯读成送气的（如“沛”、“特”、“客”三字的辅音），不符实际。其次，字母β、δ、γ读［b］、［d］、［g］，是不送气的浊音，英、德、法、俄语里都有，但是汉语普通话里没有，常常被误读为汉语拼音方案中的b、d、g，而古代汉语中却有（即并、定、群三母），现代英语中仍然保存着。此外，希腊语还有φ、θ、χ，读成［pʻ］、［tʻ］、［kʻ］，是送气的清音（如“沛”、“特”、“客”三字的辅音）。这三个字母后来读音发生了变化，写成拉丁字母ph、th、ch，虽然还表明清音送气，却被读成［f］，［θ］，［x］或［c］，我们也跟着英、德、法文把φ读成f（如“弗”字的辅音），跟着英文把θ读成国际音标的［θ］（由于汉语无此音，改读为［s］），跟着德文的ch把χ读成［x］或［c］（如“黑”字和“希”字的辅音），也有人跟着英文的ch把它读成［tʃ］（如“查”字的辅音），跟着法文的ch把它读成［ʃ］（如“沙”字的辅音）。其实这三个音我们不但普通话里有，古代汉语里也有，即滂、透、溪三母。古典希腊语的φ不读［f］，也跟汉语的发展一致：古无轻唇。

希腊文的读法如下表

字母	名称	拉丁化写法	音值
Α α	alpha	a	[a]
Β β	beta	b	[b]
Γ γ	gamma	g	[g]，[ŋ][①]
Δ δ	delta	d	[d]
Ε ε	epsilon	e	[ε]
Ζ ζ	zeta	z	[ds]
Η η	eta	e	[e:]
Θ θ	theta	th	[tʻ]
Ι ι	iota	i	[i]
Κ κ	kappa	k	[k]
Λ λ	lambda	l	[l]
Μ μ	my	m	[m]
Ν ν	ny	n	[n]
Ξ ξ	xi	x	[ks]
Ο ο	omikron	o	[ɔ]
Π π	pi	p	[p]
Ρ ρ	rho	r	[r]
Σ σ, ς	sigma	s	[s]
Τ τ	tau	t	[t]

字母	名称	拉丁化写法	音值
γ υ	ypsilon	y,u	[y] [u] ②
Φ φ	phi	ph	[p']
X χ	chi	ch	[k']
Ψ ψ	psi	ps	[ps]
Ω ω	omega	o	[o:]

表　注

①γ 在元音前读［g］，在辅音 γ，κ，χ，ζ 前读［ŋ］。

②υ 作为单独元音读［y］，作为复合元音 αυ，ευ，ηυ，ου，υι 的一部分读［u］，ου 读［u：］。

③ 字首元音上加的’号表示开声门，国际音标作［ŋ］。字首元音和辅音 ρ 上加的‘号读［h］。

④ 希腊文重音上有语调号：ύ 锐调、ὺ 重调、ῆ 转调。

我们译写专名时遵循上述原则，是为了做到译文明确，不致混淆，以免造成错误。原则有严格性，不能马虎，却也不能死抠到底，必须掌握分寸。汉字是音节符号，不是音素符号，可以模拟希腊语的基本要素，却不能做到完全相当。意图把汉字当作音素符号来按照每一字母模拟希腊专名，只会使词形冗长而失去原有语音特点，如同符咒令人望而生畏。与此相反，对原名语音要素任意舍弃，则貌似简洁而极易混淆。我们严格掌握基本要素，只舍弃次要成分，如 Ἀναξαγόρας（Anaxagoras）不简作“纳沙戈”而仿照原名词根作“阿那克萨戈拉”，只舍去词尾的 s。希腊字母 ξ［ks］、ψ［ps］中的［k］、［p］是基本要素，并不按英语习惯省略。词尾的 s 则是第一格的形式，不是词根，所以参考法文、意大利文、俄文的办法，一律省去。

地名雅典、斯巴达，人名苏格拉底、柏拉图、亚里士多德等仍按照习惯写法。其他专名所用汉字力求避免冷僻的字和贬义字，如“恶”。

学和思

学和思这两件事，是每一个人时时刻刻都遇到的，谁都躲不开。只要活一天，就会遇到各种事情，其中就有自己不知道的，要想知道它就必须花气力去学。各种事情的出现并不是总在重复，生活在这个千变万化的世界里，要对付种种问题，怎么办才对，一定要费脑筋去思考。只有认真学过、并且仔细想过的事，做起来才能得到比较满意的结果。如果结果不满意，那一定是哪里出了毛病，不是学得走了样，就是想得出了岔，必须重新学，重新思考。这是最普通的道理，人人都能理解，对此持反对意见的人大概不多。因此我在年轻时候就跟大家一样持这种自发的认识论，等到后来进了西南联大哲学系，才意识到这就是非常重要的哲学问题。

西南联大是当时最出色的大学，尽管在物质生活上非常艰苦，但是在精神生活上非常丰饶。尤其是在哲学系，集中了全国最好的师资队伍，既有各个领域的专家，又有深入思考的名流。作为这样一所大学的学生，我也随着以博学深思自诩，觉得自己很幸运，走对了地方。可是正在这时却听到一种议论，说我们系里有两种人，一种是“学而不思”，一种是“思而不学”。这话对于我来说是反调，有点震撼。但是联大并没有什么不许反对的权威，有看法就可以说出来，对不对由大家评说，所以我并没有为此激怒，反倒因此静下来想想这是什么问题。

应该说，发这种论调的人还是主张好学深思的，见到了与此不合的趋向，以此为忧，才提出批评，希望改正。在当时的联大哲学系，虽然包含着不同的传统，却并没有形成真正意义的学派，可是的确存在着不同的倾向，一种是着重研究中国、西洋和印度的古典哲学，也就是研究哲学史，另一种是研究哲学问题。哲学史的研究者只问古人是怎样想的，自己并不参加进去想；哲学问题的研究者只问这些问题是怎么一回事以及怎样解决这些问题，不问这些问题过去是怎样产生、怎样解决的。前一种倾向表现在北大的传统中，后一种倾向表现在清华的传统中；从大方向上看，这两个倾向是客观存在的。但是这种分别并不是绝对的，例如专讲哲学问题的金岳霖先生就对休谟的著作作过深入的研究，探讨得非常详细，虽然他并不多着意于哲学史的学习。

学和思是哲学研究的两个必要的环节。所谓学，就是取得经验，经验就是知晓各种信息。这是最起码的条件。如果一无所知，像刚刚落地的胎儿一样，当然谈不上任何认识；一个没有任何认识的人，当然不会得到任何深入的学问，更不用说哲学这种参透世界和人生的智慧了。哲学家首先要有丰富的经验。经验不会自动产生，必须亲自通过实践去取得，无法假冒。而且经验必须丰富，不能稍尝辄止，又必须全面，不能止于一隅。我们从降生的一刻起就在不断地取得经验，只是有时不自觉，有时自觉，然而尽管如此，还是不能说到什么时候就有足够的经验了。个人的亲身的、直接的经验总是有限的，必须扩大，扩大经验的办法就是向别的人学，首先通过语言吸取别人的、前人的经验，使它成为自己的间接经验。一个人的间接经验要比他的直接经验多得多，学历高的人又比学历低的人多得多。但是不管间接经验有多少，它必须连在亲身的直接经验上；缺少直接经验的人纵然学富五车也不能成为真正有知识的人。

另一个环节是思，即思考，也就是我们对经验材料的理性处理。通过思考，经验材料所包含的合理内容才得以显示出来，联系起来。这是人类知识的标志。低等动物的单纯经验不能经过思考而上升为具有普遍意义的知识，只有这些知识得到提高表现出内在的联系才成为人类特有的学问。对于某一特定方面的学问我们称为科学，哲学则是对于整个世界和人生的概括。总起来说，不经过思考，就不能有知识；不经过进一步的思考，那些关于自然、关于社会的各种知识也不能成为科学。至于作为世界观的哲学，还必须对各门科学作更进一步的思考才能总结出来。而且，哲学的总结并不是一劳永逸的事，随着新知识、新科学的出现，必须作新的总结。在这个意义上，哲学是一个不断向前运动的过程，它的每一个环节都是以前的哲学思想的进一步发展，进而又进，永无了日。因此哲学的思考不仅以已有的各方面科 学成就为材料，还要以前此总结出的哲学思想为材料，吸取其精华而排除其糟粕，向前迈出新的一步。这一项工作就是研究哲学史，不但要研究中国过去的哲学思想，而且要研究外国的。在中国古代，人们还不知道有外国的哲学，当然只能学习和总结自己固有的东西；可是随着佛教的传入，了解印度的哲学思想就成为必要的了；同样情形，在明朝末年以前，人们还不知道有西方哲学，只能学习和总结自己继承中国古代哲学并吸取印度哲学而发展出来的理学和道学，可是随着西学东渐，就必须了解古希腊以来的西方哲学的发展了。如果不了解印度佛学，就无法设想宋明理学和道学的出现；如果不了解西方哲学，也就无法设想中国今天会出现什么样的新哲学了。这个吸取外来哲学思想的过程是必要的，虽然吸取得速度不一定很快，有时甚至伴随着冲突与对抗。如果完全不顾古今中外的哲学思想，单凭自己的脑子去想，那样纵然可以产生自己的哲学，可是那样的哲学充其量只能达到原始人类的水平。

二十世纪我们的哲学水平当然离原始状态已经很远：我们既有两千多年传统的哲学文化，又有同样长久的外国哲学思想供我们参考，西南联大的学人们就是处在这样的条件下思考的。因此，他们学和思的方式可以有两种：一种是沿着中国哲学家原有的方向前进，这就是“为往圣继绝学”或“接着讲”；另一种是采取西方传入的逻辑方法来研究。这两种方式都不排斥吸取自己和外来的哲学文化，只是在具体研究的时候有孰重孰轻的差别。北大的传统倾向于前者，着重研究中外哲学史，但是采用的手段却是乾嘉以来的汉学方法，即力求还历史以本来面目，不以己意改变它，也就是客观的逻辑方法。“五四”以来追求的科学与民主，使人们的头脑从圣贤的范畴里摆脱出来，本来是一大进步，但是他们不以己见改变历史的做法，却给人学而不思的印象。另一方面，清华的传统则倾向于另一种方式，即以逻辑方法研究各种哲学问题，其中也包括哲学史的研究。这样的治学方法也同样是科学的要求，只是细致的逻辑分析占据了主要的精力，对哲学史的研究就相对地减轻了，这就给人以思而不学的印象。

这里所谓“学而不思”和“思而不学”，有点类似汉学与宋学的对立。但是二十世纪前半的中国思想界情况与以前的汉学与宋学相比已经前进了一步。乾嘉学派的汉学家们虽然进行了客观的考证，却并没有意识到这是科学方法，并没有为这种方法建立体系，这个时期的学者却从西方学到逻辑方法，因而自觉地要求对中国哲学史作科学的整理。宋学的代表理学家和道学家们虽然在进行分析、综合，却对此并不自觉，而这个时期的中国哲学家们则完全意识到所用的逻辑方法，因而立论准确、周密。客观和明确是西方哲学家的突出特点，我们意识到自己在这方面比他们差，因而力求跟上去，这正是西南联大的学者们的长处。但是虽然有这方面的长处，却缺乏发展的眼光，从平面看得多，从进化看得不够。这也是中国人的一般想法，例如看历史上的各种哲学思想总觉得是一个一个孤立的东西，好像市场上摆的萝卜白菜等等，研究哲学的人好比买菜，各取所需，喜欢哪家哲学就把它拿来欣赏，不问它的来龙去脉。这样，一部哲学史就只是哲学思想在数量上的增加，没有什么质的提高了。好的就绝对好，不能更好了。不这样看的矛盾发展观是西方的另一派哲学家提出来的，在我国认识它的价值的人还是比较少。可是进一步的提高正在于这个发展观。

在二十世纪的后半期，中国的哲学思想本来应该有进一步的提高，但是实际上还有待努力。首先，前半期所达到的逻辑方法，还有过回潮，这就是对逻辑的否定。虽然这种错误的否定在五十年代被制止了，人们那种留恋过去的情结却没有真正解开，以至到了九十年代还出现否定分析的主张。

图书在版编目(CIP)数据

柏拉图对话集 /（古希腊）柏拉图著；王太庆译.—北京：商务印书馆，2019(2025.8 重印)
ISBN 978-7-100-17312-4

Ⅰ.①柏… Ⅱ.①柏… ②王… Ⅲ.①古希腊罗马哲学 Ⅳ.①B502.232

中国版本图书馆 CIP 数据核字(2019)第 069669 号

柏拉图对话集

〔古希腊〕柏拉图 著
王太庆 译

商 务 印 书 馆 出 版
(北京王府井大街 36 号 邮政编码 100710)
商 务 印 书 馆 发 行
北京市艺辉印刷有限公司印刷
ISBN 978-7-100-17312-4

2019 年 6 月第 1 版　　开本 850×1168 1/32
2025 年 8 月北京第 8 次印刷　　印张 26
定价：128.00 元

图书在版编目(CIP)数据

柏拉图对话集 /(古希腊)柏拉图著;王太庆译.—北京:商务印书馆,2019(2025.8 重印)

ISBN 978-7-100-17312-4

Ⅰ.①柏… Ⅱ.①柏… ②王… Ⅲ.①古希腊罗马哲学 Ⅳ.①B502.232

中国版本图书馆 CIP 数据核字(2019)第 069669 号

柏拉图对话集

〔古希腊〕柏拉图 著
王太庆 译

商 务 印 书 馆 出 版
(北京王府井大街 36 号 邮政编码 100710)
商 务 印 书 馆 发 行
北京市艺辉印刷有限公司印刷
ISBN 978-7-100-17312-4

2019 年 6 月第 1 版　　开本 850×1168 1/32
2025 年 8 月北京第 8 次印刷　　印张 26
定价:128.00 元